民族文化研究叢書 139

신문관의 출판 기획과 문화운동

民族文化研究叢書 139

신문관의 출판 기획과 문화운동

권두연 지음

高麗大學校
民族文化研究院

이 책은 高麗大學校 民族文化硏究院이 새로운 民族文化의 창달과 國學振興을 위하여 제정한 『芝薰國學硏究造成費』와 『民族文化硏究叢書刊行計劃』에 의하여 出版되었습니다.

이 책은 2007년도 정부(교육과학기술부)의 재원으로 한국연구재단의 지원을 받아 간행되었습니다. (NRF-2007-361-AL0013)

머리말

어린 시절 아버지의 방에는 어문각과 삼중당 서적들이 즐비했다. 글을 깨치면서는 계몽사나 삼성출판사의 전집들이 책상을 점령했고 중고등학교에 올라가면서는 을유문고를 비롯한 각종 문고본들로 네모난 방의 면적은 점점 좁아졌다. 대학에 가서는 문학과 지성사나 창작과 비평사에서 발간되는 계간지를 구독하고 동 출판사의 시집이나 비평집, 민음사나 문학동네, 책세상과 열린책들 같은 출판사의 신간소설들을 취미 삼아 사 모으는 것으로 지적 허영심을 과시했다. 이런 식으로 모은 책들은 일관된 주제나 키워드별로 꽂아 두곤 했지만 출판사를 중심으로 책을 고르거나 정리하는 습관은 은연중 책을 구매하고 선별하는 기준이 되어 버렸다. 실제 서점에서 책을 전시하는 방법 가운데 하나이기도 하듯 출판사는 알게 모르게 내 삶의 질서를 세우는 데 도움을 주고 있으며 현재는 가장 흥미로운 연구대상 중 하나이다. 이 책은 그 연장선에 있는 첫 결과물이다.

신문관에 관심을 가지게 된 것은 지극히 개인적인 호기심으로부터 비롯된다. 박사과정에 들어가 선후배들과 처음으로 시작한 세미나에서 『소년』과 『청춘』을 비롯한 일련의 잡지들을 읽을 때까지만 해도 관심은 매체에 있었지 출판사가 아니었다. 대학원 수업에서 『걸리버유람기』나 「로빈슨 크루소」 같은 번역소설들을 발표하고 재미삼아 이 소설들을 〈피라

텐(Piraten)〉이라는 동인들끼리 만든 웹진에 한 권 한 권 소개할 때까지만 해도 관심은 온통 번역서에 있었다. 『엉클 톰스 캐빈』이나 『프란다스의 개』와 같은 책들이 이미 100년 전에 한국에 소개되고 있었다는 사실이 그저 신기하고 흥미로울 따름이었다. 그런데 신문관이라는 출판사가 학위논문의 대상이 된 결정적인 계기는 한국 근대소설사의 첫머리에 오는 이광수의 『무정』의 단행본이 바로 이 곳에서 출판된 것을 알게 되면서부터였다. 『무정』이 『매일신보』에 연재된 소설임은 한국문학 전공자라면 누구나 알고 있는 사실이지만 신문관에서 단행본으로 출판되었다는 점은 그다지 주목되지 않았을 뿐더러 그간 읽어왔던 신문관의 출판물들과도 쉽사리 접목되지 않았기 때문이다. 그리고 『소년』을 비롯한 대부분의 신문관 출판물의 판권지에 등장하는 최창선은 누구인가라는 이 두 가지 사소한 호기심이 이때까지 읽어왔던 매체와 번역서를 전혀 다른 시각, 즉 출판사를 중심으로 보도록 했고 학위논문과 이 책으로까지 이어지게 되었다.

신문관은 최남선이 설립한 출판사로 최남선 연구의 부속물로 종종 언급되었으며 신문학 초창기 및 신문화 건설에 기여한 것으로 평가되었다. 그렇지만 신문관의 설립자는 최남선의 형인 최창선이며 신문관은 최창선, 최남선, 최성우가 각각 경영과 편집, 인쇄를 맡아 운영한 비교적 독립된 체제를 갖춘 근대적 출판사이다. 1908년 설립되어 1922년 동명사로 그 제명이 바뀌기까지 존립하였으며 최초의 근대 잡지로 유명세를 탄 『소년』이나 『청춘』 외에도 〈십전총서〉나 〈륙젼쇼셜〉과 같은 기획 도서들을 발행하고 무려 60여 종에 달하는 서적들을 발간했다. 뿐만 아니라 출판사를 중심으로 시화회를 개최하는가 하면 청년학우회의 임시 사무소로 사용되는 등 유럽의 살롱이나 영국의 커피하우스처럼 일종의 문화공간을 자처하였다.

신문관의 이러한 출판활동은 대한제국기로부터 무단통치기를 거쳐 문화통치기로 변화되는 복잡한 시대상황과 밀접하게 관련된다는 점에서 시사하는 바가 크다. 식민통치는 집회 및 결사의 장을 제한하였다. '출판보국'을 창립 이념으로 내세운 신문관은 강제병합 이후 출판사를 중심으로 다양한 인물들을 규합하고 각종 단체 및 조직들의 운동과 연동함으로써 일종의 '허브(Hub) 역할'을 담당하였다. 이로써 신문화 운동을 추동해간 현실적인 기반이자 그 자체가 하나의 문화 기구로 기능할 수 있었다. 보국의 구체적인 방법론으로 제안된 출판사 신문관은 회합의 장소나 사교의 장을 제공하는 데 그치지 않고 매체를 비롯한 구체적인 표현 수단을 창출함으로써 최남선을 비롯한 이 시기 지식인들에게 실질적인 활동 무대를 제공하였던 것이다. 육당과 춘원으로 대표되는 '2인 문단 시대'의 주인공은 물론이고 박은식, 장지연, 신채호, 유근, 김교헌과 같은 한말의 개신유학자들과 현상윤, 진학문, 홍명희, 민태원, 신석우, 변봉현과 같이 새롭게 부상한 청년 유학생들이 활약할 수 있는 장을 마련하였다. 이른바 회중노사와 청년제류가 절합할 가능성을 엿보였던 것이다.

이 책은 그러한 활동들을 신문관의 출판 기획과 연동한 문화운동의 양상으로 주제화하여 크게 네 가지 측면에서 다루었다. 첫째, 신문관의 출판구조를 경영과 편집, 인쇄와 유통의 측면에서 고찰함으로써 신문관이 최남선 개인의 산물이 아닌 비교적 독립된 출판 시스템을 갖춘 곳이었음을 실증하였다. 둘째, 청년학우회나 조선광문회, 조선어강습원 등과 같은 단체와 밀접하게 연동하고 있었음을 구조화해 보았다. 이를 통해 각 단체들이 지향한 사회운동 및 학술・어문운동에 결사의 장을 제공한 동시에 운동의 구심점으로 기능하면서 그 실천의 결과물들을 서적의 인쇄 및 출판을 통해 보과 효과적으로 구현해 내고 있음을 살펴보았다. 마지막으로 신문관을 기반으로 활동한 필자와 독자를 중심으로 인적 네트워크의 양상을 고찰하였다.

오래 전에 이 책의 제목을 '신문관과 그의 시대'나 '신문관 분투기' 정도로 해야 하지 않겠냐며 후배랑 농을 나눈 적이 있다. 전자는 이 책이 신문관이 존속했던 시대의 산물이라는 점에서, 후자는 신문관이 시대적 요구 속에서 분투한 이야기라는 점에서 그러하다. 동시에 이 책은 신문관 연구에 대한 연구자 자신의 분투기이기도 하다. 신문관에 관해서라면 이 책 전체가 말해줄 터이니 개인적인 에피소드 하나만을 언급하면, 수년 전 박사논문을 한창 준비할 당시 평소 존경하던 선생님께 신문관으로 박사논문을 쓰고 싶은데 어떨지 의향을 여쭤본 적이 있다. 그때 내게 돌아온 대답 아닌 반문은 "홍신소 차릴 셈이냐"는 탐탁치 않은 반응이셨다. 그럴 만도 한 것이 평생을 이광수나 『무정』과 같이 주요 작가나 작품을 연구하고 그것이 한국문학에서 차지하는 의의나 의미를 통해 한국 근대문학의 발생과 기원에 대해 끊임없이 탐구하셨기에 국문학 연구자가 출판사 '따위'를 연구해서 무엇에 쓸 것이냐는 것이 선생님의 지론이셨던 듯하다. 이 연구의 출발 자체가 그다지 순탄치 않을 것임을 예고해 주신 셈이다.

새삼 이 얘기를 꺼내드는 이유는 선생님의 그 반문이 수년 전에 이미 완료된 것이 아니라 현재진행형이기 때문이다. 학위를 받은 이후 몇몇 심사서와 평가서에서 "문학 연구자가 왜 이런 것을 하시죠? 문학 연구를 하세요."라는 충고를 들을 때마다 자문해 본다. "文學이란 何오." 백년이 다 되어가는 이 물음의 출발선에 다시 서 본다. 책의 출판을 국가가 관리했던 조선과 달리 근대에는 민간 서적업자들이 출현했고 문학은 문(文)에서 분리되어 시장과 자본에 맡겨진다. 매체나 출판에 관심이 집중되어 있는 것도 출판사를 학위논문의 대상으로 삼게 된 것도 궁극적인 원인을 따져보면 여기에 있을 것이다. 문학이 무엇인지를 알기 위해 내딛은 발걸음이 문학을 둘러싼 물적 토대로 향한 것은 문학에 대한 외유에서가 아니라 문학에 대한 더 깊은 이해에서였다고 자위해 본다.

헤어진 연인이 다시 만나 잘 될 확률에 관한 언급이 등장하는 영화 『연애의 온도』에서처럼 내 학문의 온도에 대해 생각해 본다. 연애하듯 논문을 쓰라는 한 선생님의 조언에, 태어나 처음으로 잠을 잊을 정도의 몰입을 경험했고 학위논문을 마무리하면서는 실연의 감정을 대입해보기도 했다. 이 책은 실연 후 다시 만나 잘 해보려 분투한 후일담 같다. 식어버린 열정을 되살리는 일은 고통스럽고 괴로웠다. 끊임없는 의심과 자책과 회한으로 끝내 회복할 수 없다는 걸 인정하기까지 오랜 시간이 걸렸다. 오래 들여다봤지만 많이 고치지 못했고 그래서 여전히 부끄러움이 남는다. 부끄러움의 기록을 돈과 시간과 노력을 들여 읽어주실 분들에게 미리 사죄한다.

첫 책인 만큼 떠오르는 분들이 많다. 박사논문을 지도해 주신 김영민, 김현주, 신형기, 이경훈, 한기형 다섯 선생님은 한 명의 연구자이기 전에 사람됨에 관한 가르침을 주신 분들이다. 손수 써주신 '銘心' 두 글자를 마음에 새겨 잊지 않도록 하겠다. '근대를 읽는다' 세미나에서 신문관의 여러 잡지들을 함께 읽고 자료를 모아준 이인영, 소영현, 최기숙, 최현식, 우수진과 구인서, 고선정, 홍효정, 일요일 오전마다 유학생 잡지들을 함께 읽은 오선영, 지비원, 이현주, 몇 년째 지치지도 않고 근대 초기 신문을 읽고 있는 김복순, 김현주, 박애경, 김기란, 이대형, 강현조 선생님, 그리고 데리다 세미나의 이진형, 최영욱, 하신애, 손혜민, 나의 일본어 선생님 다지마 데쓰오와 김경원 선생님, 박사논문의 초안을 맨 처음 읽어주신 김재영 선생님, 큰 언니처럼 마음 써 준 은주 언니에게 감사드린다. 예비 심사 전에 도망가고 싶은 나를 붙들어 준 지연과 평생지기 재원에게는 더 무슨 말이 필요하랴. 후배지만 일찍 철 든 기문과 수경에게도 이 자리를 빌려 애정한다고 말해 두고 싶다.

지리멸렬해 보일지 모르지만 같은 공간에서 공부하고 일상의 소소함을 공유한 선후배와 동료들에게 고마움을 표한다. 이들이야말로 공부하는 삶과 삶의 공부가 그리 다르지 않음을 일깨워 주었다. 이런저런 컨퍼런스나 캠프, 공부모임에서 영감과 가르침을 주신 분들께도 감사드린다. 육당학회에 불러주신 황호덕 선생님, '작은포럼'에 불러주신 이혜령 선생님, 아단문고의 박천홍 학예연구실장님, 연세대학교 학술정보원 국학자료실의 김명주 과장님, 학위논문이 나왔다고 격려해 주신 여러 선생님께 늦었지만 부끄러움을 무릅쓰고 감사의 말씀을 드린다. 어쩌면 태어나 자란 곳에서 지금과는 전혀 다른 삶을 살았을 내게 공부의 첫 길을 열어주신 손병희, 김재석, 김주현 선생님께도 묵은 감사 인사를 드린다. 특별히 장병극, 이경현 두 분에게도 따로 감사의 마음을 전한다. 부족한 논문을 선행 연구로 삼아 이 연구가 지닌 한계를 분명하게 깨우쳐 주었다. 이 밖에도 겁 없이 분과학문의 경계를 넘보며 저지른 결례를 무안하지 않게 일깨워 주신 분들께 감사드린다. 지금 당장은 그 분들의 고견에 응답해 드릴 수 없지만, 연구자의 길을 가는 동안 조금씩 갚아가도록 하겠다. 2011년 '芝薰人文著述支援'의 수혜를 입어 벌써 출간되었어야 할 책을 이제야 내는 데도 탓하지 않고 오래 기다려주신 고려대학교 민족문화연구원의 너그러움에 말을 잇지 못하겠다. 더불어 한 권의 책으로 단정하게 갈무리 해주신 보고사 편집 담당자 이순민씨에게도 감사드린다. 마지막으로 대체 불가능한 존재들, 그럼에도 실상은 늘 미안하고 부족한 이로 남을 수밖에 없는 가족들에게 고마움을 표한다.

백양로에서

권두연 씀

차례

머리말 … 5

제1부 서론

제1장 신문관이라는 문화 복합 기구 21

1. 독립된 연구대상으로서의 신문관 21
2. 조선식 '살롱', 신문관 사랑방 24

제2장 신문관에 관한 세 갈래의 선행 연구 27

1. 육당 연구의 부속물 27
2. 신문관 출판물에 관한 연구들 29
3. 출판사 및 서적 유통에 관한 연구들 33

제3장 출판사와 사회·문화적 네트워크 36

1. 출판사, 운동의 구심점 36
2. 재구성되는 네트워크 41

제2부 출판 구조와 출판물의 기획

제1장 분업화된 운영 시스템 …… 51

1. 경영과 편집의 분리 …… 51
2. 운영의 두 축, 인쇄부와 판매부 …… 59
3. 분매소와 유통망 …… 76

제2장 출판물의 구성과 기획 …… 93

1. 분류와 목록화 …… 93
2. 기획 출판의 지향 …… 109
3. 서적 광고의 유형화 …… 147

보론 : 출판 이념과 검열 …… 171

1. '출판보국'과 창립 무렵 출판물 …… 171
2. 허용의 수위와 검열의 양상 …… 192

제3부 결사의 장과 운동의 구심점

제1장 청년운동과 청년학우회 …… 213

1. 학우회 기관지로서의 『소년』 …… 214
2. 학우회의 부설활동 …… 219
3. 『소년』의 지향과 실력양성 …… 237

제2장 자국학운동과 조선광문회 ······ 249

1. 학술기관으로서의 광문회 ······ 250
2. 광문회의 학술활동과 고서 복간 ······ 258
3. 실학서의 발간과 고전 번역 ······ 276

제3장 어문운동과 조선어강습원 ······ 287

1. 주시경과 그의 제자들 ······ 288
2. 문법서의 간행과 사전 편찬 ······ 296
3. 한글 보급의 선두 매체들 ······ 307

제4부 조선의 학술·문화 및 어문에 대한 새로운 모색

제1장 학술·문화서의 출판과 '실학적 인문주의' ······ 319

1. 세계성과 민족성의 병치, 그리고 번역 ······ 319
2. '조선'/'문화'서의 재구성과 출판화 ······ 329
3. 실학과 인문주의의 결합, '조선적 인문주의' 제창 ······ 351

제2장 청년 양성의 실천적 방안 ······ 363

1. 수양의 함양과 일상적 글쓰기 ······ 363
2. 위인의 형상화와 여성의 글쓰기 ······ 377
3. 취미서의 탄생과 독서 취미 ······ 386

제3장 문체 실험과 '시문체'의 발명 ······ 402

1. 다양한 문체 실험 ······ 402
2. 시문(時文)의 정체 ······ 415
3. 시문의 두 장치, 『시문독본』과 〈현상문예〉 ······ 423

제5부 필자-독자 네트워크와 문예 주체의 양성

제1장 '회중노사'와 '청년제류'의 절합 가능성 ······ 443

1. 『소년』에서 『새별』에 이르기까지 ······ 444
2. 『청춘』과 부상하는 '청년제류' ······ 464

제2장 독자상의 분화와 독자층의 구축 ······ 485

1. 분화된 독자상 ······ 485
2. 적층된 독자층의 형성 ······ 490

제3장 문예의 훈련과 문예 주체의 양성 ······ 504

1. 투고열(熱)과 아마추어리즘 ······ 505
2. 못다 핀 문학열, '문학청년'의 꿈 ······ 523
3. 독자에서 작가의 길로 ······ 534

제6부 결론

신문관과 '그들'의 시대 551

부록 … 557
참고문헌 … 583
찾아보기 … 605

표 목차

〈표 1〉 신문관 주소지 내역 … 60
〈표 2〉 신문관 인쇄소의 인쇄물 목록 1–소설 … 68
〈표 3〉 신문관 인쇄소의 인쇄물 목록 2–잡지 … 70
〈표 4〉『청춘』 분매소 현황 … 81
〈표 5〉『청춘』의 서포 광고 현황 … 84
〈표 6〉『아이들보이』 투고자 지역별 분포 … 90
〈표 7〉『신문관발매서적총목록』의 구성 … 94
〈표 8〉「신문관발행서목」 … 101
〈표 9〉〈륙젼쇼셜〉 목록 … 121
〈표 10〉〈신문관발간신쇼셜〉 목록(발간연도별) … 129
〈표 11〉 신문관 매체별 게재 세계문학 목록 … 134
〈표 12〉 신문관 매체별 부록 목록 … 138
〈표 13〉〈다음엇지〉 매체별 목록 … 143
〈표 15〉 신문관 매체별 자사 서적 광고 … 149
〈표 16〉 1920년 이후 저작권이 이동된 신문관의 대표 서적 목록 … 157
〈표 17〉〈時下好評書類〉 … 158
〈표 18〉『청춘』의 〈新文館出版時報〉 … 160
〈표 19〉 타 매체에 광고된 신문관 서적 목록 … 166
〈표 20〉「청년학우회보」 발행 및 관련 기사 … 215
〈표 21〉 청년학우회 한성연회 도서종람소 기부 서적 목록 … 227
〈표 22〉 청년학우회 한성연회 도서종람소 기부자 명단 … 231
〈표 23〉 조선광문회 〈求書廣告〉 … 255
〈표 24〉 조선광문회 규정 및 조선고서 발행 현황 … 260
〈표 25〉 조선광문회 간행/예정 목록 … 264
〈표 26〉 조선광문회 고서 복간에 참여한 인물 명단 … 271
〈표 27〉 신문관 매체를 구독한 조선어강습원 회원 명단 … 292
〈표 28〉『아이들보이』의 〈한글〉난 … 308
〈표 29〉『산수격몽요결』의 「西哲格言對照八十一條內」 … 324
〈표 30〉〈소년통신〉 수록 내용 … 335
〈표 31〉『아이들보이』의 〈샹급주ᄂᆞᆫ 이약이 모음〉 당선자 명단 … 337

〈표 32〉『청춘』의「五百年間代表壹百人」… 341
〈표 33〉 신문관 매체별 노래(곡보 포함) 목록 … 355
〈표 34〉『소년』의 〈현대소년/신시대청년의 신호흡〉 목록 … 367
〈표 35〉「浮碧樓記」 전문과 한글 풀이 형태도 … 393
〈표 36〉 근대 초기 잡지의 순국문 표기 현황 … 403
〈표 37〉『매일신보』에 광고된 신문관 서적의 문체 표기 … 412
〈표 38〉「읽어리가ㄹ침」과 『시문독본』(초판)의 목차 비교 … 427
〈표 39〉『청춘』 필자 명단 … 464
〈표 40〉 신문관 창업 10주년 기념호의 필자 명단 … 471
〈표 41〉 신문관 매체별 예상 독자 및 구독률 … 486
〈표 42〉 신문관 독자 관계도(가나다순) … 499

그림 목차

〈그림 1〉 최창선과 신문관 문패 사진 … 53
〈그림 2〉『소년』의 〈重要日記〉와 『아이들보이』의 〈글ᄭᅳ느기〉 … 145
〈그림 3〉 민영환 애도 광고 … 182
〈그림 4〉「초등대한지리총요」의 초판과 재판 표지 … 186
〈그림 5〉『청춘』의 검열 사례 … 205
〈그림 6〉 청년학우회 하기강습회 강연 원고「大韓上古史講稿」… 222
〈그림 7〉 조선광문회「會告」… 268
〈그림 8〉 계명구락부에 보관된「말모이」 카드 … 306
〈그림 9〉 부록「玉京十二樓記」 원문 … 389
〈그림 10〉「浮碧樓記」 원문 … 392
〈그림 11〉『시문독본』 초판의 체재 … 425
〈그림 12〉 김윤경의 당선작과 번역 원문 … 509
〈그림 13〉 나시규와 백낙영의 모습 … 533
〈그림 14〉『동아일보』 연재소설 이희철의「읍혈조」 연재 1회 … 545

– 일러두기 –

1. 인용한 자료는 원문 표기를 원칙으로 하였다. 따라서 현대의 띄어쓰기와 맞춤법에 맞지 않은 것은 물론 오기까지도 그대로 두었다.

   예〉 육전소설 → 륙젼쇼셜

2. 단행본, 신문·잡지는 『 』로, 기사, 작품명, 부록은 「 」로, 노래 제목, 매체의 고정란, 광고 표제는 〈 〉를 사용하였다. 단, 단행본일 경우라도 연재 당시를 가리킬 때는 「 」로 표시하였다.

   예〉 『매일신보』의 「무정」

3. 서적, 인명, 단체 등은 처음 등장할 경우에만 한자 표기를 병기했다. 일본어의 경우 한글로 표기하고 한자를 병기해 두었다.

4. 자료의 상태가 좋지 않아 판독할 수 없는 글자는 □로 처리하였다.

제1부

서론

제1장

신문관이라는 문화 복합 기구

1. 독립된 연구대상으로서의 신문관

신문관(新文館)은 최남선(崔南善)의 대표적인 업적으로 간주되면서 식민지 시기 "민족 운동의 연원지"이자 "노지사의 연락처요 집회장"[1]이며 조선광문회와 더불어 "1910년대 한국의 양산박 한국의 아카데미아"[2]로 언급되어 왔다. 그런가 하면 『소년(少年)』 및 『청춘(靑春)』의 간행을 비롯하여 신문학 초창기 최남선·이광수(李光洙)로 대표되는 이른바 '2인 문단 시대'의 개막에 물적 토대를 제공했고[3] 다양한 번역활동을 통해 신문화를 수입한 기관으로도 인정되어 왔다.[4] 다시 말해 근대 초기 민족운동과 신문화 운동의 촉발제로 기능하면서 한국의 근대 문학, 문화, 어문은 물론, 학술과 번역을 이끈 이른바 문화 복합 기구로 인식되어 온 셈이다.

1) 진학문(秦學文), 「六堂의 業績」, 육당최남선선생기념사업회편, 『六堂이 이 땅에 오신지 百周年 1890-1957-1990』, 동명사, 1990, 29면.

2) 김윤식, 『이광수와 그의 시대』 1, 솔, 1999[개정증보], 500면.

3) 백철, 『신문학사조사』, 민중서림, 1953의 '제2편 초기의 신문학' 및 조연현, 『한국현대문학사』, 현대문학사, 1956의 '제2장 근대문학의 탄생' 참조.

4) 임규찬·한진일 편, 『임화 신문학사』, 한길사, 1993, 148~149면.

그렇지만 신문관에 대한 관심은 신문관이 간행한 출판물 이상을 넘지 않았으며[5] 주목된다 하더라도 창립 무렵 등에 한정해 다뤄졌을 따름이다.[6] 다시 말해 신문관은 최남선의 업적 가운데 하나로 간주되면서 독립된 연구대상으로 다뤄지지 못하고 최남선 연구의 부속으로 취급되어 온 경향이 강하다. 아래 인용문은 육당에 관한 대표적인 회고 중 하나이다.

> 경향의 모든 문화인, 모든 학자, 모든 애국지사가 운집하여 그의 '비게'가 되고 그의 연락처가 되고 그들의 안식처·피신처도 되었었다. 그리하여 민족운동의 연원지가 되었으매, 안도산, 장지연, 유근, 양기탁, 이승훈 등 노지사의 연락처요 집회장이었던 것은 물론이어니와 김성수, 송진우 등의 당시 지방 유지들도 육당과 동년배이었건만 고향에서 서울에 올라오자마자, 첫째로 그의 문을 두드려 그의 지도를 받았던 것이다. 모든 민족운동이 이 곳에서 모의되어 방사선같이 전국에 산조 주지케 되었고, 각지의 애국운동의 동향이 이 곳에 구심적으로 집중되어 알려져 왔던 것이다.[7]

위 서술에서 최남선과 신문관의 출판활동은 구분되지 않는다. "민족운동의 연원지"이자 "노지사의 연락처요 집회장"으로 지칭되는 "이 곳"이 구체적으로 신문관을 가리킴에 틀림없지만 이 모든 서술의 주어는 육당이다. 최남선이 신문관의 핵심 인물이며 신문관의 출판활동이 그를 중심으로 전개되었다 하더라도 출판인 최남선과 출판사 신문관은 구분될 필요가 있다. 더불어 지금까지 신문관이 최남선에 의해 설립된 출판사로 간주되어 온 것 역시 재고될 필요가 있다. 가령 신문사 사주와 주필을 혼동하지 않는 것처럼 출판사 사주와 편집자의 관계 역시 동일하게 취급

5) 신문관에서 발행한 서적들과 관련한 연구들에 대해서는 제1부 제2장에서 다루고 있다.
6) 창립 무렵의 신문관에 대해서는 박진영, 「창립 무렵의 신문관」, 『사이』 7호, 2009 참조.
7) 진학문, 앞의 책, 29면.

되어선 안 될 것이다. 최남선과 거리를 두면서 신문관을 하나의 독립된 연구대상으로 삼는 것, 이것이 이 책의 출발점이다.

이 책은 신문화 운동의 중심에 있었다고 평가되었음에도 독립된 연구대상으로 다루어지지 않은 신문관의 출판활동을 구조적, 관계적 측면에서 고찰함으로써 근대 초기 출판 기구를 중심으로 형성된 문화 기획 및 운동의 양상을 실증적으로 규명하는 데 목적이 있다. 민간 출판 미디어 및 다양한 인적·지적 교류를 통해 형성된 신문관의 '문화운동'은 문화통치 이전의 문화적 지향성을 고찰하기 위한 유용한 참조항이 된다. 그것은 신문관의 주 활동 기간이 '신문화 형성기' 및 '신문학 초창기'와 일치할 뿐 아니라 출판활동 자체가 지극히 근대적인 현상이었다는 점과 밀접하게 관련된다. 신문관이 한 개인의 부산물이 아닌 독립된 대상으로 다뤄져야 하는 이유도 여기에서 찾아진다.

독립된 대상으로 신문관에 주목하게 되면 최남선 개인을 넘어 출판활동에 관여한 인물 및 연동한 단체는 물론 이를 중심으로 다양하게 펼쳐진 네트워크를 고찰할 수 있다. 필자와 필자, 필자와 독자를 연결시키고, 독자에서 필자로 나아간 인적 네트워크에로의 접근은 물론이고 신문관이 발간한 매체와 단행본 서적들 사이에 긴밀하게 조응한 관계성들도 포착할 수 있다. 이를 통해 출판물들의 특징 및 지적으로 구조화되는 네트워크와 사회·문화적 관계망들로까지 나아갈 수 있다. 요컨대 다양한 인물과 단체를 규합하면서 특정 분야에 국한되지 않고 전방위로 전개된 신문관의 출판활동은 근대 초기 학술·문화·언어 및 이를 추동한 담론 및 운동의 장을 고찰하는 데 유용하지 않을 수 없다.

2. 조선식 '살롱', 신문관 사랑방

송진우(宋鎭禹)를 비롯한 여러 인물들의 회고에서 드러나듯 이 시기 신문관에는 다양한 인물들이 모여들었다. '회중노사(會中老師)'[8]라 일컬어지는 한말의 개신 유학파에서부터 대종교나 불교, 기독교 등 각종 종교 관련 인사들과 당대 문장가나 서화인, 일본 유학생 및 문학을 지망하는 지방의 청년 학생에 이르기까지 상당히 폭넓은 인물군이 이 곳에 이합집산(離合集散)하였다. 신문관이 당시 지식인들 사이에서 '사랑방'으로 통했던 것 역시 이러한 연유에서 일 것이다.[9] 중요한 것은 이들이 신문관에 모여 단순히 친목만을 도모한 것이 아니라 민족운동이든, 문화운동이든, 청년운동이든 '운동'의 형태를 모의했고 그 구체적인 결과물이 출판의 형식으로 가시화되었다는 점이다. 인쇄와 출판의 기능을 갖춘 출판사의 등장 및 출판사를 중심으로 한 연구의 필요성이 요청된 것도 이 때문이다.

우선 신문관의 출판활동은 대한제국에서 식민지로의 이행에서 이루어진 하나의 근대적인 현상으로 다뤄질 필요가 있다. 출판이야말로 근대적인 방식으로 작동되는 영역이며 각종 사회·문화적 관계들과 연동되기 때문이다. 무엇보다 출판사라는 합법화된 기구를 중심으로 전개된 신문관의 출판활동은 이전 시기 학회나 학교를 중심으로 이루어진 애국·계몽운동보다 한층 문화적으로 접근되면서 비밀리에 진행되거나 일회적인데 그치지 않고 지속적이며 합법적으로 이루어질 수 있었다. 신민회와

---

8) 조선광문회 회원들 가운데 유근과 김교헌, 박은식, 장지연, 현채 등, 한말 계몽운동의 원로들을 가리키는 대표적인 표현으로 이 책에서는 신문관을 중심으로 이합집산한 구세대 인물을 가리키는 데 차용하였다.

9) 신문관의 사랑방 역할은 유럽의 살롱이나 영국의 커피하우스와 유사한 형태로 기능했을 가능성이 농후하다. 이런 관점에서 이 시기 출판사의 문화적 역할을 고찰하는 것은 의미 있을 것으로 판단된다.

같은 비밀단체나 지하 모임과 달리 연설회나 강연회 등 공개적인 활동이 가능했고 이에 따른 인쇄·출판물의 간행이나 발간 역시 비교적 활발하게 진행될 수 있었다. 요컨대 식민 통치가 허용한 합법적 범위 내에 활동함으로써 가시화될 수 있는 반면 이로 인해 제한적으로 전개될 수밖에 없는 한계를 동시에 지닌다.

이 때문에 출판사의 이념적 지향과 상업적 추구는 물론, 각종 단체나 모임의 노선 및 운동성이나 출판활동에 관여한 인물들의 이념들이 복합적으로 맞물려 중층적인 양상으로 드러날 수 있다. 가령 이 시기 출판사들이 애국·계몽운동의 한 방법론으로 제안되었다고 하지만 출판사는 이윤 추구를 주목적으로 삼는다. 서적의 출판을 통해 민족운동을 펼친다는 기치를 내걸었다고 해서 상업성을 고려하지 않을 수 없는 것이다. 지금까지 신문관에 대한 연구들은 주로 이념적인 측면에만 초점을 맞춤으로써 상업성을 간과해 온 경향이 있다. 출판의 이념적 지향성이 상업적인 이윤 추구와 상충할 가능성은 애초부터 내포되어 있었다 해도 과언이 아니다. 신문관의 활동이 독자 확보를 위한 각종 장치 및 판매나 유통과 밀접하게 관련될 수밖에 없으며 신문관의 운영이나 출판 구조에 대한 고찰이 요구된 것도 이 지점에서이다.

신문관이 활동한 시기는 정치적 제약이 점차 가시화되기도 했지만 대한제국기에 부상했던 애국·계몽의 기획이 점차 실효성을 다하면서 새로운 패러다임이 요구되던 때이기도 하다. 신문관은 출판활동을 통해 근대적인 읽을거리를 모색한다. 『소년』과 『청춘』 외에도 어린이, 학생을 위한 잡지를 비롯해 소설에서부터 학술서에 이르기까지 신문관이 펴낸 출판물은 실로 다양하다. 이와 동시에 새로운 '회(會)'에 대한 구상과 청년 독자의 양성에도 주력한다. 신문관을 중심으로 각종 단체 및 다양한 인사들이 모이면서 새로운 인적·지적 네트워크가 형성될 수 있었던 것 역시 이러한 이유에서일 것이다. 단체결성이 불가능한 혹은 제한되었던 시기에 합법적인 형태인 출판사를 매개로 결사의 장(場)을 마련하는 동시에 공통의 담론을 공유할 수 있도록 공론장의 역할을 대신한 경향이 있다.[10] 특히 청년학우회나 조선광문회, 조선어강습원과 같은 단체들과 관련하면서 이들이 주도하고 있었던 각종 운동에 관여하였다. 요컨대 개별적으로 독립된 각 단체들의 운동들과 연동됨으로써 문화운동으로 수렴될 수 있는 하나의 장을 마련할 수 있었다.

신문관을 중심으로 공유된 이 같은 이념은 청년학우회와 조선광문회, 조선어강습원이 각각의 형태로 파편화되거나 분산되지 않고 상호 관련 속에서 실력양성의 문화론적 입장 혹은 문화 공동체적인 성향으로 나타나게 된다. 특히 안창호(安昌浩)와 주시경(周時經)의 사상은 신문관을 지탱하는 두 근간으로 작용하면서 구체적인 출판활동으로 구현된다. 예컨대 청년운동의 발상지였던 청년학우회의 이념은 1910년대까지도 청년양성의 실천적 덕목으로 기능했으며 수양과 교양을 겸비한 이상적인 청년 독자상의 구상으로 이어진다. 한편 이 시기 새롭게 부상한 '청년제류(靑年儕流)'들은 주시경의 한글사상에 세례 받아 새로운 언어관을 지닌 언어 공동체를 형성해 나간다. 청년운동이든 학술운동이든 어문 및 문화・예술에 관련된 각각의 운동들이 독립된 형태로 분산되지 않고 일종의 공통된 경향성을 띠도록 매개했던 것이다. 이 책에서는 구체적인 출판활동을 통해 신문관이 '신문화 운동'에 현실적인 기반을 제공했음을 실증해보임으로써 출판 기구를 중심으로 형성된 문화운동의 재맥락화를 시도해 보고자 한다.

---

10) 근대 초기 문자-텍스트의 경계를 넘어 다양하게 존재했던 표현수단과 재현의 장치들을 통해 근대 문학의 장을 보다 확장시키려는 시도로 '문예공론장'이라는 틀이 제안되기도 했다. 진재교・한기형 외, 『문예공론장의 형성과 동아시아』, 성균관대 출판부, 2008 참조.

제2장

신문관에 관한 세 갈래의 선행 연구

1. 육당 연구의 부속물

최남선이 이끈 '신문화 운동'의 중심에 출판사 신문관이 자리했음은 이론의 여지가 없다. 그러한 만큼 신문관에 대한 언급은 대부분 최남선을 중심으로 이루어졌다. 육당에 대한 최초의 연구서인 홍일식의 『육당연구』를 필두로[1] 그의 사후 발간된 각종 회고집 및 추모집과[2] 연구서들에는 이러한 경향이 잘 드러난다.[3] 인물에 초점이 맞춰진 이들 연구에서 신문관이 들어설 자리는 크지 않다. 다만 최남선의 글쓰기에서 근대적인 가능성을 모색한 신지연과 문성환의 연구나[4] 『소년』에서부터 시작되는 최남

1) 홍일식, 『육당연구』, 일신사, 1959.

2) 대표적으로 조용만, 『육당 최남선 전집』, 삼중당, 1964와 육당최남선선생기념사업회 편, 『六堂이 이 땅에 오신 지 百周年 1890-1957-1990』, 동명사, 1990 참조.

3) 이 책에서 참고한 최남선 관련 연구는 다음과 같다. 이영화, 『최남선의 역사학』, 경인문화사, 2003; 전성곤, 『근대 '조선'의 아이덴티티와 최남선』, 제이앤씨, 2008; 류시현의 『최남선 연구』, 역사비평사, 2009 등이다. 이 밖에 참고한 연구 성과들은 해당 부분에서 언급하기로 한다.

4) 신지연, 『글쓰기라는 거울』, 소명, 2008; 문성환, 「최남선의 글쓰기와 근대 기획 연구」,

선의 글쓰기를 민족서사의 차원에서 새롭게 논의한 윤영실의 연구[5] 등은 육당이 문학사적으로 조명될 수 있는 새로운 지평을 열어 놓는 데 일조했고 이 점은 최남선 개인 연구를 출판문화의 측면으로 확대시킬 가능성을 한층 열어 놓았다. 물론 출판인으로서 최남선에 대한 연구는 김정숙의 선구적인 연구[6] 이래 타 출판인들에 비해 꾸준하게 진척되고 있다.[7] 그럼에도 앞서 지적했듯 출판인으로서의 최남선과 출판사 신문관은 별개로 인식되지 않았다.

신문관을 문화사적인 관점에서 다루고 있는 저서들 역시 사정은 크게 다르지 않다. 대표적으로 조용만·송민호·박병채가 엮은 『일제하의 문화운동사』와 이지원의 『한국 근대 문화사상사 연구』를 들 수 있는데 전자는 "일제하 문화운동"의 첫 발을 내딛은 것으로[8] 후자는 조선학의 명맥을 잇는 문화적 매개자의 역할로 신문관의 역사적 의의를 평가했다.[9] 그렇지만 이러한 평가가 본격 연구의 대상으로 이어지지는 않았다. 이 밖에도 근대 초기 번역을 통해 신문화를 수입한 기관으로 인정되고[10] 조선광문회의 고서 복간 및 사전 편찬에 관여하면서 조선학의 시발로[11]

인천대 박사논문, 2007.

5) 윤영실, 「최남선의 근대적 글쓰기와 민족담론 연구」, 서울대 박사논문, 2009.

6) 김정숙, 「출판인 최남선 연구」, 중앙대 석사논문, 1991.

7) 전영표, 「육당 최남선의 출판행위와 『소년』지 연구」, 『출판잡지연구』 12, 2002; 고정일, 『애국작법-新文館 崔南善·講談社 野間淸治』, 동서문화사, 2007; 박천홍, 「근대 출판의 선구자 육당 최남선」, 『문학과사회』 79호, 2007 가을호.

8) 조용만·송민호·박병채, 『일제하의 문화운동사』, 민중서관, 1970.

9) 이지원, 『한국 근대 문화사상사 연구』, 혜안, 2007.

10) 임화는 한말의 정치계몽문학과 구분되는 것으로 신문관의 번역소설들을 언급함으로써 순문학에 대한 최초의 관점을 제공한 바 있다(임규찬·한진일 편, 앞의 책, 148~149면). 김병철은 『소년』과 『청춘』에 게재된 번역물과 단행본 출판물들을 체계적으로 소개하고 있으며 그 역시 이들을 순수문학 유입의 한 통로로 간주한 바 있다(김병철, 『한국근대번역문학사연구』, 을유문화사, 1975).

평가되는가 하면 문학사에서는 신문학 초창기 육당과 춘원으로 대표되는 '2인 문단 시대'의 개막과 함께 "신체시의 창안"과 "신문장의 확립"을 주도한 것으로 자리매김 되고 있다.[12] 요컨대 신문관은 최남선의 대표적인 업적으로 식민지하에서 출판을 통해 민족운동과 문화사업 및 초창기 '신문학 운동'에 기여한 곳으로 일찍부터 주목받아 왔지만 개별 연구의 대상으로 접근되지는 않았다.

2. 신문관 출판물에 관한 연구들

1908년부터 1922년까지 신문관은 총 5종의 잡지를 비롯하여 60여 종이 넘는 단행본을 출판했다.[13] 신문관의 최대 간행물이라 할 수 있는 『소년』과 『청춘』은 이 시기를 대표하는 매체로 일찍부터 주목되었으며 관련 연구 역시 상당하다.[14] 이 가운데 한기형은 『소년』과 『청춘』이 지니는

---

11) 조선광문회에 관한 본격적인 연구는 오영섭의 「조선광문회 연구」(『한국사학사학보』 3, 2000)에 이어 장병극(「조선광문회 연구」, 성균관대 석사논문, 2012)에 의해 이뤄진 바 있다. 이 밖에도 임상석이 국한문체 글쓰기와 관련하여 『조선광문회고백』(「고전의 근대적 재생산과 최남선의 국한문체 글쓰기」, 『민족문학사연구』 44호, 2010)을 재조명한 바 있으며 최혜주도 「한말 일제하 재조일본인의 조선고서 간행사업」(육당연구학회 편, 『최남선 다시 읽기, 현실문화, 2009)에서 광문회의 고서 간행을 다룬 바 있다.

12) '신문학 초창기'라는 설정은 임화의 신문학사 구상(임규찬 · 한진일 편, 『임화 신문학사』, 한길사, 1993)에서부터 백철(『신문학사조사』, 민중서림, 1953), 조연현(『한국현대문학사』, 현대문학사, 1956)에 이르기까지 문학사 서술의 한 전형을 이룬다. 백철과 조연현의 앞의 책, 각 '제2편 초기의 신문학'과 '제2장 근대문학의 탄생' 부분 참조.

13) 이 수치는 전적으로 신문관이 자사에서 발행했다고 광고 혹은 명시한 서적에 한한 것으로 신문관에서 발행되었지만 족보나 개인 문집, 연표, 교리서 등은 포함되어 있지 않다.

14) 김윤식의 「『소년』지의 허구성」(『근대한국문학연구』, 일지사, 1973)을 필두로 다양한 연구들이 축적되어 있다. 여기에 대해 일일이 거론하지 못하고 몇몇 대표 연구를 중

매체로서의 중요성을 본격적으로 거론함으로써 두 매체가 식민지 시기 잡지가 추구할 수 있는 최선의 방식으로 근대 학지를 구성해내고 있음을 논증한 바 있다.[15] 권보드래 외 5인의 필자가 쓴 『『소년』과 『청춘』의 상』은 『소년』과 『청춘』을 '개성'과 '잡종성'이 충만한 매체로 간주함으로써 계몽적, 애국적인 측면에서 접근되어온 『소년』·『청춘』이 시각, 과학, 일상, 영웅 등의 다층적인 스펙트럼 속에서 다뤄질 수 있음을 보여주었다.[16] 이 밖에도 어린이와 학생을 대상으로 한 『붉은져고리』와 『아이들보이』, 『새별』 등의 일련의 매체들을 간행했고[17] 이들은 주로 아동문학 연구에서 다뤄져 온 경향이 강하다.[18]

다음으로 소설 및 시가집에 해당하는 문예서류에 관한 연구들이다. 신문관은 〈륙젼쇼셜〉[19]에 해당하는 8종의 기획소설을 비롯하여 『고본춘향젼』, 『신교옥루몽』, 『신교슈호지』 등을 발간했다.[20] 그리고 〈신문관발

심으로 해당 주제와 관련된 부분만을 제한적으로 살펴볼 수밖에 없음을 양해 바란다.

15) 「근대어의 형성과 매체의 언어전략」(『역사비평』 71호, 2005)과 『근대어·근대매체·근대문학』에 포함된 두 편의 논문 「근대잡지와 근대문학 형성의 제도적 연관」 및 「최남선의 잡지 발간과 초기 근대문학의 재편」(한기형 외, 성균관대 대동문화연구원, 성균관대 출판부, 2006) 참조.

16) 권보드래 외 5인, 『『소년』과 『청춘』의 상』, 이화여대 출판부, 2007.

17) 『소년』 폐간 이후 발행된 이 매체들에 대해서는 조은숙이 최초로 「1910년대 아동 신문 『붉은져고리』 연구」(『한국근대문학연구』 8호, 2003) 논의했으며 이후 정혜원(「1910년대 아동문학 연구」, 성신여대 박사논문, 2008), 구인서(「1910년대 아이들 독서물 연구-〈신문관〉발행 정기간행물을 중심으로」, 연세대 석사논문, 2008) 등이 연구한 바 있다.

18) 권복연(「근대 아동문학 형성과정 연구 : 1910-1920년대 초를 중심으로」, 연세대 석사논문, 1999); 신현득(「한국 근대아동문학 형성과정 연구-최남선의 공적을 중심으로」, 『국문학논집』 17집, 2000); 조은숙(「한국아동문학의 형성과정 연구」, 고려대 박사논문, 2005); 오오타케 키요미(『한일 아동문학 관계사서설』, 청운, 2006) 등 참조.

19) 〈륙젼쇼셜〉에 대해서는 이주영의 「新文館 간행 〈六錢小說〉」(『고전문학연구』 11집, 한국고전문학회, 1996)과 최호석의 「신문관 간행 『육전소설』에 대한 연구」(『한민족어문학』 57집, 2010) 참조.

20) 〈륙젼소셜〉외 신문관본 고소설에 대해서는 강진모, 「『고본춘향전』의 성립과 그에 따

간신쇼셜〉[21]에 해당하는 세계문학 시리즈를 비롯하여 『해당화』, 『무궁화』, 『무정』 등 각종 단행본 소설들을 출판하였다.[22] 고소설[23]과 서양 번역소설[24] 나아가 창작소설에 이르기까지 신문관이 간행한 다양한 분야의 소설들에 대한 접근이 점차 활발해지고 있다. 또 창가집으로 일찍이 주목된 『경부텰도노래(京釜鐵道歌)』[25]를 비롯하여 『한양노래』[26], 『가

른 고소설의 위상 변화」(연세대 석사논문, 2003), 유광수, 「『옥루몽』 연구」(연세대 박사논문, 2006), 이윤석, 「『고본춘향전』 개작의 몇 가지 문제」(『고전문학연구』 38호, 2010), 유춘동, 「〈수호전〉의 국내 수용 양상과 한글 번역본 연구」(연세대 박사논문, 2012) 참조.

21) 권두연의 「근대 초기 번역소설에 관한 한 연구-『썰리버유람긔』의 '순국문' 번역 양상을 중심으로」(『사이間』 3호, 2007) 및 「신문관 단행본 번역소설 연구」(『사이間』 5호, 2008), 박진영의 『신문관 번역소설』(소명, 2009)과 「한국의 근대 번역 및 번안 소설사 연구」(연세대 박사논문, 2010), 황정현의 「『엉클 톰즈 캐빈』과 『검둥의 설움』의 간격」(『한국학연구』 38집, 2011) 참조.

22) 『해당화』는 톨스토이의 『부활』을 박현환이 번역한 소설의 제목이고 『무궁화』는 이상협이 『매일신보』에 연재한 소설로 번안 여부가 아직 밝혀지지 않았다.

23) 이태화, 「신문관 간행 판소리계 소설의 개작 양상」(고려대 석사논문, 2006). 최진석, 「「홍부전」의 전승 양상 : 출판문화와의 관련성을 중심으로」(『어문연구』 34권 4호, 2006) 등 참조.

24) 『소년』·『청춘』에 게재된 번안 및 번역소설은 김병철의 앞의 책 및 한기형의 「최남선의 잡지 발간과 초기 근대문학의 재편」(『근대어·근대매체·근대문학』, 앞의 책, 344면) 〈부록〉에 잘 정리되어 있다. 이 번역소설들에 대해 본격적으로 언급하고 있는 연구로는 정선태(「번역과 근대 소설 문체의 발견-잡지 『소년』을 중심으로」, 『대동문화연구』 48집, 성균관대 대동문화연구원, 2004); 권보드래(「『소년』과 톨스토이 번역」, 『한국근대문학연구』 12집, 한국근대문학회, 2005); 김남이·하상복(「최남선의 신대한(新大韓) 기획과 "로빈슨 크루소"」, 『동아연구』 57호, 2009) 등 참조.

25) 『경부철도가』에 대해서는 조지훈을 필두로 정한모, 홍일식, 김욱동, 김용직 등에 의해 일찍이 논의된 바 있다. 조지훈(『한국문화사서설』, 탐구당, 1964), 정한모(『한국근대시문학사』, 일지사, 1973), 홍일식(『한국개화기의 문학사상연구』, 열화당, 1980), 김욱동(『한국개화기시가연구』, 시문학사, 1981), 김용직(『한국근대시사』, 새문사, 1983) 등 참조.

26) 『경부철도가』에 비해 『한양가』에 대한 연구는 많지 않다. 최현식이 '한양'이라는 명칭을 둘러싼 함의에 대해 의미 있는 논의를 진행한 바 있고 (최현식, 「근대계몽기 '한양-

곡선』[27] 등 일련의 시가집 출간에도 주력했다. 특히 『경부텰도가』는 문명개화 담론과 관련하여 지속적으로 거론되고 있다.[28]

근래에는 독본이나 수신서와 같은 서적들이 연구자들로부터 관심을 모으면서 『산수격몽요결』이나 『자조론』[29], 『시문독본』[30] 등에 관한 연구도 활발하게 이뤄지고 있다. 이 밖에 신문관은 대종교[31] 및 불교 관련 서적들이나 어학서[32], 문법서, 사전 등의 실용・학술서에서부터 여러 권의 소화집[33]과 바둑이나 요리를 다룬 상업 출판물에 이르기까지 신문화

경성'의 이중 표상과 시적 번역」, 『상허학보』 26집, 2009) 김윤희에 의해 본격적으로 다루어졌다(김윤희, 「20세기 초 창가 『한양노래』의 창작 동인과 '한양' 표상의 특징」, 『인문과학연구』 34, 2012).

27) 『가곡선』에 대해서는 송안나의 「20세기 초 활자본 가집 『가곡선』의 편찬 특징과 육당의 시조 인식」(『반교어문연구』 27집, 2009)과 윤설희의 「육당 최남선의 시조정리사업과 그 의미–『가곡선』과 『시조유취』를 중심으로」(『한국시가연구』 32, 2012) 참조.

28) 문명개화의 측면에서 접근한 대표 연구로 김동식(『한국근대문학의 풍경들』, 들린아침, 2005)과 한수영(「육당의 신시 의식과 형식 개념에 대한 고찰」, 『한국문학이론과 비평』 30, 2006), 최현식, 「철도창가와 문명의 향방」(『민족문학사연구』 43호, 2010) 참조.

29) 『자조론』은 최남선이 1918년 번역한 것으로 최희정(「한국 근대 지식인과 '자조론'」, 서강대 박사논문, 2004), 윤영실(「최남선의 수신(修身)담론과 근대 위인전기의 탄생」, 『한국문화』 42, 2008), 황미정(「최남선 역, 『自助論』–中村正直譯, 畔上 賢造譯과의 관련성에 관해서」, 『언어정보』 9, 2008), 김남이(「1910년대 최남선의 '자조론(自助論)' 번역과 그 함의」, 『민족문학사연구』 43호, 2010) 등에 의해 다뤄진 바 있다.

30) 『시문독본』은 독본에 대해 본격적으로 연구하기 시작한 구자황의 일련의 논문들(「'독본(讀本)'을 통해 본 근대적 텍스트의 형성과 변화」(『상허학보』 13집, 2004), 「근대 독본류의 성격과 위상(1)」(『탈식민의 역학』, 소명, 2006), 「근대 독본의 성격과 위상(2)」(『상허학보』 20집, 2007))을 필두로 문혜윤(『문학어의 근대』, 소명, 2008), 김지영(「최남선의 『시문독본』 연구–근대적 글쓰기의 형성과정을 중심으로」(『한국현대문학연구』 23호, 2007)), 임상석(「『시문독본』의 편찬과정과 1910년대 최남선의 출판활동」, 『상허학보』 25집, 2009), 박진영(「시문독본」, 『민족문학사연구』 39호, 2009)에 이르기까지 여러 연구자들에 의해 그 중요성이 부각되면서 관심의 대상이 되고 있다.

31) 신문관이 출판한 대종교 서적인 『삼일신고』에 대해서는 조남호의 「『환단고기』와 『삼일신고』」(『仙道文化』 9권, 2010) 참조.

32) 한정선, 「개화기 일본 학습서 소고」, 『일어일문학연구』, 1994.

및 신문학과 관련된 다양하면서도 비중 있는 출판물들을 생산해낸다. 이상 언급된 매체 및 서적들은 그 각각의 출판물 자체로 이미 중요한 의미들을 지닌다. 하지만 출판물의 유통이나 기획 과정, 더 나아가 독자 수용의 측면으로까지 범위를 확장시키려면 개별 출판물 이상의 장치가 필요하다. 그간 최남선 개인이나 『소년』, 『청춘』과 같은 몇몇 매체 및 주요 단행본 서적 위주로 이루어진 연구들이 보다 총체적이고 통합적인 관점에서 조망될 필요가 있는 것은 이 때문이다.

3. 출판사 및 서적 유통에 관한 연구들

출판사를 독립된 연구대상으로 삼고 있다는 점에서 이 책은 기존의 출판 관련 연구들을 참조하고 있다. 초창기 안춘근, 하동호, 김근수, 백순재 등에 의해 조사, 정리된 서지 및 문헌 연구들을 위시하여[34] 근대 초기 인쇄매체의 발달과 함께 등장한 출판 기구에 대한 선행 연구들은 이 시기 출판문화의 시대적 지형을 이해하는 데 중요한 참조항을 제공한다.

지금까지 근대 초기 출판사와 관련하여 이루어진 연구 경향들을 살펴보면 대략 세 가지 정도로 개괄되는데 첫째 근대 초기 출현한 출판사들의 성격을 규명하는 작업들로 이는 주로 애국·계몽적이거나 민족주의적인 측면에서 고찰되었다.[35] 출판사는 상업적인 이윤 추구에 1차적인 목적을

33) 정명기, 「일제 치하 재담집에 대한 재검토」, 『국어국문학』 149집, 2008; 이홍우, 「근대 재담집 『소천소지』 연구」, 『구비문학연구』 34호, 2012.

34) 안춘근, 『한국출판문화론』(범우사, 1981) 및 『한국출판문화사대계』(청림출판, 1988)와 하동호, 『근대서지고습집』(탑출판사, 1986), 김근수, 『한국잡지개관 및 호별목차집』(한국학연구소, 1973), 최덕교, 『한국잡지백년』 1(현암사, 2004), 백순재, 『韓末 韓國雜誌目次總錄 : 1896~1910』(국회도서관, 1967) 등에 의해 서지 및 출판에 관련된 자료들이 정리, 축적되었다.

두지만 이 시기 출판사는 애국·계몽의 수단으로 제안되기도 했기 때문이다. 서적의 출판과 보급에 관련된 일을 수행한 출판 기구가 상업적인 동시에 계몽적일 수 있으며 나아가 출판에 관련된 각종 모임에 결사의 장을 제공함으로써 사회 및 문화운동을 견인할 수 있었던 것은 근대 초기 출판 기구들의 성격이 분화되지 않은 것과 무관하지 않다. 그런가하면 한쪽에서는 상업적 측면에서 구활자본 고소설의 유통 방식에 관한 논의가 활발하게 전개되었고[36] 신소설 및 근대소설의 출판 유통에 관한 연구도 드물게 발표되었다.[37] 나머지는 박문서관이나 회동서관, 신구서림 같이 식민지 시기의 대표 출판사에 관한 개별 연구들이다.[38]

---

35) 근대 초기 출판문화를 대변하는 대표적인 연구로는 유상호, 「애국계몽기의 출판문화운동」(고려대 석사논문, 1986); 강명관, 「근대계몽기 출판운동과 그 역사적 의의」(『민족문학사연구』 14호, 1999); 정진석, 「개화기 언론 출판문화의 생성」(『동양학』 34호, 2003); 채백, 「근대 민족주의의 형성과 개화기 출판」(『한국언론정보학보』 41호, 2008) 등 참조.

36) 고소설의 유통과 관련해서는 상당한 연구들이 진척되어 있다. 정명기, 「세책본소설의 유통양상」(『고소설연구』 16집, 2003); 마이클 김, 「서양인들이 본 조선후기와 일제초기 출판문화의 모습」(『열상고전연구』 19집, 2006); 류준경, 「지식의 상업유통과 소설 출판」(『고전문학연구』 34, 2008) 등 참조.

37) 한기형, 「1910년대 신소설에 미친 출판·유통 환경의 영향」, 『한국 근대소설사의 시각』(소명, 1999)과 남석순, 「한국 근대소설 형성과정의 출판수용 연구」(단국대 국문과 박사논문, 2003) 참조.

38) 이 시기 대표적인 출판사 및 출판사주들에 대한 연구로는 정은경, 「개화기 현채가(玄采家)의 저(著) 역술(譯述) 및 발간서에 관한 연구」(『서지학연구』 14호, 1997), 이종국, 「개화기 출판활동의 한 징험-회동서관의 출판문화사적 의의를 중심으로」(『한국출판학연구』 49호, 2005), 최호석, 「지송욱과 신구서림」(『고소설연구』 19집, 2005); 「대구 재전당서포의 출판 활동 연구」(『어문연구』, 34권 4호, 2006); 「영창서관의 고전소설 출판에 대한 연구」(『우리어문연구』 37집, 2010), 엄태웅, 「회동서관의 활자본 고전소설 간행 양상」(『고소설연구』 29집, 2010), 김종수, 「일제 강점기 경성의 출판문화 동향과 문학서적의 근대적 위상-한성도서주식회사의 활동을 중심으로」(『서울학연구』 35호, 2009); 「일제 식민지 문학서적의 근대적 위상-박문서관의 활동을 중심으로」(『우리어문연구』 41, 2011), 방효순, 「한남서림의 소설류 방각본 발행」(『근대서지』

이러한 연구 성과들이 가지는 의의는 우선 근대 초기 출판사의 등장 및 성격이 당대 상황과 밀접하게 관련되어 있음을 시사한다는 점이다. 다음으로 개별 출판물들의 출판 양상이나 몇몇 대형 출판사들의 출판활동 전모를 밝힘으로써 서적 발행의 주체로서 출판사의 중요성을 확인시켰다는 데 있다. 다만 특정 출판물에 한해 한쪽에서는 민족운동의 측면으로 다른 한쪽에서는 상업적인 측면으로 양분된 경향이 없지 않으며 몇몇 특정 출판사에 집중되어 있는 형편이다. 이로 인해 출판활동을 통한 다른 사회적 관계나 인적 · 지적 담론들과의 개연성이라든가 사회체제들과의 접목이 이루어지지 않음으로써 개별 분과 영역에 한정되거나 자칫 출판 상황 자체를 축소시킬 수 있는 한계를 내포한다.[39)]

한 개인이나 특정 단체, 개별 매체나 단행본에 국한되지 않으면서 동시대적으로 보다 폭넓게 공유하고 있었던 담론이나 지향성을 살펴보기 위해서는 이를 아우를 수 있는 기구나 시스템이 요구된다. 출판은 물적 자본은 물론 인적 · 지적 자본을 필요로 하는 종합적인 활동이며 출판사는 이를 가능케 하는 토대이자 그 자체가 문화적 기능을 수행하는 기구이다. 다시 말해 자본과 기술, 제도의 완비 속에서 활성화될 수 있는 만큼 그 활동에는 복잡하고 다양한 현실적인 관계들이 요구된다. 더욱이 그것이 민족운동의 또 다른 방식으로 선택되었다면 말이다.

5호, 2012), 이민희, 『백두용과 한남서림 연구』(역락, 2013).

39) 이들 연구들을 통해 국문학과 문헌정보학, 역사학과 사회학 사이에, 국문학은 다시 고전분과와 현대분과 사이에 소통이 잘 이루어지고 있지 않다는 인상을 받는다.

제3장

출판사와 사회·문화적 네트워크

1. 출판사, 운동의 구심점

일간지에 대한 검열이 1907년 이후 강화된 데 비해 출판물에 대한 탄압은 1909년 이후 본격화되었다.[1] 공교롭게도 이 시기에 상당한 출판사가 등장했고 실제로 다채로운 출판물의 발행 역시 함께 이루어졌다. 이는 정치활동이 제한되고 결사나 집회에 제약이 가해지던 시기에 또 다른 언로의 성격을 지닐 수 있으며 그런 점에서 상호보완적일 뿐 아니라 오히려 대체재로서의 가능성까지도 지닐 수 있다. 최남선이 「조선역사강화」에서 광무 · 융희 연간의 여러 활동 가운데 특별히 출판 및 출판사를 언급했던 이유도 이러한 연유에서 일 것이다.[2] 요컨대 이 시기 출판사는 책을 생산하고 유통시키는 공간 이상의 의미를 지닌다.

근대 초기 출판 기구들은 책사(冊肆)와 분리되지 않으면서 서점이나 분매소의 기능을 겸하는가 하면, 학교나 종교 단체의 부설 기관으로 해당

1) 물론 검열은 그 이전부터 있었으며 1905년 을사늑약에 반하는 장지연의 논설 「시일야방성대곡」을 실었다는 이유로 『황성신문』이 정간조치 되었음은 이 대표적인 사례이다.
2) 최남선, 「조선역사강화」 44회, 『동아일보』 1930.3.7, 4면.

기관의 서적을 출판하기 위해 설립되는 등 다양한 목적과 동기 하에 출현하기 시작했다. 실제로 출판사로 명명되는 명칭들도 사(社), 관(館), 서림, 서포, 서시, 서실 등으로 다양했고 연상상점처럼 상점과 겸하거나 약국 등에서 책을 판매한 경우도 있다. 이처럼 근대 초기 '출판사'는 책사 즉 서점이나 제본소, 인쇄소 등과 처음부터 뚜렷하게 구분되지 않은 채로 등장해 점차 그 기능이 분화되어 간 것으로 보인다. 중요한 것은 서적상과 출판업의 기능이 분화되는 과정에서 출판 기구들이 보다 다양한 역할과 사회・문화적 기능을 수행했다는 점이다.

이들 출판사 가운데 사회운동과 밀접하게 관련된 곳이 적지 않은데 가령 국채보상운동의 발기점이 되었던 대구광문사와 신민회의 근거지가 되었던 평양의 태극서관 등은 그 대표적인 예이다. 전자부터 살펴보면 국채보상운동은 1907년 대구광문사의 사장 김용제와 부사장 서상돈 등의 발의로 시작되어 『대한매일신보』를 비롯한 각종 매체를 통해 전국 각지로 전파된 자발적인 대중운동이다.[3] 일제의 침탈에 맞서 국권을 수호하고자 제기된 국채보상에 관한 최초의 건의는 서상돈이 대구광문사를 대동광문회(大東廣文會)로 개칭하는 자리에서 이루어진 것으로 알려져 있다. 대구광문사를 설립한 김광제는 국채보상발기회 연설에서 "본사를 광문사라 이름 지어 조직하던 초기에 사업영역을 눈으로 보고 귀로 들었던 바 본사 주지인즉 도내 각군에 교육을 확장하고 사회를 발전케 함"이었다고 밝힌 바 있다.[4] 출판사의 설립 목적이 교육 및 사회 발전에 있었음을 분명하게 보여준다. 태극서관은 남강 이승훈이 대성학교(교육), 자기사업(식산)과 더불어 설립한 출판사로 "신민회 조직 傘下의 기관"으로 "신민회원의 연락

3) 국채보상운동에 관해서는 김도형, 「한말 대구지역 상인층의 동향과 국책보상운동」(『계명사학』 8집, 1997), 조항래 엮음, 『국채보상운동사』(아세아문화사, 2007) 참조.

4) 김형목, 『김광제, 나랏빚 청산이 독립국가 건설이다』, 선인, 2012, 96면.

장소 및 집합장소로 자주 활용" 된 것으로 알려져 있다.[5] 따라서 상업적인 이익을 추구할 목적으로 설립되었다기보다 신민회 회원들의 활동 근거지로 더 활발하게 활용되었던 것으로 간주된다.

상업적 목적이 아닌 또 다른 사례로 학교와 함께 설립된 출판사를 들 수 있다. 대한제국은 학부를 통해 각종 교과서를 발간하고 관리했지만 지식에 대한 요구는 학부의 교과서만으로 역부족이었다. 정부의 관리, 대신이었던 이용익(李容翊)과 민영휘(閔泳徽)가 보성학원이나 휘문의숙을 설립할 때, 보성관(普成館)과 휘문관(徽文館) 같은 출판사를 함께 설치함으로써 교육활동을 보조토록 한 것은 익히 알려진 바다.[6] 이들 출판사는 학부 교과서 외에도 신지식층을 대상으로 한 각종 서적의 출판을 담당함으로써[7] 학교 제도와 함께 이 시기 교육 및 애국·계몽운동에 적극 참여했다. 특히 보성관의 경우는 상당한 전문 번역가들을 고용하여 다양한 번역서들을 출판한다. 이 점은 주목될 필요가 있는데 출판사가 이윤 추구를 위한 서적의 판매나 출판에만 주력한 것이 아님을 보여주기 때문이다. 보성관번역원(普成館繙譯員)으로 안국선(安國善)을 비롯하여 황윤덕(黃潤德), 윤태영(尹泰榮), 김하정(金夏鼎) 등이 활동하고 있었고 이들은 『비율빈전사』를 비롯한 다수의 역사·전기를 번역한다. 이 밖에도 보성관은 국채보상운동을 비롯한 각종 사회운동[8] 및 여러 학회나 간친회의 친목

5) 윤경로, 『105인사건과 신민회 연구』, 일지사, 1990, 115~120면.

6) 『普成80年史』(보성80년사 편찬위원회, 학교법인 동성학원, 1986)와 『徽文七十年史』(휘문칠십년사 편찬위원회, 휘문중·고등학교, 1976) 참조. 이용익이 세웠다는 보성관은 인쇄기를 갖추고 있는 대표적인 출판사이다. 국권 회복의 장기적인 계획으로 보성학원과 함께 설립되었고 애국적 출판운동의 중요한 근거지로 인식되었다.

7) 보성관의 서적들이 신지식층을 염두에 두고 출판했다는 점은 김민환, 「개화기 출판의 목적 연구」(『언론정보연구』 47권 2호, 2010) 참조.

8) 「任員組織」, 『황성신문』, 1907.4.8., 2면 잡보. "普成舘內의 國債報償聯合會議所에셔 任員을 組織ᄒᆞᄂᆞᆫᄃᆡ 議長은 李儁氏로 副議長은 金光濟氏로 委員長은 尹孝定氏로 選

장소와 임시 사무소로 활용되었고[9] 『야뢰(夜雷)』와 같은 잡지의 출판에도 개입한다.[10] 요컨대 출판사를 중심으로 사람과 단체가 모일 수 있었고 교재 번역 및 잡지의 출판을 통해 사회 및 애국·계몽운동에의 관여가 보다 용이할 수 있었다.

신문관의 출판활동 역시 이 연장선상에서 살펴볼 수 있다. 창립 당시 신문관은 출판 이념으로 '출판보국(出版報國)'을 내세웠지만 대구광문사나 태학서관처럼 사회운동에 편향되지도, 보성관처럼 교재 출판에만 주력하지 않고 다양한 서적을 발행하였다. 특히 출판사가 중심이 되어 각종 다양한 잡지의 발행에 앞장섰다. 이 점은 강조될 필요가 있는데 잡지의 발행은 대개 출판사보다는 잡지사를 중심으로 이루어지기 때문이다. 본격적인 문예지인 『창조』가 창조사에서, 시사 및 문예를 종합적으로 다룬 『개벽』이 개벽사에서 발행된 것처럼 근대 초기 잡지의 대부분은 해당 잡지의 발간을 주도한 기관이나 단체를 중심으로 이루어졌다.[11] 학회나 동인지가 아닌 경우에도 마찬가지이다.[12] 대표적으로 교과서와 교양잡지의 중

定ᄒᆞ얏ᄂᆞᆫᄃᆡ 副議長 金光濟氏ᄂᆞᆫ 固辭ᄒᆞᆫ다더라" 보성관내에서 이루어진 『야뢰』의 잡지 편집은 야뢰보관에서 진행됨으로써 잡지사가 잡지를 주관하는 전형적인 패턴을 보인다.

9) 「兩會懇親」, 『황성신문』, 1908.3.14., 1면 잡보. "畿湖學會와 西北學會에셔 親睦의 情을 表ᄒᆞ기 爲ᄒᆞ야 明日下午一時에 兩會任員懇親會를 磚洞普成館內에 開ᄒᆞᆫ다더라"

10) 보성관에 관해서는 권두연, 「보성관(普成館)의 출판 활동 연구」, 『현대문학의 연구』 44호, 2011 참조.

11) 물론 박문서관의 『박문』처럼 출판사를 중심으로 한 잡지가 전혀 없었던 것은 아니지만 근대 초기 잡지들은 대부분이 기관지였으며, 이들 기관이 잡지를 주도한 잡지사 역할을 겸하고 있다.

12) 대한제국시기 발간된 일반잡지의 발간현황에 대해서는 최기영의 연구를 참조하였다. (최기영, 『애국계몽운동Ⅱ-문화운동』, 한국독립운동사연구소, 2009, 92면) 최기영이 제시한 표에 의하면 『소년』을 제외하고는 공통적으로 잡지사와 발행사가 모두 일치한다. 즉 매체 발행 자체가 곧 발행주체가 되는 것이다. 그러나 신문관은 출판사가 발행주체이고, 『소년』 이외에도 다양한 잡지들이 출판사를 중심으로 발행된 특징을

간 형태를 보이고 있는 『소년한반도』(1906.11~1907.4)나 『조양보』(1906.6~1907.1), 『야뢰』(1907.2~7)의 발행처는 모두 소년한반도사와 조양보사, 야뢰보관이다.[13] 더욱이 『야뢰』의 경우는 인쇄시설을 갖춘 보성관에서 주도했음에도 불구하고 출판사가 아닌 잡지사의 이름으로 발행되었다.

이처럼 잡지와 잡지사가 동체(同體)임은 이론의 여지가 없다. 동일한 인물이 펴낸 잡지라 할지라도 잡지의 제명이 바뀔 때마다 그 발행 기관이 바뀌었던 이유도 이와 관련된다. 대표적인 예로 다케우치 로쿠노스케(竹內錄之助)가 주관한 총 4종의 잡지 가운데 『신문세계』(1913.2)와 『신문계』(1913.4~1917.3), 『반도시론』(1917.4~1919.4)은 신문세계사와 신문사, 그리고 반도시론사에서 각각 발행되었다.[14] 신문사는 『우리의 가뎡』이라는 자매지 외에도 상당수의 단행본 발행 및 발매를 하고 있었음에도 『신문계』가 폐간되자 반도시론사로 변경된다.[15] 이 점은 곧 무수한 출판사의 등장이 잡지의 발간과 동시대적으로 이루어졌음에도 출판사를 중심으로 한 잡지 발간은 그다지 일반적이지 않았음을 시사한다.

신문관은 창립 초기부터 『소년』을 비롯한 각종 다양한 잡지를 발간했지만 이들은 소년사나 청춘사가 아닌 출판사 명의로 발간되었다. 신문관

지닌다.

13) 이 잡지들은 학·회보와 『소년』 사이에 존속했던 과도기적 성격을 띤 매체로서 문장을 가급적 쉽게 쓰면서 역사·전기나 소설 등 다양한 문종을 추구하는 등, 지식의 대중화를 이끌어 내려고 했다는 점에서 『소년』의 비교 대상으로 유용하다.

14) 『소년』, 『청춘』에 비해 이들 잡지들에 대한 연구는 저조한 편이다. 대표적인 연구로는 한기형, 「무단통치기 문화정책의 성격-잡지 『신문계』를 통한 사례 분석」(『한국 근대소설사의 시각』, 소명, 1999)과 이경훈, 「『학지광(學之光)』과 그 주변」(한기형 외, 『근대어·근대매체·근대문학』, 성균관대 대동문화연구원, 2006) 등이 있다.

15) 이 밖에도 신문사는 〈청년문고〉 시리즈를 필두로 지도, 사전, 자습서 등 다양한 단행본들을 출판하고 있다. 뿐만 아니라 대리부를 따로 두고 각 출판사들의 서적들을 발매하고 있을 정도로 그 활동이 활발했던 것으로 간주된다.

이 동명사(東明社)로 제명을 바꾸기까지 발간된 모든 잡지는 그 발행처가 한 번도 바뀌지 않았다. 일정 기간 동안 정기적으로, 다양한 형식과 성격의 글을 실음으로써 독자들에게 풍부한 읽을거리를 제공한다는 측면에서 잡지의 등장은 새로운 지식장의 형성을 예기할 수 있다. 따라서 잡지의 출현은 근대 초기 지식장의 구조 형성과도 밀접하게 관련된다.[16] 신문관이 10여 년에 걸쳐 무려 5종의 잡지를 간행했다는 것은 이런 점에서 시사하는 바가 크다. 더불어 비교적 짧은 기간에 상당수의 단행본 출판에도 주력했다. 다시 말해 신문관은 출판사를 중심으로 잡지 발간과 단행본 출판이 병행된 곳 중 하나이다.[17] 잡지와 단행본의 동시 발간은 연동된 출판활동의 양상을 보다 효과적으로 포착할 수 있다는 점에서 유용하다.

2. 재구성되는 네트워크

출판사를 중심으로 한 잡지 발행이 예외적이었다는 점에서 신문관의 등장은 잡지사 중심의 담론 지형을 확장시킬 뿐 아니라 다양한 네트워크로의 전환이나 재구성을 가능케 한다. 요컨대 신문관의 출판활동은 사회운동과 긴박되어 있으면서도 잡지와 단행본 서적을 동시에 발행함으로써 출판과 운동의 구심 역할을 겸했던 것이다. 무엇보다 이러한 출판활동의 속성이 다양한 단체들과 긴밀하게 연동하면서 각종 운동의 방향을

16) 잡지가 근대 지식장의 형성에 미치는 영향에 대해서는 상당한 연구가 진행되었다. 대표적으로 한기형의 「근대잡지와 근대문학 형성의 제도적 연관」(한기형 외, 『근대어 · 근대매체 · 근대문학』, 성균관대 대동문화연구원, 2006), 「근대어의 형성과 매체의 언어전략」(진재교 · 한기형 외, 『문예공론장의 형성과 동아시아』, 성균관대 출판부, 2008) 및 연세대 근대한국문학연구소의 『한국 근대 서사양식의 발생 및 전개와 매체의 역할』(소명, 2005)과 최수일의 『『개벽』 연구』(소명, 2008) 참조.

17) 이후 한성도서주식회사나 박문사 등 잡지와 단행본 출판을 겸한 출판사들이 등장한다.

보다 확대, 지속시켰으며 나아가 이들의 운동을 문화운동으로 유도해 간 경향이 있다. 각각의 운동에 단순히 개입하거나 참여한 것이 아니라 출판활동을 통해 이 운동들이 지향한 이념들을 계승함으로써 운동의 노선을 보다 지속적으로 강화시켜 갔다고 할 수 있다. 신문관을 문화운동의 측면에서 살펴보고자 하는 이유가 여기에 있다.

대한제국기에서부터 3·1만세운동 이후까지 존속한 신문관은 강제병합 전과 후를 연속선상에서 다룰 수 있는 관점을 제공한다. 더욱이 출판활동을 중심으로 형성된 신문관의 문화운동이 실력양성론을 기반으로 한 안창호 계열의 사상적 이념을 배경으로 하고 있다는 점에서 운동의 연속성을 설명하는 데 용이하다. 뿐만 아니라 그 운동이 일정한 방향으로 수렴되거나 혹은 분기되어간 양상까지도 살필 수 있다는 점에서 유용하지 않을 수 없다. 물론 대한제국기 국권피탈의 위기 아래 출판 기구를 중심으로 전개된 문화운동과 3·1만세운동 이후 통치 이념으로 실행된 문화운동을 동일하게 간주하는 것은 아니다.[18] '문화'라는 공통인식에도 불구하고 이 둘은 출발의 기반이나 실행 주체가 다르기에 그 변모와 변용의 결을 세심하게 살필 필요가 있다.[19] 그렇다 하더라도 대한제국기 '문화계몽운동'[20]의 한 양상 혹은 한말 자강운동의 대표적인 형식으로

18) 김현주는 '문화'라는 개념 자체에 주목할 것을 제안하면서 이광수를 중심으로 '문화'가 식민지 시기 한국 사회의 근대적 구조화 과정에 관여한 방식을 논증한 바 있다. 김현주, 『이광수와 문화의 기획』, 태학사, 2005 참조.

19) 일반적으로 문화운동은 1920년 이후 전개된 문화적 지향을 통칭한다. 박찬승, 앞의 책; 마이클 로빈스, 『일제하 문화적 민족주의』, 김민환 역, 나남, 1990 참조. 문화운동의 범주 및 개념 설정에 대해서는 역사문제연구소 민족해방운동사 연구사 편, 『쟁점과 과제 민족해방운동사』의 제 13장 「문화운동」(역사비평사, 1990, 442~452면) 부분과 『문화운동론』 2(김정환 외, 공동체, 1986) 참조.

20) 김도형은 실력양성론으로 귀결되는 이 시기를 '문화계몽운동'으로 개념화하고 있다. 그에 의하면 한말 계몽운동에 개입했던 지식인의 여러 입장이 "계급분화의 미진전이

규정되는 실력양성운동이 1920년대까지 단절 없이 지속된 이념으로 작용했다는 점은 문화운동의 한 방법론으로 유용하다.[21]

또 실력양성의 한 양상으로 추진된 문화운동은 점진적인 혁명과도 부합한다.[22] 레이몬드 윌리엄스가 '기나긴 혁명'이라고 표현했던바,[23] 문화/문화운동이 점진적이면서도 혁명적인 두 가지 속성을 동시에 띠게 되는 것은 이 때문이다. 신문관이 구습혁파를 비롯하여 동서양의 유신(維新)에 주목했던 것도 문화운동의 점진적인 변화와 일맥상통한다. 더욱이 물질적인 토대 그 자체가 이미 문화이자 곧 문화운동이라는 윌리엄스의 문화이론[24]에 기댄다면 출판 기구는 실제적이고 구체적인 문화운동의 양상을 보여주는 장치[25]라는 점에서 의미 있는 관점을 제공한다.

근대 초기 등장한 상당수의 민간 출판사들은 책을 파는 '책사'로부터

라는 점"에서 단체별, 매체별로 명확하게 구분되지 않았을 수 있다. 김도형, 『대한제국기의 정치사상연구』, 지식산업사, 1994, 27면 및 VI장 참조.

21) 박찬승, 『한국근대정치사상사연구』, 역사비평사, 1992 참조. 다만 박찬승의 논의 가운데 실력양성주의의 문화적 지향성이 가지는 태생적 한계를 1920년대 문화운동과의 연속선상에서 보는 관점에는 거리를 두고자 한다.

22) 여기서의 혁명이란 급진적이고 전복적인 변화를 가리키기보다 구습을 혁파하는 정도의 의미 범주로 사용한다.

23) 레이먼드 윌리엄스가 문화 및 문화운동이 지니는 의의를 표현하기 위해 사용한 개념이다. 이 논문에서는 점진적인 실력양성운동의 일환이자 출판활동을 통해 일종의 문화적 지향을 성취해 나간 신문관의 '문화운동'에 차용했다. 레이먼드 윌리엄스, 『기나긴 혁명』, 성은애 옮김, 문학동네, 2007 참조.

24) 레이먼드 윌리엄스, 『문학과 문화이론』, 박만준 옮김, 경문사, 2003 참조.

25) 장치(dispositif)를 푸코의 입장에서 파악한다면 "특정한 권력의 작용 속에서 살아 있는 개인들을 어떤 방향으로" 하게 하기도, 하지 못하게 하기도 하는 모든 요소들의 활동을 포착하는 것으로 이해될 수 있다.(미셸 푸코, 『권력과 지식 : 미셸 푸코와의 대담』, 홍성민 옮김, 나남, 1991, 235면; 조르조 아감벤, 『장치란 무엇인가; 장치학을 위한 서론』, 양창렬 옮김, 난장, 2010) 이 책에서는 출판 기구를 제도적인 장치의 관점에 두고자 하며 이러한 발상은 차승기의 논문 「문학이라는 장치」를 통해 보다 구체화될 수 있었음을 밝힌다. 차승기, 「문학이라는 장치」, 『현대문학의 연구』 44호, 2011, 1장 참조.

발전된 경향이 있다.[26] 대표적으로 광학서포나 박문서관은 설립 초기 주로 "김상만서포"나 "로익형책사" 등으로 광고되었다.[27] 이로 인해 대부분의 출판사들은 자사 서적의 제작, 발행보다 타 출판사, 특히 학부 교과서나 잡지 같은 서적을 대행 발매하면서 일종의 분매소나 특약소로 기능하게 된 것이다.[28] 이 시기 출판사들이 발행과 발매의 겸업 구조를 가지게 된 것은 이러한 연유에서이다.[29] 신문관 역시 발매와 발행을 동시에 수행했지만 발매보다는 자사 서적의 발행에 보다 주력했다. 특히 인쇄기를 보유한 점은 이 시기 타 출판사들에 비해 유리했을 뿐 아니라 신문관이 독립된 시스템으로 운영될 수 있는 요건이 된다.

이상 서술한 내용을 정리하면 신문관은 독립된 시스템을 갖춘 근대적 출판사로 발매보다는 자사 서적의 발행 쪽에 주력했으며 특히 잡지와 단행본의 동시 발간을 통해 동시기 다른 출판사들에 비해 유리한 위치를 점하게 된다. 더욱이 그 출판활동이 통감정치에서 무단통치기를 거쳐 문화통치기로의 이행 속에 이루어졌다는 점에서 문화운동의 연속적인 측

---

26) 19세기까지 서적의 출판과 유통 및 판매는 분업화, 전문화 되어 있지 않았다고 한다. (이민희, 『16-19세기 서적중개상과 소설 · 서적 유통관계 연구』, 역락, 2007) 한편 안춘근은 회동서관을 비롯한 이 시기 상당수의 출판사들을 서점으로 간주하고 있다. (안춘근, 「한국의 서점고」, 『한국서지의 전개과정』, 범우사, 1994, 81~83면.)

27) 가령 "김상만책사"는 1905년부터 "동사절요재판발매"나 『대한강역고』 등의 발매 광고를 내고 있다.(『황성신문』, 1905.4.18., 3~4면 광고) 뿐만 아니라 『혈의루』를 비롯한 다수의 신소설 발매소 광고 역시 "김상만서포"나 "로익형책사" 등으로 광고되고 있다.

28) 발행은 자사 출판사에서 저작의 소유권을 가지고 있으면서 출판한 서적을 일컫는다. 반면 발매는 특약소나 분매소의 형태로 다른 출판사에서 발행한 서적을 대신 판매하는 것을 가리킨다. 이 책 역시 발행과 발매의 개념을 이렇게 구분해서 쓰고자 한다.

29) 당시 서적의 발행과 발매에 관한 관례로 "그때는 책을 교환을 했습니다. 가령 갑이라는 출판사에서 갑이라는 서적을 출판하면 을이라는 출판사에서 출판한 을이라는 서적과 교환을 하고 같은 서적은 발행하지를 않었습니다. 그랫든 것이 차차 경쟁을 하게 되면서 판권이 없는 것이라 너도 나도 발행을 하게 되었지요." 「출판업으로 대성한 제가의 포부」, 『조광』 4권 12호, 1938.12, 318면.

면을 살펴보는 데에도 유용하다. 출판사를 중심으로 매개된 문화운동이 결사의 장과 담론의 공유를 가능케 하면서 구체적으로 실천한 것이 무엇이었는지를 실증적으로 재구하기 위해 이 책은 다음과 같은 네 가지 측면에 주력하고자 한다.

먼저 제2부에서는 신문관의 운영 시스템을 구조적 측면에서 접근한다. 신문관이 분업화된 시스템을 갖춘 출판사임을 확인하는 작업은 최남선을 중심으로 이루어진 그간의 연구에 거리를 두면서 보다 실증적인 방법을 통해 민족계몽의 도구이자 문화운동의 근거지로만 언급된 신문관의 구체적 전모를 밝히는 데 필수적으로 요청된다. 발행 서적들의 양상을 파악하기 위해 신문관이 발행한 서적 목록과 광고를 주요 분석의 대상으로 삼아 근 10여 년간 전개된 출판활동을 살펴보고자 한다. 동시에 자사의 서적들을 분류하고 양식화하려 한 특성을 고찰하고 〈십전총서〉나 〈륙젼쇼셜〉, 〈신문관발간신쇼셜〉과 같은 유형화가 기획 출판의 결과임을 확인하고자 한다. 한편 신문관이 활동한 시기에는 출판물에 대한 검열이 비교적 엄격하게 작동하기 시작했다. 따라서 출판을 통해 '보국'의 이념을 실현코자 했던 신문관의 활동은 이 시기의 각종 제도나 검열 등과의 상호 관련 속에서 재조정된다. 창립 초기 신문관 출판물의 경향 및 『소년』·『청춘』에 드러난 검열의 구체적인 양상을 보론의 형식으로 다루고자 한다.

제3부에서는 신문관이 출판활동을 통해 각종 단체 및 기관과 교류하면서 연동된 운동의 성격을 규명하고자 한다. 이를 위해 이 책에서는 청년학우회와 조선광문회, 조선어강습원을 중심으로 청년운동과 자국학운동 그리고 어문운동에 관여하고 있는 양상을 살펴보고자 한다. 신문관은 『소년』이 청년학우회의 기관지 역할을 하면서부터 각종 단체나 기관과 관계된 운동에 적극적으로 개입하고자 한 특징을 보인다. 주지하다시피 청년학우회는 안창호를 중심으로 한 신민회 계열의 합법적 부속단체이다. 『소년』

이 그 기관지 역할을 맡으면서 신문관의 전 출판활동은 학우회의 이념을 실천적으로 계승, 발전시키는 결과를 가져온다. 따라서 학우회의 이념적 지향이 신문관의 출판활동을 통해 드러나는 양상을 다뤄보고자 한다. 최남선의 또 다른 업적으로 간주되는 조선광문회는 신문관과 거의 구분되지 않은 채 취급된 경향이 강하다. 이 책에서는 두 기관이 발행한 서적 및 서적 발행에 관여한 인물들을 중심으로 이 둘의 성격을 보다 분명하게 구분할 것을 목표로 삼는다. 이를 통해 광문회는 고서 복간과 사전 편찬을 중심으로 한 학술기관임을, 신문관은 이를 물질적으로 보조하고 인쇄 및 판매를 한 출판 기구임을 분명히 하고자 한다. 무엇보다 『청춘』을 비롯한 다양한 매체를 통해 신문관이 광문회의 이념을 보다 근대적으로 변용하면서 대중적으로 확산 및 보급시키려 했음을 밝혀보이고자 한다. 신문관이 '신문화 운동'에 기여한 것으로 손꼽히는 업적 가운데 하나는 '신문장'을 확립시켰다는 데 있다. 1910년대 주시경과 그의 제자들은 신문관과 광문회를 중심으로 문법서 발간 및 사전 편찬 작업을 펼친 바 있다. 그리고 신문관은 어린이를 대상으로 발행한 잡지들을 통해 한글 글쓰기를 본격적으로 시험해 보고자 했다. 흥미롭게도 이 일련의 과정에 조선어강습원 회원들의 참여가 두드러진다. 이 점에 착안하여 신문관의 여러 매체 및 단행본 서적들이 주시경의 한글 사상을 구체적으로 실현하고 있음을 증명하고자 한다.

제4부는 3부에서 살펴본 각 단체들이 전개한 운동의 결과물들이 신문관의 여러 매체 및 서적을 통해 구현된 양상을 조선의 학술·문화서의 출판과 어문의식의 구축, 그리고 청년 독자의 양성이라는 측면에서 접근해 보고자 한다. 신문관 출판물들은 서양의 것이든 조선의 것이든 번역을 통해 백과전서적인 지식을 구성하려 한 양상을 보인다. 특히 조선에 관한 정보나 지식을 수집하여 체계화하려 했으며 총독부의 통치 방침과는 다른

지식의 추구를 통해 실학과 인문주의를 결합시키고자 한 양상을 들여다보고자 한다. 그리고 신문관의 전 출판물을 통해 실천하고자 한 안창호의 '십년생취(十年生聚)'가 수양과 교양을 함양한 청년 독자의 양성으로 구체화되는 과정을 살피고자 한다. 무엇보다 이 책에서는 신문관을 관통하고 있는 문체 의식에 주목한다. 신문관은 『소년』에서부터 다양한 문체 실험들을 시도한다. 이 시기 매체들 가운데 가장 혁신적이라고까지 평가될 정도로 『소년』의 문체 실험은 돋보인다. 향후 이러한 시도는 어린이 잡지 및 단행본으로 이어지면서 보다 다양하게 구사되었으며 『청춘』과 『시문독본』에 가서는 '시문체'의 형성으로 수렴된다. 이처럼 다양하게 전개된 신문관의 문체 실험을 고찰하는 것은 신문관이 획득한 '신문장 확립'의 구체적인 의미를 재검토한다는 점에서 보다 의미 있을 것으로 기대된다.

마지막으로 5부에서는 구체적인 출판 행위들을 통해 형성된 신문관의 인적 네트워크를 필자-독자의 구도로 구조화해 보고자 한다. 신문관에는 송진우를 비롯하여 각종 다양한 인물들이 출입했던 것으로 알려져 있다. 신문관을 중심으로 '회중노사(會中老師)'와 '청년제류'가 이합집산하고 있는 양상을 매체별, 단행본 서적별로 살펴봄으로써 이들이 '절합(articulation)'할 가능성을 확인하고자 한다. 총 5종의 매체와 60여 종이 넘는 단행본 서적의 출판에는 다양한 인물들이 관여한다. 이들의 저작들에는 서로 상이한 입장들도 있겠지만 일종의 공유된 사상이나 공통으로 지향된 이념들도 존재한다. 이는 단순히 한 개인의 개별적인 작업을 넘어 공동체적인 연대감을 형성해 나갔을 수 있다. 이와 함께 매체별로 분화된 독자상을 추구한 신문관이 역사적으로 지속된 독자층을 형성해 나간 양상을 구체적인 독자 관계망을 통해 파악하고자 한다. 궁극적으로 신문관 매체들이 실시한 다양한 글쓰기 프로그램을 통해 문학에 경도되고 문예에 견인된 투고자들이 문예 주체로 양성되는 과정을 살펴보고자 한다.

제2부

출판 구조와 출판물의 기획

제1장

분업화된 운영 시스템

1. 경영과 편집의 분리

신문관은 최창선(崔昌善)[1]이 설립하고 최남선(崔南善)이 책임 편집을 맡아 운영한 출판사이다. 신문관이 창립될 무렵 최남선은 일본에서 막 돌아온 18세의 유학생에 불과했는데 이 점은 신문관이 그에 의해 설립될 수 없었던 물리적인 조건이 되는 동시에 신문관의 분업 구조를 이해하는 하나의 단서가 된다. 당시 법은 20세 이상의 남성만이 출판과 관련된 일을 할 수 있도록 규정하고 있었다.[2] 물론 동시기 매체들은 서적 발행을 위해 최남선이 인쇄기를 비롯한 제반 기기들을 사들여왔다고 소개하기도 했지만[3] 그것이 곧 출판사의 설립과 설립자를 의미한 것은 아니었다.

---

1) 조성출에 의하면 최창선은 최남선보다 2살 위의 형으로 1888년생이며 생전에 호를 쓰지 않았다고 한다. 보진재에 자주 출입한 서화가로 예서와 행서를 잘 썼다고 하며 보진재 인쇄소에서 『高等習字帖』(전2권, 신문관, 1913)을 펴낸 바 있다.(조성출, 『한국인쇄출판백년』, 보진재, 1997, 112면) 그렇지만 현재 확인되는 『高等習字帖』(상·하)은 1913년 조선총독부에서 발행된 것으로, 조성출이 언급한 책과 동일한 서적인지 알 수가 없다.

2) 송병기 외 편, 『한말근대법령자료집Ⅴ』, 대한민국 국회도서관, 1971, 587면.

그럼에도 신문관은 오랫동안 최남선에 의해 설립된 출판사로 인식되어 왔다. 출판사의 대표 발간물인 『소년』과 『청춘』이 모두 그에 의해 편집되었으며 일찍이 '소년명사'로 간주된 그의 지명도는 매체의 주 편집자를 출판사의 주인으로 오인하도록 방기해 두었던 것이다.

1) 신문관 관주(館主), 최창선

최창선은 『소년』에서부터 『청춘』은 물론, 창간 초기 발간된 『경부텰도노래』, 『한양노래』, 『썰늬버유람긔』 등의 단행본에서부터 〈륙젼쇼셜〉 시리즈 및 각종 소화집, 번역소설, 수신서에 이르기까지 신문관이 발행한 대표 매체 및 서적들의 판권지에 발행자 혹은 저작 겸 발행자(著作兼發行者)로 등장한다.[4] 1910년을 전후하여 출판된 서적들의 판권지에서 저작 겸 발행자로 등장하고 있는 민준호(閔濬鎬), 김용준(金容俊), 노익형(盧益亨), 김상만(金相萬) 등은 모두 이 시기 대표적인 출판사로 알려진 동양서원(東洋書院), 보급서관(普及書館), 박문서관(博文書館), 광학서포(廣學書鋪)의 주인들이다. 이처럼 이 시기 서적의 판권지에 발행자 또는 저작 겸 발행자는 주로 출판사의 사주인 경우가 대부분이다. 그렇다면 신문관 서적들의 대부분이 최창선의 이름으로 발행되고 있는 사정은 그가 신문관 관주이어야 가능해질 수 있는 일이다.

---

3) "銅峴居 崔南善氏가 諸般書籍을 發刊키 爲ᄒᆞ야 資金 三十萬圜을 携帶ᄒᆞ고 機具를 賣來ᄒᆞᆯ次로 三昨日 日本에 渡去ᄒᆞ얏다더라"「書籍發刊의 機具」(『황성신문』 1908.4.17, 잡보 2면) 이 밖에도 「인쇄 대계획」(『해조신문』 1908.5.2, 잡보 2면), 「청년의 대사업」(『황성신문』 1908.5.14, 잡보 1면) 등 참조.

4) 서적의 법적 소유권을 보증하고 있는 판권지 / 판권란은 근대의 서적에 대한 법적 소유권이 어떻게 형성, 변화되었는지를 보여주는 실증적 자료라 할 수 있다. 신문관 대표 서적의 판권란에 보이는 저자 및 발행자 표시는 〈표 15〉 신문관 매체별 자사 서적 광고를 참고하기 바란다.

최창선은 『소년』이 창간되기도 전인 1908년 9월 26일 9시경에 '신문관 주인'의 자격으로 경시청에 불려 가는가 하면[5] 이른바 '105인 사건'으로 알려진 데라우치 총독 암살미수사건에 연루되어 불기소 처리된 바도 있다.[6] 이 밖에도 양심여학교나 중부 장통학교에 "셔칙과 연필과 기타 다른 물품"들을 기부하는 등, 각종 단체나 학교에 자선사업을 펼치고 있었다.[7] 이처럼 신문관의 대외활동들은 최창선의 이름으로 행해지고 있었다.

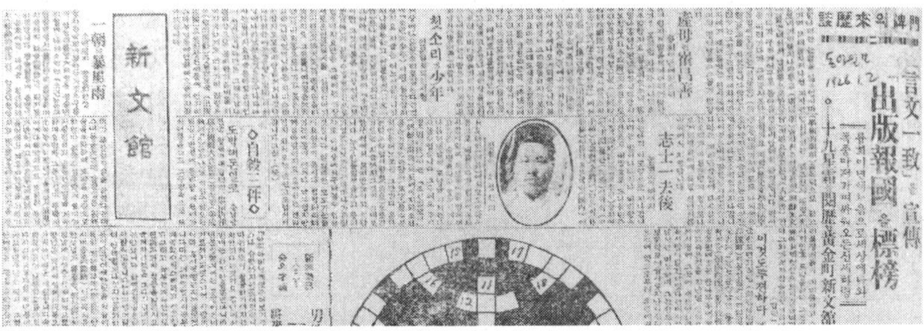

〈그림 1〉 최창선과 신문관 문패 사진 [자료 : 『동아일보』 1926.1.2. 11면 기사]

『대한매일신보』에는 최창선과 최남선이 다음과 같이 소개된 바 있다.

> (1) 오늘날 한국에 털석ᄀᆞᆺ흔 ᄉᆞ샹으로 『소년』의 귀를 울니며 나라의 정신으로 쇼년의 뇌슈에 부어 주ᄂᆞᆫ쟈ᄂᆞᆫ 누구인가 **쇼년잡지샤쥬인 최챵션씨**가 이사ᄅᆞᆷ이로다 최씨가 이 잡지를 발간ᄒᆞᆯ제 쇼년잡지 네글ᄌᆞ에 그 ᄆᆞᄋᆞᆷ을 씩이며 쇼년잡지 이편이 피를 토ᄒᆞ며 대한젼국 『소년』게에 밧쳐니 최씨최씨여 오호-라 최챵션씨여 더욱더욱 분발ᄒᆞᆯ지어다 슯흐다 쇼년잡지여 더욱더욱 분발ᄒᆞᆯ지어다[8] (밑줄 강조-인용자)

---

5) 「신문관주인피초」, 『대한매일신보』 1908.9.27, 잡보 2면.
6) 윤경로, 『105인 사건과 신민회 연구』, 일지사, 1990, 26면.
7) 「양심학교진급」과 「장통학교진급」, 『대한매일신보』 1910.4.13 · 29, 학계 1면.

> (2) 청년학우회 발기인은 윤치호(한영서원장, 대성학교 교장) 장응진(대성학교 학감), <u>최남선(〈소년〉주간)</u>, 최광옥(전양실중학교 교장), 차리석(대성학교 교사), 안태국(협동사장), 채필근, 이승훈(오산학교 교장), 이동녕(청년학원 교사), 김도희(경신중학교 교사), 박중화(보성중학교 교장), 전덕기(공옥학교 교장) 등 12명[9] (밑줄 강조-인용자)

"쇼년잡지샤쥬인"으로 소개되고 있는 인용문 (1)의 "최챵션"은 신문관이라는 언급만 없었지 신문관 관주를 가리킨다. 한편 인용문 (2)의 청년학우회 발기인 명단에 포함된 최남선은 "〈소년〉 주간"으로 소개된다. 『황성신문』 역시 「少年界에新導線」이라는 제목의 논설에서 잡지 『소년』의 발행에 대해 "乃我韓少年界에先導者로出現ᄒᆞᄂᆞᆫ一個少年을對하니卽<u>新文館主人崔昌善氏의發行하ᄂᆞᆫ少年雜誌라</u>"며 최창선이 신문관의 주인임을 보도한 바 있다.[10]

다음은 1918년 『청춘』 14호에 게재된 "신문관 창업 십주년(新文館創業拾週年)"을 기념하는 임규(林圭)의 회고이다.[11]

---

8) 「소년잡지를 축하ᄒᆞᆷ」, 『대한매일신보』 1909.4.13, 논설 1면.

9) 「靑年界喜信」, 『대한매일신보』 1909.8.17, 잡보 3면.

10) 「少年界에新導線」, 『황성신문』 1908.11.27. 논설 2면. 뒤이어 『소년』에 대해 다음과 같이 덧붙이고 있다. "其體製也와記述也와繪圖也의諸種은評騭키不暇하고其開卷第一義ᄂᆞᆫ我韓에少年社會로하야곰冒險勇進의氣概와堅忍耐久의性質을養成하야已往腐敗ᄒᆞᆷ이極點에達ᄒᆞᆫ大韓으로하야곰將次健强ᄒᆞᆫ少年大韓國을建立ᄒᆞᆷ에在하니此ᄂᆞᆫ余가平日에懇切하希望하던바라一言의贊成을自不能已하거니와/惟我大韓社會에新時代新敎育을受하ᄂᆞᆫ少年諸君이여右少年雜誌의開卷第一義를深切히體念ᄒᆞᆯ지이다"

11) 임규에 대해서는 정후수의 「우정 임규 연구」(『한성어문학』 11집, 1992); 「우정 임규의 근대문화사적 역할」(『동양고전연구』 1집, 1993); 「우정 임규론」(『한국어문학연구(구 동악어문논집)』 35집, 1999); 「우정 임규의 시세계」(『동양고전연구』 18집, 2003), 『국역 북산산고』(정후수 역, 깊은샘, 2004) 연보 등 참조.

> 今日은 崔君昌善의 新文館事業을 經始한지 十週年이라 (중략) 君의 事業을 經始하던 本志가 엇지 一營業에 在하얏스리오 過渡時代에 人心이 疑懼하야 昏衢에 彷徨하는 (중략) 後學靑年으로 하야곰 精神界智識界의 洗禮를 受케할 天來福音이 可히 업지 못할지니 이, 新文館이라는 寧馨兒가 期를 應하야 처음으로 呱呱의 聲을 揚한 所以라[12)]

인용문에서 보이듯 임규는 최창선이 "新文館事業을 經始"했다고 분명하게 쓰고 있다. 뿐만 아니라 사업의 원래 의도 역시 "彷徨하는" "後學靑年으로 하야곰 精神界智識界의 洗禮를 受케할" 목적이라고 밝히고 있다. 후술하겠지만 임규는 신문관과 밀접하게 교류한 인물이다.[13)] 동경에서부터 최남선과 함께 『대한유학생회학보』를 발간하고 광무학교 교사로 활동했으며 1908년 최남선이 귀국할 때 동반하기도 했다.[14)] 최남선이 신문관에 관여하기 전부터 알고 지낸 그가 최창선을 신문관의 주인으로 인식한 것이다.

마침 그의 한시집에는 앞선 인용문을 방증이라도 하듯 신문관과 관련된 시 한편이 노래되고 있다.

---

12) 偶丁, 「新文館創業十週年紀念에 余의 所懷를 述함」, 『청춘』 14호, 신문관, 1918.6, 32면.

13) 임규는 신문관 편집국의 일원으로 활동했을 가능성이 농후한 인물이다. 귀국 후 임규의 활동은 신문관과 밀접하게 연관되어 있고 이 인연은 3·1운동을 비롯하여 계명구락부로까지 이어진다. 이에 대해서는 권두연, 「임규와 신문관 출판활동」(『일제강점기 지식인 연구(Ⅰ)』, 2012년도 동양고전학회 동계 학술대회, 한성대학교, 2013.2.16, 29~42면)

14) "本會會員 林圭氏ㄴ 日本에 留學ᄒᆞᆫ지 十有餘年이라 靑年學院에서 新入學生의 言語不通ᄒᆞᆷ을 爲ᄒᆞ야 日本語及其他普通科를 勤勉敎授ᄒᆞ더니 今月에 崔南善氏와 同伴ᄒᆞ야 歸國ᄒᆞ니 該 學生드리 悵缺ᄒᆞᆷ을 不勝ᄒᆞ더라" 「휘보」, 『대한학회월보』 5호, 1908.6, 64면.

擲柶揚鳶記憶新	윷놀이 연날리기 기억이 새로워
居然五十二年人	그렇게 산 지 52년이 되었구나
上元明月前三夜	정월 밝은 보름달 3일 전날 밤
故國寒梅又一春	고국의 겨울 매화에 봄이 또 돌아온다
閒檢鬢毛知客久	한가롭게 머리털을 뒤지니 나그네살이 오래됨을 알았고
誤將文字度家貧	잘못하여 문자나 좀 아는 척하다가 집안을 가난하게 만들었구나
今宵尙有屠蘇酒	오늘밤엔 그래도 도소주가 있을 것이니
醉語紛紛各任眞	취한 말로 어지럽게 떠들며 속에 있는 진실을 각각 토해낸다[15]

인용문은 "무오년(1918) 정월 12일 밤에 신문관에서 모이다(戊午元月十二夜會于新文館)"라는 제목의 시 전문이다. 신문관이 창립된 지 10년이 되는 해인 1918년 정월 12일 밤에 신문관에서 모인 기록인 셈이다. 이처럼 초창기부터 신문관에 출입한 인물을 통해서도 신문관 경영이 최창선에 의해 이루어졌음을 알 수 있다.

무엇보다 최남선 스스로가 "新文館이 舍兄의 손"에 의해 개설되었음을 분명히 밝힌 바 있다.

> 自己의 손으로 親히 報紙의 일을 맛하보기는 十七의 째에 日本東京에 잇난 大韓留學生學會로서 刊行하던「大韓留學生會報」를 한두달ㅅ동안 看事함이니 그리하난中 病에 걸녀 오래 呻吟하다가 畢竟 몸이 나라로 도라오고 또 그 月報도 이내 停廢하얏스며 그後로는 別노 筆硯을 親하지 아니하얏다가 무슨 세가지 目的으로 <u>**新文館이 舍兄의 손에 開設됨에 이**</u>

15) 임규, 『국역 북산산고』, 앞의 책, 55면.

에 宿年의 所望을 여긔서나 펴볼까하야 一臂의 힘을 더할次로 舘員이 되얏노라.[16] (밑줄 강조-인용자)

인용문에 따르면 최남선은 유학 중 병을 얻어 귀국한 후 한동안 붓을 들지 않았다.[17] 그러다 무슨 목적에서인지는 상세하게 서술하지 않았으나 "세 가지 목적으로 신문관이 사형" 최창선에 의해 개설됨에 따라 "宿年의 所望"을 "펴볼까하야 一臂의 힘을 더할次로 舘員"이 되었다고 한다. "新報雜誌狂"[18]으로 잘 알려진 출판인 최남선의 행보가 이로써 가능해질 수 있었던 것이다.

최창선이 신문관의 관주였다는 사실은 식민지 시기 내내 유효하였다. 『기자반세기(記者半世紀)』를 저술했던 유광렬(柳光烈)[19]도 여기에 대해 언급해 둔 바 있다. 그는 조선의 유명한 삼형제를 소개해 달라는 삼천리사의 요청에 최창선, 최남선, 최두선(崔斗善) 형제를 거론하면서 "崔昌善씨는 黃金町에서 문화기관 新文舘을 경영하기에 그 재산 대부분을 기우리엇다고 한다. 그 아우 崔南善씨가 문화사업에 그만한 돈을 쓰되 일즉이 원성이 업고 철두철미 후방의 『파트론』으로 自甘하엿다고 한다. 崔南善씨도 여기에 소개하기에는 너무도 유명하다. 新文舘 창설 이래 10여

16) 「少年時言 : 『少年』의 既往과 밋 將來」, 『소년』 3년 6권, 신문관, 1910.6, 14면.

17) 서술된 것처럼 최남선은 2차 유학시절 『대한유학생회학보』의 편집을 맡았다. 병으로 신음했는지는 알 수 없으나 와세다 '모의국회' 사건으로 자퇴한 후 귀국한 것으로 알려져 있다. 이진호의 「최남선의 2차 유학기에 관한 재고찰-연보 재정립을 위한 제언」(『새국어교육』 42집, 1986)과 김기주의 『한말 재일한국유학생의 민족운동』(느티나무, 1993) 참조.

18) 「少年時言」, 앞의 책, 12면.

19) 유광렬(1898~1981) : 대한민국 언론인이자 정치인으로 『기자반세기』(서문당, 1969)를 펴냈다(大韓言論人會 편, 『韓國言論人物史話 8·15前篇』(上), 대한언론인회, 1992, 102~109면). 유종석(柳種石)이라는 필명으로 『청춘』에 〈현상응모〉를 한 바 있다(〈부록3〉 참조).

년을 朝鮮新文化개척에 힘쓴 공로자"라고 한 바 있다.[20] 최창선이 "黃金町에서 문화기관 新文館을 경영"하였다는 유광렬의 기술에는 최창선과 최남선의 관계 외에도 몇 가지 흥미를 끄는 곳이 있는데 신문관을 "문화기관"으로 규정하면서 최창선이 스스로를 "파트론"으로 자임했다고 한 부분이 특히 그러하다. 신문관은 당대에 이미 문화 후원 기구로 인식되고 있었던 것이다. 당시 유명 인사들의 '사랑방'으로 통용되었던 것 역시 이러한 맥락에서 비롯되었음을 알 수 있다.

최창선은 최남선을 도운 보조적인 인물 정도로만 인식되었지만 지금까지 살펴보았듯 신문관을 창립하고 신문관의 대표로 대·내외적인 활동을 한 사람은 다름 아닌 최창선이다. 『소년』과 『청춘』을 비롯한 각종 매체 및 주요 단행본 서적이 최남선에 의해 편집, 저술되었다 하더라도 이를 출판사의 설립이나 운영으로 간주해서는 안 되는 이유가 여기에 있다. 최창선과 최남선에 의해 신문관의 경영과 편집이 분리되었다는 사실은 신문관이 분업화된 시스템을 갖춘 출판사였다는 점에서도 강조될 필요가 있다. 신문관은 편집 및 인쇄와 판매 등 출판의 각 부문을 담당한 부서들이 비교적 독립적으로 기능했고 이로 인해 '신문관'이라는 동일한 제명으로 펼쳐진 활동들이 보다 복합적인 양상을 띠기 때문이다. 신문관의 출판 구조는 신문관이 보다 다층적으로 활동한 종합 출판 기구였음을 이해하는 데 중요한 참조항을 제공한다.

20) 柳光烈, 「有名人士 三兄弟 行進曲, 閔木植氏 三兄弟, 金性洙氏 三兄弟, 崔南善氏 三兄弟, 張德秀氏 三兄弟」, 『삼천리』 4권 3호, 1932.3, 52~53면.

2. 운영의 두 축, 인쇄부와 판매부

한 사람의 '관원(舘員)'으로 최남선의 위치를 재조정하게 되면 신문관의 운영체제는 비교적 명확해진다. 신문관은 설립 당시부터 최창선을 관주로, 편집과 인쇄, 그리고 판매의 업무가 비교적 구분된 시스템을 갖추고 있었다. 다음은 1908년 11월 『소년』 창간호에 실린 신문관 광고이다.

> 新文館
> △本舘은販賣所가잇서各種圖書를備置하고諸君子의購求를應하옵,
> △本舘은印出所가잇서各種圖書를活印하야諸君子의需請을酬하옵,
> △本舘은가당便利하게가당迅速하게가당低廉하게하야此를營業함
> 漢城南部絲井洞五十九統五戶 販賣部 新文舘販賣所
> 漢城南部絲井洞五十九統八戶 印出部 新文舘印出所[21]

'신문관(新文館)'이라는 제명 아래 '판매소(販賣所)'와 '인출소(印出所)'의 기능을 소개하고 있다. 판매소에서는 각종 도서를 비치하여 판매하고 인출소에서는 각종 도서의 활판 인쇄를 주문받아 신속, 저렴, 편리하게 영업하겠다는 방침을 내세우고 있다. 그런데 주소를 명기한 곳에 이르면 판매소는 판매부와, 인출소는 인출부와 나란히 기재된다. 이는 곧 '신문관판매소(新文舘販賣所)'에는 '판매부(販賣部)'가, '신문관인출소(新文舘印出所)'에는 '인출부(印出部)'가 각각 존재했다는 것으로 이해되는데, 출판사의 한 부서로는 '부(部)'이면서 동시에 판매나 인쇄만을 목적으로 분리된 활동이 가능했고 그러한 경우에는 '소(所)'로 기능했던 것이 아닌가 추측된다. 주소

---

21) 『소년』 창간호, 신문관, 1908.11, 광고. 이 밖에도 신년을 알리는 〈謹賀新禧〉에 신문관 편집국과 인출국이 각각 따로 광고되고 있다.(『소년』 3년 1권, 1910.1, 광고) 참고로 인용문에서처럼 新文館의 館은 舘으로도 표기된다.

역시 처음부터 판매소는 "한성남부사정동오십구통오호(漢城南部絲井洞五十九統五戶)"로, 인출소는 "한성남부사정동오십구통팔호(漢城南部絲井洞五十九統八戶)"로 기재되어 있다. 서적들의 판권지에서도 판매소와 인출소의 구분은 동일하게 적용된다.

신문관은 창립 초기 사정동(絲井洞)에서 시작했지만 곧 이전 광고를 내고 상리동(上犁洞)으로 옮긴다.[22] '웃보시꼬지'로 회자되던 곳이 바로 이곳이다. 이후 황금정 2정목 21번지로 주소지가 변경되면서 '황금정 신문관'으로 불렸다. 이 시기 최남선의 필명 가운데 하나인 곡교인(曲橋人) 역시 구리개 즉 동현(銅峴)을 가리키던 이 지명에서 유래한 것이다.

〈표 1〉 신문관 주소지 내역

		주소	전화	출처	연도
1	신문관	漢城南部絲井洞五十九統五戶/八戶		『소년』 창간호〈新文館〉 광고	1908.11.
	신문관		電話一三九二番	『황성신문』, 「電話開通」, 광고 5면	1910.1.1.
2	신문관	漢城南部大坪坊上犁洞三十二統四戶	동일	『소년』 3년 7권〈移徙廣告〉	1910.7.
3	신문관	京城府黃金町二丁目二十一番地	동일	『아이들보이』 판권 및 신문관 광고	1914.11. (추정)
4	광문회	사무소 : 漢城南部大坪坊上犁洞三十二統四戶	동일	『소년』 4년 2권〈조선광문회〉 광고 및 『조선광문회고백』	1911.5.
	광문회	편수소 : 曲橋十三統七戶	電話二0三六番	『조선광문회고백』	1910.12. (추정)

22) 〈移徙廣告〉, 『소년』 3년 7권, 신문관, 1910.7, 광고. 대평방 상리동과 동현은 모두 한성 남부의 보십내계(甫十內契, 현 수하동·장교동), 구리현계(仇里峴契, 현 을지로2가)에 속하는 구역으로 웃보습고지와 구리개로 불렸다. 신문관의 사옥과 관련한 보다 상세한 논의는 박진영의 「창립 무렵의 신문관」을 참조하기 바란다(박진영, 앞의 논문, 34~40면). 다만 위 글에서 지적한 려(犁)는 리(犁)와 구분 없이 사용되었으며 신문관에서 인쇄한 『목단화』의 판권지에도 "상리동"으로 기재되어 있다.

1) 신문관 인쇄소의 인물들

신문관 인쇄소는 신문관이 분업구조로 운영되었음을 단적으로 보여준다.[23] 1900년대 학부 교과서를 담당하던 광인사나 탑인사, 배재학당의 삼문출판사, 그리고 휘문의숙의 휘문관 및 보성학원의 보성관 등과 같이 학교 교재 및 기독교 관련 서적들을 펴낸 몇몇 출판사[24]를 제외하면 인쇄소와 출판사는 별도로 존재였다.[25] 물론 동양서원의 경우처럼 자사의 출판을 위해 인쇄소를 따로 둔 경우도 있지만, 이 역시도 부속기관 정도로 간주된다.[26] 근대 초기 무수한 출판사들이 출현했지만 인쇄소를 갖춘

---

23) 신문관의 인쇄를 담당한 부서는 인출부, 인출소, 인출국, 인쇄소 등 다양한 명칭으로 활동했다. 논의의 편의를 위해 이 책에서는 신문관 출판물의 판권지 "인쇄소: 신문관"에 근거하여 신문관 인쇄소로 사용하고자 한다.

24) 광인사를 비롯하여 탑인사, 삼문출판사 등지에서 학부교재 및 기독교 관련 서적들이 출판된 것으로 언급되지만 이에 대한 실증적 연구는 이루어지지 않은 실정이다. 조성출은 이 시기 조선인이 경영한 대표 인쇄 · 출판사로 이문당(以文堂), 보성사(普成社), 신문관, 성문사(誠文社), 탑인사(塔印舍)를 들고 있다(조성출, 앞의 책, 70면). 이 밖에 이 시기 출판사와 인쇄소에 대해서는 조기준의 「개화기의 서적상들」(『韓國企業家史』, 박영사, 1973, 205~215면) 및 강명관의 「근대계몽기 출판운동과 그 역사적 의의」(앞의 글), 방효순의 앞의 글 등 참조.

25) 근대 초기 인쇄와 출판을 겸하고 있었던 민간 출판사는 보문관(普文館;천도교)과 보성관(普成館) 정도로만 알려져 있다.(채백, 앞의 글, 51~53면 참조) 물론 교재나 성서 발간을 위한 학교 및 종교기관 산하의 출판사들도 인쇄와 출판을 겸했던 것으로 간주된다. 서점과 출판을 겸한 박문서관(1907)이 일종의 방계회사인 대동인쇄소를 박문인쇄소로 명칭을 바꿔 출판과 인쇄를 겸한 것은 1920년대로 추정된다. 1910년대의 경우, 국내에는 약 60여 개의 출판사와 70여 개의 인쇄소가 있었는데 이 중 조선인에 의해 운영된 인쇄소는 11개에 불과하다(방효순, 앞의 글, 11~20면).

26) 동양서원은 "東洋書院附屬"으로 東文舘을 인쇄소로 두고 있었다. 『홍도화』와 『힝낙도』, 『花의血』, 『비힝션』 등의 〈東洋書院營業部〉 광고면. 신소설의 출판에 한정해서 보면 이 시기 비교적 활발한 인쇄활동을 펼쳤던 곳은 성문사와 일한도서주식회사이다. 상당수의 신소설을 인쇄한 성문사는 1910년대 신구서림의 지송욱이 인수한 것으로 드러난다(최호석, 「지송욱과 신구서림」, 앞의 책, 274면). 후자 역시 처음에는 주로 도서판매를 위주로 하다가 인쇄소로 활동을 전환한 것으로 알려져 있다.

곳은 손에 꼽힐 정도이다. 이러한 점을 상기한다면 신문관 인쇄소의 존재는 보다 각별하다. 왜냐하면 근대적인 출판의 저력은 기술과 민간 자본의 결합에 힘입은바, 출판사 신문관의 경쟁력 또한 이 같은 인쇄술의 물리적 요건과 분리될 수 없기 때문이다.

신문관 인쇄소와 관련하여 보다 구체적으로 살펴보면 창립 당시 인쇄에 필요한 각종 기기 및 활자의 구매는 최남선이 맡았다.[27] 또 그가 직접 슈에이샤(秀英舍)에서 인쇄술을 배워 인쇄기기를 수입했으며 이때 2명의 일본인 기술자를 영입했다고도 알려져 있다. 대표적으로 조용만(趙容萬)은 "동경에 있는 가장 큰 인쇄 시설을 가진 수영사(秀英社)에 부탁하여 활판 인쇄기·주조기·자모기 등, 여러 가지 인쇄 시설을 구비시켰다. 그때 우리나라에는 아직 익숙한 인쇄 직공이 없었으므로 나까다니(中谷)와 야사기(失先)의 두 일본인 인쇄 기술자를 안동시켜서 기계와 사람을 데리고 서울에 도착하였다. 이것이 1906년 겨울이었다"[28]고 인쇄공의 이름까지 구체적으로 거론했지만 이들에 대한 흔적은 쉽게 찾아지지 않는다.[29]

신문관 인쇄소의 실질적인 인출인, 즉 인쇄를 담당한 전문인들은 따로 있었다. 1908년 창립 당시 신문관의 인쇄를 담당한 최초의 인쇄인은 박영진(朴永鎭)이다. 그는 『소년』 창간호에서부터 3년 3권(1910.3.15)까지의 판권지에 인쇄인으로 기재되어 있다. 그러나 신문관의 다른 출판물에 개입

---

27) 각주 3)의 기사들 참조.

28) 조용만, 앞의 책, 63면. 이 회고의 내용들은 구체적으로 실증된 바 없고 부분적으로는 사실과 다르기까지 하다. 따라서 전적으로 신뢰하기에는 힘든 면이 있다. 창립 초기 신문관에 관한 회고의 신뢰성에 대해서는 박진영도 언급한 바 있다(박진영, 「창립 초기 신문관」, 『사이』 7호, 2009 참조).

29) 다만 초창기 신문관의 출판물 가운데 경성일보사에서 인쇄된 서적들이 있음을 고려한다면 일본인 인쇄공들의 존재는 이와 관련되었을 수도 있음을 조심스럽게 제안해 본다. 〈日本國六法全書〉 가운데 둘째 권인 『日本國商法』에는 "인쇄소: 경성일보사 인쇄자: 吉田幸吉"로 기재되어 있다.

한 흔적은 없는 것으로 보아 신문관 인쇄소를 전적으로 책임지고 있었던 것 같지는 않다. 『요지경(瑤池鏡)』의 작가로 알려져 있는 박영진은 이보다 앞선 시기 『대한매일신보』와 『해조신문』의 문선공 및 기자로 활동한 바 있다.30) 이 밖에도 춘사생(春史生)이라는 필명으로 『대한매일신보』에 몇 편의 시가를 싣고 있다.31) 이로써 박영진의 활동이 『소년』뿐 아니라 『해조신문』과 『대한매일신보』 등 이 시기 다양한 매체를 중심으로 이루어졌음이 포착된다.

박영진의 뒤를 이어 신문관 인쇄소를 담당한 사람은 최성우(崔誠愚)이다.32) 그는 신문관의 전성기라 할 수 있는 기간에 인쇄소를 책임진 인물이다.33) 출판법 공포(1909.2) 이후 발행된 첫 책인 『썰늬버유람긔』(1909.2.20)를 필두로 신문관의 전 출판물을 인쇄했다. 뿐만 아니라 조선광문회 서적들의 판권지에도 인쇄자로 기재되어 있다. 팔봉 김기진(金基鎭)에 따르면 최성우는 "'개벽'사 때까지 살았던 사람"이고 "한자에 밝아서" "광문회 간이 비교적 정확"하게 "간행되는 데 큰 공적"을 남긴 인물로 소개된다.34) 실제로 그는 조선광문회에 고서를 기증하는가 하면 교정 작업에 직접 참여한 것으로 드러난다(〈표 25〉 참조). 그리고 앞서 소개한 임규와도 교유

30) 『요지경』은 신소설 전집에 영인되어 신소설로 분류되지만 내용상 소화집이다. 1911년 수문서관에서 발행되었지만 초판은 명치 43(1910.12.10)년에 발간되었다. 박영진이 문선공이었음은 최기영, 「『히조신문』 해설」, 『해조신문』(영인본), 한림대학교아시아문화연구소, 1995, 2면.

31) 春史生 朴永鎭, 「謹賀國文新報發刊」, 『대한매일신보』 1907.5.26, 잡보 3면.

32) 『대한제국관원이력서』에 의하면 신문관 인쇄소의 인쇄인이었던 최성우(1886년생, 호 : 默齋)는 1899년과 1900년 한성전보사에서 판임관으로 근무한 바 있다. 국사편찬위원회 한국사데이터베이스 참조(http://db.history.go.kr/url.jsp?ID=im_110_00457).

33) 『소년』의 판권지에는 3년 4권(1910.4)부터 등장한다. 『썰늬버유람긔』(1909.2.20) 이전에 발행된 단행본들 중 판권지에 그의 이름이 보이는 서적은 『일문역법(상)』(신문관편집국, 1909.2.1)이 유일하다.

34) 홍정선 편, 『김팔봉 문학전집』 V, 문학과지성사, 1989, 193면.

하였으며 청년학우회가 부설로 운영한 한성연회 도서종람소에 희귀본 책들도 기증했다(〈표 20〉 참조). 이로써 그가 신문관 인쇄소에서 인쇄만 한 것이 아니라 신문관의 각종 사업에 적극 관여하면서 신문관에 출입했던 인물들과도 교유했음을 알 수 있다. 1920년대 중반 이후에는 『중외일보』를 거쳐 『동아일보』 정리부 기자로 활동하게 된다.[35]

이후 최성우를 대신하여 신문관 인쇄소에 관여한 사람은 김익수(金翼洙), 민영순(閔泳純), 김교찬(金敎瓚) 등이다.[36] 이들은 신문관이 동명사로 바뀐 이후 신문관 인쇄소에서 일했던 인물들로 1920년대 잡지인 『부인』, 『문예시대』, 『조선시단』 등의 판권지에 인쇄인으로 기재되어 있다. 이 밖에 1910년대 상당수의 신소설을 인쇄한 심우택(沈禹澤) 역시 신문관 인쇄소에 관여한 바 있다.[37] 이처럼 신문관 인쇄소에는 다양한 인물들이 존재했고 실제로 그들에 의해 인쇄소가 운영되었다.

지금까지의 연구들은 주로 출판물의 편・저자들에게 관심이 집중되어 인쇄인과 같은 기술생산자들에게까지는 관심이 미치질 못했다. 그렇지만 박영진을 비롯하여 이 시기 주요 출판물의 인쇄인으로 등장한 이들의 역할은 강조될 필요가 있다. 1920년대 발간된 시집의 1/4이상이 특정 인쇄인에 의해 인쇄된 현상에 주목한 한 연구에 따르면 특정 출판물의 인쇄에 관여한 인쇄인은 텍스트의 새로운 해석자가 될 수도 있기 때문이다.[38] 이 점은

---

35) 『중외일보』 및 『동아일보』 정리부 기자로 활동했다. 中外報整理部長 崔誠愚, 「10년 誠勤 판박인 職業을 떠난다면, 印刷校正을 내 天職으로 안다」, 『별건곤』 7호, 1927.7, 31면; 「人材巡禮(第一編), 新聞社側」, 『삼천리』 4호, 1930.1, 32면.

36) 신문관 인쇄소에서 활동한 인물들에 대해서는 〈표 3〉을 참조하기 바람.

37) 심우택은 성문사, 대동인쇄주식회사의 인쇄인으로도 기록되어 있으며 『신문계』와 이후 동명사의 인쇄에도 관여하였다. 이 밖에도 『영산홍』과 『신출귀몰』 같은 신소설의 발행자로 알려져 있다.

38) Wayne De Fremery, 「1920년대 한성도서 인쇄인 노기정 魯基禎에 대하여」, 정기인 역, 『근대서지』 4호, 2011, 432~438면.

"한자에 밝아" 조선광문회를 비롯한 신문관 서적에 한자가 틀리지 않도록 인쇄할 수 있었던 최성우나 신소설의 주요 인쇄인으로 등장하는 심우택 등에게도 적용될 수 있다. 특정 출판물의 인쇄인을 통해 이 시기 서적들을 재구성하고 나아가 그 출판물들의 서지학적 가치를 재평가할 수 있다는 점에서 이들의 역할은 보다 의미 있을 것으로 간주된다.

이와 함께 3·1만세운동 당시 인쇄인들의 활약이 컸다는 것도 생각해 볼 수 있다.[39] '삼일운동 조선소요사건관계'에 따르면 자금모집과 관련하여 검거된 자들의 명단에는 독립선언문을 인쇄한 보성관의 여러 인쇄인들을 비롯하여 상당한 인쇄인들이 포함되어 있다. 신문관 인쇄소의 인물로는 최성우와 함께 신문관 인쇄소 사무원으로 박선익(朴善翊)과 신문관 인쇄소 직공 김연제(金年濟) 등이 언급되어 있다.[40] 이처럼 보성관과 신문관 등 여러 출판사들의 인쇄인들이 검거되고 있는 장면은 인쇄기술을 겸비한 이들이 '운동'이나 '사상'에 연루되었을 가능성을 뒷받침한다.

2) 신문관 인쇄소의 저력

창립 당시 신문관은 삼십만 환에서 이만 환 정도의 거액을 서적과 기계 구입에 썼던 것으로 보도된다.[41] 보도 기사들에 따라 액수의 편차가 있지만 신문관 설립에 거액의 자본이 들어갔던 것만은 분명해 보인다.

---

39) 김창옥, 「3·1운동과 인쇄인」, 『인쇄문화의 새로운 이해』, 다예미디어, 2004[2판], 281~283면.

40) 「獨立運動 資金募集者 檢擧의 件」, 『조선소요사건관계』(4), 1919.10.4(密 제102호 其474, 高警 제28169호)
국가보훈처 공훈전자사료관 제공(http://e-gonghun.mpva.go.kr).

41) 「書籍發刊의 機具」(『황성신문』 1908.4.17, 잡보 2면). 이 밖에도 「인쇄 대계획」(『해조신문』 1908.5.2, 잡보 2면), 「청년의 대사업」(『황성신문』 1908.5.14, 잡보 1면) 등 참조.

『붉은저고리』의 편집인이었던 김여제(金輿濟) 역시 "新文관이 設始될 때의 經費가 얼마냐 하면 一千五百元으로 至二千元가량이외다. 거기 쓰는 직공이 四十人 內外이었습니다."[42]라고 회고한 것으로 미루어 신문관의 규모는 상당했을 것으로 예상된다.

뿐만 아니라 "大韓每日申報사에셔 新聞의 面目을 一新ᄒᆞ기 爲ᄒᆞ야 國漢文 活字 全部를 新文舘에 主文"[43]하였을 정도로 신문관 인쇄소의 활용도는 컸던 것으로 판단된다. 최남선의 장남인 최한웅(崔漢雄)은 신문관의 후신인 동명사를 회고하는 자리에서 "당시 인쇄 설비는 엄청났어요. 활자주조기가 3, 4대, 자모 인각기가 2대, 그리고 활자체별로 각호 수종이 있었고, 문선대와 인쇄기뿐만 아니라 석판, 제판기까지 있어서 당시로선 최신 설비를 갖춘 셈"[44]이라고 상세하게 언급한 바 있다. 신문관은 이처럼 다양하게 보유하고 있던 최신식 인쇄기기를 활용하여 각종 다양한 자사의 잡지와 단행본을 기획, 출판한 것은 물론 조선광문회의 고서 복간 및 사전 편찬을 보조했다. 더불어 타 출판사의 인쇄까지도 대행함으로써 폭넓은 인쇄활동을 전개했다.

신문관의 인쇄술이 자사의 출판물 및 출판활동에 미쳤을 영향은 자명하다. 인쇄소를 겸비한 출판사가 그렇지 않은 경우보다 지속적이고 안정된 출판을 할 가능성은 분명해 보이기 때문이다. 가령 다케우치 로쿠노스케는 『신문세계』를 비롯하여 『신문계』, 『반도시론』, 『우리의 가뎡』 등 1910년대 신문관과 쌍벽을 이룰 정도로 다양한 매체들을 발행하였다. 그런데 매체가 발행될 때마다 여러 차례 인쇄소를 옮긴다.[45] 『신문계』의

42) 김여제, 「出判事業에 對하여」, 제7회 원동대회 연설문(1920.12.29), 독립기념관 제공(https://search.i815.or.kr).

43) 「每日報一新」, 『대한민보』 1909.9.5, 잡보 3면.

44) 이경훈(李璟薰), 「증언으로 엮는 해방전후 출판계3 : 동명사편」, 『속 · 책은 만인의 것』, 보성사, 1993, 309면.

경우 1913년 4월에 창간되어 1917년 3월 5권 3호를 끝으로 종간되는 동안 총 세 차례나 인쇄소를 바꾼다.[46] 처음에는 대동인쇄소에서 출발했지만 곧 일한인쇄주식회사로 바뀌고 다시 대동인쇄소로 돌아갔다가 최종적으로는 성문사로 바뀌는 등 다소 복잡한 절차를 밟는다. 이와 비교한다면 신문관은 『소년』에서부터 『청춘』에 이르기까지 한 번도 인쇄소를 옮기지 않았다.

인쇄소가 차지한 역할과 비중은 신문관이 자사의 인쇄소를 홍보하고 활용한 데서 보다 분명하게 확인된다. 상당한 기술력을 보유하고 있었던 신문관 인쇄소는 각종 명함을 비롯하여 다양한 인쇄활자를 구비하고 있다고 광고했다. 『매일신보』나 『상공월보』와 같은 매체들을 통해서도 자사 인쇄소의 광고를 지속적으로 하고 있었다.[47] 이렇게 홍보된 인쇄소에서는 자사 서적은 물론 타 출판사들, 심지어는 경쟁사의 서적이나 잡지까지도 인쇄한다. 우선 광학서포를 비롯하여 회동서관, 유일서관, 보급서관, 동양서원 등, 이 시기 민간 출판사를 위주로 발행된 상당수의 신소설들이 여기에 해당된다. 다음은 신문관 인쇄소에서 인쇄된 타 출판사의 소설 목록이다.

---

45) 신문관과 신문사를 대치관계에 둔 것은 '최남선 그룹'과 '다케우치 그룹'을 대립적 구도로 파악한 한기형의 「근대잡지와 근대문학 형성의 제도적 연관」(『근대어 · 근대매체 · 근대문학』, 성균관대 대동문화연구원, 2006)에서 참고했다.

46) 『신문계』의 인쇄소가 바뀌는 세부 현황은 다음과 같다. 대동인쇄소 : 창간호(1913.4) – 1권 8호(1913.11) → 일한인쇄주식회사 : 1권 9호(1913.12) – 2권 10호(1914.10) → 대동인쇄소 : 2권 11호(1914.11) – 3권 1호(1915.1) → 성문사 : 3권 2호(1915.2) – 종간호5권 3호(1917. 3)이다.

47) 『매일신보』에는 1911년 10월과 11월 두 달에 거쳐(『매일신보』 1911.10~11), 『상공월보』에는 한 면을 이용해서 "活版印刷 / 石版印刷 / 活字鑄造/各樣製冊 京城南部上犁洞第三十二統四戶(電話一三九二番)"라는 광고를 하고 있다. 『상공월보』 23호, 1911. 12, 광고.

〈표 2〉 신문관 인쇄소의 인쇄물 목록 1–소설[48]

	번호	서명	저자	발행겸 저작자	발행(매)원/소	발행년도	정가	면수
소설류	1	목단화	아속생	김상만	광학서포, 경향각서포(발매소)	1911.5.17	25	168
	2	富蘭克林傳	李始厚편 李喆柱교	김용준	보급서관	1911.6.20	25	75
	3	쌍옥적	이해조	김용준	보급서관, 경향각서포(발매소)	1911.12.1	25	118
	4	원앙도	열지	민준호	보급서관, 동양서원	1911.12.30	25	106
	5	황금탑	金容俊	김용준	보급서관, 동양서원	1912.1.10	25	101
	6	지환당	미상	민준호	보급서관, 동양서원	1912.1.27	25	124
	7	추풍감슈록	미상	민준호	동양서원	1912.2.15	25	85
	8	강철대왕전	김용준譯述 玄楯監修	김용준	보급서관(發賣元) / 중앙서관, 동양서원, 광학서포(발매소)	1912.3.25	25	84
	9	구의산 상	이해조	지송욱	신구서림	1912.7.20	25	98
	10	구의산 하	이해조	지송욱	신구서림	1912.7.25	25	97
	11	두견성 하	綠東鮮于日	김용준	보급서관	1912.9.20	30	128
	12	소상강	남궁준	남궁준	유일서관(총발매소)	1912.10.20	20	62
	13	강상련	이해조	이종정	광동서국(총발매소)	1912.11.25	30	120
	14	벽부용	素雲	고경상	회동서관(총발매), 경향유명서관(분매)	1912.12.12	20	72
	15	박연폭포	이상춘	남궁준	유일서관(총발행소)	1913.2.7	25	100
	16	玉丹春傳	현공렴	현공렴	대창서원, 보급서관	1925.10.10	15	88

48) 이 책에서는 편의상 소설류와 잡지만을 살펴보았다. 그렇지만 신문관은 교재를 포함하여 각종 실용서와 기독교 관련 도서에 이르기까지 다양한 서적들을 취급했기에 이 목록들은 차후 계속적으로 보완될 필요가 있다. 최근 이경현이 신문관에 대해 다루면서 인쇄목록을 상세하게 보완하였다. 이경현, 「1910년대 新文館의 문학 기획과 한국 근대문학의 형성」, 서울대 박사논문, 2013, 260~264면 [부록 3] 참조.

표에서 확인되듯 1911년~13년 사이 상당수의 소설들이 신문관 인쇄소에서 인쇄되었다. 예외적으로 『옥단춘전』과 같은 소설이 포함되어 있기는 하지만 『목단화』를 필두로 이해조의 『쌍옥적』, 『원앙도』, 『구의산』, 『강상련』, 이상춘(李常春)의 『박연폭포』 등 신소설이 주를 이룬다. 이 밖에도 프랭클린(Benjamin Franklin)이라는 서양 위인을 다룬 『부란극림전(富蘭克林傳)』이나 카네기를 다룬 『강철대왕전』[49], 『지환당』과 같은 번역・번안소설에 이르기까지 신문관 인쇄소가 취급한 소설의 종류는 다양하다.

그런데 신문관이 이해조(李海朝)를 대표로 하는 신소설 작가들의 소설을 인쇄했다는 점에는 주의가 필요하다. 후술하겠지만 신문관은 당대 유행하던 이인직, 이해조류의 신소설을 단 한 권도 출판하지 않았다.[50] 오히려 다양한 방법으로 이 소설들을 경계, 비판하면서 차별화를 시도해 간다.[51] 그렇다면 〈표 2〉는 신문관의 편집 전략과 인쇄 전략이 일치하지 않음을 드러내는 하나의 사례가 될 수 있다. 편집부가 경계하고 비판한 일련의 소설들은 실상 그들이 소유한 인쇄 기술력에 힘입어 복제되고, 단행본이라는 새로운 물질성을 띤 출판물로 상품화되어 독자들에게 전달되고 있기 때문이다. 이처럼 동일한 출판사에서 상반된 성격의 출판물이 편집, 인쇄될 수 있었던 것은 편집과 인쇄가 분리된 신문관의 분업화된

---

49) 이 두 소설에 대해서는 강현조의 「근대 초기 서양 위인 전기물의 번역 및 출판 양상의 일고찰-『실업소설 부란극림전』과 『강철대왕전』을 중심으로」, 『사이』 9권, 2010 참조.

50) 1918년 『무정』 단행본 출판을 기점으로 이상협의 『무궁화』와 같은 신소설이 출판되기 때문에 이 서술은 이해조가 주로 활약했던 1912~13년에 한해서임을 전제한다. 이 시기 신문관에서 신소설을 내지 않았음은 이상협의 회고가 잘 말해 준다. 그는 첫 소설 『재봉춘』을 1912년 동양서원에서 내는데 이때 신문관의 김상기(金相基)가 주선해 주었다고 한다. 신문관에서 직접 출판하지 않고 관계자를 통해 타사를 소개받은 것으로 미루어 이 시기 신문관에서 신소설류를 출판하지 않았음이 증명된다. 이상협, 「(내가)첫收入밧든때이약이」, 『별건곤』 2권 2호, 1927.2, 48면.

51) 신문관이 펼친 차별화된 소설관에 대해서는 「신문관 단행본 번역소설 연구」에서 다룬 바 있다. 권두연, 「신문관 단행본 번역소설 연구」, 『사이』 5호, 2008 참조.

시스템에 기인한다. 출판 기구의 복합적이면서도 독립된 기능들이 출판 이념이나 지향과는 또 다른 층위에서 이루어졌음을 확인시켜 주고 있는 셈이다.

이 밖에 신문관 인쇄소는 『소년』을 비롯한 자사 잡지뿐 아니라 타사 잡지들의 인쇄에도 관여했다. 그런데 소설과 달리 잡지의 경우에는 주로 1918년 『청춘』의 간행이 중단된 이후에 이루어지는 경향을 보인다.

〈표 3〉 신문관 인쇄소의 인쇄물 목록 2-잡지

		제호	발행소	편집 겸 발행인	창간/종간/통권	판권 / 기타	비고
잡지류	1	호남 학보	호남학회관	이기	1908.6 /1909.3/9호	5호부터 신문관 인쇄국이 담당 (그 전에는 보성관)	호남학회 회보
	2	惟心	유심사	한용운	1918.9 /1918.12/3		불교 잡지
	3	培栽 學報	배재학보사	육정수(1호) 나경손(2호)	1918.10 /1921.4/2		배재고 보교지
	4	서울	한성도서	장도빈	1919.12 /1920.12/8	8호 판권	
	5	麗光	여광사	우관형	1920.3 /1920.6/2	총발매소 : 숭남서관	
	6	개벽	개벽사	편집 : 이돈화 발행 : 이두성	1920.6 /속간77호	통권 23호까지 인쇄됨 인쇄 : 閔泳純	천도교 잡지
	7	共濟	조선노동 공제회	조성돈	1920.9 /1921.6/8		기관지
	8	工友	공우구락부	최종환	1920.10		창간호만 존재/B5판
	9	我聲	조선청년회 연합회	안확	1921.3 /1921.10/4	기관지 (3, 4호 오상근)	
	10	啓明	계명구락부	남상일	1921.5 /1933.1/24	이후 백남규 발행, 심우섭 주간	기관지
	11	新天地	신천지사	백대진	1921.7 /1923.8/9		사장 : 오상은

12	書畵協會會報	서화협회	홍방현	1921.10 /1922.3/2		기관지 /B5판
13	婦人	개벽사	이돈화/편집주임 : 현철	1922.6/	인쇄 : 閔泳純	
14	갈돕	갈돕사	최현	1922.8/		갈돕회 기관지
15	불교	불교사	권상로	1926/	19호 판권 확인 인쇄 : 金敎瓚	신문관 인쇄소광고
16	文藝時代	문예시대사	정인익	1926.11 /1927.1/2	인쇄 : 金翼洙	
17	朝鮮詩壇	조선시단사	황석우	1928.11 /1930.1/6	인쇄 : 金敎瓚	

호남학회 회보인 『호남학보』를 제외하면 주로 1920년대에 집중되어 있다. 한용운(韓龍雲)이 주간한 불교 잡지 『유심』에서부터[52] 우후죽순으로 생겨난 각종 매체들의 인쇄가 이 곳에서 이루어졌음을 알 수 있다. 대표적으로 『개벽』, 『계명』, 『공제』, 『아성』, 『신천지』 등 1920년대 굴지의 잡지들이 신문관 인쇄소에서 활자화되었다. 1922년 신문관이 공식적으로 문을 내리고 그 제명이 동명사로 바뀌고 나서도 동명사가 발간한 『동명』은 물론, 계명구락부의 『계명』에 이르기까지 모두 신문관 인쇄소에서 인쇄되었다. 1928년 11월 황석우(黃錫禹)가 발행한 『조선시단』이 신문관 인쇄소에서 인쇄된 마지막 잡지로 확인된다. 출판사 신문관은 1922년에 문을 닫지만 신문관 인쇄소는 1928년까지 존속되었던 셈이다.[53]

52) 1918년 9월, 『청춘』 폐간 이후 창간된 불교잡지로 권상로와 한용운, 임규 등 신문관에 관여했던 상당수의 인물들이 주축을 이룬다. 『청춘』의 〈현상문예〉에 투고했던 방정환이나 김형원 등이 『유심』에 다시 당선된 점도 눈여겨 볼만하다.

53) 조용만은 "『시대일보』를 그만두고 나서는 생활이 정말 곤란해졌다. 신문관을 시작한 뒤 『시대일보』를 그만둘 때까지 쓴 돈이 십 六만원이었다고 하는데, 그때 십 六만원이란 진실로 막대한 돈이다. 문화사업을 위해서 그만한 큰돈을 쓰고, 거기다가 빚을 그만큼 져서, 一九二六년에 殖産銀行에 진 빚이 십 七만원이었다고 한다. 이 빚의

1918년 『청춘』의 폐간과 함께 신문관의 편집 및 발행은 상당히 축소되었다. 특히 3·1만세운동 선언서 작성으로 최남선이 수감된 이후 출판사의 실질적인 편집 기능은 거의 정지된 것이나 다름없었다.[54] 그럼에도 1920년에 신문관 인쇄소는 70여 명의 직원 및 직공과 원족을 간다는 근황이 신문에 날 정도로 왕성한 활동을 전개했다.[55] 이 일련의 사실들은 편집부와 분리된 인쇄소의 기능을 보다 명확하게 보여준다. 신문관이 인쇄소를 겸비한 출판사였지만 출판과 인쇄의 기능은 비교적 독립적으로 이루어졌고 이처럼 분리된 운영 시스템은 '신문관'이라는 이름의 출판사가 없어졌을 때조차 인쇄소만은 유지될 수 있는 조건이 되었다. 요컨대 신문관은 잡지와 단행본 서적을 간행하는 동시에 각종 서적의 인쇄를 담당한 종합 출판 기구였던 것이다.

3) 판매부 혹은 영업부

1909년 『소년』에는 신문관 판매부로 간주되는 장면 하나가 목격된다. 다음 인용문은 공육(公六)이 북반(北半)부의 성 주변을 돌면서 느낀 감흥을 적은 「半巡城記」 초입부의 일부이다.

이자만 물어 가는 것만도 큰일이어서, 一九二六년 아우 斗善이 독일에서 돌아오자, 이 빚을 정리하기 위하여 신문관의 집과 인쇄 기계 일체를 팔아 버렸다. 그 인쇄기는 대동인쇄소(大東印刷所)로 넘어 가서 근래까지 사용하고 있었다."고 한다. 조용만, 앞의 책, 348면(밑줄-인용자).

54) 주간인 최남선이 부재중이라도 『청춘』이 속간된다는 설과 함께 신문관이 사세를 확장한다는 기사가 보도되기는 했지만 『청춘』의 복간은 끝내 이루어지지 않았다. 「『青春』續刊乎」, 『매일신보』 1919.12.10, 2면.

55) 1920년 『동아일보』에는 신문관의 동정이 다음과 같이 소개된 바 있다. "시내황금명신문관(新文館)에서는 직공들을 위로하기 위하야 오는 십육일 일요에 직원직공 칠십여 명이 수원(水原)으로 원족을 간다하며" 「〈職工을 爲하야〉: 두인쇄소의 원족」, 『동아일보』, 1920.5.13, 3면.

> 北半部巡城을 하리라하고 얼는 몸을 이릐혀 입엇던 두루막에「캡」한아 만 집어언지니 裝束이 이믜 完全한지라 이에 營業部로 가서 내가 花娘子에게로 謝過를 가자고 나섯스니 同行志願者가 잇거든 口頭請願으로 나서라한즉 K君은『어대로 處所를 定하얏나냐』하고 R君은 잇다가『公六의 구경이니 規模밧게 버서나겟나 山이어니 골이어니 논이어니 밧이어니 질거니 마르거니 이마가 맛닷토록 황새거름으로 다라날터이지』하고 업헤 안젓던 新文館內 썰리버로 聲名이 隆隆하신 C主事는 안가삼내밀고 이러나면서『얘 구경이 다 무엇이냐 총채 저긔 잇스니 冊먼지나 썰고 此中自有好江山이나 외여라』고 嘲弄하난지라[56] (밑줄 강조-인용자)

신문관에 영업부라는 부서가 따로 있었는지는 알 수 없지만 판매부와 동일한 역할이 아니었나 생각된다. 인용문에 등장한 K君과 R君 그리고 "新文館內 썰리버로 聲名이 隆隆하신 C主事"까지, 이니셜로 처리되고 있지만 판매부에는 영업을 담당하는 다양한 이들이 있었음을 알 수 있다. 총채로 책 먼지나 털어내라고 조롱하고 있는 풍경은 신문관 판매부 혹은 영업부에서 일하고 있었던 이들의 정겨운 모습을 그대로 드러낸다.

신문관 판매부의 규모를 본격적으로 엿볼 수 있는 자료는 1914년에 발행된『신문관발매서적총목록(新文館發賣書籍總目錄)』이다.[57] 일종의 판매 도서목록으로 이 시기 출판사들이 발행과 발매를 동시에 행하고 있었던 관행을 그대로 보여준다.[58] 이 목록의 구성에 관해서는 뒤에 살펴볼 기회가 있으니 여기서는 주로 판매에 관련된 항목만을 보기로 한다.

---

56) N. S.,「半巡城記(上)」,『소년』 2년 7권, 신문관, 1909.8, 49~50면.

57) 이 자료는 김병철 편,『일제 치하 언론 출판의 실태』(영신아카데미 한국학연구소, 1974)에 영인되어 있다. 자료의 출처를 처음으로 알려 주신 한기형 선생님께 감사드린다.

58) 발행은 자사 출판사에서 저작의 소유권을 가지고 있으면서 출판한 서적을 일컫는다. 반면 발매는 특약소나 분매소의 형태로 다른 출판사에서 발행한 서적을 대신 판매하는 것을 가리킨다.

이 목록집의 첫 부분인 '경고해내독서가(敬告海內讀書家)'에서 판매부는 다음과 같은 말로 자신들의 포부와 당부를 남기고 있다.

> 書籍은 智識의 源泉이오 文化의 關鍵이라 國家文運의 隆替消長이 此에 繫在ᄒᆞ거늘 書鋪ᄂᆞᆫ 實로 此를 運用ᄒᆞᄂᆞᆫ 機關이오 推進ᄒᆞᄂᆞᆫ 動力이니 그 責司ㅣ 또한 重大치 아니ᄒᆞᆫ가 고로 서포는 射利를 專主ᄒᆞᄂᆞᆫ 他經營과 自別치 아닐수업도다 然ᄒᆞ나 近來期業에 從事ᄒᆞᄂᆞᆫ者ㅣ 흔이 此要義를 沒却ᄒᆞᆯ ᄲᅮᆫ아니라 甚ᄒᆞᆫ즉 廉隅를 冒破ᄒᆞ고 다시 顧忌ᄒᆞᆷ이업서 末流의 弊端이 底止ᄒᆞᆯ바를 모르니 痛嘆을 曷勝ᄒᆞ리오 敝館이 深大ᄒᆞᆫ 抱負로 斯界에 一幟를 立코져ᄒᆞᆫ지 十許年이라 力이 微ᄒᆞ고 才ㅣ 乏ᄒᆞ야 아즉 所期의 萬一을 實行치못ᄒᆞ나 耿耿ᄒᆞᆫ 一心과 斷斷ᄒᆞᆫ 一念은 오래 江湖의 認識을 蒙ᄒᆞᆫ바ㅣ그윽히 <u>書鋪界 積弊에 感慨ᄒᆞ와 古文獻을 收聚刊布ᄒᆞ고 新學書를 著譯發行ᄒᆞᄂᆞᆫ 同時에 從今으로 다시 書籍販賣部를 兼設ᄒᆞ야 大方의 需用을 應ᄒᆞ되 誠懇忠實로 主旨ᄒᆞ야 더욱 地方販賣價의 便益을 供ᄒᆞᆯ것이오</u> 經營方法은 아즉 恒例에 遵據ᄒᆞᆷ이 多ᄒᆞᆯ지나 經驗을 積ᄒᆞ고 勢力을 植ᄒᆞ고 信用을 博ᄒᆞ야 適當ᄒᆞᆫ 時機에 適當ᄒᆞᆫ 方法으로 斯界 廓淸의 實績을 擧ᄒᆞ리니 文敎와 風化에 有志ᄒᆞ신 君子ᄂᆞᆫ 特別히 顧護ᄒᆞ심을 伏望ᄒᆞ노이다[59)]
>
> (밑줄-인용자)

서포의 사회적 책임을 비교적 명확하게 인식하고 있는 인용문에는 "書籍販賣部를 兼設" 즉 서적 판매부를 겸하여 설치한다는 구절이 언급되어 있다. 그러니까 고문헌을 수집하여 간포하고 신서적을 번역, 저술하여 발행하는 것은 물론, 판매부를 통해 지방 판매가들에게까지 편익을 제공할 것이라고 밝혀 놓고 있다. 이러한 내용은 신문관이 실천해 간 출판활동과도 일치한다. 신문관은 조선광문회의 고서 복간 사업을 보조하였으

59) 『新文館發賣書籍總目錄』 第壹號, 신문관 판매부, 1914.5.1, 1면.

며 지방 분매소를 통해 『청춘』을 비롯한 다양한 출판물들을 판매한 것으로 드러나기 때문이다.

다음으로 본관의 특색을 비롯한 각종 공지들이 총 7가지로 제시된다. 목차에서 제시한 '注文時注意件'에 해당하는 내용이 바로 아래의 인용문이다.

> 一.본관의 特色은 酬應迅速, 包裝堅實, 價格務歇, 選擇精密, 信用確守等이니 一言而蔽ᄒᆞ면 委託ᄒᆞ신 後安心ᄒᆞ실수잇슴
> 一. 割引은 格外로 低廉ᄒᆞ게ᄒᆞ되 總督府教科書와 光文會古書와 外地書籍과 기타 부득이 ᄒᆞᆫ 외에ᄂᆞᆫ 零售에 統히 參割로ᄒᆞ고 五圓以上注文은 參割에 郵費ᄭᅡ지 自擔ᄒᆞ겟ᄉᆞ오며ᄒᆞᆯ수잇ᄂᆞᆫ것은 四五割이라도 ᄒᆞ겟삽
> 一. 此目錄에 未載ᄒᆞᆫ것이라도 市上에 發賣되ᄂᆞᆫ 書籍은 一切酬應ᄒᆞ되 連續請求ᄒᆞ시ᄂᆞᆫ 君子에게ᄂᆞᆫ 特別待遇ᄒᆞ겟삽
> 一. 千字文, 通鑑, 史略, 唐音, 方藥合編, 天機大要等 古書도 具備ᄒᆞ오나 市勢가 時異하기로 此에 列錄치 아니ᄒᆞᆷ
> 一. 此廣告이외에 結冊한 書籍目錄과 本館專用振替貯金用紙ᄂᆞᆫ 請求ᄒᆞ시ᄂᆞᆫ대로 送呈ᄒᆞ겟삽
> 一. 注文時에 住所姓啣을 楷字로 明記ᄒᆞ시옵
> 一. 引換代金으로ᄒᆞᆷ이 便ᄒᆞᆫ듯ᄒᆞ나 先金으로 注文ᄒᆞ시ᄂᆞᆫ것보담 代金이 增多ᄒᆞᆯ샌아니라 彼此不便이 多ᄒᆞᆫ것이오니 아못조록 先金으로 注文ᄒᆞ시되 別項割引規定대로 正價에서 控除ᄒᆞ심이 爲好외다(下載引換代金論을 一讀ᄒᆞ시오)

할인이나 우편으로 주문하는 방식에 관한 내용은 물론, 목록에 없는 서적들의 주문방법까지 세세하게 서술하고 있다. 이를 통해 신문관이 총독부교과서 및 해외서적들까지도 취급했음을 알 수 있다.

이 밖에 대량으로 도서를 판매한 흔적도 발견된다. 1913년 도산 안창호가 설립한 흥사단은 1918년에서 1920년 사이 신문관과 야소교서회, 박문서관 등을 통해 다량의 서적을 구입한 바 있다.[60] 구입한 도서 장부에는 구매 도서의 목록과 권수, 가격, 구입자의 성명 등이 기재되어 있는데 흥사단이 신문관을 통해 구입한 도서목록에는 자사 서적은 물론 신소설에서부터 논어, 맹자, 대학 등의 고서에 이르기까지 다양하다.

3. 분매소와 유통망

1) 우편판매 전략

근대 초기 유통망의 확산 및 정비는 철도와 우편 제도를 통해 보다 체계적이고 광범위하게 이루어진다. 이러한 제도적 정비는 서적의 판매 및 유통에도 영향을 미치게 된다.[61] 1884년 우정국의 설립 이래 대한제국의 전역에는 약 500여 개가 넘는 우편국이 설치된다.[62] 특히 그날그날 발행되는 신문과 같은 미디어의 유통은 철도와 우편 제도에 전적으로 기대고 있었다. 그런데 신문에 비해 잡지의 경우에는 우편판매가 그다지 활발하게 이루어진 것 같지 않다. 이 시기 잡지의 대부분이 회원 중심의

---

60) 『흥사단 도서 구입 장부(1918-1920)』, 독립기념관 제공(https://search.i815.or.kr). 흥사단의 도서 구매와 관련해서는 별도의 연구가 진행 중이다. 연구가 마무리되는 대로 학계에 보고할 예정이다.

61) 이 시기 서적의 유통 판매에 대해서는 남석순, 『근대소설의 형성과 출판의 수용미학』, 박이정, 2008 및 양진오, 「소설의 유통과 독자의 형성」, 『한국 소설의 형성』, 국학자료원, 1998 참조.

62) 『제국신문』은 1907년 4월 16일~22일 몇 차례에 걸쳐 우편 환전에 대한 기사를 싣고 있는데 "본국 내에 설치한 우편국소의 수효"를 "오백이십여처"로 밝히고 있다. 「郵所總數」, 『제국신문』 1907.4.22, 잡보 3면.

학·회보나 월보들이고 이마저도 지역을 중심으로 이루어진 경향이 있어서인지[63] 잡지의 우편판매는 당시 교재나 강의록에 비해서도 활발해 보이지 않는다.[64] 그나마 『야뢰』나 『소년한반도』처럼 단체나 지역과 무관하게 발간된 잡지의 경우에도 우편판매에 대해 그다지 적극적이지 않았던 것으로 간주된다.[65]

신문관은 『소년』 창간호에서부터 고정된 지면을 두고 우편판매에 대한 공지를 한다. 『소년』은 표지 뒷면을 활용하여 "代金은아못됴록 郵便換으로 送致하시되 不得已하면 一錢이나 五厘郵票를 十에 一을 加하야 送致하시옵"과 같은 〈注文規定〉을 제시하고 있다. 물론 신문관 창립 무렵 펴낸 『경부텰도노래』(1908)와 『한양노래』(1908)에는 우세 표시가 없다. 그렇지만 『소년』을 비롯하여 이후 발행된 단행본 서적들의 판권지에는 우세가 반드시 기재되기 시작한다. 『아이들보이』에 가면 이 판매 전략은 더욱 적극적으로 홍보되기에 이른다.

> 잡지 갑시나 다른 칙 갑스로 신문관에 돈을 보내시려ᄒᆞ면 극히 편ᄒᆞ고 튼튼ᄒᆞ고 삭 아니 드ᄂᆞᆫ 법이 잇스니 곳 『우편진톄져금』(郵便振替貯金)을 쓰심이외다 이법은 몃푼 아니되ᄂᆞᆫ 수수료를 내ᄂᆞᆫ것 박게ᄂᆞᆫ 환부치ᄂᆞᆫ 부비 편지ᄒᆞᄂᆞᆫ 부비 등긔ᄒᆞ난 부비가 다 드지 아니ᄒᆞ고 돈도 보내고 긔별도 ᄒᆞᄂᆞᆫ

---

63) 그렇다고 지역 중심의 학회들이 해당 지역에서 잡지활동을 펼치지는 않았던 것으로 간주된다. 황현에 의하면 대부분의 학회들은 서울에 본회를 설립하고 지방의 다른 군에 지회를 허가했다고 한다. 그렇다면 기관지들 역시 서울을 중심으로 발행되었을 가능성이 높다. 황현, 『매천야록』 권5, 1906(임형택 외 역, 『역주매천야록』 하, 문학과지성사, 2005, 349면).

64) 이 시기 각 지역으로부터 교재나 강의록 등을 우송해달라는 요구가 빗발쳤다.

65) 『야뢰』에는 주문규정이나 우세에 대한 언급이 없다. 『소년한반도』의 경우, 발간 당시에는 우편에 관한 언급을 하지 않다가 3호부터 〈社告〉란에 우세의 환전에 대한 공지를 싣기 시작한다.

> 편리흔것이외다 (중략) 우편국에 갓다내시기만흐면 중간에서 일허버릴 걱정도 업스며 또 우편국에서 령수증도 들이나니 후일 빙거도 넉넉흡니다 또『拂込通知票』뒤에는 긔별흐실일을 적게 된고로 간단흐게 적으시면 엇더흔 일이든지 편지흐실수 잇습니다[66]

인용문은 〈삭 아니들고 튼튼흐게 돈 부치는 법〉으로 소개된 우편송금에 관한 공지의 일부이다. 우편을 이용하여 서적을 주문하는 이러한 방식은 각종 부비를 들이지 않고 편리하게 사용할 수 있다는 장점이 있다. 뿐만 아니라 분실의 부담을 덜면서 빙거로도 활용되기에 출판사는 이 우편진체(郵便振替)의 방법을 독자들에게 적극적으로 권한다. 이처럼 철도를 매개로 우편 제도와 결합된 매체의 주문 방식은 판매와 결재뿐 아니라 유통까지도 아우르는 실질적 수단으로 인식된다.

철도와 우편의 발달로 서적의 판매망이 정비되고 유통망도 확산되면서 경성뿐 아니라 지방의 소매상들에게 서적을 판매하는 방식은 보다 근대적으로 변모된다. 이 시기 대부분의 민간 출판사들은 발행과 발매의 기능을 동시에 겸하고 있었다. 발매의 경우, 소매서점과 도매서점의 역할을 함께 수행했는데 소매의 경우에는 직접 찾아오거나 진체구좌를 통해 책을 주문하는 독자들에게 직접 판매를, 도매의 경우는 대량구매를 통해 대행하는 방식으로 이루어졌다. 특히 후자는 '분매소' 혹은 '특약판매소' 등으로 불렸다.[67] 이 시기 출판사 간에 발행 도서를 교환하는 특별한 방식으로 인해 자사의 출판물을 발행하는 발행소 역할과 타사의 출판물을 발매하는 발매소 역할이 동시에 이뤄질 수 있었다.[68] 신문관이 자

---

66) 〈삭 아니들고 튼튼흐게 돈 부치는 법〉,『아이들보이』2호, 신문관, 1913.10.

67) 방효순, 앞의 글, 26~29면 참조.

68) 당시 출판사의 관행을 보여주는 대표적인 예로 "그때는 책을 교환을 했습니다. 가령 갑이라는 출판사에서 갑이라는 서적을 출판하면 을이라는 출판사에서 출판한 을이라

사의 출판물뿐 아니라 타사의 서적들을 발매하였던 이유 역시 이러한 시스템에 기인한다.[69]

이와 함께 판매와 구매 양방향에서 새롭게 전개된 독서 시장의 변화도 고려될 필요가 있다. 우선 민간 서점과 출판사의 출현이 비교적 근대의 현상이라는 점이다.[70] 근대 초기 한국의 서지를 정리한 모리스 꾸랑에 의하면 19세기 말 한국의 서점은 불과 몇 십 개에 불과했고 그마저도 종각에서 남대문에 이르는 도심 일부에 집중되어 있었다고 한다.[71] 조선 후기까지 특정 계층을 제외하고 민간에서 서적을 구매하는 일은 일반적이지 않았던 것이다. 소설의 경우, 세책과 같은 유통방식이 여전히 횡행하던 시대였다. 그렇다면 요금을 부치고 다달이 주문한 잡지나 서적을 받아 보는 이러한 방식은 우편과 철도의 발달이 가져다준 새로운 일상이면서 동시에 서적을 판매·구매하는 시스템의 변화 그 자체이다. 근대적인 지식을 담은 매체는 전국 각지로 동시에 보급되면서 지식 유통의 신천지를 열어 보인 셈이다.

는 서적과 교환을 하고 같은 서적은 발행하지를 않었습니다. 그랫든 것이 차차 경쟁을 하게 되면서 판권이 없는 것이라 너도 나도 발행을 하게 되었지요." 「출판업으로 대성한 제가의 포부」, 『조광』 4권 12호, 1938.12, 318면.

69) 신문관이 취급한 발매 도서에 대해서는 〈표 7〉에서 제시한 『신문관발매서적총목록』을 참고하기 바란다.

70) 근대 이전의 서점 및 책의 거래와 관련해서는 이민희의 『16-19세기 서적중개상과 소설·서적 유통관계 연구』(역락, 2007)와 이재정의 『조선출판주식회사』(안티쿠스, 2008) 참조.

71) 모리스 꾸랑, 『한국의 서지와 문화』, 박상규 역, 을유문화사, 1974, 1~5면.

2) 『청춘』의 분매소

신문관은 발매 도서의 취급보다 자사 도서의 발행에 더 주력했다. 『소년』 폐간 이후 일련의 어린이를 대상으로 한 잡지들을 비롯하여 각종 기획 소설과 조선광문회본 고서들을 복간했다. 그렇지만 『청춘』만큼 영향력이 있지는 않았다.[72] 단언컨대 1910년대 신문관이 가장 주력했던 출판물은 『청춘』이라 할 수 있다. 신문관은 『매일신보』 분매국 등 다양한 경로를 이용하여 경성과 지방에 분매소를 따로 두고 『청춘』의 판매에 적극적으로 나선다. 그리고 매호 『청춘』에 그 분매소의 현황을 게재해 놓았는데 일별하면 다음과 같다.

72) 김근수, 「무단통치시대의 잡지 개관」, 『한국 잡지 개관 및 호별 목차집』, 한국학연구소, 1973, 118~120면.

〈표 4〉『청춘』 분매소 현황

		1호	2호	3호	4호	5호	6호	7호	8호	9호	10호	11호	14호	15호
	1	廣學書鋪	廣學書鋪	二友社	二友社		廣學書鋪	廣學書鋪	廣學書鋪	廣學書鋪	廣學書鋪		廣學書鋪	廣學書鋪
	2	普及書館	普及書館	廣學書鋪	廣學書鋪		普及書館	一石書莊	一石書莊	一石書莊	一石書莊		一石書莊	一石書莊
	3	東美書市	東美書市	普及書館	普及書館		東美書市	永豊書舘	永豊書舘	永豊書舘	永豊書舘		永豊書舘	永豊書舘
	4	修文書舘	修文書舘	東美書市	東美書市		修文書舘	廣韓書林	廣韓書林	廣韓書林	廣韓書林		廣韓書林	博文書舘
	5	博文書館	博文書館	修文書舘	修文書舘		博文書館	博文書舘	博文書舘	博文書舘	博文書舘		博文書舘	東美書市
	6		以文堂	博文書館	博文書館		以文堂	東美書市	東美書市	東美書市	東美書市		東美書市	滙東書舘
	7		滙東書舘	以文堂	以文堂		滙東書舘	滙東書舘	滙東書舘	滙東書舘	滙東書舘		滙東書舘	東洋書院
	8		東洋書院	滙東書舘	滙東書舘	결호	東洋書院	東洋書院	東洋書院	東洋書院	東洋書院	11·12·13호 누락	東洋書院	古今書海
	9			東洋書院	東洋書院		巖松堂	太學書舘	太學書舘	太學書舘	太學書舘		古今書海	東一書舘
경성부	10			光東書局	光東書局		廣韓書林	東一書舘	東一書舘	東一書舘	東一書舘		東一書舘	永昌書舘
	11			太學書館	太學書館		光東書局	永昌書舘	永昌書舘	永昌書舘	永昌書舘		永昌書舘	修文書舘
	12			京城書館	京城書館		太學書館		修文書舘	修文書舘	修文書舘		修文書舘	大同書觀
	13								大同書觀	大同書觀	大同書觀		大同書觀	廣益書舘
	14								廣益書舘	廣益書舘	廣益書舘		廣益書舘	廣文書市
	15								廣文書市	廣文書市	廣文書市		廣文書市	東亞書舘
	16								五車書廠	五車書廠	五車書廠		東亞書舘	新明書林
	17								新明書林	新明書林	新明書林		新明書林	德興書林
	18								德興書林	德興書林	德興書林		德興書林	東昌書屋
	19								東昌書屋	東昌書屋	東昌書屋		東昌書屋	

지방지부	1			大正書館			大正書館		李圭灝				金國泰	金國泰
				평북의주					원산 매일신보 분국내				北間島和龍縣智新社	
	2			李珏均			李珏均		光明書觀				光明書觀	
				개성					평양					
	3			李昌瑞	李昌瑞		李昌瑞		泰共書舖				泰共書舖	
				평북영변					마산					
	4			金嘉全	金嘉全		金嘉全			金敎英			金敎英	金敎英
				군산 야소교 부흥서관						북청남문 靑邱書市				
	5				崔瑗植		崔瑗植			黃相穆			黃相穆	黃相穆
					인천濱町 朝鮮新聞社내					京釜線 天安市場 壽生堂 醫院				
	6				權成集		權成集			李命錫			基督書院	
					강화					대구 남룡			평양	
	7				尹鳳秀		尹鳳秀				趙駿元		朴致玳	朴致玳
					안주동성병원						영흥군 매일 신보 분매국		개성 大正書館	
	8						京城書館						李寅用	李寅用
													평북의주 三省書院	
	9						鄭在洪 대구							李秉熙 부산 초량
	10						朴昌鎬 원산							文正昊 부산 부평
	11						金利鉉 원산							
	12						安東源 평양							
지부				崔炳鍊	崔炳鍊		崔炳鍊							
				홍원군 공립보통학교										

『청춘』의 분매소 현황을 정리한 위의 〈표 4〉에 따르면 1914년 10월에 창간된 『청춘』은 2호까지는 경성에만 분매소를 둔 것으로 확인된다. 그러다 3호부터는 지방지부와 지부를 따로 설치하면서 다음해 3월 정간 바로 직전인 6호까지 총 12군데의 경성 분매소와 13군데의 지방 분매소 및

지부를 두면서 판매의 절정을 이룬 것으로 보인다. 그러나 이 같은 활발한 움직임은 곧 총독부에 의해 제지되어 『청춘』은 25개월 동안 발간이 중단된다.[73] 1917년 5월 복간된 『청춘』 7호는 가히 폭발적인 인기를 얻으면서 다시 분매소의 기능을 활성화시킨다.[74] 복간 첫 호인 7호만 제외하면 경성과 지방에 모두 분매소를 두어 예전의 규모를 회복하기 시작한다.

분매소 현황을 취급처별로 살펴보면 경성은 대부분 서포들을 중심으로, 지방은 잡지를 취급한 대표자를 중심으로 구성된다. 경성 서포들의 경우에는 광학서포, 박문서관, 회동서관 등, 당대 최고의 서포에서 신생 서포들에 이르기까지 다양하다. 이동 폭의 큰 변화없이 대략 19~20군데의 서포들이 고정적으로 위치하고 있다. 그리고 광학서포를 비롯한 이들 분매소들은 『청춘』에 광고를 싣고 있는 광고주들이기도 하다. 이들은 『청춘』의 지면을 통해 자사의 광고를 하는 동시에 『청춘』의 판매도 도모했던 것이다. 특히 광고 지면에 "雜誌『青春』指定發賣所"임을 명시해 둠으로써 자신들의 서포 광고에 『청춘』의 인기를 적극적으로 이용했다. 『청춘』의 서포 광고는 서적 광고 다음으로 많은 비중을 차지한다. 『청춘』에 실린 서포 광고의 현황은 다음과 같다.

---

73) 그러나 이 기간에도 신문관은 계속해서 잡지의 편집활동, 다시 말해 원고를 모집했던 것으로 판단된다. 1917년 5월 복간 후 발행된 잡지 원고의 상당수가 그 이전에 쓰인 것으로 드러나기 때문이다. 대표적인 예로 『청춘』 7호(1917.5)에 실린 金䄎濟의 「演說法要領」은 "1915.1.2"에, 小星의 「向上」은 "1915.3.7", 『청춘』 8호(1917.6)의 春園의 「少年의 悲哀」는 "1917.1.10朝"에 작성된 것으로 표시되어 있다. 1917년 작품으로 알려진 현상윤의 「逼迫」(『청춘』 8호)도 "癸丑五月二十七日夜(1913.5.27)"에 씌어진 것으로 되어 있다. 이외에 『청춘』 9호(1917.7)의 黑洋服學徒이라는 필명의 「키작은 先生님씌」는 "1915.2.25,夜"에 씌어졌다.

74) 『청춘』은 복간 다음 호인 8호의 권두언에 "고맙습니다 青春 지난 號는 意外의 歡迎으로 發行된지 未十日에 大部를 賣出하고 좀 더 지나서는 이미 한部도 남지 아니하기에 이르니 고맙습니다"라고 밝히고 있다. 권두언, 『청춘』 8호, 신문관, 1917.6.

〈표 5〉『청춘』의 서포 광고 현황

	서포명	광고 실린 호수	회수	분매소 여부	주인 및 대표	비고
1	광학서포(廣學書포)	1, 4, 7, 8, 9, 10, 11, 12, 13, 14 15	11	○	김상만(金相萬)	
2	박문서관(博文書舘)	1, 4, 7, 8, 9, 10, 11	7	○	노익형(盧益亨)	
3	보급서관(普及書舘)	1	1	○	김용준(金容俊)	
4	이문당(以文堂)	1	1	○	윤종진(尹鍾眞)	
5	동미서시(東美書市)	2, 7	2	○	이용한(李容漢)	*發售書籍目錄
6	회동서관(滙東書舘)	2	1	○	고유상(高裕相)	
7	수문서관(修文書館)	4	1	○	박희관(朴熙寬)	
8	암송당서점(岩松堂書店)	4	1	○	본점 : 東京神田區	*巖松堂과 동일함
9	신명서림(新明書林)	7, 11, 13	3	○		
10	태학서관(太學書館)	7	1	○	이관수(李觀洙)	
11	일석서장(一石書莊)	7	1	○	윤주찬(尹柱瓚)	幹事 : 柳之秀
12	영풍서관(永豊書舘)	7, 8, 9, 10	4	○	이계완(李桂浣)	
13	영창서관(永昌書館)	7, 11, 13	3	○	강의영(姜義英)	*할인권 첨부
14	동일서관(東一書館)	7, 11, 13	3	○	이영한(李英漢)	
15	홍인서관(弘仁書館)	7, 8	2	×		
16	동양서원(東洋書院)	7, 8, 11, 12, 13	5	○	민준호(閔濬鎬)	
17	광익서관(廣益書舘)	8, 12	2	○	고경상(高敬相)	
18	오거서창(五車書廠)	7	1	○		
19	덕흥서림(德興書林)	8	1	○	김동진(金東縉)	
20	대동서관(大同書觀)	10	1	○	김형복(金亨復)	
21	광문서시(廣文書市)	11	1	○	정경휘(鄭敬揮)	

『청춘』에 서포 광고를 내고 있는 서포들 가운데 광학서포, 박문서관, 동양서원, 영창서관은 신문관 서적들의 총 발행소들이기도 하다. 〈표 15〉 신문관 매체별 자사 서적 광고를 참조하면 『신교옥루몽』과 『가곡선』, 『고본춘향전』, 『자조론』, 『해당화』와 같은 서적은 광학서포와 발행소를 겸했

다. 『무정』도 동양서원과 함께 발행하였고 영창서관이나 박문서관에서 출판한 것으로 간주되는 『作文大方』이나 『備音時體尺牘』과 『實用作文法』 역시 신문관이 공동 발행한 것으로 거론된다.

다시 분매소로 돌아오면 지방의 경우 20부 이상을 주문하면 분매소를 설치할 수 있었던 규정에 의해 전국 각지에 분매소가 설치되었다.[75] 의주, 개성, 창녕, 군산, 인천, 강화, 안주, 마산, 평양, 대구, 원산, 부산 등지에 분매소가 있었고 홍원에는 지부를 설치해 두고 있었다. 적게는 3군데에서 많게는 12군데까지 분매소가 설치된 바 있다. 분매소의 현황을 정리해 보면 경성의 경우 5회 이상이 20군데, 5회 미만이 12군데이다. 지방은 2회 이상인 곳이 17군데, 나머지 8군데가 1회씩 분매소를 담당했던 것으로 드러난다. 지방 분매소들은 대부분이 소매점의 주인이나 출판사의 사주가 운영하고 있었던 것으로 간주된다. 물론 원산이나 영흥의 경우는 『매일신보』의 분매국을 이용하고 있었고 이 밖에도 홍원군 공립보통학교, 안주 동성병원, 북간도 화룡현의 지신사(智新社), 경부선(京釜線) 천안시장(天安市場) 수생당의원(壽生堂醫院) 등 신문사 분매국, 학교, 교회, 병원, 의원 등으로 지방 분매소의 성격은 다양하게 나타난다.

그런데 지방 분매소를 담당하고 있는 인물에는 좀 더 주의가 필요하다. 대표적인 몇 가지 사례만 들어도 인천 빈정(濱町) 조선신문사 내에 분매소를 두고 있던 최원식(崔瑗植)은 최영년(崔永年)의 아들로, 신소설 작가 최찬식(崔瓚植)과 형제이며 1913년 신문관에서 『조선리언(朝鮮俚諺)』을 출판한 저자이다.[76] 군산 야소교 부흥서관의 김가전(金嘉全)은 평양 신학원을 졸업하고 목사가 되어 전주의 신흥학교에서 교원생활을 한 인물로, 독립운

---

75) 『청춘』의 지방 발매소 설치 조건은 "二十部以上을 請求하면 分賣所 或 支部됨을 許"이다. 〈「青春」地方地部及分賣所設置略規〉, 『청춘』 14호, 신문관, 1918.6.

76) 최원식에 대해서는 제5부에서 좀 더 상세하게 다룬다.

동가 김인전(金仁全)의 동생이다.[77] 이 밖에도 김교영(金敎英)은 조선청년총동맹회(朝鮮靑年總同盟)에서 교육활동을 펼친 바 있으며[78] 이창서(李昌瑞)는 서우학회 회원이면서 1930년대에는 간도공산당사건(間島共産黨事件)에 연루되어 공판을 받기도 한다.[79] 김국태(金國泰)는 문상우, 윤정하와 함께 동경 고등 상업학교를 졸업한 유학생 출신의 상업인이다. 유학생 잡지인 『태극학보』에는 "商業界曙光 留學生 文尙宇, 尹定夏, 金國泰 三氏는 現今 高等商業學校 修業生으로 我國 商業의 前途를 爲ᄒᆞ야 本月붓터 商業雜誌를 創刊ᄒᆞᆫ다니 一段 商業界에 大光線을 呈露ᄒᆞᆷ이더라."[80]며 상업 잡지를 창간하려는 김국태의 동정을 알리고 있다. 후술하겠지만 김국태는 문상우와 함께 청년학우회의 한성연회 도서종람소에 영서(英書)를 기증한 바 있기도 하다(〈표 20〉 참조). 이 외에도 지방 분매소를 운영한 인물들의 경력은 다양한데 이들 중 상당수가 애국사상이나 배일사상을 가지고 있었다는 점이 주목된다. 대표적으로 윤봉수(尹鳳秀)는 "배일사상이 농후하다. 총독정치에 불만을 품고 조선독립을 몽상하여 반일 언동을 농하는 자"로 『용의조선인명부』에 기록된 바 있다.[81]

---

77) 김인전은 1910년 평양신학교에 입학, 방학기간 중 전북 군산의 영명학교에서 임시 교원으로 민족교육을 실시, 1914년 평양신학교를 졸업함과 동시에 전주 서문외 교회의 목사로 부임, 목회활동을 하면서 신흥학교와 기전여학교 교사 및 학생들에게 애국독립 사상을 고취시켰다고 한다. 김가전이 군산 야소교 부흥서관에서 『청춘』의 분매소를 겸했던 것은 바로 이러한 상황과 연관된 듯하다. 김인전에 대해서는 이현희의 『김인전 목사의 나라사랑』(동방도서, 2004) 참조.

78) 「靑年同盟創立」, 『동아일보』 1924.4.24, 2면.

79) 「新入會員氏名」, 『서우』 제5호 1907.4, 44면; 「間島共産黨事件」, 『동아일보』 1936.6.19, 2면.

80) 「雜錄」, 『태극학보』 제25호, 1908.10, 68면.

81) 1899년 생으로 尹海山, 尹玉山과 같은 이명을 사용하였으며 본적은 平安南道 安州郡 安州面 七星里로 『용의조선인명부』에 조사되어 있다. 국사편찬위원회 한국사데이터베이스(http://db.history.go.kr/url.jsp?ID=im_108_10393) 참조.

『청춘』이 정치・시사 담론을 다루지 않았음에도 총독부의 견제 대상이었다는 점은 『청춘』을 통해 '불순한' 사상들이 형성, 유통될 수 있었음을 짐작케 한다. 그리고 이를 취급한 인물들 중 상당수는 실제로 그러한 성향을 보이고 있다. 더욱이 『청춘』에 관여한 다양한 계층의 인물들이 3・1만세운동에 연루되어 있음을 고려한다면 『청춘』의 판매에 관여한 이들은 이윤 추구와 별도로 해석될 여지가 충분하다. 이 매체가 지향한 이념이 여러 단체들의 운동과 무관하지 않을뿐더러 신문관 출판물을 매개로 공통된 의식을 가진 이들이 실제 회합의 장을 형성해갔을 가능성 역시 농후하기 때문이다.

『청춘』은 단체 결성이 불가능했던 시기에 '학생'과 '청년'이라는 합법적이고 비정치적으로 간주된 매체의 독자를 중심으로 일정한 경향을 조성해 간다. 그렇다면 이러한 경향성은 최남선과 이광수로 지칭되는 '청춘 그룹'[82]의 범주를 보다 확장시킬 여지를 제공한다. 『청춘』에 직접 관여한 필자만이 아닌 『청춘』을 취급하고 구매한 독자들로까지 외연을 넓혀갔을 수 있기 때문이다. 요컨대 매체를 중심으로 결속된 이 '청춘 그룹'의 연대감은 곧 '선언'과 '운동'의 형태로 발현될 터였다.[83] 『청춘』의 인기가 조선총독부에게 '위협' 수준으로 인식되었으며 『청춘』이 15호를 끝으로

82) 한기형은 최남선을 중심으로 한 『청춘』을 하나의 그룹으로 간주한 바 있다(한기형, 「근대잡지와 근대문학 형성의 제도적 연관」, 『근대어・근대매체・근대문학』, 성균관대 대동문화연구원, 2006 참조). 이 책에서는 서적 판매 및 구매에 관련된 이들에게까지 확장시키고자 한다.

83) 여기서 '선언'과 '운동'은 목전에 닥친 1919년 2・8선언과 3・1운동을 염두에 두고 쓴 것이지만 청년운동이나 한글운동 나아가 사회주의운동이나 독립운동 등 주체로 나서는 모든 운동의 형태들을 포함하는 의미로 확장될 수 있다. 최남선을 비롯한 신문관의 인사들뿐 아니라 신문관의 독자들, 그리고 지방분매소의 주인들이 3・1운동에 상당히 깊이 관여하고 있다는 점에서 신문관이 의도했건 그렇지 않건 출판물을 매개로 형성된 공통된 연대의식은 이 주체들을 '운동'의 형식으로 나아가게 하는 데 일정하게 기능했을 것으로 판단된다.

강제 폐간될 운명을 면치 못한 것은 이러한 움직임과 무관하지 않을 것이다.[84] 이런 점에서 『청춘』을 위협적으로 느꼈던 총독부의 예감은 정확하게 맞아 떨어졌다고 할 수 있다.

3) 확산되는 유통 경로

판매활동으로 돌아오면 지방에서의 구매 욕구는 『청춘』이 종간될 때까지 계속해서 확장되어 갔고 지역도 북청이나 간도로까지 확산되었다. 그렇다면 이처럼 활성화된 『청춘』의 분매소 설립에 관한 내용은 구체적으로 어떠하였는지 확인해 보도록 하자.

> 近來, 地方의 篤志家에게서 本誌의 廣布를 爲하야 支部 或 分賣所를 設立하겟다는 請求가 數至호대 아직까지 널리 許可치 아니하기는 多少 달리 計料하는바ㅣ잇슴이러니 列位의 同情을 줄곳 孤負시키기어려와 今後로는 次第로 許可할 작정이오니 本雜誌의 主旨와 本領을 深諒하시와 廣布를 力圖하시면 한가지 進明改化하는 義務上에 크게 裨補될가 하노이다 支部 或 分賣所를 設置함에는 親疎업시 左開規例에 一依하오며 또 割引金을 不願한다하시는 人士ㅣ種種잇사오나 此亦一例를 遵行하는 必要上으로 不合히 생각하실지라도 依例 奉呈할밧게 업는 것이니 此諒하시옵소서
>
> 一, 二十部以上을 請求하면 分賣所 或 支部됨을 許함
>
> 一, 分賣所 或 支部에는 定價에서 二割을 減함
>
> 但 倍號及 特別號의 割引은 臨時하야 別定함

84) 『청춘』의 유통망을 통해 그 영향력을 분석한 한기형은 비정치적 입장을 취한 『청춘』의 폐간을 "무단통치기의 미디어와 식민지 권력의 갈등을 전형적으로 보여주는 사례"라고 지적한 바 있다(한기형, 앞의 책, 292~295면). 『청춘』의 이른 폐간은 신문관의 경영에도 상당한 타격으로 작용했을 것이다.

一, 分賣所 或 支部를 設함에는 先金請求면 已어니와 不然하면 京城內에 居住하는 人士 中으로 相當한 保證人을 要함
一, 代金으로 先金이 아니면 每月末에 計送함을 要함
一, 發行所로서 分賣所 或 支部에 發送하는 浮費는 發行所로서 負擔함[85]

인용문은 종간 전호인『청춘』14호에 공지된 내용이다. 문면으로 미루어 지부 및 분매소를 설립코자 하는 요구가 빗발치고 있었고『청춘』이 여기에 부합하고자 했음을 알 수 있다. 그렇지만 다섯 가지로 제안되고 있는 이 규정의 본령은 분매소에게는 그다지 유리해 보이지 않는다. 그런데도『청춘』의 지방 분매소 및 지부가 확장되어 갔다는 이 사실은 분매소가 이윤 추구와는 별개로 진행되었을 가능성을 제기한다. 지방 분매소의 확장은 곧『청춘』을 구매하고자 하는 지방 독자의 증가로 이해된다. 다시 말해 지방 독자의 수효가 그만큼 확보되었음을 방증한다.

그런데 이 같은『청춘』의 지방 독자는 그 이전부터 형성된 것일 수 있다. 신문관은『청춘』이전에 이미『소년』을 비롯하여『붉은져고리』,『아이들보이』,『새별』을 발간한 바 있다. 이 가운데 1913년 어린이와 보통학교 정도의 학생을 대상으로 한『아이들보이』의 경우, 각종 독자 참여란을 통해 구독자의 거주지를 밝히고 있다. 이에 의하면 구매층의 거주 범위가 상당히 광범위했던 것으로 드러난다. 경성 외에 잡지를 구독한 독자들은 정주를 비롯하여 인천, 개성, 부산, 마산, 곽산, 수원 등, 국내뿐 아니라 혼춘, 송화, 북간도, 동경에 이르기까지 지역별로 다양하게 분포하고 있다.[86]

---

85) 〈「靑春」 地方地部及分賣所設置略規〉, 앞의 책.

86) 열거한 지역 외에도『아이들보이』에 투고한 독자들의 거주 지역은 전국적으로 확산되어 있다. 행정구역별로 구분해 보면 대략 다음과 같다. 표는 8도를 기준으로 정리했고 경성, 부산, 인천, 개성 등은 주요 행정지로 국외는 기타 지역으로 표시했다. 영산은 경상도에

이 지역들 가운데 유독 서북 지방인 정주나 안악, 장연, 용천 등지에 독자층이 집중된 경향이 있다. 이들 지역은 민족운동 중에서도 특히 교육활동이 활발하게 일어난 곳이라는 점에서 주목된다. 『아이들보이』에서 가장 적극적인 참여를 보이고 있는 정주는 이광수가 일본에서 중학을 마치고 돌아와 교사로 활동한 오산학교가 있던 곳이다.[87] 남강 이승훈이 설립한 오산학교 출신들이 이 시기 『아이들보이』의 주요 독자층이었음은 쉽게 확인된다.[88] 안악 역시 민족운동의 요지이다.[89] 청년학우회의

편입시켰다.

〈표 6〉『아이들보이』 투고자 지역별 분포

	행정구역	지명 이름	수	비고
1	강원도	홍천	1	
2	경기도	연천, 파주, 장단, 양주, 이천, 안산, 통률(김포), 안성, 양평, 시흥, 광주, 가평, 통진, 철산(광명), 죽산, 구성(용인), 수원	17	
3	경상도	사천, 함안, 진주, 밀양, 대구, 문경, 영천, 김천, 위산, 안동, 영주(풍기), 목포, 봉산, 창녕, 영산*	15	
4	전라도	전주, 고성, 순천, 군산, 광주, 장성, 명천, 고산, 김제, 진안	10	
5	충청도	한산, 면천, 서천, 제천, 청주, 공주, 진천, 태안, 직산, 금산, 진산, 강경	12	영산 (영동군의 옛별호)
6	평안도	평양, 의주, 회령, 용천, 용강, 정주, 용암포, 선천, 곽산	9	
7	함경도	함흥, 경흥, 단천, 종성, 온성, 홍원, 鏡城	7	
8	황해도	안악, 해주, 안주, 은율, 황주, 신천, 재령, 장연, 연안, 수안	10	영산 (부령군의 옛별호)
9	주요 행정지	경성(용산, 교동, 서강, 증산, 백마, 교하), 부산,(동래, 통영, 기장, 구포, 초량), 인천(부평, 강화), 개성	4/13	
10	기타	동경, 혼춘, 송화, 간도, 북간도	5	

87) 『아이들보이』에 참여하고 있는 정주 출신 구독자는 대략 다음과 같다. 김득린, 김영우, 김정옥, 김주항, 김춘화, 노문희, 민영암, 박운승, 백낙영, 백봉제, 백순제, 백용전, 백용준, 백웅연, 백이제, 백호제, 승계형, 승대윤, 오기진, 오기현, 유영석, 이극현, 이기순, 이기원, 이약신, 이유근, 이일, 이장순, 이종구, 이창건, 이찬균, 이찬식, 이춘근, 이하주, 이희명, 이희철, 장리욱, 장석성, 정학근, 한로원, 황봉기, 현공섭 등.

88) 『아이들보이』에 투고한 오산학교 학생들에 대해서는 이광수의 제자인 이희철(李熙喆)의 문학적 행보를 고찰하면서 다룬 바 있다(권두연, 「소설의 모델, 독자, 작가」, 『비평

핵심 인물인 최광옥(崔光玉)이 교육에 뜻을 두고 벌인 사업이 바로 안악을 중심으로 한 면학회이다. 특히 하기사범강습회는 상당한 반향을 일으켜 재령·장연·송화 등 해서지방 도처로 번져나간 것으로 평가된다.[90] 뿐만 아니라 안주나 의주 같은 지역도 청년학우회가 연회를 결성한 곳이다.[91] 청년학우회의 기관지였던 『소년』에 따르면 1910년 당시 최남선은 "平壤·安州·義州 三聯會設立에 對한 正式視察을 畢하고 歷路에 定州·郭山·宣川·龍川 三和等處를 遊歷하야 聯會發起의 狀況을 視察하고 本月三日에 無事歸京"한 바 있다.[92]

이처럼 『아이들보이』에 투고한 참여자들의 지역별 거주 현황은 청년학우회 및 이에 관련된 중심인물들이 활동한 지역과도 일치한다. 그렇다면 이러한 지역적 연계성은 『소년』에서부터 배태된 것으로 볼 수 있다. 최남선 1인 잡지로 알려진 『소년』은 창간호의 판매부수가 10부를 넘지 못했지만 1년 후에는 200부를 상회할 정도로 규모가 커진다.[93] 이 같은

문학』 44호, 2011, 53~60면 참조). 이 연장선에서 식민지 시기 실천적인 지식 전통의 한 흐름으로 오산학교에 주목해야 한다는 이경란의 지적은 의미 있다. 이경란, 「식민지기 조선의 실천적 지식전통의 형성과 확산-평북 오산학교를 중심으로」(『근대 '지식장'의 형성과 재편』, 제 16차 사회인문학 포럼 학술자료집, 연세대학교 국학연구원 HK사업단, 2010.12.14) 참조.

89) 데라우치 총독 암살미수사건은 이른바 '안악사건'(일명 '105인 사건')으로 알려질 정도로 이 일대의 민족운동과 문화운동이 활발하였다. 윤경로, 『105인사건과 신민회 연구』, 일지사, 1990 참조.

90) 이명화, 『근대화의 선각자-최광옥의 삶과 위대한 유산』, 역사공간, 2006 참조. 특히 1908년 제2회 하기강습회에는 이광수와 방신영 등이 교사로 초빙되었다.

91) 청년학우회는 총회와 연회로 나누어 조직됐고 회원 50여 명 이상일 경우 연회 성립이 가능했다. 한성연회는 1909년 11월에, 지방연회는 1910년 4월에 평양에서 조직되었고 이어 의주, 안주 등지에 연회가 설립된다. 「청년학우회보」, 『소년』 2년 8권~3년 6권 참조.

92) 「청년학우회보」, 『소년』 3년 6호, 신문관, 1910.6, 75면.

93) 「第壹朞 記念辭」, 『소년』 2년 10권, 신문관, 1909.11, 5~6면.

판매 부수의 증가, 요컨대 『소년』의 구매력과 독자층의 확보는 청년학우회의 기관지로 활약하면서 보다 가속화되었을 것으로 간주된다. 청년학우회는 평양을 비롯한 여러 지방에 학우회 조직을 결성했고 학우회 회원들은 그 기관지를 구독할 의무가 있었다.[94] 이로써 청년학우회의 지방연회와 연동하여 신문관의 유통 경로가 확대되었을 가능성은 충분하다. 여기에 최남선의 활동도 중요하게 작용했을 것으로 짐작된다. 이 시기 최남선은 청년학우회의 실질적인 간부로 전국 순회 및 지부활동을 분주하게 하고 있었다. 따라서 이 경로와 관련하여 신문관의 판매 활로도 보다 적극적으로 펼쳐졌을 것으로 판단된다.

신문관은 창립 당시부터 철도와 우편을 활용하여 적극적인 판매활동에 나섰고 1910년을 전후로 서서히 그 유통과 판매의 범위를 확산시켜 나갔다. 이러한 유통 경로는 독자층의 형성과도 밀접하게 연동된다. 특히 청년학우회의 기관지를 비롯하여 어린이 잡지 및 신문 발간을 통해 상당한 구독자들을 확보하면서 『청춘』에 가서는 고정적이고 안정된 독자층을 형성하기에 이른다. 이 독자층은 빠르게는 『소년』에서부터 시작되어 『붉은져고리』와 『아이들보이』를 거쳐 『새별』과 『청춘』에 이르러서는 연대별로 적층되는 한편 독자별로 분화되기 시작한다.[95]

---

94) 신민회의 재정에는 『소년』 구독비가 포함되어 있었다. 오대영의 진술에 의하면 통상 회원들이 월회비로 내는 20전에는 회보 기관지인 『소년』 구독료 10전이 포함되어 있었다고 한다. 다만 오대영은 신민회와 청년학우회를 동일한 것으로 간주했다. 오대영, 「경찰심문주보」 35권, 『국편 자료집』 4, 163면.

95) 신문관의 독자와 관련하여서는 이 책의 제5부에서 보다 상세하게 다루고 있다.

제2장

출판물의 구성과 기획

1. 분류와 목록화

분류(classification)는 대상을 인지하고, 차별화하고, 이해하는 과정이다. 분류는 주체가 범주 안에 있는 것을 암시하며, 보통 특정한 목적을 가지고 있다.[1] 신문관이 자사의 서적들을 '분류'하고 있다는 점 역시 이러한 개념의 특징적인 면과 관련된다. 서적의 분류야말로 신문관이 지향한 출판물의 성격을 파악하는 데 유용하다. 마침 신문관은 1914년 『신문관발매서적총목록(新文館發賣書籍總目錄)』과 1918년 「신문관발행서목(新文館發行書目)」을 펴낸 바 있으니 이 두 목록을 중심으로 논의를 전개해 보고자 한다.

1) 『신문관발매서적총목록』의 구성

서적 혹은 서적들의 목록을 소개하는 광고는 1900년대 초중반 학부 교과서에서부터 나타나 점차 민간 출판사로 확대되었다. 자사의 발행 서

1) 분류의 역사와 다양한 서적의 분류 체계들에 관해서는 다음의 서적을 참조했다. 구가 가쓰토시(久我勝利), 『지식의 분류사』, 김성민 옮김, 한국출판마케팅연구소, 2009 참조.

적들을 목록화하여 소개하는 경우는 주로 의진사나 보성관, 휘문관처럼 교재출판을 위주로 하고 있는 곳들이다. 대부분의 상업출판물들은 각종 교재 및 문방용품과 함께 광고되거나 목록이 제시된다 하더라도 간단한 소개에 그치는 경향이 강하다. 물론 당대 최대 규모를 자랑한 광학서포의 경우 "本書館은或書籍代金을問議코자ᄒᆞ면書信으로何種과居地氏啣을詳記寄送ᄒᆞ시면本館에서目錄을進呈"[2]한다는 광고를 낸 바 있다. 이 보다 시기적으로 다소 이후이지만 동미서시도 "特別割引"과 "迅速酬應" 두 구절을 내걸고 〈圖書廣告〉란에 전면으로 第一回「東美書市發售書籍目錄」을 제시한 바 있다.[3] 그렇지만 이 경우에도 서명과 가격만을 표시하고 있을 뿐 특정 분류에 의한 세목화를 시도하지는 않았다.

신문관 판매부는 자사 발행 서적은 물론, 타사 서적까지 목록화하여 주문을 원하는 이들에게 무료로 배포하고 있었다. 1914년 신문관이 별도로 제작한 『신문관발매서적총목록』(이하 『총목』)은 자사와 타사의 발행과 발매 목록의 구분은 물론, 자사 발행의 경우에도 신문관과 조선광문회의 서적을 별도로 분류하고 있다. 그럼 『총목』의 구성을 살펴보도록 하자.

〈표 7〉『신문관발매서적총목록』의 구성

<table>
<tr><th colspan="8">新文館發賣書籍總目錄</th></tr>
<tr><td colspan="4">1부</td><td colspan="4">2부</td></tr>
<tr><td colspan="4">敬告海內讀書家(1~2면)</td><td colspan="4"></td></tr>
<tr><td colspan="4">注文時注意件(2면)</td><td colspan="4"></td></tr>
<tr><th>신문관 서적 제목</th><th>면수</th><th>광문회 서적 제목</th><th>면수</th><th>제목</th><th colspan="2">권수</th><th>면수</th></tr>
<tr><td>新文館發行書籍細目</td><td>면수</td><td>朝鮮光文會
古書細目
朝鮮光文會刊布</td><td>28

29</td><td>發賣書籍分類總目</td><td>총권/
(근간)</td><td>신
문
관</td><td></td></tr>
</table>

2) 『소년』 1년 2권, 신문관, 1908.12, 광고. 그렇지만 이 목록은 아직까지 확인된 바 없다.
3) 〈東美書市發售書籍目錄〉, 『청춘』 7호, 신문관, 1917.5, 광고.

新文舘編纂辭書類	朝鮮辭典 말모이	3	三大史籍特價廣布	東國通鑑	30	第一 教科書類	17	0	1
	漢鮮大字典					第二 辭典字書書類	13	2	1
	漢鮮新字典					第三 宗教理學書類	3	1	2
	日鮮辭典			燃藜室記述/別集9	31~36	第四 修養書類	11	3	2
	鮮日辭典			海東繹史	37~38	第五 歷史傳記年表書類	28	6	2
兒童雜誌	아이들보이	4		大東韻府群玉	39	第六 地理地圖書類	30	4	4
	붉은저고리	5		海東名將傳	39~40	第七 朝鮮語漢文書類	37	3	5
大倧教編撰	神檀實記	6		東國兵鑑	40	第八 理科書類	34	0	6
	三一神誥			黨議通略	41	第九 數學書類	28	0	7
	基督教의 青年	7		東國歲時記	42	第十 圖書習字書類	7/(1)		7
日本語學叢書	第一篇日本語學音語篇	8~14		熱河日記	42~43	第十一 唱歌體操書類	5	0	7
	第二篇日本語學文典篇			訓蒙字會	44	第十二 語學書類	40	4	8
	第三篇日本語學書翰篇			雅言覺非	44	第十三 簡牘書式書類	14/(1)		9
	地球之旣往及將來	15		海東小學	45	第十四 法政經濟書類	26	0	9
십전총서	刪修擊蒙要訣			尙書補傳		第十五 法典書式書類	23	0	10
	썰늬버유람긔			林忠愍公實記		第十六 實業書類	28	0	10
	신교 옥루몽	16		東京雜記		第十七 教育家政書類	10	0	11
	신교 슈호지	17		中京誌		第十八 醫藥書類	7	0	11
	고古본本츈春향香젼傳	18		擇里志	46	第十九 雜種書類	28	9	11
	만인계	19		山徑表		第二十 新舊小說類	146/(2)	19	13~16
	검둥의 셜음	20		道里表					
	불샹ᄒᆞᆫ동무	21		棋譜					
	자랑의단추	22		陸卿圖					

륙전쇼셜 六錢小說	심청젼단권	23					
	흥부젼단권						
	홍길동젼단권						
	남훈태평가단권						
	삼셜긔(상하)						
	져마무젼단권						
	샤시남졍긔 (상하)						
絶倒百話		24					
開卷嬉嬉							
歌曲選		25					
朝鮮俚諺		26					
日文譯法		27		각종요금안내			1
●대금인환에 대ᄒᆞ야			47~48	無料信實換錢法			1
합계	신문관 35종		광문회 21종	총발매 535종 근간 4종	신문관광문회 51종		

『총목』은 표지와 목차를 제외하고 1부와 2부로 구성된다. 전자는 신문관 및 광문회가 발행, 간포한 서적들의 세목이고 후자는 발매한 서적들을 분류 항목으로 제시한 총목으로 자사 서적 및 근간 예정에 있는 서적까지 포함하고 있다. 면수 표기를 기준으로 1부는 총 48면, 2부는 총 16면에 달하고 2면의 요금 안내로 마무리된다. 목차에 표기된 추가 서목은 제시되지 않았다.

1부부터 살펴보면 「敬告海內讀書家」에서는 "書籍은 智識의 源泉이오 文化의 關鍵"[4]임을 천명하면서 서적 출판의 취지와 포부를 밝히고 있다. 다음으로 주문 시 주의사항에 관한 「注文時注意件」은 별도의 난(欄)이 아닌 7개의 세부 항목으로 구성되어 있다. 본관의 특색을 비롯해 할인 적용 및 목록에 없는 고서 주문방법 그리고 주문 시 주소 기재에 관한

4) 『新文館發賣書籍總目錄』, 앞의 책.

당부 등, 잡다한 정보들에 관해 소상히 알리고 있다. 3면부터 본격적으로 신문관 발행 서적과 조선광문회 고서를 구분하여 그 세목들을 제시하고 마지막으로 서적 대금의 지불 방식에 관해 언급해 두고 있다. 신문관 발행 서적과 조선광문회 고서는 주로 자사에서 편집・인쇄한 서적 광고지를 그대로 첨부하거나 주요 서적의 목차를 소개하는 방식으로 이루어진다.[5] 〈일본어학총서〉, 〈십전총서〉, 〈륙젼쇼셜〉과 같은 타이틀이나 '신문관 편찬 사서류'[6], '대종교 편찬', '아동잡지' 등으로 자사의 서적들을 일정하게 양식화하여 분류해 두고 있다.

발매 서적을 소개한 2부는 자사 출판물을 포함하여 신문관에서 발매를 대행한 도서들을 총 20개 항목으로 분류하였다. 항목별로 살펴보면 (1)教科書, (2)辭典字書, (3)宗教理學, (4)修養, (5)歷史傳記年表, (6)地理地圖, (7)朝鮮語漢文, (8)理科, (9)數學, (10)圖書習字, (11)唱歌體操, (12)語學, (13)簡牘書式, (14)法政經濟, (15)法典書式, (16)實業, (17)教育家政, (18)醫藥, (19)雜種, (20)新舊小說로 구성된다.[7] 분류의 기준은 주로

---

5) 특히 신문관의 〈일본어학총서〉나 광문회의 『연려실기술』과 같은 경우에는 서너 면에 걸쳐 그 목록 및 내용을 소개하는 등 적극적으로 홍보된다. 광문회 도서 중 이 목록에 포함되지 않은 것은 1914년 이후에 발간된 『경세유표』(1914.10.10), 『삼국유사』(1914.3.20/7.20), 『신자전』(1915.12.5)이다. 그런데 『중경지』는 전자의 두 권보다도 늦은 1914년 10월 30일에 발행되었음에도 목록에 포함되어 있다.

6) '신문관 편찬 사서류'로 소개된 5권 가운데 발간된 서적은 한 권도 없다. 대신 광문회에서 『신자전』(1915.12)이 발간되었다. 『조선사전 말모이』의 경우는 출판 예정에 있었지만 주시경 사후 끝내 출판되지 못했다.

7) 이 도서 분류(library classification)가 신문관의 자체 분류였는지에 대해서는 보다 전문적인 연구가 필요하다. 가령 광학서포나 회동서관의 경우에는 (1)宗教와 歷史 (2)政治와 法律 (3)經濟와 簿記 (4)地誌와 地圖 (5)傳記와 小說 (6)動物과 植物 (7)算術과 語學 (8)物理와 化學 (9)修身과 衛生 (10)農業과 商業으로 분류하고 있는 것으로 보아 이 사례가 더 일반적인 것이 아닌가 생각한다. 〈특별광고〉, 『소년』 1년 2권, 신문관, 1908.12, 광고.

서적의 내용과 주제이고 기능과 용도 위주로도 이루어진다. 가령 교과서와 사전류, 역사전기연표와 지리지도 등 기능과 용도로 구분된 항목이 있는가 하면 종교이학, 수학, 의약 등 주제나 내용으로 분류된 항목들이 있다. 이로 인해 법정경제와 법전서식이 구분되고, 교과서와 교육가정도 별도로 나뉘게 된다. 한편 조선어와 한문은 한 항목으로 묶인데 반해 일본어는 별도로 지정된다.

이상 20개로 분류된 항목에 수록된 서적은 총 535권이며 이 중 신문관 발행 도서가 53권으로 약 10%를 차지한다. 특징적인 것은 발매 목록에서 자사 출판물에 해당하는 서적에는 활자 크기를 좀 더 크고 진하게 해둠으로써 시각화하고 있다는 점이다. 일종의 강조 표시로 자사와 타사 출판물의 판별을 쉽게 할 뿐 아니라 신문관이 어떤 서적에 주력했는지도 단번에 드러낸다. 가령 〈표 7〉에서 교과서를 비롯해 이과, 수학, 창가체조, 법정경제, 법전서식, 실업, 교육가정, 의약류에는 신문관 발행 도서가 한 권도 포함되어 있지 않다. 반면 사전 및 자서, 수양, 종교이학, 역사전기, 지리지도, 조선어한문, 잡종 및 신·구소설에는 상당수의 서적들이 포함되어 있다. 이 가운데서도 역사, 지리, 조선어에 해당하는 서적의 비율이 높다. 이 점은 신문관의 출판활동이 어디에 집중되어 있었는지를 한눈에 보여준다.

이처럼 『총목』은 1914년까지의 신문관과 광문회의 왕성한 출판활동을 보여주는 바로미터이다. 이를 통해 자사의 서적뿐 아니라 각종 도서의 취급에 대한 소개 및 지방의 독자들에게까지 우편 주문을 독려한 판매부의 적극적인 마케팅 전략이 포착된다. 그런데 창립 초기 신문기사나 회고들을 통해 자주 강조되었듯 신문관은 일정 부분 교재 출판을 목적으로 하고 있었다. 『붉은져고리』의 경우 "공부란것은 집안에셔 식히는것쁜 아니오 학교에서 식히는것만 아니라 이 두군듸밧게도 매우 요긴ᄒᆞ고 즁대

ᄒᆞᆫ것이 잇스니 곳 신문이나 잡지 갓ᄒᆞᆫ것이외다 (중략) 공부를 작 식히ᄂᆞᆫ 문명ᄒᆞᆫ 나라에ᄂᆞᆫ 졍도와 셩미를 마쳐 내ᄂᆞᆫ 신문이 여러 가지 잇셔 크게 공부를 돕ᄂᆞᆫᄃᆡ 오즉 우리 셰샹에ᄂᆞᆫ 거긔 뎍당ᄒᆞᆫ 긔관이 오늘날ᄭᅡ지 업"[8]는 까닭에 신문을 낸다는 취지까지 분명하게 밝혔다. 이처럼 애초 출판의 취지에 교재에 대한 구상이 있었고 신문관이 발간한 일련의 잡지 역시 제3의 교육기관을 자처했음에도 실질적으로 신문관 간행도서 가운데 교과서에 해당하는 서적은 그다지 많지 않다. 이 점은 좀 더 강조될 필요가 있는데 당시 사립학교령[9] 및 출판법[10] 공포로 인해 민간에서의 교과서 발행이 거의 불가능했다는 점과 연관될 가능성이 있기 때문이다.[11]

8) 「이 신문 내ᄂᆞᆫ 의사」, 『붉은져고리』 창간호, 신문관, 1913.1.15, 1면.

9) 사립학교령과 관련하여 좀 더 살펴보면 을사늑약 체결을 전후하여 수많은 사립학교와 학회가 성립되었고 그 활동이 활발해지자 통감부는 이를 통제하기 위해 융희 2년(1908)에 칙령 62호로 사립학교령과 칙령 63호로 학회령을 내린다. 통감부는 사립학교령 반포의 요지를 "사립학교 현하의 상태를 볼 때 이를 보호하고 감독하지 않으면 안 될 형편에 이르렀다. 이에 사립학교령을 공포하여 채장보단으로 그를 선도하여 교육의 보급을 꾀하고자 한다."라고 밝히고 있지만 실제로는 식민통치를 위해 각종 법령을 정비하는 과정의 일부였다. 전문 17조로 구성된 사립학교령은 사립학교 설립 시 학부대신의 인가(2조)를 받아야 하며 사용하는 교과용도서는 학부편찬이거나 학부대신의 검정을 받은 것(6조)으로 제한하고 사립학교 설비 및 수업, 기타사항으로서 부적당하다고 인정할 때는 학부대신이 그 변경을 명령(9조)할 수 있도록 규정하고 있다. 뿐만 아니라 사립학교 법령과 규정에 위배되었을 때, 안녕질서를 문란케 하거나 풍속을 괴한할 우려가 있을 때, 6개월 이상 규정의 수업을 하지 않았을 때, 9조에 의한 학부대신의 명령을 위배하였을 때는 학부대신이 폐쇄를 명령(10조)할 수 있게 하였다. 이로 인해 1909년 사립학교는 전년도에 비해 154교가, 종교학교는 71교가 감소된 것으로 조사된다. 민족문학연구소기초학문연구단 〈제도로서의 한국근대문학과 탈식민성〉 제1분과, 「문화법령 관련 연표(1895-1945)」 자료집, 2004~2006, 180~118면.

10) 출판법 공포(1909.2) 및 시행으로 인해 사전 검열을 받아야 했으며 이미 발행된 상당수의 서적들이 금서 조치되었다. 이에 대해서는 김봉희, 앞의 책 및 이중연, 『'책'의 운명』(혜안, 2001)에서 자세하게 다루고 있다.

11) 신문관 출판물들의 교육적인 성격에 대해서는 또 다른 지면이 필요하다. 다만 학부편집국에서 편찬한 『교과용도서일람』을 참조하면 교육령개정 등으로 인해 당시 민간에서

교재로 사용된 신문관 발행 서적 가운데 『고등한문독본』과 『일본어학음어편』, 『기독교의 청년』은 향후 조선총독부에 의해 사립학교 불인가교과용 도서로 지정된다.[12)]

마지막으로 한 가지 더 주목할 점은 목록에서 누락되고 있는 서적들이다. 우선 1908년에 간행된 두 권의 노래집인 『한양노래』와 『경부텰도노래』가 목록에서 빠져 있다. 또 이미 연재가 끝난 『붉은져고리』나 연재중인 『아이들보이』는 소개되고 있는 반면, 창립 이래 가장 주력했던 『소년』은 목록에서 보이지 않는다. 이 가운데 전자의 두 노래집은 1918년에 판매가 금지된 서적이다. 『소년』 역시 이러한 이유로 삭제되었을 가능성이 있다. 후술하겠지만 『소년』의 폐간은 '105인 사건'과 관련되었을 가능성이 높다. 청년학우회의 기관지를 겸했던 『소년』은 강제병합 이후에도 폐간되지 않고 발간된 몇 안 되는 매체 가운데 하나이다. 그러한 『소년』이 1911년 돌연 폐간된 연유에는 안창호를 중심으로 한 비밀결사체인 신민회가 총독부에 노출된 사건과 무관하지 않을 것이기 때문이다. 이에 대해서는 다음의 「신문관발행서목」 및 매체의 서적 광고들을 통해 보다 구체적으로 살펴보도록 한다.

2) 「신문관발행서목」의 네 항목

『총목』이 보여준 자사 출판물의 양상은 1918년 『청춘』 14호의 「신문관발행서목」(이하 「서목」)[13)]에서 보다 명징해진다. "신문관창업십주년기념

교과서를 출판하는 것이 상당히 어려운 일이었음을 알 수 있다. 學部編輯局 編, 『教科用圖書一覽』, 學部編輯局, 1910[增補第4版](『植民地朝鮮教育政策史料集成』 제69권, 대학서원, 1990) 및 李鐘國, 『韓國出版社年表』(Ⅰ)(Ⅱ), 한국출판연구소, 1991・3의 교과서 발행 사항 참조.

12) 『教科用圖書一覽』, 朝鮮總督府, 1917.11[改訂第11版], 39~45면.

號(新文館創業拾週年記念號)"로 발간된 이 호에 삽지 형식으로 실린 「서목」은 "割引欄에 記入한 數字에 壹은 壹割이오 貳는 貳割을 除하는 意-니 그만콤 定價에서 計除한 實價와 郵稅를 先金으로 送하시오"라는 구절에서 명시되듯 자사 출판 서적들의 할인가를 적시할 목적으로 제작된 것이다. 그래서인지 서적의 권수와 정가, 할인 폭과 우편료가 세세하게 제시되고 있다. 광고된 「서목」의 내용은 다음과 같다.[14]

〈표 8〉「신문관발행서목」[15]

		저·역자	서명	책수	정가	할인	우세	간행여부	간행일	비고
學術書類	1	李能和	朝鮮佛教通史	貳	6원50전	無	30전	○	1918	최남선 교열
	2	權相老	朝鮮佛教略史	壹	1원	壹	6전	○	1917	
	3	周時經	말의소리	壹	40전	無	2전	○	1914	
	4	金枓奉	조선말본	壹	50전	無	6전	○	1916	

13) 『청춘』 14호에 실린 「신문관발행서목」(1918.6)의 뒷면은 「新字典內容見本」이다. "此는 新字典의 內容을 約是한 것이니 此를 品紙單面에 印刷하야 舊式으로 折紙結冊한 것이니 可히써 永久히 藏襲할지니라"라는 구절이 실리고 있다.

14) 참고로 『청춘』 영인본에는 해당 면의 일부가 낙장 되어 '문예서류'부터는 그 내용을 확인할 수 없기에 여기에 그 세부 내용을 제시해 둔다.

■新文館은 가장 善良·正確한 圖署를 發刊하야 文運을 助長함으로 目的함
■新文館은 時宜를 察하고 民度에 應하야 가장 責任잇는 書籍雜誌를 編纂刊行함
■新文館은 私利를 위하야 世道를 敗傷하고 人心을 戕賊하는 書類를 發刊치아니함
■新文館은 販賣部를 置하야 內外古今一切書籍을 가장 信用잇게 需應함
■新文館은 印刷部를 置하야 巨大한 設備와 優秀한 技術로써 一切印刷業을 營함
■新文館은 信義·勤實로써 商略을 作하야 何時何物로든지 信用을 確守함

15) 〈표 8〉「신문관발행서목」에서 〈간행여부〉와 〈간행일〉, 〈비고〉의 항목은 본 저자가 추가한 것이다. 간행여부 및 간행일은 실물, 혹은 사진 자료들을 직접 확인한 결과를 토대로 하였고 〈비고〉란에는 서적과 관련된 참고 사항들을 기입하였다. 그런데 실물 작업을 통해 「서목」에서 미출판된 서적과 신문관 발행이 아닌 서적들이 확인되었다. 그렇다면 발행하지도 않은 서적을 자사의 발행 서목에 포함하고 있는 신문관의 의도는 무엇인지 묻지 않을 수 없다.

	5	朴勝彬	言文一致 六法全書	壹	50전		12전	○	1908	6권 한질
	6	新文舘	地球之旣 往及將來	壹	20전	四	2전	○	1909	
	7	光文會	詳註圖解 **新字典**	壹	2원	參	12전	○	1915	
	8	林圭	日本語學音語篇	壹	3판 인쇄중			○	1912	일본어학총서
	9	林圭	日本語學文典篇	壹	65전	參	6전	○	1912	일본어학총서
	10	林圭	日本語學書翰篇	壹	1원	參	8전	○		일본어학총서
	11	新文舘	日文譯法	壹	75전	四	4전	○	1909	
	12	大倧教	神壇實記	壹	40전	無	4전	○	1914	
	13	大倧教	三一神誥	壹	10전	無	2전	○	1912	→ 김교헌
	14	金月窓	禪學入門	壹				○	1918	→ 김대현
修養書類	1	崔南善	**自助論**	上卷	65전	無	6전	○	1918	
	2	崔南善	修身要領	壹	3전	無	2전			『산수격몽요결』 부록
	3	崔南善	刪修擊蒙要訣	壹	10전	參	2전	○	1909	십전총서
	4	韓龍雲	佛教大典	壹	85전	無	12전	○		
	5	韓龍雲	菜根譚講義	壹	35전	無	4전	○	1917	
	6	張道斌	偉人元曉	壹	20전	貳	2전	○	1917	수양총서
	7	張道斌	偉人린컨	壹	20전	貳	2전	○	1917	수양총서 판권 : 백산 서원 발행
	8	金昶濟	基督教의 青年	壹	20전	參	2전	○	1914	
文藝書類	1	張志淵	**大東詩選**	五	3원20전	無	18전	○	1918	
	2	崔南善	**時文讀本**	壹	75전	無	6전	○	1918	초판(1916)
	3	崔南善	作文大方	壹						영창서관본 (1921)
	4	崔南善	歌曲選	壹	35전	參	4전	○	1913	
	5	朴殷植	高等漢文讀本	壹	30전	四	4전	○	1910	
	6	崔南善	漢陽歌	壹	발매 금지	○	1908			

7	崔南善	京釜鐵道歌	壹	발매금지			○	1908	
8	李光洙	**無情**	壹	1원20전	無	12전	○	1918	『매일신보』 연재
9	李光洙	開拓者					미 출판		『매일신보』 연재
10	崔南善	**불상한동무**	壹	20전	參	2전	○	1912	신문관발간 신쇼셜 1925(5판) 사진추가
11	李光洙	검둥의셜음	壹	30전	參	4전	○	1913	신문관발간 신쇼셜
12	新文館	자랑의단추	壹	25전	參	4전	○	1912	신문관발간 신쇼셜
13	新文館	만인계	壹	20전	參	2전	○	1912	신문관발간 신쇼셜
14	新文館	허풍션이긔담	壹	20전	參	2전	○	1913	신문관발간 신쇼셜
15	李何夢	**無窮花**	第壹	50전	參	4전	○	1918	『매일신보』 연재
16	沈天風	山中花					미 출판		『매일신보』 연재
17	李何夢	貞婦怨					미 출판		『매일신보』 연재
18	朴賢煥	海棠花	壹	40전	貳割 五步	4전	○	1918	
19	新文館	新校**玉樓夢**	四	2원30전	參	18전	○	1913	
20	新文館	新校**水滸志**	四	1원90전	參	18전			
21	新文館	古本春香傳	壹	50전	參	6전	○	1913	
22	新文館	샤시남정긔	貳	12전	無	2전	○	1914	륙젼쇼셜
23	新文館	삼셜긔	貳	12전	無	2전	○	1913	륙젼쇼셜
24	新文館	홍길동젼	壹	(絶種)				1913	륙젼쇼셜
25	新文館	심쳥젼	壹	(絶種)			○	1913	륙젼쇼셜
26	新文館	흥부젼	壹	6전	無	2전	○	1913	륙젼쇼셜

	27	新文舘	뎐우치젼	壹	6젼	無	2젼	○	1914	륙젼쇼셜
	28	新文舘	저마무젼	壹	6젼	無	2젼	○	1914	륙젼쇼셜
	29	新文舘	남훈태평가	壹	6젼	無	2젼	○	1913	륙젼쇼셜
	30	新文舘	썰니버유람긔	壹	10젼	參	2젼	○	1909	십전총서
雜種書類	1	南岳主人	**洪景來**實記	壹	45전	參	4전	○	1917	
	2	崔瑗植	朝鮮俚諺	壹	30전	參	4전	○	1913	
	3	方信榮	朝鮮料理製法	壹	40전	參	4전	○	1917	1918년 재판 발행
	4	張道斌	袖珍自習尺牘	壹	25전	貳	2전			
	5	命撰	陞卿圖	壹	20전	參	2전	○		조선광문회 서적
	6	長春道人	笑天笑地	壹	30전	參	4전	○	1918	
	7	圓石老人	絶倒百話	壹	10전	參	2전	○	1912	圓石散人 → 이철주
	8	偶丁居士	開卷嬉嬉	壹	10전	參	2전	○	1912	偶丁居士 → 임규
	9	崔南善	其人備官	壹	15전	無	2전	○		조선광문회, 『청춘』 14호
	10	秘本	棋譜	壹	45전	貳	4전	○	1912	조선광문회
총	62권									

* 표의 굵은 표시 및 글자 크기 확대는 원문의 강조임

〈표 8〉을 참고하면 「서목」은 네 가지 항목으로 구성된다. 잡지류는 포함되지 않았고 단행본만을 대상으로 총 62권의 도서를 학술(14)과 수양(8), 문예(30)로 분류하고 나머지는 잡종(10)으로 구분해 두고 있다. 1914년의 『총목』과 비교하면 상당히 간명해진 셈이다. 다시 말해 사전 및 자서, 수양, 종교이학, 역사전기, 지리지도, 조선어한문, 잡종 및 신·구소설류에 해당된 각종 서적들이 학술과 수양, 문예, 잡종의 단 네 가지로 범주화 되었다. 이를 통해 신문관이 학술과 수양, 문예에 주력했다는

사실이 한 눈에 파악된다. 그리고 잡종으로 분류된 서적들도 상당하다는 점이 주목된다.

무엇보다 「서목」에는 책의 저자 및 역자가 비교적 분명하게 명시되고 있다. 판권지의 저 · 역자란에 발행인 최창선으로 표시되었던 서적들이 모두 '新文舘' 명의로 소개된다. 그리고 『신자전』을 제외하면 광문회본으로 발행된 『승경도』나 『기보』, 『기인비관』 등도 모두 명선과 최남선, 비본 등으로 저 · 역자 표기가 구체화되거나 변경된다.[16] 이처럼 광문회 서적의 발행 주체가 바뀌는 데에는 저 · 역자에 대한 인식이 보다 명확해진 탓도 있겠지만[17] 1915년 『신자전』의 발간을 끝으로 더 이상 활동하지 않았던 / 못했던 광문회의 존폐 상황이 하나의 단서로 고려될 수 있다.[18] 조선광문회는 1910년부터 고서 복간과 「말모이」를 비롯한 각종 사전 편찬에 주력하는 등 왕성한 활동을 전개했다. 대규모 고서 발간을 예정하고 있었던[19] 광문회가 공식적이든, 비공식적이든 해산이나 잠정 중단에 대한 표명도 없이 활동을 중지한 것은 의아하다. 더욱이 그 활동 중단

16) 『연려실기술』을 비롯한 광문회 서적은 『청춘』 창간호(1914.11)에서부터 신문관 발행으로 소개되고 있다. 『기인비관』의 경우, 『청춘』에 재수록 될 때 이미 만들어진 단행본이 있다는 내용은 거론되면서도 광문회에 대해서는 전혀 언급되지 않았다. 광문회를 직접적으로 언급하는 것이 꺼려졌거나 적어도 명시적으로 드러내는 것에 대한 제한이 있었던 것만은 분명해 보인다.

17) 저 · 역자에 대한 인식이 명확해졌음은 역자 표시가 없던 『해당화』의 역자를 박현환(朴賢煥)으로 밝히고 있는 데서 확인된다. 한편 남악주인이라는 필명으로 편찬된 『가곡선』의 경우에는 최남선으로 저자 표시가 바뀐 데 반해, 『홍경래실기』는 여전히 남악주인으로 명기하고 있어 의혹이 남는다.

18) 물론 광문회가 왜 공식적인 활동을 중단해야 했는지가 더 근본적인 질문일 것이다. 광문회가 예정하고 있었던 고서 목록 및 『대동운부군옥』의 출판과 같은 왕성한 활약으로 미루어 활동이 중단된 데에는 표면화될 수 없는 상황이 존재했던 것이 틀림없어 보인다.

19) 광문회의 발간 예정 도서에 관해서는 제3부에서 다루고 있다.

시기가 『청춘』의 정간과 맞물려 있다는 점에서 의혹은 증폭된다.[20]

「서목」을 통해 창립 10주년을 맞이해 신문관이 펼친 출판활동의 대략적인 특징이 파악된다. 신문관은 청년학우회의 기관지인 『소년』에서부터 청년 양성에 힘써 왔다. 청년학우회는 '덕체지(德體智)'를 이념으로 내세워 그 구체적인 실천 덕목들을 제시한 바 있다.[21] 학술서와 수양서의 발간은 바로 이러한 덕목들의 함양에 주력한 결과이다. 『소년』에서부터 자조와 수신의 덕목들을 소개했고 「少年訓」과 같은 격언이나 「일기」를 통해 일상에서의 실천을 강조하는 한편 독서와 여행을 수양의 한 방법으로 삼아 청년 양성에 힘썼다. 특히 '위인'의 형상화나 모범적인 서사적 주인공의 재현을 통해 이상화된 새로운 청년상을 제시하고자 했다. 이처럼 신문관이 일상적으로 경험하고 내면화한 수양의 실천을 통해 당대 청년 독자들에게 접근하려 했던 이유는 출판 이념이 안창호의 사상과 깊게 관련되어 있었기 때문이다. 결국 신문관의 출판 양상은 실력양성의 한 방안으로 제안된 방법론적 전략에 다름 아니다.

신문관이 청년 양성의 또 다른 수단으로 문예를 선택했다는 사실도 드러난다. 총 발행 서적의 50%가 넘는 문예서는 신문관이 '청년제류'를 독자로 포섭하기 위해 기획했던 대표 분야이다. 이 점은 당시 "中流以上"의 "青年"을 독자로 포섭하기 위해 신문 연재소설 정책 변화를 도모한

---

20) 광문회의 해산 시기 및 이유는 확실치 않다. 다만 1915년을 전후하여 더 이상의 활동을 하지 않았기에 1915년으로 추정할 따름이다. 공교롭게도 1915년은 일본이 조선을 식민 지배한 지 만 5주년이 되던 해이다. 총독부는 시정 5주년을 기념하여 공진회를 비롯한 각종 행사를 개최하고 기념사를 『매일신보』에 게재하는 등 식민통치에 대한 성공적인 분위기를 연출한다.

21) 청년학우회는 "本會는 大韓의 懋實·力行으로 生命을 作한 青年學友를 團合하야 情誼를 敦修하여 아울너 德·體·智育을 研究코 또 그 好美한者를 踐履하야 健全한 人物을 作成하기로 目的"한다고 밝히면서 덕육·체육·지육의 세부 내용을 제시하고 있다. 「청년학우회보」, 『소년』 2년 8권, 신문관, 1909.9, 15면.

『매일신보』[22]나 〈青年文庫〉를 설치한 신문사와 비교하기에 유효한 특징을 지닌다.[23] 신문관이 단행본 서양 번역소설을 집중적으로 펴내던 1912~13년, 『매일신보』는 신소설 및 판소리계 개작소설에서 점차 일본 가정류 번안소설로 옮겨 가고 있었다.[24] 그러다 1914년 경 이상협(李相劦)을 주축으로 서양 번안 및 번역소설들을 본격 소개하기 시작한다. 청년과 학생을 독자로 확보하기 위한 『매일신보』의 이러한 변화는 독자적이라기보다 신문관 문예서들의 발행과 연동했을 가능성이 크다.[25]

『신문계』와 『우리의 가뎡』을 발행한 신문사는 "趣味와 實益과 經濟의 三要素를 具備흔 代表的 書籍"으로 〈청년문고〉를 기획하고 4편의 서적을 발간한 바 있다. '문고'라는 명칭이 처음으로 쓰인 서적들이 아닌가

22) 『매일신보』가 청년학생층을 독자로 포섭하기 위해 펼친 소설 정책에 대해서는 함태영의 「1910년대 『매일신보』 소설연구」(연세대 박사논문, 2008) 참조. 이경현은 신문관의 문학이 『매일신보』의 문학 전개와 동보성을 띤다고 보고 한시와 소설을 통해 이 둘의 양상을 면밀하게 살피고 있다. 이경현, 앞의 논문, 52~81면 참조.

23) 유석환은 1917년을 전후로 『청춘』과 『신문계』, 『매일신보』가 경합하면서 문학시장을 형성해 간 것으로 보고 있다. 유석환, 「문학시장의 형성과 인쇄매체의 역할」(1), 『민족문학사연구』 48호, 2012 참조.

24) 1910년대 소설장에 대한 기존의 논의들로는 다음의 연구들이 도움이 된다. 양문규, 「1910년대 한국 소설 연구 : 사회사적 관련 양상을 중심으로」(연세대 박사논문, 1990); 김복순, 『1910년대 한국문학과 근대성』(소명, 1999); 한진일, 「근대 단편소설의 형성과정 연구」(성균관대 박사논문, 2002); 이희정, 「1910년대 『매일신보』 소재 소설 연구–근대소설 형성과의 관련양상을 중심으로」(경북대 박사논문, 2006); 함태영, 「1910년대 『매일신보』 소설 연구」(연세대 박사논문, 2008); 박진영, 「한국의 근대 번역 및 번안소설사 연구」(연세대 박사논문, 2010); 최태원, 「일재 조중환의 번안소설 연구」(서울대 박사논문, 2010).

25) 권두연, 「신문관 단행본 소설과 신문예 운동」, 육당연구학회 편, 『최남선 다시 읽기』, 현실문화사, 2009 참조. 『무정』의 발간을 계기로 이후 신문관의 소설 출판은 『매일신보』가 전개한 소설 정책의 변화와 관련하여 흥미로운 양상을 띤다. 『청춘』의 복간을 전후하여 소설장의 변화는 새로운 지식층의 등장과 함께 보다 복잡해지기 때문이다. 1910년대 소설장의 이러한 변화는 좀 더 세심하게 논의될 필요가 있다.

판단된다. 세목들을 살펴보면 第一編이 『龍飛御天歌』, 第二編이 『李退溪先生』, 第三編이 『京城의 今昔』, 第四編이 『獨逸皇帝』이다. 정가는 신문관의 〈륙젼쇼셜〉보다 1전이 싸다.[26] 청년을 상대로, 그것도 '문고'라는 명칭을 쓴 이 기획이 얼마나 성공적이었는지는 알 수 없다. 다만 이들 역시 신문관만큼이나 청년 독자들을 대상으로 한 출판물의 기획에 몰두했음을 알 수 있다.

마지막으로 요리, 바둑, 소화, 속담 등 '잡종류'에 해당하는 상당수의 서적들이 취미와 오락에 관해 다루고 있다. 이로써 신문관이 문예 외에 취미서나 오락서의 출판에도 관여했음을 알 수 있다.[27] 그런데 이 같은 취미서나 오락서의 출현에는 이 시기 새롭게 대두된 청년・학생 독자의 문화적 취미를 보완하고 기존의 전통적인 놀이 문화나 오락거리를 새로운 읽을거리로 개발하려 한 출판 의도가 포착된다.[28] 신문관은 다양한 문예물들을 통해 수양이 메울 수 없는 부분을 채우는 한편 취미서나 오락서의 개발에 주력함으로써 청년 독자층의 문화적 교양을 담당하고자 했던 것이다.[29] 다시 말해 신문관은 문예와 취미, 오락과 관련된 다양한

---

26) 이 밖에도 『신문계』는 〈청년문고〉 해당하는 「뿌란크란의 奮鬪生活」, 「神子耶蘇」, 「宗敎小說, 夜半의 警鐘」, 「聖人孔子」, 「修辭學前後編」, 「雄辯法 要訣」, 「進化論의 片影」 등을 부록의 형식으로 게재한다. 이에 관해서는 별도의 지면을 마련할 예정이다.

27) 이 시기 취미 담론에 대해서는 이현진(「근대 초 '취미'의 형성과 의미 분화」, 『현대문학의 연구』 30호, 2006)과 문경연(「한국 근대초기 공연문화의 취미담론연구」, 경희대 박사논문, 2008)의 논문 참조. 이 밖에도 이경돈(「별건곤과 근대 취미독물」, 『대동문화연구』 46집, 2004; 「취미라는 사적 취향과 문화주체 대중」, 『대동문화연구』 57집, 2007)과 천정환・이용남(「근대적 대중문화의 발전과 취미」, 『민족문학사연구』 30호, 2006)의 논문 참조.

28) 외배, 「讀書를勸함」, 『청춘』 4호, 신문관, 1915.1, 67~71면.

29) 근대 초기 신문관의 인쇄 매체를 중심으로 한 수양론과 교양론의 양상에 대해서는 소영현에 의해 상세하게 다뤄진 바 있다. 그에 의하면 『소년』에서부터 『청춘』에 이르기까지 일관되게 관통하는 수양론과 수양론의 빈틈을 메우고자 대두된 교양론은 입

서적의 출판을 통해 수양론과 교양론의 간극을 메우고자 했다. 「서목」은 "고상한 쾌락"을 추구함으로써 "취미의 수양"을 꾀하고자 한 신문관의 출판 경향을 단적으로 드러낸다.[30] 이로써 신문관이 『소년』 이후 표방했던 근 10여 년에 걸친 출판활동이 수양과 교양을 통한 청년 양성의 지속적 결과였음이 다시금 확인된다.

2. 기획 출판의 지향

1) 총서의 기획

1908년 문을 연 신문관에서 초창기 펴낸 서적은 잡지 『소년』 외에 『경부텰도노래(京釜鐵道歌)』(1908.3)와 『한양노래(漢陽歌)』(1908.10) 같은 노래집[31]과 『썰늬버유람긔』(1909.2) 같은 서양 번역소설, 그리고 『산수격몽요결(刪修擊蒙要訣)』(1909.3) 같은 수신서이다. 전자의 노래집들은 〈소년구가서류(少年口歌書類)〉로, 후자의 두 권은 〈십전총서(十錢叢書)〉로 소개되는데 여기에는 공통적으로 '기획 출판'에 대한 지향이 강하게 나타난다.

신출세주의를 지탱하는 이념으로 작용하게 된다. 소영현, 「근대 인쇄 매체와 수양론・교양론・입신출세주의」, 『상허학보』 18집, 2006 참조.

30) 「高尙한快樂」, 『청춘』 6호, 신문관, 1915.3, 50~62면.

31) 『경부텰도노래』(1908.3)와 『한양노래』(1908.10)는 1909년 2월 출판법이 공포되기 전에 발행되었다. 그래서인지 판권지의 표기가 분명치 않다. 『경부텰도노래』의 경우는 신문관이 창립하기(1908년 6월 이후로 추정) 전인 융희 2년 3월 15일에 인출, 3월 20일에 발행된 것으로 표시되어 있고 『한양노래』는 융희 2년 10월 15일에 발행, 동년 2월 16일에 인출된 것으로 표기되고 있다. 두 책의 판권에 관한 미스터리에 대해서는 박진영의 「창립 무렵의 신문관」(앞의 책, 27~34면)에서 상세하게 다루고 있다. 참고로 『한양노래』의 경우에는 서적의 발행을 알리는 기사가 『황성신문』(「漢陽歌印行」, 1908.12.4, 잡보 1면)에 실린 바 있다. 이로 미루어 『한양노래』의 발행일 표기는 단순 오류에 따른 것으로 판단된다.

(1) 노래집의 기획, 〈소년구가서류〉

『소년』 창간호에서부터 광고된 『한양노래』와 『경부철도노래』는 나머지 한 권인 「세계일주가」와 함께 〈소년구가서류〉로 소개된다. 이른바 시가집 3종 세트를 구성하고 있는 셈이다. 그런데 단행본 표지에는 순한글 혹은 순한글 제목에 한자가 병기되어 있지만 『소년』 광고에서는 한글 대신 한자 표현인 『漢陽歌』와 『京釜鐵道歌』로 바뀐다.[32] 『소년』은 전자인 『漢陽歌』를 "皇의 定居"하는 제국 수도인 한양을 찬양하는 노래로 후자인 『京釜鐵道歌』를 "我國의 大動脈"인 경부철도를 따라 조선의 명승고적을 경유하며 부르는 노래로 소개한다. 공교롭게도 이 두 노래집이 강제병합 이후 발매 금지 서적으로 표시되었음은 〈표 8〉에서 확인한 대로이다.

한편 「세계일주가」는 『경부텰도노래』의 권말 광고에 『세계일듀가(世界 週歌)』라는 제명으로 소개된다. 광고 당시 "쉬내일책"으로 10전이라는 정가까지 명시되지만 『소년』 종간에 이르도록 '符印中'으로 광고된 채 끝내 단행본으로 출판되지 못한다. 대신 1914년 『청춘』 창간호에 부록 형식으로 게재된다. 〈소년구가서류〉는 『소년』 창간호에서부터 소개되어 광고 횟수로만 봐도 『수신요령』과 『산수격몽요결』 다음으로 장기 광고되었지만 끝내 완성되지 못했다. 그럼에도 이 광고의 타이틀은 신문관이 창립 무렵부터 서적의 기획에 뜻을 두고 있었음을 방증한다.

창립 무렵 신문관은 몇 권의 노래집 발간을 더 기획하고 있었던 것으

---

32) 같은 서적의 제목을 다르게 쓰고 있는 것에 관해서는 제4부 '노래집의 전략과 매체에 따른 문체 선택'에서 다루고 있다. 이 책은 주로 광고 지면을 참고하여 분석하고 있으므로 그 제명 역시 광고를 따르도록 한다. 이 원칙은 다른 서적들에도 마찬가지로 적용된다. 다만 논의의 편의를 위해 한자 표기는 처음 등장한 경우에만 하고 나머지는 모두 한글로 쓴다.

로 보인다. 〈소년구가서류〉처럼 특정한 타이틀로 소개되지는 않았지만 『경부텰도노래』나 『한양노래』 권말에는 몇몇 노래집들의 광고가 실린다. 대표적으로 『세계일듀가』와 함께 "쉬내일책"으로 『歷史歌詠사긔노래』가, 『한양노래』에 〈此書의 兄弟〉로 제시된 『大韓沿海歌』, 『京義鐵道歌』, 『大韓地理歌』 등이 "近刊"으로 소개되고 있다. 그렇지만 실제 이들의 간행 여부는 확실치 않다. 다만 예정 도서들을 통해 신문관이 역사나 지리 관련 노래집의 발간에 상당한 관심이 있었음이 확인된다.

(2) 총서의 탄생, 〈십전총서〉

스위프트(Jonathan Swift)의 '*Guliver's Travles*'를 번역한 『썰늬버유람긔』와 이이의 『격몽요결』의 일부를 추려 뽑아 편찬한 『산수격몽요결』은 〈십전총서〉라는 타이틀로 발간되었다.[33] 본격적인 기획 도서라 할 수 있는 〈십전총서〉의 발행에 관한 취지문은 다음과 같다.

> 〈十錢叢書發行趣旨〉
> 一, 가장 적은 돈과 힘으로 가장 要緊한 智識과 高尙한 趣味와 剛健한 敎訓을 엇으려 하난 우리 少年諸子의 慾望을 滿足케 하려하야,
> 二, 文明의 利器를 藉하야 白晝에 公然하게 欺人騙財 幾多書賊을 剿滅하려하야,
> 百科의 學과 四部의 書에서 莫緊莫要한 者를 精選하야 平易簡明한 文字로 編述하야 써 一般國民-더욱 少年諸子의 精神的糧食을 間斷업시 供給하려함[34]

33) 〈십전총서〉는 한국의 근대적인 문고본의 효시로 알려져 있지만 여기에 대한 본격적인 논의는 아직 이뤄지지 않고 있다. 전영표, 「육당 최남선의 출판행위와 『소년』지 연구」, 『출판잡지연구』 12, 2002, 7~9면.

출판사의 기획 의도는 '십전총서'라는 이 제목에서부터 확실하게 드러난다. 저렴하게 획득할 수 있는 교양과 대중에의 보급은 '십전'이라는 저렴한 가격과 '총서'라는 형식을 취한 데서 단적으로 표출되기 때문이다. "가장 적은 돈과 힘"으로 "百科의 學과 四部의 書"에서 "가장 要緊한 智識과 高尙한 趣味와 剛健한 敎訓"을 뽑아 "一般國民"은 물론 "少年諸子"들에게 "精神的糧食"을 "供給하려"한 취지를 통해 계몽의 요구에 최선의 방식으로 접근하고자 했음을 알 수 있다.

다음은 『썰늬버유람긔』 권말에 실려 있는 〈십전총서속간목차(十錢叢書續刊目次)〉이다. 제목 그대로 〈십전총서〉가 앞으로 간행할 기획 도서의 목록인 셈인데 지식과 취미, 교훈에 관한 도서들이 주를 이룬다.

> 敎訓類-이런말삼을드러보게
> 敎訓類-刪修擊蒙要訣(符印中)
> 格言類-格言聯璧
> 寓語類-印度寓語集
> 數學類-定數分數四則合題解決
> 傳話類-흰소리(符印中)
> 地理類-自然地理[35]

인용문에 제시된 목록에 따르면 교훈류(敎訓類)·격언류(格言類)·우어류(寓語類)·수학류(數學類)·전화류(傳話類)·지리류(地理類)의 6종으로 구성된다. 인용문에서 "符印中"으로 소개된 서적 가운데 교훈류에 속한 『산수격몽요결』에 오면 이 목차는 약간 수정된다. 가령 앞에서 수학류(數學類)로 분류되었던 『사칙합제해결(四則合題解決)』이 과본류(課本類)로 조정되

34) 신문관 편집국, 『썰늬버유람긔』, 신문관, 1909, 광고.
35) 〈十錢叢書續刊目次〉, 앞의 책.

고 『썰늬버유람긔』는 "小說類"로 분류된다. 이로써 〈십전총서〉는 교훈류・격언류・우어류・과본류・전화류・지리류에 소설류가 더해져 총 7종으로 재정비된다. 이 분류는 격언집이나 교훈서를 수신서로, 수학류나 지리류를 학술서 등으로 항목화되거나 공통된 특징으로 범주화되지 않았다.

〈십전총서〉가 애초에 서적을 기획하고 분류하고자 했다는 점은 주목될 필요가 있다. 제목에서부터 기획 의도를 명징하게 드러낸 이 총서 시리즈는 신문관이 처음부터 기획 출판에 대한 의지를 표명하고 이를 지향해 갔음을 방증하기 때문이다. 뿐만 아니라 향후 신문관이 실시한 다양한 서적 분류가 이 총서의 징후적 사례로 해석될 수도 있기 때문이다. 정리하면 〈십전총서〉로 출판된 서적은 『썰늬버유람긔』와 『산수격몽요결』 두 권 뿐이다. 이 두 권을 통해 최종적으로 알 수 있는 사실은 '총서'라는 타이틀 하에 동일한 취지로 동일한 표지와 체재를 갖추고 있다는 점이다. 그리고 소설류를 포함하여 총 7종으로 분류된다는 사실이다. 향후 더 이상 발간되지 않은 것으로 미루어 이 기획은 무산되었거나 다른 방식으로 이루어졌을 것으로 판단된다. 〈십전총서〉로 예정되어 있던 교훈류의 '이런말삼을드러보게'가 『소년』의 한 코너로, 전화류(傳話類)가 여러 소화집의 형태로 재현되고 있는 것으로 미루어 후자 쪽에 보다 힘이 실린다.

(3) 학술총서의 기획과 〈일본어학총서〉

신문관이 총서의 형식으로 구상한 것은 〈십전총서〉만이 아니다. 신문관은 만유의 지식을 가려 뽑아 편집하려는 의도 하에 학술총서도 기획한 바 있다. 그 기획의 첫 권으로 광고된 서적은 지리에 관한 요코야마 마타지로(橫山又次郎)의 『地球之旣往及將來』이다. 『소년』에는 "新知識初百種은 公六子의 筆노 萬有知識의 精蘊을 撮하야 譯述 或 編輯하난 叢書니

十一月에는 地球之旣往及將來라는 天地開闢에 關훈 學說을 刊出하오"[36]라는 내용으로 소개된다. 단행본의 서문에서 편수자인 공육(公六)은 다음과 같은 내용을 밝힌 바 있다.

> 此書는, 日本局理學博士橫山又次郞氏의原著를譯出한것이니, 毋論, 新奇한學說은아니나, 我地球의 旣往과밋 將來에 對하야가장簡要하게 說明한 者-라, 今에 此書로써 新知識初百種의 第一刊으로함은, 가장 明知하여야할, 우리地球에對하야, 우리國民의知識이가장暗昧한 故로 此欠處에 小補가 잇슬가함이로라, 然이나 此書가 世界創始에 關하야는 所說이 周치 못한 즉 此에 關하야는 他日에 別노 一書를 出코자하노라.
> 普通知識이 업는 讀者의 便을 計하야 學術上 專用語에는 小註를 附하얏노라.[37]

인용문에 따르면 다른 무엇보다 이 서적을 신지식 가운데 가장 먼저 번역하여 간행하는 이유는 "가장 明知하여야 할 우리地球에對하야, 우리國民의知識이가장暗昧"하기 때문이다. 편수자는 친절하게도 "世界創始에 關하야는 所說이 周치 못"하다며 이 서적의 한계까지도 잘 일러두고 있다. 표지에는 "新知識初百種第一刊"이라고 표시되어 있고 "日本國理學博士橫山又次郞著 橫山又次郞"라는 원저자와 발행처 "大韓國新文館編輯局"이 명기되어 있다.[38] 책의 구성은 본문 목차, 삽화 목차, 그리고 편수자인 공육의 서문과 총 56면의 본문, 3편의 부록으로 이루어져 있다. 발행일은 융희3(1909)년 2월 7일이며 정가는 20전이고 우세 표시는 없다.

36) 『소년』 창간호, 신문관, 1908.11, 광고.
37) 編者(公六), 「편자 서문」, 橫山又次郞, 『地球之旣往及將來』, 신문관, 1909, 1면.
38) 요코야마 마타지로에 대해서는 권정화의 「최남선의 초기 저술에서 나타나는 지리적 관심」(『응용지리』 13호, 1990) 11면 참조.

그런데 이 책은 신문관에서 단행본으로 출판되기 전에 유학생 잡지 『대한유학생회학보』에 게재된 바 있다.[39] 그리고 권말에 실린 세 편의 부록 「大韓의 外圍線擬形」과 「海의 美觀은 웃더한가」, 「少年大韓(一節)」은 『소년』에 소개되었던 글들이다.[40] 이러한 체재는 신문관 창립 이전에 최남선이 가졌던 역사지리에 대한 개인적 관심사가 『소년』과 같은 매체를 만나면서 보다 활성화되고 나아가 단행본으로까지 출판될 수 있었음을 구체적으로 뒷받침한다.

지리서에 대한 관심은 여기에 그치지 않고 『대한지지(大韓地誌)』와 『외국지지(外國地誌)』[41]의 출간을 예정하는 데까지 나아간다. 특히 조선광문회가 『택리지』나 『산경표』와 같은 서적을 발간하고 있다는 점에 주목이 더해진다. 왜냐하면 신문관은 광문회 설립 이전에 이미 언급한 두 서적을 포함해 지리와 역사를 중심으로 한 "학예증간"을 계획해 두고 있었기 때문이다.[42] 역사·지리에 대한 이 같은 강조는 유학 시절부터 이 분야에 관심이 있었던 최남선의 개인적 이력과 연결된 측면이 크다.[43] 그렇지만 앞서 신문관이 지리 관련 노래집을 계획한 데서도 공통으로 드러나는

---

39) 學不厭生 譯, 「地球之過去及未來」, 『大韓留學生會學報』 제1권, 1907.3, 46~50면.

40) 게재된 곳을 차례로 열거하면 「大韓의 外圍線擬形」은 「鳳吉伊 地理工夫」(『소년』 창간호, 65면)에, 「海의 美觀은 웃더한가」는 「海上大韓史」(『소년』 창간호, 33면)에, 「少年大韓(一節)」은 「少年大韓」(『소년』 1년 2권, 2면)의 일부이다.

41) 『외국지지』의 경우에는 가격까지 제시되었지만 신문관의 출판목록에는 보이지 않는다. 이런 이유로 두 책을 미출판으로 분류하였다.(〈표 15〉 신문관 매체별 자사서적 광고 참조)

42) 〈少年의學藝上大計劃〉, 『소년』 3년 8권, 신문관, 1910.8, 광고.

43) 최남선의 지리 관념이나 인문지리에 대해서는 권정화의 앞의 글 및 권동희, 「최남선의 지리사상과 소년지의 지리교육적 가치」(『한국지리환경교육』, 2004.8); 오문석, 「최남선의 지리적 상상력」(『근대계몽기 서사와 신시의 재현성』, 한국근대문학회 16회 학술대회 자료집, 2007.6.2); 이종호, 「최남선의 지리(학)적 기획과 표상」(『상허학보』 22집, 2008) 참조.

특징임을 염두에 둔다면 이 시기 출판 시장의 경향이나 지리 관념이 부각되는 지식장의 변화와 관련될 가능성도 배제할 수 없다.

신문관의 총서 발간 기획을 확인할 수 있는 또 다른 사례는 〈일본어학총서〉이다. 〈십전총서〉와 마찬가지로 타이틀에서부터 '총서'라는 용어를 명시하고 있을 뿐 아니라 각 서적의 제목도 '일본어학○○편'으로 동일한 형식을 취한다. 〈일본어학총서〉는 창립 무렵부터 광고된 『일문역법』의 저자 임규의 저서들로 『日本語學音語篇』과 『日本語學文典篇』, 『日本語學書翰篇』으로 구성되어 있다. 그런데 이 총서 가운데 두 번째로 발간된 『일본어학문전편』의 권말 광고에 의하면 이 〈일본어학총서〉는 애초에 다음과 같이 계획되었던 것으로 보인다.

> 林圭 著 日本語學叢書
> 日本語學音語篇 全一冊 六百頁 定價壹圓四十錢 小包費拾貳錢
> 日本語學文典篇 全一冊 一百九十頁 定價六十五錢 郵稅六錢
> 日本語學作文篇 近刊
> 日本語學體用篇 將刊
> 日本語學俗語篇 將刊
> "拾餘年苦心의結晶 斯學界偉大亨產物[44]

인용문에 제시된 것처럼 기획 당시에는 『음어편』과 『문전편』을 포함해 『작문편』, 『체용편』, 『속어편』까지 총 5권으로 구상되었다. 그러나 면수와 정가, 그리고 우세가 제시된 앞의 두 권만이 간행되고 나머지 세 편은 간행되지 못한다. 대신 『서한편』이 새롭게 발간되면서 〈일본어학총서〉는 총 세 권으로 이루어진다. 앞서 『총목』에서도 살펴본바, 〈일본어학총서〉

---

44) 임규, 『일본어학문전편』, 신문관, 1912, 광고.

는 신문관이 주력했던 서적 중 하나이다. 이 어학 총서는 1920년 이후 발행처가 변경되지만 판을 거듭해 발간된다.[45] 이들은 단순히 일본어 학습서로써의 기능만이 아니라 일본어를 조선어로 번역하는 과정에서 다양한 조선어 표현들을 제시하고 있으며 특히 조선어 지문을 사례로 들고 있다는 점에서 타 일본어 교재들과의 비교 가능성도 열어둔다.[46] 국어학 연구자들에 따르면 "大槻文彦[47]의 『廣日本文典』을 표준으로 하고 있지만 모방만이 아닌 그의 창견도 있"[48]는 것으로 평가된 바 있어 조선어 문법 연구에도 시사점을 제공할 것으로 기대된다.

(4) 〈수양총서〉와 소화집

총서라는 명칭을 달고 있는 마지막 기획물은 〈수양총서〉이다. 앞서 「서목」에서도 살펴본바, 수양은 신문관 발행 서적의 분류 항목 중 하나이다. 그런 만큼 신문관이 주력한 분야임에 틀림없다. "수양서류"로 범주화된 서적으로는 〈십전총서〉 가운데 하나인 『산수격몽요결』 외에 『수신요령』과 김창제의 『기독교의 청년』, 한용운의 『불교대전』 및 『채근담강의』, 장도빈의 『위인원효』 및 『위인린컨』, 그리고 최남선이 편역한 『자조론』 등이 있다.

---

45) 임규, 『增刪訂正 日本語學音・語篇』, 조선도서주식회사, 1923.

46) 〈일본어학총서〉에 관해 다루고 있는 연구서로는 한중선, 「개화기 일본어 학습서 소고」, 『일어일문학연구』 25집, 1994 참조.

47) 오오츠키 후미히코(大槻文彦, 1847~1928) : 일본 국어학자로 문부성의 요청에 의해 국어사전 『言海』를 완성.

48) 김민수・하동호・고영근 편, 「임규 「일본어학문전편」 해설」, 『역대한국문법대계』 ②-52, 탑출판사, 1977 참조. 『일문역법』의 경우는 이후 조선도서주식회사 등에서 발행되었다.(『역대한국문법대계』 ②-47, 탑출판사, 1977에 영인되어 있다.) 『일본어학문전편』을 제외하고 나머지 두 권도 『역대한국문법대계』에 영인되어 있다.

이 가운데 『위인원효』와 『위인린컨』 두 권만은 특별히 총서 형식으로 발간되었다. 둘은 신문관 서적 광고를 통해 빈번하게 소개되었고 『위인린컨』의 경우에는 『청춘』의 〈현상문예〉 당선자들에게 경품으로 지급될 정도로 적극 권장되었다. 그런데 이 책은 백산서원에서 발행된 것으로 확인된다. 판권에 의하면 신문관은 인쇄를 담당한 것으로 기재되어 있다. 그렇다면 자사 발행물도 아닌 타사 서적을 총서 형식으로 꾸며 〈시하호평서류〉로까지 소개하고 있는 신문관의 태도에는 재고가 필요하다.[49] 이런 이유 때문에 〈수양총서〉는 장도빈 개인의 기획물로 간주되기도 한다.[50] 그렇지만 지금까지 살펴본바 〈십전총서〉를 비롯하여 학술총서, 어학총서 등의 총서 형식은 신문관이 창립 초기부터 구상, 지향해 온 기획물이다. 따라서 장도빈이 〈수양총서〉의 기획에 깊이 관여했더라도[51] 〈수양총서〉는 신문관의 총서 기획물 가운데 하나로 간주하는 편이 보다 설득력 있을 것으로 판단된다.

총서의 형태를 띠고 있지는 않지만 신문관은 『절도백화』와 『개권희희』, 『소천소지』 등 '우스개 소리'를 담은 일련의 소화집을 발간한다.[52] 이 가운데 전자의 두 권은 〈십전총서〉와 크기가 비슷한 형태로 가격 역시 10전이

---

49) 신문관이 광고하고 있는 서적들 가운데 이런 식으로 발행처가 신문관이 아닌 사례는 『동시정선』(예향서루), 『불교대전』(범어사) 등 꽤 된다.(〈표 15〉 비고 참조) 따라서 『위인린컨』에만 해당되는 특수한 예는 아니지만, 총서 형식으로 편집된 것은 이 서적이 유일하다.

50) 김성연, 『영웅에서 위인으로』, 소명, 2013, 96면.

51) 장도빈(張道斌)이 신문관에 관여한 것은 청년학우회의 회원으로 활동하면서부터일 수 있다. 「청년학우회보」에 의거하면 청년학우회 한성연회 심리원으로 활동한 張道彬이 목격되는데 비록 한자 표기는 다르지만 여러 정황상 동일인물로 간주되기 때문이다. 권두연, 「청년학우회 활동과 참여 인물」, 『현대문학의 연구』 48호, 2012, 138~142면.

52) 신문관의 소화집과 관련해서는 정명기의 「일제 치하 재담집에 대한 재검토」(『국어국문학』 149, 2008) 및 이홍우의 「소천소지(笑天笑地) 연구」(구비문학연구』 34집, 2012) 참조.

다. 『산수격몽요결』과 함께 "符印中"에 있었던 "傳話類"의 "흰소리"였을 가능성도 제기된다. 이들 소화집의 발행에 눈길이 가는 이유는 이 형식이 단행본 발행에만 해당되는 것이 아니라 신문관의 전 매체에 걸쳐 지속적으로 행해졌기 때문이다. 가령 『절도백화』와 『개권희희』를 합편하여 발행된 『소천소지』는 『소년』에 연재된 소화란의 제목과 일치한다. 뿐만 아니라 이 제목은 『청춘』에도 동일하게 등장한다. 이처럼 동일한 명칭을 『소년』에서부터 『청춘』, 단행본 소화집에 걸쳐 사용하고 있다는 점은 신문관이 소화에 상당히 주력했음을 방증한다. 이 밖에도 『붉은져고리』와 『아이들보이』, 『새별』에서는 〈우슴거리〉로, 『청춘』에서는 또 다른 코너인 〈태서소림〉 등으로 '우스개 소리'에 대한 관심을 지속적으로 표명했다.

출판사가 총서를 기획한다는 것은 적어도 장기적인 계획 아래 지식장의 형성이나 출판 시장에 대한 구상을 가지고 있었음을 시사한다. 서양소설의 번역에서부터 시작된 총서의 기획이 비록 만족할만한 결과물을 만들어내지 못했다 하더라도 저렴한 가격에 만유의 지식을 보급함으로써 국민 계몽에 앞장서고자 했던 신문관의 출판 의도는 충분히 확인된다.

2) 소설의 기획

1910년대로 접어들면서 신문관은 출판의 질적, 양적 변화를 꾀하면서 서적의 본격적인 생산에 나서게 된다. 그 중에서도 두드러지게 주력한 분야가 바로 문예이다. 『소년』에 비해 『붉은져고리』나 『아이들보이』, 『새별』, 『청춘』에 이르기까지 모든 매체에 문예물의 게재가 확대된다. 뿐만 아니라 단행본 출간에 있어서도 문예물의 발간은 실로 활발하게 이루어진다. 특히 1912년에서 1914년 사이에 집중적으로 발간되는 단행본 소설의 간행은 비약으로까지 비친다. 물론 이 시기 소설의 증가는 신문관에서만보이는 현상은 아니다. 강제병합을 전후로 출판물에 대한 통제가 강화되면서 애국계몽 서적들의 빈자리를 통속소설들이 메웠다는 것은 주지의 사실이다.[53)]

애국계몽 서적들을 대체하기 위해 신문관이 내세운 전략은 바로 기획 소설의 출판이다. 신문관의 기획 소설은 크게 〈륙젼쇼셜〉과 〈신문관발간신쇼셜〉의 두 양상으로 전개된다. 전자는 정선된 고소설의 간행을, 후자는 새로운 서구소설의 번역을 기조로 당시 유행하고 있던 신소설 출판과는 다른 길을 추진한다. '륙젼(六錢)'과 '신(新)'이라는 기획 타이틀에서부터 알 수 있듯, 저렴함과 새로움을 출판 전략으로 내세웠다. 물론 이러한 전략은 당대 유행하던 여타 소설들의 판매에도 동일하게 강조된 특징이다. 그렇지만 이를 판매의 측면에서뿐 아니라 서적의 기획에서부터 본격적인 특징으로 삼아 출판의 전략으로 전면화했다는 점은 강조될 필요가 있다. 왜냐하면 이러한 기획의 이면에는 신문관이 당대 소설들과의 차별화를 시도하고자 한 의도가 내포되어 있기 때문이다.

(1) 고소설의 염가 전략, 〈륙젼쇼셜〉

〈륙젼쇼셜〉은 가격이 모두 6전이라는 의미에서 붙여졌다. 주로 『심청젼』, 『흥부젼』과 같은 옛 소설들이 주를 이룬다. 여기에 『남훈태평가』와 같은 시가집이 포함되어 있는 것으로 보아 〈륙젼쇼셜〉은 장르에 한정된 것이 아님을 알 수 있다.[54)]

---

53) 이 시기 소설의 비약적 증가는 총독부의 출판 탄압으로 인해 모색된 현실적 타개책으로 간주된다. 최원식, 「장한몽과 위안으로서의 문학」, 『민족문학의 논리』, 창작과비평사, 1982 참조.

54) 이때 사용된 '쇼셜'이라는 표현은 장르라기보다 문예물 전반을 가리켰을 가능성이 크다. 『총목』을 참고하면 『창선감의록』도 발간 예정에 있었다. 물론 그 형태가 '古本'이

〈표 9〉〈륙젼쇼셜〉 목록[55]

	제목	간행일	분량	타단행본 가격	타 출판 상황[56]	비고
1	남훈태평가	1913.3.3	미확인	해당사항 없음	해당사항 없음	
2	삼셜긔 상하	1913.3.10/18	상50 /미확인	25전	해당사항 없음	한자부속표기
3	심쳥젼	1913.9.5	48		1912.11 (신구서림, 광동서국)	「강상련」(『매일신보』 1912.3.17.-4.26, 33회)
4	홍길동젼	1913.9.5	미확인		1915.8 (덕홍서림)	
5	흥부젼	1913.10.5	52	25전	1913.2 (신구서림)	「연의각」(『매일신보』 1912.4.29.-6.7, 35회)
6	져마무젼	1914.3.18	48		1914.8 (신구서림)	회심곡 수록

나 '新校'일 가능성도 배제할 수 없지만 신문관이 다양한 형식의 '옛 글'에 관심을 보였음은 분명하다.

55) 저자는 『남훈태평가』를 직접 확인하지 못했기에 최호석의 논문에서 보충하였고 출판 상황을 검토하기 위해 그의 논문 〈표 6〉 '육전소설과 동일한 작품의 출판 상황'을 참조하여 아래 〈표 9〉를 작성하였다. 〈륙젼쇼셜〉의 가격인 6전을 당대 소설 가격과 비교하기 위해 『신문관 발매서적 총목록』에 제시된 동일 제목의 서적과 가격을 표시하였다. 최호석, 「신문관 간행 『육전소설』에 대한 연구」, 『한민족어문학』 57호, 2010 참조.

56) 선행 연구들을 참조하면 『남훈태평가』와 『삼셜긔』는 타 출판사에서 활판본으로 출판된 흔적이 없다. 『매일신보』에 연재된 「강상련」과 「연의각」이 『심쳥젼』과 『흥부젼』으로 간행되었는데 신구서림이 가장 먼저 단행본 출판에 나섰음을 알 수 있다. 이 밖에 『홍길동젼』과 『져마무젼』, 『뎐우치젼』은 여러 출판사들이 관여했지만 발행일만 놓고 본다면 신문관이 다소 앞선다. 이로 보아 〈륙젼쇼셜〉은 활판본으로 인쇄되지 않은 방각본이나 세책으로 유통된 고소설들 중에서 선별한 것이 아닌가 하는 의문이 제기된다. 마침 최남선 스스로가 방각본과 세책에 대해 언급한바(육당학인, 「각종소설류-조선의 가정문학」 8, 『매일신보』 1938.7.30, 4면) 신문관의 고소설들이 세책 및 방각본을 저본으로 삼았을 가능성은 다분해 보인다. 이에 대해서는 이윤석, 「『고본춘향전』 개작의 몇 가지 문제」, 『고전문학연구』 38, 2010 참조.

7	뎐우치젼	1914.7.9	62		1917.6 (영창서관)	
8	샤시남졍긔 상하	1914.7.22	미확인 /75	30전	1914.6 (영풍서관)	

〈표 9〉에서처럼 〈륙젼쇼셜〉은 『남훈태평가』를 필두로 『샤시남졍긔』에 이르기까지 총 8종 10책으로 구성된다. 1913년부터 1914년 사이에 집중적으로 발행되었음을 알 수 있다. 실물을 확인하지 못한 서적들도 있지만 분량은 대략 50~70쪽 안팎이다. 기획 시리즈답게 〈륙젼쇼셜〉로 소개된 모든 서적에는 다음과 같은 취지문도 동일하게 붙어 있다.

> 근ᄅᆡ ᄎᆡᆨ 박ᄂᆞᆫ 법이 편홈을 ᄯᅡ라 답지 못ᄒᆞᆫ ᄎᆡᆨ이 만히 나ᄂᆞᆫ즁 녜젼부터 널니 힝ᄒᆞ던 ᄎᆡᆨ을 구태 일홈을 밧고고 ᄉᆞ연을 고치되 흔이 쥬옥을 변ᄒᆞ야 와록을 만들어 턱 업ᄂᆞᆫ 리를 탐ᄒᆞᄂᆞᆫ재 만흐니 엇지 한심치 아니ᄒᆞ리오 우리가 이를 개연히 녁이여 크게 이 폐단을 고칠 ᄭᅬ를 홀ᄉᆡ 먼져 녯 ᄎᆡᆨ 가운ᄃᆡ 가히 젼홀만ᄒᆞᆫㄴ 것을. 가리혀 ᄉᆞ연과 글의 잘못된것을 바로잡으며 올치 못ᄒᆞᆫ것을 맛당토록 고치여 이 『륙젼쇼셜』(六錢小說)이란것을 내오니 ᄉᆞ연은 녯 맛이 새로우며 글은 원법에 마지며 ᄎᆡᆨ은 얌젼하며 갑슨 싼지라 ᄉᆞ히 쳠군ᄌᆞᄭᅴ셔ᄂᆞᆫ 다힝히 깃븜으로 마지시기를 쳔만 바라ᄂᆞ이다

인용문에 따르면 〈륙젼쇼셜〉은 "ᄉᆞ연은 녯 맛이 새로우며 글은 원법에 마지며 ᄎᆡᆨ은 얌젼ᄒᆞ며 갑슨 싼" 책이다. 기획 취지대로라면 근대 초기 인쇄 기술의 발달로 "답지 못ᄒᆞᆫ ᄎᆡᆨ이 만히 나ᄂᆞᆫ" 까닭에 이 폐단을 고치기 위해 발행된 것이다. 뿐만 아니라 책의 장정을 비롯한 형식 역시 동일하다. 표지에는 당초무늬와 "륙젼쇼셜"이라는 타이틀, 그리고 책 제목과 발행소 "신문관"만이 반듯한 글씨체로 새겨져 있다. 울긋불긋한 딱지본

소설들에 비해 단순하게 제작됨으로써[57] "답지 못ᄒᆞᆫ ᄎᆡᆨ"의 내용뿐 아니라 디자인에 이르기까지 전면적인 '정선'을 꾀했다. 정선된 염가 소설의 보급이라는 슬로건이 무색치 않다. 취지대로 "ᄉᆞ연은 녯 맛이 새로우며 글은 원볍에 마지며 ᄎᆡᆨ은 얌젼ᄒᆞ며 갑슨 싼" 조건들을 상당히 혁신적으로 실천한 셈이다.

그런데 "답지 못ᄒᆞᆫ ᄎᆡᆨ"으로 비판받고 있는 구체적 대상은 이 시기 『매일신보』에 새롭게 소개되고 있던 판소리 개작 소설들이다.[58] 『춘향가』를 비롯하여, 『심청가』, 『박타령』, 『토끼타령』 등이 「옥중화」, 「강상련」, 「연의각」, 「토의간」 등으로 제명이 바뀌어 연재되고 있었다.[59] 아래 인용문은 「연의각」의 연재에 앞서 게재된 예고이다.

> 됴션 ᄌᆞᄅᆡ로 젼히오ᄂᆞᆫ 타령즁 츈향가 심청가 박타령 토끼타령 등은 본ᄅᆡ 유지ᄒᆞᆫ 문쟝ᄌᆡᄉᆞ가 충효의 절의 됴흔 취지를 포함ᄒᆞ야 징악챵션ᄒᆞᄂᆞᆫ 큰 긔관으로 져슐ᄒᆞᆫ 바인ᄃᆡ 광ᄃᆡ의 학문이 부족홈을 인ᄒᆞ야 한번 젼ᄒᆞ고 두번 젼홈ᄋᆡ 정대ᄒᆞᆫ 본뜻은 일어ᄇᆞ리고 음란쳔착ᄒᆞᆫ 말을 징연부익ᄒᆞ야 하등 무리의 찬셩은 밧을지언뎡 초유지각ᄒᆞᆫ 사ᄅᆞᆷ의 타ᄆᆡ가 날로 더ᄒᆞ니 엇지 개탄ᄒᆞᆯ 바가 안이라 ᄒᆞ리오 이럼으로 본긔쟈가 명챵 광ᄃᆡ 등으로 ᄒᆞ야곰

---

57) 시각적인 측면에서 〈륙젼쇼셜〉의 디자인을 의미화하려는 시도들로 이혜선(「한국 근대 일러스트레이션의 형성과 전개 : 1910년-1945년까지」, 홍익대학교 석사학위논문, 2007), 김수기(「1910년대 식민시대의 딱지본, 〈육전소설〉의 수수께끼 같은 매력」, 『한국의 디자인2-시각문화의 내밀한 연대기』, 디플, 2008) 등 참조.

58) 판소리를 개작한 소설들은 고전문학 연구자들 사이에서 다양한 명칭으로 쓰이고 있다. 여기에 대해서는 다음의 연구들이 참고가 된다. 이주영, 『구활자본 고전소설 연구』(월인, 1998), 권순긍, 『활자본 고소설의 편폭과 지향』(보고사, 2000), 이윤석 · 정명기, 『구활자본 야담의 변이양상 연구』(보고사, 2001) 참조.

59) 『매일신보』에 연재된 판소리 개작 소설들은 다음과 같다. 「옥중화」(1912.1.1~3.16, 48회), 「강상련」(1912.3.17~4.26, 33회), 「연의각」(1912.4.29~6.7, 35회), 「토의간」(1912.6.9~7.11, 28회)

> 구술케ᄒᆞ고 츅조산졍ᄒᆞ야 임의 츈향가(獄中花)와 심쳥가(江上蓮)ᄂᆞᆫ 이독ᄒᆞ시ᄂᆞᆫ 귀부인 신ᄉᆞ 졈각ᄒᆞ의 박슈갈치 ᄒᆞ심을 밧엇거니와 ᄎᆞ호브터ᄂᆞᆫ 박타령(燕의脚)을 산뎡 게ᄌᆡᄒᆞᆯ 터인ᄃᆡ 츈향가의 취지ᄂᆞᆫ 렬힝을 취ᄒᆞ얏고 심쳥가의 취지ᄂᆞᆫ 효힝을 취ᄒᆞ얏고 이번에 박타령은 형뎨의 우ᄋᆡ를 권쟝ᄒᆞ기 위홈이니 왕왕 허탄ᄒᆞᆫ 듯 ᄒᆞᆫ 말은 실샹 그일이 잇다 질론홈이 안이라 한갓 탁ᄉᆞ로 사ᄅᆞᆷ의 ᄆᆞ음을 풍간홈이니 아모됴록 광ᄃᆡ타령이라고 등한히 보지마ᄅᆞ시고 그 타령 져술ᄒᆞᆫ 녯사ᄅᆞᆷ의 됴흔 ᄯᅳᆺ을 깁히 ᄉᆞᆲ히시우[60]

『츈향가』를 비롯한 일련의 타령을 새롭게 게재하는 이유 역시 〈륙젼쇼셜〉과 크게 다르지 않다. 인용문에 따르면 『츈향가』를 비롯해 "죠션 ᄌᆞᄅᆡ로 젼ᄒᆡ오ᄂᆞᆫ" 소설들이 새롭게 재간되는 이유는 오늘날에 와서 "졍대ᄒᆞᆫ 본ᄯᅳᆺ은 일어ᄇᆞ리고 음란천착ᄒᆞᆫ 말을 징연부익" 함으로 이에 그 "렬힝"과 "효힝"과 "우ᄋᆡ" 등의 "취지"를 살려 "녯사ᄅᆞᆷ의 됴흔 ᄯᅳᆺ을 깁히 ᄉᆞᆲ히"기 위해서이다. 그런데 아이러니하게도 고전의 쇄신을 위한 이 일련의 작업들은 불과 몇 년 전만 해도 『춘향전』을 "음탕 교과셔"로 『심청전』을 "처량 교과셔"로 그리고 『홍길동전』을 "허황 교과셔"로 강도 높게 비판한 신소설 작가 이해조에 의해 이루어진 것이다.[61] 1910년 『자유종』에서 그는 홍국란의 입을 통해 다음과 같이 발언한 바 있다.

> 우리 세종대왕 근로ᄒᆞ신 셩덕은 다 말숨ᄒᆞᆯ슈 업거니와 (중략) 츈향젼을 보면 뎡치를 알겟소 심쳥젼을 보고 법률을 알겟소 홍길동젼을 보아 도덕을 알겟소 말ᄒᆞᆯ진ᄃᆡ 츈향젼은 음탕교과셔오 심쳥젼은 쳐량교과셔오 홍길동젼은 허황교과셔라 ᄒᆞᆯ것이니 국민을 음탕교과로 가ᄅᆞ치면 엇지풍속이 아름다오며 쳐량교과로 가ᄅᆞ치면 엇지장진지망이 잇스며 허황교과로 가ᄅᆞ치면

60) 「연의각(박타령) 예고」, 『매일신보』 1912.4.27, 1면.
61) 최원식, 『한국근대소설사론』, 창작과비평사, 1986 참조.

> 엇지경대ᄒᆞᆫ 긔상이 잇스리가 (중략) 구역도업고 시간도업시 젼국남녀들이 자유권으로 틈틈이보고 곳곳이읽으니 그됴흔 몃빅만 쳥년을 음탕ᄒᆞ고 쳐량ᄒᆞ고 허황ᄒᆞᆫ 구멍에 쓰러 뭇는단 말이오[62]

이처럼 이해조는 대한제국 당시 언문으로 된 고소설들이 국민은 물론 국가건설의 주축이 될 '청년'들을 망친다고 개탄한 바 있다. 소설이 '국민의 나침반'[63]으로 호명될 시점에서 폐기처분될 위기에 놓였던 이들 고소설들이 1910년대 다시 부상하게 된 연유를 강제병합과 함께 변화된 시대상황과 관련시켜 보는 것은 어렵지 않다. 새롭게 재편된 식민통치의 정책적 이념에 따르면 식민지에서의 교육은 "정치, 법률, 기타 고상한 학리적 과목"보다 "생활상 직접 필요한 실용적 학예"[64]를 우선으로 한다. 이 때문에 불과 몇 년 전이지만 근대 국가를 표방한 대한제국 시기에 요구되었던 정치, 법률과 같은 항목이 더 이상 요구되지 않은 것이다. 오히려 식민체제 하에서 이러한 덕목들은 통제되거나 엄격히 제한되어야 할 것으로 간주된다. 정작 필요하게 된 것은 '충량한 신민'을 위한 충(忠)이나 효(孝), 의(義)와 같은 가치들이다.[65] 이 일련의 고소설들이 식민교육에 필요한 가치들을 구현하고 있음은 어렵지 않게 확인된다.[66] 이러한 측면

---

62) 이해조, 『자유종』, 광학서포, 1910, 10~11면(『신소설 · 번안(역)소설』, 아세아문화사, 1978, 14~15면).

63) 원문에는 "쇼셜은 국민에게 지남침"으로 표현되어 있다. 〈잡동산이〉, 『대한매일신보』 1909.12.2, 1면.

64) 「寺內總督談 教育方針」, 『매일신보』 1913.7.22, 2면.

65) 식민교육의 이념은 '충량한 신민'에 있었으나 실제로는 순량한 신민의 양성으로 변모된 경향이 있다. 김종식, 『근대일본 청년상의 구축』, 선인, 2007 참조.

66) 제국 신민으로서의 순량함과 황실에 대한 충성의 대상이 대한제국에서 식민 제국 일본으로 바뀌었음에도 불구하고 유교적인 가치관이 여전히 실효성을 가질 수 있었던 것은 바로 이 때문이다. 서민교, 『1910년대 일제의 무단통치』, 독립기념관 한국독립운동사연구소, 2009, 191면.

에서 『매일신보』에 게재된 고소설들은 식민 통치자들에게 상당히 유용한 도구일 수 있었다.[67]

이처럼 신문관은 『매일신보』에 연재된 고소설을 이름만 바꾸었을 뿐, 사연을 고치고 턱없는 이익을 구함으로써 "쥬옥"을 "와록"으로 만들어 버리는 "폐단"으로 이해한다. 〈륙젼쇼셜〉을 판소리 개작 소설에 대치해 놓은 것이다. 이로써 신문관과 『매일신보』가 내세운 소설의 구도는 비교적 명확해진다. 결국 신문관은 이 폐단을 개선하고 경계하기 위해 정선된 고소설을 기획했던 것이고 이들과 경쟁하기 위해 염가 정책을 펼친 것이다. 〈륙젼쇼셜〉이 제안한 6전은 『총목』에 포함된 동일 제목의 소설들과 비교했을 때 4/1 혹은 5/1에 해당하는 가격이다.[68] 물론 경쟁적인 할인 정책으로 이 시기 소설의 가격이 정가에 비해 저렴했던 것은 사실이다. 그렇다 하더라도 〈륙젼쇼셜〉의 가격은 매력적이지 않을 수 없다.[69]

그렇지만 상당히 공들여 만든 "젼홀만흔" 이 "쥬옥"들은 타 소설들과 경쟁하기에 유리한 조건이었음에도 그다지 호소력을 얻지 못했다고 한다.[70] 『고본춘향전』처럼 저속한 표현이나 내용들을 순화시키고자 한 점에서 재미를 반감시켰다[71]는 것도 한 원인일 수 있겠지만 그보다 근대

---

67) 『매일신보』에 게재된 일련의 소설들이 1912년 총독부가 내세웠던 풍속개량에 이토록 착실하게 보조하고 있었다 해도 과언이 아니다. 『매일신보』의 일련의 소설들과 정책 사이의 관계들에 대해서는 함태영의 앞의 논문 참조. 참고로 이해조의 『옥중화』는 나온 지 1년 만에 6판을 찍어낼 정도로 대중들에게 호응을 얻고 있었다.

68) 이 시기 염가 정책으로 4~5배 이상의 가격이 할인되었음을 고려한다면 가격 면에선 실질적 차이가 나지 않을 수 있다. 그렇지만 정가제를 지향했다는 점에서 이 가격 정책은 혁신적이라 할 수 있다.

69) 소재영에 의하면 육전은 "당시 시장터에서의 국수 한 그릇 값 정도"라 한다.(소재영 외, 『한국의 딱지본』, 범우사, 1996, 11면) 이와 관련하여 1915년 한 섬당 11원이던 쌀값이 1918년 30원까지 폭등해 화제가 된 기사가 실리고 있다(「가공의 미가 가증한 곡상」, 『매일신보』 1918.8.1, 1면).

70) 이주영, 「新文館 간행 〈六錢小說〉」, 앞의 책 참조.

초기 성행하기 시작한 고소설류와 변별되지 않았다는 점에서 이 기획 의도는 그다지 실효성이 없었던 것으로 평가된다. 그런데 소설의 유통 방식과 관련시켜 본다면 〈륙젼쇼셜〉의 의의는 다르게 해석될 여지가 있다. 장편을 위주로 한 '고본'이나 '신교' 형식의 소설과 달리 비교적 분량이 적고 파격적이기까지 한 염가 소설이 독자들에게 외면당했다는 점은 그 실패의 이유를 다른 측면에서 접근하도록 유도한다.

19세기까지만 해도 조선에서 출판사나 서점을 통해 서적을 구매하는 행위는 일반적이지 않았다.[72] 더욱이 소설의 경우는 돈을 주고 구매하기보다 빌려 읽는 이른바 세책의 형태가 성행했던 것으로 알려져 있다.[73] 『제국신문』에는 다음과 같은 세책 광고들이 실린다.

> 본관에서 작년붓터 ᄂᆡ외국 각죵 셔칙을 발ᄆᆡᄒᆞᆫ고로 실지의 경험으로 ᄉᆡᆼ각컨ᄃᆡ ᄌᆡ졍곤란ᄒᆞᆫ 일히 ᄉᆞ셔보기 극난ᄒᆞ며 ᄯᅩ 즁가쥬고 ᄉᆞ서라도 한번본 후ᄂᆞᆫ 휴지가 되거ᄂᆞ 타인의게 빌님건이 됨이 다 무의함을 ᄭᆡ다란고로 셔칙을 보고ᄌᆞᄒᆞ시ᄂᆞᆫ 졔위의 편리ᄒᆞ심을 위ᄒᆞ야 셔칙을 세놋ᄂᆞᆫ 방법을 시ᄒᆡᆼᄒᆞ고 (하략)[74]

---

71) 강진모, 「『고본춘향전』의 성립과 그에 따른 고소설의 위상 변화」, 연세대 석사논문, 2003 참조.

72) 민간 출판 행위가 없었던 것은 아니지만 상업적 목적을 지닌 민간 서점이나 출판사의 등장은 19세기 후반이 되어야 활발해진다. 이재정, 『조선출판주식회사』(안티쿠스, 2008)와 이민희, 『16-19세기 서적중개상과 소설 · 서적 유통관계 연구』(역락, 2007), 강명관 앞의 책 참조.

73) 고소설의 유통 방식에 대해서는 활발한 연구가 진행 중이다. 특히 세책의 유통과 관련해서는 정명기, 「세책본소설의 유통양상 : 동양문고 소장 세책본소설에 나타난 세책 장부 중심으로」(『고소설연구』 16집, 2003)와 마이클 김, 「서양인들이 본 조선후기와 일제초기 출판문화의 모습」(『열상고전연구』 19집, 2006) 참조.

74) 『제국신문』 1908.10.27, 광고 3면.

1910년을 전후한 시기까지 책을 빌려 주는 세책점이 상당했던 것이다.[75] 〈륙젼쇼셜〉의 염가 전략이 부상하고 있었던 타 출판사의 구활자본 고소설이 아니라 세책과 경쟁하기 위해 고안된 것이라면 이 서적들의 판매가 저조했던 원인은 당대 서적의 구매 방식과 관련될 수 있다. 이때까지 소설을 사서 본다는 인식은 낯선 것이며 구매보다 빌려 읽는 것이 더 일반적인 유통방식이라면 신문관의 〈륙젼쇼셜〉은 소설의 구매 방식에 대한 인식 전환을 위한 기획으로 간주될 수 있기 때문이다.[76] 다시 말해 빌려 보는 소설에서 사 읽는 소설로, 이른바 '소설책'에 대한 독서 행태의 변화를 야기한 하나의 시도로 해석될 수 있다.

신문관이 가격적인 측면에서뿐 아니라 고급스런 장정과 디자인 등 제작에 상당한 정성을 기울인 것 역시 서적의 구매력을 높이기 위한 전략으로 이해된다. 구매의 대상이 되기 위해서는 책의 물리적인 형태도 고려될 필요가 있었던 것이다. 소설이 일회적으로 빌려 보고 마는 것에 그치지 않고 사서 소유하고 소장하는 대상으로 인식될 수 있도록 유도했다고 할 수 있다. 신문관 고소설들이 '정선'이라는 차별화된 전략을 내용뿐 아니라 형식적인 측면에서 실천했던 이유도 여기에서 찾을 수 있다. 결국 〈륙젼쇼셜〉을 통해 서적 구매에 대한 변화를 요청한 것으로 읽힌다.

신문관의 파격적인 염가 전략은 소설 구매에 대한 새로운 시도였지만 당대 독서 시장에서는 이례적이었던 것으로 간주된다. 아무리 염가일지라도 소설을 빌려 읽는 것이 일반적인 유통 환경이라면 사서 보는 행위는 그다지 설득력을 얻기가 쉽지 않았을 것이기 때문이다. 그렇다 하더

75) 유춘동, 「20세기 구활자본 고소설의 세책 유통에 대한 연구-장서각 소장본을 중심으로」, 『규장각』 15집, 2006, 174~177면 참조.

76) 당대 신문에는 돈을 지불하고 신문을 사보라는 기사들이 빈번하게 등장한다. 이 역시 인쇄 출판물에 대한 구매 태도와 관련된다 할 수 있다.

라도 〈륙젼쇼셜〉이라는 명칭만은 기획 의도대로 관철되었다고 생각한다. 표준어대사전에 의하면 〈륙젼쇼셜〉은 "1900년대 초부터 광복 전까지 유행한 문고본 소설. 고전 소설을 개작하거나 윤색한 작품, 번안한 작품, 번안적 요소와 창작적 요소가 섞인 작품"77) 등으로 정의되고 있다. 신문관의 기획 소설이라는 고유성은 탈각되었지만 염가의 고소설 일반을 통칭하는 일반명사로 확장되었음을 알 수 있다. 고소설을 염가에 보급한다는 근본 취지는 유효했던 셈이다.

(2) 세계문학의 구상, 〈신문관발간신쇼셜〉

신문관이 두 번째로 기획한 소설은 〈신문관발간신쇼셜〉이다. 여기에는 최남선·이광수 번역의 『불상훈 동무』와 『검둥의 셜음』을 대표작으로 총 6종의 소설이 포함되어 있다. 이른바 서양 번역소설 시리즈이다.

〈표 10〉 〈신문관발간신쇼셜〉 목록(발간연도별)78)

	제목	원작자	번역자	간행일	크기	분량	가격	시각자료	비고
1	썰늬버 유람긔	스위쯔트	편수자신문관 편집국	1909.2	46판 5호	54	10전	표지그림	십전 총서
2	불상훈 동무	라미이 부인	최남선	1912.6	46판 9pt	72	20전	권두사진	장구분 (8)
3	만인계	엣디워어쓰 부인	저작겸발행자 최창선	1912.9	46판 5호	112	20전	작가사진, 표지그림	목록(7)

77) 국립국어원 표준어대사전 http://stdweb2.korean.go.kr

78) 〈표 10〉은 「신문관 단행본 번역소설 연구」(『사이』 5호, 2008)를 진행할 당시만 해도 발굴되지 않아 미확인으로 처리했던 『자랑의 단추』를 박진영이 소개하였기에 그 내용을 보충한 것이다. 그렇지만 원텍스트를 직접 확인하지는 못했기에 책의 크기에 대해서는 빈칸으로 남겨 두었다. 박진영, 「자랑의 단추」, 『근대서지』 창간호, 근대서지학회, 소명, 2010.3, 537~608면.

4	자랑의 단추	에이미 르페브르	저작겸발행자 최창선	1912.10		127	20전	표지 권두사진	
5	검둥의 셜음	피쳐· 스토우	리광슈	1913.2	46판 5호	180	30전	삽화, 작가사진	장구분 (24)
6	허풍션이 모험긔담	뮨하우쎈	저작겸발행자 최창선	1913.5	46판 5호	81	20전	삽화, 표지그림	목록 (22)

〈신문관발간신쇼셜〉은 〈십전총서〉나 〈륙젼쇼셜〉처럼 처음부터 기획된 시리즈가 아니다. 발행 시기나 일관된 형식 등을 미루어, 사후적으로 재구성되었을 가능성이 크다. 우선 시기와 관련하여 살펴보면 신문관이 서양소설들을 본격적으로 번역하기 시작한 것은 1912년부터이다. 단행본 번역은 이로부터 2년여 동안 비교적 단기간에 이루어진다. 그런데 〈신문관발간신쇼셜〉의 목록에는 1909년 〈십전총서〉의 하나로 발간된 『썰늬버유람긔』도 포함되어 있다. 1912년부터 본격화된 번역소설 시리즈에 1909년 출판된 『썰늬버유람긔』를, 그것도 이미 〈십전총서〉로 분류되었던 소설을 포함시킨다는 것은 어떤 의도에 의해 새롭게 재구성될 필요가 있었음을 가리킨다. 뿐만 아니라 이 시리즈는 〈십전총서〉나 〈륙젼쇼셜〉처럼 동일한 표지나 일관된 형식도 갖추고 있지 않다. 〈표 10〉을 참고하면 책의 크기나 분량, 시각 자료나 그 밖의 목록이나 장 구분 등, 책의 구성이나 체재가 통일되어 있지 않다. 요컨대 이 시리즈는 순전히 광고에 의해 재구성된 것으로 간주된다. 그럼 〈신문관발간신쇼셜〉의 광고를 살펴보도록 하자.

신문관발간신쇼셜

· 불샹훈동무 全壹冊 定價金貳拾錢郵稅四錢
· 검둥의셜음 全壹冊 定價金參拾錢郵稅四錢
· 허풍션이모험긔담 全壹冊 定價金貳拾錢郵稅貳錢

· 자랑의단추 全壹冊 定價金貳拾五錢郵稅四錢
· 만인계 全壹冊 定價金貳拾錢郵稅貳錢
· 썰늬버유람기 全壹冊 定價金拾錢郵稅貳錢

이 모든칙은 다 셔양에 유명ᄒᆞᆫ 쇼셜을 번역ᄒᆞᆫ 것이니 시속에 쓸ᄃᆡ업시 씩둑깍둑ᄒᆞᆫ 잡셩스러운 것과 달나 한번 닑으면 무궁ᄒᆞᆫ ᄌᆞ미만 잇슬ᄲᅮᆫ아니라 소견에 어들것이 클지니 ᄒᆞᆫ번사보소셔 정ᄒᆞ게 박아 아담ᄒᆞ게 칙매고 권권히 졍ᄒᆞᆫ 그림을 너헛ᄉᆞᆸᄂᆡ다[79)]

나열된 6종의 소설은 모두 "서양에 유명ᄒᆞᆫ 쇼셜"로 규정되고 있다. 이들이 타이틀로 내세운 '신쇼셜'의 '신(新)'은 바로 "시속에 쓸ᄃᆡ업시 씩둑깍둑ᄒᆞᆫ 잡셩스러운 것과 달나" 붙여진 수사이다. 물론 이 방식이 당대 소설 광고의 전형적인 수법이었음은 앞서 언급한 대로이다. 그런데 이 '신쇼셜'이라는 용어에는 주의가 요구된다. 왜냐하면 이 시기 '신소설'은 상당히 다양한 용법으로 사용되고 있었기 때문이다. 신소설은 1906년 『명월기연』의 광고에서 "明月奇緣은 漢雲先生의 著作인ᄃᆡ 才子佳人이 相別再會와 一派一瀾에 多情多恨의 態를 現ᄒᆞ야 趣味津津ᄒᆞ야 使독者로 不知厭케 ᄒᆞᄂᆞᆫ 現代傑作의 新小說이오"라고 소개된 이래 "舊小說"에 대응되면서 다양한 소설에 활용되기 시작했다.[80)] 가령 『경국미담』과 같은 정치소설, 『애국부인전』과 같은 역사・전기, 이인직・이해조의 신작소설을 포함하여 조중환(趙重桓)[81)]의 『장한몽』과 같은 번안소설, 심지어는 이광수의 『무

79) 『아이들보이』 11호, 신문관, 1914.7., 광고.

80) 『대한매일신보』 1906.2.1[국한문판], 4면 광고. 이 기사에 사용된 '신소설'은 한운선생의 최신작이라는 의미이다. 신소설의 용례에 대해서는 김영민, 「근대계몽기 문학 연구의 성과와 한계 : '신소설'에 대한 논의를 중심으로」, 『한국문학의 근대와 근대성』, 소명, 2006 참조.

81) 조중환(1863~1944) : 호는 일재(一齋), 서울 출생, 1910년대 번안소설 작가로 활동했

정』에까지 사용된다. 이른바 새롭게 출판되는 모든 소설에 붙일 수 있는 수식어였다.

그런데 1912~13년 무렵부터 '신소설'에는 다른 의미도 부가되기 시작한다. 대표적인 예로 "글이라ᄒᆞ면 음풍영월인줄만 알고 칙이라ᄒᆞ면 세닙자리 신소셜이라는 것으로만 녀기는 우리 죠선 사람들이리오"[82]라고 언급한 구절에서 신소설에 대한 비교적 분명한 인식을 엿볼 수 있다. 새롭게 출판되는 소설이라는 의미 외에 "음풍영월"류의 "세닙자리"라는 부정적인 인식이 내포되고 있었던 것이다. 그렇다면 서양소설들을 번역해 하나의 기획 시리즈를 선보임으로써 새로운 소설의 등장을 예비하고자 했던 신문관이 이미 낡은 소설로 전락해 간 '신소설'이란 용어를 굳이 번역소설의 타이틀로 쓰고자 했던 이유를 재고해 볼 필요가 있다.

신문관이 서양소설의 번역에 '신소설'이라는 타이틀을 붙인 것은 급조된 인상을 준다. 그것은 앞서도 언급한바, 이 시리즈가 충분히 기획된 것이 아니라는 점에서 찾을 수 있다. 이 번역소설들은 제작 단계에서부터 기획된 것이 아니기 때문에 〈십전총서〉나 〈륙젼쇼셜〉처럼 책의 크기나 분량, 가격 등이 일관되지 않을 뿐더러 기획 발간에 관한 취지문도 없다. 그러니까 이 〈신문관발간신쇼셜〉 시리즈는 순전히 광고를 통해서 기획되었으며 그 의도 역시 광고에 의해 새롭게 구성되었다고까지 할 수 있다. 그런데 공교롭게도 이 시기는 〈륙젼쇼셜〉의 등장과 일치한다. 그러니까 신문관이 〈륙젼쇼셜〉을 기획하면서 서양 번역소설의 구상도 함께 전개했을 가능성을 보이고 있는 것이다. 그렇기 때문에 이들이 기획 출판에 붙인 표제 역시 〈륙젼쇼셜〉류의 고소설, 즉 옛 이야기들과

으며 영화계에서도 활약함.

82) 옴긴이, 「머리말」, 리광슈 번역, 『검둥의 셜음』, 신문관, 1913, 1면.

구분되는 신소설로 명명됐을 수 있다.

〈신문관발간신쇼셜〉이라는 타이틀이 제한적으로 사용되다 사라지는 데서도 확인되듯 '신소설'이라는 용어는 이미 이인직·이해조 류의 소설을 가리키는 의미로 사물화 되고 있었다. 따라서 〈륙젼쇼셜〉이라는 표제와 달리 실효성을 발휘하기가 힘들었을 것으로 판단된다. 대신 동시기 소설들과 차별화를 선언하고 전개한 전략은 효과적이었던 것으로 간주된다. "시속에 쓸ᄃᆡ업시 씩둑깍둑ᄒᆞᆫ 잡셩스러운 것과 달"리 "정ᄒᆞ게 박아 아담ᄒᆞ게 ᄎᆡᆨ매고 권권히 경ᄒᆞᆫ 그림"을 넣은 것은 물론, 당대 부상하고 있던 두 문사인 최남선과 이광수를 번역자로 내세워 번역서의 권위를 보장했다.

무엇보다 신문관은 자사의 소설이 이인직과 이해조로 대표되는 신소설과는 다른, 이른바 세계문학이라는 점을 강조했다. 세계문학의 소개는 『새별』과 『청춘』으로 이어지면서 〈서국명화집〉이나 〈세계문학개관〉으로 선보이게 된다.[83] 그리고 하나같이 서양의 백만 독자가 읽고 감동받았다는 점을 내세웠다. "세계최호서백종의 일" 즉 "셰계샹 가장 조흔 ᄎᆡᆨ 빅권"이라든가 "육백만 인을 감동ᄒᆞᆫ 대세력"[84]과 같은 광고 문구를 통해 이 소설들의 의의를 강조했다. 이 점은 당대 청년·학생들을 소설의 독자로 견인하는 데 성공한다.[85] 〈신문관발간신쇼셜〉은 인류애를 전면에 내

83) 『소년』에서는 이솝우화를, 『붉은져고리』에서는 그림형제의 동화들을, 『아이들보이』에서는 안데르센과 쿠리에의 동화 등을 이미 선보였다(구인서, 앞의 논문 참조). 신문관 매체에 게재된 세계문학(소설 및 우화) 목록은 〈표 11〉 참조.

84) 『아이들보이』 6호, 신문관, 1914.2., 광고.

85) 『청춘』의 독후감상문은 당대 청년들이 소설에 대한 어떠한 인식을 가지고 있었는지를 잘 보여준다.(「대예외를발견함-『불상ᄒᆞᆫ동무』의 독자에게서」, 『청춘』 14호, 신문관, 1918.6, 104면) 이를 통해 이들이 어떻게 『청춘』과 신문관이 소개하고 있는 소설들에 견인되었는지 확인할 수 있다. 여기에 대해서는 권두연, 「신문관 단행본 소설과 신문예 운동」, 『최남선 다시 읽기』, 육당연구학회, 현실문화, 2009 참조.

세워 『매일신보』가 추구했던 가정류 번안소설들과는 다른 차원에서 동정과 눈물을 구하고 있었기 때문이다.[86] 여성 인물의 수난사나 통속적인 애정 및 가정 문제를 둘러싼 서사가 아닌 '우정'이라는 감정을 통해 인류보편의 문제를 다룸으로써 새롭게 부상한 청년 독자들에게 휴머니즘적인 세계관을 지향하도록 유도했던 것이다.[87] 세계문학 시리즈의 진정한 의의는 여기에서 찾아진다.

〈표 11〉 신문관 매체별 게재 세계문학 목록

매체	제목	게재호수	게재연도	작가 및 원제	비고
소년	이솝의이약	1년1권~	1908.11/	이솝	연재
	거인국표류기	1년1권~	1908.11~12	스위프트	연재, 단행본합본
	로빈슨무인절도표류기	2년2~8호	1909.2~9	데포	연재
	何故로, 꼿이通一年, 피지, 안나뇨	2년5권	1909.5	호손 그리스 신화	꽃특집
	사랑의승전	2년6권	1909.7	톨스토이	나는이런소 설이偏嗜
	조손삼대	2년7권	1909.8	톨스토이	
	아해와어른	2년10권	1909.11	톨스토이	
	쿠로이프비유담	3년2권	1910.2	끄릴로프	
	ABC契	3년7권	1910.7	위고	

86) 신문관의 번역소설들에 드러난 동정과 눈물은 이 시기 『매일신보』의 일본 가정류 번안소설들과 유사해 보이는 전략임에도 불구하고 신소설의 연장으로 떨어지지 않았다. 이를 "감정의 공유와 효과의 차별"에서 찾았다. 권두연, 앞의 책, 122~129면.

87) 이 시기에 청년, 특히 유학생이나 학생들을 중심으로 '벗'에 관한 글들이 빈번하게 쓰이기 시작했다는 것과 관련하면 우정이라는 감정을 중심으로 형성된 세대론은 좀 더 설득력을 가질 수 있을 것으로 생각된다. 신지연의 논문 「"느슨한 문예"의 시대 : 편지형식과 "벗"의 존재 방식」(『반교어문연구』 26집, 2009)이 이러한 발상에 좀 더 도움을 주었다.

	한사람이얼마나 ᄯᅡᆼ이잇서야하나	3년9권	1910.12	톨스토이	
	너의이웃	3년9권	1910.12	톨스토이	
	다관	3년9권	1910.12	톨스토이	
붉은 져고리	ᄯᅡ님의간곳	1년1호	1913.1.1	그림	
	네아오동생	1년2호	1913.1.15	그림	
	우지보전이	1년3호	1913.2.1		
	밧고아패	1년9호	1913.5.1	그림 행운아한스	
아이들 보이	남생이줄다리기	1호	1913.9		
	참새	1호		안데르센	
	계집아희슬긔	2호	1913.10	그림 영리한 농부의 ᄯᅡᆯ	
	날낸이여섯	3호	1913.11	그림 여섯 사나이의 성공담	
	모래펄에왕사람	3호			
	령ᄒᆞᆫ거울셋	4호	1913.12		
	늙은이의보람	4호			
	프레드의쌍쌍이	5호	1914.1		
	나무군의ᄯᅡᆯ	6호	1914.2		
	짓걸이아씨	7호	1914.3		
	거짓아드님참아드님	8호	1914.4		
	닐곱동생	9호	1914.5		
	실쏩이색시	10호	1914.6	그림 실잣는여자들	
	네절긔이약이	10호		안데르센 한 해의 이야기	
	병부자	11호	1914.7		
	락타와돗	11호			
	통궁이	12호	1914.8		

새별	황제의 새옷	15호	1914.12	안데르센 벌거벗은임금님	
	가장귀한행위	16호	1915.1		서국명화집
	성냥팔이처녀			안데르센	
	매가님검살닌이약이				
	와싱톤이어린이를 살니다				
	빌헤름텔이자기아들머리위로우에노흰林檎				
	정복자윌림암의세아들				
청춘	너참불상타	1호	1914.10	위고 레미제라블	세계문학 개관
	갱생	2호	1914.11	톨스토이 부활	
	실락원	3호	1914.12	밀턴 실낙원	
	돈기호전기	4호	1915.1	세르반테스 돈키호테	
	켄터베리기	6~9호	1915.3~ 1917.5~7	초서 켄터베리기	
	더러운면포	8호	1917.6	모파상	

3) 매체의 편집과 다양한 콘텐츠

신문관은 『소년』을 비롯하여 『붉은져고리』, 『아이들보이』, 『새별』, 『청춘』에 이르기까지 뛰어난 편집 방식을 보인다. 삽화나 그림, 악보 등 다양하고 시각적인 양식은 물론, 특집, 부록, 연속 게재 등 잡지가 지닌 매체의 성격을 십분 활용한다. 한편 다섯 종의 잡지를 내면서 공통된 코너를 개설하는가 하면 단행본과 매체 간의 교차 발행도 시도한다.

이 가운데 공통된 주제나 동일한 소재 아래 서로 다른 형식과 내용들을 재배치함으로써 일련의 볼거리를 제공하는 이른바 '특집'은 편집과 기획력이 낳은 대표 산물이라 할 수 있다. 특집 구성은 『소년』에서 특히 두드러진다.[88)] 『소년』 창간호는 바다 특집(『소년』 1년 1권, 1908.11)이라 할 수 있고, 산 특집, 꽃 특집, 아브라함 링컨 특집, 톨스토이 특집, 심지어 하기방학을 맞이하여 읽을거리를 마련하는 등 실로 다양한 특집이 마련된다.[89)]

가령 꽃 특집의 경우, 권두 삽화에는 "세계의 화도 프랑쓰국 파리부"를 비롯하여 "세계 건축의 화", "각도 역사의 화", "기예진보의 화"에 관한 사진들이 각각 실린다. 권두시로 최남선의 "꽃두고"가, 이 밖에 하우쏘온[90)]과 도연명(陶淵明), 왕유(王維), 찰스 매케이(Charles Mackay) 등 꽃을 소재로 한 동서양의 서사와 꽃에 관한 풍습 등이 소개된다. 그리고 「세계적 지식의 필요」에서는 "화학교실"이라는 제목 아래 보통과, 고등과, 전문과, 보습과의 학제에 따라 꽃에 관한 다양한 지식이 게재된다. 이처럼 꽃을 대상으로 한 사진에서부터, 시, 학술 지식, 서사, 풍습 등 잡다한 소재들이 총동원 되어 이른바 '꽃특집'을 선보인다. 이 같은 특집 구성은 잡지가 종합적이고 체계적인 지식의 집적이 용이한 장치임을 확인시킨다.

지식을 집적하는 또 다른 방식으로 '부록'을 들 수 있다. 신문과 달리 잡지는 게재의 방식이나 분량이 비교적 자유롭다. 이러한 특징으로 이 시기 잡지들은 각종 학문에 관한 전문 지식에서부터 연설에 이르기까지

88) 물론 이러한 구성은 최남선이 혼자서 편집했던 사정 때문일 가능성이 크다. 그러나 1인 편집이라고 해서 모두 특집 구성을 선보이진 않았다. 가령 황석우가 혼자 만들다시피 한 『근대사조』와 비교한다면 이는 보다 분명해진다. 『근대사조』에 대해서는 정우택의 『황석우 연구』(박이정, 2008)와 김인택의 「『근대사조』 연구」(한국학중앙연구원 석사논문, 2006) 참조.

89) 꽃 특집은 『소년』 2년 5권(1909.5), 아브라함 링컨 특집은 『소년』 3년 1권(1910.1), 톨스토이 특집은 『소년』 3년 9권(1910.12)이다.

90) Nathaniel Hawhtorne으로 추정됨. 하우쏘온 원저의 「何故로, 쏫이通一年, 피지, 안나뇨」는 그리스 신화 중 데메테르의 딸인 페르세포네가 하데스에게 유괴되는 에피소드이다. 「花에關한童話」, 『소년』 2년 5권, 신문관, 1909.5, 49~56면. 이로써 『소년』에 이솝우화를 비롯하여 그리스 신화도 소개되었음을 알 수 있다.

다양한 내용을 소개한다.[91] 완결된 형식이나 단행본 체재를 염두에 두고 있을 경우 이 방법은 유용하지 않을 수 없다. 신문관 매체들에 부록 형식의 글이 많은 것은 우연이 아니다. 특히 신문관의 경우에는 매체 발간이 출판사를 중심으로 이루어지는 까닭에 매체 간 연속성은 물론, 단행본과의 교차 게재 역시 가능하다.[92] 여기에 광고까지 더해져 잡지와 단행본의 결속은 더욱 공고해지고 부록의 활성화는 자연스러운 수순으로 전개된다. 신문관 매체들에 부록 형식으로 게재, 혹은 연재된 글의 목록은 다음과 같다.

〈표 12〉 신문관 매체별 부록 목록[93]

	분류	제목	게재 쪽수	게재호수 / 연도	성격	매체 상호성	비고
소년	게재	修身要領(목차 : 福澤諭吉 의處世要領)	5~11	2년2권/ 1909.2	수신	단행본 발간됨	총12쪽/3전
	특집	꽃특집	1~60	2년5권/ 1909.5	백과		
	특집	아브라함린커언 百年紀念	1~44	3년1권/ 1910.1	위인 기념		표지
	부록	重要日記	1~16	3년1권~3년 8권 연속	일기		
	게재	太白山詩集	1~16	3년2권/ 1910.2	시		표지
	게재	初等大韓地理稿本	5~44	3년4권/ 1910.4	교재	단행본예정	표지

---

91) 구장률, 『근대 초기 잡지와 분과학문의 형성』, 케포이북스, 2012 참조.

92) 특히 『소년』의 경우에는 최남선 1인 편집이라는 점과 검열이 복합적으로 개입되어 있다.

93) 분류 항목에서 게재는 쪽수 변화없는 경우, 부록은 새쪽으로 시작하는 경우, 특집은 표제에 의거하여 각각 구분하였다.

	부록		에이씨 시 歷史小說ABC契 (夏期特別卷ABC契)	1~60	3년7권/ 1910.7	소설	없음	표지, 역자서문
	부록		國史史論古代	1~32	3년8권/ 1910.8	역사	『대한매일신보』 「독사신론」으로 연재	표지, 公六서문
	특집		톨스토이 先生下世紀念	1~41	3년9권/ 1910.12	위인 기념		
	부록		王陽明先生實記	1~145	4년2권/ 1911.5	실기	단행본예정	저자서문, 범례, 정오표
새별	부록		읽어리	ㅁ/ㅂ, ㅅ/ㅇ	15·16호	독본	『시문독본』 초판합편	ㄱ~ㄹ 추정
청춘	게재	세계문학개관	失樂園	107~116	3호/ 1914.12	소설		표제, 역자서문
	부록		너참불상타	1~36	1호/ 1914.10	소설	연속물 『소년』 ABC契언급	표제, 역자서문
	게재		更生	122~128	2호/ 1914.11	소설	『소년』 톨스토이 기념호 언급	표제, 역자서문
	게재		失樂園	107~116	3호/ 1914.12	소설		표제, 역자서문
	게재		頓基浩傳奇	109~123	4호/ 1915.1	소설		표제, 역자서문
	연재		캔터베리記	96~109	6호/ 1915.3	소설		표제, 역자서문
	연재		캔터베리記 (中)	84~87	7호/ 1917.5	소설		표제
	연재		캔터베리記 (下之上)	78~80	8호/ 1917.6	소설		표제
	연재		캔터베리記 (下之下)	47~48	9호/ 1917.7	소설		
	부록		世界一周歌	37~101	1호/ 1914.10	노래	〈소년구가 서류〉 단행본 예정	표제, 범례, 곡보

청춘	특별기사	演說法要領		104~122	7호/1917.5	학술		표제, 小序, 부록
청춘	특별기사	나폴레온格言集		94~105	8호/1917.6	격언		표제, 역자서문
청춘	게재	十大奮鬪的偉人		34~105	10호/1917.9	위인		편역: 挹清生, 검열
청춘	게재	현상문예	현상문예	105~116	상동	독자투고		
청춘	부록	현상문예	특별현상문예	1~80	11호/1917.11	독자투고		표제
청춘	게재	현상문예	懸賞小說考選餘言 및 독자문예	97~112	12호/1918.3	독자투고		
청춘	게재	현상문예	독자문예	88~110	13호/1918.4	독자투고		
청춘	게재	현상문예	독자문예	77~91	15호/1918.9	독자투고		
청춘	특집	現代名家萬紫千紅		33~125	14호/1918.6	기념청탁		신문관 10주년 기념
청춘	게재	稽古箚存(稿本)		1~62	상동	역사		표지, 서문
청춘	게재	其人備官 稿本		1~30	상동	역사	조선광문회 서적	표지, 例言, 목차
청춘	게재	歐洲戰場武勇美談		2~104	상동	문학		표지, 범례
청춘	게재	헨드릭하멜朝鮮日記		1~36	상동	일기	『태평양잡지』 재게재	표지, 목차, 육당서문

단행본으로 출판되지 못한 미발행 서적이 부록으로 수록되는가 하면 이미 단행본으로 나왔지만 잡지의 부록으로 재게재되는 등 방법 역시 다양하다. 한 예로 『수신요령』은 단행본 『산수격몽요결』의 부록으로 실렸지만 『소년』의 〈現代少年의 新呼吸(一)〉에 게재되고[94] 별도의 단행본으로까지 출판되어 당시 교육 단체나 학회 같은 데에 기부되는 등 다양하게 활용된다.[95] 또 단행본으로 발간될 예정에 있었지만 그러지 못하고

94) 「修身要領」, 『소년』 2년 2권, 신문관, 1909.2, 5~11면.

매체에 게재된다든가, 단행본으로 이미 발행된 적이 있지만 다시 매체에 게재되는 경우도 매체와 단행본 간의 상호 긴밀성을 파악하는 데 유용하다. 가령 1) 타 매체에 실렸거나 연재되었던 글을 자사 매체에 게재하거나 2) 단행본으로 발행하는 방법 혹은 3) 단행본으로 이미 출판되었던 서적을 다시 매체의 독자들에게 소개하기 위해 게재하는 등으로 구체화되기 시작한다. 1)의 사례로 『대한매일신보』의 글을 『소년』에 싣는다든가 역으로 『대한매일신보』가 『소년』의 기사를 역재하는 경우이다.[96] 이 둘은 신문과 잡지라는 매체의 성격에 따른 차이에도 불구하고 상호 교류될 수 있다는 점에서 절합의 가능성을 열어 놓는다. 2)의 사례는 〈표 12〉에 기재되어 있기에 별도의 언급은 생략하지만 『무정』이나 『무궁화』처럼 『매일신보』 연재소설들이 단행본으로 출판되기 시작했다는 점만은 언급해 두고 싶다(〈표 8〉 참조). 왜냐하면 『매일신보』 연재소설인 『개척자』, 『산중화』, 『정부원』 등이 출판 예정에 있었고 여기에 『부활』의 번역서 『해당화』를 포함시킨다면 신문관은 1910년대 후반 본격적인 대중소설로의 선회를 보이기 때문이다. 3)의 대표적인 사례로는 『기인비관』을 들 수 있는데 이 책은 조선광문회에서 이미 출판된바, 『청춘』에 다시 게재된다. 재게재 당시 광문회에 대한 언급은 보이지 않지만 "本誌折半만하게二百部쯤單行本으로짜로맨것이잇스니所用되시는이는注文하시오"라는 구

95) 서북학회 기관지인 『서북학회월보』에 의하면 최창선은 『修身要領』 100부를, 박은식은 자신이 서문을 쓴 『刪修擊蒙要訣』 50부를 기부하고 있다. 「本校 卒業式에 對하야 諸氏의 賞品寄附」, 『서북학회월보』 12호, 1909.5, 52면.

96) 한 예로 『대한매일신보』는 논설란에 「국민의 외양과 국가의 셩쇠」라는 글을 실으면서 "쇼년잡지에셔 등직홈"이라는 출처를 밝힌 바 있다(『대한매일신보』 1910.3.29, 논설 1면). 이 글은 『소년』 3년 3권 「少年時言」의 일부로 게재된 "國民의 外形과 國勢의 盛衰" 전문이다. 국문판에 실었기 때문에 『소년』 원문의 한자를 한글로 표기하고 한자어 단어들을 한글 표현으로 바꾼 것을 제외하면 전달하고자 하는 내용에는 큰 변화가 없다(『소년』 3년 3권, 신문관, 1910.3, 16~23면).

절이 첨부되어 있다.[97)]

이 밖에도 『소년』에 연재된 「이솝의 이약」이나 「페터大帝傳」과 같은 글이 단행본으로 나올 계획이었다. 전자는 "新文舘編輯局에서 其一部를 飜譯하야 「再男伊工夫冊」中一卷으로 不遠에 發行"[98)]한다는 의사를 밝혔고 후자 역시 "漏落된 事實과 및 論評을 增補하야 不遠에 單行本을 出刊하야 諸子에게 供覽할터."[99)]라고 단행본 발행의 의지를 뚜렷이 표명했다. 이처럼 출판사를 중심으로 매체 발간과 단행본 서적이 동시에 발행되는 점은 매체와 단행본 간의 상호성을 강화시키는 데 효과적이다. 상호성의 궁극적 효과가 네트워크의 확장 및 증대에 있음은 두말할 나위 없다. 앞장에서 살펴본바, 자사 발행 서적들을 자사 매체에 광고하고 매체의 '독자 투고'나 〈현상문예〉 당선자들에게 부상으로 주는가 하면 타사 잡지나 학교, 단체 등에 기부하는 등의 행위는 텍스트의 내적, 외적 관계와 긴밀하게 조응한다.

〈다음엇지〉, 〈것모리〉, 〈그림공부도움〉 등 시각적 자료를 이용해 새로운 서사의 방식을 선보이는가 하면, 〈의사보기〉, 〈그림글닑기〉 등과 같이 직접 학습해 볼 수 있는 체험의 방식도 소개하고 있다.[100)] 이 가운데 〈다음엇지〉는 『붉은져고리』 이후 『아이들보이』와 『새별』 등으로 매체가 바뀌는 동안에도 중단되지 않고 계속 연재된다.[101)] 어린이, 학생을 대상으

97) 「其人備官 稿本」, 『청춘』 14호, 신문관, 1918.6, 부록 2면.

98) 「이솝의 이약」, 『소년』 창간호, 신문관, 1908.11, 24면.

99) 「編輯室通寄」, 『소년』 2년 2권, 신문관, 1909.2, 56면.

100) 이들은 주로 어린이를 대상으로 한 매체들에 소개된 코너들이다. 구인서의 앞의 논문 참조.

101) 신문관 매체들의 〈다음엇지〉에 대해서는 서은영이 학위논문에서 상세하게 다루었다. 서은영, 「한국 근대 만화의 전개와 문화적 의미」, 고려대 박사논문, 2013, 63~71면 및 부록 [다음엇지 서지사항] 참조.

로 한 신문관의 전 매체에 개설된 것이다. 그만큼 신문관이 이 형식을 선호했음을 알 수 있다. 『붉은져고리』 창간호에 처음 소개될 때 "이것은 ᄎᆞ례ᄎᆞ례 보아가ᄂᆞᆫ 우슴거리 그림이니 첫재 그림을 ᄌᆞ세히 보아 의취를 렴량ᄒᆞ고 그 다음을 보시면 셜명이 업서도 ᄌᆞ미잇게 일이 보시리다."[102] 라는 상세한 설명을 덧붙여 난(欄)의 성격과 감상 방법 등을 상세히 알리고 있다. "우슴거리 그림"은 그러니까 말 그대로 '우스개 소리' / '우슴거리'의 그림 버전인 셈이다. 신문관이 창립 무렵부터 기획한 〈십전총서〉의 휜소리나 『소년』에 게재한 〈소천소지〉, 나아가 일련의 단행본 소화집의 발간과 연속선상에 있음을 알 수 있다. 이로써 '우슴거리'의 매체 간 연계성은 물론이고 글과 그림을 넘나들며 다양하게 소개한 소화 양식에의 강조가 재차 확인된다.

〈표 13〉 〈다음엇지〉 매체별 목록[103]

<table>
<tr><th rowspan="2"></th><th colspan="3">붉은져고리</th><th colspan="3">아이들보이</th><th colspan="3">새별</th></tr>
<tr><th>제목</th><th>컷</th><th>구성</th><th>제목</th><th>컷</th><th>구성</th><th>제목</th><th>컷</th><th>구성</th></tr>
<tr><td>1</td><td>대길이네 개와 밧담뷔</td><td>4</td><td>그림</td><td>ᄯᅳᆺ밧겟 산양</td><td>2</td><td>대사</td><td colspan="3" rowspan="5">해당 호 잡지 미비</td></tr>
<tr><td>2</td><td>담뱃불 부치다가 지함속 구경</td><td>4</td><td>대사</td><td>개가 속앗나 사람이 속앗나</td><td>6</td><td>그림</td></tr>
<tr><td>3</td><td>힘 아니들이고 고기 낙기</td><td>3</td><td>설명</td><td>ᄯᅳᆺ밧게 그믈</td><td>3</td><td>그림</td></tr>
<tr><td>4</td><td>ᄯᅥᆨ도 나비도 시조한수</td><td>3</td><td>그림</td><td>요리로 살작</td><td>3</td><td>그림</td></tr>
<tr><td>5</td><td colspan="3">게재 없음</td><td>마ᄎᆞᆷ 고맙다</td><td colspan="2">미확인</td></tr>
</table>

102) 〈다음엇지〉, 『붉은져고리』 창간호, 신문관, 1913.1, 5면.
103) 매체별 〈다음엇지〉의 게재 제목과 컷 수, 그리고 컷의 구성을 중심으로 살펴보았다. 구성은 그림만으로 구성된 것, 그림을 설명한 것, 발화자 표시 없이 대사로 이루어진 것, 발화자를 표시한 대화로 분류하였다.

6	담배먹ᄂᆞᆫ 소	2	그림	자고 ᄭᅢ서 에그머니	미확인		해당 호 잡지 미비		
7	닭 못살게군 갑흠	3	그림	그림이 살아	2	대사			
8	토ᄭᅵ 산양의 ᄯᅡᆨᄉᆞᆸᄒᆞᆫ 맛	3	그림	사람 닭	3	대사			
9	無題	3	설명	쥐 ᄭᅬ에 ᄲᅡ진 괴	3	그림			
10	게재 없음			無題-우리 이러케 ᄒᆞ자	2	대사			
11	건져내니 에비	2	그림	無題–나무다리	2	대사			
12									
15							無題–그무엇 이냐	3	대사
16							無題–덜렁이, 설렁이, 할아범, 할멈	3	대화체

『새별』에 연재된 〈다음엇지〉를 제외하고는 대부분 제목이 있고 컷은 2~4로 구성되어 있다. 컷의 방향은 대체로 위에서 아래로 진행되지만 오른쪽에서 왼쪽으로 읽히도록 전개된 것도 있다. 이 경우에는 숫자를 표기하여 읽는 순서를 알려준다. 주로 풍자적이거나 익살스러운 장면들을 통해 웃음과 재미를 끌어내고 교훈이나 생각거리를 제공하기도 한다. 그림체는 대부분이 서양풍이고 대화 형식으로 된 글들에는 대화자 표시와「 」로 대사를 구분하기도 한다. 일종의 말풍선 역할을 하고 있는 셈이며 문체는 구어체이다.

무엇보다 신문관의 매체들은 단순히 읽히는 것에 그치지 않고 다양하게 활용될 수 있도록 풍부한 콘텐츠를 제공했다.[104] 『소년』의 경우는 3년

104) 『소년』과 『청춘』에서 사용된 사진, 그림 등의 시각 및 다양한 콘텐츠들에 대해서는 권보드래 외, 『『소년』과 『청춘』의 장』(앞의 책)에 포함된 여러 논문들에 상세하게

1권에서부터 일상적인 기록을 할 수 있도록 매호 한 달 분량의 지면을 제공했다.105) 일종의 일기나 일지 형식인 셈인데 소년 편집부는 발행일의 변경으로 인해 반 개월분의 지면이 못쓰게 되자 이에 대한 양해와 다음 달에는 두 달 치를 한 번에 제공하겠다고 공지한다.106)

『아이들보이』의 경우, 〈글ᄭᅳ느기〉에 글을 작성할 원고지를 제공하고 "글ᄌᆞ 수ᄂᆞᆫ 한 글이 三ᄇᆡᆨ二十ᄌᆞ 이ᄂᆞ니 한 간에 한 ᄌᆞ식" 쓰도록 권장했다. 한 면에 가로 23칸, 세로 7칸씩 두 면을 제시하고 한 면에는 글의 제목과 사는 곳, 지은이 성명과 나이를 기입하고 다른 한 면에는 "글ᄭᅳ느기작뎡"을 일러두었다.

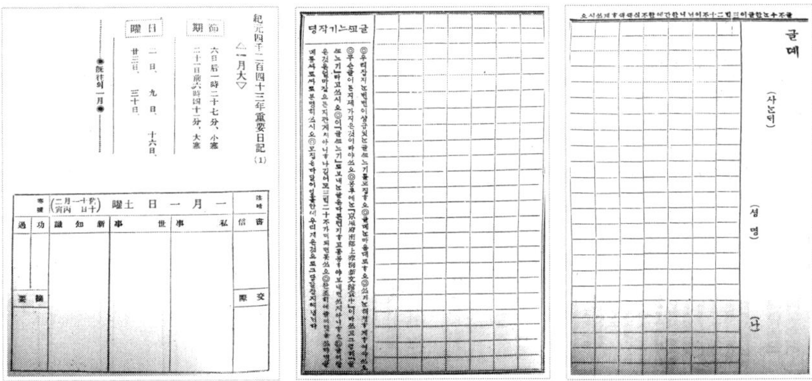

〈그림 2〉『소년』의 〈重要日記〉(左)와『아이들보이』의 〈글ᄭᅳ느기〉(右)

마지막으로 신문관은 자사의 단행본과 매체들의 상호성을 이용하여 다양한 마케팅 전략을 펼치기도 했다. 다시 말해 광고를 통해『청춘』의 독자와 단행본의 독자들을 연계시키면서 각종 부상 및 상금 부여, 매체의

다뤄지고 있다.

105)『소년』3년 1권~3년 8권까지 제공했으며 한 면에 두 개씩 편집했다.

106)「編輯室通寄」,『소년』3년 2권, 신문관, 1910.2, 92면.

독자증 첨부와 같은 다양한 판매 전략을 동원했다.[107] 그 중 하나가 매체의 독자들에게 자사 발행 출판물이나 단행본을 부상으로 증정하는 형식이다. 『소년』의 경우는 "三個月以上 先金으로 本雜誌를 請求하시난 이에게는 本舘에서 編修發行한 『隆熙二年月曆』一件을 無代金으로 贈呈하오."라며 독자들에게 월력을 증정했다.[108] 『청춘』의 경우는 〈현상문예〉 당선자들에게 자사의 단행본 서적들을 부상으로 제공했다.[109] 특히 후자의 경우는 일종의 광고 효과를 노린 동시에 특정한 독서 취향을 형성하는데 기여했다는 점에서 주목된다. 『청춘』이 〈현상문예〉 당선자들에게 수여한 서적들은 『만인계』를 비롯, 『기독교의 청년』(13호, 110면), 『허풍션이 모험긔담』(14호, 37면), 『위인린컨』(15호, 92면) 등 모두 신문관의 호평서에 해당한다. 이들 대부분은 세계문학 시리즈나 교양 및 수신서들이다. 앞서 서적 광고를 통해서도 드러난바, 이러한 양상은 신문관이 특정 내용이나 양식으로 독자를 유도해 가고자 했음을 방증한다. '신문관 독자층'[110]이라고 불릴만한 '독자 공중(reading public)'[111]의 체계적 양성이 이로써 가능해

---

107) 매체의 구독증을 가장 잘 활용한 매체는 『매일신보』라 할 수 있다. 『매일신보』는 본 신문의 구독증을 가져가면 연극장 할인 및 각종 행사에 참여할 수 있는 기회를 주는 등 다양한 마케팅 전략을 썼다. 그러나 타 장르 및 연예오락물과의 상호간섭적인 측면이 보다 크다는 점에서 독서를 중심으로 독자층 확보에 힘쓴 신문관과는 성격을 달리한다고 생각한다.

108) 〈三個月以上讀者의應得할權利〉, 『소년』 1년 2권, 신문관, 1908.11, 광고.

109) 〈현상문예〉는 〈매호현상문예〉, 〈특별현상문예〉, 〈독자문예〉 등으로 다양하게 전개되면서 그 명칭 또한 하나로 통일되지 않았다. 이 책에서는 『청춘』에서 실시된 모든 응모에 상이 걸려있었다는 의미에서 〈현상문예〉로 통칭하고자 한다.

110) 『소년』에서부터 『청춘』으로 적층되는 독자층을 '신문관 독자층'으로 간주한다. 이에 관해서는 이 책의 제5부에서 살펴본다.

111) reading public은 독자 대중, 혹은 독서 대중 등으로 번역된다. 이 책에서는 신문·잡지, 단행본 서적 등, 출판물의 보급으로 유사한 취미를 가진 독자 공중이 시공간을 초월하여 존재하는 이른바 비동시성의 동시성을 실감함으로써 형성되는 공공성에 초점을 맞추어 '독자 공중'이라 사용한다(나가미네 시게토시(永嶺重敏), 『독서국민의 탄

질 수 있었던 것이다.

3. 서적 광고의 유형화

근대 초기 매체의 발달과 함께 상업성을 목적으로 한 각종 광고가 대거 등장한다. 이 가운데서 서적 광고는 상당한 비중을 차지한다.112) 이 시기 출판사들이 매체를 통해 서적을 광고하고자 했음은 말할 나위 없다. 특히 일반 잡지의 경우에는 광고를 통해 일정한 수입을 확보하고 지면을 활용할 수 있다는 점에서 유익하지 않을 수 없다.113) 인쇄기와 자사 매체를 소유하고 있었던 신문관은 상당히 적극적으로 서적을 광고했을 뿐 아니라 광고 양식까지도 효과적으로 활용한다.114) 타 출판사의 서적 광

생』, 다지마 데쓰오·송태욱 옮김, 푸른역사, 2010 참조). 이 밖에 독자에 관해서는 천정환, 『근대의 책읽기』(푸른역사, 2003)와 전은경, 『근대계몽기 문학과 독자의 발견』(역락, 2009) 참조.

112) 광고는 이미 근대의 새로운 현상을 보여주는 의미 있는 분야로 많은 연구자의 이목을 집중시키고 있다. 특히 근대 초기 서적 광고를 대상으로 한 대표적인 연구로는 이종호, 「대한매일신보와 황성신문의 서적광고에 관한 연구」(『한국전통상학연구』 17집 1호, 2003), 김한식, 「잡지의 서적 광고와 내면화된 근대-청춘과 개벽을 중심으로」(『상허학보』 16호, 2006), 이기훈, 「독서의 근대, 근대의 독서-1920년대의 책읽기」(『역사문제연구』 7호, 2001), 그 밖에 한은경, 「개항기 신문광고에 나타난 특성 및 시대상-『황성신문』을 중심으로」(『광고연구』, 1997 가을호) 등을 참조했다.

113) 〈표 14〉 『소년』과 『청춘』 매체별 광고료

	소년				청춘		
등급	一行	四半面	半面	一面	半頁	四半頁	壹頁
특등	----	----	11원	20원	-----	-----	20원
일등	25전	5원	9원	17원	-----	8원	15원
이등	29전	4원	7원	13원	3원50전	6원50전	12원
삼등	35전	3원50전	6원	10원	3원	5원50전	10원

114) 최남선은 서적 광고문에 대해 일찍이 "予의 廣告文愛讀癖은 可謂十年이 一日과 如

고와 비교했을 때 일면 혹은 반면 광고가 주를 이룬다. 광고비를 고려하면 자사의 지면을 보유하고 있었기에 가능할 수 있었던 것으로 판단된다. 뿐만 아니라 거의 모든 단행본 서적에 권말 광고를 덧붙였다. 이 점은 대부분의 신소설 출판사들이 서적의 목록을 열거했던 것과 차별된다. 신문관의 서적 광고는 각종 총서나 소설의 기획 출판을 조장하고 유도했다고까지 해도 과언이 아닐 정도로 다양하게 전개된다. 매체별로 광고된 신문관 서적의 목록을 일별하고 그 가운데 지면 여부에 따른 양상과 몇 가지 유형화된 서적 광고의 형식을 살펴보고자 한다.

1) 매체별 자사 서적 광고

신문관이 발행한 총 5종의 잡지 중 『붉은져고리』와 『새별』을 제외하고 나머지 매체들에서 서적 광고는 적극 활용되었다.[115] 매체별로 실린 신문관 자사 서적 광고의 총목록은 다음과 같다.[116]

ᄒᆞ다ᄒᆞᆯ것이라"고 밝힌 바 있다. 六堂學人, 「東都繹書記-書籍廣告文(一)」, 『매일신보』 1916.11.12, 1면.

115) 『붉은져고리』는 신문의 형태였기에 광고를 싣지 않았을 수 있으나, 『아이들보이』 내에 신문 형식을 취한 「아이들신문」란에는 〈륙젼쇼셜〉의 광고가 정기적으로 실렸다. 그리고 『새별』은 15·16호에 한해서이지만 한 건의 서적 광고도 보이지 않는다. 대신, "書籍雜誌主文은 新文館으로"라는 출판사 광고를 싣고 있다.

116) 매체별 서적 광고만을 대상으로 하기에 단행본 서적들에 실린 광고들은 제외되었다. 『세계일듀가』와 함께 "쉬내일책"으로 소개된 『歷史歌詠(사긔노래)』(열두권한길, 뎡가 각十뎐)나 『한양노래』에 〈此書의 兄弟〉로 『大韓沿海歌』, 『京義鐵道歌』, 『大韓地理歌』 등이 근간으로 광고되었다. 창립 무렵 상당한 노래집들을 기획하고 있었음을 확인할 수 있다. 그리고 『청춘』 종간 이후 발행된 이규영의 『현금조선문전』(신문관, 1920)과 같은 서적 역시 포함되지 않았다. 이 밖에도 신문관에서 발행되었지만 광고되지 않거나 비매품으로 출판된 서적들 역시 포함되지 않는다. 대표적으로 『惜字如意寶錄』(발행 : 1912.5.17., 편집자 : 池錫永, 발행자 : 최창선), 『朝鮮道府郡面町毆正區域表』(발행 : 1914.7.15., 편집겸발행자 : 金翼熙), 『萬善同歸集』(발행 : 1919.4.14., 편집겸발행자 :

〈표 15〉 신문관 매체별 자사 서적 광고

<table>
<tr><th>출처</th><th colspan="2">서명</th><th>저·역·찬자</th><th>발행자</th><th>발행일</th><th>정가 / 우세</th><th>면수</th><th>비고</th></tr>
<tr><td rowspan="19">소년</td><td colspan="2">小人國漂遊記*</td><td></td><td></td><td></td><td></td><td></td><td>미출판</td></tr>
<tr><td colspan="2">日文譯法(上)</td><td>신문관편집국
저자 : 임규</td><td>최창선</td><td>1909.2.1</td><td>75</td><td>339</td><td></td></tr>
<tr><td colspan="2">日語初桃*</td><td></td><td></td><td></td><td></td><td></td><td>확인불가</td></tr>
<tr><td colspan="2">武士道*</td><td></td><td></td><td></td><td></td><td></td><td>확인불가</td></tr>
<tr><td rowspan="3">少年
口歌
書類</td><td>漢陽歌</td><td>공육</td><td>최창선</td><td>1908.10.15</td><td>6</td><td>14</td><td>동년2.16인쇄</td></tr>
<tr><td>京釜鐵道歌</td><td>공육</td><td>최창선</td><td>1908.3.20</td><td>10</td><td>34</td><td></td></tr>
<tr><td>世界一周歌</td><td></td><td></td><td>1914.10</td><td>10전</td><td></td><td>광고 : 정가10전
미출판, 『청춘』 게재</td></tr>
<tr><td colspan="2">日本國六法全書</td><td>박승빈 역</td><td></td><td></td><td>양장전일책
1원10전</td><td></td><td>분책 : 헌법(35전) 형법(25전)
민법(80전) 형사소성법(25전)
민사소송법(70전)</td></tr>
<tr><td colspan="2">日本國商法
(言文一致六法全書)</td><td>박승빈 역</td><td>최창선</td><td>1908.10.20</td><td>60</td><td>153</td><td>인쇄자 : 吉田幸吉
인쇄소 : 경성일보사</td></tr>
<tr><td colspan="2">修身要領</td><td>福澤諭吉</td><td></td><td></td><td>3</td><td>2</td><td>『기호흥학회월보』 기증</td></tr>
<tr><td rowspan="2">十錢
叢書</td><td>썰닉버遊覽記</td><td>스위뜨트 /
신문관편집국</td><td>최창선</td><td>1909.2</td><td>10</td><td>54</td><td>소인국 / 거인국합본</td></tr>
<tr><td>刪修擊蒙要訣</td><td></td><td></td><td>1909.3</td><td>10</td><td>36</td><td>서문 : 박은식</td></tr>
<tr><td colspan="2">地球之旣往及將來</td><td>橫山又次郎 /
公六편저</td><td>최창선</td><td>1909.2.7</td><td>20</td><td>56</td><td>부록으로 『소년』 기사게재</td></tr>
<tr><td colspan="2">初等大韓地理總要稿本</td><td></td><td></td><td></td><td>10</td><td></td><td>태극서관(발매) 안종화,
광덕서관1910 『소년』 게재</td></tr>
<tr><td colspan="2">月刊雜誌少年</td><td></td><td>최창선</td><td>每月一次
一日發行</td><td>1권14전
6월76전
1년1원50전</td><td>불규칙</td><td>광고 : 旣刊七卷</td></tr>
<tr><td colspan="2">대한지지*</td><td></td><td></td><td></td><td></td><td></td><td></td></tr>
<tr><td colspan="2">외국지지*</td><td></td><td></td><td></td><td></td><td></td><td></td></tr>
<tr><td colspan="2">태서교육사*</td><td></td><td></td><td></td><td>90</td><td>310</td><td></td></tr>
<tr><td colspan="2">대한교육사*</td><td></td><td></td><td></td><td></td><td></td><td></td></tr>
<tr><td rowspan="6">아이들보이</td><td rowspan="6">신문관
발간
신소설</td><td>썰닉버
유람긔</td><td>스위뜨트 /
신문관편집국</td><td>최창선</td><td>1909.2.12</td><td>10</td><td>54</td><td>십전총서</td></tr>
<tr><td>불샹흔동무</td><td>라미이저,
최남선 번역</td><td>최창선</td><td>1912.6.3</td><td>20/2</td><td>72</td><td></td></tr>
<tr><td>검둥의셜음</td><td>HarrietBeecher
Stowe,
리광수 번역</td><td>최창선</td><td>1913.2.20</td><td>30/3</td><td>180</td><td></td></tr>
<tr><td>허풍션이
모험긔담</td><td>뮨하우쎈</td><td>최창선</td><td>1913.5.20</td><td>20/2</td><td>81</td><td></td></tr>
<tr><td>자랑의단추</td><td>에이미르페브르</td><td>최창선</td><td>1912.10.15</td><td>20</td><td>127</td><td></td></tr>
<tr><td>만인계</td><td>엣디워어쓰부인</td><td>최창선</td><td>1912.9</td><td>20</td><td>112</td><td></td></tr>
</table>

최창선), 『覺世寶鑑』(1919.11.3., 저작겸발행자 : 최창선), 『兒庵集』 및 『逍遙集』(발행 : 1920.8.5., 편집겸발행자 : 申鏡虛), 『圓覺經諺解』(발행 : 1926.7.30., 저작겸발행자 : 朴台錫) 등과 제명만 확인한 『新編圃隱先生集』(박이양 편, 1914), 『圓鑑錄』(1919), 『箕子遺志』(韓榮浩 편, 1922), 『詩金剛』(宋淳夔 輯 · 崔承學 註, 1926) 등이 있다.

아이들보이	육전소설	심쳥젼		최창선	1913.9.5	6	48	
		홍길동젼		최창선	1913.9.5	6		
		흥부젼		최창선	1913.10.5	6	52	
		남훈태평가		최창선	1913.3.3	6		
		삼셜긔(상하)		최창선	1913.3.10/18	6	50	
		져마무젼		최창선	1914.3.18	6	48	
		사시남졍긔(상하)		최창선	1914.7.22	6	175	
		뎐우치젼		최창선	1914.7.9	6	62	
		신교 옥루몽		최창선	1913.5.3	55/4	총卷四	발행소 : 광학서포
		신교 슈호지						
		開卷嬉嬉	본문 : 偶丁居士	최창선	1912.8.20	10	88	
		絶倒百話	圓石散人	최창선	1912.12.5	10	64	
		基督敎의 靑年	김창제	민준호, 최창선	1914.4.1	20/2	94	서문 : 이상재
		高等漢文讀本	박은식	최창선	1910.9.30	30	113	
		朝鮮俚諺	최원식輯解	최창선	1913.4.1	30/4	260	십전총서 크기
		歌曲選	南岳主人撰訂	최창선	1913.6.5	30/4	106	발행처 : 광학서포
		三一神誥	편수 겸 발행인 : 김교헌		1912.4.7	10	8장	
		神檀實記	편수 발행자 : 김교헌		1914.2.20	40전	52장	
청춘		兒童雜誌아이들보이		최창선	每月壹次 五日發行	每冊六錢, 六冊34錢, 拾二冊67錢		광고 : 初號부터 拾二號까지 壹年分을 付結冊훈餘部가 有훈와 每冊特價六拾錢
		月刊새별		최창선		每冊六錢, 六冊34錢		
		古本春香傳	편수 겸 발행인 : 최창선		1913.12.20	50/6	240	발매소 : 광학서포
		이약이주머니				30/4	180	광고 참조
		李忠武公全書	편수 겸 발행인 : 최남선		1918.12.15	2원20/8	440	重刊
		備音時體尺牘						박문서관 광고
		말의 소리	주시경	최창선	1914.4.13	40/2	63	
	일본어학 총서	日本語學音語篇	저자 : 임규 / 발행자 :	최창선	1912.7.1	1원40전	591	
		日本語學文典篇	저자 : 임규 / 발행자 :	최창선	1912.4.1	65	186	
		日本語學書翰篇	저자 : 임규 / 발행자 :	최창선				
		大東詩選	편집 겸 발행인 : 장지연	장지연	1918.2.9	3원20/18전	총12권/보유편	권별 편집, 교열자
		東詩精選	吳錫龍編纂	田炳圭	1917.5.25	60	별도	발행소 : 芸香書樓 인쇄소 : 신문관
	조선광문회본	燃藜室記述	李肯翊編, 金敎獻訂	최남선	1912.5.31 ~1915.4.5	80/6	별도	총8권
		燃藜室記述別集	李肯翊編 / 慶州金敎獻	최남선	1912.11.15 ~1914.6.15	60/6, 2, 3/4	별도	총3권

청춘	조선광문회본	海東名將傳	朝鮮光文會重刊 /	최남선	1911.11.25	50/4	별도	
		三國史記	朝鮮光文會重刊	최남선	1914.7.20	80/4	별도	
		東國通鑑	朝鮮光文會重刊	최남선	1911.8.15 ~12.31	80/6, 5-90	별도	총6권
		三國史記	朝鮮光文會重刊	최남선	1914.7.20	80/4	별도	
		東國通鑑	朝鮮光文會重刊	최남선	1911.8.15 ~12.31	80/6, 5-90	별도	총6권
		黨議通略	李建昌著	최남선	1912.11.15	40/4	106	
		海東繹史	韓致奫述		1912.4.13 ~9.30/6.30	80/6	별도	총5권
		海東繹史續	洌水韓鎭書輯		1912.8.17	1원/6	별도	
		陞卿圖						확인불가
		棋譜	朝鮮光文會發刊	최남선	1912.8.25	45/6	127	
		其人備官						『청춘』 14호
		山經表	撰者未考	최남선	1913.2.28	30/2	102	
		擇里志	青華山人撰, 崔南善校	최남선	1912.6.15	30/4	80	
		新字典	조선광문회편찬	최남선	1915.12.5	2원50/14	별도	
	朝鮮佛教通史		이능화輯述 · 최남선校閱	판권	하권 조사		별도	
	朝鮮佛教略史		退耕相老編纂	권상로	1917.8.20	1원	328	
	조선말본		金科奉	최창선	1916.4.13	50	217	깁더조선말본(재판)
	禪學入門		月窓居士金大鉉述, 伊齋居士校				상33 하49	판권낙장 연활자
	洪景來實記		南岳主人	최창선	1917.7.10	45/4	128	1918.7.15(재판)
	偉人元曉		저작 겸 발행자 : 張道斌	張道斌 최창선	1917.9.17	20	64	수양총서제일권
	偉人린컨		저작 겸 발행자 : 張道斌	장도빈	1917			백산서원 발행 인쇄 : 신문관
	雲養集				1917.6(광고)	7원50	전5책	확인불가
	불교대전							범어사 1914
	精選講義菜根譚		明洪應明著, 韓龍雲講義	한용운	1917.4.4	34/4	276	
	自助論(상)		저작자 : 최남선	최창선	1918.4.28	65	256	광학서포(총발행소)
	朝鮮料理製法		저작자(: 女士) 방신영	최창선	1917.7.28	40/4	115	1918(재판)
	笑天笑地		長春道人輯 / 최남선	최창선	1918.3.21	30	80	
	時文讀本	一二합편	최남선 찬	최창선	1916.1.15	30	별도	각32과 *미광고 「읽어리」
		訂正합편(卷4)	표지 : 최남선 찬	최창선	1918.4.15.	75/6	276	각30과(戊午再版)
	무정		표지 : 춘원	최창선	1918.7.20	1원20/12	623	매일신보연재소설 동양서원(발행처)
	무궁화(상하)		하몽 이상협작	최창선	1918.12.5	50/4	175/ 182	매일신보연재소설
	갓츄샤애화해당화		박현환역(광고)	최창선	1918.4.25	40	134	발행소 : 광학서포
	개척자*							미출판

	정부원*						미출판
	산중화*						미출판
	袖珍自習尺度	장도빈 찬		1918	25/2		광학서포 발행
	實用作文法						박문서관 광고
	作文大方						영창서관

〈표 15〉는 신문관 매체 중 『소년』, 『아이들보이』, 『청춘』에 실렸던 신문관 단행본 서적의 광고 총목록이다.[117] 우선 『소년』에는 총 19종의 서적 광고가 실려 있다. 이 중 단행본으로 발간되었다고 판단된 것은 10권 정도이다.[118] 표에서 *로 표시된 것은 광고를 통해 발간 예정에 있었거나 인쇄 중에 있었던 것으로 드러나지만 실제 단행본으로는 출간되지 않은 것으로 확인된다. 상당히 많은 분량이 출판되지 않았거나 출판될 수 없었음을 알 수 있다.[119] 이 점은 향후 신문관의 다른 매체들과 비교하면 『소년』에만 두드러진 특징이다.

『아이들보이』는 총 23권의 서적 광고를 싣고 있다. 『소년』과 달리 미발행 도서가 한 권도 포함되어 있지 않다. 모두 발간된 서적을 위주로 광고하

117) 본 표는 광고의 형식으로 드러난 단행본만을 대상으로 했기에 잡지는 포함되어 있지 않다. 중복되는 서적은 『썰늬버유람긔』를 제외하고는 처음 실린 매체를 기준으로 했다. 『썰늬버유람긔』의 경우는 〈십전총서〉에서 〈신문관발간신쇼셜〉로 광고 형식이 바뀌었기에 중복을 무릅쓰고 각 형식에 맞춰 기재했다.

118) 이 수치는 발행 서적에 한해서이다. 신문관은 분매소로도 기능했기 때문에 다양한 서적들을 발매했으나 그 서적들은 목록에 포함시키지 않았다. 대표적으로 『소년』 3년 1권(1910.1)의 광고 〈新文館書籍發刊目錄〉에서 소개된 헌법, 상법, 민법, 민사소송법, 형법, 형사소송법과 같은 법조계 서적들이다.

119) 출판되지 않았거나 될 수 없었다고 표현한 이유는 자발적이지 않았을 수 있기 때문이다. 특히 지리 관련 서적과 같은 경우는 그러한 혐의가 크다. 1908년 신문관은 상당수의 출판물들을 계획하고 있었으나 출판법(1909.2)과 병합(1910.8)이 목전에 놓여 있었고 미간된 도서들의 상당수는 이러한 상황과 무관해 보이지 않는다. 그러니까 『소년』은 병합을 전후하여 발행되었기 때문에 언급한 출판법에 의해 사전검열 되어야 했고 이후에도 청년학우회(신민회)나 대종교와 관련하여 총독부의 경계 대상이 되었다.

고 있으며 특히 〈신문관발간신쇼셜〉이나 〈륙젼쇼셜〉과 같이 기획으로 마련된 소설들이 주를 이룬다. 비슷한 시기 자사 출판물 및 〈표 19〉의 『매일신보』나 『신문계』의 광고와 비교하면 『아이들보이』에는 실용서나 특히 광문회 서적이 광고되지 않았다. 『아이들보이』에 실용서나 고서보다 문예물 광고가 주를 이루는 현상은 매체의 독자와 관련될 가능성이 높다. 『아이들보이』는 주로 보통학교 정도의 학생들을 대상으로 발간되었다. 이 때문에 〈일본어학총서〉나 광문회의 각종 고서들은 신문관이 각별하게 광고했던 서적들임에도 소개되지 않은 것이다. 이처럼 『아이들보이』에 실린 서적 광고들은 『아이들보이』와 광문회의 독자가 다르게 설정되었을 수 있음을 드러낸다. 물론 권상로(權相老)나 이윤재(李允宰) 등 상당수의 성인들이 『아이들보이』를 구독하고 있었다는 점에서 신문관이 설정한 독자와 실제 독자는 달랐을 수 있다. 그럼에도 『아이들보이』는 한글 사용을 전면화했으며 서사성을 강화시키고 특히 다양한 방식으로 독자 참여를 유도함으로써 학생 독자들로부터 상당한 호응을 끌어낼 수 있었다.

『청춘』에는 서적 광고가 압도적으로 늘어난다. 창립 이래 신문관에서 출판된 거의 모든 발간물의 광고가 축적되어 있을 뿐 아니라 활동이 정지된 광문회 서적들까지 포함하고 있어 그야말로 1910년대 "한국의 아카데미아"120)를 연상케 할 정도이다. 물론 이 목록에는 앞서 살펴본 「서목」이 포함되어 있어 실제 광고 지면과 비례하진 않는다. 그렇지만 이전 매체들에 비해 다양한 방식으로 그리고 상당히 폭넓은 독자를 대상으로 서적 광고가 이루어진 것만은 틀림없다.

무엇보다 이들 매체에 실린 서적 광고를 통해 신문관이 실제 출판된 것만을 광고하지 않았다는 사실에 주의를 기울이고자 한다. 앞서 살펴본

120) 김윤식, 『이광수와 그의 시대』 1, 솔, 1999[개정증보], 500면.

바, 신문관은 책이 출판되기 전에 이미 "인쇄중"인 것과 "근간", "符印中" 등 다양한 방식으로 서적들의 존재를 알리고 있다. 그런데 이 중 상당부분은 잡지에 연재만 되었거나 예정인 채로 끝난다. 가령『썰늬버유람긔』의 상편에 해당하는『소인국표유기』는 단행본 광고가『소년』창간호에서부터 실렸지만 단행본으로 출판되지 못한 채 합본되었다.121)「세계일주가」도 앞에서 살펴본 대로 1908년『소년』창간호에서부터 광고되었지만 1914년『청춘』창간호에 부록으로 게재된 것이 전부이다.『소년』에 연재된「페터大帝傳」과「로빈손無人絶島漂遊奇談」역시 연재 당시 단행본 간행을 염두에 두고 있었지만 끝내 단행본으로 나오지 않았다.

이 같은 '符印中' '近刊' '出售中' 등은 출판 상황에 대한 정보를 알려준다는 점 외에도 신문관이 출판을 계획하고 실행하는 데 장애 요인이 작용했음을 보여준다는 점에서 중요하다. 대표적으로『초등대한지리서』나『대한지지』와 같은 경우는 출판법 공포 이후 거의 대부분의 지리와 역사에 관한 서적들이 발행 금지, 혹은 허가되지 않은 점과 무관하지 않다. 이 밖에도 1908년 대한제국 시기에 발간된『한양노래』와『경부텰도노래』는 1918년에 발매 금지 도서로 분류된다. 신문관이 설립 이념을 '출판보국'으로 내세웠고 두 노래집이 창립 연도에 발간되었으며 더욱이 그 내용이 대한제국의 표상과 밀접하게 관련되어 있음을 상기한다면 이때의 발매 금지 역시 언급한 다른 사례들과 크게 다르지 않을 것이다. 이처럼 서적 광고를 통해 계획과 달리 출판하지 못한 서적이나 시기에 따라 발매 금지된 서적들에 개입된 검열의 흔적을 엿볼 수 있다. 광고에는 단순히 판매를 위한 상업적 수단을 넘어 보다 복합적인 국면에서 이루어진

---

121)『썰늬버유람긔』의 출판 과정에 대해서는 권두연,「근대 초기 번역소설에 관한 한 연구–『썰리버유람긔』의 '순국문' 번역 양상을 중심으로」,『사이』3호, 국제한국문학문화학회, 2007 참조.

출판활동의 '정치적' 상황이 드러난다.

또 출판 예정에 있었던 서적들을 통해 향후 출판활동의 일면도 짐작해 볼 수 있다. 신문관은 『매일신보』에 연재된 이광수의 『무정』(『매일신보』 1917.1.1~6.14)과 이상협의 『무궁화』(『매일신보』 1918.1.25~7.27)를 단행본으로 출간한 바 있다. 단 두 권으로 그치고 있기 때문에 이들 소설의 출판이 가시화되지는 않았지만 출판 예정에 있던 나머지 세 편의 소설들을 고려한다면 신문관이 『무정』 이후 신문연재 소설의 단행본 출판에 본격적으로 나서려 했음을 알 수 있다.[122] 이는 좀 더 주의가 요구되는데, 지금까지의 신문관 단행본 소설들의 출판과는 그 양상이 다르기 때문이다. 신문관의 단행본 소설들은 『썰늬버유람긔』를 제외하고는 모두 연재나 게재의 과정없이 전작의 형태로 출판되었다. 반대로 연재되거나 부록 형식으로 게재된 소설 중 단행본으로 출판된 책은 『썰늬버유람긔』가 유일하다. 이처럼 자사 매체를 통해서 연재된 소설을 단행본으로 출판하지 않았던 신문관이 1918년에 『매일신보』에 연재된 소설들을 간행하고 있는 현상은 『청춘』의 복간을 전후로 일어나고 있었던 이 시기 소설장의 변동을 예상케 한다.

1918년 『무정』과 『무궁화』 발간 이후, 신문관이 계획하고 있었던 세 편의 소설은 이광수의 『개척자』(1917.11.10~1918.3.15)와 이상협의 『정부원』(1914.7.21~10.28), 그리고 심천풍의 『산중화』(1917.4.3~9.19)이다. 이 소설들의 단행본 출판 상황을 살펴보면 『개척자』는 1922년 흥문당서점에서, 이상협의 『정부원』은 1925년 박문서관에서 출판되었고 심천풍의 『산중화』

---

122) 『무정』의 초판 단행본이 신문관에서 출판된 사실에는 좀 더 면밀한 고찰이 필요하다. 『무정』의 초판 단행본 간행에 처음으로 주목한 것은 『무정』의 판본들을 비교하면서부터이다(김철 교주, 『바로잡은 무정』, 문학동네, 2003). 그 이전에는 주로 『매일신보』 연재본에 관심이 쏠아졌다.

는 단행본으로 발간된 흔적이 없다. 이 가운데 『정부원』의 출판은 흥미로운데 1925년 판권지의 저작 겸 발행인에 최창선의 이름이 기재되어 있기 때문이다. 물론 발행소는 언급했듯 박문서관이며 발행자는 박문서관의 관주 노익형이다. 그렇다면 1922년 동명사로 제명을 바꾸면서 문을 닫은 신문관의 관주 최창선이 여기에서 거론되고 있는 이유는 무엇일까. 당시 저작권, 즉 서적에 대한 소유권은 통상 작가나 역자가 아닌 출판사의 사주에게 있었던 것으로 알려져 있다. 그렇다면 『정부원』의 저작권은 1918년 출판을 예정에 두고 있었던 신문관의 최창선에게 있었을 것이다. 그러나 1922년 폐업한 신문관은 광고까지 한 바 있는 이 책을 끝내 출판하지 못했다. 1925년 박문서관의 노익형이 이 책을 출판할 당시, 판권지에 최창선의 이름이 언급되고 있다는 사실은 저작권, 다시 말해 책에 대한 소유권을 완벽하게 주장하지 못할 상황이 주어졌던 것으로 판단된다. 그렇지 않고서야 신문관의 다른 서적들의 저작권 이동과 비교했을 때, 최창선의 이름이 거론될 여지는 희박하기 때문이다. 이 점은 1920년대 중반까지도 저작권에 대한 관례가 정착되지 않은 상황에서 책에 대한 소유권이 여전히 출판업자들 간에서 거래되고 있었음을 보여준다.

마지막으로 『무정』의 초판 단행본이 신문관에서 출판되었다는 점을 강조해 두고자 한다. 『무정』은 발행 전에 이미 『청춘』에 광고되었고, 한샘이라는 필명으로 최남선이 붙인 「서문」 역시 『청춘』에 소개된 바 있다. 자사 발행물이 아닌 이상에야 이렇게까지 할 이유가 없는 것이다. 발견되지 않은 광익서관본을 둘러싸고 여전히 초판 발행에 관한 이견이 불식되고 있지 않지만[123) 앞서 언급한 두 가지 이유만으로 『무정』의 초판 단행본

123) 엄태웅은 김동인의 회고를 근거로 회동서관 일가 소유의 광익서관에서 『무정』의 초판 단행본이 발행되었을 것으로 간주한다. 엄태웅, 「회동서관의 활자본 고전소설 간행 양상」, 『고소설연구』 29집, 2010, 499면.

이 신문관에서 이루어진 것임을 증명하기에는 충분할 것으로 생각된다. 더욱이 당시 특정 도서를 발행하기 위해서는 일정한 연고들이 필요했던 출판 관례를 염두에 둔다면 1918년에 창립된 광익서관이 『무정』의 초판 저작권을 획득하기에는 힘들었을 것으로 판단된다.124) 『무정』 외에도 광익서관은 『조선요리제법』과 『경성기략』 등을 발행하고 있다. 이들 역시 모두 신문관에서 출판된 서적들이다. 신문관은 1922년 공식적으로 문을 닫지만 3·1만세운동으로 최남선이 옥고를 치루는 1920년을 전후하여 이미 상당수의 저작권이 타 출판사로 이행되고 있었다.125)

2) 〈時下好評書類〉와 〈新文館出版時報〉

앞서 살펴본바, 신문관은 자사 발간 매체를 통해 자사의 출판물을 상당히 적극적으로 광고했다. 〈時下好評書類〉나 〈新文館出版時報〉, 〈案頭不可無此書〉, 〈學生案頭不可無此書〉 등 몇 가지 고정된 광고 형식이

124) 출판 관례에 대해서는 최호석, 「지송욱과 신구서림」(『고소설연구』 19집, 2005) 참조.
125) 1920년 이후 신문관 단행본 서적들의 저작권이 이동된 대표적인 서적들은 다음과 같다. 『동아일보』에 기재된 신문관 서적 광고의 목록은 이기훈의 「독서의 근대, 근대의 독서-1920년대의 책읽기」(『역사문제연구』 7호, 2001)를 참조했다.

〈표 16〉 1920년 이후 저작권이 이동된 신문관의 대표 서적 목록

제목	저·역자	출판년도	변경된 출판사	변경년도	비고
조선요리제법	방신영	1917	광익서관	1921	동아일보 광고
경성기략	이중화	1918	광익서관	1921	동아일보 광고
무궁화	이상협	1918	박문서관	1924	동아일보 광고
일본어학음어편	임규	1912	조선도서주식회사	1923	동아일보 광고
무정	이광수	1918	흥문당, 회동서관	1924	동아일보 광고
신자전	조선광문회편	1915	박문서관, 신구서림	1924	동아일보 광고
위인린컨	장도빈	1917	동양서원	1920	개벽 광고

눈에 띈다.[126] 이 가운데 〈시하호평서류〉는 자사의 단행본 및 『청춘』의 지면을 통해 인기 있는 자사 출판물의 목록을 열거하는 방식으로, 〈신문관출판시보〉는 『청춘』에 거의 매호 고정된 광고란을 통해 신간 혹은 재판 간행 도서들을 소개하는 식으로 이루어진다. 전자부터 살펴보자.

〈표 17〉 〈時下好評書類〉

출처	『청춘』 12호 (1918.3)		『조선료리제법』 (1918.9[재판])		『무궁화』上 (1918.12)	
1	方信榮 撰	朝鮮料理製法	李春園 作	無情	李春園 作	無情
2	張道斌 撰	偉人元曉	崔六堂 譯	불상한동무	崔六堂 譯	불상한동무
3	金昶濟 譯	基督教青年	南岳主人 撰	洪景來實記	南岳主人 撰	洪景來實記
4	金枓奉 撰	조선말본	新文館 譯	허풍션이긔담	新文館 譯	허풍션이긔담
5	權相老 撰	朝鮮佛教略史	新文館 譯	자랑의단추	新文館 譯	자랑의단추
6	崔瑗植 撰	朝鮮里諺	朴賢煥 譯	갓쥬사 哀話海棠花	朴賢煥 譯	갓쥬사哀話海棠花
7	李光洙 譯	검둥의셜음	新文館 校	新校水湖志 四冊	新文館 校	新校水湖志 四冊
8	新文館 譯	허풍션이긔담	新文館 校	古本春香傳	新文館 校	古本春香傳
9	新文館 譯	자랑의단추	長春道人 談	笑天笑地	長春道人 談	笑天笑地
10	新文館 譯	만인계	張道斌 撰	偉人元曉	方信榮 撰	朝鮮料理製法
11	新文館 校	古本春香傳	南岳主人 撰	歌曲選	張道斌 撰	袖珍新式 自習尺牘
12	新文館 校	新校水湖志				

이 양식은 신문관에서 인기 있는 이른바 스테디셀러의 총모음집에 다름 아니다. 목록에서 확인되듯 1912년에 발간된 『만인계』에서부터 1918년에 출판된 『갓쥬사哀話 海棠花』에 이르기까지 지속적으로 판매되고

126) 〈案頭不可無此書〉는 『청춘』 창간호에, 〈學生案頭不可無此書〉는 『시문독본』 1916년 초판 등에서 확인된다.

있는 서적들 위주이다. 뿐만 아니라 방신영의 『조선요리제법』처럼 초판이 나온 지 1년여 만에 재판이 간행될 정도로 호응이 좋은 베스트셀러도 포함되어 있으니[127] "時下好評"이라는 표현이 무색치 않다. 이 "시하호평서"들을 구성하고 있는 서적들에는 무엇보다 〈신문관발간신쇼셜〉에 해당하는 이광수 번역의 『검둥의 셜음』을 비롯해 『허풍션이긔담』, 『자랑의 단추』, 『만인계』와 『무정』, 『갓쥬사哀話 海棠花』, 『古本春香傳』, 『新校水湖志』 등 소설이 주를 이룬다. 신문관 발행 도서 가운데 문예 특히 소설이 차지하는 비율이 월등히 높다.

그런데 여기에 〈륙젼쇼셜〉에 해당하는 소설은 한 권도 포함되어 있지 않다.[128] 이에 반해 『고본츈향젼』과 『신교슈호지』 같은 고소설은 여전히 목록에 등장한다. 이러한 광고 방식은 신문관이 〈륙젼쇼셜〉을 기획하고 그 보급에 힘썼음에도 이들을 〈시하호평서류〉로는 간주하지 않았음을 드러낸다. 그렇다면 이 '시하호평서'라는 타이틀에 은폐된 신문관의 의도는 다분히 미심쩍다. 앞서 부상으로 준 서적들과 마찬가지로 특정 출판물 위주로 편향된 광고들은 독자들을 일정한 방향으로 견인해 갔을 수 있기 때문이다. '신교'나 '고본'의 형식으로 간행된 고소설들이 향후 이른바 '정전'에 해당될 만한 것으로 인식된다는 점에서 이 같은 혐의는 더욱 짙어진다.[129] 더욱이 이 광고 형식은 『개벽』과 같은 잡지에도 그대로 게재되고 있어[130] 신문관 독자뿐 아니라 좀 더 넓은 독자층으로 확산되었을 수 있다.

127) 『조선요리제법』의 초판과 재판 발행일은 각각 대정 6(1917)년 7월 28일과 대정 7(1918)년 9월 28일이다.

128) 「서목」에 의하면 『홍길동젼』이나 『심쳥젼』과 같은 소설은 "절종"으로 표기되어 있다. 구매 반응을 가늠해 볼 수 있는 하나의 표시가 될 수 있다고 생각한다.

129) 물론 '신교'나 '고본'에 작용한 태도를 정전에 대한 인식으로 곧바로 간주하기에는 무리가 따른다. 그러나 신문관이 고전을 선택한 방식이 향후 '정전화'를 공고히 하는 데 빌미를 제공한 사실은 부정되지 않는다.

130) 〈時下好評書類〉, 『개벽』 4호, 개벽사, 1920.9, 광고.

한편 『청춘』은 자사의 출판물을 알릴 목적으로 〈신문관출판시보〉라는 고정란을 설치한다. 『청춘』 9호에서부터 등장해 종간에 이르기까지 지속되었는데, 정해진 형식이 따로 있던 것 같지는 않다. 처음 등장한 9호에는 신간부와 근간부로 나눠져 있지만 다음 호부터는 그러한 형식이 지켜지지 않는다. 한편 13호에는 "印刷中인 者"와 "再版刊行"된 것들을 따로 명시해 두기도 한다. 다음은 그 서목을 정리한 표이다. 각 호별로 제목만 명기했다.

〈표 18〉 『청춘』의 〈新文館出版時報〉

<table>
<tr><th colspan="2">9호(1917.7)</th><th>10호(1917.9)</th><th>12호(1918.3)</th><th colspan="2">13호(1918.4)</th><th>14호(1918.6)</th><th>15호(1918.9)</th></tr>
<tr><td rowspan="2">新刊部</td><td>洪景來實記</td><td>朝鮮佛教略史</td><td>朝鮮佛教通史</td><td colspan="2">朝鮮佛教通史</td><td>朝鮮佛教通史</td><td>無情</td></tr>
<tr><td>朝鮮料理製法</td><td>偉人元曉</td><td>大東詩選</td><td colspan="2">時文讀本</td><td>無情</td><td>朝鮮佛教通史</td></tr>
<tr><td rowspan="4">近刊部</td><td>朝鮮佛教通史</td><td></td><td>불상한동무</td><td colspan="2">自助論</td><td></td><td>洪景來實記</td></tr>
<tr><td>朝鮮佛教略史</td><td></td><td>笑天笑地</td><td rowspan="4">인쇄중</td><td>無窮花</td><td></td><td>李忠武公全書</td></tr>
<tr><td>自助論</td><td></td><td></td><td>袖珍自習尺牘</td><td></td><td>無窮花</td></tr>
<tr><td>大東詩選</td><td></td><td></td><td>禪學入門</td><td></td><td>袖珍新式自習尺牘</td></tr>
<tr><td></td><td></td><td></td><td></td><td>李忠武公全書</td><td></td><td>其人備官</td></tr>
<tr><td></td><td></td><td></td><td></td><td rowspan="2">재판</td><td>陸卿圖</td><td></td><td></td></tr>
<tr><td></td><td></td><td></td><td></td><td>洪景來實記</td><td></td><td></td></tr>
</table>

처음에는 편찬자나, 정가, 우세 등에 대한 간략한 정보를 소개하는 방식으로 선보였다가 점차 서적에 대한 설명이 장황해지면서 책 한 권에

대한 광고 분량이 절반 이상을 차지할 정도로 길어진다. 그러다보니 여러 책을 소개하기보다 한두 권에 한정해 상세한 설명이나 책에 대한 의의를 서술하는 식으로 전개된 경향을 보인다. 신간부와 근간부로 나눠진 형태는 더 이상 지켜지지 않을뿐더러 중복되는 서적이 증가한다. 『조선불교통사』와 『조선불교약사』, 『자조론』, 『대동시선』, 『무정』, 『무궁화』, 『홍경래실기』, 『이충무공전서』 등이 반복적으로 소개된다. 처음에는 신간이나 출판 예정에 있는 서적을 알리는 측면이 강했으나 점차 신문관이 주력한 서적들을 광고하는 방식으로 진행된 셈이다.

그런데 반복해서 소개되는 서적에 관한 광고 문구와 내용이 동일하지 않고 매번 다르게 전개된다. 대표적인 예로 거의 매호 등장한 이능화(李能和)의 『朝鮮佛教通史』에 관한 내용을 한번 살펴보자.

(1) 近刊部 朝鮮佛教通史 全壹冊 約二千頁 尙玄 李能和氏 撰 六堂 崔南善氏 閱[131]

(2) 朝鮮佛教通史 尙玄 李能和氏撰. 불교전래 천오백년간, 삼실의 원류와 역대의 융체를 廣搜, 博采, 전집 대성하야 曠前의 大著를 成한 次書는 人役에 府한지 年餘에 겨오 二千四百頁의 功을 竣하야 바야흐로 裝冊하는 中인대 洋裝兩冊 金字美本으로 今月末쯤 發布하게되다[132]

(3) 朝鮮佛教通史 尙玄 李能和氏撰. 上中下 三編, 二千四百頁에 現在 可能한 材料를 一切 囊括하야 佛法東傳以後 千五百年間 法運의 消長과 名僧의 行蹟을 一卷囊에 徵考하게한 출판계 曠前絶類의 大產物인 此書는 今에 布衣金印堅釘美粧兩大冊으로 江湖에 出現하게 되니 그 精博한

131) 〈新文館出版時報〉, 『청춘』 9호, 신문관, 1917.7, 94면.
132) 〈新文館出版時報〉, 『청춘』 12호, 신문관, 1918.3, 96면.

內容과 周到한 用意는 응당 學界 驚奇의 焦點이 될지니라(定價 六圓五十錢 小包料 三十錢)[133]

(4) 朝鮮佛敎通史{總布金字詳裝函入 全貳冊二千四百餘頁} 尙玄 李能和氏撰. 佛敎는 世界哲學의 淵源이오 東洋文明의 叢藪한 人類-修行의 正路를 得하고 大法이 漸하는 處에 許多한 邦國이 文明의 妙花를 開하도다 (중략-인용자) 朝鮮佛敎의 歷史는 결코 一地方的 段節이 아니라 實로 佛敎東傳의 大脊柱大本幹을 成하는 것이라 故로 朝鮮佛敎의 歷史的 講明은 크게 말하면 世界的 要求가 된것이로다 尙玄 李君의 此書는 實로 此機運을 乘하고 그 要求에 應하야 出來한 者-니 學界 稀觀의 偉業이오 史壇創有의 寶典이라 居士의 功績이 永遠히 斯界에 光著할지니라(定價 六圓五十錢 小包料 三十錢)[134]

(5) 朝鮮佛敎通史 尙玄 李能和撰. 堂堂二千四百頁 洋裝兩大冊으로 出版界의 無前盛觀을 作한 此書는 同時에 內外學界의 視聽을 聳動함이 大하야 新聞雜誌와 學士名人의 讚賞이 日加하고 宇佐美內務長官關屋 學務局長 小田編輯課長등은 長文의 感謝狀을 寄來하야 著者의 勞를 慰하며 帝國大學으로 爲首하야 敎門 及 史學의 大方家에서는 注文이 奔注하는中이러라[135]

인용문에서 확인되듯 『청춘』 9호에서부터 5차례에 결쳐 소개된 방식이 모두 다르다. 차례대로 살펴보면, 1917년 7월(9호)에는 “近刊部” 즉, 곧 간행될 예정에 있었던 제목과 예상 면수, 편찬자, 그리고 교열자를 밝히고 있다. 다음 해인 1918년 3월(12호)에는 “불교계의 대저”가 될 것이라는 등 책의 위상에 대해 언급하면서 오랜 시간 공을 들여 “洋裝兩冊

133) 〈新文館出版時報〉, 『청춘』 13호, 신문관, 1918.4, 35면.
134) 〈新文館出版時報〉, 『청춘』 14호, 신문관, 1918.6, 128면.
135) 〈新文館出版時報〉, 『청춘』 15호, 신문관, 1918.9, 61면.

金字美本"해서 "今月末쯤 發布"하게 될 것을 예고한다. 그러니까 책이 나오기 8개월 전부터 광고되기 시작한 셈이다. 그러다 1918년 4월(13호) 책이 발행되어 정가와 소포료(우세료가 아닌 점에 유의)가 공지된다. "學界驚奇의 焦點"이 될 것을 예고하면서 다음 호와 그 다음 호에서는 이 책이 조선불교의 역사적 위상을 넘어 "世界的 要求"이며 "帝國大學으로 爲首하야 敎門 及 史學의 大方家"의 관심을 불러일으킨다고 광고하고 있다. 실제 서적의 내용이야 어찌됐든, 이러한 방식의 광고를 통해 신문관이 이 서적에 건 기대치가 확인된다.

이는 『조선불교통사』와 같은 학술서뿐 아니라 『무정』이나 『시문독본』과 같은 문예물에도 마찬가지로 적용되었다. 『무정』의 경우도 단행본으로 출판되기 전에 이미 〈신문관출판시보〉를 통해 소개된 바 있고 그 내용 역시 "朝鮮 新文學史上에 特筆大書될 名著-라 今에 五號密印六百三十紙의 大冊, 小說出版界의 新騰錄으로 刊出되니 我文壇 最高唯一의 鬼才神品인 此書-응당 洛陽의 紙價를 昂貴케하고야 말지니라"[136]며 극찬을 아끼지 않는다. 결국 신문관의 광고 방식은 책에 대한 객관적인 정보나 소개에 그치지 않고 서적의 가치나 의의를 규정하는 쪽으로 이루어졌다고 볼 수 있다.

한편 신문관에서 출판된 단행본 서적들 중에는 잡지에 본문으로 그 내용의 일부가 소개된 예들도 있다. 일종의 간접 광고인 셈인데 이광수의 창작 소설 『무정』과 최남선이 번역한 『자조론』이 대표적이다. 『무정』의 경우는 최남선이 쓴 『무정』의 「서문」 전문이,[137] 『자조론』의 경우는 「自助論序」 및 번역과 관련된 몇 가지 수칙, 그리고 일본 작가의 역자 서문에 대한 소개를[138] 그대로 싣고 있다. 『자조론』은 애국계몽기에 『서국입지

136) 〈新文館出版時報〉, 『청춘』 14호, 신문관, 1918.6, 128면.
137) 한샘, 「「無情」 序」, 『청춘』 15호, 신문관, 1918.9, 6~7면.

편』으로 소개되면서 필독서로 읽히기 시작했던 책이다. 신문관은 『소년』에서부터 본받아야 할 대표적인 모범적 인물로 이 책의 저자인 새무얼 스마일즈(S. Smiles)를 소개했고[139] 1918년 최남선에 의해 『자조론』 상권이 출판된 것이다. 1910년대 수양론의 절정을 이룬 것으로 평가받을[140] 정도로 최남선이 이 책을 공들여 번역한 이유는 다름 아닌 『자조론』의 번역이 『소년』에서부터 강조된 수양론의 연장선에 있기 때문이다. 총 5면에 걸친 광고로도 모자라 『청춘』 본문 내용에서 장장 6면에 이르는 지면을 통해 「自助論序」와 「譯自助論叙言數則」을 소개한다. 기사에 마지막으로 첨부된 구절을 옮겨 보면 다음과 같다.

> 中村正直博士의 譯한 西國立志篇, 곳 自助論이 明治以後의 精神上에 偉大한 影響을 與한 것은 實로 福澤氏의 著譯이 物質上으로 偉大한 改化를 與한것과 共히 新日本史上에 特筆大書될 事實이니 대개 方今, 社會上의 要地에 據하고 重望을 荷한 者로 此書의 感化를 受치아니한 者-幾無하다함이 可한지라 僅僅四十五年間에 過人한 建設을 造就한 新日本文明은 此書에 負함이 大타할지니라[141]

---

138) 「中村敬宇博士의 自助論譯本序」는 『자조론』 일편과 이편, 그리고 『서국입지편』의 서문을 각각 그대로 옮겨 놓고 있다. 『청춘』 14호, 신문관, 1918.6, 30~31면.

139) 『소년』에 소개된 스마일스 관련 기사는 다음과 같다. 「이런말삼을드러보게(스마일쓰書節錄)」(『소년』 2년 2권), 「이런말삼을드러보게(스마일쓰書節錄)」(『소년』 2년 3권), 「소년훈-스마일쓰(격언1)」(『소년』 2년 7권), 「스마일쓰 선생의 용기론」(『소년』 2년 9권), 「소년훈-스마일쓰(격언1)」(『소년』 2년 10권), "We learn wisdom from failure much more than from success. -Smiles 우리는 成功에서보담도 失敗에서 더 만 히 智慧를 엇 난 다. -스마일쓰"(『소년』 3년 5권, 뒷면 표지)

140) 『자조론』은 근대 초기 동아시아 삼국에 유입되면서 근대 주체 형성에 절대적인 영향을 미친 것으로 평가된다. 특히 한국에서는 시대적 조건에 따라 다양한 의미로 변주되었다. 한국에서 자조론의 수용 양상에 대해서는 최선정, 「한국 근대 지식인과 '자조론'」, 서강대 박사논문, 2004 참조.

141) 『청춘』 13호, 신문관, 1918.4, 46면 광고.

후쿠자와 유키치의 책과 더불어 메이지 일본 사회에 영향을 끼친 나카무라 마사나오(中村正直)의 번역서 『西國立志篇』이 조선에도 중요할 것임은 주지하는 대로이다. 〈신문관출판시보〉에 소개된 서적들과 마찬가지로 이 책 역시 단행본이 나오기 전부터 『청춘』에 광고되기 시작했고 발간 후에는 서적 내용의 일부가 잡지에 게재됨으로써 매체의 독자들에게 홍보된다. 이 같은 서적 광고가 『청춘』의 독자들을 『무정』과 『자조론』으로 안내해 갔을 것은 명약관화해 보인다. 잡지와 단행본이 이토록 밀접하게 연동했음을 다시 한 번 확인시킨다.

3) 『매일신보』와 『신문계』의 신문관 광고

신문관은 자사 출판물을 통한 광고 외에도 타 매체의 지면을 이용하여 적극적인 서적 광고를 펼친 바 있다. 그 가운데 1910년대 대표 매체라 할 수 있는 『매일신보』와 『신문계』에 게재된 신문관 광고를 살펴보고자 한다. 『매일신보』는 1920년 문화통치의 일환으로 조선인 경영의 신문이 허가되기 이전까지 발행된 유일한 한글 신문이다. 그리고 『신문계』는 일본인 다케우치 로쿠노스케가 학생과 교사를 대상으로 발행한 1910년대 최장수 잡지이다.[142] 이 두 매체에 광고된 신문관의 서적 목록은 다음과 같다.

---

142) 『신문계』의 발행에 관해서는 한기형의 「무단통치기 문화정책의 성격」(『한국 근대소설사의 시각』, 소명, 1999)과 이경훈의 「『학지광學之光』과 그 주변」(한기형 외, 『근대어 · 근대매체 · 근대문학』, 앞의 책) 참조.

〈표 19〉 타 매체에 광고된 신문관 서적 목록

<table>
<tr><th></th><th colspan="2">『매일신보』(1) (1912.11.24)</th><th colspan="3">『매일신보』(2) (1917.1.30)</th><th colspan="2">『신문계』 (1913.7~14.1)</th></tr>
<tr><td></td><td></td><td>조선광문회 발행</td><td colspan="2"></td><td>광문회간행</td><td></td><td></td></tr>
<tr><td>1</td><td>일본어학음어편</td><td>東國通鑑</td><td colspan="2">신자전</td><td>東國通鑑</td><td>1913. 1권7호</td><td>아이들보이</td></tr>
<tr><td>2</td><td>일본어학문전편</td><td>東國兵鑑</td><td colspan="2">일본어학음어편</td><td>三國史記+</td><td>1913. 1권8호</td><td>일본어학 서한편</td></tr>
<tr><td>3</td><td>일문역법</td><td>熱河日記</td><td colspan="2">일본어학문전편</td><td>燃藜記述</td><td>1913. 1권9호</td><td>일본어학 서한편</td></tr>
<tr><td>4</td><td>일본국육법전서*</td><td>海東名將傳</td><td colspan="2">일본어학서한편</td><td>燃藜別集</td><td>1914. 2권1호</td><td>신교수호지</td></tr>
<tr><td>5</td><td>고등한문독본*</td><td>東國歲時記*</td><td colspan="2">일문역법</td><td>海東繹史</td><td rowspan="10">1914. 2권3호</td><td>가곡선</td></tr>
<tr><td>6</td><td>地球之旣往及將來</td><td>雅言覺非</td><td colspan="2">조선리언</td><td>海東名將傳</td><td>만인계</td></tr>
<tr><td>7</td><td>산수격몽요결</td><td>擇里志</td><td colspan="2">신교옥루몽</td><td>熱河日記</td><td>불샹한동무</td></tr>
<tr><td>8</td><td>수신요령*</td><td>棋譜</td><td colspan="2">신교슈호지</td><td>東國兵鑑</td><td>검둥의 셜음</td></tr>
<tr><td>9</td><td>경부철도가*</td><td>海東續小學*</td><td colspan="2">고본춘향젼</td><td>黨議通略</td><td>허풍선이 모험긔담</td></tr>
<tr><td>10</td><td>한양가*</td><td>黨議通略</td><td rowspan="8">六錢小設 8종 10책</td><td>沈淸傳</td><td>訓蒙字會+</td><td>썰리버유람</td></tr>
<tr><td>11</td><td>불상ᄒᆞᆫ동무</td><td>陞卿圖</td><td>興夫傳</td><td>雅言覺非</td><td>일본어학 음어편</td></tr>
<tr><td>12</td><td>자랑의단츄</td><td>海東繹史</td><td>洪吉童傳</td><td>尙書補傳+</td><td>일본어학 서한편</td></tr>
<tr><td>13</td><td>만인계</td><td>燃藜室記述</td><td>南薰太平歌</td><td>林忠愍實記+</td><td>일본어학 문전편</td></tr>
<tr><td>14</td><td>절도백화</td><td>燃藜室記述 別集</td><td>三說記上下</td><td>東京雜記+</td><td>조선리언</td></tr>
<tr><td>15</td><td>개권희々</td><td rowspan="4"></td><td>褚馬武傳</td><td>巾京誌+</td><td colspan="2" rowspan="4"></td></tr>
<tr><td>16</td><td>썰늬버유람기</td><td>謝氏南征記 上下</td><td>擇里志</td></tr>
<tr><td>17</td><td>옥루몽#</td><td>田禹致傳</td><td>山經表+</td></tr>
<tr><td>18</td><td>조선리언#</td><td colspan="2">불샹한동무</td><td>道里表+</td></tr>
<tr><td>19</td><td></td><td></td><td colspan="2">검둥의 셜음</td><td>棋譜</td><td colspan="2"></td></tr>
</table>

20			허풍선이모험긔담	陸卿圖		
21			자량의 단츄			
22			만인계			
23			썰리버유람			
24			절도백화			
25			조선말본			
26			地球之旣往及將來			
27			신단실기			
28			기독교청년			
총	18	14	28	20		12

: 광고 목록에는 있지만 아직 출판되지 않은 책(『옥루몽』 1913년, 『조선리언』 1913년 발행)
* : 1917년 『매일신보』 광고 목록에서 사라진 서적
+ : 1912년 『매일신보』 광고 목록에서 추가된 서적

〈표 19〉의 『매일신보』(1)은 1912년 11월 24일자에 광고된 목록이다. 우선 눈에 띄는 것은 조선광문회 발행 도서들을 구분하고 있다는 점이다. 이러한 구분은 1917년의 광고에서도 마찬가지로 적용된다. 앞서도 언급했듯, 실제 이 두 기관이 발행한 서적들은 출판 당시부터 자사의 목록이나 광고에서 뿐만 아니라 타사 광고에서도 뚜렷하게 구분되고 있다. 『매일신보』(1)에서 *로 표시된 서적은 1917년의 광고 목록에서는 보이지 않는 것들이다. 신문관 서적으로는 박승빈(朴勝彬)이 번역한 『일본국상법』, 박은식이 편찬한 『고등한문독본』, 『수신요령』, 『경부철도가』, 『한양가』가, 조선광문회 서적으로는 『동국세시기』와 『해동속소학』이 여기에 속한다. 이 가운데 『경부철도가』와 『한양가』는 발매가 금지되고 『고등한문독본』은 총독부에 의해 불인가교과용 도서로 지정된다. #으로 표시된 『옥루몽』과 『조선리언』은 실제 발행일이 각각 1913년 5월 3일과 1913년 4월 1일이다. 다시 말해 발행되기 전에 이미 광고된 셈이다. 앞서 『조선불교통사』의

경우도 실제 발간일보다 8개월이나 앞서 소개되었듯, 신문관 서적들이 발행 전에 미리 광고되는 것은 일반적인 현상으로 간주된다.

다음으로 『매일신보』(2)는 "良書普及의 機會를 勿失ᄒᆞ시오"라는 표제와 함께 다음과 같은 문구로 광고되었다.

> **書籍은 智識의 源泉이오 文化의 關鍵이라** 文運위 消長이 此에 繫在ᄒᆞ거날 滔々ᄒᆞᆫ 出版界에 참으로 此目的에 合當ᄒᆞ난 著述이 能히 幾何오 此間에 在ᄒᆞ야 **新文館發行의 新著述과 光文會印出의 古書籍은 選擇을 精히ᄒᆞ고 校正을 嚴히ᄒᆞ야** 三才의 秘를 發明ᄒᆞ고 萬人의 要를 括囊ᄒᆞᆷ으로 識字社會에 定評이 自在ᄒᆞ거니와 發賣廣布에 別로 加意치안이ᄒᆞᆷ으로 良書普及에 遺憾이 不無ᄒᆞ더니 今에 天下讀書子를 爲ᄒᆞ야 其中에셔도 萬戶必備書의 若干部數ᄅᆞᆯ 特價廉賣ᄒᆞᄋᆸᄂᆞᆫ바 此中餘存이 無多ᄒᆞᆫ 者-多ᄒᆞ오니 此好機를 勿失ᄒᆞ시고 爭先主文ᄒᆞ시오 (강조-인용자)[143]

서적이 지식의 원천이자 문화의 관건임을 천명하면서 신문관의 신저술과 광문회 고서적들을 염가에 판매한다는 내용이다. 이들 서적들은 "정선"과 "교정"으로 식자사회에 정평이 나 있는 양서로 강조되고 있다. 그런데 이 광고를 내고 있는 이는 신문관의 관주 최창선이 아니라 광학서포 주인 김상만이다. 이 시기 대부분의 출판사들이 발행과 발매, 즉 출판과 서점을 겸하고 있었고 이들이 상호 교환의 조건으로 분매소와 특약소로 기능하고 있었음은 앞서 살펴본 대로이다. 광학서포의 대표 김상만이 『매일신보』에 신문관과 광문회 서적들을 광고한 것은 발행 서적을 서로 교환 판매하는 관계에 있었기에 가능한 일이다. 앞서 〈표 15〉의 비고란에서 확인되듯, 광학서포는 『가곡선』, 『신교옥루몽』, 『갓쥬사애화해당화』, 『자조론(상)』

143) 「良書普及의 機會를 勿失ᄒᆞ시오」, 『매일신보』 1917.1.30, 1면 광고.

등 신문관 서적의 발행이나 발매에 활발하게 개입하고 있었다. 이 외에도 『매일신보』에는 상당히 많은 신문관 서적들이 광고되고 있다. 목록에는 포함되어 있지 않지만 권상로(退耕 權相老)의 『朝鮮佛教略史』나 『이약이 주머니』, 『조선요리제법』 등 다수의 서적들과 특히 『청춘』 창간호와 복간호를 알리는 광고들이 게재되었다.[144]

그런데 신문관 자사 출판물 광고와 『매일신보』 광고에는 약간의 차이가 포착된다. 가령 자사 출판물 광고에서는 〈신문관발간신쇼셜〉의 비중이 컸다면 『매일신보』에는 〈륙젼쇼셜〉을 비롯한 고소설의 비중이 높다. 〈시하호평서류〉나 〈신문관출판시보〉에서 강조된 서적과는 차이를 보이는 것이다. 또 하나, 자사 출판물에서 이루어진 분류나 항목화가 이루어지지 않고 〈륙젼쇼셜〉 이외에는 기획 광고의 형식도 보이지 않는다. 이 점은 『신문계』의 경우도 마찬가지이다. 〈일본어학총서〉와 〈신문관발간신쇼셜〉에 해당되는 서적들이 소개되었지만 이들 서적들이 총서나 번역소설 시리즈로 광고되지는 않았다. 〈일본어학총서〉나 〈십전총서〉, 〈신문관발간신쇼셜〉과 같은 기획 타이틀은 신문관의 자사 매체 및 자사 출판물에만 드러나는 특징이라 할 수 있다. 이로써 신문관이 자사의 서적을 항목별로 분류하고 특정한 타이틀을 붙여 광고함으로써 타사와 차별된 마케팅 전략을 펼쳤음을 알 수 있다. 분류와 기획을 통한 자사 출판물의 목록화 및 자사 출판물의 서적 광고와 더불어 타사 광고의 지면 활용은 신문관이 펼친 판매 전략의 특징을 단적으로 드러낸다.

공교롭게도 『매일신보』나 『신문계』 등의 타사 매체에 실린 신문관 서적 광고들은 신문관 매체들이 정간이나 폐간되었을 시기에 보다 빈번하게 나타난 경향을 보인다. 『매일신보』(1)의 광고는 『소년』이 폐간되고 『붉은

144) 『매일신보』에는 신문관 인쇄소를 비롯해 신문관의 개별 출판물에 대한 광고가 상당하게 실린다.

저고리』가 창간되기 전에 실린 것이다. 『매일신보』(2)의 경우도 『청춘』이 25개월 동안 발간정지 당하고 있던 때에 나온 것이다. 『신문계』의 광고 역시 『붉은저고리』의 폐간 이후 『새별』과 『아이들보이』가 발간 준비를 하고 있을 때이다. 이처럼 신문관이 자사의 잡지들에 광고를 실을 수 없을 때, 타 매체의 지면을 이용해 자사 서적들을 광고했다는 점은 시사하는 바가 크다. 왜냐하면 당시 총독부는 교과서 외의 서적들, 특히 학생을 대상으로 한 잡지들을 경계하고 있었으며 이들을 다양한 방식으로 검열함으로써 통제하고자 했기 때문이다. 이 같은 총독부의 시책에도 불구하고 신문관은 그들의 독자들에게 끊임없이 자사의 서적을 알리고 독자층을 확보해 가기 위해 전략적으로 광고를 동원했다.

보론

출판 이념과 검열

1. '출판보국'과 창립 무렵 출판물

신문관의 창립 이념은 '출판보국(出版報國)'이다. 출판을 통해 국가에 보답하려 한 의지는 이 시기 출판사들 간에 공통으로 포착되는 특징이기도 하다. 평양의 태극서관이나 대구광문사 등의 출판사들이 단순히 이윤 추구에만 머물지 않고 사회운동이나 애국활동에 적극 가담한 점을 고려한다면 신문관의 창립 역시 이러한 연장선의 하나로 이해된다. 그런데 출판 이념과 관련하여 창립 무렵 신문관의 출판활동에는 몇 가지 흥미로운 장면이 포착되기에 보다 면밀한 검토가 필요할 듯하다. 창립을 전후한 몇몇 동정을 중심으로 신문관이 내세운 '報國'의 구체적인 방식과 재현 양상을 살펴보고자 한다.

1) 1908년 '보국'의 또 다른 길

1926년 새해 벽두 『동아일보』에는 최창선의 사진과 함께 신문관의 내력을 기술한 기사가 실린다. '문패의 내력담(門牌의 來歷談)'이라는 제목으로 기획된 연재물 가운데 하나로 이미 동명사로 제명이 바뀐 이후의 일을 인터뷰하고 있다. 신문관의 전모를 이해하는 데 중요하다고 판단되기에 다소 길지만 전문을 인용해 보기로 한다.

> **[륭희이년에 처음으로 세상에 나와 폭풍마저가면 싸워오든 신세타령]**
> **十九星霜을 閱歷한 黃金町 新文館**
>
> 펄펄나리는 눈발을 실을업시 마저가면 문패를 차저나선 긔자는 종로네거리를 지나 광통교(廣通橋)를 건너서서 남문통으로 한참 나가다가 구리개 어구로 돌아들어 좀 내려가다가 그리 놉지 못한 벽돌집에 걸려잇는 [신문관(新文館) 문패를 차젓습니다 발업시 걸려잇는 그 친구는 반가여 차저간 긔자에게 새해를 맛는 인사 숫헤 자긔의 경력담을 스스롭게 말합듸다
>
> **産母는 崔昌善 륭희이년에첫소리**
>
> 말이쉽지 제 말을 제가 어더케 말합닛가? 못처럼 차자주시니 얼추얼추 말합지요 셜을 쉬엿니 벌서 열하옵해나된 녯일입니다 당시 일본정부(日本政府)의 추천으로 우리 한국정부 재정고문(韓國政府財政顧問)이던 <u>미국사람 [스치븐손][미국샌프란시쓰코]에서 댱인환(張仁煥) 뎐명운(田明雲) 두사람의 손에 죽던해 **융희(隆熙)이년 무신(戊申)년에 내가 처음으로 이 세상에 나오게 되엿습니다**</u> 물론 어린것이 그리 쏠쏠하지는 못하엿지요마는 그래도 새로운 문명의 쏫가지를 삼천리근역(槿域)에 심으려고 한것이 나의 리상이엿답니다 <u>**나의 산모는 최창선(崔昌善)**</u>씨요 째째로 나를 업서안어 업어 주고 달래고 온갖 <u>나의 리상을 실현식히려고 비바람을 가리지 안코 무수한 애를 쓰는 사람은 그 이외 **아우 최남선(崔南善)**씨랍니다</u>
>
> **첫소리가 少年 – 언문일치의 첫시험**
>
> 세상에 나온 첫소리로 질은다는 것이 『소년』(少年)이란 월간잡지엿지요 지금은 어느 신문이나 잡지나 물론하고 언문일치(言文一致)로 나날이 진보해갑듸다만은 그째야 어데 그럿습듸까 『소년』이란 그것이물론 사상선뎐

(思想宣傳)과 문명수입을 중심으로 한것이지요만은 그때에는 가장 새로운 언문일치를 실현하야 가위 파텬황(破天荒)이란 평판을 바더섯지요 그뒤를 니여 『청춘』이 내일홈으로 나가고 『붉은져고리』니 무엇이니 하는 자미스러운 잡지도 모도 내압을 서서 나갓답니다 최근에는 『동명』(東明)이 세상에 나타낫섯든것은 누구나 다 아시는 일이지요 지금은 아모 소식업이 잠만 잡니다만은 그래도 남다른 리상으로 봄바람 가을비를 지긋지긋하게도 마저가며 려명운동(黎明運動)과 **출판보국(出版報國)**으로 최챵선씨 품에 안기여 그 아우님 등에 업히여 오늘까지 잘아낫습니다.

一朝의 暴風雨 – 소년뎡지, 광문회탄생

장차 손악비가 될 한 장의 검은 구름이 삼천리를 덥게 되엿든 경술년 칠월에 나의 소리던 『소년』은 그만 발행뎡지(發行停止)를 당하여 지금까지 해금(解禁)이 되지 못하엿답니다 경술팔월에 큰변이 잇슨후에는 다시금 졍신뎍파지(精神的把持)와 학술뎍천명(學術的闡明)을 목뎍으로 하고 업서저가든 녯조선의 광명(光明)을 차저 조선광문회(朝鮮光文會)긔관으로 고문서(古文書) 간행을 내 압헤서 하엿답니다 력사문학가요자학(歷史文學歌謠字學)등 여러 가지가 모도 나의 손으로 되얏지만 지금와서는 그역 긔진맥진하야 아모 소식업시 지나감니다 이것은 내가 말한 일이 업섯습니다마는 긔미년 삼월에 다시 살자는 소리가 이천만명의 입으로 나와게 되엿슬때에 독립 선언서를 내 뒤에서 지엿답니다

志士一去後 – 눈물로 이때까지

나는 아직 이모양으로 지나감니다마는 밤이나 나지나 비바람을 무릅쓰고 내엽흐로 드나들던 주시경(周時經)리갑(李甲)댱지연(張志淵)류근(柳瑾)신규식(申奎植)김교헌(金敎獻)박은식(朴殷植)씨들 혹은 국내(國內)에서 혹 해외(海外)에서 모도 민족운동으로 애를 쓰다가 벌서 백옥루 사람이 되여 책보퉁이를 엽헤 끼고 혹은 술병을 차고 호긔잇게 드나들던 녯날의 모양을 이제는 다시 볼 수 업습니다 그중에도 주시경(周時經)씨는 『조선말

모이』(朝鮮語辭典)의 첫페이지와 조선글을 가로쓰는 활자(活字)를 수북히 만들어 노코는 그만간다 온다는 말조차 업시 황천(黃泉)으로 간뒤로는 지금까지 그것이 그대로 한구석에서 몬지만 쏘이고 잇답니다 누구인들 일생을 두고 풍파가 업겟슴닛가마는 아마 나가튼 팔자도 이세상에서 구해볼수 업슬것입니다 말할라면 모도가 눈물이요 설움이올시다 점점 파리해가는 이몸이 언제나 남부럽지 안케 살아갈는지요 요사히는 웬일인지 차저오는 녯친고도 업서저감니다 그려 (솟) 1)

(밑줄 강조-인용자)

기사는 신문관을 1인칭 화자로 설정하여 스스로의 내력을 말하도록 하는 회고의 형식을 취하고 있다. 이러한 방식은 독자에게 친근감을 불러일으키지만 그만큼 서술문의 작위성이나 주관적인 개입도 배제할 수 없다. 그럼에도 신문관 스스로 주력했다고 꼽고 있는 언급들은 눈여겨 볼만하다. 총 다섯 부분으로 된 기사는 기자가 인터뷰하러 가는 장면을 제외하고 신문관 스스로 꼽은 네 가지 주요 특징적인 의의들로 구성된다. 각각에 붙여진 소제목은 "産母는 崔昌善 륭희이년에 첫소리", "첫소리가 少年-언문일치의 첫시험", "一朝의 暴風雨-소년뎡지, 광문회탄생", "志士一去後-눈물로 이때까지"이다. 출판사의 창립에서부터 『소년』 발행, 조선광문회 조직과 신문관을 중심으로 모여든 '회중노사들', 「말모이」의 미완 등이 언급되고 있다.

특히 창립과 관련하여 서술된 곳에는 주의가 필요하다. 인용문의 밑줄 표시된 곳에서 신문관은 융희 2년 즉 1908년에 창립되었고 산모는 최창선임을 분명하게 제시하고 있기 때문이다. 창립 연도를 비롯하여 창립자

1) 「門牌의 來歷談2 : 「言文一致」를 宣言 「出版報國」을 標榜」, 『동아일보』 1926.1.2, 11면. 참고로 이 기사에는 최창선의 사진도 실렸다. 최창선의 사진은 이 책의 2부 〈그림 1〉에서 소개하였다.

최창선과 최남선과의 관계가 모두 해명되고 있는 셈이다. 그런데 흥미롭게도 발화자는 신문관이 창립된 융희 2년을 "댱인환(張仁煥) 뎐명운(田明雲) 두사람"에 의해 "미국사람 [스치븐손]"이 "[미국샌프란시쓰코]"에서 죽은 일과 관련시키고 있다. 이른바 '스티븐슨 암살 사건'으로 알려진 이 사건은 공립협회 회원인 장인환과 전명운이 한국정부 재정고문이었던 스티븐슨을 1908년 미국 샌프란시스코에서 암살하려 한 사건을 가리킨다.[2] 신문관이 창립의 배경에서 굳이 이 사건을 언급하고 있는 의도가 궁금하지 않을 수 없다.

2) 15세의 황실 특파 유학생

본격적인 논의에 앞서 다음의 두 상황에 대해 먼저 살펴보고자 한다. 첫째는 최남선이 황실 특파 유학생이었다는 점이고 둘째는 최창선·최남선 형제가 『대한매일신보』 등에 민영환의 죽음을 애도하는 광고를 내고 있다는 점이다. 이 두 가지는 최창선·최남선 형제가 신문관을 창립한 계기와 관련될 수 있기에 검토가 필요하다.

전자부터 살펴보면, 최남선의 연보[3]를 포함한 기존 연구에 따르면 최남선은 1904년 황실에서 모집하는 파견 유학생에 선발되어 15세의 최연소 자격으로 황실 특파 유학생이 된다.[4] 육당에 관한 선행 연구들에서 그의 2차 유학[5]에 비해 황실 특파 유학생으로 도일한 1차 유학은 그다지

---

2) 『해외의 한국독립운동사료(33) 미주편⑨: 장인환 전명운의 샌프란시스코의거 자료집』 Ⅰ·Ⅱ, 국가보훈처, 2008 참조.

3) 「연표」, 고대 아세아문제연구소 편, 『육당 최남선 전집』 15, 현암사, 1974.

4) 황실 특파 유학생에 관해서는 박찬승, 「1904년 황실 파견 도일유학생 연구」, 『한국근현대사연구』 51호, 2009 참조.

5) 최남선의 2차 유학에 대해서는 이진호가 상세히 다룬 바 있다. 이진호, 「최남선의

주목되지 않았다. 東京府立第一中學校의 유학생 명부를 참조하면 최남선의 연령은 15세, 본적은 경성, 보호자는 獻圭, 보호자의 직업은 學部參書官, 입학일과 퇴학일은 각각 37.11.2과 37.12.19로 기재되어 있고 퇴학 이유는 親病으로 기록되어 있다.[6] 학적부의 기록대로라면 최남선의 유학 기간은 한 달 남짓이며 퇴학 이유는 부모의 병환으로 인한 것이다. 한 달이라면 거의 수학했다고 할 수조차 없을 정도로 짧은 기간이다. 퇴학 사유 역시 부모의 건강상의 이유라는 점은 학문적인 호기심을 불러일으키기 어렵다. 귀국 후 2차 유학 전까지 최남선의 행적은 조용만의 회고에도 불구하고 이런 이유에서 의미 있게 포착되기가 어려웠던 것으로 짐작된다.[7] 그런데 이 경험은 향후 최남선의 노정과 관련하여 중요한 원체험들을 제공한 것으로 간주된다.

대한제국의 황실이 유학생을 파견한 이 시기는 일본이 러일전쟁에서 승전하기 전이고 대한제국의 근대 국가건설 프로젝트가 가동 중인 때였다. 황실은 제국의 인재양성이라는 취지 아래 유학생을 모집했다. 선발 조건은 16세에서 25세의 신체 건강하고 문학에 우수한 "勅任官이나 奉仕官의 子婿弟姪"들로, 인원은 모두 50명이었다.[8]

2차 유학기에 관한 재고찰-연보 재정립을 위한 제언」, 『새국어교육』 42집, 한국국어교육학회, 1986 참조.

6) 다케이 하지메(武井一), 「資料 留學生名簿」, 『皇室特派留學生-大韓帝國からの50人』, 百帝社, 2005, 200면.

7) 조용만은 최남선이 귀국 후 『황성신문』과 여러 신문에 투고한 기사가 빌미가 되어 쫓기는 신세가 되는 등 열렬한 애국활동에 몸담은 것으로 서술하고 있다. 그렇지만 여기에 대한 고증은 이뤄지지 않았다. 조용만, 앞의 책, 54~59면.

8) 그러나 실제 뽑힌 인원들이 이 조건에 맞아떨어진 것은 아니다. 최남선만 하더라도 만 14세였으며 강전(姜荃)의 경우는 선발 당시 30세도 넘은 나이였다.(「入學宣誓拾週年」, 『청춘』 3호, 신문관, 1914.12, 84~94면)

向日 學部에서 日本留學 學生試取時에 奔競이 太甚하야 各其 請囑으로 奉仕官의 子婿弟姪이 아니라도 冒錄入參者이 頗多하나 學部大臣은 實로 不知한 事이라니 此說이 入聞홈의 大臣이 忿怒하야 其時 試取한 榜目을 廢止하고 更히 精査抄選하랴다가 畢竟 如意치 못하여 本來 試取한디로 仍舊派送하기로 결정되었다더라[9)]

학부대신이 파견유학생 전원을 5일 상오 12시에 소집하고 1인당 복장비 일화 15원, 유학비 월 20원씩 3개월분을 지급한 후 직접 인솔해서 떠나기로 되어 있다.[10)] 동년 10월 9일경 인천에서 기선 "義州丸(ぎしゆうまる)"을 타고 시모노세키(下關)까지 가서 다시 기차로 도쿄(東京)에 이르렀다. 50명 가운데 44명이 東京府立第一中學校(이하 一中)에 입학했다. 1904년 11월 5일 오후 一中의 강당에서 입학식이 행해졌고 11월 7일 월요일부터 정식 수업이 시작되었다.[11)] 최남선은 가장 연소했지만 일본어 실력이 이들 중 가장 출중하다는 이유로 "학교에서는 「組長」노릇을하고 기숙사에서는 「班長」노릇"[12)]을 하게 된다.

그런데 뜻밖에도 『제국신문』에는 지금까지 알려진 바와는 다른 기사를 싣고 있어 흥미롭다.[13)]

---

9) 「試取仍舊」, 『황성신문』 1904.9.21, 잡보 2면.

10) 「留學帶去」, 『황성신문』 1904.10.6, 잡보 2면. 원문은 "今番日本에 遊學生을 二十人만 爲先派送하기로 議定한다홈을 已記하얏더니 再昨日에 一併發送하라신 勅命이 特下하옵심으로 昨日上午十二時에 學部大臣이 留學生被選人員을 一併招集하고 帶同前往次로 聖意를 頒布하고 各其服裝費日貨十五元式定給한 後에 又留學費每朔二十元式三朔經費만 劃撥하야 同行하기로 酌定하얏더라"

11) 나머지 7명 중 3명은 順天中學校, 그리고 明治法律學校 農科大學, 早稻田室業學校에 각각 입학했다. 武井一, 앞의 책, 11~13면.

12) 「入學宣誓拾週年」, 앞의 책, 94면.

13) 『제국신문』은 신문 발간에 앞서 「고백」에서 "우리 대황대폐하의 당당한 대한국 백셩의게 속한 신문"으로 이를 경축하고 기념하기 위해 "뎨국 두 글ᄌᆞ로 신문 제목을 삼"

> 관비ᄉᆡᆼ으로 일본에 유학ᄒᆞ던 최남션 리창환 량씨가■전 회국ᄒᆞ야■■■■■■■■ᄅᆞᆯ 이번 ■■약후에 고■■■문을 ■ᄇᆡ쥬지■이■즉 ■동 나■학■을 ᄇᆡ■쓸ᄃᆡ■다■고 오■여명이 ■졔■퇴■ᄒᆞ야 금ᄌᆞ■■■으로 다 왓다더라[14)]

최남선의 퇴학에 관해 다루고 있는 이 기사는 내용의 상당 부분이 삭제, 즉 검열되고 있다. 검열의 주체는 통감부이다.[15)] 그러나 벽돌로 처리된 부분은 어느 정도 추정이 가능한데 정확하다고는 볼 수 없지만 관비생으로 유학하던 최남선과 이창환이 귀국했다는 사실과 그 이유가 신조약과 관련하여 학문의 무용성으로 인했다는 사실, 그리고 오십여 명의 학생이 일제히 퇴학했다는 등의 내용이 감지된다. 이 기사에서 주목하고 싶은 것은 바로 최남선의 1차 유학의 귀국 계기가 한일신조약과 관련된다는 점이다. 앞서 언급한바, 지금까지 최남선의 귀국일 및 귀국 원인은 1905년 1월, 부모의 병환으로 알려져 있다. 一中의 학적부에도 분명 그가 1904년 12월 친병으로 퇴학했다고 기록되어 있다. 그런데 『제국신문』

는 다고 밝힌 바 있다(「고백」, 『제국신문』 1898.8.10.). 또한 1903년부터는 황실의 내탕금으로 운영되기도 했으며 사옥과 인쇄기기도 황실로부터 하사 받았다(「셩은을 보답한 일」, 『제국신문』 1903.3.9. 논설과 잡보 「성은감축」). 그리고 당대 다른 신문에 비해 황실과 관련된 기사들을 비교적 상세하게 다루고 있다. 황실 특파 유학생에 대한 『제국신문』의 기사는 1905년 11월 신조약 이후 유학생들의 행적을 부분적으로 알려주고 있어 최남선과 최린의 행적 일부가 추정된다. 더욱이 『제국신문』에 실린 황실 유학생들의 기사들은 주로 이들을 옹호하고 황실을 비호하는 입장이었던 것으로 시사하는 바가 크다.

14) 「학생퇴출」, 『제국신문』 1905.12.15, 잡보 3면. 복자 처리된 부분을 복기해 보면 "관비ᄉᆡᆼ으로 일본에 유학ᄒᆞ던 최남션 리창환 량씨가 일전 회국ᄒᆞ야 동경부립제일학교ᄅᆞᆯ 이번 신조약후에 고■■■문을 ■ᄇᆡ쥬지안이한즉 일동 나와 학문을 ᄇᆡ워쓸ᄃᆡ없다하고 오십여명이 일졔자퇴를ᄒᆞ야 금ᄌᆞ에 조선으로 다 왓다더라"

15) 통감부가 검열했다는 사실은 1907년 기자들과의 간담회를 통해 밝혀진다. 「丸山顧問과各新聞記者」, 『제국신문』 1907.4.9, 잡보 1면.

은 1905년 12월 관비유학생인 최남선이 동기생 이창환(李昌煥)과 함께 귀국한 소식을 전하면서 그 이유가 신조약에 불만을 가져 학문을 그만둔 것으로 알리고 있다.[16)]

一中의 학적부를 참고하면 최남선과 함께 거론되었던 이창환은 1905년 11월 28일자로 고의행(高義行), 김진용(金晉鏞)과 동시에 자퇴한 것으로 되어 있다. 원인은 역시 병환이다. 그런데 김기주의 주장에 의하면 一中은 이 사건의 불미스러운 부분을 은폐하기 위해 퇴학한 이들의 이유를 모두 '병환'으로 기록하고 있다고 한다. 이창환의 자퇴는 당시 청국유학생들의 일제 귀국과 맞물려 민족운동으로 이해되고 있다.[17)] 조용만의 회고에도 이창환의 이름이 등장하고 있는 것으로 보아 최남선이 이 시기 그와 함께 활동했던 것은 분명해 보인다.[18)] 그렇다면 최남선의 1차 유학과 관련한 귀국은 재고될 필요가 있다. 一中의 학적부와 『제국신문』 기사 간의 사실 여부를 떠나 최남선이 황실 특파 유학생으로 신조약과 관련된 일련의 사건에 연루되어 있다는 점은 향후 그의 진로를 이해하는 데 중요하다. 신문관의 창립 이념인 '출판보국'과도 무관하지 않을 것이기 때문이다.

최남선이 황실 특파 유학생이었다는 점은 10년 만에 환기된다. 황실 특파 유학생들은 일본에 건너간 지 만 10주년이 되는 해에 "東京府立第一中學校 入學宣誓式 滿十年"을 기념하는 모임을 가진다. 그리고 『청춘』은 이 자리를 다음과 같이 상세하게 보도해 두고 있다.

---

16) 일본 학적부와 당대 검열까지 된 신문 중 어떤 것이 옳은지는 지금으로선 판단할 길이 없다. 그렇지만 『제국신문』의 기사가 오보일지라도 최남선의 이름이 거론되고 있는 이유에 대해서는 생각해 볼 일이다.

17) 김기주, 『한말 재일한국유학생의 민족운동』, 느티나무, 1993, 134면; 武井一, 앞의 책, 84~86면.

18) 조용만, 앞의 책, 59면.

이런지 저런지 모르고 지내다가 日前에 崔麟 姜荃兩君의 통긔로 비로소 우리들의 日本留學 써낫든지가 滿十年된줄도 알고 十一月五日이 東京府立第一中學校에서 入學宣誓式을 行하든 十朞日인줄도 알다 (중략) 處所는 明月舘 日時는 當日后 四時 會費는 壹圓五十錢 當年 「이모쇼세이」의 모임으로는 애오라지 싸지는 못하나 大奮發로 出席하야 歡情을 가치하신이가 十一人이니 伊時四十六人內에서 死亡하신이 몃분과 在他하신이를 쌔고 居住 未詳한 在京者兩三人 外에 거의 모인셈이러라"[19]

참가자는 최린(崔麟), 구자학(具滋鶴), 강전(姜荃), 지성연(池成沇), 강원영(姜元永), 유병민(劉秉敏), 윤태진(尹台鎭), 전우영(全宇榮), 문창규(文昌奎) 그리고 최남선 본인이며, 여기에 마침 경성에 체류 중이던 당시 一中의 교사 오오야마 가즈오(大山一夫)[20]가 함께 한다. 서술은 참석자 한 사람 한 사람에 대한 회고로 시작되어 현재 그의 직업과 인품을 평가하는 인물비평의 형식으로 진행된다. 이를 통해 참석자들의 과거와 현재가 비교되고 모임에 참석한 인물들의 특징이 비교적 잘 포착된다. 한 예로 최린의 경우, 그가 학문을 열심히 한다고는 할 수 없지만, 좋아한다는 식으로 "동양적영웅주의의 盤渦中에 석겨지내면서도 은근히 독서하기를 일삼으니" "천도교인 여부는 미상하나 「손선생」이란이의 智愚를 바듬은 사실인듯"[21] 하다고 적고 있다. 참석한 인물들을 평가하는 최남선의 시선은 주로 인격과 학문, 즉 품성론과 지성론에 기대고 있다. 이러한 방식으로 참석자 전원에 대해 거론한 서술은 한 달 남짓한 학교생활을 통해 경험했다고는 믿기지 않을 정도로 그 사람 됨됨이에 대한 상세한 기록으로 이어진다.

---

19) 「入學宣誓拾週年」, 앞의 책, 84~85면.

20) 이 책에서는 大山一夫를 오오야마 가즈오라고 읽었지만 다르게 읽힐 수 있다. 일본어 감수는 연세대학교에서 공부하시는 다지마 데쓰오(田島哲夫) 선생님의 도움을 받았다.

21) 앞의 책, 86면.

50명의 유학생이 일본으로 떠난 1904년은 러일전쟁이 한창 진행되던 때이다. 서술자 역시 글의 시작부에서 이러한 점을 언급한다.

> 日俄戰事가 바야흐로 張大하야 風雲이 한참 飜覆할때에 이른바 政府特派로 별안간 五十名留學生을 東京으로 派遣할새 보내는者 가는者가 다 深切한 自覺과 明白한 意識이 잇섯다할 수가 잇슬는지는 모르나 그 意思를 생각하면 자못 深重한 것이 잇는일이며 가는이들로 말하야도 으스름하게라도 한가지 自覺과 自期들을 가짐이 잇섯도다 제각각 속에는 오는 누리의 機關手와 役事軍은 내어니 하는 自任이 잇든것이로다[22)]

물론 인용문에서처럼 "보내는者 가는者가 다 深切한 自覺과 明白한 意識이 잇섯다할 수가 잇슬는지는 모르나"라는 유보를 달고 있지만 대한제국 정부가 유학생들을 파견하는 나름의 의미는 "심중"하다. 유학생들 역시 "自覺과 自期"들을 가지고 "오는 누리의 機關手와 役事軍은 내어니 하는 自任"을 품었다. 국가에 대한 사명으로 이 유학생들의 발걸음이 남달랐음은 의심의 여지가 없다. 그런데 입학한 지 일 년도 채 지나지 않은 시점에서 그들을 파견한 제국은 또 다른 제국의 보호국이 되었다. 이어 일어난 동맹휴학이 이러한 사정과 무관하지 않음은 향후 이들의 행보가 말해주는 터이다. 이로써 황실 특파 유학생으로서의 최남선의 자기준거는 명백해진 셈이다.

22) 앞의 책, 85면.

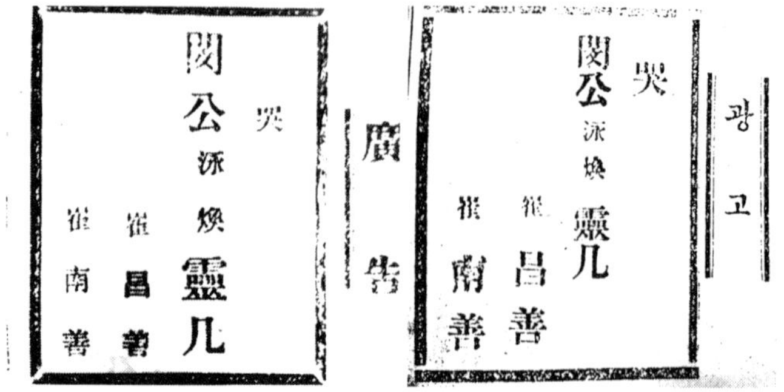

〈그림 3〉 민영환 애도 광고 : 대한매일신보(左)와 제국신문(右)

을사늑약 체결 이후 순국한 민영환을 추모하는 여러 행사가 개별, 단체 할 것 없이 경향 각지에서 일어나고 있었다. 특히 이 추모는 매체를 통해 다양한 양상으로 전개되었다. 1905년 12월 3일 『대한매일신보』에는 특이한 광고 하나가 실린다. 광고의 내용은 "哭 閔公泳煥靈几 崔昌善 崔南善"이 전부이다.[23] 동일한 광고가 『제국신문』에도 보인다.[24] 이러한 애도의 형식은 개인적 표현이기도 하지만 그보다는 신문이라는 매체를 통해 공중에 발화된 사회적 공분으로 간주된다. 민영환의 순국은 당시 각종 신문 매체를 통해 급속한 파급력을 가지면서 "민족적 공분과 자각이 대중적으로 확산되는 계기"를 마련했다.[25] 특히 그의 죽음은 '혈죽'과 관련한 일화들과 결합되면서 애국의 개별적 행위가 사회적 서사의 형태로 집약될 수 있는 하나의 모델을 제시했다. 최남선이 그의 형 최창선과 함께 『대한매일신보』 및 『제국신문』을 통해 민충정공에게 애도를

---

23) 『대한매일신보』 1905.12.3, 3면 광고. 사회적 공분을 드러내는 다소 특이한 형식의 이 광고는 이 시기 광고의 정형화되지 않은 다양한 성격을 보여주는 대표적인 사례이기도 하다. 이 광고는 '민영환의 자결에 대한 부고의견 광고'로 『한국근대광고걸작선100 : 1876~1945』(신인섭 · 김병희, 커뮤니케이션북스, 2007, 71~73면)에도 소개되어 있다.

24) 『제국신문』 1905.12.3, 3면 광고.

25) 박애경, 「민충정공 담론과 〈혈죽가〉류 시가 연구」, 『우리어문연구』 34집, 2009, 172면.

표하고 있는 행위는 이 연장선상에서 이해될 수 있다.

『소년』 역시 「민충정공소전」이라는 글에서 그의 죽음을 "어름갓치 식은 우리國民의 마음에 불갓히 쓰거운 힘을 주어 自强하난 길을 열고 振新하난 功"을 이루게 하는 "우리 社會에 分明한 現象"[26]으로 간주한 바 있다. 더욱이 『소년』에 게재된 이 글은 부분적으로 삭제되는 이른바 검열의 흔적을 남기고 있다. 검열된 부분이 부정의 수사를 동원하고 있는 것으로 미루어 이러한 내용을 보다 강력하게 자극했을 가능성도 엿보인다.[27] 민영환은 총독부가 선정한 10인의 불온사상가 중 첫 번째에 해당하는 인물이기도 하다는 점에서[28] 『소년』의 검열은 을사늑약으로 순국한 민충정공에 대한 최창선·최남선 형제의 애도는 물론이고 앞서 살펴보았던 『제국신문』 기사에 힘을 실어 주는 단서가 된다. 18년이 지난 시점에서 장인환·전명운의 사건을 언급하고 있는 『동아일보』의 기사는 최남선이 황실 특파 유학생으로 일본에서 수학했다가 귀국한 점과 최창선·최남선 형제가 '출판보국'을 내세우며 출판사를 창립한 사실과 관련하여 복합적으로 읽힌다.[29]

---

26) 「민충정공소전」, 『소년』 2년 1권, 신문관, 1909.1, 47면.

27) 권보드래는 『소년』이 "1900년대의 특징이었던 열혈 애국주의와 의식적으로 거리를 두고 있었"던 것과 관련하여 "을사조약 강제 체결 당시 자결한 민영환"과 "최익현"을 "'민모'와 '최모'로"(「쾌소년세계주유시보」, 『소년』 2년 2권, 신문관, 1909.2, 18~19면) 표현하고 있는 것에 대해 "『소년』은 충신이나 절신이라는 이름만으로는 무용하기 짝이 없다고 공격"한 것으로 간주하고 있다.(권보드래, 앞의 책, 161~163면) 그렇지만 앞서 논의했듯 전적으로 그렇게 보기에는 다소 조심스러운 부분들이 있다.

28) 『不穩刊行物記事輯錄』, 조선총독부경무국, 1934.4, 참조.

29) 물론 공립협회의 이러한 급진적인 방식은 신문관이 내세운 출판 이념과는 분명한 차이를 보인다. 그럼에도 신문관이 이 사건을 언급하고 있다는 사실은 애국의 방법론을 모색하는 과정에서 안창호를 공통분모로 하고 있다는 점과 무관해 보이지 않는다.

3) 대한제국과 창립 무렵 출판물

신문관의 창립 배경에 이러한 일련의 사건들이 개입되어 있음을 염두에 둔다면 『소년』을 비롯한 창립 무렵 신문관 출판물들은 새롭게 접근될 필요가 있다. 특히 이들 출판물에 황제나 황실과 관련된 서술이나 재현 방식이 빈번하게 드러나는 양상들은 '新報雜誌狂'인 최남선의 개인적인 취향이나 감각만으로는 설명될 수 없기 때문이다. 요컨대 신문관이 출판 이념으로 내세운 보국의 의미를 보다 명확하게 이해하기 위해서는 대한제국과의 연관성 속에서 창립 당시 잡지를 비롯한 각종 출판활동을 살펴볼 필요가 있다.

먼저 『소년』 창간호 권두에 실리고 있는 황태자의 사진에 주목해 보자. 이 사진은 "일본에 御遊學 하옵시난 황태자전하와 태사이등박문공"[30]을 찍은 것이다. 이토 히로부미(伊藤博文)와 함께 서 있는 영친왕의 모습이 소개되고 있다. 황실 특파 유학생이었던 최남선이 대한제국의 황제와 황태자에게 관심이 있었음은 물론이다. 당시 일본에 유학중이던 황태자 영친왕은 『소년』이 추구하는 미래 신대한의 실질적 지도자가 현현된 모습이라 볼 수 있다.[31] 『소년』은 황태자의 사진뿐 아니라 제국의 문양이나 국기, "帝國萬歲"라는 문구 등 각종 다양한 표상을 통해 제국을 재현하고자 했다.[32] 이 밖에도 각 나라의 황제 상(像)을 소개하는 데도 주력한다.

---

30) 「삽입사진」, 『소년』 창간호, 신문관, 1908.11. 『소년』의 권두사진은 "挿入寫眞", "挿入圖繪" 등으로 명시되고 잡지의 권두에 배치되어 시각적인 중요성을 환기시킨다.

31) 인쇄매체를 통해 황실과 그 측근들의 모습이 시각적으로 대중들에게 유포되었다는 사실은 주목할 만하다. 물론 이 사진은 이등박문과 함께 서 있는 영친왕의 모습이 근엄하고 경직되어 있다는 이유로 제국의 시선에 의해 연출된 "식민지권력의 내면화된" 모습으로 비판될 여지가 충분하다. 문성환, 앞의 책, 98~100면.

32) 『소년』 2년 1권, 신문관, 1909.1, 광고. 대한제국기 황제를 비롯한 다양한 표상에 대해서는 권행가와 목수현의 연구가 도움이 된다. 권행가, 「고종황제의 초상」(홍익대 박사

『소년』에 페터 대제를 비롯하여 나폴레옹, 영국황제 에드워드 7세 등, 황제들이 빈번하게 등장한 것은 이러한 맥락에서 함께 생각해 볼 수 있다.

『소년』이 대한제국의 표상들을 공공연히 내세우고 있는 양상은 제국의 국토와 지리를 탐구하는 데서도 드러난다. 특히 강제병합 전에 발간된 『소년』 3년 4권은 「初等大韓地理總要稿本」을 수록함으로써 특집으로 구성된 인상을 준다. 표지에 해당되는 면을 살펴보면 윗부분에 태극기 그림과 "帝國萬歲" 표어가 그려져 있고, 표지 중앙에 세로로 "?紀念으로 大韓地理總要로 !本卷을 함(再版)"[33]이라는 문구가 제시된다. 이 글씨의 좌우에 호랑이 형상으로 된 지도가 대칭적으로 배치되어 있다. 그런데 "帝國萬歲"와 함께 그려진 태극기 그림과 호랑이 형상 지도는 초판에는 없었던 것으로 확인된다. 『소년』 초판과 재판 사이에 차이가 발생한 것으로 초판에는 싣지 않았던/실을 수 없었던 표어나 태극기, 호랑이 같은 대한제국의 상징들이 재판에는 실렸다는 의미로 이해된다. 이것이 검열에 의해서인지는 확실치 않다. 다만 초판과 재판 사이의 이러한 차이는 『소년』을 둘러싼 텍스트의 정치적 맥락을 읽어내는 데 유의미하다.

논문, 2005) 및 「사진 속에 재현된 대한제국 황제의 표상」(『한국근현대미술사학』 16, 2006); 목수현, 「대한제국기 국가 시각 상징의 연원과 변천」(『미술사논단』 27, 2008).

33) 「大韓地理總要」, 『소년』 3년 4권, 신문관, 1910.4, 1면.

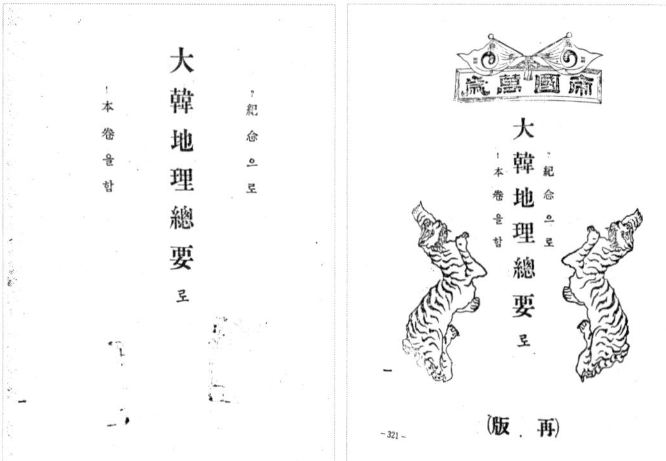

〈그림 4〉「초등대한지리총요」의 초판(左)과 재판(右) 표지

『소년』 외에 창립 무렵 발간된 두 권의 시가집과 한 권의 번역소설에서도 공통적으로 황제와 관련된 언급이 보인다. 특히 두 시가집은 앞서도 언급했듯 출판의 취지 자체가 대한제국과 직접 관련된다. 『한양노래』의 경우 "漢水의 流가 其源이 長하고 華山의 峰이 其基가 固한데 駱山母岳사이에 五雲이 長留하니 이는 吾 皇의 定居로 我民衆이 共仰俱瞻하난 地라 此에 對하야 歌頌이 有로하니 曰 『한양노래』"[34]라고 소개한다. 이처럼 제국의 수도를 노래한 이 책은 "帝都의 榮光을 讚美"하기 위해 발간되었다. 예로부터 한양은 "皇의 定居로 我民衆이 共仰俱瞻하난 地"[35]로 인식된 곳이다. 노래의 목적이 "淸新한 調와 剛健한 辭로 長春의 李花를 頌하고" "府民 現勢를 알니고 밋 鄕土的 思念을 듀는데 無二한 良師"[36]이기에 2만 한성부민이 부르도록 권한 것이다. 그리고 그 제국의 수도에

34) 〈少年口歌書類〉, 『소년』 창간호, 신문관, 1908.11, 광고.
35) 위의 책.
36) 같은 곳.

서 중심은 바로 황제이다. 책의 첫 장을 황제가 머물고 있는 "慶北宮 光化門과 石獅"와 "勤政殿(景福宮)/慶會樓(景福宮)"[37]로 장식한 것은 이러한 이유에서이다.

『경부텰도노래』는 "此書는 我國의 大動脈인 京釜鐵道路의 名勝古蹟을 詠歌하야써 南半部의 地理上 形勢와 歷史上事實을 敎示코댜함"[38]에 목적이 있다고 밝힌다. 이 노래집은 "我國의 大動脈"인 철도를 통해 새롭게 재구성된 조선의 명승고적을 따라가면서 자각된 문명에 대한 인식을 드러낸다. 노래집의 세부 내용을 대한제국과 관련시키면 흥미롭게 읽힌다.

一五　게서써나성환녁, 다다라서는 / 히가발서앗탐째, 훨신겨웟네
　　　十五년뎐일텽뎐, 생각해보니 / 여긔옴애옛일이, 더욱새로위
一六　일본사람뎌의들, 디뎌귀면서 / 그쌔일이쾌하다, 서로일커러
　　　얼골마다깃분빗, 가득하야서 / 일본남다대화혼, 댜랑하난듸[39]

三七　금오산성널은곳, 디금엇더뇨 / 세연못과한시내, 그뎌잇난디
　　　무룽도원깁흔데, 역사피하듯 / 이뎐부터그근텨, 피란곳이라
三八　약목녁을디나면 왜관녁이니 / 락동강의 배편이, 예가한이오
　　　삼백년뎐당하던, 임딘왜란에 / 일본군사수텬명, 멈으던데라[40]

"우렁탸게토하난, 긔덕소리에 남대문을등디고, 써나"(一, 1면) 성환역과 왜관역에 각각 이르렀을 때, 시선은 두 가지 역사적인 사건과 마주하게 된다. 하나는 "十五년뎐일텽뎐"(一五, 8면) 다른 하나는 "삼백년뎐당하던,

37) 『한양노래』, 신문관, 1908, 사진.

38) 〈少年口歌書類〉, 앞의 책.

39) 『경부텰도노래』, 신문관, 1908, 8면.

40) 위의 책, 19면.

임딘왜란"(三八, 19면)이다. 이 역사적인 장소에서 맞닥뜨린 일본과의 연관성은 전자의 경우 청일전쟁의 전로를 제공했던 대한제국의 실상으로, 후자의 경우는 일본의 침략으로 수천 명의 일본군사가 주둔하게 되었다는 점에서 현재와 오버랩 된다. 일련의 역사적인 사건은 현실적인 자각으로 이어지는데 그것은 어딜 가나 일본인의 영업이 쇄도하여 우리나라 땅같이 아니 보이게 된 장면을 목격하는 데에서 뚜렷하게 드러난다. 임진왜란에서 그토록 지키려고 했던 조선의 국토는 불과 몇 년 만에 이미 일본의 상권으로 뒤덮여 "곳곳마다일흔 것"(六四, 32면)들로 "내나라짱내것과, 갓티"(六四, 32면) 아니 보이고 "실상남의것"(六六, 33면)이 되어 버린 정경을 목도한다. 이미 경제적으로는 식민지나 다름없는 광경을 포착하게 된 것이다. 비로소 식전부터 타고 온 이 기차 역시 그 부설권이 외국에 있으며 실상 내 것이 아닌 남의 것임을 깨닫고 힘의 필요성을 자각하게 된다. 경부선 노선을 따라 가며 포착된 현실풍경과 그 풍경이 불러일으키는 상상력의 작동을 통해 전쟁으로 인한 역사적 수탈과 상권이 장악된 현실적 수탈이 겹쳐진 것이다. 이 연상은 조선인의 생업을 걱정하고 자강의 필요성을 깨치는 데까지 이른다.[41] 이처럼 두 노래집은 제국의 국토와 밀접한 연관 아래 읽힌다. 전자는 제국의 수도 한양을 찬양하는 것으로, 후자는 철도를 통해 자각된 국토에 대한 인식으로 수렴된다. 이로써 두 노래집의 편찬 취지가 보다 분명해진다.

무엇보다 이 두 노래는 곡조(곡보)가 있었다는 점에서 글로 읽히는 데 그치지 않고 불렀을 가능성을 지닌다. 『한양노래』가 단 몇 곡으로 선곡된

41) 물론 이 노래에는 국왕조차도 균질적인 대상으로 이미지화 하려는 의도가 다분하다(김동식, 「철도와 근대성」, 『한국근대문학의 풍경들』, 들린아침, 2005, 109면). 그렇지만 이 책에서는 그보다 일본인에 의해 역사적, 경제적으로 침식되어 간 대한제국의 국토를 재성화 하려는 서술자의 의도에 초점을 맞추고자 한다.

이유는 바로 이 같은 노래의 구술적 제약 때문이다. 즉 독자들에게 외우기 쉽도록 하기 위해서였다. 특히 "삼가 이 노래를 어린 학생 여러분에게 드리옵내다"라는 구절에 드러나듯 이 출판물들은 발화의 대상이 "어린 학생"이다. 『경부텰도노래』 역시 "학도모댜를 쓰고 담바귀를 붉느고 택보댜를 끼고 홍씌여라를 노래하난 아해들노 하여금 시맛과 댜미를 맛보게 하고 아울러 우리나라 남방편의 디리디식(地理的智識)을 듀기 위하여 지은 것"이다.[42] 이러한 점을 염두에 둔다면 이 노래들의 집단적 결속력이 주는 교육적 효과는 더욱 의미심장하게 읽힌다. 이 노래집들이 당대 〈애국가〉나 〈독립가〉, 〈혈죽가〉와 마찬가지로 애국계몽적인 메시지의 전달에 목적이 있었고 내용 역시 자강의 필요성으로 귀결되고 있는 것도 이 때문이다. 대한제국의 위상과 영광을 찬양하며, 일본에 의해 잠식되어간 나라 사정을 알리고 있는 이 두 노래집이 강제병합 이후 발매 금지가 되고 있다는 사실에서 그 불온성에 대한 총독부의 조치가 무엇을 경계한 것인지 짐작된다.[43] 이들 노래의 음악적 가능성을 출판의 불온성과 함께 살펴볼 필요도 여기에 있다. 가령 창립 당시 신문관은 두 권의 노래집을 출판했고, 다양한 매체들을 통해 노래의 형식을 실험했다(〈표 33〉 참조). 이에 반해 1910년대 신문관에서 출판된 노래집은 단 한 권도 없을뿐더러 그나마 출판되었던 두 노래집마저 발매 금지 된다. 비록 최남선 개인에 한정된 경우이기는 하나 1920년대 문화통치가 되면서 그가 다양한 노래집들을 내고 있는 점에 미뤄본다면, 1910년대 노래집의 미출판은 무단통치기 출판활동의 또 다른 면을 드러내는 하나의 단서가 될 수 있다.

한편 『껄늬버유람긔』에는 황제와 관련된 언급들이 등장한다. 물론 이

42) 「뎐례말」, 『경부텰도노래』, 앞의 책.

43) 1918년 6월 『청춘』 14호에 삽지로 실린 「新文館發行書目」에는 두 노래집이 발매 금지로 표시되어 있다.

소설의 원본 텍스트가 황제의 이야기를 다루고 있다는 점에서 황제라는 소재 자체가 특기할 만한 사항은 아니다. 하지만 이 번역소설은 그 출판의 과정과 번안된 방식에 있어 몇 가지 흥미로운 점을 지닌다. 『썰늬버유람긔』의 상편에 해당하는 『소인국표류기』는 『소년』 창간호에서부터 광고되었지만 매체에 연재도 단행본 간행도 되지 않은 채, 상·하편이 합본되어 『썰늬버유람긔』라는 제목의 형태로 출판되었다.[44] 그런데 연재도 되지 않고, 단행본으로도 출간되지 않은 이 상편에는 황제와 관련된 묘사들이 빈번하게 그리고 비교적 상세하게 드러난다.

> 이나라님군은 매우 올차게 된 사람이오 쏘 매우 인자한고로 이 크나큰 썰늬버의 말을 드른시고도 별노 놀나지도 아니하고 오히려 불상하게 여겨 서울노 다려다가 얼마ㅅ동안 살녀두기로 조틱(詔勅)을 나리사 정부회의(政府會議)에 가결(可決)이 되얏소[45]

소설 속에서 황제는 "매우 올차게 된 사람"으로, 인자하고 동정심 많은 인물로 형상화된다. 따라서 썰늬버를 매우 귀애하고 신하들이 썰늬버를 경계하며 살려두지 말자고 해도 그러한 말에 흔들리지 않는 현명한 판단과 위엄을 갖춘 모습으로 그려진다. 특히 소설에서 다루고 있는 훈련원 장면은 축역본 치고는 상당한 분량으로 제시된다. 다음 인용문은 훈련원 벌판에서 행해지고 있는 관병식 풍경이다.

> 수일만에 황뎨씌서 썰늬버에게 령을 나려 훈련원(訓練院)벌판에 가서 가래를 쩍 버리고 서잇스라하시난고로 무엇을 하시난고하고 홍예(虹霓)를

44) 이 책의 출판 과정에 대해서는 권두연, 「근대초기 번역소설에 관한 한 연구-『썰늬버유람긔』를 중심으로」, 앞의 책 참조.

45) 신문관 편집국, 『썰늬버유람긔』, 신문관, 1909, 8면.

> 틀고섯더니 얼마잇다가 북소리 나팔소리가 텬디(天地)를 움작이더니만 황뎨씌서 친히 찬란한 대례복(大禮服)을 입은 긔병(騎兵) 포병(砲兵) 공병(工兵) 보병(步兵) 여러쩨를 거나리시고 당신이 호령을 하시면서 관병식(觀兵式)을 설행(設行)하시난데 말탄 병뎡 것난 병뎡 긔든 병뎡 수레 ᄭᅳ난 병뎡 이 병뎡 저 병뎡이 모도다 렬(列)을 짓고 대(隊)를 지어 문갓게 틀고 섯난 썰늬버의 가래아래로 나아가난구려.[46]

대한제국 당시 관병식은 제국의 위상과 위엄을 구경꾼들에게 제공한 스펙터클한 볼거리였다.[47] 소설에서의 묘사 역시 마치 실제 장면을 목도하듯 상세하다. 홍예를 틀고 찬란한 대례복을 입고 기병, 포병, 공병, 보병, 전차병 등을 호령하며 관병식을 설행하는 황제의 모습은 실로 위엄에 가득 차 있는 것처럼 서술된다. 이처럼 소설에서 황제는 위엄 있고 올찬 판단을 할 수 있는 인물로 재현된다. 반면 탁지대신은 부정적으로 그려진다. 그런데 이러한 재현 방식은 대한제국이 황제의 제국이라는 인식 속에서 배태된 것일 수 있다는 의혹을 불러온다. 대한제국이 황제를 중심으로 근대적인 국가 건설의 방향을 모색하고 있었다 하더라도 창립 무렵 간행된 텍스트들 속에 나타난 제국의 수도와 황제에 대한 이 같은 강조는 『소년』이 지향한 근대적 국가상을 의심케 한다.[48]

---

46) 위의 책, 17면.

47) 당대 매체들은 각국의 관병식에 관한 정보를 상세히 알리는가 하면 칭경 예식에서 거행할 관병식 일정이나 훈련원의 상황 등을 보도한다.(「慶式節次」·「訓院閱兵式」, 『황성신문』 1903.3.12 · 1907.6.13, 잡보 2면) 대한제국기의 문화적 재현물을 국가 차원의 시도로 보는 대표적인 연구로는 김기란의 「대한제국기 "극장국가(theater state)" 연구(1) · (2)」(『어문논총』 51, 한국문학언어학회, 2009와 『한국연극학』 40, 2010) 참조.

48) 근대적인 국가관이나 역사지리관에 비추어 적어도 『소년』의 편집자 최남선이 설정한 국민국가의 모델이 입헌군주제인지, 일본과 같은 천황제인지에 대해서는 좀 더 논의해 볼 필요가 있다고 생각한다. 여기에 대해 문성환은 최남선이 생각한 국민국가의 모델이 입헌군주제이지 않았을까 추측한 바 있다(문성환, 앞의 글, 61면).

2. 허용의 수위와 검열의 양상

출판물에 대한 법적 제재는 비교적 일찍 정비되었다. 1907년 신문지법과 1909년 출판법이 공포되면서 국내 출판활동에 상당한 압력이 가해지기 시작한다. 신문지법에 의거하여 『황성신문』, 『제국신문』, 『대한민보』 등은 숱하게 검열되었고 그나마 검열에서 비교적 자유로웠던 『대한매일신보』마저 베델 사후 통감부에 의해 제지되었다.[49] 출판법에 의거해서는 1900년대 후반 각종 교과서를 비롯한 서적들이 금지 및 불허되었다. 1910년 한일 강제병합을 전후로 몇몇 매체를 제외하고는 거의 전부라 할 수 있는 매체들이 폐간되었고 상당한 단행본 서적들이 압수되었다.[50]

신문, 잡지를 비롯한 각종 단체들의 기관지인 학·회보들의 폐간은 단순히 해당 매체의 중단만이 아니라 그 매체를 발행하고 있었던 조직 자체를 와해시켰다는 점에서 보다 심각한 문제를 야기한다. 이로써 1910년대 무단통치하에 조직의 결사와 단체의 결성이 원천적으로 봉쇄됨으로써 지식 생산은 물론 공론장의 형성이 불가능해졌음은 이론의 여지가 없다. 서적의 출판만이 아니라 청년학우회의 기관지 및 부속활동을 겸하

---

49) 이 시기 검열에 대해서는 최준, 「교포신문과 일본의 침략정책」(『법정논총』 15, 중앙대 법학과, 1962); 정진석, 「일제하의 언론출판연구 상·하」(『관훈저널』 26·27, 1978); 최기영, 「광무 신문지법 연구」(『대한제국시기 신문연구』, 일조각, 1990); 정근식, 「식민지적 검열의 역사적 기원 : 1904~1910」(『사회와 역사』 64호, 2003) 참조. 식민지 시기 전반에 걸친 문학 및 문화 관련 검열 연구는 최근 비교적 활발하게 진행되어 그 결과물 가운데 하나로 『식민지시기 검열과 한국문화』(동국대학교 문화학술원 한국문학연구소 편, 동국대학교출판부 2010)가 출간되었다. 그럼에도 1910년대 이전 시기의 검열에 대해서는 다양한 측면에서 재구되지 않고 있다.

50) 강제병합으로 인해 압수된 단행본 및 폐간된 매체들에 대해서는 김봉희와 이중연의 앞의 책, 이종국, 『한국출판사년표(Ⅰ)』(한국출판연구소, 1991, 174~176면); 정진석, 『극비 조선총독부의 언론검열과 탄압』(커뮤니케이션북스, 2008) 등에 잘 정리되어 있다.

고 있었던 신문관이 이 시기 어떤 식으로 통제되고 있었는지에 대한 면모를 전체적으로 살펴볼 필요도 여기에서 비롯된다.

『소년』에서부터 『청춘』에 이르기까지 총 5종에 이르는 잡지가 발간되는 동안 여기에 가해진 검열의 흔적은 그리 적지 않다. 김정숙에 따르면 "신문관본이 5종에 이르는 이유는 잡지발행이 어려웠던 무단통치하 도서 검열정책으로 총독부로부터 2회의 발행 정지 처분, 2회의 정간 처분, 1회의 발매 금지 처분을 받아 결국 5차례 폐간"되었다.[51] 구체적으로 『소년』의 경우는 3년 8권(통권20호)이 정간되어 3개월 후 속간되었으나 몇 개월 못 가 4년 1권(통권22호)이 다시 정간 처분되고 4개월 후에는 발행 정지 처분을 당해 4년 2권(통권23권)으로 종간된다.

이후 『붉은져고리』와 『아이들보이』, 『새별』이 연속으로 발간되는데, 이 역시 반복되는 잦은 발매 금지 조치에 기인한 것으로 간주된다. 『붉은져고리』의 경우는 1913년 1월 1일부터 1913년 6월 1일까지 통권 12호로 종간했다.[52] 그리고 『아이들보이』와 『새별』이 창간되었다. 『아이들보이』는 1913년 9월부터 1914년 9월까지 통권 13호를 낸 후, 자진 폐간하고 『청춘』으로 이어진다. 『새별』은 현재 1914년 12월과 1915년 1월에 발간된 15호와 16호만이 확인된다. 따라서 16호를 마지막 권으로 간주하고 『붉은져고리』나 『아이들보이』처럼 한 번도 정간되지 않았다고 상정하면 그 첫 발행은 1913년 10월로 추정된다. 그렇다면 『새별』과 『아이들보이』는 거의 동시에 발행되었고 『청춘』의 자매지로 소개되었던 만큼 『새별』의

---

51) 김정숙, 앞의 글, 75면.

52) 『붉은져고리』는 통권 11권과 부록 1권을 합쳐 모두 12권이 발행된 것으로 간주된다. 신문관 서적 광고에 의하면 "『붉은져고리』는우리兒童教育에適當훈補助機關이無홈을慨ᄒ야新文館으로서發行ᄒ다가第拾貳號에至ᄒ야官令으로停廢된것이니"로 서술되어 있다. 〈붉은져고리〉, 『신문관발매서적총목록』, 5면.

독자층은 『아이들보이』와 변별되었을 것으로 간주된다.

『청춘』은 1914년 10월 1일 창간되어 1918년 통권 15호를 끝으로 폐간되었는데, 1915년 4월(1915.3, 6호 정간)부터 1917년 4월(1917.5, 7호 복간)까지 25개월간 정간 처분된 바 있다. 이후에도 복간을 청원했지만 수용되지 않았으며 이 밖에도 여성 잡지와 신문 등의 발행을 청구했지만 허락되지 않았다고 한다.[53] 『신문계』나 『반도시론』이 정간이나 발행 정지 등과 같은 법적 제재로부터 비교적 자유로울 수 있었음과 대조적이다.[54]

이처럼 근 십여 년 동안 총 5종의 잡지를 발행한 사실만으로 신문관에 대한 법적 제재는 충분히 확인된다. 그러나 한기형의 지적처럼 잡지 발행 자체가 총독부와 공모했기에 가능할 수 있었던 것인지 모른다.[55] 통감 및 무단 정치기의 상당한 출판 제재에도 신문관이 5종의 매체를 발간한 사실은 오히려 규제의 허용이 미칠 수 있었던 범위를 말해 주는 것이기 때문이다. 이런 점에서 신문관의 잡지 발행은 1910년대 출판물의 허용 수위를 드러내는 바로미터라 할 수 있다.

1) 『소년』의 경우

1910년 8월 강제병합을 전후하여 상당수의 교과서와 출판물의 발간이 정지된다. 이는 일본인이 주관하는 잡지에도 적용되었음을 고려할

---

53) 김정숙, 앞의 글, 75면.

54) 『신문계』는 통권 48호로 자체 종간했으며 그 뒤를 이어 발행된 『반도시론』은 1917년 4월호부터 1919년 4월까지 통권 25회까지 발간되었다. 폐간의 원인은 3·1만세운동을 지지한 데서 비롯되었다고 한다. 한기형, 「근대잡지와 근대문학 형성의 제도적 연관」(『근대어·근대매체·근대문학』, 앞의 책), 295~307면.

55) 한기형, 「근대어의 형성과 매체의 언어전략–언어, 매체, 식민체제, 근대문학의 상관성」, 『역사비평』 71호, 2005.

때[56) 『소년』의 발행에 보다 직접적인 영향을 미쳤을 것으로 예상된다.

> 少年雜誌購買僉位씌 本雜誌 第三年第八卷(곳今月分)은 當局의 忌諱에 觸ᄒᆞ야 冊子 押收 發賣禁止를 被하옵고 또 發行停止를 當하얏기 玆에 此由를 通告하노이다 發行所新文館 告白[57)

위 인용문에서 1910년 8월에 발행된 『소년』 3년 8권은 "押收 發賣禁止" 되었고 또 "發行停止"를 당한 것으로 보도된다. 이처럼 병합과 함께 "발매금지", "발행 정지" 당했음에도 폐간되지 않고 계속 발행된다는 사실은 강조될 필요가 있다. "朝鮮總督府警務總監部告示 第八十一號"에 의하면 "少年 發行人 崔昌善 八月二十六日命令 右雜誌는 頭書의 日附로부터 發賣頒布를 禁하고 發行을 停止中이던바 十二月七日 이를 解"[58) 함으로써 속간된다. 물론 얼마 못 가 1911년 1월, 속간된 지 1개월 만에 다시 발행 정지 처분을 받는다. 여기에 대해 『소년』 4년 1권은 "治安을 妨害하는 것으로 認하므로써 光武十一年 法律 第一號新聞紙法 第二十一條에 依하야 該雜誌의 發賣頒布를 禁止하고 이를 押收하며 其發行을 停止"한다는 내용을 내보낸다.[59) 3개월 후인 1911년 4월에 정간이 풀리지만 다음 달 속간된 4년 2권은 폐간호가 된다. 이로써 통권 23호를 끝으

56) 대표적으로 모리야마 미부(森山美夫)가 발행한 『朝鮮』은 치안방해를 이유로 1910년 8월 3일자로 발행 정지되었다가 8월 29일 해제된다. 『조선총독부관보』 1910.9.2, 9면. (이종국, 앞의 책, 173~174면 참조)

57) 『황성신문』 1910.8.30, 3면 광고.

58) 『조선총독부관보』 1910.12.9, 34면. 동일한 내용의 기사가 복간된 『소년』 3년 9권에 다음과 같이 실린다. "高圖秘第二六五號ノ二, 少年 發行人 崔昌善, 明治四十三八月二十六日附命令シタル 少年發行停止ナ解ク, 明治四十三十二月七日, 朝鮮總督府警務總長 明石元二郎 印"

59) 『조선총독부관보』 1911.1.27, 호외; 『경무월보』 제8호, 1911.2.27, 94면.

로 『소년』은 종간된다.[60)]

종간된 『소년』 23호는 왕양명 특집으로 구성된다. 특히 박은식의 「왕양명선생실기」가 잡지의 대부분을 차지하고 있어 『소년』의 주요 폐간 요인으로 꼽히지만[61)] 『소년』의 폐간은 이미 예정되어 있었던 것으로 간주된다. 종간호의 권두에 실린 '讀者僉尊씌'에는 "나도록 하시자면 나게 되고 못하게 하시자면 또한 그리하시난 當局者"[62)]의 실체가 분명하게 드러나고 다음 지면에 실린 세 편의 시에는 괴로운 심사가 한껏 표현되고 있기 때문이다.[63)] 오히려 이 같은 비중 있는 글이 실릴 수 있었던 것은 폐간호였기에 가능할 수 있었던 것으로 판단된다.[64)]

강제병합 이전에도 『소년』이 검열된 흔적은 여러 차례 목격된다. 아래 인용문에서 ■표시로 처리된 부분이 검열로 인해 삭제된 곳이다.

> 公이 도라간後 잇흘만에 趙元老씌셔도 또한 御藥就義하시고 그 外에 洪公萬植·宋公秉璿이 다 公의 뒤를 ᄯᅡ르니 이리하야 이번 條約은 우리 國民의 心頭에 가장 ■■하야 바■에도 ■니■■코 ■■도 ■■지아니할 ■■이 ■혓소[65)]

60) 앞서 인용한 『동아일보』의 기사 「문패의 내력담」에 따르면 "경술년 칠월에" 발행 정지된 『소년』이 1926년인 "지금ᄶᅡ지 해금"되지 못했다고 서술하고 있다. 기억의 착오가 분명한데, "경술팔월"의 "큰변"과 관련시킨다는 점에서 모두에서 언급한 장인환·전명운의 호명과 닿아 있다.

61) 백암박은식선생전집편찬위원회 편, 『白巖朴殷植全集』, 동방미디어, 2002, 연보 5면과 『경무월보』 제12호, 1911.6.27, 195면.

62) 「讀者僉尊씌」, 『소년』 4년 2권, 신문관, 1911.5, 1면.

63) 「詩三篇」, 앞의 책, 2~4면.

64) 어느 쪽이든 중요한 것은 『소년』의 폐간이 단순하지 않다는 사실이다. 강제병합 전후로 존속된 매체가 거의 전무하다시피 한 상태에서 『소년』이 발간되었다는 점, 그리고 그 폐간이 '105인 사건'과 때를 같이 하고 있다는 점 등이 함께 고려될 때 비로소 『소년』 폐간의 의미가 보다 명징하게 밝혀질 것이다. 『소년』의 폐간에 대해서는 제3부에서 재론한다.

을사늑약 체결 후 민영환의 자결에 이어 조병세, 홍만식, 송병찬 등이 자결하는 상황이 속출하자 국민의 통절함은 분출한다. 앞서 민영환이 순국했을 때 최창선 · 최남선 형제가 『대한매일신보』와 『제국신문』 등에 광고를 내고 애도를 표한 바 있음은 살펴본 대로이다. 더욱이 검열된 곳이 "~■코 ■■도" "~지아니할" 등의 부정적인 뉘앙스를 담고 있는 것으로 보아 자결로 항쟁한 이들의 행위를 더욱 부채질했을 것으로 짐작된다. 애국심이나 국권회복과 관련된 기사 역시 이 연장선에서 읽힌다. 이 밖에도 『소년』 2년 3권(1909.3)에 수록된 「이런 말삼을 드러보게 : 쓰마일서 적역」 역시 국권회복에 관한 기사를 담고 있어 압수되었다고 한다.[66]

한편 앞장에서 초판과 재판의 차이를 보이기도 했던 「初等大韓地理總要稿本」으로 전권을 채우고 있는 『소년』 3년 4권은 지수가 상당량 편집 혹은 삭제된다.[67] 이러한 편집에 대해 「편집실통기」에서는 다음과 같이 밝히고 있다. "本卷은 編輯中途에 所感이 잇서 달은 原稿는 다 다음으로 밀고 「大韓地理」稿本中 緊要한 部分으로 써 本卷을 채웟사외다 무슨 事由란것은 여긔 記錄할수 업사외다"라며 "기록" 할 수 없는 "사유"에 대해 일일이 적고 있지는 않지만 "가삼이 터질" "갑갑"한 일이라고 표현하고[68] 있는 것으로 보아 상당한 압력이 있었음을 알 수 있다. 이러한 서술은 여기서 그치지 않는다. "本卷에는 今番學部에서 制定하얏단 運動歌에 對하야 크게 論難코자하다가 쏘한 뜻을 드듸지못하오니 섭섭도하고 憤하기도하외다"[69]라며 학부의 교육 내용에 대한 이견 제출에 어려움이 있

65) 「민충전공소전」, 『소년』 2년 1권, 신문관, 1909.1, 48면.

66) 최준, 「교포신문과 일본의 침략정책」, 『법정논총』 15, 중앙대 법학과, 1962, 32면 참조.

67) 1910년을 전후로 지리서 자체가 거의 불허된 상황이었음을 고려한다면 이 게재의 의미 역시 재고될 필요가 있다.

68) 「編輯室通寄」, 『소년』 3년 4권, 신문관, 1910.4, 68면.

69) 「編輯室通寄」, 『소년』 2년 5권, 신문관, 1909.5.

었음을 표명한 바 있다. 이 점은 민간 매체들의 활동에 이중으로 제재가 가해지는 양상을 보여준다.

> 印刷의 事故로 一百五十頁남짓하게 쓰치게되야『少年理科敎室』,「少年漢文敎室」,「星辰」談等의 續草는 내이지못하오니 또 謝過할 말삼이 업사오다. ○編輯人의 意向으로는 쏙 二百頁 假量이나 하여야하겟난데 前에도 말삼한바와갓히 事勢에 끌녀 衝天하게날고 驚人하게 울지를 못하오니 恨이라[70)]

"인쇄의 사고"라고 했지만 심상찮은 분위기가 감지된다. 특히 "事勢에 끌녀" 자신들이 편집하고자 하는 글을 마음껏 쓰지 못하는 것에 대해 "恨" 스럽게 느끼고 있다. 그런데 우연의 일치인지 모르지만 언급된 대부분의 글은 교과 형식과 관련된다. 인용문의 「少年理科敎室」, 「少年漢文敎室」은 『소년』이 제3의 교육기관을 자처한 만큼, "~교실"이라는 형식으로 학교 교육을 그대로 모방한 예이며 「星辰」은 별에 관한 대화형식의 글이다. 단순한 인쇄 사고에 의해 매수가 줄어든 것이 아님은 이후 언급한 류의 글들이 대폭 줄어들거나 아예 사라지는 것에서 확인된다. 『소년』이 일부 사립학교의 교재로 활용되었음을 상기한다면 이처럼 세부적인 내용에까지 미친 제재의 방식은 교과서 검열의 수준이 강화되어갔음을 방증하는 사례가 된다.

『소년』은 출판물에 대한 검열이나 제재뿐 아니라 부수적인 활동들까지도 감시당하고 제지되었던 것으로 드러난다. "少年雜誌社公開第一次講演會"라는 제목으로 낸 신문광고에는 연설자와 연설 제목 외에도 "時日 本月二十七日日曜正午/處所 西闕▣ 圓覺社/演題及辯士/入場券 一張

70) 「編輯室通寄」, 『소년』 2년 10권, 신문관, 1909.11, 152면.

金拾錢(滿數則不賣)/入場券發賣處 中部磚洞興士團內大韓民報社/南部絲井洞新文館"와 같은 사항들이 상세하게 기재되어 있다. 이를 통해 『소년』이 잡지 발간 외에도 부수적인 활동을 계획하고 있었음을 알 수 있다. 청년학우회 기관지로 합법적인 단체 활동이 가능했던 『소년』이고 보면 이러한 강연회는 학우회의 연장선으로 해석될 여지도 있다. 결론부터 말하면 1910년 2월 27일 일요일로 예정되어 있었던 강연회는 무산된다. 『소년』 3년 3권에는 다음과 같은 사고(謝告)가 실린다.

> 去月二十七日日曜에 圓覺社에서 開設하랴던 『少年』第一次 公開講演會는 相當한 節次를 行하얏스나 臨時하야 小管官署의 禁止로 中止함을 得기치못하얏삽기 開設者로 玆에 深大한 謝意를 當時會衆諸位에게 致하노이다.
>
> 少年雜誌社 敬白[71]

"相當한 節次를 行"하여 원각사에서 열리기로 계획되었던 공개 강연회는 "小管官署의 禁止로 中止함을 得기치못"하게 되었다. 위 인용문은 바로 그러한 일에 대해 독자들에게 사죄를 하고 있는 글이다. 취소에 관한 보다 자세한 내막이 『소년』의 「편집실통기」에 언급되고 있다.

> 少年第一次 公開講演會는 去月二十七日日曜正午에 圓覺社에서 柳承欽, 崔麟, 蔡基斗, 李恩雨, 吳政善, 李漢卿 六氏의 獅子吼를 질으려하얏더니 無理한 또 沒常識한 禁止를 만나 會衆까지 만히 모앗다가 그만두게 되얏사외다 우리가 다시 누구를 허물하오릿가. 은제먼저 機會엇으면 한번 다시 開設코자하노이다.[72]

71) 「謝告」, 『소년』 3년 3권, 신문관, 1910.3, 45면.

72) 「編輯室通寄」, 앞의 책, 72면.

공개 강연회는 연설자와 회중까지 모였다가 중지되었음을 알 수 있다. 강연회의 연설자로는 유승흠(柳承欽), 최린, 채기두(蔡基斗), 이은우(李恩雨), 오정선(吳政善), 이한경(李漢卿) 등 총 여섯 명이 거론되었다. 이들은 모두 동경유학생으로 이미 당대 교육자나 언론인으로 활동하고 있던 자들이다. 최린은 앞서 살펴보았듯, 황실 특파 유학생으로 동경부립제일중에서 최남선과 함께 수학한 바 있고 1909년 귀국 전까지 유학생계에서 활발하게 활동한 인물이다. 귀국 후 보성중학의 교장으로 취임한다.[73] 유승흠, 채기두, 오정선 역시 유학생 잡지인 『대한유학생회학보』 및 『대한학회월보』 등지에서 활발하게 문필활동을 펼친 바 있다. 『소년』 강연회에서 이들이 강연하기로 되어 있었던 강연 제목은 다음과 같다.

> 失敗主義 崔 麟
> 既往의 世界와 將來의 世界 蔡基斗
> 時代精神과 新聞雜誌 柳承欽
> 樂 李恩雨
> 我青年 李漢卿
> 法律과 宗教 吳政善[74]

이뿐 아니라 『소년』 3년 8권에서 이들이 야심차게 광고했던 "學藝上大計劃"인 "歷史・地理硏究"에 관한 잡지 청원 역시 불허되었다. 여기에 대해 다음 호에서는 아래와 같이 쓰고 있다.

---

73) 『청춘』에는 보성학교를 방문한 기사에서 교장인 최린과의 인터뷰를 상세하게 다룬바 있다. 이광수로 추정되는 방문 기자는 최린을 "氏의 嫺熟한 交際態度는 보는이로 一面如舊한 感이 잇게 한다"라고 적고 있다. 「中學校訪問記-普成學校」, 『청춘』 3호, 신문관, 1914.12, 80~84면.

74) 『황성신문』 1910.2.25・27, 3면 광고.

우리는그동안에本誌第三年八卷에廣告한計劃을別노實施하기爲하야 한雜誌의發行을請願하얏스나左記한文面에잇슴과갓히如意치 못하얏소.

指令第一八號
京城南部上犂洞三十二統四戶　崔南善　二十三年
明治四十三年九月十三日付請願ニ係ル歷史地理研究ノ發行ヲ 許可セス
明治四十三年九月二十九日
總督府警務總長 明石元二郎 印

(띄어쓰기-인용자)75)

흥미로운 것은 당국의 "無理한 또 沒常識한 禁止"에 대한 이들의 반응이다. 『소년』의 편집자는 분명 당국의 행위가 "無理"이며 "沒常識"함을 알고 있지만 "우리가 다시 누구를 허물하오릿가"라는 자탄으로 일소하고 있다.

雜誌나新聞界의通例라고할것을보건댄 發行停止 갓흔것을 當하얏다가 解除가 되던지하면 거긔 對하야 무슨 말이던지 합듸다 그러나 나는 이일노써 그리 섭썩한일갓히 생각하지 아니하오 罪잇서 罰당하고 限되야 풀님이 當然한일아니오릿가 여긔 對하야 무슨 싼말이 잇겟고 다만 이에 關한 官文書를 謄載하야 歷史ㅅ거리나만드오. (띄어쓰기-인용자)76)

위 인용문에서 보이듯 앞서의 자탄은 마땅히 죄가 있으니 벌을 받는다는 반성으로 이어진다. 그리고 당국의 조치는 '당연'한 것으로 받아들여진다. 발행 정지에 대한 "싼말"을 하지 않는다는 이들의 태도는 일단 표면적으로는 순응하는 자세이다. 그러나 "다만"으로 이어지는 구절에서

---

75) 「애독열위에게 근고함」, 『소년』 3년 9권, 신문관, 1910.12.
76) 같은 곳.

앞서의 자탄이나 반성, 순응으로 일관된 자세들이 단지 표면상의 포즈였음이 확인된다. 왜냐하면 구구절절한 "싼말" 대신 그들은 강제병합 전 "統監府警務總長"이면서 병합 후 "朝鮮總督府警務總長"이 된 아카시 모토지로(明石元二郎)로부터 온 "관문서"들을 매체에 공개함으로써 이 사건을 "歷史ㅅ거리"로 만들고 있기 때문이다.

警機高發第二六五號

少年發行人　崔昌善

明治四十三年八月廿五日 發行少年 第三年 第八卷治安ヲ妨害スルモト認ムルニ付 韓國光武十一年法律 第五號新聞紙法第二十一條□依リ該雜誌ノ發賣頒布ヲ禁止シ之ヲ押收シ其發行ヲ停此ス

明治四十三年八月二十六日

統監府警務總長 明石元二郎 印

高圖秘發第二六五號ノ二

少年發行人　崔昌善

明治四十三年八月二十六日附命令シタル少年發行停止ナ解ク

明治四十三年十二月七日

朝鮮總督府警務總長 明石元二郎 印[77]

관문서 인용에 이어 『소년』은 "이것이 곳 우리가 여러분으로 더브러 여러달 캄캄한 「턴넬」을 지나게 한 動機요 兼 事實이외다. 甚히 簡單하오나 注意하야 보아주시오."라는 구절을 덧붙인다. 당국의 조치에 대처하는 이들의 태도는 상당히 냉소적으로 처리되고 있는 셈이다. 결국 관문서의 공개를 통해 『소년』의 편집진은 법적(광무신문지법) 심판의 주체들

77) 같은 곳.

을 역사의 심판을 기다리는 자로 전유해 버린다.

이 밖에도 『새별』에는 한 해를 마감하는 편집자의 감회가 다음과 같이 드러난 바 있다.

> 내가 공부하기를 조하하고 내가 글짓기를 질겨하니 육세이래로 책을 노흔 일 업고 십세이후에 붓을 쩨인일이 업섯것마는 지난 한해는 이를 못하고 이를 할수 업도록 되엇스며 몰리다가 못하야 혹 붓을 드나 능히 생각한바를 쓰어본 일이 업스니 그로 인하야 내 취미가 쌔지고 내 능사가 업서질 밧게 없서삽내다 이십사년동안 留心하고 用力한 것이 거의 근본적으로 동요한것을 생각하매 엇지 다만 원통할샏 이리오 붓그럼 쏘한 견대기 어렵삽내다[78]

최남선으로 간주되는 편집자는 "지난 한해" "몰리다" 못해 "붓"을 들었고, "생각한바"를 써본 일이 없다고 진술하고 있다. 내부적으로든 외부적으로든 상당한 압박이 있었음이 느껴진다. 이 글이 1914년 12월에 게재되었다는 점을 고려한다면 인용문의 "지난 한해"란 대략 1913년의 겨울이다. 그렇다면 이 시기 신문관의 출판활동에는 좀 더 주의가 요구된다. 왜냐하면 이 시기 발행된 잡지들에 최남선의 관여가 상당히 축소되었을 가능성이 있기 때문이다. 가령 이 시기에 발간된 『붉은져고리』나 『아이들보이』, 『새별』 등에 김여제나 이광수, 조선어강습원 인사들의 개입이 적극적으로 고려되는 것도 이러한 이유에서이다.

2) 『청춘』의 경우

『청춘』은 교양 잡지였던 만큼 정치·시사적인 주제를 다룰 수 없었다.

---

78) 「굽은다리젓흐로서」, 『새별』 15호, 신문관, 1914.12, 3면.

그럼에도 이 잡지가 1915년 4월을 시작으로 25개월간 발행 정지되었음은 『청춘』을 이해하는 데 뿐 아니라 1910년대 언론정책의 일면을 파악하는 데 중요한 단서를 제공한다. 비정치적 성향의 잡지에 대한 조치가 무엇 때문에 이토록 폭력적으로 진행될 수밖에 없었는지를 문제 삼을 때, 『청춘』은 보다 상징적으로 해석될 수 있기 때문이다. 25개월 만에 복간된 만큼 『청춘』은 당국의 비위를 거스르지 않기 위해 상당히 조심했을 것이 분명하다. 그러나 이처럼 강력하게 작동한 법적 제재에 대한 경계에도 불구하고 검열로 인한 삭제를 피할 순 없었던 듯하다.

> 有形의富와空間의富로責하면我等이아즉貧을免하지못하나니貧이恥라하면吾-此로써深恥치아니치못하노라그러나만일無窮無限히有形의富를造成하는無形의富와無盡無際히空間의富를産出하는時間의富-才智가튼것德性가튼것造化의秘를破하고開化의功을成하는發明力獨創力-上擧數例以外에라도近世史上에光燄이特發하는李汝諧의船裝甲, 李長孫의飛擊砲,鄭平九의飛車等實際的方面과尹白湖利本論, 丁茶山의分配論, 朴燕巖의塵積說, 李東武의四象說等理論的方面에 縱橫히發揮된精神上의固有自在한財産으로論할진대我等이何人에게遜色이有하며何時에停息이有하얏나뇨吾-恒常自信호대我等은此世의甲富라하노니石石이다金銀이오樹樹가다珊瑚기때문아니라진실로한번發用하면石石을다金銀케하고樹樹를다珊瑚케할精神的本素-絶對한獨創力이有함으로以함이니譬컨대青魚의大漁場이有하기때문도아니오石首의大漁場을有하기때문도아니지마는 此諸寶藏을具包兵含하야絶對한生産力을有한大海面이我等에게有하기때문이로니진실로 潛藏코滙渟하얏슬망정一大財貨一大富力임에야何傷이리오[79]

인용문은 『청춘』 7호에 게재된 「我等은 世界의 甲富」의 일부로 "(此

79) 「我等은 世界의 甲富」, 『청춘』 7호, 신문관, 1917.5, 60~61면.

間四百五十一字削除)"라는 문구로 삭제된 곳의 전문이다. 영인본에는 삭제된 내용 없이 모두 실려 있기 때문에 검열이 이루어졌는지 알 수 없다. 이 부분이 삭제되었음을 알 수 있었던 것은 『청춘』의 원본 텍스트와 영인본이 달랐던 데에 기인한다.

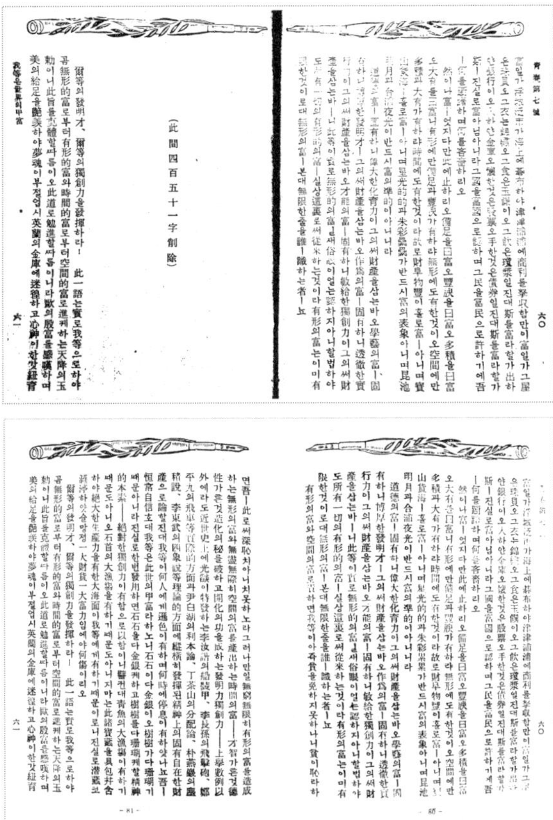

〈그림 5〉 『청춘』의 검열 사례 : 『청춘』 7호 한결본(上)과 영인본(下)

요컨대 『청춘』 영인본에는 검열의 흔적 없이 모두 게재된 데 반해 김윤경이 기증한 한결본에는 이처럼 검열의 흔적이 선명하게 남아 있다.80)

한결본과 영인본 텍스트가 다른 것으로 보아 『청춘』 7호는 두 가지 판본이 있었던 것으로 추정된다. 김윤경은 『청춘』의 열렬한 독자였던 만큼 당시 잡지를 구독해서 보았던 것이 틀림없다. 이 점은 그가 기증한 『청춘』의 '青春讀者證'[81]이 모두 오려진 데서도 확인된다. 영인본은 검열되기 전의 텍스트이거나 새로 찍어낸 판일 두 가지 가능성이 제기된다. 앞서 초판과 재판이 다르게 인쇄되었던 『소년』의 「초등대한지리총요」처럼 이 경우도 그러한 사례에 해당할 것으로 판단된다. 『청춘』 7호는 25개월의 발행 정지에서 풀려나 복간된 첫 호이다. 따라서 잡지가 발행된 지 10일이 채 안되어 품절 현상이 일어났고 이에 출판사는 새로 2000부를 찍어냈다.[82] 그렇다면 이때 보충되었을 가능성도 충분할 것으로 짐작된다. 물론 재판 발행 시, 검열이 이루어졌는지에 대한 여부가 여전히 남아 있기는 하다. 다만 초판이나 원본에서 보이는 이러한 차이는 『소년』과 『청춘』이 재판을 발행했을 때 공통으로 나타나고 있는 현상인 것만은 분명하다.

이 밖에도 내용이 검열된 예는 『청춘』 10호의 「十大奮鬪的偉人」이다.[83] 이 글은 '린컨(Abraham Lincoln)'을 비롯하여 '파라듸(Michael Faraday)', '메소니에(Jean-Louis-Ernest Meissonier)', '무듸(Dwight L. Moody)', '피보듸(George Peabody)', '럭펠러(John D. Rockefeller)', '에듸손(Thomas Alva Edison)', '카네기

---

80) 이 책에서 사용하고 있는 『청춘』 텍스트는 김윤경이 연세대학교 도서관에 기증한 것으로, 도서관의 기증도서 분류에 의거하여 한결본으로 칭한다.

81) 『청춘』의 〈青春讀者證〉은 "一人一次에一張"이라는 문구와 함께 아래쪽에 "懸賞應募 十一"과 같은 실시되는 횟수가 표시되어 있다.

82) 『청춘』은 복간 후 자신들의 인기를 실감하며 다음과 같이 감사를 표한 바 있다. "고맙습니다 靑春 지난 號는 意外의 歡迎으로 發行된지 未十日에 大部를 賣出하고 좀더 지나서는 이미 한部도 남지 아니하기에 이르니 고맙습니다 고맙습니다"(『청춘』 8호, 1917.6) 보통 『청춘』의 발행부수는 2000부 정도였는데 그것이 발행 10일도 채 안되어 품절된 것이다(「삼천리 기밀실」, 『삼천리』 7권 10호, 1935.11, 21면).

83) 「十大奮鬪的偉人」, 『청춘』 10호, 신문관, 1917.9, 34~105면.

(Andrew Carnegie)', '피아리(Robert Edwin Peary)', '모차트(Wolfgang Amadeus Mozart)' 등, 10인의 서구 위인들을 소개하고 있다. 주지하듯 링컨을 비롯한 이 "분투적 위인"들은 신문관의 다른 매체 및 단행본 텍스트들을 통해서 지속적으로 강조된 인물들이다. 링컨의 경우는 『붉은져고리』와 『새별』에 반복적으로 게재되었을 뿐 아니라 『위인원효』와 짝을 이뤄 〈수양총서〉의 형식으로 출간될 정도로 신문관에서 비중 있게 다룬 인물 중 하나이다. 그런데 '피보듸'의 소개가 끝난 76면에는 "**七七, 七八兩頁는 削除로 因하야 自欠이며 七九頁 始面의 六行은 衍文이니 讀者는 諒之하소서**"[84](강조-인용자)라는 서술이 오고 뒤이은 79면에는 다음의 인용문이 이어진다.

> 라 千八百八十二年 六月 一日에 終日토록 窓에 기대어 蒼波萬頃을 바라보더니 이윽고 해가지노라고 金波가 금을금을하고 美鳥一羽가 窓際에서 우는대 老將軍이 『웅깃겁다』고 얼버므리고눈을감더니 그눈이 永遠히 열니지 아니하더라 火葬하라는 遺言이잇섯지마는 政府와 여러 友人의 懇請을 어긔기도 어려워 한참동안 카프리라에 무덧다가 뒤에 이제 伊太利全國의 首府가 된 羅馬로 옴겻더라 『사람가운대가장 죄가 업고 가장 사랑바든사람』이라고 伊太利人들이 자랑하거니와 그는 伊太利人의 자랑일쌴 아니라 과연 全世界의 자랑이로다 自由가 謳歌되는 곳에 그의 일흠도 謳歌되어 永遠으로부터 永遠까지 繼續하리로다[85]

6행의 연문(衍文), 즉 쓸데없이 들어간 이 내용으로 삭제된 곳에서 다뤄진 위인이 누구인지 짐작할 수 있다. 인용문에서 1882년 6월 1일에 사망한 이태리의 영웅은 바로 이태리 삼국통일의 주인공 중 한 사람인 가리발디이다.[86] 가리발디는 19세기 이탈리아 통일운동에 헌신한 군인

---

84) 위의 책, 76면.

85) 같은 곳.

이자 독립투사로 공화주의에서 사르데냐 왕국에 의한 이탈리아 통일주의로 전향하여 조국 해방전쟁 때 알프스 의용대를 지휘했고 남이탈리아 왕국을 점령하는 등 이탈리아가 통일을 이룩하는 데 기여한 민족영웅이다. 근대 초기 지식인들에게 그가 최고의 영웅으로 간주된 것은 주지하는 바다.[87] 『소년』은 청년학우회의 기관지 역할을 했을 때부터 이태리 애국당을 지지하고 있었다.[88] 이태리의 통일과 독립에 대한 서사가 이 시기 '청년제류'에게 남다른 감격과 감화를 주었음은 의심의 여지가 없다. 흥미롭게도 가리발디는 『소년』에서도 다뤄진 바 있으며 이때도 국권회복에 관한 기사로 압수된 적이 있다고 한다.[89] 이로써 『청춘』에서 가리발디가 검열된 이유는 명확해진다.[90]

이보다 좀 더 확실하게 당국의 검열이 있었음을 드러낸 곳은 『청춘』 15호이다.

---

86) 브리태니커에 의하면 가리발디(Giuseppe Garibaldi : 1807.7.4.~1882.6.2)의 사망일은 6월 1일이 아닌 6월 2일이다.

87) 이탈리아 삼국통일의 주인공을 대상으로 한 영웅전으로 이 시기 대표적인 서적은 바로 신채호가 번역한 『이태리건국삼걸전』이다. 이 텍스트의 동아시아 수용양상에 관해서는 손성준의 「『이태리건국삼걸전』의 동아시아 수용양상과 그 성격」(성균관대 동아시아학과 석사논문, 2007)과 김주현, 「『월남망국사』와 『의대리건국3걸전』의 첫 번역자」(『한국현대문학연구』 29, 2009) 참조.

88) 최남선, 「진실정신」, 『새벽』 창간호, 홍사단, 1954.6, 1~2면.

89) 최준, 앞의 글, 32면. 『소년』 2년 4권에 「쌔리쌜듸傳」으로 게재된 이 글은 "이탈늬를 統一식힌 쌔리발듸"로 그 첫 편이 "百年前의 이탈늬(伊太利)"로, 두 번째 편이 「少年史傳」이라는 타이틀로 "당시의 형편"(『소년』 2년 6권, 36면)으로 소개되었으나 미완인 채로 끝난다. 최준에 의하면 그 첫 편이 국권회복에 관한 기사로 압수되었다고 한다.

90) 그런데 이 텍스트는 가리발디를 제외하고도 이미 10인의 위인을 소개하고 있다. 정확하게 말하자면 11인이 되는 셈이다. 제목을 수정하지 않았다면 애초에 11인을 설정했던 것이고 가리발디가 삭제되어 새로운 인물을 추가한 것이 아니라면 『청춘』의 편집은 이상하거나 교묘할 정도로 전략적이라 할 수 있다.

> 더욱 當局의 삭제와 기타 시절부합 등으로 내용의 약간을 割愛치 아니치 못하게 됨으로 지수ㅣ 또한 例號보담 감소하게 된 것은 여러 가지 悚仄한 중 더욱 엿불만슴 업는일이라 이것저것 합하야 죄가 크오니 갓가운 장래에 무슨 방법으로써 追贖할 도리를 마련하려할 싸름이외다"[91]
>
> (밑줄-인용자)

독자에게 전달하고 있는 사고의 구체적인 내용은 "당국의 삭제와 기타 시절부합등으로" 지수가 감소되어 죄송하다는 말씀이다. 『청춘』이 15호를 끝으로 종간되었다는 점에서 이 "당국"의 존재는 보다 의미심장하게 읽힌다. 이 밖에도 검열이 의심스러운 곳은 10호의 〈謝告〉를 싣고 있는 부분이다.[92] 『청춘』은 1917년 8월부터 지가상승으로 격월 간 간행되고 있으며 내용 역시 딱히 검열과 무관하게 서술되고 있지만 "본의아닌일"이란 말이 세 번이나 반복된다. 『청춘』 11호 역시 "不容不然의 事情으로 이번 倍號가 또 一個月을 遲後하얏슨즉 不得已 今十一月分 즉 十二號는 發行이 無暇하기로 來月分에 十二·十三 兩號를 合編刊行코저하오니 諒燭"[93]해 달라고 부탁하고 있다. 이렇듯 『청춘』은 복간 후에도 "不容不然의 事情"이나 "當局의 삭제와 기타 시절부합등"으로 잡지 발행이 순탄치 못했던 것으로 보인다.

마지막으로 검열로 인한 삭제인지의 여부는 확실치 않지만 몇 가지 특이한 사례들을 소개하면 『청춘』 7호의 122면에는 〈來號要目〉이라는 제목 아래 다음 호 잡지에 게재할 목록의 일부가 제시된다.[94] 그런데 이 가운데 주간인 최남선의 「東西今의 征服」과 「海印寺의 兩日」을 쓴

91) 「讀者의謝告」, 『청춘』 15호, 신문관, 1918.9, 76면.
92) 「謝告」, 『청춘』 10호, 신문관, 1917.9, 4면.
93) 『청춘』 11호, 신문관, 1917.11, 75면 공지.
94) 〈來號要目〉, 『청춘』 7호, 신문관, 1917.5, 122면.

심천풍의 글은 실리지 않는다. 제목까지 명시된 주간의 글이 실리지 않을 경우는 드물다고 볼 때 이 역시 검열의 가능성이 제기된다. 한편 『청춘』은 독자의 글에까지 검열이 미쳤던 것으로 보인다. 『청춘』은 '독자 투고'나 〈현상문예〉를 통해 독자들의 글을 받고 있었다. 그런데 『청춘』 10호에 당첨된 이상춘과 김윤경의 투고작은 삭제되어 실리지 않았다. 한기형은 이를 검열에 의한 것이라고 추정한 바 있다.[95] 이 밖에도 15호 〈독자문예〉에 당선된 노문희, 이남두, 김현순 다음에 "以下幷削除"라는 문구가 있는 것으로 보아 이하 무언가가 삭제되었음을 알 수 있다.[96] 이처럼 검열의 수위는 『청춘』의 편집진뿐 아니라 독자에게까지 광범위하게 적용되었다.

『소년』에서부터 『청춘』에 이르기까지 신문관에서 발행한 매체들은 다양한 방식으로 검열되었다. 그럼에도 신문관의 매체 발간은 중단되지 않고 계속되었다. 강제병합을 전후로 대부분의 잡지들이 폐간되는 상황에도 『소년』은 통권 23호까지 존속되었다. 『청춘』은 25개월 동안의 발행 정지에도 폐간되지 않고 복간되었다. 이처럼 신문관 잡지들의 거듭된 폐간과 창간, 발행 정지와 복간은 총독부가 허용한 무단통치기 언론통제의 양상을 그대로 확인시킨다.

95) 한기형, 「최남선의 잡지 발간과 초기 근대문학의 재편」, 앞의 책, 340~341면.

96) 〈독자문예〉, 『청춘』 15호, 91면. 노문희의 '바다'(상금오십전), 이남두의 '高下島의넷碑'(상금오십전), 김현순의 '永劫의 躍動'(상금일원) 이하에 소개된 당선작들이 삭제된 것으로 추정된다. 물론 이 구절만으로 검열되었다고 판단하기에는 성급하다. 다만 삭제의 이유에 대한 양해나 설명이 이뤄지지 않고 있다는 점에서 이 역시 단순한 삭제로 보이지 않는다.

제3부

결사의 장과 운동의 구심점

제1장

청년운동과 청년학우회

청년학우회는 도산 안창호를 중심으로 한 청년운동 단체이다. 흥사단의 전신으로도 알려져 있는 이 단체는 청년운동의 발상지라 해도 과언이 아닐 정도로 청년운동의 선두에 위치해 있다.[1] 비밀결사체인 신민회의 외곽 단체나 부속기관으로 인식된 경향이 있지만[2] 신민회와 달리 통감부의 승인을 얻어 합법적인 활동을 펼쳤다. 한성을 비롯하여 평양, 의주, 안주, 선천 등에 전국적인 연회활동이 허용되었을 뿐 아니라 연설회, 운

1) 흥사단사편찬위원회, 『흥사단五十년사』, 대성문화출판, 1964, 9면.

2) 청년학우회는 안창호를 중심으로 한 신민회 계열의 부속 단체로 알려져 있다. 그런데 이 부속 단체라는 성격을 신민회와 동일하다고 보는 입장(신용하, 「신민회의 창립과 그 국권회복운동」 상 · 하, 『한국학보』 8 · 9집, 1977, 33면)과 구분된다고 보는 입장(윤경로, 『105인사건과 신민회 연구』, 일지사, 1990)에 따라 청년학우회에 대한 역사학계의 의견은 나뉘고 있다. 한편 일본인 연구자 키노시타 타카오(木下隆男)는 이 두 견해에 비판적으로 접근하면서 '105인 사건'을 청년학우회와 관련시킨 바 있다(「新民會像의 형성에 관한 비판적 고찰」, 『한국민족운동사연구』 62, 2010 및 「105인 사건과 청년학우회 연구」, 숭실대학교 박사학위논문, 2011 참조). 이 책에서는 『소년』과 신문관의 입장을 중심으로 구분하는 입장에 서고자 한다. 안창호를 공통분모로 하고 있다는 점에서 밀접한 관련이 있는 것은 틀림없지만 단체의 성격과 구체적인 활동에 있어서는 구별된다고 생각하기 때문이다.

동회, 음악회 등의 부설활동도 가능하였다. 신문관에서 발간된 잡지 『소년』이 그 기관지에 준하는 역할을 했다는 것은 이러한 점들과 밀접하게 연동된다.[3] 청년학우회는 『소년』이 최남선 1인 잡지로부터 탈피하는 계기인 동시에 이후 『소년』이 지향한 텍스트의 성격을 이해하는 데 유용한 단서를 제공한다. 무엇보다 청년학우회의 여러 부설활동에 신문관이 직·간접적으로 연루되어 있다는 점에서 신문관과 청년학우회의 관계는 보다 면밀하게 검토될 필요가 있다.

1. 학우회 기관지로서의 『소년』

1) 「청년학우회보」의 발행

『소년』은 1908년 11월에 창간되었고, 청년학우회(이하 학우회)는 1909년 8월에 결성되었다.[4] 안창호의 측근으로 초창기 학우회를 구상하고 설계했던 김두화(金斗和)의 언급[5]을 비롯하여 학우회 관련 인사들의 회고들을

3) 『소년』이 청년학우회 기관지였다는 점은 공공연히 알려진 사실이다. 그렇지만 『소년』을 청년학우회와 관련하여 다룬 연구는 그다지 많지 않다. 권보드래와 윤영실이 학우회의 이념과 관련해 몇 가지 중요한 언급들을 한 바 있으며 박용규가 여기에 대해 본격적으로 다룬바 있다. 권보드래, 「'소년'·'청춘'의 힘과 일상의 재편」(『『소년』과 『청춘』의 창』, 이화여대 출판부, 2007, 161~164면); 윤영실, 「최남선의 근대적 글쓰기와 민족담론 연구」(서울대 박사논문, 2009, 39~43면); 박용규, 「최남선의 현실 인식과 『소년』의 특성 변화 : 청년학우회 참여 전후의 변화를 중심으로」(『한국언론학보』 55권 5호, 2011) 참조.

4) 『흥사단五十년사』에 의하면 청년학우회는 1909년 2월 창립된 것으로 되어 있지만 청년학우회의 취지서 및 발기인의 명단이 공표된 1909년 8월을 기해 창립되었다고 보는 것이 보다 설득력 있다고 판단한다. 「青年學友會趣旨書」 및 「青年界嘉信」, 『대한매일신보』 1909.8.17, 잡보 2면.

5) 국사편찬위원회, 『한민족독립운동사자료집1 : 105인사건공판시말서』 I, 1986, 277면.

참조하면 『소년』이 기관지 역할을 한 것은 분명해 보인다. 『소년』이 청년학우회의 기관지로 활동한 기간은 학우회 결성 다음 달인 1909년 9월부터 강제병합이 체결된 1910년 8월까지이다. 이 1년여 동안 『소년』은 청년학우회에 대한 각종 소식과 학우회 활동 전반에 대한 내용을 게재한다. 『소년』에 게재된 학우회보 발행 및 관련 기사들을 살펴보면 다음과 같다.

〈표 20〉「청년학우회보」 발행 및 관련 기사

호	2년 8권	2년 9권	3년 3권	3년 4권
연도	1909.9	1909.10	1910.3	1910.4
구성 내용	-青年學友會趣旨書 -青年學友會立委員會議定件 (摘要) 德體智育의 세부 활동 및 회원종류와 자격 요건	-지방연회 -五十人案 (三十人으로 改定)	-설립위원회의 임원 대변 -한성연회허가 및 임원 선정 -지방연회 설립규칙 -평양지방視察員派往	논설/회보-설립위원회 기사 -한성연회 3월보고 가곡-청년학우회가 휘보-회원명심건 -윤치호씨 연설
비고	〈少年時言〉 "청년다운 청년", "청년학우회"		3년 2·3·4권 「어린희생」 上中下	본격적인 회보 형식 갖춤 도산 관련 시2편
면	15~16	39	70~71	61~67
호	3년 5권	3년 6권	3년 7권	3년 8권
연도	1910.5	1910.6	1910.7	1910.8
구성 내용	논설/회보-설립위원회 기사 -한성연회 4월보고서 가곡-행보가 휘보 광고 ◉漢城聯會圖書縱覽所設置, 寄附金任置	논설/회보-설립위원회 기사 가곡-하기휴학가 휘보-서식 광고 ◉漢城聯會圖書縱覽所公告	휴게 공지	다른 보고 내지 않겠다는 공지 ◉漢城聯會圖書縱覽所公告
비고		「소년논단-금일아한청년의 경우」	부록 「ABC계」, 「국사사론」	各地方聯會집회정지 공고/ 최광옥 별세소식
면	73~79	75~80	목차	62~63

1909년 9월에 발간된 『소년』 2년 8권에서 『소년』은 청년학우회의 기관지로 활동할 것을 밝히고 학우회의 취지서 및 설립위원회 의정안을

게재한다. 그러나 학우회 기관지라고 불릴만한 형식을 갖춘 것은 1910년 4월 발행된 3년 4권에서부터라 할 수 있다. 이때부터 「청년학우회보」는 논설과 회보, 휘보, 광고 순의 일정한 양식으로 소개되기 때문이다. 가령 『소년』 2년 9권과 3년 3권에는 청년학우회에 관한 소식이 게재되지만 일정한 형식 없이 단편적인 보고나 전달에 그친다. 이 사이에 발행된 『소년』 2년 10권과 3년 1권 및 3년 2권에는 학우회와 관련된 아무런 내용도 실리지 않는다. 3년 7권에서와 같은 학우회보 휴게에 대한 공지조차 없다. 물론 이 기간은 최남선이 도일한 시기와 맞물려 귀국 직후 발간된 『소년』 3년 2권의 권두는 도산 안창호를 기리는 「태백산시집」으로 장식된다. 시집 표지에 "日本東京에서 公六"[6]이라고 밝히고 있는 것으로 보아 도산의 망명과 시기적으로 일치하고 있음을 알 수 있다.

3년 4권에서부터 논설-회보-휘보-광고 순으로 구성된 학우회보의 형식은 3년 6권까지 지켜진다. 논설부터 살펴보면 학우회 총무로 피임된 최남선이 "靑年學友會의 主旨"에 대해 쓰고 있다. 새로운 취지문에 해당하는 이 글은 『소년』 3년 4권에서부터 6권까지 총 3회에 걸쳐 본문 5까지 연재되었다.[7] 3년 6권 말미에 "(以下는 다음)"이라는 구절로 미루어 계속될 예정이었으나 이후 「청년학우회보」의 발간이 일정치 않게 되면서 더

---

6) 公六, 「太白山詩集」, 『소년』 3년 2권, 신문관, 1910.2, 1면.

7) 윤경로에 의하면 강제병합으로 거의 모든 단체가 해산 위기에 처하자, 학우회는 1910년 8월부터 동년 11월까지 일체의 활동 정지를 『소년』에 공고한다. 창립 1년 만에 해산의 위기를 맞이했던 청년학우회는 그 후 최남선이 총독부 경무총감부 보안과에 본회의 설립 취지서를 다시 제출함으로써 재조직되었다. 바로 이때부터 지방 지회가 연회로 개정되어 지방 지회는 보성중학교 내 한성지회 / 대성학교내 평양지회/안주의 안흥지회의 발기회 / 의주의 의주지회 결성 / 선천, 진남포, 안악 등에 발기회가 결성되어 7개 지방에 연회가 조직되었다. 그런데 윤경로의 서술과 달리 최남선이 「청년학우회보」를 통해 학우회의 설립 취지를 다시 공포한 것은 1910년 4월 3년 4권에서이다. 그러니까 강제병합 이전에 이미 새롭게 제출되었던 것이다. 청년학우회로서는 합법적인 조직의 성격을 보다 분명히 해명할 필요가 있었던 것으로 보인다. 윤경로, 앞의 책, 239면.

이상 실리지 못한 것으로 추측된다. 「청년학우회의 주지」에서 최남선은 "우리는 不得不 하되 잘하야 保存하고서 發展하겟다의 길을 들어서도다 그러나 修養이 업슬수 업다 準備가 업슬수 없다 곳 凡百의 鍛鍊이 업슬수 업다, 채쳐서 말하자면 自覺을 헛되게하지 아니할 힘을 길으지 아니할수 업다. 이에 青年學友會가 일어낫"다며 "懋實力行의 旗"[8]를 내놓는다. 신채호(申采浩)가 쓴 학우회 취지서와 달리 최남선은 장래를 위한 준비와 수양을 강조하고 있다. 더욱이 "青年學友會는 毋論 政治的으로 아모 意味업난것이오 社會的으로 아모 主義잇난것이 아니라 思想이고 感情이고 意志고 智識이고 모든것이 다單純한 青年學友들의 主義고 目的이고 方法이고 計劃이고 모든 것이 다 單純한 集會라 單純한 故로 平凡하고 平凡한故로 그 色이 薄하며 그 味가 淡하도다"[9] 라며 서술한다. 글자마다 강조점까지 찍어가며 단체의 성격을 "단순"과 "평범"으로 집약시키고 있다. 강제병합을 목전에 두고 학우회는 방향을 수정할 수밖에 없었던 것이다. 비록 다른 글에서이지만 신채호가 "前進"을 사용한 데 반해 최남선은 "漸進"으로 표현하고 있는 데서도 이러한 정황은 짐작된다. 이러한 우회야말로 『소년』이 강제병합 이후에도 살아남을 수 있었던 이유 가운데 하나일 것이다.

이와 함께 「청년학우회보」에 게재된 윤치호(尹致昊)의 연설도 재고해볼 필요가 있다. 학우회 12인의 발기인 중 한 사람인 윤치호는 '105인 사건'에 연루되어 심문받는 과정에서 "나는 校長 이름만을 빌려준 것으로서 會則 등의 일은 일체 安昌浩 1人이 하고 있었다. 회장에 의뢰되었을 때도 會則이란 것이 있었으나 그 일은 일체 安에게 위임하고 나는 관계하지 않았다"

8) 崔南善, 「青年學友會의 主旨」, 『소년』 3년 4권, 신문관, 1910.4, 62면.
9) 崔南善, 「青年學友會의 主旨」, 『소년』 3년 6권, 신문관, 1910.6, 75면.

고 진술했다.[10] 그렇지만 학우회보에는 다음과 같은 글이 실린다.

> 북아메리카와 유로파를 돌아다니라가신 본회설립위원장윤치호씨는 도처에 큰 환영을 밧으신다ᄒᆞ며 또 경영ᄒᆞ시ᄂᆞᆫ 일은 매우 잘 되어간다ᄒᆞ니 우리는 衷心으로 깃버ᄒᆞ거니와 본월일월삼십일에 싼 프랜시쓰코에 거류하ᄂᆞᆫ 제국동포의 환영회에서 연설하신 말삼은 우리 회의 정신을 명백하게 들어내엿기로 이에 전재하노라 (잡지 「大道」에서)[11]

인용문은 샌프란시스코에 거류하는 동포들을 위한 윤치호의 연설을 학우회보에 옮겨 실으면서 재게재의 변(辯)으로 덧붙인 내용이다.[12] 윤치호를 "본회설립위원장"이라고 분명히 밝히고 있을 뿐 아니라 "싼 프랜시쓰코에 거류하ᄂᆞᆫ 제국동포의 환영회에서 연설하신 말삼은 우리 회의 정신을 명백하게 들어내엿기"에 싣는다는 게재의 이유도 덧붙인다. 회장으로 이름만 내걸었다는 윤치호의 언급과 달리 학우회는 그와의 연관성을 계속해서 환기시키고 있는 셈이다.

다음으로 회보에는 회원들의 동정과 한성연회 및 지방연회들의 조직 구성과 관련된 보고들이 비교적 상세하게 언급된다. 특히 휘보에는 지방연회 설립과 연설회, 음악회, 도서관 등에 관한 세부 내용이 소개된다. 그리고 한성연회 도서종람소의 활동 내역들이 광고란에 보고된다. 병합이 이루어진 8월에는 "各地方聯會는 本十一月까지 一切 集會를 停止ᄒᆞᆯ 사"[13]라는 각 지방연회의 활동 중지가 공표되고 학우회보 역시 "생각이

10) 「尹致昊 京城覆審 第1回 公判始末書」(제67권), 국사편찬위원회 편, 앞의 책, 18면.
11) 「휘보-윤치호씨의 연설」, 『소년』 3년 4권, 신문관, 1910.4, 66면.
12) 이 연설문은 윤치호가 샌프란시스코 한인교회를 방문했을 때 『신한민보』에 처음 게재한 것으로 『대도』가 이를 재게재했고 『소년』은 『대도』의 글을 다시 옮겨 왔다. 권두연, 「청년학우회의 활동과 참여 인물」, 『현대문학의 연구』 48호, 2012, 128면.
13) 「청년학우회보」, 『소년』 3년 8권, 신문관, 1910.8, 63면.

잇사와 달은 報告는 얼맛동안 아니 내기로"[14] 결정된다. 결국 〈漢城聯會圖書縱覽所公告〉를 마지막으로 학우회보는 더 이상 발간되지 않기 때문에 기관지로서의 역할은 여기서 중단된 것이나 다름없다. 물론 그 전호인 『소년』 3년 7권에서도 목차를 통해 "청년학우회보는 금번에는 휴게하오"[15]라는 공지를 간단히 띄운 바 있다. 병합 이후 『소년』 3년 9권과 4년 2권이 더 발간되는 동안에도 학우회보는 더 이상 발행되지 않는다. 학우회에서 시찰원으로 활동하던 최광옥의 별세를 공지하고 있는 『소년』 3년 8권이 「청년학우회보」가 실리는 마지막 권이 되는 셈이다.[16] 『소년』이 학우회의 기관지로 활동한 기간은 실질적으로 불과 1년여 정도에 지나지 않는다. 그러나 이 운동의 지향성은 여기에 그치지 않고 신문관의 전 출판활동 속에서 보다 구체적으로 구현된다.

2. 학우회의 부설활동

학우회는 무실역행(懋實力行)과 정의돈수(情誼敦修)를 바탕으로 건전한 인격체를 완성시키는 데 목적을 두고 있다. 이를 실천하기 위해 덕육(德育)・체육(體育)・지육(智育)의 세 항목을 다음과 같이 제시한 바 있다.

> 一. 本會는 大韓의 懋實・力行으로 生命을 作하난 青年學友를 團合하야 情誼를 敦修하며 아울너 德・體・智三育을 硏究코 또 그 好美한

14) 위의 책, 62면.

15) 「목차」, 『소년』 3년 7권, 신문관, 1910.7.

16) 공지의 내용은 다음과 같다. "設立委員崔光玉氏가 宿患으로 七月十九日下午五時十分에 別世ᄒᆞ신바 二十二日 上午 十二時에 黃海道 白川郡 南山에 勸窆ᄒᆞ얏ᄉᆞᆸᄂᆡ다 青年學友會設立委員會" 『소년』 3년 8권, 신문관, 1910.8, 63면.

者를 踐履하야 健全한 人物을 作成하기로 目的함
一. 本會의 目的을 達하기 爲하야 左開한 事를 追次實行함

(1) 德育
德育上의 講演(演說과 및 報章으로)
品行의 監督과 및 指導
勤儉貯蓄의 獎勵
青年學生의 可能한 公共事業의 實行
自彊·忠實·勤勉·勇敢的 精神의 鼓吹

(2) 體育
衛生上 操心할 事項의 隨時訓示
運動場(遊泳場·行走場等)의 設備
巡廻競技(野球等)의 設行

(3) 智育
機關雜誌의 刊行
有益한 書籍의 刊行
圖書縱覽所의 設立
巡廻講演의 設行
討論會와 및 講習會의 設行
簡易한 博物園의 設立[17]

덕→체→지의 순으로 서술된 이 강령들은 학우회의 우선적인 실천 덕목들이다.[18] 덕육에 해당하는 항목부터 살펴보면, 학우회가 덕육의 구체

17) 「青年學友會設立委員會議定件(摘要)」, 『소년』 2년 8권, 신문관, 1909.9, 15면.
18) 덕양(德養)·체양(體養)·지양(智養)의 순서로 구성된 덕체지의 강조는 고종의 교육조서(「구한국관보」, 1895.2.2)라 할 수 있는 교육강령과 일치한다.(「學校考」 8, 『增補文

적인 덕목으로 제시하고 있는 네 가지 정신은 자강・충실・근면・용감이다. 이 가치들을 고취하기 위해 각종 덕육상의 강연과 연설, 그리고 그 품행의 감독과 지도 및 근검저축, 공공사업 등을 계획한다. 체육을 위해서는 위생 훈련과 각종 체육 경기를 위한 제반 시설의 확충이 요구된다. 마지막으로 지육의 실천적인 지침으로는 기관 잡지 및 서적의 간행과 도서종람소 및 박물원 설립, 그리고 순회강연 및 토론회, 강습회의 설행 등이 기획된다. 이 가운데 기관 잡지의 간행 및 도서종람소의 설립은 신문관을 중심으로 이루어진다. 그럼 학우회가 제시한 실행 항목들 가운데 구체적으로 이루어진 활동들에 대해 살펴보도록 하자.

1) 강연회 및 강습회와 음악회

학우회는 의정안에 제시된 덕・체・지의 겸비를 위해 각종 강연회, 음악회, 도서종람소 설립 등의 부수적인 활동들을 진행, 현실화하기에 이른다. 한성연회의 월별 역사보고에 따르면 강연회는 정기적으로 열렸던 것으로 보인다. 四月度歷事報告에 따르면 4월 16일 강연회에서는 옥관빈(玉觀彬)과 최남선이 각각 "練辯의 必要"와 "學에 關하여"라는 제목으로,[19] 五月度歷事報告에는 김원식(金遠植)이 5월 29일 "우리의 業으로"라는 제목으로 강연했다.[20]

강습회도 마련되었던 것으로 포착된다. 학우회보에는 강습회에 관한 구체적인 보고가 제시되지 않았지만 당시 신문 기사에는 다음과 같은

獻備考』제 209권, 『(국역)증보문헌비고』 http://www.krpia.co.kr/pContent/?svcid=KR&proid=6) 참조.

19) 「청년학우회보」, 『소년』 3년 5권, 신문관, 1910.5, 77면.

20) 「청년학우회보」, 『소년』 3년 6권, 신문관, 1910.6, 79면.

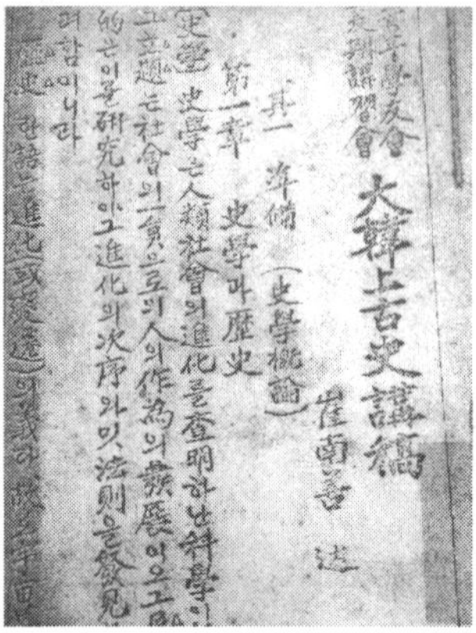

〈그림 6〉 청년학우회 하기강습회 강연 원고 「大韓上古史講稿」 [자료 : 연세대학교 국학자료실 소장]

학우회의 강습회 광고가 나고 있다.

> 青年學友 夏期講習會廣告
> 一. 隆熙四年七月十一日븟터 五週間
> 一. 時間은 每日 午前 七時로븟터 十時ᄭᆞ지
> 一. 處所는 南門內 尙洞靑年學院內
> 一. 科目은 論理學, 地理學, 史學
> 一. 束修 金三十錢
> 一. 請求書는 南部 絲井洞 新文舘으로 提出[21]

하기강습회의 기간과 강습 시간, 장소, 과목, 수강료, 청구서 제출에 관한 정보가 공지되어 있다. 청구서를 신문관으로 제출하라는 구절로 보아 신문관이 한성연회 도서종람서의 임시 거처 뿐 아니라 학우회 사무실의 역할까지 겸하고 있었음이 다시금 확인된다. 물론 『소년』을 중심으로 시도된 순회강연과 마찬가지로 학우회 강습회 역시 광고만 되었거나 무산되었을 수 있다.[22] 그런데 최남선이 학우회에서 강습할 목적으로 작성한 원고가 발견되었고[23] 더욱이 그 소장처가 최남선이 아닌 당시 주시경 문하에서 수학하고 있던 장지영(洌雲 張志暎)이라는 점에서 학우회 하기강습회는 개최되었거나 적어도 구체적인 실행 단계에까지 이르렀던 것으로 판단된다.

강습회 현장에서 직접 배포되었을 것으로 추정되는 학우회 강습회의

21) 『황성신문』 1910.7.10, 3면 광고.

22) 여기에 대해서는 제2부의 보론에서 다루었다. 보론을 참조하기 바란다.

23) 「청년학우회의 활동과 참여 인물」에서도 밝혔듯 이 자료는 연세대학교 국학자료실의 열운 장지영의 기증 문고에서 발견되었다. 아직 학계에 공계된 바 없는 미발표 원고로 판단되어 소장처와 협의되는 대로 자료 공개를 실시할 예정이다. 권두연, 「청년학우회의 활동과 참여 인물」, 앞의 책, 134면.

강연록은 등사지에 총 15장으로 구성되어 있다. "靑年學友會 夏期講習會 大韓上古史講稿"라는 표제 아래 "其一 準備"(史學概念) 단계의 "第一章 史學과 歷史"에서부터 시작하여 주로 고대사에 관한 내용들이 필기되어 있다. 하기강습회가 개설한 논리학(論理學), 지리학(地理學), 사학(史學) 중 바로 사학에 해당하는 내용임을 알 수 있다. 최남선은 당시 상동청년회 내에서 열렸던 토요강습회에서도 역사를 가르쳤고[24] 흥미롭게도 1914년에 쓴 일기에서도 11월 22일 "어느 모임을 爲하야 史學의 槪念에 對하야 第一講을 열다"라고 쓴 바 있다.[25] 주로 일요일에 열린 것으로 간주되는 이 강의[26]의 첫 주제 역시 하기강습회 원고의 내용과 일치하고 있는 것이다. 그러니까 최남선은 1910년을 전후하여 청년학우회나 상동청년회의 강습회에서부터 사학에 대해 강의하기 시작했고 적어도 1910년대 중반까지 이를 지속했다. 그리고 여기에는 대한상고사에 관한 내용이 포함되어 있다.[27]

음악회도 정기적으로 실시하였다. 음악과장 김인식(金仁湜)과 과원 이상준(李尙俊), 서기 이기동(李基東)으로 구성된 음악과는 3년 4권부터 「청년학우회보」에 가곡을 싣고 김인식의 "引導"하에 "會歌練習"을 한 것으로 보인다. '漢城聯會四·五月度歷事報告'에 따르면 4월 23일과 5월 28일에 각각 음악회를 개최한 것으로 드러난다.[28] 「청년학우회보」에 실린 노래

24) 문일평의 회고에 의하면 최남선은 역사를 자신은 지리를 담당했다고 한다. 문일평, 「나의 평생」, 『호암전집』 3, 민속원, 1994, 491~492면.

25) 曲橋人, 「一日一件」, 『청춘』 4호, 신문관, 1915.1, 133면.

26) 「一日一件」에는 1914년 11월 29일 일요일 "前週의 講을 續하다"와 1915년 1월10일 일요일 "客年부터의 日曜講을 更始하다"고 쓰고 있다. 「一日一件」, 앞의 책, 135면 및 「一日一件」, 『청춘』 6호, 신문관, 1915.3, 118면.

27) 이 점은 최남선이 신채호의 「독사신론」을 『소년』에 재게재하면서 쓴 서문과 관련하여 흥미로운 독해를 유도한다. 여기에 대해서는 후술하도록 한다.

28) 「청년학우회보」, 『소년』 3년 5권, 신문관, 1910.5, 77면 및 「청년학우회보」, 『소년』

를 구체적으로 살펴보면 3년 4권에는 〈靑年學友會歌〉[29]의 가사가, 3년 5권에는 〈청년학우회가〉의 곡보와 〈靑年學友會行步歌〉가 함께 실리고 다음 호인 3년 6권에는 〈靑年學友會夏期休學歌〉가 게재된다.

(1) 懋實力行 등불밝고 旗빨날니난 곳에 / 우리들의 나갈길이 숫돌갓도다
榮華로운 우리歷史 福스러운國土를 / 빗치나게 할양으로 힘을合햇네
勇壯하던 祖上의피 우리속에흘으니 / 아모러한 일이라도 怯이업도다
至善으로 일으랴고 努力하난 精神은/自彊, 忠實, 勤勉整齊 勇敢이로세
(曲譜製作中)[30]

(2) 우리들은 굿센힘과 純全ᄒᆞᆫ마음 / 靑年學友 會를爲ᄒᆡ 함ᄭᅦ하도다
새世上의 ᄯᅢ박휘가 우리압헤와 / 보기좃케 돌녀주기 기다리ᄂᆞᆫ데
오랫동안 길너나온 中情튼튼코 / 감겨잇던 끌ᄂᆞᆫ피에 脈이춤추네
쇠와갓ᄒᆞᆫ 손과발이 이러ᄒᆞ거니 / 나아가셔 求할터라 次例옴이랴
千載一遇 조흔ᄯᅢ에 조흔ᄯᅡᆼ에나 / 조흔職分 좃케다ᄒᆡ 조흠만들냐
懋實力行 旗를세워 우리모히니 / 우리포부ᄂ 원대ᄒᆞ고 압길밝도다
돌녀라 돌녀라 두루돌녀라 / 큰것을 이루도록 힘씻돌녀라 (2절 생략)[31]

(3) 겨을봄精誠으로 배홧던것을 / 등에지고鄕里로 도라와보니
周圍의無識함이 눈새롭구나 / 한동안그를爲해 수고하리라

3년 6권, 신문관, 1910.6, 78면.

29) 주요한에 의하면 이 노래는 최남선이 지었다.(주요한, 「去國歌와 靑年學友會歌」, 『새벽』 제2권 제6호, 1955. 11. 126~127면.) 나머지 두 노래 역시 성격상, 모두 최남선이 지은 것으로 판단된다. 덧붙이면 최남선은 이 시기 휘문과 중앙학교 등의 교가를 작성하고 있다. 휘문칠십년사 편찬위원회, 『徽文七十年史』, 휘문중·고등학교, 1976; 중앙백년사 편찬위원회 편, 『중앙백년사』, 중앙교우회, 2008 참조.

30) 〈靑年學友會歌〉, 「청년학우회회보 : 歌曲」, 『소년』 3년 4권, 신문관, 1910.4, 65면. 인용문의 /는 원문의 행구분 표시이다. (이하 동일)

31) 〈靑年學友會行步歌〉, 「청년학우회회보 : 歌曲」, 『소년』 3년 5권, 신문관, 1910.5, 77면.

알므로利益밧난 우리幸福을 / 난화서갓히함은 깃븐일이라
얏고적은智識도 힘써널니면 / 一般文化向上에 큰功잇도다
이라하야쎠쎠시 할일한뒤엔 / 勝蹟에널니놀아 思想길으고
植物景, 礦物分布 觀察도하야 / 새론智識엇기에 精神쓰리라
이런일에全能을 다드리면서 / 惡한 誘惑물니쳐 몸과精神을
더욱더욱健全히 붓도도다가 / 깃거움은學窓에 도라옴일세[32]

학우회의 이념인 "懋實力行"으로 시작되고 있는 (1)〈청년학우회가〉에는 학우회의 포부와 지향이 분명하게 표명되어 있다. "숫돌"같은 기상은 "아모러한 일"에도 "怯"이 없는 청년의 모습으로 제시되면서 영화롭고 복스러운 우리의 역사와 국토를 향해 "등쓸밝고 旗쌀날니"는 낙관적인 이미지로 형상화된다. 그리고 의정서에서 덕육상의 구체적 항목들로 제시된 自彊·忠實·勤勉·勇敢도 노랫말에 그대로 담겨진다. 제작 중이던 곡보는 다음 호에 〈청년학우회행보가〉와 함께 첨부된다. (2)〈청년학우회행보가〉는 1절과 2절이 각각 6행으로 나눠지고 후렴구가 있다. (3)〈청년학우회하기휴학가〉는 하기휴학 즉 여름방학을 맞이하여 부를 목적으로 작성되었다. 각자 자신의 고향으로 돌아가 자신이 배운 지식으로 일종의 계몽운동을 펼침으로써 "一般文化向上에 큰功"을 세우는 한편 향리에서 식물 구경, 광물 분석, 관찰 학습 등 다양한 지식을 습득하고 수양에 힘쓸 것을 노래하고 있다. 세 편 모두 학우회의 이념과 지향성을 잘 구현하고 있으며 노래의 전반적인 분위기 역시 그들의 낙관적인 포부와 미래지향적 기대들로 채워져 있다.

이 같은 회가(會歌)의 중요성은 두 가지 점에서 주목된다. 우선 단체라

32) 〈青年學友會夏期休學歌〉, 「청년학우회회보 : 歌曲」, 『소년』 3년 6권, 신문관, 1910.6, 79면.

는 집단 속에서 조직 활동의 일환으로 실제 불렸다는 점에서 집단적 구전성(orality)을 들 수 있다. 집단적인 노래가 가지는 응집력과 통일성은 공통된 연대감과 정서들을 함양하도록 유도한다. 이를 통해 청년을 중심으로 한 조직적 의식화도 가능해질 수 있다. 다른 하나는 매체를 통해 유포되었다는 점에서 매체의 전파성(propagation)을 띤다. 인쇄매체를 통해 활자화되면서 그 전파성과 지속성이 훨씬 증폭된 것은 말할 나위 없다. 특히 곡보를 함께 붙임으로써 노래가 가지는 음악성은 시각적 재현과 더불어 보다 감각적으로 수용, 접근될 수 있는 이점을 지닌다. 이후에도 신문관은 『붉은져고리』를 비롯해 『청춘』과 『시문독본』에 이르기까지 노래의 형식을 포기하지 않고 지속적으로 시도한다.[33)]

2) 한성연회 도서종람소와 기부 서적들

학우회는 또 하나의 사업으로 도서종람소를 기획했다. 초기 도서관의 한 형태로 간주되는 도서종람소는 일종의 '독서 장치'이다.[34)] 학우회가 추진한 여러 사업 가운데 특히 한성연회 도서종람소의 운영은 다른 활동에 비해 활발하게 전개된 양상을 보인다. 이 사업을 위해 독지가들로부터 서적을 기부 받고 이를 광고란에 게재하였다.[35)] 주목하고 싶은 것은 이 도서종람소가 신문관을 중심으로 운영되었다는 점이다. "圖書收集을

33) 『소년』에 이어 『붉은져고리』, 『청춘』, 『시문독본』 초판에 이르기까지 악보를 싣고 있다. 여기에 대해서는 〈표 33〉 신문관 매체별 노래 목록 참조.

34) '독서 장치'라는 용어는 나가미네 시게토시의 『독서국민의 탄생』에서 차용하였다. 나가미네 시게토시, 『독서국민의 탄생』, 다지마 데쓰오 · 송태욱 옮김, 푸른역사, 2010 참조.

35) 광고란의 제목은 "漢城聯會圖書縱覽所設置에對하야寄附及任置"이다. 『소년』 3년 5권, 신문관, 1910.5, 79면.

着手ᄒᆞ되 收集所는 新文館으로 定ᄒᆞᆷ"36)에 따라 신문관이 한성연회 도서종람소의 임시 거처가 된다. 총 세 번에 걸쳐 진행된 한성연회 도서종람소의 기부 내역은 다음과 같다.

〈표 21〉 청년학우회 한성연회 도서종람소 기부 서적 목록37)

<table>
<tr><th>기부자</th><th>책제목</th><th>저자</th><th>권수</th></tr>
<tr><td colspan="4">◉ 漢城聯會圖書縱覽所設置에對하야 寄附及任置
「청년학우회보 〈광고〉」(『소년』 3년 5권(1910.5), 79면)</td></tr>
<tr><td>尙灝</td><td>Encyclopeadia Britanica
(Ninth Edition)</td><td>大英百科全書
第九板</td><td>三十五冊
及冊架</td></tr>
<tr><td rowspan="3">崔昌善
(3)</td><td>韓國建築報告</td><td>東京帝國大學</td><td>壹冊</td></tr>
<tr><td>韓國政爭志</td><td>幣源坦</td><td>壹冊</td></tr>
<tr><td>韓國建地理*</td><td>田淵友彦</td><td>壹冊</td></tr>
<tr><td colspan="4">◉ 漢城聯會圖書縱覽所公告
「청년학우회보 〈광고〉」(『소년』 3년 6권(1910.6), 80면)</td></tr>
<tr><td rowspan="13">崔昌善
(13)</td><td>合肥相國七十賜壽圖</td><td></td><td>全四冊</td></tr>
<tr><td>周禮政要</td><td></td><td>全二冊</td></tr>
<tr><td>黃種之四大偉人</td><td></td><td>全一冊</td></tr>
<tr><td>大日本維新史</td><td>重野安譯</td><td>全一冊</td></tr>
<tr><td>說唐全傳</td><td></td><td>全六冊</td></tr>
<tr><td>袖珍百科全書</td><td>內外出版協會</td><td>全一冊</td></tr>
<tr><td>教育小說棄石</td><td>小泉又一</td><td>全一冊</td></tr>
<tr><td>世界歷史大年表</td><td>山田美妙</td><td>全一冊</td></tr>
<tr><td>飮氷室自由書</td><td>梁啓超</td><td>全一冊</td></tr>
<tr><td>大東歷史</td><td>崔慶煥</td><td>全二冊</td></tr>
<tr><td>日本歷史</td><td>木寺柳次郎</td><td>全一冊</td></tr>
<tr><td>Letters from self-made merchant to his son</td><td>Lorimer</td><td>全一冊</td></tr>
<tr><td>和漢三才圖會</td><td>寺島良安</td><td>全一冊</td></tr>
</table>

36) 위의 책, 76면. 漢城聯會四月度歷事報告에 의하면 "臨時事務所는 新文館, 貯金ᄒᆞᆯ銀行은 韓一銀行으로定"해진다. 이에 따라 도서 수집 역시 신문관이 맡았던 것으로 간주된다.

37) 『소년』에 기재된 내용을 바탕으로 작성했으나 표기가 잘못되었다고 판단되는 제목들은 *로 표시하고 바로 잡았다.

全昌柱 (5)	解法適用數學辭書	長澤龜之助	全一冊
	御定五經百善		上卷一冊
	新編化學	安衡中	全一冊
	初等物理學教科書	陳熙星	全一冊
	普通經濟學	李弼善	全一冊
崔誠愚 (2)	崧陽耆舊傳*	金澤榮	全一冊
	文苑沓槁		全一冊
崔南善 (4)	雅言覺非	丁若鏞	寫本全 一冊
	與維勝覽(一名擇里志, 八域志)	李重煥	寫本全 一冊
	芝峯類說	李晬光	寫本全 一冊
	東史輯略	金澤榮	全二冊
林圭(1)	保護國論	有賀長雄	全一冊
◉ 漢城聯會圖書縱覽所公告 「청년학우회보」(『소년』 3년 8권(1910.8), 62~63면)			
申鉉弼 (4)	漢文刑事訴訟法論	松室致	全一冊
	華盛頓傳	李海朝	全一冊
	拿破崙史	博文館	全一冊
	伊太利少年	李輔相	全一冊
中谷松藏 (3)	美文作法	江藤專三	全一冊
	中等中地理外國地誌	中村五六	全一冊
	日文引照新約全書		全一冊
尹鼎三 (2)	Elements of Geography	Frey	全一冊
	English Conversation Grammar	Theophilus Sampson	全一冊
宋鎭禹 (2)	Speeches of Eminent Merchants	Waseda-Daigaku	全一冊
	新編東洋教科書	久保得二	全一冊
文尙宇 (6)	Selection from Rooseltv	Ernest Ruse	全一冊
	Æasops Fable	Rev. Charles Stickney	全一冊
	Commercial Geography	Brayan	全一冊
	Entertaining and Instructive Selection	W. Nagashima	全一冊
	Gulliver's Travels, The Voyage to Liliput	Swift	全一冊
	Lord Clive		全一冊

	漢文萬國地圖	松邑孫吉	全一冊
	歐米青年立身傳	根本正	全一冊
尹豊鉉 (16)	腦及神經健全法と記憶力增進術	大日本記憶學會	全一冊
	歷史	東京高等師範學校 附屬中學校	一, 二 二책
	Stories from Select Readers		全一冊
	新選商業薄記學教科書	宇田整義	全一冊
	最新式銀行/記學教科	宇田整義	全一冊
	理科講義	關本幸太郎	全一冊
	改訂數學解法綱要, 三角法之部	藤井鉎次郎	全一冊
	Youth and Culture		全一冊
	Golden Treasury	Ernest Ruse	全一冊
	社會と人物	德富猪一郎	全一冊
	幾何學後篇	林茂增	全一冊
	改訂解析幾何學教科書	チヤーレス, スミス	全一冊
	中等教育三角法教科書	長澤龜之助	全一冊
	實驗及理論物理學, 重學及物性論	森總之助	全一冊
申伯雨 (12)	御定五經百選		上下二冊
	大東歷史	鄭喬	全一冊
	經濟通論		全一冊
	二十世紀之大慘劇帝國主義	卞榮晩	全一冊
	中等用器畵法	吳榮根	全一冊
	韓國度量衡法		全一冊
	國民須知	金宇植	全一冊
	溫故知新堂叢鈔	梁在謇	全一冊
	父師必讀小學指南	廣文社	全一冊
	交際新禮	柳東作	全一冊
	早稻田中學講義		四冊
	舊雜誌		十三冊
無名(1)	日露戰爭談		全一冊
金局泰 (2)	Rev. William James Hall, M. D	Rosetta Sherwood Hall, M. D	全一冊
	A Pictorial History of England	S. G. Goodrichs	全一冊

<table>
<tr><td rowspan="4">李康賢
(4)</td><td>物理學詳解講義</td><td>本多光太郎</td><td>全一冊</td></tr>
<tr><td>數學講義三角法之部</td><td>權正董</td><td>全一冊</td></tr>
<tr><td>平面三角法小教科書</td><td>菊池澤田</td><td>全一冊</td></tr>
<tr><td>An English Japanese Dictionary</td><td>神田其他五人</td><td>全一冊</td></tr>
<tr><td rowspan="2">東京 大韓興學會 教育部(2)</td><td>新撰物理學實驗法</td><td>友田鎭三</td><td>全一冊</td></tr>
<tr><td>近世代數上卷</td><td>李相益</td><td>全一冊</td></tr>
<tr><td rowspan="2">羅景錫
(2)</td><td>ちや-るすすみす氏ぢ-くりすたる氏
新版大代數學講義竝列題解</td><td>上野淸</td><td>全一冊</td></tr>
<tr><td>吾輩は猫でわる</td><td>夏目漱石</td><td>上編一冊</td></tr>
<tr><td rowspan="6">申鉉弼
(6)</td><td>國朝人物志</td><td>安鍾和</td><td>全三冊</td></tr>
<tr><td>大韓疆域考丁若鏞</td><td>張志淵</td><td>全二冊</td></tr>
<tr><td>警察學</td><td>松井茂</td><td>全一冊</td></tr>
<tr><td>地方自治制論</td><td>張志必</td><td>全一冊</td></tr>
<tr><td>萬國事物起原歷史</td><td>張志淵</td><td>全一冊</td></tr>
<tr><td>意太利獨立史</td><td>金德均</td><td>全一冊</td></tr>
</table>

위의 〈표 21〉 청년학우회 한성연회 도서종람소 기부 목록은 「청년학우회보」에 게재된 한성연회 도서종람소의 기부 광고를 토대로 작성된 것이다. 광고 내용은 누가 어떤 책을 기부했는지 중심으로 이루어지고 있다. 기부된 도서에는 책의 제목 및 저·역자, 그리고 권수 등이 표시되어 있는데 몇몇 서적을 제외하고는 일관되게 지켜지고 있다. 이상 명기된 기부 도서의 목록만으로도 기부자들의 독서 취향과 당대 유통된 도서들의 성격이 대략 파악된다. 이를 통해 청년학우회 한성연회 도서종람소에 관계한 구체적인 인물과 그들이 기부한 도서들의 성격을 알 수 있다.

우선 한성연회 도서종람소에 책을 기부한 기부자는 상호(尙灝), 최창선(崔昌善), 전창주(全昌柱), 최성우(崔誠愚), 최남선(崔南善), 임규(林圭), 신현필(申鉉弼), 中谷松藏, 윤정삼(尹鼎三), 송진우(宋鎭禹), 문상우(文尙宇), 윤풍현(尹豊鉉), 신백우(申伯雨), 김국태(金局泰), 이강현(李康賢), 나경석(羅景錫) 외 "無名氏"까지 포함하여 총 17명이다. 이 밖에도 일본 유학생 단체들을 통합한 대한흥학회의 東京 大韓興學會 教育部가 후원자로 기재되어 있다.

〈표 22〉 청년학우회 한성연회 도서종람소 기부자 명단

	성명		주요활동	비고
1	尙灝[38]	1879~1948	관립영어학교, 관비유학생으로 동경사립공수학교 및 동경제대 조선과 졸업(1898), 귀국 후 농상공부 재직, 교남교육회, 청년학우회. 1910년 이후 함경북도 성진군수(1911)를 비롯, 중추원참의(1927~1933)까지 오른 식민지 시기 관료.	청년학우회 회원
2	崔昌善	1888~1946	신문관 관주, 기호흥학회, 각종 학교 및 학회 기부 및 찬성원으로 활동	최남선의 형
3	全昌柱	미상	철원군 공립소학교 확장에 찬성원으로 활동한 것 외에는 알 수 없음	『황성신문』 1906.6.13. 광고
4	崔誠愚	1886~?	한성전보사주사, 신문관 인쇄국 책임자, 광문회 회원, 중앙일보정리부장	임규와 교유
5	崔南善	1890~1957	신문관 편집부 및 광문회 책임자, 청년학우회, 『동명』, 『시대일보』 주필, 조선사편수회	청년학우회 회원
6	林圭	1867~1948	동경 유학, 『일문역법』, 일본어학총서, 『개권희희』 편자, 『청춘』 필자, 협성학교 교장.	최성우와 교유
7	申鉉弼[39]	1878~?	1905-7년 군부의 관리 역임, 희명야학교 찬성원, 대한학회 및 서북학회 활동	
8	中谷松藏	미상	〈알 수 없음〉	
9	尹鼎三	미상	고성육군참위로 활빈당 토벌, 황해도 유배되었다 석방, 대한학회 회원, 국채보상운동, 3·1운동	
10	宋鎭禹	1890~1945	동경유학생, 『동아일보』 사장	광문회 출입 인사로 소개됨
11	文尙宇	미상	동경유학생-상과, 계명구락부, 부산에서 은행 지배인 등 상업인으로 활동	

38) 1898년경 신관비유학생으로 1910년 이후 함북 성진군수를 비롯, 경성군수(1915), 충북 참여관(1920), 경남 참여관(1923)을 거쳐 중추원참의(1927~1933)에까지 오른 인물이다. 박찬승, 「1890년대 후반 관비유학생」(『한일공동연구총서』 3호, 2000) 및 다

12	尹豊鉉	?~1910	경기관찰부 주사, 관비유학생으로 동경 유학, 『동인학보』 서기, 1년 만에 귀국, 귀국 후 사망	
13	申伯雨	1888~1962	독립운동가, 『공제』, 신민회, 청년학우회, 대동청년당 등 활약, 사회주의자	청년학우회 회원, 『소년』 편집에 관여했다는 설이 있음
14	金局泰	미상	동경유학생-상과(문상우와 동기), 『시대일보』 부산지국, 신간회부산지회설립회장	『청춘』 분매소의 金國泰와 동일인
15	李康賢[40]	1888~1976	탁지부주사, 동경유학생, 藏前高等工業學校방직과 졸업, 『학지광』 필자, 중앙학교교사, 조선직산장려운동, 경성방직 실무, 섬유공업에 이바지(한국 최초의 방직기술자)	『태극학보』, 『신문계』, 『학지광』 등 기고
16	羅景錫[41]	1890~1959	동경유학생, 향후 사회주의자	나혜석의 오빠

기부자 명단에서 상호를 제외하면 첫 회와 두 번째 회에 도서를 기부하고 있는 이는 신문관 관주 최창선과 신문관 편집부 및 『소년』의 주간인 최남선, 인쇄부의 최성우와 창립 초기 신문관에 출입했던 임규 등 주로 신문관 인사들이다. 이로 보아 초창기 신문관을 주도한 핵심 인물들

음 카페 '목천상씨대종중'(http://blog.daum.net/tjdrudska/182) 참조.

39) 『대한제국관원이력서』에 의하면 1878년생으로 1885년 3월 受學家塾에, 1904년 10월 軍部經理局見習으로 수학한 바 있고 1905~7년에 군부에서 관리를 역임하였다. 이상의 내용은 국사편찬위원회 한국사데이터베이스 참조.

40) 이강현은 탁지부 주사에 임명되었으나 한 달여 만에 그만두고 일본 유학을 떠나 태극학회를 비롯한 유학생계에서 활발하게 활동한 인물이다. 특히 『학지광』 6호에 「조선산직장려계(朝鮮產織獎勵)에 대하여」라는 논설을 발표한 바 있다. 이후 방직기술자로 경성방직주식회사의 주요 인사로 활동하며 한국섬유공업계에서 활약한다. 이상에 관해서는 『황성신문』, 1906.4.3·5.19 관보 1면 및 조기준, 『한국기업가사』, 박영사, 1973, 252~261면.
한국민족문화대백과사전(http://encykorea.aks.ac.kr/Contents/Index?contents_id=E0043500) 참조.

41) 문예계에서는 나혜석의 오빠로 알려져 있다. 직접적인 언급은 없지만 청년학우회와 관련하여 최남선과 교유했을 가능성이 다분하다. 문집으로 『공민문집』(정우사, 1980)을 출간한 바 있다.

이 학우회의 부설활동에도 적극 관여했음이 확인된다.

다음으로 눈에 띄는 특징은 상당수 인물이 일본 유학생 출신이라는 점이다. 송진우는 중앙학교 교장에 『동아일보』 사장으로 교육계와 언론계를 비롯하여 문화인사로 잘 알려진 인물이다. 기부가 이루어진 시기에는 와세다 대학(早稻田大學)에 입학하였지만 강제병합을 전후하여 잠시 귀국해 있던 중으로 추정된다. 그가 기증한 도서들 역시 상당수가 와세다 대학의 교재들이다. 이강현은 최남선과 조선산직장려계(朝鮮産織奬勵)를 이끈 중심인물로 이 당시에는 일본 구라마에 고등공업학교(藏前高等工業學校) 방직과를 다니고 있었던 것으로 판단된다. 나경석도 유학생 출신으로 물산장려운동을 이끈 대표적 인물이다. 그는 일본 유학 당시 조선인 노동자의 조직 활동에 매진하면서 오스기 사카에(大杉榮) 등과 교분을 맺어 사회주의자가 된다. 물론 그 이전에 이미 3·1만세운동에 참여하였다가 이후 러시아와 만주 등으로 방랑생활을 한 바 있다. 문상우 역시 동경유학생으로 상업을 전공하고 대한학회 및 대한흥학회 등 유학생계에서 활발하게 활동했다.[42] 한편 기부자 가운데 신백우의 경우는 신채호의 권유로 신민회에 가입한 신민회 회원이다.[43] 학우회에 도서를 기부하고 있는 김국태 역시 일본 유학생으로, 앞장에서 살펴본 『청춘』의 지방 분매소 중 북간도의 책임자로도 언급된 인물과 동일인으로 간주된다.[44] 이를 통해 신문관의 서적 유통과 관련된 판매 경로가 『소년』에서부터 시작되었을 가능성이 보다 분명해진다.

---

42) 「商學界第一號」, 『황성신문』 1908년 10월 29일 잡보, 1면. 『조선공로자명감』에 의거하면 "海東銀行 取締役 겸 支配人"으로 기록되어 있다. 이상의 내용은 한국역사정보통합시스템 및 국사편찬위원회 한국사데이터베이스 참조.

43) 한국역사정보통합시스템 인물 검색 참조.

44) 김국태(金局泰)는 유학생 문상우와 함께 언급된 것으로 보아 김국태(金國泰)와 동일인으로 추정된다.

세 차례에 걸쳐 이루어진 기부 도서는 첫 회에 4종 38책, 두 번째 회에 25종 36책, 세 번째 회에 62종 83책으로 총 91종 157책이다. 여기에는 브리태니커 백과사전(35책)과 구잡지(13책)가 포함되어 있고 일어로 된 책이 34종 이상[45]이고 영어로 된 책이 14종이다. 상당수의 서적들을 일본어나 영어로 읽었음이 확인된다. 서적의 종류로는 역사서와 지리서를 비롯하여 교과서, 실용서, 문학서 등 다양하다.

첫 회에 최창선이 기부한 세 권의 서적은 모두 한국의 건축, 지리, 정쟁(政爭)에 관한 것들이다. 이 중 1907년 시데하라 히로시(幣源坦)에 의해 저술된 『韓國政爭志』는 최초의 조선시대 정치사로 조선의 정쟁을 당쟁으로 파악한 대표적인 일본 관학서이다.[46] 이 밖에도 최창선은 일본근대문학의 신문장을 개척한 사람으로도 익히 알려진 야마다 비묘(山田美妙)의 『世界歷史大年表』나 근대 초기 지식인들에게 많은 영향을 준 량치차오(梁啓超)의 『飮氷室自由書』 등을 기부한다. 최남선은 향후 조선광문회에서 복간할 『雅言覺非』를 비롯해 『擇里志』, 『芝峯類說』 등을 사본의 형식으로 기부한다. 그런데 최남선과 최성우가 기부한 김택영(金澤榮)의 『東史輯略』과 『崧陽耆舊傳』은 사본이 아닌 원본이다. 1850년생인 김택영의 저서들은 당대 충분히 유통될 수 있었고 김택영과의 교유에 의해서도 소장이 가능했을 것으로 간주된다.[47] 후술하겠지만 망명한 김택영이 최

---

45) 책의 제목과 저자를 중심으로 추정한 것이므로 정확치 않다. 차후 보완이 필요하다.

46) 이 서적은 식민사관에 의해 쓰여진 최초의 조선시대 정치사로 간주되고 있다. 신병주에 의하면 "폐원탄(幣源坦)은 일제 관학자로 조선시대의 붕당정치를 당쟁으로 비판한 인물"로 "조선인의 오늘날 작태를 이해하려면 그 원인을 과거의 역사에서 찾아야 한다. 그 원인은 고질적인 당쟁이었다고 주장하며 한국인의 분열적 속성이 당쟁에서 기인함을 노골적으로 서술하였다"고 한다. 신병주, 『조선평전』, 글항아리, 2011, 217면.

47) 김택영은 "시(詩)의 황현(黃玹)과 문(文)의 이건창(李建昌)과 더불어 한문학사의 마지막을 장식하는 대가"로 불렀다고 한다. 역사서술에도 상당한 힘을 기울여 1902년 『동사집략』을 저술하고 이후 1905년 학부 편집위원을 겸하게 되자, 〈동사집략〉을 보완

남선에게 서적을 보내오는 등 서로 교유한 장면이 포착되기 때문이다. 이 외에도 임규와 신백우가 기부한 아리가 나가오(有賀長雄)의 『保護國論』과 변영만의 『二十世紀之大慘劇帝國主義』 등이 주목된다. 두 책 모두 당시 정치적 문제들과 결부되어 상당한 사회적 관심을 불러일으킨다.

다음으로 수학, 물리, 화학, 대수 등의 교과서가 상당 부분을 차지한다. 특히 동경고등사범학교 부속중학이나 와세다 대학에서 교재로 쓰인 서적들이 포함되어 있다. 그리고 문예서적들로 이해조의 『華盛頓傳』, 박문관 편 『拿破崙史』, 이보상의 『伊太利少年』, 김덕균의 『意太利獨立史』와 『日露戰爭談』, *Æasops Fable, Gulliver's Travels, The Voyage to Liliput, Golden Treasury*, 나쓰메 소세키(夏目漱石)의 『吾輩は猫である』 등 다수 발견된다. 이 밖에 청년의 입신이나 청년문화에 관한 『歐米青年立身傳』이나 *Youth and Culture*, 로리머(Lorimer)의 *Letters from self-made merchant to his son*[48], 『腦及神經健全法と記憶力增進術』과 같은 실용서도 있다. 이 가운데 이해조의 『화성돈전』, 김우식의 『국민수지』, 『음빙실자유서』(역자: 全恒基), 변영만의 『이십세기의 대참극 제국주의』, 김덕균의 『의태리독립사』 등은 총독부에 의해 금서로 규정된다.[49] 이상 열거된 서적들에 대해서는 보다 체계적인 분석이 필요하지만 일단 열거된 서적의 목록을 훑는 것만으로 당대 유통된 도서들의 대략적인 면모가 어느 정도 파악된다.[50]

하여 관찬사서(官撰史書)를 집대성한 12권의 순한문체 〈역사집략 歷史輯略〉을 편찬한다. 김택영에 대해서는 최혜주 『창강 김택영의 한국사론』(한울, 1996); 오윤희, 『창강 김택영 연구』(국학자료원, 1996) 참조.

48) Lorimer, George Horace의 이 서적은 지금도 자기 계발 혹은 성공 윤리서로 읽히고 있다. 『경영자 아버지의 백 년 전 편지』(남상진, 지평, 2007) 이런 점에서 청년들의 자기 계발을 위한 서적은 상당히 이른 시기부터 애독되었던 것으로 추정된다.

49) 이중연, 『'책'의 운명 : 조선~일제강점기 금서의 사회 · 사상사』, 혜안, 2001, 426~427면.

50) 여기에 대해서는 다른 지면인 「근대 초기 유통 서적 연구－청년학우회 한성연회 도서종람소를 중심으로」에서 보다 구체적으로 살펴볼 예정이다.

한편 기부자의 대부분이 유학을 다녀왔거나 유학생이라는 점은 청년운동의 성격과 기부 서적의 특징을 이해하는 단서가 된다. 학우회를 중심으로 형성된 청년운동이 농민이나 노동자가 아닌 학생, 그것도 유학 경험이 있는 지식인 위주로 전개되었을 가능성을 시사하기 때문이다. 기부 서적 역시 주로 유학 당시 쓰던 교재이거나 학술서, 실용서, 문예물 위주로 구성된다. 흥미로운 것은 이 가운데 한글로 된 신·구소설은 매우 제한적이라는 사실이다. 그러니까 유학생을 중심으로 한 지식층은 당대 유행하던 소설들을 즐겨 읽지 않았거나 읽었다 하더라도 이 책들을 기부의 대상으로 간주하지 않았음을 알 수 있다. 다음은 익명의 독자가 출판사에 투고한 내용의 일부분이다.

> "生은 自來로 小說부치에 對하야는 興味를 가지지 아니하얏나이다 웨그러냐하면 小說-더욱 時下의 小說이란것이 대개小하게는 人의 情感을 汚損하고 大하게는 世의 風敎를 賊害하는것임을 省察한까닭으로 小說이라하면 鴆毒잇는 술가치 생각되어 當初부터 갓가히할 生意를 아니하얏나이다 眞情의 말슴이지 文學上 아모意義 업고 藝術上 아모 價値업는 時下의 小說은 참靑年者流의 決코 갓가히 할것아니니 우리의 時間을 盜賊하며 우리의 囊橐을 減輕케함은 작은일이라할지라도 그때문에 우리의 純潔한 마음과 貞固한 뜻과 健全한 精神이 더러워지고 어지러워지고 흔들리고 病들림은 實로 恢復할수 업는 大創傷이오 忍受치 못할 大損失이라 아니치 못하겟나이다 그럼으로 生만 小說을 갓가히하지아니할뿐아니라 사랑하는 벗에게도 이로써 勸導하기를 게을리하지 아니하얏섯나이다.[51]

지식인들이 소설을 보지 않거나 혹은 전혀 읽을 생각이 없다는 사실이 잘 드러난다. 이는 학우회 도서종람소에 기부된 서적 가운데 당시 유행

---

51) 「大例外를 發見함-「불상한동무」의 독자에게서」, 『청춘』 14호, 신문관, 1918.6, 104면.

하던 신·구소설을 찾아보기 힘든 점과 상통한다. 학우회의 도서종람소를 통해 일군의 청년 및 학생들의 독서 취향이나 독서 실태의 일면이 파악된 것이다. 이로써 청년·학생을 중심으로 유통된 서적을 통해 공통된 담론의 장이나 연대의 가능성들이 마련되어 갔을 수 있다.

『소년』이 학우회 기관지로 기능하고, 그 부설활동 가운데 하나인 한성연회 도서종람소가 신문관에 설치될 수 있었던 것은 신문관이 인쇄와 출판의 기능을 겸비한 문화 기관이었기에 가능한 일이다. 신문관은 잡지 발행을 통해 학우회 회원들에게 기관지를 배포, 유통시켰을 뿐 아니라 기부자들을 모이게 하고 기부한 서적을 보관하였으며 보관된 서적을 다시 공유할 수 있도록 물리적인 장소와 토대를 제공했다. 다시 말해 신문관은 출판사라는 공간을 단순히 매체 발행에만 국한하지 않고 학우회의 각종 활동들을 연계할 수 있도록 구심적인 역할을 수행한 것이다.

3. 『소년』의 지향과 실력양성

청년학우회 기관지로서 『소년』의 역할은 크게 두 가지로 대별될 수 있다. 하나는 앞서 살펴본바, 학우회보를 통해 회(會)의 활동에 대한 전반적이고 세부적인 내용을 기록, 전달, 보고하는 것이고 나머지 하나는 학우회의 이상이나 지향과 관련된 글을 싣는 것이다. 특히 후자는 『소년』에 게재된 다수의 글들을 학우회와의 관계 속에서 다시 읽도록 유도한다. 예컨대 '신대한의 소년'이 갖추어야 할 덕목으로 제시된 내용들은 도산 안창호의 실력양성과 준비론의 내면화된 가치가 구체화된 것에 다름 아니다.[52] 이 절에서는 청년학우회에 이념적 토대를 제공한 도산의 사상이 『소년』뿐 아니라 신문관의 전 출판활동으로 확장되어 간 양상을 고찰하고자 한다. 더불어 『소년』에 연재된 두 편의 소설 「어린희생」과 「ABC契」를 학우회와의 연관성 속에서 재독하고자 한다.

1) 도산의 '십년 생취(十年生聚)'

『소년』은 도산 안창호의 사상에 깊이 경도되어 있었을 뿐 아니라 그와 관련된 글들도 몇 편 게재하고 있다. 『소년』 2년 4권(1909.4)에는 안창호의 「平壤 牧丹峯歌」가 실린다. 특히 『소년』 3년 2권의 「태백산시집」의 앞머리에는 "삼가 이 詩集을 나의 가장 敬仰하난 도산先生 압헤 올녀 海外에 잇서 여러 가지로 思慕하고 念慮하던 情을 奉하옵나이다"라며 망명하던 도산을 기리고 있다.[53]

『소년』의 편집자인 최남선이 안창호와 대면한 것은 1907년 2월 태극학회가 개최한 연설회장에서이다. 당시 와세다 대학에 재학 중이던 육당은 미국 유학 중 귀국 차 동경에 잠시 머물게 된 도산과 같은 연설회장에 서게 된다. 그런데 안창호에 이어 단상에 오른 육당이 발작으로 쓰려져 도산에게 업혀 여관으로 실려 갔고 이를 계기로 육당은 자신을 극진히 간호해준 도산을 평생 스승으로 모셨다고 한다. "지금까지 평생에 선생이라고 부르는 이가 없으나 오직 도산 한 분만은 선생으로 안다"[54]고 할 정도로 육당과 도산의 만남은 극적이었던 것으로 회자된다.

안창호와 청년학우회의 개입은 『소년』과 신문관에 보다 근본적인 변화를 가져온 것으로 판단된다. 안창호는 "사회를 윤리적으로 변형시키는

---

52) 『소년』과 『청춘』에 등장하는 '신대한 소년'에 대해서는 최현식의 『신화의 저편』(소명, 2007) 참조.

53) 「태백산시집」, 앞의 책, 1면.

54) 이광수, 「재만주의 도산 안창호」, 『이광수전집』 8, 삼중당, 1963, 502면.

계기가 인간에게 가능성으로 내재한다는 의식에 입각하여 개개인의 자기-형성을 통한 사회-형성을 구상했다."[55] 그에 의하면 이성과 양심이 한 개인을 윤리적 주체로 내세울 수 있고 그러한 개인이야말로 이 사회를 변혁시켜 갈 수 있다는 것이다. 이러한 윤리적 개인주의는 "개인의 도덕성이 민족 해방과 윤리적 근대화라는 이중 과제를 수행하는 가운데 비로소 실현된다고 보는 가치의식"으로 구체화된다.[56] '신대한 소년'이 갖춰야 할 덕목으로 제시된 이념들의 상당 부분이 안창호의 영향에서 비롯된 것임은 말할 나위 없다. 『소년』이 청년학우회의 기관지를 자처하면서 그 과정에서 가치화되어 가는 '소년'의 개념이 청년에 포섭되고 그 기대는 유예되었다는 윤영실의 주장은 이런 점에서 설득력을 가진다.[57]

그런데 향후 신문관의 출판활동 전반을 고려한다면 '출판보국'을 표방하며 나선 신문관이 도산 안창호와 만나면서 그 방향은 보다 체계적이고, 장기적인 기획 속에서 재구성된 것으로 이해된다. 특히 『소년』 폐간 이후 상당한 공백 끝에 내놓은 일련의 매체가 어린이와 학생을 대상으로 한 신문 및 잡지였다는 점은 출판의 방향이 보다 '점진'적으로 이루어졌을 가능성을 시사한다. 강제병합 이후 문화통치로 정책방향이 변모되기까지 식민지 조선에서는 정치・시사적인 성격의 글을 다룰 수 없었다. 따라서 이 시기 대부분의 잡지들은 부인이나 학생, 근로자나 법조인 같은 특정 대상을 상대로 하거나 실용성을 목적으로 발간된 것이 아니면 종교 관련 매체가 주를 이룬다. 어린이와 학생 대상으로 발간된 신문관의 매체들 역시 표면적으로는 이러한 정책에 따른 것으로 간주된다. 더욱이

55) 김현주, 『이광수와 문화의 기획』, 태학사, 2005, 115면.

56) 이황직, 「근대 한국의 윤리적 개인주의 사상과 문학 연구」, 연세대 박사논문, 2001, 17면.

57) 윤영실, 앞의 글, 22~32면 참조.

『소년』의 폐간과 관련시켜 보면 신문관의 입장은 조심스럽게 읽힌다. 지금까지 『소년』의 폐간 원인이나 이유들에 대해서는 그다지 주목되지 않았다. 그런데 강제병합 이후에도 폐간되지 않았던 『소년』이 1911년 돌연 폐간되고 있는 정황에는 공교롭게도 신민회의 탄압 시기와 일치하는 상황이 포착된다.[58] 『소년』의 폐간은 '105인 사건'으로 인해서일 가능성이 크기 때문이다.[59] 청년학우회의 기관지로 활동했던 『소년』과 학우회의 부설활동에 임시 거처를 제공했던 신문관이 총독부에 견제되었을 가능성을 배제할 수 없는 것은 이러한 이유에서이다.

이광수에 의하면 안창호는 점진적인 교육사상을 "백년하청"이라 비판한 자들에게 힘없는 혁명의 불가능함을 역설하면서 "갑신년부터 단결과 교육・산업주의로 국력 배양운동을 하였던들 벌써 20여 년의 쌓아 올림이 아니겠는가. 정유년부터 실력운동을 하였어도 벌써 십년 생취(十年生聚), 십년 교훈이 아니겠는가. 오늘부터 이 일을 시작하면 10년 후에는 국가를 지탱할 큰 힘이 모이고 쌓이지 아니하겠는가. 이 힘의 준비야말로 독립 목적달성의 유일무이한 첩경"이라 주장하였다고 한다.[60] 이런 의미에서 본다면 『소년』에서 어린이 잡지를 거쳐, 『청춘』에 이르는 신문관의 '십년

58) 윤경로가 논증했듯, 『소년』을 신민회의 기관지로 파악한 것은 일부 회원들의 오인이며, 심문 과정에서 오대영에 의해 수정된 바 있다(윤경로, 앞의 책, 236~241면). 물론 안창호를 공통분모로 가지고 있기에 그 이념은 충분히 공유될 수 있었을 것이다. 그렇다 하더라도 『소년』이 합법단체인 청년학우회의 기관지였음을 분명히 해 둘 필요가 있다.

59) 신용하는 『소년』을 신민회 운동의 일환으로 간주함으로써 그 폐간의 이유 역시 신민회 탄압과 관련한 '105인 사건'으로 파악한 바 있다(신용하, 『한국민족독립운동사연구』, 을유문화사, 1985, 77면). 그런데 신용하의 주장대로 청년학우회가 신민회의 활동과 구분되지 않았다면 청년학우회의 핵심 인물인 최남선이 '105인 사건'에 연루되지 않은 점은 풀리지 않는 숙제로 남는다.

60) 이광수 편, 『도산 안창호』, 흥사단본부, 1947[1978 증보판], 31면.

생취'야말로 안창호의 점진적 교육사상을 그대로 실천한 셈이다.

실력양성과 준비론의 내면화된 가치관들은 보다 구체적인 기획을 통해 '신대한의 소년'에서 신대한의 아이들과 어린이들로 보다 세분화되고 소년→청년으로의 과정 역시 장기화된다. 『소년』 이후 어린이 잡지로의 행보는 소년과 청년으로 설계됐던 성장의 포물선을 보다 이른 단계로 설정해 1910년에 좌절될 수밖에 없었던 청년학우회의 이념을 어린이에서 청년으로 수정해 간 것으로 보인다. 『소년』의 유보는 안창호의 준비론 속에서 보다 구체화되었고 어린이와 보통학교 학생들로 이동해 간 것으로 이해된다. 신문관은 애초에 '소년'이라는 가치 지향적인 개념에서 출발했지만, 청년학우회를 비롯한 각종 단체 및 학교 제도와의 연관 속에서 어린이와 소년들, 보통학교 학생과 중학교 이상의 학생들이 보다 연속적인 관계로 형성될 수 있도록 이 독자 주체들을 좀 더 체계적인 방법으로 양성해 갔다고 할 수 있다. 결국 어린이·학생을 대상으로 한 잡지 및 신문의 제작은 이 연장선상에서 고안된 전략에 다름 아니다.

중요한 것은 신문관이 '청년제류'의 요구에 부응할 수 있는 구심체로서 집결의 장이나 결사의 공간을 제공하고 그 구체적인 상을 형성해 가는 데 결정적인 역할을 했다는 점이다. 김여제나 주요한 같이 신문관 매체들의 독자였던 소년들이 이후 청년으로 성장해 가면서 2·8선언과 3·1만세운동의 주역으로 나서는 것을 목격하는 데서 이 '십년 생취'의 이념은 보다 분명하게 드러난다. 그것은 최남선을 필두로 이광수, 현상윤, 박현환[61] 등 신문관의 출판활동을 통해 구축된 필자뿐 아니라 신문관 매체를

61) 박현환(朴賢煥)은 신문관 번역서 중 하나인 『해당화』(1918)를 번역하였다. 그는 흥사단 제 105 단우로 안창호 계열의 주요 인물이며 이광수와 함께 동우회 핵심 멤버로 활동했다. 그 역시 서북 출신(철산)이며 정주 오산학교(1912-14) 및 동명학교를 다녔다. 1910년대 중반에 일본 유학을 경험한 바 있으며 1930년대에는 『동광』의 기자로 활동했고 이후 흥사단의 기관지 『기러기』의 편집 및 발행을 담당, 『도산안창호』 평전

구독한 독자들까지도 운동의 주체로 성장케 했다는 가설을 가능케 한다. 1919년 새로운 '운동' 주체의 등장은 어린이에서부터, 소학생에서부터 십년의 구상 속에서 점진적으로 양성된 하나의 결과로 간주될 수 있다.

이런 점에서 '보국'의 길을 달리했던 단재가 청년학우회 및 『소년』에 개입하고 있는 지점은 특기할 만하다. 그가 『대한매일신보』의 주필로서 『소년』에 기대를 걸고 있었던 것과[62] 연관시켜 본다면 육당과 단재, 두 사람의 행보는 흥미롭다.[63] 도산이 최남선에게 청년학우회의 취지서를 초안하라고 명했으나 최남선은 그것을 신채호한테 미룸으로써 학우회의 취지서는 단재에 의해 작성된다.[64] 그 수사의 강렬함과 애국적 파토스는 '유지청년'들을 감복시키기에 충분하다. 그런데 '점진'이 아닌 '전진'을 외치고 있는 단재의 태도는 처음부터 학우회가 지향하고 있는 이념과 충돌할 위험을 내포하고 있었던 것으로 간주된다. 이후 최남선이 취지서를 다시 제출하고 「어린희생」이나 「ABC契」와 같은 소설에서 '전진'이 아니라 '점진'을 강조하고 있는 것은 이러한 상황과 무관하지 않다.

2) 「어린희생」과 「ABC契」

『소년』이 청년학우회의 기관지 역할을 하게 되면서 이 지면에 실리는 일련의 글들은 학우회의 이념 및 활동과 긴밀해진다. 『소년』에 게재된

을 편집하기도 했다. 1910년대 후반 신문관 출판활동에 관여했으며 3·1만세운동에도 깊이 관여되어 있다. 이상의 내용은 한국역사통합시스템 근현대인물자료 및 국사편찬위원회 참조.

62) 「소년잡지를 축하홈」, 『대한매일신보』 1909.4.13, 논설 1면.

63) 단재 신채호와 관련한 논의는 이 책의 제5부에서 다뤄진다.

64) 최남선, 「진실정신」, 『새벽』 창간호, 1954.9, 1~4면. 학우회 취지서의 작성자에 대해서는 여러 논란이 있어 왔지만 최남선의 회고에 의해 신채호가 작성한 것으로 판명되었다. 권두연, 「청년학우회의 활동과 참여인물」, 앞의 책, 150~157면.

두 편의 소설 「어린희생」과 「ABC契」 역시 학우회의 이념을 서사적으로 형상화하고 있는 텍스트로 간주된다. 「어린희생」부터 살펴보면 『소년』 3년 2권에서 4권에 이르기까지 총 세 번에 거쳐 상, 중, 하로 연재된 이 소설은 홍명희와 함께 『소년』의 필자로 영입된 이광수의 첫 텍스트이다. 알려져 있다시피, 이광수의 등장은 최남선의 도일로부터 얻어진 성과로, 표면상으로는 학우회와 무관하게 보인다. 그런데 공교롭게도 이 소설은 안창호를 기념하는 「태백산시집」과 나란히 소개된다. 그리고 "外國少年의 課外讀物"란에 소개된 이 글은 홍명희의 글과 달리 학우회의 이념과 유관하게 읽힌다. 최근 밝혀진 대로라면 이 글은 『소년』에 실리기 전에 이광수를 주축으로 동경유학생들이 만든 잡지 『신한자유종』에 이미 게재된 바 있다. 이 잡지는 일본의 감시와 검열을 받았다고 한다.[65]

「어린희생」은 이광수의 초기작 가운데 그 구성이나 문체 면에서 뛰어난 성과를 보여 창작여부가 의심되어 왔다.[66] 이에 하타노 세츠코(波田野節子)의 연구를 통해 영화의 번안임이 밝혀졌다.[67] 영화의 줄거리는 김낙영(金落泳)이 『대한흥학보』 9호에서 간략하게 서술한 것처럼 보불전쟁 중 프랑스 소년이 프로이센의 병사들에게 항거하다 희생당하는 내용이다. 단 일곱 줄로 소개되고 있는 영화의 내용을 이광수는 무려 3회 분량으로 연재하는 기량을 보인다. 문체의 구사와 묘사의 탁월함, 대화를 중심으로 한 사건 전개와 박진감 넘치는 상황에 대한 서술은 이 소설의 홍미를 배가한다. 그런데 여기서 주목해야 할 점은 번안에 대한 이광수의 입장이다. 김낙영

---

65) 자료 소개는 하타노 세츠코, 「「극비신한자유종 제1권 제3호」(『근대서지』 5호, 2012.6), 자료의 성격에 대해서는 장신・황호덕, 「『신한자유종』(1910) 검열 기록의 성격과 이광수의 초기 활동」(『근대서지』 5호, 2012.6) 참조.

66) 김우종, 『한국현대소설사』(선명문화사, 1973); 주종연, 「이광수의 초기단편소설고」(『이광수연구』 하, 태학사, 1984) 참조.

67) 하타노 세츠코, 『『무정』을 읽는다』, 최주한 옮김, 소명, 2008, 107~113면 참조.

이 "슬푸다 敵愾心으로 國家를 爲ᄒᆞ야 犧牲된 마-덴이여."[68]라고 서술한 부분을 이광수는 "이리하야 어린아해의 크지못한 보복수단은 한갓 몸만 일헛도다."라고 표현하고 있다. 적개심으로 희생된 주인공 소년에 대해 김낙영은 동정을 보내고 그것을 국가를 위한 희생으로 규정하고 있는 데 반해, 이광수는 『소년』의 지면을 통해 "어린아해의 크지못한 보복수단"[69]이 실패했음을, 그리하여 "한갓 몸을 일"흔 것으로 제시한다. 이광수의 이러한 반응은 다음의 김낙영의 서술과 대조해보면 더욱 분명해진다.

> 余ᄂᆞᆫ 本히 活動寫眞을 愛翫ᄒᆞᄂᆞᆫ 性癖이라 一日은 某處에 活動寫眞이 有ᄒᆞᆷ을 聞ᄒᆞ고 往觀타가 此 光景을 見ᄒᆞ고 ᄆᆞ-덴의 義死며 佛國人民의 贍富ᄒᆞᆫ 敵愾心에 非常히 感心되엿기로 書牕에 歸來하여 目睹ᄒᆞᆫᄃᆡ로 玆에 一篇을 記ᄒᆞᆷ에 至ᄒᆞ엿노니 嗚呼라 普軍의 亂暴와 ᄆᆞ-쉬老人의 受辱이여 大抵 其 國家가 衰微ᄒᆞᆫ 境遇에ᄂᆞᆫ 外敵의 跋扈가 自古로 如許ᄒᆞ엿고 受辱ᄒᆞᄂᆞᆫ 人民으로ᄂᆞᆫ 敵ᄀᆡ心이 當然히 ᄆᆞ-덴, 마-쉬와 如ᄒᆞᆯ거시여ᄂᆞᆯ 現今 某國人은 도로혀 뎨 國家를 外人의게 奉獻ᄒᆞ고 自請으로 外人의 獵犬이 되여 我의 血族을 嚼害ᄒᆞ며 我의 全土를 他人의게 讓與코져 ᄒᆞᄂᆞᆫ 發狂至毒ᄒᆞᆫ 者가 有ᄒᆞᄂᆞ니 嗚呼라 如此ᄒᆞᆫ 國民은 ᄆᆞ-덴을 思ᄒᆞᆯ지여다 엇지 붓그럽지 아니ᄒᆞ리오.[70]

활동사진 한 편의 감상을 통해 김낙영은 "ᄆᆞ덴"의 죽음을 "義死"로 간주한다. 그는 모욕을 받고 있는 인민에게 "敵ᄀᆡ心"은 당연한 것이므로 주인공 소년 "ᄆᆞ덴"의 행동은 마땅히 의로운 것으로 생각해야 한다고 강조하고 있다. 궁극적으로 김낙영은 "마-쉬와 如ᄒᆞᆯ거시여ᄂᆞᆯ"이라는 구절을 통해

---

68) 김낙영, 「단심일편」, 『대한흥학보』 9호, 1910.1, 37면.
69) 「어린희생」(中), 『소년』 3년 3권, 신문관, 1910.3, 70면.
70) 김낙영, 앞의 글, 40면.

국민들에게 애국사상을 고취시키고자 한다. 그런데 이광수는 "어린아해의 크지못한 보복수단은 한갓 몸만 일"어 버린다며 혁명의 과격함과 급진성을 부정적으로 서술하고 있다. 다시 말해 소설을 통해 혁명의 실험적이고 과격한 태도를 경계하고 대신 실력을 키울 것을 강조하는 쪽으로 독자를 유도한 것이다. 이 구절이 끝나는 바로 그 지면에 「청년학우회보」가 나란히 실리고 있는 것은 결코 우연이 아니다. 「어린희생」의 지면 배치는 「청년학우회보」에 충분한 힘을 실어 주기 때문이다.

그렇다면 『소년』 3년 3권부터 본격적으로 게재되기 시작한 학우회보가 강제병합 직전에 휴게되면서 부록으로 「ABC契」가 실리는 것 역시 함께 고려해 볼 필요가 있다. 이 소설은 빅토르 위고의 『레미제라블 Les Miserables』의 일부를 최남선이 중역한 것으로 번역의 모본으로 삼은 텍스트는 번역자도 직접 밝혔듯 일본의 「ABC組合」이다.[71] 모본으로 삼은 텍스트와 비교해서 살펴보도록 하자.

> (1) 例言二則
>
> 一 본 역서는 빅토르 유고의 저 『애사』 중 「ABC組合」(The Friends of the ABC)에 관계하는 장(篇章)을 따로 뽑아 역술한 것이다. 결구에 있어서 제멋대로 전재하게 된 죄는 역자가 물론 피할 길이 없다. 그래도 채취하는 편장에 나아가서는 한자의 생략도 없음을 기한다.
>
> 一 본 역서 가운데 일부분은 왕년에 잡지 『少年園』에 기고한 데에서 얻을 수 있다. 지금 그 문장을 삭제하고 윤색해서 그 나머지를 보완하여 본편 전체에 있어서는 새롭게 번역한 게 그 십분의 팔에 이른다.[72]

---

71) 김병철, 『한국근대번역문학사연구』, 을유문화사, 1975, 283면.

72) 原余三郎, 「ABC組合」, 內外出版協會, 1902. 원문에 대한 일본어 번역은 대략적인 내용만을 파악하기 위해 인용자가 임의로 번역한 것이므로 정확한 번역이 아님을 밝혀둔다. 이 소설의 번안과 관련해서는 박진영의 「소설 번안의 다중성과 역사성-『레미제라블』을 위한 다섯 개의 열쇠」(『민족문학사연구』 33호, 2007) 참조.

(2) 엑토르, 유고(Victor Hugo)는 十九世紀中 最大文藝家의 一이오.『미써레이쌜』(Les Miserables)은 유고著作中 最大傑作이라, 나는 不幸히 原文을 닑을 幸福은 가지지 못하얏스나 일즉부터 그譯本을 닑어 多大한 感興을 엇은자로니, 그 聖神의 意를 體行하난 밀니르의 崇高한 德行과 社會의 罪를 偏被한 짠쌜짠의 奇異한 行蹟은 다 白紙ㅅ張갓흔 우리머리에 굿세고 굿센 印象을 준것이라, 나는 그冊을 文藝的作品으로 보난것보다 무슨한가지 敎訓書로 닑기를 只今도 前과 갓히하노라

여긔 譯載하난 것은 某日人이 그中에서「ABC契」에 關한 章만 剪裁摘譯한 것을 重譯한것이니, 이는 決코 이 一臠으로써 그 全味를 알닐만한 것으로 알음도 아니오, 또 泰西의 文藝란 것이 읏더한것이다를 알닐함한 것으로 알음도 아니라, 다만 일이 革新時代 靑年의 心理와 밋 그 發表되난 事象을 그려서 그째 歷史를 짐작하기에 便하고 또 兼하야 우리들노 보고 알만한일이 만히 잇슴을 取함이라, 우리나라 一般靑年에게는 事實이 좀 어려운中 더욱 譯文이 生硬하야 닑기가 便치못할듯하나 勉强하야 한두번 닑으시면 三伏洪爐中에 쌈흘닌갑슨 잇스리라하노라.[73)]

(1)과 (2)는 각각 일역본과 한역본「서언」의 일부이다. (1)에서도 밝히고 있듯, 이 소설은『애사』로 번역된 위고의 *Les Miserables* 중 *The Friends of the ABC*를 옮긴 것이다.[74)] 일본에서든 한국에서든 역자들은 그 번역

73)『소년』 3년 7권, 신문관, 1910.7, 32면. "歷史小說"이라는 표제가 붙어 있는 이 소설은 "녀름ㅅ동안 玩覽의 材料로 이로써 本卷의 後半을 삼다"라는 게재 동기를 밝히고 있다. 연재 면수는 표지와 머리말에 해당하는 곳은 31, 32면으로 이어지지만 본론이 시작되는 곳은 1면으로 시작해 60면으로 끝난다.

74) Les Miserables Volume Ⅲ-Book Fourth. -The Friends of the ABC
Chapter Ⅰ. A Group which barely missed becoming
Chapter Ⅱ. Blondeau's Funeral Oration by Bossuet
Chapter Ⅲ. Marius' Astonishments
Chapter Ⅳ. The Back Room of the Cafe Musain
Chapter Ⅴ. Enlargement of Horizon

의 한계를 명시하고 있다. 특히 후자의 경우는 모본으로 삼은 저서를 밝히면서 그 방법이 "중역(重譯)"임을 분명하게 인지했다. 주목할 점은 이 소설을 번역하는 의도이다. 『소년』이 문예지가 아니었던 만큼 이들의 번역 목적 역시 태서의 문예를 감상하는 데 있는 것이 아니라 "革新時代 青年의 心理와 및 그 發表되난 事象을 그려서 그째 歷史를 짐작하기에 便하고 또 兼하야 우리들노 보고 알만한일이 만히 잇슴을 取함"에 있다. 혁신시대의 청년은 최남선이 새로 작성한 학우회 취지서에서 "과도시대" 청년으로 지칭한 이들과 상통한다.

「서언」에서 밝히고 있듯 역자는 "一般青年"에게는 다소 어렵고 생경한 구절들이 있을 것을 예상하고 필요에 따라서는 번역문에 주석까지 달아 설명하고 있다. 그런데 이때 "법률 앞의 평등"을 "법률 앞의 자유"로, "공화국 만세"를 "민주 만세"로 "前進"을 "漸進" 등으로 일부 표현을 바꾼다. 의도적으로 그렇게 한 것인지는 언급된 개념어들이 학우회가 강조하고자 했던 이념과 일맥상통하고 있다는 데서 드러난다. '자유'와 '민주', '점진'이야말로 학우회가 성취하고자 한 사상에 다름 아니기 때문이다. 개인의 자유와 민주적 사회를 점진적으로 실현시키려는 슬로건은 공화국, 즉 국가 성립이 불가능한 식민지에서 "국가의 보호막이 없이도 근대화할 수 있는 영역과 방책을 탐색"[75]하도록 견인차 역할을 담당했던 것이다.

『소년』은 "당대 열혈 애국주의와 의식적으로 거리"를 두면서도[76] 출판을 통해 나라를 지킨다는 창립의 취지를 꺾지 않았다. 『소년』이 학우회 기관지로 발탁될 수 있었던 것도 이 같은 보국에의 취지가 학우회의 지향과 공명했기에 가능할 수 있었다. 물론 이를 체재 대응의 일부로 해석

Chapter VI. Res Angusta 자료 출처 http://www.online-literature.com

75) 김현주, 『이광수와 문화의 기획』, 태학사, 2005, 87면.

76) 권보드래, 「『소년』·『청춘』의 힘과 일상의 재편」, 앞의 책, 161면.

할 수도 있을 것이다.[77] 그러나 "대부분의 사회운동이 망명의 형식을 채택할 수밖에 없었던 당시 무실역행, 실력양성이라는 노선"이 지닌 "기묘한 생존력"은 "국망 이후의 현실 앞에서도 적응과 저항의 힘을 발휘할 수 있"게 했고 "『소년』 및 청년학우회 노선이었던 실력양성론 역시 애국을 궁극의 가치로 하고 있었으나, 먼저 개인을 바꾸고 일상을 재편해야 한다는 문제의식을 갖고 있었다."[78] 그런 점에서 서적의 출판은 청년, 즉 개인의 인격체를 완성하여 실력을 양성시키는 데 이토록 긴밀하게 보응하고 있었다고 해도 과언이 아니다. 이후 신문관의 전 매체를 통해 그것은 개별 행위가 아닌 '독자층'의 공통된 이해 속에서 2·8과 3·1, 그리고 동맹휴학이라는 형식으로 발현된다. 출판의 '십년 대계(十年大計)' 속에서 보다 점진적으로 진행된 것이다.

77) 백동현은 안창호의 준비론이 독립전쟁 준비였다는 주장을 함으로써 지금까지의 실력양성론에 관한 입장에 대해서도 재고의 여지를 던져주고 있다. 백동현, 『대한제국기 민족의식과 국가관념』, 고려대 민족문화연구원, 2009 참조.

78) 권보드래, 앞의 책, 178면.

제2장

자국학운동[1]과 조선광문회

"1910년대 한국의 양산박 한국의 아카데미아가 바로 신문관이자 광문회"[2]라는 표현은 신문관과 광문회의 의의를 대표적으로 집약한다. 그런데 이 구절에서 신문관과 조선광문회(이하 광문회)는 전혀 구분되지 않는다. 물론 "신문관의 최측근이었던 진학문과 조용만" 조차 "광문회와 신문관을 구분하지 않고 호칭"했고[3] 활동 인물들 역시 최남선을 중심으로 중첩되기 때문에 구분의 필요성을 굳이 느끼지 못했을 수 있다. 그러나 이로 인해 광문회 사업은 종종 신문관의 출판활동과 혼란스럽게 이해된

1) 이 책에서 사용한 '자국학'은 "자기 나라와 민족에 대한 지식 체계"를 일컫는 의미로 '국학'이나 '조선학'보다 그 역사적 맥락이 포괄적이기에 선택된 개념이다. 류준필이 지적했듯 '국학'과 '조선학'은 그 역사적인 맥락이 너무 뚜렷하기 때문에 이 시기에 서서히 드러나기 시작한 자기 나라와 민족에 대한 인식의 현재성을 담아내기에는 무리가 있다고 생각한다. 물론 '조선학'이라는 용어로 포섭될 다양한 계기들을 가지고 있지만 '조선학'이 학문적 개념으로 보다 명시적으로 드러난 1920년대와 구별되도록 하기 위해 사용했음을 밝혀 두는 바이다. '자국학'의 개념에 대해서는 류준필, 「1910-1920년대 초 한국에서 자국학 이념의 형성 과정」(『대동문화연구』 52집, 2005) 및 『동아시아의 자국학과 자국문학사 인식』(소명, 2013)을 참조했다.

2) 김윤식, 『이광수와 그의 시대』, 앞의 책, 500면.

3) 이지원, 앞의 책, 139면.

측면이 있다. 단적인 예로 신문관에서 펴낸 『신교슈호지』나 『신교옥루몽』, 『고본츈향젼』, 〈륙젼쇼셜〉의 한 권인 『샤시남정긔』와 같은 고소설을 조선광문회 서적에 포함시켜 놓는 경우이다. 그렇지만 앞서 살펴본바, 광문회와 신문관 서적들은 발행 당시부터 이미 구분되고 있었다. 따라서 광문회의 학술활동과 신문관의 출판활동은 좀 더 분명히 구분될 필요가 있다. 이 장에서는 발행 서적을 중심으로 광문회의 역할을 보다 뚜렷하게 규명하고 무엇보다 신문관 매체들을 통해 광문회의 이념이 대중적으로 확산 및 계승되어간 양상을 살펴보고자 한다.

1. 학술기관으로서의 광문회

1) 광문(光文)과 신문(新文)

근대 초기 서적에 대한 수요가 커지고 이를 공급하기 위한 민간 출판사의 수효가 증가함에 따라 서적 출판 및 유통의 역할은 급부상하였다. 서구의 앞선 문물을 배우기 위해 새로운 사상과 지식을 수입하는 것이 우선적으로 요청되었지만 이와 동시에 옛 것을 보존해야 될 필요성도 함께 제기된다. 신서적의 수입과 옛 서적의 보존이 동시에 요구되었던 것이다. 그런데 광문회가 고서에 관심을 가지기 이전부터 민간에서는 일본인에 의해 조선고서 수집 및 복간이 추진되고 있었다. 이들은 단체를 설립하는 등 다양한 활동을 개시하는데 매체를 통해 이들의 움직임이 포착되는 것은 1906년부터이다.[4] 이후 1908년 조선고서간행회와 1910년 조선연구회 등 조직 활동이 본격화된다.[5]

4) "일본유지자들이 조직하여 우리나라 기이한 서적과 없어져 가는 책을 간행하여 볼 목적으로 회비를 내고 운용하기로" 「진서간행회」, 『제국신문』 1906.2.20, 잡보 3면.

> 셔칙이라는 것은 일국의 인심과 풍쇽을 변화ᄒᆞ고 경치와 실업을 진보케 ᄒᆞ며 문무의 교화와 세력을 ᄉᆡᆼᄒᆞ게 ᄒᆞ고 력ᄃᆡ의 셩현과 영웅과 지ᄉᆞ와 츙신과 졀의협긱의 힝젹과 위의를 못ᄒᆞ야 젼파ᄒᆞᄂᆞᆫ 쟈이니 셔칙이 업스면 그 나라도 업슬지라도 (중략) 한국의 새셔젹은 필연코 한국의 풍쇽과 학업에 당연ᄒᆞᆫ 특별본식을 발달ᄒᆞ며 셔양에셔 젼ᄒᆞ여 온 신학문을 셕거셔 국민의 심디를 활발케 ᄒᆞ여야 이거시 한국의 새셔칙이니 그런즉 오ᄂᆞᆯ날 외국셔칙을 슈입홈도 급ᄒᆞ거니와 본국의 녜적 셔칙을 슈습홈이 더욱 급ᄒᆞ다ᄒᆞᆯ지니 엇지ᄒᆞ여 그러ᄒᆞ뇨ᄒᆞ면 외국 새셔젹은 오ᄂᆞᆯ날에 슈입지아니ᄒᆞ여도 다른날에 슈입ᄒᆞᆯ 사ᄅᆞᆷ이 잇스려니와 본국 녜셔칙은 오ᄂᆞᆯ날에 슈습지 아니ᄒᆞ면 다른날에 슈습ᄒᆞᆯ곳이 업슬지니라[6)]

신서의 수입만큼이나 본국의 옛 서적들에 대한 인식이 시급하게 요청된 데에는 이러한 정황이 포착된다. 광문회의 설립은 이 같은 시대적 요구에 부응한 결과이기도 하다. 광문회는 이른바 "본국의 녜적 셔칙을 슈습"하고자 설립되었으며 인쇄소와 출판사를 겸비한 신문관이 있었기에 보다 용이하게 실현될 수 있었다.[7)] 그러니까 광문회의 고서 복간 및 사전 편찬 작업은 신문관의 물적 토대를 기반으로 가능해질 수 있었던 것이다. 광문회가 학술 단체로서 고서의 수집 및 복간과 사전 편찬과 같은 일에 주력했다면[8)] 신문관은 이를 인쇄, 발매, 광고하는 등 인쇄와 영업

---

5) 조선고서 간행단체들의 간행물을 비교한 최혜주에 따르면 광문회의 출현이 일본 민간단체에 의해 촉진된 조선고서 붐과 무관하지 않다. 최혜주, 「한말 일제하 재조일본인의 조선고서 간행사업」, 『최남선 다시 읽기』(현실문화, 2009), 139면 참조.

6) 「녯적셔칙을 발간ᄒᆞᆯ 의론으로 셔젹츌판ᄒᆞᄂᆞᆫ 제씨에게 권고홈」, 『대한매일신보』 1908.12.18, 논설 1면.

7) 그렇다고 고서의 복간이 수익성과 전혀 관련이 없다는 것은 아니다. 인쇄술의 발달과 함께 대중에게 보급될 수 있는 서적들 가운데 고서는 상당한 시장성을 지닐 수 있기 때문이다.

8) 광문회가 고서 보존을 목적으로 설립된 학술 단체임은 오영섭을 비롯한 여러 학자들

전반에 관한 일을 맡은 것으로 판단된다. 물론 둘은 사무실을 겸용했으며 여기에 출입한 인물들조차 두 기관을 구분하고 있지 않지만 앞서 살펴본 대로 이들이 펴낸 출판물은 처음부터 나뉘어져 있었고 서적 출판에 참여한 인물 역시 어느 정도 구분된다.

2) 『소년』과 광문회의 취지

광문회의 존재를 처음으로 확인할 수 있는 곳은 『소년』 3년 9권의 광고에서이다. 『소년』은 〈朝鮮古書蒐集發行 朝鮮光文會廣告〉라는 제목으로 조선고서 모집에 관한 다음과 같은 광고를 내고 있다.

> 今에 古文이 日로 散亡하고 族粹가 日로 衰頹하야 五千年往聖先哲의 赫赫한 功烈은 그 光이 晦하고 皇皇한 述作은 그 響이 消하며 億萬代後孫來裔의 久遠한 靈能은 그 源이 渴하고 深切한 覺思는 그 機가 絶하려하며 쏘한편으론 天下萬世에 朝鮮土의 眞面目과 朝鮮人의 眞才智가 永遠히 隱藏하고 埋沒 하려하니 이는 事先懷遠의 誠이 特深殊切한 朝鮮人의 可히 忍하고 能하고 堪치못할 大罪惡大悲痛일샌더러 抑하건댄 一天下通永劫에 一般學界의 大損失大恨嘆일지니 참義氣男兒와 篤志學者의 尋常看過치못할 一大危機라할지라이에 不佞幾個人이 力微資薄함을 自知치못함이아니오나 奮發코 冒進하야 人의 未敢을 敢히하고 世의 所求를 應코자함은 懷往念後에 自不能已하난 情이 有함이라 玆에 그 方法과 書目을 開列하야 大聲自鳴하오니 吾儕의 苦衷을 諒하시난 滿天下의 志士仁人은 惠然響應하시면 朝鮮古文明과 世界學界를 爲하야 幸甚幸甚하겟사외다.
>
> 發起人 敬言 (띄어쓰기-인용자)[9]

에 의해 합의된 내용이다. 오영섭, 앞의 글, 83면.

9) 『소년』 3년 9권, 신문관, 1910.12, 56~57면 광고.

오늘날 "고문이 날로 산망하고 날로 쇠퇴"해 간다는 진단은 앞서 인용한 『대한매일신보』의 논설과 크게 다르지 않다. 조선고서의 수집 및 보존이 조선의 문명뿐 아니라 세계 학계를 위해서도 심히 다행한 일이라고 보는 관점은 광문회뿐 아니라 신문관의 전 매체 및 출판물에 관통된 이념이다. 광문회의 취지나 성격 역시 『소년』에 제시된 내용들과 상통한다." 來九月부터 再明年二月까지(곳一年六朔)은 中等精度의 歷史地理의 果本과 및 參考書로만 編輯하야 歷史地理에 有意한 人士가되기를 期"한다는 〈少年의學藝上大計劃〉은 그 구체적 일정과 취지가 광문회와 유사하다. 특히 참고서에 언급된 "李重煥의 『擇里誌』(一名, 八域誌, 震維勝覽)과 山經"은 광문회에서 펴낸 대표적인 실학 관련 지리서들이다. "본계획은 삼개월간에 일천오백의 購讀者를 得치못하면 後續키 어려우니 이일이 되고 못됨은 全혀 有志諸君의 協贊如何에잇소"[10]라고 촉구하고 있는 것으로 보아 "학예증간"(매체)은 회원 위주로 운영될 예정이었으며 여기에 대한 구독자들의 참여를 상당히 기대하고 있었던 것으로 보인다. 그러니까 광문회 이전에 이미 『택리지』나 『산경표』와 같은 역사지리에 관한 "학예증간"이 기획되어 있었고 천오백여 명 정도의 회원을 예정하고 있었음을 알 수 있다. 그렇다면 다음 호에 소개된 광문회는 이 기획의 수정된 모습일지도 모른다는 추정이 가능해진다. 왜냐하면 학예증간 자체는 총독부에 의해 불허되었지만 여기에서 예고했던 책들은 광문회를 통해 발행되기 때문이다. 다시 말해 학예증간의 형식이 고서를 발행하는 광문회의 설립으로 대체되었을 수 있다.

"일반 학계의 대손실"과 "대한탄"을 막고자 발기된 광문회는 만천하의 유지인사들에게 자신들의 뜻에 함께 해달라고 요청하면서 다음과 같은

10) 〈少年의學藝上大計劃〉, 『소년』 3년 8권, 신문관, 1910.8, 광고.

취지를 밝히고 있다.

> 뒤를 도라다보거나 압흘 내여다보거나 과연 우리 少年의 하여야 할 일이 만흔줄노 아오. 우리들은 먼저 만흔 일의 에움ㅅ 가운데 싸혀 잇슴을 깨다라야 하오, 다음 아모 핑계가 잇던지 이 에움을 헤쳐야할 自己임을 아라야 하오, 그려고 利害圈外에 發足點을 定하야 氣勢좃케 튀여나가야하오.
>
> 生은 그동안 이 차림의 위에 서서 무엇이던지 分數에 合當할 일을 하려하야 그 첫재 거름으로 朝鮮古來의 文書記錄을 收聚하고 保存하난 運動을 시작하얏사오니 이는 대개 「이때」와 「自己」들이 써붓들고 하지 아니하면 아니될줄로 생각하얏슴이오.
>
> 그러나 큰일이오, 어려운 일이오, 쏘한 널니 잡아야 될일이오. 그러나 모든것이 다 적고 弱하고 좁은 이 어린아희로구려. 그럼으로 되기는 썩 되어야할 이 일을 되게함에는 不得不 널쓰 만코 깁고 멀은 남의 同情에 목을 매여야 하겟사외다.
>
> 生은 다른 말슴으로 여러분의 贊成을 求할수 업사외다 마는 다만 여러분이 아모리 힘과 애를 써 주시더라도 그만한 意義가 잇슬것을 斷言하겟사외다.
>
> 가장 힘잇난 <u>贊成方法은 곳 古書紹介와 會員勸誘의 두가지외다.</u>[11]
>
> (밑줄 강조-인용자)

"우리 少年"으로 시작된 글은 "가장 힘잇난 贊成方法은 곳 古書紹介와 會員勸誘의 두가지"로 마무리 되고 있다. 인용문의 마지막 구절은 『소년』 종간호의 마지막 기사이기도 하다는 점에서 다소 의미심장하다. 청년학우회의 기관지로 청년운동의 중심에 있었던 『소년』이 "朝鮮光文會에 對하야우리「少年」讀者列位의 熱烈한 贊成을 求"하고 있다는 점에서 두 단체

---

11) 「朝鮮光文會에 對ᄒᆞ야」, 『소년』 4년 2권, 신문관, 1911.5, 11면. 본문의 제목은 「朝鮮光文會에 對하야 우리 「少年」 讀者列位의 熱烈한 贊成을 救함」이나 목차의 제목을 따른다.

가 무관해 보이지 않기 때문이다. 무엇보다 그들이 "朝鮮古來의 文書記錄을 收聚하고 保存하난" 일을 "運動"으로 간주하고 있다는 점이다. 그것은 단발마적으로 일어난 일이 아니라 지속적으로, 그리고 일종의 지향성을 염두에 두고 진행될 일임을 시사한다. 더불어 "이는 대개 「이때」와 「自己」들이 쪄붓들고 하지 아니하면 아니될줄로 생각"됨으로써 운동의 시의성과 주체의 적극성이 강조되는 효과도 불러온다. 안창호의 사상을 계승하고 매체를 통해 이를 구현코자 한 『소년』의 핵심 내용과도 상통한다.

첫 번째 찬성방법인 고서소개부터 살펴보면 광문회는 『소년』에 "左記諸書를 所有하신이나 或 그 所在處를 知ᄒᆞ시난 君子는 本會로 通知하심을 望하오 厚幣로 奉謝하오리다"와 같은 광고를 낸 바 있다.[12] 광고를 통해 구하고자 한 서적의 목록은 다음과 같다.

〈표 23〉 조선광문회 〈求書廣告〉

순	서적명	시대	저자 및 편찬자
1	鷄林雜傳	신라	金大問 著
2	花郎世記	신라	金大問 著
3	高僧傳	신라	金大問 著
4	新羅殊異傳	신라	崔致遠 著
5	古今錄	고려	朴寅亮 著
6	高麗史略	고려	李齊賢 著
7	高麗史	조선	鄭麟趾 等 撰
8	編年通錄	고려	金寬毅 撰
9	編年綱目	고려	閔漬 修
10	王代宗錄	고려	金寬毅 撰
11	世代編年	고려	李齊賢 撰
12	編年通載	고려	洪灌 撰
13	古今金鏡錄	고려	李穡 撰
14	金鏡錄	고려	鄭可臣 撰

12) 앞의 책.

광문회가 『소년』에 낸 〈求書廣告〉에 의하면 신라에서부터 조선에 이르기까지의 주요 고서들이 망라되어 있다. 고서를 복간하기 위해서는 고서의 존재 여부나 행방을 파악하는 일이 우선적으로 요구되었음을 알려준다. 최남선은 광고 외에도 전국 각지에 산망해 있는 고서를 수집하기 위해 잦은 지방 순행을 계획하며 여러 지방으로 분주하게 돌아다니면서 지방 인사들과 교유하였다. 그가 "조선광문회를 통해 전국에 흩어져 있는 전적을 수집, 편찬, 간행하는 과정에서 자료에 해박해질 수 있었"[13]다고 평가되는 것도 이러한 연유에서 일 것이다.

귀중한 자료들이 송부되는 경우도 목격된다. 『청춘』의 「일일일건」에는 지방으로부터 고서를 보내오거나 희귀 고서를 수집하는 몇몇 일화들이 소개되는데[14] "오래 보면하든 『保晩齋叢書』를 原本으로 入手하게" 되어 "배가 매우 부르다."며 기뻐하는 장면이나 지방에서 '샅샅이 뒤져(窮搜)' 보내온 희본(稀本)을 마주한 감격 등이 그대로 전달된다. 언급된 책 중 『保晩齋叢書』는 서명응(徐命膺)[15]의 대표 저술로 "조선최대의 실용백과사전"[16]으로 평가받는 서유구(徐有榘)의 『林園經濟志』와 함께 "徐家의

---

13) 이영화, 『최남선의 역사학』, 앞의 책, 31면. "博學强記"한 그의 학문적 특징 역시 이 때문인 것으로 간주되기도 한다.

14) 『청춘』의 「一日一件」에는 지방으로부터 고서를 소개해 오는 사례나 최남선이 직접 고서를 수집하러 전국 각지를 분주하게 다니는 일화들이 소개된다. 『청춘』의 「一日一件」에 대해서는 〈부록 1〉 참조.

15) 서명응(1716~1787) : 홍문관과 예문관의 대제학을 지내고 규장각 창설을 주도한 당대 최고의 학자로 북학파의 비조로 알려져 있다. 『임원경제지』를 편찬한 서유구의 조부이다. 서명응의 『보만재총서』는 경사자집(經史子集)을 두루 포괄하는 13종의 저술들을 모아 편집한 문헌으로 60권 31책으로 구성되어 있다. 특히 천문학과 지리학, 농학, 음악학, 연단술, 기술학에 관한 지식들이 포함되어 있다.(박권수, 「『保晩齋叢書』 속의 자연과학 지식」, 『규장각』 32집, 2008, 109~137면 참조.)

16) 서유구, 『임원경제지 : 조선 최대의 실용백과사전』, 정명현 외 역, 임원경제연구소, 씨앗을뿌리는사람, 2012.

兩大著오 希本이오 要書"이다.[17] 망명한 김택영이나 지방의 박재선(朴齋璿)으로부터도 중요한 사료들이 전해진다. 김택영은 중국 회남에서 원나라 정사에 관한 서적인 도기(屠寄)의 『蒙兀兒史記』를 보내온다. 앞서도 살펴본바, 최성우와 최남선은 김택영의 『崧陽耆舊傳』과 『東史輯略』의 원본을 소장하고 있었고 이를 청년학우회 한성연회 도서종람소에 기부한 바 있다. 그렇다면 그가 이전부터 신문관이나 광문회에 관계하면서 이들과 교유했을 가능성도 커 보인다(〈표 21〉 참조). 박재선은 강희안(姜希顔)의 『菁川養花小錄』을 보내온다. 그는 경북 영주에서 대동상점을 운영했는데 이 곳을 중심으로 독립운동자금을 모집하다 치안법에 걸려 헌병대에 송치되기도 한다.[18] 그가 보내온 이 책 역시 희본(稀本)으로 "우리 本草書中 매우 오랜것의 한아"이다.[19] 이처럼 수처에서 고서들이 보내져 왔다.

두 번째로 강조했던 찬성방법은 "會員勸誘"이다. 그런데 이 방법은 어떻게 이루어졌는지가 확실치 않다. 다만 광문회는 회원제로 운영되었고, 회원은 대략 천여 명 정도에 이르렀던 것으로 알려져 있을 뿐이다.[20]

17) 「一日一件」, 『청춘』 3호, 신문관, 1914.12, 127면.

18) 「慶尙北道警察部治安槪要」에 의하면 "이 달 慶北 榮州憲兵分遣所는 1915年 8月 3日 이래 독립운동자금 모집활동을 하여 온 大同商店事件의 관계자 朴齋璿(40年) 權寧睦(25年) 柳明秀 金魯卿(25年) 鄭應鳳(一名 義極 24年) 李敎悳(24年)을 保安法 違反 및 詐欺橫領罪로 송치하다."라고 기술되어 있다. (264頁/1916-03-99) 국사편찬위원회 한국사데이터베이스 http://db.history.go.kr 참고로 그는 조선어강습원의 통상회원으로 『아이들보이』의 구독자이기도 했다.(〈표 27〉 참조)

19) 「一日一件」, 『청춘』 4호, 신문관, 1915.1, 134~135면.

20) 신문관이 발간한 매체들의 부수가 1000부 정도였음을 감안한다면 광문회 역시 그 회원들의 수에 맞춰 출판했을 가능성이 크고, 그런 의미에서 천여 명은 설득력이 있다.

> 또 「靑春」이 나오든 이 당시에 문화지도의 유일기관으로 「朝鮮光文會」라는 것이 잇섯는데 그 會로 말하면 朴燕岩의 「熱河日記」 등 모든 古文書籍을 간행하고 잇섯는데 이것이 회원제로써 全鮮에 약 1천명의 회원을 가지고 잇섯슴으로 말하자면 熱河日記같은 그 모든 서적은 다달이 나오는 족족 1천부 정도는 무난히 팔닌터이라고 한다.[21)]

물론 이러한 사실만으로 회원들의 구체적인 특징을 파악하기는 어렵다. 다만 광문회가 회원 위주로 운영되는 구조였다면 광문회 서적은 이들 사이에서 주로 유통되었고 서적을 구독하는 이들은 주로 한문 지식층이었음을 알 수 있다. 그런데 광문회의 발행 서적들을 소장하고 있는 김윤경이나 장지영, 지방에서 고서를 보내온 박재선과 같은 이들은 공통적으로 조선어강습원의 회원들이다. 광문회가 고서 복간과 함께 사전 편찬에 주력했음을 상기한다면 조선어에 관심을 가지고 있었던 강습원의 회원들 역시 광문회 회원으로 간주될 수 있을 것이다. 후술하겠지만 서하진과 같은 불교계 인사 역시 광문회 회원이었던 것으로 소개된다. 요컨대 당대 주요 인사에서부터 고서를 소장하고 이를 신문관으로 보내오는 지방 인사나 망명 지식인은 물론, 신문관 매체 및 서적의 구독자에 이르기까지 광범위한 인물이 광문회 회원으로 활동했을 수 있다.

2. 광문회의 학술활동과 고서 복간

1) 광문회의 조직과 활동 보고

광문회의 학술활동에 대한 논의는 주로 광문회에 관한 인쇄물 및 발행

---

21) 「光文會員數는 1千名, 三千里機密室, 內外情勢」, 『삼천리』 7권 10호, 1935.11, 21면.

서적을 중심으로 고서 복간 현황 및 활동에 관련한 인물을 살펴보는 것으로 그 범위를 제한하고자 한다.[22] 특히 광문회의 서적 발행 사항에 대해서는 오영섭의 선행 연구에서 잘 정리된바, 본 책에서는 그간 다뤄지지 않은 「會告」를 추가함으로써 서적들의 발행일과 배포 기간을 추정하는 데 주력하고자 한다.

광문회는 1910년 12월과 1911년 5월 『소년』 3년 9권과 4년 2권에 두 차례에 거쳐 〈朝鮮光文會廣告〉(이하 〈광고〉)와 관련 기사를 게재한다. 이로써 광문회가 1910년 12월 이전에 조직되었음을 알 수 있다. 다음으로 회의 규칙 및 간행 서목 등을 개략적으로 밝힌 소책자 『朝鮮光文會告白』(이하 『고백』)과 매회 회원들에게 배부한 「會告」가 있다.[23] 「회고」는 현재 제 3회에서 16회까지만 확인된다. 광문회의 서적 발행 사항을 비교적 자세하게 드러내고 있다는 점에서 유용하다. 상술한 인쇄물들을 1. 『소년』 광고 및 기사 2. 『고백』 3. 「會告」로 구분하면 다음과 같다.

22) 광문회의 학술활동을 본격적으로 살펴보기에는 그 범위가 실로 방대할 뿐 아니라 본 저자의 역량을 넘어선다. 따라서 이 책에서는 광문회본으로 인쇄 및 간행된 자료를 중심으로 서적 발행 및 그 의의를 고찰하는 것으로 그 범위를 한정한다. 장병극이 「조선광문회 연구」(성균관대 동아시아학술원 석사논문, 2012)를 통해 광문회에 대한 의미 있는 연구 결과를 제출한 바 있으니 참조하기 바란다.

23) 『朝鮮光文會告白』은 연세대학교 소장본을, 「會告」는 국립중앙도서관에서 제공하는 이미지 파일을 참고했다.

〈표 24〉 조선광문회 규정 및 조선고서 발행 현황

<table>
<tr><th colspan="3">조선광문회 자료</th></tr>
<tr><td colspan="3">1. 『소년』</td></tr>
<tr><td colspan="2">광고 : 3년 9권 (1910.12)</td><td>기사 : 4년 2권(1911.5)</td></tr>
<tr><td colspan="2">朝鮮古書 蒐集刊行 朝鮮光文會廣告
조선광문회규정
제일장 목적 급 방법
제이장 간행물
제삼장 회칙
제사장 회원
제오장 입회 급 회비
제육장 임원
제칠장 위치
◎ 如此ᄒᆞᆫ者ᄂᆞᆫ卽時入會하라
朝鮮光文會 第一期刊行旣定書目錄(〈표25〉 참조)
*本會가 世上에 要求하ᄂᆞᆫ 事</td><td>조선광문회에 대하야 우리 「소년」 독자열위의 열렬한 찬성을 구함-최남선

- 贊成方法은 곳 古書紹介와 會員勸誘
판권지 광고 朝鮮光文會에 對ᄒᆞ야 詳細한 事項을 知코자하시거든 本會 事務所로 寄別, 說明書를 卽送</td></tr>
<tr><td colspan="3">2. 『朝鮮光文會告白』 朝鮮古書 蒐集刊行 朝鮮光文會廣告白</td></tr>
<tr><td colspan="3">-조선광문회규칙
제일장 목적 급 방법
제이장 간행물
제삼장 회칙
제사장 회원
제오장 입회 급 회비
제육장 임원
제칠장 위치
◎ 如此ᄒᆞᆫ者ᄂᆞᆫ卽時入會하라
朝鮮光文會刊行書目概略(〈표 25〉 참조)
16~28면 : 余의 光文會發起者의 一人이 된 哀情-으로 天下同志者에 敢告ᄒᆞᆷ
29면 : 入會人要覽
30면 : 조선광문회 문의 안내 및 연락처</td></tr>
<tr><td colspan="2">3. 「(조선광문회) 會告」(제3회에서 제16회)</td><td>배포일(추정)</td></tr>
<tr><td>第三</td><td>2~8 : 余의 光文會發起者의 一人이 된 哀情 최남선
第參次配布件
[해동명장전] 全一冊(1911.11.2.)
[동국통감]第四冊과 第六冊(1911.11.28)</td><td>→1911.12</td></tr>
</table>

第四回配冊附張 전8면 (표지 없음)	1~2 : 至誠으로써 報答ᄒᆞ오리라 2~3 : 감사 3~4 : 금년의 新設備 ◉ 연려실기술 ◉ 대동여지도 ◉ 해동제국기인본 ◉ 동국통감재정오표 第四次配布件 [동국통감]第五冊합육책완성) (1911.12.31.) [열하일기]全一冊(1912.2.9.) [승경도]全一幅(미확인) 會費送致의 便法(차후 동일)	→ 1912.2/3
第五回配冊附張 전8면 1면 : 표지 / 8면 : 그림	第五次配布件 2~6 : [해동역사] [海東續小學]全壹冊 朴在馨著(1912.4.13.) [雅言覺非]全一冊 丁若鏞著(1912.2.29) 會費送致의 便法	→ 1912.5
第六回配冊附張 전4면 (표지 없음)	第六回配冊件 1~4 : [연려실기술]第壹冊 이긍익찬(1912.5.31.) [해동역사]第貳冊(1912.6.15.) [택리지]全壹冊 李重煥撰(1912.6.15)	→ 1912.7
第七回配冊附張 전4면	[연려실기술]第貳冊(1912.8.25) [해동역사]第參冊(1912.8.25) [기보]全一冊撰人未考(1912.8.25)	→ 1912.9
第八回配冊附張 전4면 (표지없음)	1~3; ○ 第八回配冊件 [연려실기술별집]第壹冊(1912.11.15.) [당의통략]全一冊 李建昌撰(1912.11.15.) [해동역사]全四冊(1912.9.30) 會費送致의 便法	→ 1912.12
第九回配冊附張 전4면	謝告 ○ 發行期限 [연려실기술]第參冊(1913.1.30.) [산경표]全壹冊 撰人未考(1913.2.28.) [도리표]全壹冊 撰人未考(1912.6.25.) [상서보전]全壹冊 洪奭周撰(1913.2.28) 〈4면 그림〉 → 우편공지 생략	→ 1913.3
10회 자료없음 (추정)	[연려실기술]第四冊(1913.6.5) [임충민공실기](1913.6.30)	→ 1913.7

<table>
<tr><td>第十一回配冊附張
전4면</td><td>謝告
○第拾壹回配冊件
[해동역사속]全壹冊 韓鎭書撰(1912.8.17)
[훈몽자회]全壹冊 崔世珍撰(1913.11.25)
○第拾貳回配冊件
[대동운부군옥]第壹冊
[연려실기술]第五冊
[동경잡기]全壹冊</td><td>→1913.12</td></tr>
<tr><td>第十二回配冊附張
전4면
(표지 없음)</td><td>獻歲發春에 尊座諸節均吉ᄒᆞ오심 仰頌ᄒᆞ노이다 鄙等은 盛念을 孤負ᄒᆞ는中 馬齒를 又添ᄒᆞ오니 愧悚을 何喩ᄒᆞ오릿가 다만 緩緩ᄒᆞᆫ 牛步가 갈ᄉᆞ록 健實을 益ᄒᆞ야 平素理想을 現實ᄒᆞᆯ 機가 漸近ᄒᆞᆷ으로 爲幸ᄒᆞ노이다 履端에 際ᄒᆞ야 順時康旺ᄒᆞ시고 아울너 往聖先哲의 發幽闡秘를 爲ᄒᆞ야 十分努力ᄒᆞ심 心願ᄒᆞ노이다
○第拾貳回配冊件
[연려실기술]第五冊(1913.10.2)
[대동운부군옥]第壹冊 權文海撰(1913.9.7)
[동경잡기]全壹冊(1913.12.27)
◉第拾參回配冊件
[삼국사기] 상권
[연려실기술]第六冊</td><td>→1914.1</td></tr>
<tr><td>第拾參回配冊附張
전4면</td><td>◉第拾參回配冊件
[삼국사기]第壹冊 高麗金富軾撰(→ 자료불분명)
[연려실기술]第六冊(1914.3.19)
○第拾四回配冊件豫告
[삼국사기]第貳冊
[중경지]第壹冊
[연려실기술별집]第貳冊</td><td>→1914.4</td></tr>
<tr><td>第十四回配冊附張</td><td>鄙人이 三朔餘 東行을 작ᄒᆞ얏다가 귀래ᄒᆞᆷᄋᆡ 적무-旁年ᄒᆞ와 配冊이 大遲ᄒᆞ얏ᄉᆞ오며 삼국사에 대ᄒᆞᆫ 여론도 찬술이 無暇ᄒᆞ옵기 後에 讓ᄒᆞ노이다
○第拾四回配冊件
[삼국사기]第貳冊終(1914.7.20)
[중경지]第壹冊(1914.3.5)
[연려실기술별집]第貳冊(1914.4.25)
○第拾五回配冊豫告
[대동운부군옥]第貳冊
[연려실기술별집]第三冊</td><td>→1914.8</td></tr>
</table>

第拾五回配冊附張	○第拾五回配冊件 [대동운부군옥]第貳冊 상평성진으로부터하평성양까지(1914.1.20) [연려실기술별집]第參冊(1914.6.15) ○第拾六回配冊件豫告 [연려실기술]第七冊 [대동운부군옥]第參冊 곳배책ᄒᆞ겟ᄉᆞ오니 회비 미납ᄒᆞ신 회원은 곳 부송ᄒᆞ시옵소셔	14회와 구분이 모호함
第拾六回配冊附張	○第拾六回配冊件 [대동운부군옥]第參冊 하평성진으로부터상성어까지(1914.9.20) [연려실기술]第七冊(1914.9.1) ○第拾七回配冊件豫告 [연려실기술]第八冊(1915.4.5) [중경지]第貳冊(1914.10.30) [경세유표]第壹冊(1914.10.10)	→1914.10 (17회 예정) →1915.5
총 권수	13종 13책 / 7종 29책=20종 42책	

『소년』 종간호의 판권지에는 주문 규정과 함께 "朝鮮光文會에 對ᄒᆞ야 詳細한 事項을 知코자하시거든 漢城 南部 上犁洞 三十二統 四戶 本會 事務所로 寄別ᄒᆞ시오 說明書를 卽送하오리다"[24]라는 내용이 기재되어 있다. 일종의 광고로 조선광문회에 대한 상세한 사항을 알고자 하는 사람들은 신문관 출판사 겸 본회 사무소로 겸용하고 있는 곳에 기별하면 즉시 설명서를 발송한다는 내용이다.

조선광문회 규정에 대해 서술하고 있는 『소년』의 〈광고〉와 『고백』의 내용은 거의 일치한다. 다만 간행목록에서만큼은 상당한 차이를 보인다. 〈광고〉에는 '朝鮮光文會 第一期刊行既定書目錄'과 '第一期中特別增刊書既定目錄'[25]이 실려 있는 반면 『고백』에는 '朝鮮光文會刊行書目概略'

24) 『소년』 4년 2권, 1911.5, 광고.

이 실린다. 그러니까 〈광고〉는 '第一期'와 같은 형식으로 기간을 구분해 두고 그 안에 간행할 서적들을 정해 놓은 것이다. 이미 간행되었거나 간행하기로 결정된 것을 위주로 하고 있음을 알 수 있다. 반면 『고백』은 분류의 범위나 양으로 보아 광문회의 사업 계획에 가까운 것으로 간주된다. 두 목록을 세부적으로 살펴보면 다음과 같은 변화가 드러난다.

〈표 25〉 조선광문회 간행 / 예정 목록

순서	분류	第一期 刊行旣定書目錄	刊行書目概略	발행 서적	비고
1	歷史類	東國通鑑, 東史綱目, 三國史記, 四郡志, 渤海攷, 渤海世家, 三國遺事, 東國兵鑑, 興王肇乘, 燃藜述 (10/10)	東國通鑑, 海東繹史, 東史綱目, 東史會綱, 東國史略, 東事, 青丘古事, 歷代年表, 帝王韻紀, 三國遺事, 三國史記, 高麗史, 東國兵鑑, 編年通錄, 燃藜記述, 藥坡漫錄, 朝野僉載, 朝野輯要, 朝鮮野史集成(海東野言, 野史初本, 亂中雜錄等), 四郡志, 渤海攷, 渤海世家, 興王肇乘, 東史辨證, 東史考異, 東姓考, 紀年兒覽 (27(2))	東國通鑑 海東繹史 三國史記 東國兵鑑 燃藜記述 三國遺事 ↓ 계명구락부 발행	燃藜述 ↓ 燃藜記述
2	地理類	擇里志, 山水經, 道里表, 山徑表, 金剛山記 (5/4)	增補輿地勝覽, 臥遊錄, 擇里志, 東國地理志, 山水經, 東國水經, 道里表, 山徑表, 金剛山臥遊帖, 都城志, 中京志, 平壤志, 北漢志, 南漢志, 東京雜記, 金官志, 北寨記略, 北輿要選, 北關記, 我邦疆城攷, 海路考, 耽羅見聞志 (其他) (22)	擇里志 山水經 道里表 中京志 東京雜記	金剛山記 ↓ 金剛山臥遊帖

25) '第一期中特別增刊書旣定目錄'으로 기재된 서적은 大東韻玉·增補輿地勝覽·東史纂要·海東名臣錄·亂中雜錄·磻溪隧錄·其他地圖若干 「조선고서모집간행 조선광문회광고」, 『소년』 3년 9권, 신문관, 1910.12, 57면.

3	風土類 ↓ 謠俗類	東國歲時記, 洌陽歲時記, 朝鮮風俗考異, 海東諸國記 (4/3)	東國歲時記, 洌陽歲時記, 朝鮮風俗考異, 風俗考, 京都雜誌, 朝鮮風俗圖設 (其他) (7)	東國歲時記, 洌陽歲時記	海東諸國記 ↓ 紀行類
4	語韻類 ↓ **語文類**	東言解, 訓蒙字會, 類合, 雅言覺非, 三韻聲彙, 物名攷 (6/5)	東言解, 訓蒙字會, 類合, 四聲通考, 三韻聲彙, 物名考, 諺文志, 韻解, 訓民正音, 說文翼徵, 汕爾雅, 東言考, 吏文輯覽 (13)	訓蒙字會 雅言覺非 訓民正音 ↓ **계명구락부 발행**	雅言覺非 ↓ **해당 분류 없음**
5	歌詞類	龍飛御天歌 (1/1)	龍飛御天歌, 青丘永言, 海東樂府, 歌曲類輯 (其他) (4)	歌曲類輯 (→ 신문관 『가곡선』 발행)	
6	經學類	尙書補傳 (1/1)	尙書補傳(洪奭周), 茶山經論, 經書辯疑(金長生), 大學補遺, 易學淺見 (其他) (5)	尙書補傳	
7	文學類	松穆館集, 夏園詩抄, 四家詩集, 二十一都懷古詩 (4/4)	桂苑筆耕集, 李相國集, 箕雅, 續箕雅, 東文選, 松穆館集, 洛下生稿, 秋齋詩集, 夏園詩抄, 四家詩, 二十一都懷古詩, 筆苑雜記, 小華詩評, 昭代風謠, 風謠續選 (其他) (15)		四家詩集 ↓ 四家詩
8	兵事類	兵學通 (1/1)	兵學通, 武藝圖譜, 演機新編, 爲將必覽 (其他) (4)		
9	經濟類	山林經濟 (1/0)	潘溪隨錄, 與猶堂集, 林園十六志, 稼經 (其他) (4)		
10	教訓類	海東小學 (1/1)	海東小學, 海東古鏡重磨方, 蒙學書彙纂, 士小節, 士載籍 (5)	海東小學 ↓ 海東續小學	
11	彙纂類	芝峯類說, 星湖僿說, 熱河日記 (3/2)	朝鮮稗史集成(櫟翁稗說, 慵薺叢話, 青坡劇談類) 芝峰類說, 星湖僿說. 人政, 星機運化, 外國風土記, 天文考, 醫山問答 (8(2))	熱河日記	熱河日記 ↓ 紀行類
12	全集類 ↓ **子集類**	益齋亂稿, 栗谷全集, 李忠武全書, 林忠愍實記, 梅月堂集 (5/2)	益齋亂稿, 圃隱集, 退溪集, 栗谷全書, 歗齋集, 花潭集 (6)	林忠愍實記 李忠武(公)全書 ↓ **신문관 발행**	

13	制度類		春官通考, 東國文獻備考, 大典通編, 萬機要覽, 通文館誌, 奎章閣志, 樂院故事 (其他) (7)		
14	地圖類		大東輿地圖(古山子地圖), 大同列邑地圖, 鴨綠江沿圖, 青丘圖, 西北對地圖, 古傳日本地圖, 槿城圖一覽, 古傳漢土圖 (其他) (8)		
15	戲玩類		琴譜, 洋琴譜, 棋譜, 象祺譜, 牌譜, 陞卿圖, 覽勝圖 (7)	棋譜 陞卿圖	
16	譯舌類		朴通事, 老乞大, 正續捷解新語, 倭語捷解, 倭語類解, 三譯總解, 譯語類解 (其他) (7)		
17	紀行類		海東諸國記, 看羊錄, 漂海錄, 熱河日記, 蝦夷國記, 蜻蛉國志, 湛軒日記, 燕行歌, 燕行書帖, 稼齋日記 (其他) (10)	漂海錄 (→ 일부 『소년』 소개)	熱河日記
18	釋家類		金剛經三昧論, 月印千江之曲 (其他) (2)		
19	傳記類		新羅殊異傳, 角干先生實記, 三韓二十四傑, 駕洛三王考, 國朝名臣錄, 東名臣錄, 國朝人物考, 淸士列傳, 海東名將傳 (其他) (9)	海東名將傳	
20	小說類		玉樓夢, 九雲夢, 賜婚記, 大東設部, 大東笑府, 野談 (其他) (6)	玉樓夢 ↓ 신문관 발행	
21	金石類		金石粹, 高句麗永樂大王紀績碑, 白月碑, 退潮碑, 海東金石苑, 東方金石攷(其他) (6)		
22	書帖類		光文帖, 歷代名賢手札, 圓喬筆訣 (其他) (3)		
23	類書類		五洲衍文長箋散稿, 大東韻玉, 國朝彙言 (3)	大東韻玉	
24	其他 畵像		筆蹟, 書帖 等		

무엇보다 분류 항목의 종류와 서적 양에서 확연한 차이가 난다. 〈광고〉는 총 12개의 목록으로 구성된 반면 『고백』은 24개로 분류되었다. 그러니까 두 배 이상의 항목이 새롭게 첨가된 것이다. 이로써 광문회가 발기 당시보다 서적 발행의 규모를 훨씬 확장해 갔음을 알 수 있다. 〈표 25〉에서 12항까지는 두 목록에 공통되는 항목이고 13항에서부터 24항까지는 『고백』에만 있는 항목들이다. 공통된 항목 가운데 3, 4, 12항에는 변화가 보인다. 4항의 경우처럼 어운류(語韻類)가 어문류(語文類)로 명칭만 다소 바뀌는가 하면 3항이나 12항처럼 풍토류(風土類)가 요속류(謠俗類)로, 전집류(全集類)가 자집류(子集類)로 바뀌면서 속해 있던 서적들에 변동이 가해지기도 한다. 가령 풍토류에 속해 있던 『海東諸國記』와 휘찬류(彙纂類)에 속해 있던 『熱河日記』는 모두 기행류(紀行類)로 분류된다. 이 같은 광문회 도서의 분류는 앞서 살펴본 신문관 발행 도서들의 분류 지향성과 상통하는 면이 있다. 신문관은 『소년』을 비롯한 초기 단행본들에서부터 서적들을 공통된 특징들로 묶으면서 동시에 구분하는 성격들을 선보인바, 광문회의 〈朝鮮叢書〉 역시 이러한 산물의 하나로 간주된다. 이른바 고서의 복간에서부터 신서의 발간에 이르기까지 총서 형식의 기획을 폭넓게 실천해 간 것이다.

광문회는 일정 기간 자신들의 활동들을 「회고」의 형식으로 보고하였다. 「회고」의 내용 및 성격으로 미루어 광문회의 제반 활동들을 알리는 회지 성격을 띠며 출간 도서와 함께 배부된 것으로 추정된다.[26] 현재 총 16회까지의 발행분이 확인되며 17회가 발행 예정에 있었던 것으로 간주된다. 이 가운데 1, 2, 10회 분은 누실되어 있다. 그런데 앞서도 언급했듯 1911년 5월 『소년』의 종간호에는 광문회에 대한 자세한 설명을 원

26) 서여 민영규(西餘 閔泳珪, 1915~2005)가 연세대학교에 기증한 광문회 도서에서 서적 안에 접혀진 채 보관되어 있는 「회고」를 확인할 수 있다.

하는 이들에게 설명서를 배송하겠다는 구절이 있다. 여기서 언급한 설명서가 곧 『고백』이었을 가능성도 크다.

「회고」의 체재는 표지가 있는 4, 5회를 제외하고는 통상 표지 없이 A4 크기 앞뒤 양면의 2단으로 이루어져 있다. 분량은 한 장인 경우는 4면, 두 장인 경우는 8면으로 3회에서 5회까지는 8면, 나머지는 4면으로 구성되어 있다.

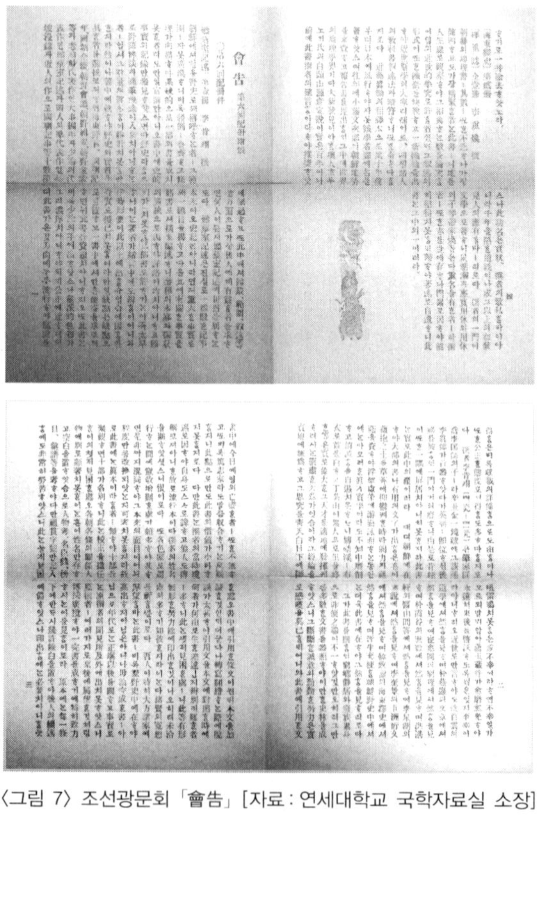

〈그림 7〉 조선광문회 「會告」 [자료 : 연세대학교 국학자료실 소장]

그런데 「회고」에는 발행일이 기재되어있지 않아 배포된 날짜를 분명하게 가늠하기가 쉽지 않다. 다만 광문회가 발간한 서적들의 간기들을 참고하면 「회고」의 발간 및 배포 기간의 추정이 어느 정도 가능한데 앞서 살펴본 〈표 24〉의 '배포일'이 바로 그것이다. 광문회가 처음으로 발간한 『동국병감』과 『동국세시기』 외 2편이 합본된 서적은 1911년 7월 20일에 발간되었다. 현재 전하지 않는 「회고」 1, 2회 중 2회는 적어도 이 두 권이 발행되고 난 뒤인 1911년 8월에서 11월 사이에 배포되었을 것으로 추정된다. 왜냐하면 「회고」 3회에 소개된 『해동명장전』과 『동국통감』 제 4책과 제 6책은 모두 1911년 11월에 발행된 것으로 1912년 1월 이전에 배부되었을 것이기 때문이다.27)

「회고」 3회부터 16회에 걸쳐 배부된 간격은 짧게는 2개월에서 반년 혹은 그 이상으로 규칙적이지 않다. 특히 9회에 배포된 『도리표』와 같은 경우는 그 발행일보다 무려 6~8개월이나 늦게 배부된다. 1912년 6월 25일 발행된 이 서적이 발행 날짜에 맞춰 원래대로 배부되었다면 6회나 7회에 발부되었어야 마땅하지만 1913년 1월과 2월에 발간된 서적들과 함께 1913년 3월 정도에 배부된 것으로 추정된다. 계획한 책의 발행 상황과 여러 가지 변수에 맞추다 보니 배포일은 그다지 규칙적일 수 없었던 듯하다.28) 「회고」를 통해 누실된 제 1, 2회에 배부되었을 것으로 추정되는 『동국병감』과 『동국세시기』를 비롯하여 『연려실기술』 제 8책에 이르기까지 광문회

27) 이를 좀 더 뒷받침 해 줄 수 있는 근거 가운데 하나로 김윤경이 책에 기록해 둔 구매날짜를 들 수 있다. 정확하게 일치한다고 할 수는 없지만 김윤경은 책의 구매일로 간주되는 날을 기록해 두고 있는데 만약 광문회가 회원중심으로 운영되었다면 김윤경은 회원이었을 가능성이 크고 책의 구매일 역시 광문회로부터 직접 발부받았을 가능성이 있다. 광문회로부터 서적들을 발부받았다면 그 날짜는 배부된 날과 그리 동떨어지지 않았으리라 예상된다.

28) 장병극은 검열의 가능성을 제안했다. 장병극, 앞의 글 참조.

서적들이 발부된 기간은 1911년에서 1915년까지로 추산된다.

이 기간에 광문회는 全一冊 단행본 13종과 합본 형식으로 된 7종의 고서들을 펴낸다.[29] 한 권으로 구성된 13종의 단행본은 『해동명장전』, 『열하일기』, 『승경도』, 『해동속소학』, 『아언각비』, 『택리지』, 『기보』, 『당의통략』, 『산경표』, 『도리표』, 『상서보전』, 『훈몽자회』, 『동경잡기』이다. 합본 형식으로 된 7종의 서적들에는 第六冊으로 완성된 『동국통감』과 第二冊으로 종결된 『삼국사기』, 총 11책으로 된 『연려실기술』(第八冊) 및 『연려실기술별집』(第參冊)과 弟五冊으로 구성된 『해동역사』(全四冊) 및 『해동역사속』(全一冊), 마지막으로 第二冊으로 된 『중경지』가 있다. 그리고 『대동운부군옥』(第三冊)과 『경세유표』(第一冊)가 계속 출간될 예정에 있었다. 『신자전』의 간행은 이보다 훨씬 이후인 1915년이므로 「회고」에는 포함되어 있지 않다.

2) 광문회 출입 인사들

오영섭에 의하면 광문회에 출입한 인사들은 장지연을 비롯한 한학자들과 이광수, 현상윤 등의 일본 유학생들, 주시경을 비롯한 조선어강습원 관련 인사, 그리고 안중식·고희동을 비롯한 당대 서화인 등 50여 명이 넘는다.[30] 앞서 언급했듯 이들 중 상당수는 신문관에도 출입한 까닭에

---

29) 이 수치는 「회고」를 통해 발부된 서적만을 계산한 것이다. 오영섭에 의하면 광문회에서 발부한 것으로 판단되는 서적은 총 24종 46책이다.(오영섭, 앞의 글, 116면, 〈표 3〉 조선광문회 간행도서) 이 목록에서 누락된 서적으로, 신문관 광고를 통해 출판된 것으로 보이는 『승경도』와 『기인비관』을 추가하면 광문회본 발행 서적은 총 26종 46책이 될 것으로 추정된다. 언급한 두 서적의 원본 텍스트는 현재로서는 확인되지 않는다.

30) 오영섭에 의하면 "조선광문회 출입 인사"로 소개되고 있는 사람은 총 51명이다. 이들은 각계각층의 인사들로 '회중노사'로 언급된 인물들에서부터 동경유학생에 이르기까지 다양하게 구성된다. 오영섭, 앞의 글 〈표 4〉, 124~130면.

두 기관의 출입 인사는 확연히 구분되지 않는다.[31] 그렇지만 발행 서적을 중심으로 신문관의 매체 및 단행본 출판에 개입한 인물들과 광문회의 고서 보존 사업에 관련한 인물은 어느 정도 분별이 가능하다. 장서의 수집에서부터 교열에 이르기까지 광문회 발간 서적을 통해 다양한 인물들의 움직임이 포착된다. 구체적인 활동 내역이 확인되는 인물은 다음과 같다.

〈표 26〉 조선광문회 고서 복간에 참여한 인물 명단

	성명	생몰연도	활동 근거	활동	대외활동 및 저서
1	具滋旭	미상	燃藜室記述別集 藏本	소장	한성전보주사, 일본 유학생, 『태극학보』 등 잡지활동, 회계사, 회계학 교수(보성, 연희)
2	金敎獻	1868~1923	燃藜室記述 訂 燃藜室記述別集 三國史記 藏本	교정 소장	대종교, 신문관 저자
3	金敦熙	1871~1937	雅言覺非 속표지 글씨 尙書補傳 中京誌	글씨	서화가, 『청춘』 필자
4	金枓奉	1889~1960	신자전 편찬	편찬	주시경 제자, 신문관 저자, 중국 망명, 사회주의자
5	金丙鍊	미상	道理表 속표지 山經表	글씨	
6	金奭準	1831~1915	東國歲時記 속표지 글씨	글씨	역관,小棠, 硏白堂, 김정희 제자
7	金鶴鎭	1838~1917	尙書補傳 藏本 및 교열	소장 교열	조선후기 문관, 한말 학회활동, 강제병합 후 남작 작위, 『國朝寶鑑』 교정
8	南基元	1879~1926	신자전 편찬	편찬	충남서산출신, 3·1만세운동 옥고
9	閔奎植	1888~?	林忠愍公實紀 寄本	기증	영국 유학, 민영휘의 아들
10	閔濟鎬	1890~1932	東國兵鑑 寄本 擇里志	기증	한성영어학교 수학, 중국 망명, 동제사, 독립운동가
11	閔衡植	1875~1947	棋譜 藏本	소장	조선 문관

31) 이 때문에 이지원은 박은식과 현채의 참여 여부를 불확실하다고 간주한다. 이지원, 앞의 책, 139면.

12	朴殷植	1859~1925	洌陽歲時記 寄本	기증	신문관 저자, 황성신문 주필, 한말 학회활동, 중국 망명, 임정대통령
13	卞鍾獻	1859~?	燃藜室記述別集 속표지	글씨	호 幼雲, 판윤 길운(吉雲)의 아들로 1892년 과거 합격, 승지를 지냄
14	吳世昌	1864~1953	棋譜	글씨	서화가, 『근역징화록』
15	柳瑾	1861~1921	擇里志 新字典 序	글씨 서문	신문관 저자 및 필자, 황성신문 창간, 한말 학회활동, 대종교
16	兪鎭哲	미상	燕巖外集熱河日記 藏本	기증	한말 내무주사 및 용천 부윤, 『增補文獻備考』 편찬 동참
17	劉漢翼	1844~1923	大東韻府群玉 속표지 글씨 訓蒙字會	글씨	전각자
18	李建芳	1861~1939	黨議通略 寄本 및 跋	기증 발문	이건창의 재종제(跋 : 再從弟建芳)
19	李圭鳳[32]	미상	海東續小學 寄本	기증	이시영의 장남, 신흥무관학교 교사, 『동아일보』 무협소설연재
20	李範世	1870~1940	燃藜室記述 藏本	소장	
21	李冕儀	미상	中京誌 藏本	소장	
22	李寅承	미상	신자전 편찬	편찬	성균관 유학
23	李弼鎔	1848~미상	林忠愍公實紀 序	서문	조선후기 문신
24	丁奎英	1872~미상	雅言覺非 藏本	소장	다산의 현손(玄孫)
25	丁寉喬	1832~1914	東國兵鑑 속표지 글씨	글씨	서화가, 군수
26	鄭丙朝	1863~1945	海東續小學	글씨	鄭萬朝의 아우, 조선후기 유학자, 『朝鮮史』 편찬에 가담
27	周時經	1876~1914	訓蒙字會 再刊例 신자전 편찬	교열 편찬	조선어강습원
28	崔南善	1890~1957	광문회 발행 겸 편집인	편집 기증	신문관 편집국 책임자, 일본 유학생
29	崔誠愚	1886~미상	東國歲時記 교열 山經表 藏本	교열 기증	신문관 인쇄소 책임자
30	韓成潤	미상	洌陽歲時記 교열	교열	법관양성소1회 졸업생
31	玄采	1886~1925	黨議通略	글씨	
32	洪命憙	1888~1968	東京雜記 藏本	소장	신문관 필자, 일본 유학생, 시대일보
33	洪承敎	미상	東國歲時記 寄本 海東名將傳 寄本	기증	성균관 박사, 대동학회 활동

〈표 26〉에 따르면 김교헌이나 유근과 같이 잘 알려진 인물 외에도 다양한 이들이 관여했음을 알 수 있다. 이들은 고서를 소장하고 있거나 책의 표제를 쓰는가 하면, 교열 및 교정에 관여하거나, 서문이나 발문을 쓰는 등, 책이 만들어지는 과정에서 다양한 역할과 기능을 담당하였다. 관여한 방식에 따라 기증자, 표제 및 장정, 교열 및 교정, 서·발문으로 역할을 구분해 보았다. 이 가운데 『아언각비』를 소장하고 있는 정규영과 『당의통략』을 위탁하고 있는 이건방은 각각 다산 정약용의 현손과 이건창의 재종제로 책의 저자와 직접적인 관련이 있는 인물들이다. 광문회가 〈구서광고〉를 내고 "가장 힘잇난 贊成方法"으로 고서 소개를 꼽았음을 상기한다면 고서를 소장하거나 수집한 이들은 광문회가 가장 필요로 한 회원일 것이다. 따라서 이들의 활약은 간과될 수 없다. 최남선에게 희귀본들을 보내온 박은식과 홍명희 역시 이런 의미에서 본다면 광문회 회원이 틀림없다. 『소년』에서부터 신문관 출판활동에 관여했던 두 사람은 강제병합 이후 망명하면서 국내에서의 활동이 거의 조명되지 못했다. 그렇지만 고서의 기부를 통해 광문회에서 활동했음이 확인된다.

다음으로 책의 교열에 관여한 인물들이다. 김교헌이나 주시경, 최성우, 한성윤과 같은 이들인데 김교헌은 '회중노사'의 대표적인 인물이다. 주시경은 『훈몽자회』를 직접 교열했다. 최성우는 신문관 인쇄소를 책임졌던 인물로, 『동국세시기』의 교열에 참가했다. 김팔봉의 회고대로 그가 한자에 밝아 광문회 책이 비교적 틀리지 않았다는 것이 어느 정도 입증된 셈이다. 또 그가 『산경표』를 기증하고 있는 것으로 보아 청년학우회

32) 청년학우회 한성연회 집행부 서기원으로도 활동한 바 있는 이규봉은 가평 위곡리 출생으로 이 지역의 후진양성에 힘쓴 기남(沂南) 이규봉과 성재(省齋) 이시영(李始榮)의 장남 이규봉 두 사람으로 조사된다. 권두연, 「청년학우회의 활동과 참여 인물」, 앞의 책, 138~140면.

한성연회 도서종람소에 몇 권의 서적을 기증한 것 역시 명목상 기재된 것이 아님을 알 수 있다. 『열양세시기』의 교열에 참여한 것으로 드러난 한성윤은 제 1회 법관양성소 출신으로 앞서 언급한 세 사람과 달리 광문회 활동에만 주로 관여했던 것으로 짐작된다.

김돈희를 비롯한 당대 서화가들의 적극적인 참여도 눈에 띈다. 특히 『소년』을 비롯한 신문관 매체들에 안중식을 필두로 조석진, 고희동 등 여러 서화인들이 참여했다. 이 점을 염두에 둔다면 광문회 활동에 서화인들이 개입하고 있는 것은 이들의 활동이 개별적이지 않고 조직이었을 수도 있음을 시사한다. 김돈희의 경우는 『청춘』에 글을 연재한 바 있으며 안중식과 고희동은 신문관에 자주 출입했다.[33] 이 밖에도 당대 다수의 불교계나 천도교 계열의 인사들과 조선어강습원 회원들이 참가했던 것으로 간주된다. 구체적인 활동이 언급되어 있지 않지만 서진하(徐震河)와 같은 당대 불교계 거장이자 한문학적 소양이 깊은 이들이 광문회 사업에 관여하고 있음이 확인된다. 서진하는 한용운의 스승으로 알려져 있는데[34] 이능화에 따르면 "朝鮮佛教界의 泰斗 北斗"로 평가되는 인물이다.[35] 최남선은 『청춘』의 「一日一件」에서 그를 "光文會의 會員"으로 소개했다.[36]

조선어강습원 회원들 가운데는 주시경 외에 김두봉 등이 『신자전』의 편찬에 참여했다. 『신자전』은 「말모이」와 함께 광문회가 주력한 사전 편찬 사업의 하나로 단행본으로 간행된 유일한 사전이다. 유근, 이인승(李寅承), 남기원(南基元)과 같은 한학에 능통한 이들 외에도 주시경, 김두봉

33) 曲橋人, 「一日一件」, 『청춘』 4호, 신문관, 1915.1, 136면.
34) 임중빈, 『만해 한용운』, 범우사, 2000, 14면.
35) 天愛, 「嗚呼! 震河老師! 그 聖僧이든가!!!」, 『불교』 17호, 1925.11, 11~14면.
36) 曲橋人, 「一日一件」, 『청춘』 3호, 신문관, 1914.12, 125면.

과 같은 조선어 연구자들이 참여하여 조선어 훈독을 담당하였는데[37] 여기에 남형우(南亨祐)가 관여했을 가능성도 있다. 그는 주시경과 함께 조선어강습소를 운영한 강습원의 핵심 인물이다. 그가 광문회와 밀접한 관련이 있음은 김윤경과 권덕규 등의 필기나 회고를 통해 드러난다. 특히 1914년 주시경 사후, 그 제자들이 문법서 간행 및 사전 편찬에 전념할 수 있도록 물심양면으로 도왔던 장면이 포착된다.[38]

이 밖에도 『붉은져고리』의 편집인이었던 김여제와 같은 인물이 광문회 회원이었던 것으로 간주된다. 접근할 수 있는 광문회 자료들을 통해서는 그가 광문회에서 어떤 활동을 했는지 구체적으로 포착되지 않지만 홍사단 입회 시 작성한 자필원서에 조선광문회 회원으로 활동했다고 명기되어 있다.[39] 오산학교 출신으로 졸업 후 이광수의 추천으로 신문관에 거주하면서 『붉은져고리』의 편집을 맡았던 그의 이력과 마침 그 시기가 광문회의 전성기였음을 감안한다면 그가 광문회에 관여했을 개연성은 농후하다. 특히 『붉은져고리』에 실린 글의 성격을 고려한다면 광문회 고서가 대중적으로 보급되는 데 일정한 역할을 담당했거나 기여했을 가능성이 충분할 것으로 판단된다.

37) 최남선, 「新字典叙」, 『신자전』, 신문관, 1915[5판 1928].

38) 남형우가 광문회에 관여한 사실은 김윤경의 필기와 권덕규의 진술 등을 통해 드러난다. 남형우에 관해서는 이춘우, 「수석 남형우–남형우 선생에 관한 새로운 자료」, 『한힌샘 주시경 연구』 9집, 1996 참조.

39) 〈홍사단자료 입단서〉, 이명화, 「홍사단 원동임시위원부의 인적 구성과 그 성격」, 『한국근현대사연구』 22집, 2002.

3. 실학서의 발간과 고전 번역

1) 정본의 추구와 '자국학'

광문회 출판물의 특징 가운데 하나는 유독 실학자들에 관심을 보였다는 점이다.[40] 광문회에서 언급되거나 출판을 통해 소개된 실학 관련 서적만도 여러 권이다.[41] 간행 서적 가운데 실학사상을 반영한 것으로 박지원의 『열하일기』, 정약용의 『아언각비』, 『경세유표』, 홍양호의 『해동명장전』, 이중환의 『택리지』, 한치유의 『해동역사』, 이긍익의 『연려실기술』, 신경준의 『산경표』 등이 있다. 1910년대 전반기에 한정한 것 치고는 상당히 집중적으로 소개된 셈이다. 광문회 도서목록에 의하면 발간 예정에 있었던 서적에는 유형원, 이익, 정약용, 한백겸, 유득공, 안정복, 이규경 등의 저서들도 다수 포함되어 있다. 광문회의 활동이 실학의 근대적 재인식과 연계되고 있는 것은 그들이 상정한 '자국학'의 궁극적인 목표가 어디에 있었는가를 고찰하는 데 중요한 의미를 제공한다.[42]

간행된 서적을 통해 대략적으로나마 살펴보면 광문회가 가장 열의를 기울인 책은 『연려실기술』이다. 이 책은 1912년 5월 1책 발행을 시작으로

---

40) 물론 실학이 학술 용어로 정착된 것은 1930년대 이후이며 '조선학' 연구의 핵심으로 부각되면서 본격화되었다고 할 수 있다. 그렇다하더라도 1910년대 광문회에서 복간되는 일련의 실학 관련 서적이 이들과 무관하지 않을 것임은 분명하다.

41) 참조한 실학 관련 서적들은 한우근, 「이조 실학의 개념에 대하여」(『이조 후기 사회와 사상』, 을유문화사, 1961); 이우성, 「실학연구 서설」(『실학연구입문』, 일조각, 1973); 천관우, 「조선후기 실학의 개념재론」(『한국사의 재발견』, 일조각, 1974); 한영우, 『한국민족주의 역사학』(일조각, 1994), 조광, 「개항기 및 식민지시대 실학 연구의 특성」(『한국실학연구』 7권, 2004); 이봉규, 「21세기 실학 연구의 문법」(『한국실학사상연구』 I, 혜안, 2006); 한영우 외, 『다시, 실학이란 무엇인가』(푸른역사, 2007) 등 참조.

42) 실학의 근대적 재인식이 이후 민족학의 구축과 관련된다는 견해는 임형택과 한기형의 의견을 참조한 것이다.(임형택, 『문명의식과 실학』, 돌베게, 2009)

1915년 4월 8책이 발간되기까지 무려 35개월이 걸렸다. 광문회는 8책의 『연려실기술』과 별집 3책을 포함하여 총 11책을 선보인다. 광문회가 이 서적에 이토록 열의를 보인 것은 동시기 조선고서간행회가 이 서적을 간행했기 때문인 것으로 추정된다.[43] 조선고서간행회의 『연려실기술』이 방대한 분량으로 간행된 데에 맞서 광문회는 정본 추구에 초점을 맞춘다. 이긍익의 후손인 이범세의 기본(寄本)을 토대로 "朝鮮野史의無雙한大著燃藜記述의唯一한完本"임을 내세웠던 것이다. 물론 광문회가 사용한 텍스트의 진위 여부는 여전히 논란의 여지가 있다. 그렇지만 광문회가 정본 추구를 통해 조선고서간행회와 차별을 두려고 했던 것만은 분명해 보인다. 『연려실기술』을 국역한 이병도에 의하면 광문회본은 분량에는 미치지 못하나 조선고서간행회에 비해 와오(訛誤)가 적고 정정에 매우 힘썼다고 한다.[44] 이 점은 광문회의 다른 서적들에도 마찬가지로 적용된다.

이 밖에도 『동국통감』이나 『해동역사』, 『삼국사기』와 같은 역사서에 주력했다. 그리고 『대동운부군옥』 같은 경우는 비록 제 3책까지 밖에 나오지 못했으나 이를 통해 광문회가 백과전서를 기획하고 있었음도 확인된다.[45] 광문회가 이 책을 복간하고 있었음은 강조해 둘 필요가 있다. 왜냐하면 신문관이 추구한 지식의 특징 중 하나가 바로 백과전서식 구성인데, 그들이 구상한 백과전서의 한 모델로 작용했을 수 있기 때문이다.

고전의 복간이라고 하지만 활자로는 처음 인쇄된 경우도 있다. 광문회

---

43) 장병극, 앞의 글, 154~156면.

44) 이병도, 「해제」, 『국역 연려실기술』, 민족문화추진회, 1966[중판1985], 3~4면.

45) 『대동운부군옥』이 광문회에서 복간된 사실은 크게 부각되지 않은 듯하다. 이 책은 조선 전기에 편찬된 유서 가운데 가장 방대하고 체계적인 형태를 갖춘 서적으로 평가되고 있다(옥영정 외 5인, 『조선의 백과지식-『대동운부군옥』으로 보는 조선시대 책의 문화사』, 한국학중앙연구원, 2009, 16면). 최근 윤호진 외 여러 명이 공동 번역하여 출판되었다(『대동운부군옥』, 지식을만드는지식, 2008).

가 출판한 고서들은 대체로 원래 있던 책을 중간(重刊)한 것이 대부분이지만 필사로만 전해오던 고서들을 새롭게 활자화하기도 하였다. 이 같은 초판 발행에는 좀 더 세심한 주의가 필요한데 『택리지』처럼 원저자의 필사와 다르게 복각했다는 점에서 비판의 여지를 남길 우려가 있기 때문이다.[46] 그렇지만 새로 글씨를 쓰고 형식을 다듬었다는 점에서 그 의의는 상당할 것으로 간주된다. 『기보』의 경우도 이전까지 필사본이나 비본으로만 전해져 오다가 광문회가 새로운 활자판인 신문판(新文版)으로 인쇄함으로써 널리 보급될 수 있었다. 이 밖에도 착실하게 정오표를 달고, 『삼국사기』의 경우 원본 사진을 제공하는 등 고서 간행에 각별한 태도를 보였다.

『훈몽자회』와 같은 경우도 주시경이 교열을 보고 재간함으로써 그 발행의 의의가 증폭되었다고 할 수 있다. 『훈몽자회』의 복간본을 배포하면서 회원들에게 보내는 「회고」에는 다음과 같은 내용이 담겨 있다.

> 朝鮮에 小學書-其類-不乏ᄒᆞ나 體裁의 가장 得意ᄒᆞᆫ 것을 論ᄒᆞ면 此書-應當 居首ᄒᆞᆯ것이오 더욱 名物 度數를 朝鮮國語로 解ᄒᆞᆫ 書中에 收載ᄒᆞᆫ 量과 正確ᄒᆞᆫ 質이 群書에 特拔ᄒᆞ니 當時에 在ᄒᆞ야 此種書를 이만콤 完美ᄒᆞ게 撰成ᄒᆞᆫ것은 學識이 俱到하나 崔世珍 其人을 得ᄒᆞᆷ에 由ᄒᆞ얏다ᄒᆞᆯ지로다 此書의 學問上 如何ᄒᆞᆫ 價値가 有ᄒᆞᆷ은 卷尾에 附하나 再刊例에 略及ᄒᆞ얏거니와 大抵 朝鮮語文의 沿革存喪을 考究ᄒᆞᄂᆞᆫᄃᆡ로 보아 此書의 重要ᄒᆞᆷ은 多言을 不須ᄒᆞᄂᆞᆫ바ㅣ나 다만 存本이 極希ᄒᆞ야 志學ᄒᆞᄂᆞᆫ 이의 爲憾이 夙深ᄒᆞᆷ으로 本會에서 設會初부터 此書 復刊을 志ᄒᆞ고도 一字一劃의 微라도 極注意極用心ᄒᆞ야 舊樣을 圖存ᄒᆞᆷ이 尋常可爲치 못ᄒᆞᆯ 事임으로 오래 遷延ᄒᆞ다가 斯學大家周君時經이 校刊의 任을 自當ᄒᆞ야 凡二年有餘의 歲月과 勞力으로 今日 刊出ᄒᆞ기에 至ᄒᆞ얏스니 崔公當初의 苦心과 貽

46) 『택리지』에 관해서는 배우성, 「지리학의 발달과지지, 지도의 편찬」(연세대학교 국학연구원 편, 『한국실학사상연구4-과학기술편』, 혜안, 2005, 521~570면) 참조.

> 後ᄒᆞᆫ 功績은 不必繁論이어니와 此書에 對ᄒᆞ야 舊面目을 重新ᄒᆞ고 新生命을 寄與ᄒᆞᆫ 周君再造의 功도 永遠히 學者의 感謝를 値ᄒᆞ리라ᄒᆞ노라 **大抵 此書를 復刊ᄒᆞ난 目的이 朝鮮語文 研究上 重要ᄒᆞᆫ 資料를 供給ᄒᆞᆷ에 在ᄒᆞᆫ 故로** 漢字에 對ᄒᆞ야ᄂᆞᆫ 다만 錯誤업기만 期ᄒᆞ얏스나 朝鮮文字體에 對ᄒᆞ야ᄂᆞᆫ 果然 微細ᄒᆞᆫ 點ᄭᅡ지라도 周密ᄒᆞ게 審愼ᄒᆞ야 古樣을 圖存ᄒᆞ얏노니 此復刊本이 學者에게 對ᄒᆞ야 要緊ᄒᆞᆫ 분수가 無識ᄒᆞᆫ 刻工의 乖理ᄒᆞᆫ 舛錯을 만히 是正ᄒᆞᆫ 點에서 古刻本보담도 有加ᄒᆞᆯ줄 自信ᄒᆞ노라47)
>
> (밑줄 강조-인용자)

구면목을 거듭 새롭게 하는 데 있어 무식한 식자공의 괴리한 천착을 많이 고친 것이므로 옛 각본보다 유익함이 더할 줄로 자임한다는 인용문의 언급에서 알 수 있듯, 옛 책의 복간은 단순히 서적의 보존에 그치지 않는다. 근 2년여의 시간을 들여 이 분야의 대가 주시경이 한 자 한 획을 일일이 교간(校刊)한 이유는 조선어문의 연구에 중요하기 때문이다. 흩어져 있는 옛 글과 서책을 수집하여 신활자로 인쇄하는 작업은 지식 보존 및 대중에의 보급은 물론 잘못된 것을 바로잡아 정확한 뜻을 구함으로써 정본을 재정비해 나갔다는 데 보다 큰 의의가 있다. 다시 말해 광문회 사업은 엄밀한 의미에서 정본의 추구와 학적 연구의 토대를 마련하는 왕도였던 것이다. 광문회가 유실되어 가는 고서를 수집하고 상당한 인력과 자본을 들여 사료들을 복간하고자 했던 이유는 여기에 있다. 더욱이 조선어의 체계화를 시도한 사전 편찬과 관련시키면 이들의 작업은 조선의 학술과 언어에 관한 물질적 토대를 마련하고자 한 성격을 보다 분명히 한다. 광문회에서 발행된 이 결과물들이 향후 '조선학'이라 불릴만한 일종의 '민족지'의 구축에 상당한 기여를 한다는 점에서 이들의 작업은

47) 「회고(第十一回配冊附張)」, (최세진 撰, 『訓蒙字會』 全壹冊), 4면.

선구적이었다고 할 수 있다.[48]

이처럼 활발하게 개진하고 있던 광문회가 돌연 활동을 중단할 수밖에 없었던 이유 역시 이와 무관하지 않다. 앞서 살펴보았듯 개신 유학자들은 물론 망명한 이들에 이르기까지 다양한 인물들이 광문회를 통해 조선 고서에 대한 관심과 참여 의지를 보여주었다. 이에 부응하듯 1911년에서 1915년 사이에 상당한 고서들이 복간되고 사전 편찬 작업도 병행되었다. 간행 예정 목록에서 확인되듯 광문회는 방대한 기획 아래 구체적인 출판 계획을 세워 놓고 있었다. 그런데 1915년 『신자전』의 발행을 끝으로 출판과 관련된 일체의 활동들이 중단된다. 사실상 해산되었다고 봐도 무방할 것이다.[49] 방대한 출판 계획에도 불구하고 해산될 수밖에 없었던 이유를 이러한 데서 찾는 것은 어렵지 않다. 더욱이 그 시기가 『청춘』의 정간과도 맞물려 있다면 말이다.[50]

---

48) 광문회의 고전 복각 및 사전 편찬 사업을 1930년대 조선학과 연결시키려한 움직임은 꽤 있어 왔다. 특히 이지원은 계명구락부가 「말모이」나 『삼국유사』 등 광문회의 미완 작업들을 이어간 점을 들어 “1930년대 중반의 조선학운동과 연결하는 가교역할”로 간주한다.(이지원, 앞의 책, 139면)

49) 광문회의 해산에 대해서는 뚜렷하게 밝혀진 바가 없다. 1914년까지 활발하게 활동하던 광문회의 고서 복간이 1915년 이후 급격히 위축되면서 백과전서인 『대동운부군옥』은 3권까지만 출간되고 「회고」 역시 1915년 4월 5일 발행된 『연려실기술』 第八冊을 포함하고 있는 16회까지만 발행된다. 1915년 12월 『신자전』의 출판을 끝으로 더 이상의 활동이 추적되지 않기에 그 즈음을 해산 시기로 추정할 따름이다.

50) 광문회의 해산과 『청춘』의 정간 시기가 일치하는 것은 우연일지 모른다. 다만 이 시기는 일본이 조선을 식민 지배한 지 5년이 되는 해이다. 이를 축하하기 위해 조선총독부는 공진회를 비롯한 각종 행사들을 마련하고 『매일신보』에 시정 5주년을 자축하는 기사들을 보도하는 등 식민 지배의 성공적인 분위기를 연출한다.

2) 고서의 번역과 대중화

흥미로운 사실은 광문회의 이러한 일련의 활동들이 신문관 출판물들과 밀접하게 연동하고 있다는 점이다.[51] 신문관은 광문회 서적의 인쇄 및 판매, 홍보 외에도 매체나 단행본 서적들의 발행을 통해 광문회 사업의 취지를 보조하고 광문회 서적을 활용하는 등 상호 관계를 형성해 간다. 대표적으로 『청춘』은 1914년 10월 창간호에서 광문회에 관한 한 편의 한시를 봉정한 바 있다.

文宿呈光朝日鮮	문창성*이 빛을 내매 아침이 날마다 곱고
惺翁搔首立東天	성옹**이 머리 긁적이며 동천에 서 있네
孤燈耿耿昏衢上	외론 등불이 깜박이며 어둔 거리 비추고
片棹茫茫大海邊	조각배는 아득하게 큰 바다 떠도네
此世公論餘一筆	이 세상의 공론은 나머지 일필이지만
古人殘字重天錢	고인의 남은 글자는 값이 천금이러니
蒐來藏秘歸全局	모아서 비장하여 온전한 국면에 되돌리면
檀祖遺輝永有傳	단군 조선의 남은 빛이 길이 유전하리라[52]

"조선광문회에 바친다(奉呈朝鮮光文會)"는 제목의 7언 율시에는 광문회의 처지와 계승에의 의지가 드러난다. 2, 3연의 "외론 등불이 깜박이며

51) 임상석은 이를 '국역사업'으로 간주하고 최남선의 출판활동과 관련시킨 바 있다. 임상석, 「1910년대 국역의 양상과 한문고전의 형성–최남선의 출판 활동을 중심으로」, 『사이』 8호, 2010 참조.

52) 「奉呈朝鮮光文會」, 『청춘』 창간호, 신문관, 1914.10, 81면. 원문의 한글 해석은 동국대 불교연구원의 이대형 선생님으로부터 도움 받았다.

* 문창성(文昌星) : 문곡성(文曲星)이라고도 함. 문장 재주를 주관하는 별.

** 성옹(惺翁) : 슬기로움 · 깨어남의 의인화한 표현. 조선이 잠에서 깨어난다는 의미로 해석됨

어둔 거리 비추고 조각배는 아득하게 큰 바다 떠도네"에서 당대 상황과 광문회의 처지가 비유적으로 드러난다. 고인이 남긴 글을 수집, 보존하여 단군이 남긴 광휘를 길이 전하리라는 다짐으로 마무리되고 있는 것으로 보아 계승의 의지가 확인된다. 창간호의 이 시를 시발점으로 『청춘』에는 다양한 고전들이 게재되기 시작한다.[53] 대표적으로 〈섭렵소초〉에는 박지원의 『연암외전 열하일기』를 비롯하여 임제(林梯)의 『수성지(愁城誌)』, 홍석주의 「옥경십이루기(玉京十二樓記)」, 작자 미상의 「부벽루기(浮碧樓記)」, 허난설헌의 「광한전백옥루상량문(廣寒殿白玉樓上樑文)」과 금원여사(錦園女士)의 「호락홍과(湖洛鴻瓜)」 등이 게재된다.

물론 『청춘』 이전에도 『붉은져고리』나 『아이들보이』를 통해 상당수의 고전들이 소개된 바 있다. 어린이와 학생을 대상으로 한 매체들에 연재된 고전들은 몇 가지 특이점을 보이는데 가령 온달이나 솔거처럼 실존 인물들의 일화가 아니면 흥부놀부나 허생 같은 허구적 인물의 서사들이 게재되고 정몽란(정몽주의 아명)과 같이 위인의 어린 시절 일화들이 실린다. 아이들의 수준과 흥미를 고려하여 이야기의 서사적 측면이 강화되고 특히 고전적 인물들의 유년 시절에 초점이 맞춰지면서 위인에 대한 새로운 접근이 시도된다.

이 가운데 연암의 『열하일기』 중 「옥갑야화」[54]에 등장하는 '허생'에 대한 이야기는 반복해서 등장한다. 흥미로운 것은 매체를 달리할 때마다 다르게 소개된다는 사실이다.

---

53) 『청춘』에 '옛 글'이 배치되는 방식에 관해서는 최기숙의 「'옛 것'의 근대적 소환과 '옛 글'의 근대적 재배치」(『민족문학사연구』 30호, 2007)에 잘 정리되어 있다.

54) 1912년 2월 9일 조선광문회에서 발행된 『연암외전 열하일기』는 兪鎭哲寄本으로 최남선이 편수 겸 발행하였다. 표지 다음에는 박지원의 서문이 첨부되어 있다.

(1) △억척 가튼 살림에 닥겨 나가는 구슬△

남산 밋 먹적골에 허싱원이란이가 살앗습니다 구차ᄒᆞ기 짝이 업서 오막살이 초가 몃간이 비바람을 가리지 못ᄒᆞ고 먹는것은 끼니를 찻지 못ᄒᆞ나 싱원은 들어안저 글만 닑고 달니 벌이를 아니ᄒᆞ얏습니다

이리ᄒᆞᆫ지 여러해 되매 살님이 한껏 억척이 되어 오래두고 바ᄂᆞ질 쌀ᄂᆡ질 싸위 품을 팔아 경셩으로 남편의 뒤를 거두던 안악도 차차 원망ᄒᆞ는 빗이 생기고 각금 남으라는 일조차 잇서갓습ᄂᆡ다 싱원은 집안의 어려움이 저의 허물인줄을 모름도 아니오 또 나가서 벌이를 ᄒᆞ면 살님 버틔어 가기에는 걱정 업슬만ᄒᆞᆫ 재조가 업슴이 아니로대 이러케 참기 어려움을 참고 견ᄃᆡᆯ수 업슴을 견ᄃᆡ며 글만 닑음은 압날을 위ᄒᆞ야 크게 쥰비ᄒᆞᆷ이 잇고져ᄒᆞᆷ이외다 곳 만흔 리치를 깨치고 큰 재조를 닥가 한번 뜻잇는일을 ᄒᆞᆯ 생각이 속에 가득이 잇슴으로 배 곫흔것도 이져버리고 집안 어려움도 생각ᄒᆞᆯ 겨를이 잇지 아니ᄒᆞᆷ이다 산아이가 한번 작뎡ᄒᆞᆷ이 잇스니 아모것이면 이를 엇지 휘며 속에 큰 경륜을 품엇스니 작은 고생이 엇지 마음을 움즉이오릿가55)

(2) 서울이라 下南村에 선배한분 살더니라
음막사리 단간草屋 食口라고 다만內外
집웅에는 풀엉킈고 성밋헤는 삶이잔다
五更쇠북 萬戶長安 숨인듯이 고요한데
가물가물 가는초불 그린듯이 도도한저
외오나니 聖經賢傳 글소리만 들리더라

그겻헤서 바늘들고 그덕그덕 졸던안해
깁으랴던 누더기를 와락집어 내던지며
「여보시오 말좀듯소 아츰밥은 엇지랴오
나는발서 눈어두어 바늘품도 다광앗소

55) 「먹적골 가난방이로 한세상을 들먹들먹ᄒᆞᆫ 허싱원」, 『아이들보이』 10호, 신문관, 1914. 6, 10~21면.

남들은 十年成就 小科大科 하온후에
出將入相 거들거려 가즌호사 다하는데[56)]

(3) 許生의居는墨積洞이니바로南山下에抵하면井上에古香樹-잇고柴扉-樹를 向하야 開하얏더라 草屋數間이 風雨를 蔽치못하건마는 許生은 讀書로 業을 삼고 妻-人의 縫刺를하야써 糊口하더라 一日은 妻-飢甚한지라 泣하야 曰子-平生에 赴擧치아니하니 讀書는 何를 爲함이뇨 許生은 笑하야 曰吾의 讀書-熟치못하얏노라 妻-曰 工이 有치 아니하뇨 生이 曰工하려한들 본대 學치 아니하얏스니 奈何오 처-曰商이 有치 아니하뇨 生이 曰商하려한들 本錢이 無하니 奈何오 그 妻-恚且罵하야 曰晝夜에 書를 讀하야 學한것이 奈何뿐이로다 工도못하고 商도 못할터이면 어찌하야 盜賊노릇은 못하나뇨한대 許生이 掩卷하고 起하야 曰 惜乎-라 我의 讀書-본대 十年을 期한것이러니 今에 七年이로다하고 出門하야 去하되 相識하는 者-無한지라[57)]

위의 세 인용문 모두 "남산 및 먹적골" 혹은 "서울이라 下南山", "墨積洞"에 거하는 허생이라는 인물의 이야기를 다루고 있다. 첫 번째 인용문 (1)은 『아이들보이』에 「먹적골 가난방이로 한세샹을 들먹들먹ᄒᆞᆫ 허싱원」이라는 제목으로 게재된 글이다. 『아이들보이』가 어린이를 대상으로 특히 순한글을 지향한 매체였으므로 독자의 수준에 맞게 문체도 내용도 심지어 서사 전개 방식까지 바꾸었다. 매체가 지향한 순한글 문체로 어린 독자들이 읽기에 적당한 수준으로 개작했던 것이다.

반면 인용문 (2)는 이광수가 『새별』에 게재한 4·4조의 가사체로 지은 운문 「허생전」이다. 글의 말미에 "이 許生의 事蹟은 일즉 「아이들보이」째

56) 외배, 「許生傳」(上), 『새별』 16호, 신문관, 1915.1, 26면.

57) 「허생」上, 『시문독본』, 신문관, 1918, 115~121면. 『시문독본』 권3 제5·6장에 상하로 실려 있고 "박지원 『열하일기』"라는 출처가 표시되어 있다.

에 散文으로 한번 揭載한 일이 잇스나 이번에는韻文으로 다시 지어 여러 분의 새 感興을 닐히키고져 하얏노라"라는 구절을 덧붙임으로서 양식 변주의 이유를 설명하고 있다. 이로써 필자 표시가 없었던 (1)이 이광수의 글임을 알게 되고 동시에 그가 『아이들보이』에도 관여했음이 확인된다. 『새별』은 『아이들보이』와 거의 동시기에 발행된 매체로 표지에서 나타나듯 어린이보다는 학생 쪽에 좀 더 방점을 두었던 것으로 간주된다. 매체의 부록인 〈읽어리〉를 비롯한 기사들을 이광수가 쓰고 있는 것으로 보아 『새별』에서 이광수의 역할이 컸음은 이론의 여지가 없다.

마지막으로 (3)의 인용문은 『시문독본』에 게재된 「허생」이다. 이 역시 『연암외전 열하일기』의 한문 원전을 국한문, 즉 시문체로 번역해 놓은 것이다. 주지하듯 연암의 『열하일기』는 광문회가 간행한 대표적인 실학서 가운데 하나이다. 이처럼 허생의 이야기가 양식은 물론, 문체까지 달리해서 여러 매체에 게재된 것은 신문관의 독자들에게 읽혀야 할 필독서로 간주되었기 때문이다. 흥미롭게도 허생은 조선 오백년간 대표되는 위인 중 '理想' 부분에 낙점되어 있다(〈표 32〉 참조). 이로 미루어 허생이라는 인물은 비록 허구이지만 이상을 실현한 인물로 간주되었던 것으로 보인다.[58] 이처럼 동일한 내용이라도 매체의 성격과 독자에 따라 다양한 양식적 변용을 시도하고 있다.

결국 이러한 양식적 변용은 신문관이 고전을 전유한 다양한 방식을 보여주는 동시에 정전을 추구해 간 하나의 구체적 사례일 수 있다는 점에서 의미 있다. 필독해야 할 '고전' 텍스트에 대한 선별 과정이 이러한 양식적 변주와 반복을 통해 더욱 강화되어 갔을 수 있기 때문이다. 무엇

58) 박지원도 「옥갑야화」에서 들은 것으로 처리하고 있듯 허생은 항간에 떠도는 이야기를 바탕으로 하고 있다. 임형택, 「한문단편 형성과정에서의 강담사-허생고사와 윤영」, 창작과 비평, 78년 가을호, 1978.

보다 광문회의 취지가 신문관의 매체나 단행본을 통해 보다 대중적으로 보급되는 경향을 보인다. 대표적으로 『시문독본』은 1910년대 문장의 모범을 가려 뽑은 독본으로 1920~30년대까지도 학생들의 필독서가 될 정도로 인기 있던 간행물이다.[59] 여기에 실리고 있는 대다수 고전들이 이미 신문관 잡지들에 게재된 것들임은 어렵지 않게 확인된다. 그리고 그 원문을 제공한 곳은 다름 아닌 광문회이다. 다시 말해 『소년』을 비롯하여 『산수격몽요결』, 『붉은져고리』, 『아이들보이』, 『청춘』, 『시문독본』에 이르기까지 신문관의 전 출판 과정에 광문회의 이념과 의지가 실천되고 있었던 셈이다.

59) 구자황, 「근대 독본류의 성격과 위상」(1), 『탈식민의 역학』, 소명, 2006 참조.

제3장

어문운동과 조선어강습원

조선어강습원에 대해 언급하기 전에 '한글'이라는 용어에 관해 생각해 볼 필요가 있다.[1] 그렇다고 이 용어를 누가 먼저 명명했느냐에 대해 논의하려는 것은 아니다.[2] 여기서 관심 있게 다뤄 보고 싶은 것은 매체를 통해 가시화되고 있는 이 용어의 출현에 관해서이다.[3] 한글은 『독립신문』에서부터 매체어로 사용되어 『제국신문』, 『대한매일신보』 국문판, 『경향신문』 등을 통해 근대 초기 대중지의 언어로 보급되었다. 그렇지만 한글로 된 문자의 보급이 아니라 한글이라는 용어의 보급에 대해서는 별다른 주목이 없었던 것으로 간주된다. 이전에 언문이나 반절로 불리던 문자가

1) 조선어강습원은 1907년 주시경을 중심으로 발기된 국어연구회/국어강습회가 강제병합 이후 이 명칭을 쓸 수 없게 되자 그 대체 표현으로 선택된 이름이다. 이 책이 다루고 있는 시기 역시 1910년 이후이기에 이 명칭을 선택한다.

2) 고영근과 임홍빈의 논쟁에서 드러나듯 한글이라는 용어의 최초 사용에 대해서는 주시경설과 최남선설이 맞서고 있다. 고영근, 「'한글'의 作名父는 누구일까 : 이종일 · 최남선 소작설과 관련하여」, 『새국어생활』 13권 1호, 2003; 임홍빈, 「'한글' 명명자와 사료 검증의 문제－고영근(2003)에 답함」, 『어문연구』 35권 3호, 2007 참조.

3) 이혜령의 논문은 매체어로서의 한글이라는 문제에 접근하는 데 도움이 된다. 이혜령, 「한자 인식과 근대어의 내셔널리티」, 『탈식민의 역학』, 소명출판, 2006 참조.

'한글'이라는 용어를 통해 특정 계층과 한정된 내용을 넘어 보다 대중적으로 재배치되는 양상을 확인할 필요가 있다. 신문관은 여러 매체를 통해 '순국문'으로 된 글쓰기를 실험했을 뿐 아니라 〈한글〉난을 개설해 한글 운용의 실제를 선보였고 한글로 된 다양한 읽을거리를 제작했다. 신문관을 중심으로 이 시기 한글을 통한 매체 언어의 확립과 독자층에의 한글 보급 양상을 살펴보고자 하는 이유도 여기에 있다. 여기서는 신문관 매체들을 통해 한글이라는 용어가 가시화될 뿐 아니라 독서 대중에게 보다 용이하게 보급될 수 있었음을 고찰하고자 한다.

1. 주시경과 그의 제자들

1) 주시경 사후 두 매체의 포즈

주시경과 그의 제자들은 신문관과 광문회에 여러 방식으로 관여했다. 조선어강습원의 이념이 신문관 매체들을 통해 실현되어 간 구체적 양상과 주시경 사후 일어난 일련의 움직임들을 신문관을 중심으로 살펴보고자 한다. 논의의 편의를 위해 신문관의 두 매체에서부터 시작해 보기로 하자.

첫 번째는 『청춘』의 기사이다. 1914년 10월 『청춘』 창간호에는 「周時經先生歷史」라는 글이 실린다. '역사(歷史)'라는 형식으로 게재된 이 글은 1914년 7월에 작고한 주시경에 대한 최초의 평전이라 할 수 있다. 주시경의 생애에서부터 일생에 거쳐 그가 이룬 조선어연구 사업과 활동이 비교적 상세하게 기술된다. 작성자가 명시되어 있지 않은데 대체로 최남선이 아니면 주시경의 제자 권덕규가 썼을 것으로 추정되고 있다.[4] 이후 주시

4) 권덕규의 글로 간주되었던 이 글은 임홍빈에 의해 최남선이 쓴 것으로 수정되어야 한다는 주장이 제기된 바 있다. 임홍빈, 「"周時經先生歷史"의 필자에 대하여」, 『주시

경에 대한 평전 및 인물전들은 상당 부분 이 글에 기대고 있는 실정이다.[5] 조선어연구 사업과 관련하여 약언한 부분만 잠시 인용해 보면

> 先生이 朝鮮語硏究에 立志하기는 實로 四二二五年 壬辰十七年 去今 二十三年前이라 伊時에 李進士會鐘氏에게 漢文을 學할새 每樣 그 文義를 解釋할때마다 반드시 我語로 譯함을 見하고 心中에 自度하되 文이란 것은 言을 記하면 足하리로다 然하나 記하는 方法 卽 符號가 此漢文과 가치 煩難하고야 學識을 엇기에 엇지 極難하지 안이하리오 今에 만일 吾國文으로 此를 代하면 事少功倍하리로다 然하나 此를 琢磨의 功을 加하지 안이하면 엇지 能히 實效를 收하리오하고 이에 慨然히 憤을 發하야 我言文을 硏究하기로 志를 立하고 몬저 文法을 究明하기로 着手하니 此는 實로 朝鮮에 國語가 잇은뒤 初有한 擧오 朝鮮 스스로 科學的으로 國語를 解明한 嚆矢라 此人此等의 自覺과 決心이 實로 朝鮮語復興의 新機運이로다[6]

글이란 것은 말을 적으면 족한데 한문은 번잡하고 어려워 학식을 얻기에 어렵다. 만일 우리 국문으로 이를 대신하면 적은 일로 공은 배가 되기에 조선의 국어를 과학적으로 구명하고자 한다는 주시경의 한글사상이 잘 요약되어 있다. 『청춘』이 창간호에 이 글을 싣고 있는 것은 단순히 주시경에 대한 회고 이상의 의미를 지닌다. 『청춘』을 비롯한 신문관 출판물의 언어 지향은 궁극적으로 이 실천의 산물들이기 때문이다.

경학보』 2, 1988, 7~46면. 권덕규의 생애 및 국어학적 업적에 대해 연구한 이현희 역시 이를 따르고 있는 실정이다. 이현희, 「權悳奎의 생애와 그의 국어학적 업적에 대한 한 연구」, 『규장각』 41집, 2012 참조.

5) 식민지 시기 대표적인 매체에 실린 주시경에 관한 글은 거의 이 내용에서 크게 벗어나지 않는다. 권덕규와 최남선을 비롯하여 김선기와 이윤재 등의 글에서 이러한 사정을 확인할 수 있다. 김선기, 「한글學의 先驅 周時經 先生」, 『동광』 35호 1932.7; 이윤재, 「한글 運動의 先驅者 周時經先生」, 『삼천리』 7권 9호, 1935.10.

6) 「주시경선생역사」, 『청춘』 창간호, 신문관, 1914.10, 164면.

『청춘』 2호에는 한샘이라는 필명으로 최남선이 주시경을 기리는 「한힌샘스승을울음」이라는 자작시를 게재한다.

> 아름답고 가진소리 / 늘힌메를 애둘러서
> 한대모아 감초시니 / 환의뜻을 어이알리
> 임의손에 광이들매 / 무쳣던것 들어나고
> 임의입에 나발물매 / 잠잠턴것 울려낫네
> 배달말이 환한빗이 / 해와가치 번적일때
> 사람들의 엉긘힘이 / 새검얼을 엇덧도다
> 샘이되어 소사나매 / 큰목숨이 계흘으로
> 이말의꼿 열음되매 / 새밝음이 비롯도다
> 마트심이 큼도클사 / 지음심도 거륵도다
> 간열피고 어린무리 / 힘입으렴 더만터니
> 누리써나 돌아가심 / 슯흠이야 긋일슬가
> 다만트신 발은길로 / 속눅이며 힘써옐가
> 힘을리신 이팔쑥은 / 지신집을 더늘이며
> 만들리신 기름으론 / 켜신홰틀 더밝힐섇
> 아득하나 환한압길 / 가다듬어 나가리라
> 더잣가히 잡으실줄 / 임의검을 밋노이다[7)]

한힌샘 즉 주시경의 죽음을 애도하는 시로, 임은 갔지만 임이 만들어 놓은 바른 길을 힘써 갈 것임을 다짐하고 있다. 최남선이 주시경에게 받은 영향은 이 시 한편에 충분히 드러난다. "어른은 가장 뫼신지가 갓가우나 가장 알기를 깁히하얏다고 할만한 터이니 한 四年쯤 前에 倉洞 술집 건너 오막살이 단간방에서 무릅을 맛대고 인사를 엿준뒤로 돌아가실때

7) 한샘, 「한힌샘 스승을 울음」, 『청춘』 2호, 신문관, 1914.11, 100면. 인용한 시의 / 표시는 원문의 행갈이이다.

까지 거의 날마다 뵙고 일마다 의논하야"[8] 온 터라 누구보다 주시경의 사상에 동조했던 것이다.

창립 이래 신문관이 스스로 꼽은 성취, 즉 언문일치를 향한 노력과 '현대 조선어라 부를만한' 조선어의 발명은 이러한 사상적 흐름과 맥을 같이 하고 있다. 『소년』을 비롯한 초창기 신문관 출판물의 대부분이 한글 쓰기를 지향하였다. 부분적으로 한자를 혼용하기는 했지만 한자를 섞어 쓸 경우에도 괄호로 병기하거나 부속으로 덧붙이는 등 한글에 대한 태도를 비교적 분명하게 표명했다. 비록 주시경처럼 순한글로만 된 문자를 사용한 것은 아니지만, 신문관 매체들은 이 시기 그 어떤 매체보다 한글 사용에 적극적이었다. 『소년』 이후 어린이를 대상으로 한 매체들에서는 매체어로서의 한글 사용의 가능성을 충분히 실험하고 확장시켜갔다.

두 번째로 살펴 볼 매체는 『새별』이다. 『새별』 16호에는 「한글사백칠십이회기념회」라는 제목의 기사가 한 편 실린다. 한글 탄생 472주년을 맞아 1914년 12월 24일 일요일 보성학교 강당에서 열린 기념회를 탐방한 기사인데 조선어강습원을 중심으로 개최된 기념회의 진행 과정을 잘 보여준다.[9] 매년 정해진 때 없이 열리던 기념회를 금년부터는 돌아가신 주시경 선생의 생신 기념을 겸하자는 뜻에서 날을 정했고 각 학교의 시험이나 행사 등의 일정과 상치되는 부분이 있음에도 백여 명에 가까운 회중이 모였음을 전하고 있다. 기념식의 진행은 원장 남형우의 식사(式辭)를 시작으로 강사 이규영의 한글 연혁에 관한 설명과 약 50여 분에 걸친 최남선의 연설로 이어졌다. 연설의 제목은 「한글과 주시경선생」이다. 마지막으로 최린으로 간주되는 보성학교장의 축사로 4시 지나 열린 기념회가 6시가 못미처 마치고 있는 일련의 과정이 서술된다. 식에 참여

8) 「굽은다리겻흐로서」, 『새별』 15호, 신문관, 1914.12, 5면.
9) 「한글사백칠십이회기념회」, 『새별』 16호, 신문관, 1915.1, 27면.

한 남형우, 이규영, 최남선, 최린은 모두 신문관의 중심인물이거나 신문관에 출입한 인사들이다.

이상 신문관의 두 매체를 중심으로 주시경 사후의 일들을 살펴보았다. 주시경은 한글운동에 있어서만 아니라 광문회의 회원으로 고서 복간과 사전 편찬에 긴요한 인재였다.[10] 따라서 때 이른 그의 죽음은 신문관으로서도 상당한 타격이었을 것으로 간주된다. 근간으로 소개된 「말모이」 같은 조선어 사전 편찬 작업은 그의 사후 끝내 완성되지 못한다. 그렇지만 그의 제자들은 여전히 스승의 뜻을 기리기 위해 문법서를 편찬하고 사전 작업을 이어간다. 특히 조선어강습원 출신의 상당수가 신문관 매체의 구독자이자 열렬한 투고자로 활동한 양상을 보인다.

2) 매체의 구독자, 주시경의 제자들

주시경 사후 조선어강습원의 회원들은 그 구심점을 잃은 듯 보이지만 이들은 신문관을 중심으로 지속적인 활동을 펼친 것으로 관찰된다. 조선어강습원의 활동 내역을 기록한 「한글모죽보기」에 따르면 강습원 회원들 가운데 신문관에 출입했거나 신문관 매체들을 구독한 인물들은 대략 다음과 같이 드러난다.

〈표 27〉 신문관 매체를 구독한 조선어강습원 회원 명단

	이름	조선어강습원	아이들보이	청춘	비고
1	權悳奎	강사, 고등과1회	1·2·6회 의사보기, 3회 글꼬느기	청춘필자	『현금조선문전』 서문
2	金枓奉	강사, 특별회원			『조선말본』 저자, 광문회

10) 오영섭, 앞의 글 참조.

3	金斗鐘	중등과3회, 특별회원	1회의사보기		
4	金鳳鉉	중등과1회			〈소년통신〉투고자
5	金洵皓	중등과6회	1회의사보기		
6	金台榮	특별회원	5회의사보기		
7	金炯元	중등과4회		12호	石松, 시인, 파스큘라
8	羅錫基	하기강습소4회		청춘필자	
9	南亨佑	강습원 원장			광문회원 추정
10	朴載垌	초등과1회·중등과4회·고등과4회, 특별회원	2회의사보기		
11	朴齋璿	통상회원		「一日一件」	광문회원으로 추정
12	裵在晃	특별회원, 고등과2회	1회의사보기, 2회그림글닑기, 9회글싀느기	10·12호	경남창원생, 경성학원, 와세다 대교 외생으로 졸업, 항일운동, 옥고
13	卞榮泰	국어연구학회2회	아이들보이		청춘필자인 변영복(변영로) 및 변영만과 형제
14	孫乙仁	중등과1회	1·5회글싀느기, 1·5·6회의사보기, 1·2회그림글닑기, 4회이약이모음		
15	沈在悳	하기강습소1회	1회의사보기, 1·2회그림글닑기		
16	嚴恒燮	특별회원, 고등과5회,		12·13호	경기도여주생, 중국망명, 독립운동
17	柳瑾	원장		청춘필자	광문회
18	尹泰休	중등과1회	1·2·5·6회 의사 보기, 2회그림글닑기		
19	李奎榮	강사, 통상회원	2회그림글닑기		『현금조선문전』 저자
20	李明奎	고등과1회	1회그림글닑기		
21	李斗榮	중등과1회	1회그림글닑기		
22	李秉岐	고등과1회, 특별회원,			
23	李載甲	초등과1회·중등과4회·고등과4회, 특별회원	1·2·4·7회 글싀느기	11·13호	
24	張斗貞	중등과3회·고등과3회	2회의사보기		

25	張志晟	고등과2회	2·5·6회의사보기, 1·2회그림글닒기, 5·7회글싓느기		
26	張志暎	하기강습소3회, 통상회원			청년학우회 하기강습회
27	鄭烈模	고등과2회, 특별회원	7회글싓느기	12호	
28	趙文台	고등과2회, 특별회원	2회그림글닒기, 4·6회글싓느기	11호	
29	朱炳乾	고등과2회, 특별회원		11·13호	필명 : 朱願海,願海生
30	周時經	강사, 통상회원			『말의소리』 저자, 광문회
31	車相瓚	중등과1회			
32	崔鉉培	고등과1회, 특별회원	1·2 - 회의사보기		아명 : 최현이(위산)
33	韓東瓚	중등과4회		10·11호	
34	韓現相	고등과5회, 특별회원		15호	
35	玄相允	특별회원		청춘필자	붉은져고리

유근과 남형우를 위시하여 권덕규, 김두봉, 이규영 등 조선어강습원의 원장 및 강사 다수가 신문관과 관련되어 있다. 이들은 주시경과 함께 광문회의 사전 작업에 관여했으며 『말의 소리』를 비롯하여 『조선말본』과 『현금조선문전』 등 다수의 문법서를 신문관에서 출판하기도 한다. 그리고 중앙학교 교원으로 근무하기도 했던 이규영은 『새별』의 〈읽어리〉를 학교 교재로 사용했으며[11] 권덕규와 김윤경을 비롯한 이들이 한글의 체계화와 대중화를 위한 각종 활동들을 전개해 나간 것으로 드러난다. 이 밖에도 장지영과 같은 인물이 청년학우회의 부설활동인 강습회에 참여하는 등 주시경 문하 인물들의 활약이 두드러진다. 이 외에도 신문관 매체를 구독한 조선어강습원의 회원 명단(〈표 27〉)에 따르면 『청춘』의 필자인 나석기

11) 김민수가 제시한 「읽어리가르침」의 목차와 『시문독본』 초판의 목차는 유사하다. 김민수, 「이규영 문법연구」, 『한국학보』 19, 1980, 80면. 여기에 관해서는 제4부에서 보다 상세히 다룬다.

는 하기강습소 4회 졸업생이고 강습원 중등과 1회 졸업생인 김봉현은 〈소년통신〉의 투고자이다. 그러니까 『소년』에서부터 이미 강습원 출신들이 독자로 등장한 셈이다. 강습원의 특별회원인 현상윤 역시 잔별이라는 필명으로 『붉은져고리』에서 활동했을 가능성이 엿보인다. 또 지방에서 희귀본을 구해 최남선에게 보내오는 박재선 역시 강습원의 통상회원이다.

무엇보다 신문관 매체들을 통해 주시경의 제자로 알려진 상당수의 인물들이 일찍부터 신문관 출판물들의 애독자였다는 점이 밝혀진다. 『청춘』의 〈현상문예〉에 당선자로 알려져 있는 김형원, 엄항섭, 주병건, 한동찬, 한현상 등은 모두 조선어강습원 출신이다.[12] 그런데 상동학원에서 주시경에게 수학한 김윤경은 그의 제자이기는 하지만 강습원의 회원이 아니었기에 이 목록에는 기재되어 있지 않다. 이 밖에도 최현배는 최현이라는 이름으로 위산에서 『아이들보이』를 구독하고 있음이 포착된다. 권덕규도 좀 더 이른 시기에 발간되었던 『아이들보이』에서부터 신문관의 매체들을 구독한 독자였음이 드러난다. 『청춘』의 〈현상문예〉 당선자로 잘 알려져 있는 정열모, 배재황, 이재갑, 조문태 역시 『아이들보이』에서부터 신문관의 독자였다. 이처럼 조선어강습원 회원들의 상당수는 다양한 한글 글쓰기를 실험했던 『아이들보이』를 구매함으로써 이미 신문관의 한글 보급에 동참하고 있었던 셈이다. 이 일련의 움직임들은 주시경의 조선어강습원이 주도한 한글운동이 이 시기 신문관의 매체들과 연동하면서 구체적인 실효성을 띨 수 있었음을 방증한다.

---

12) 『청춘』의 〈현상문예〉 당선자들 가운데 상당수가 조선어강습원 회원이었다는 점은 한진일의 연구에서 이미 언급된 바 있다. 한진일, 「근대 단편소설의 형성과정 연구」, 성균관대 박사논문, 2002, 64~66면.

2. 문법서의 간행과 사전 편찬

1) 『조선말본』과 『현금조선문전』

주시경의 제자인 김두봉 외에도 이규영, 권덕규 등이 주시경을 도와 광문회의 사업에 관여했던 것으로 보인다. 그리고 이들은 주시경 사후에도 신문관에 남아 몇 권의 문법서를 발간하는 등 실질적인 활동을 이어간 것으로 간주된다. 이 가운데 문법서를 출판한 김두봉과 이규영에 대해 살펴보고자 한다.

먼저 김두봉의 경우는 "최남선이 주재하던 광문회라는 단체에서 잡지 『붉은져고리』와 『청춘』 등을 편집"했다[13]는 설이 있으나 신문관 매체에서 활동한 흔적은 구체적으로 드러나지 않는다. 다만 그가 주시경과 함께 광문회에서 『신자전』과 「말모이」 등의 사전 편찬에 참여했고 신문관에서 문법서를 간행한 것은 사실이다. "대정 5년(1916) 새글집", 즉 신문관에서 출판된 『조선말본』의 「머리말」에는 이 책의 저술 경위가 비교적 잘 드러나 있다. 그는 1914년 7월 27일 주시경이 갑작스럽게 세상을 떠나자 "스승이 못 다한 일을 이어받아 그것을 더 넓히고 더 열어서 우리의 말과 얼이 묻히지 않고 영원히 자랄 수 있는 기틀을 다기지 위해 『조선말본』을 저술했다"고 밝히고 있다.[14]

> 길이없기어든가지못하리요마는그말미암을땅이어대며본이없기어든말이야못하리요마는그말미암을바가무엇이뇨이러하므로감에는반듯이길이있고말에는반듯이본이있게되는것이로다그러나나는이말본을이렇게빠르

13) 심지연, 『잊혀진 혁명가의 초상-김두봉 연구』, 인간사랑, 1993, 38면.

14) 김두봉은 28세부터 보성, 휘문, 중앙 등의 고등보통학교에서 우리말을 가르쳤다. 심지연, 앞의 책, 41면.

> 게만들랴고는아니하엿고다만「말모이」만들기에만얼을받히엇더니슬프다 꿈도생각도밖에지난여름에우리한힌샘스승님이돌아가시고이답지못한사람이이「말본」까지짓기에이르엇도다스승님이게실때에이미박아낸「조선말글본」이있엇으나이는짓은제넘오오랜것이므로늘고치어만드시려다가가르치시는일에넘우바쁘어서마츰내이루지못하고돌아가시엇으므로이제에말본이매우아숩을뿐더러더욱우리**한글배곧어른솔벗메와한글모임자한샘**이이「말본」만들기를여러번말슴하므로이에작은힘을돌아보지아니하고이를만들엇거니와이로써스승님의여시던길을넉넉이더열엇다함이아니요다만그길이묻히지나아니하게하는김에힘자라는대까지는조곰조곰씩이라도더열어가면서이다음에참훌륭한사람이나시기를기다리는뜻이로다
>
> (강조-인용자)[15]

『조선말본』「머리말」의 전문인데 보다시피 띄어쓰기가 전혀 반영되어 있지 않다. 이 글을 통해 「조선말글본」이라는 책이 원래 있었으나 지어진 지가 오래되어 새롭게 고치려던 중 주시경이 뜻을 이루지 못하고 돌아가시게 되었음을 알 수 있다. 인용문의 "한글배곧"은 국어연구회 즉 조선어강습원을, "어른 솔벗메"는 남형우를 가리킨다. 강습원 원장이었던 남형우가 주시경 사후에도 지속적으로 강습원의 여러 사업에 관여하고 있었음이 드러난다. 그리고 "한글모임자"는 조선광문회, 한샘은 최남선이다.[16] 이로써 광문회가 강습원과 밀접하게 관계 맺었을 가능성이 확인된 셈이다. 실제로 언급된 두 사람이 김두봉에게 "「말본」 만들기를 여러 번" 권하였고 이에 못이긴 김두봉은 스승의 유지를 받들 목적으로 이 책을 저술하였던 것이다.

---

15) 김두봉, 「머리말」, 『조선말본』, 신문관, 1916, 1~2면.

16) 김윤경은 자신이 구독하던 『청춘』에 "솔벗메"에 "南亨佑", "한글모임"에 "光文會", "한샘"에 "崔南善"이라고 필기하고 있다. 이로써 남형우의 존재와 광문회, 그리고 최남선이 『조선말본』의 출간에 일조했음이 확인된다.

『조선말본』에 대해 간략하게 살펴보면 알아두어야 할 사항을 여섯 가지로 간추려서 '알기'라는 명칭 아래 다음과 같은 내용을 공지하고 있다. 표기 방법에서부터 몇 가지 혁신적인 제안이 눈에 띈다.

> ㄱ. 이글은이제두로쓰이는조선말가온대에그바른본을말한것이니라
>
> ㄴ. 이글은가장널리알아보도록하랴고맨조선말로만만들엇으되그잘못쓰는것은바로잡아쓰엇노니이를터면소리에「ㅅㄱㅅㄷㅅㅂㅅㅈ」들을「ㄲㄸㅃㅉ」로바로잡고말에「업스면」을「없으면」으로바루어쓴따위니라그러나이도또한한끄까지는아니하엿노니이를터면「하야」를「하아」로든지또한걸음더내키어「하어」로바로잡지아니한따위니라
>
> ㄷ. 이글은서울말을마루로잡앗노라그러나이도본에맞지아니한것은좇지아니하엿노니이를터면「더우니」를아니좇고「덥으니」를좇은따위니라
>
> ㄹ. 이글은말에알아보기좀거북한것을옆에한문으로달앗노니이를터면「부하肺臟」「소리청聲帶」이렇게적은따위니라
>
> ㅁ. 이글은조선말을으뜸삼으므로한문漢文음에는맞지아니할지라도말에만맞게하엿노니이를터면「됴션朝鮮」이라아니하고「조선」이라한따위니라
>
> ㅂ. 이글은「말모이」에쓰랴고그러께여름에열물앞무원*어른시골집에서만드엇던것인데지난가을붙어이를좀더다스리어이제에마친것이니라[17]

"이제두루쓰이는조선말가온대" "서울말을마루로잡"았다는 데에서 현대 한국어의 표준이라고 간주되는 요건들을 엿볼 수 있다. 표기 역시 "조선말을으뜸으로삼"아 예외적으로만 부속 한자음을 단다는 원칙을 내세운다. 특히 맞춤법의 기초가 되는 표기와 표현의 규칙에 집중하고 있다

17) 김두봉, 「알기」, 앞의 책, 1~2면. *표시는 한결본에 "洌水前金敎獻"로 필기된 곳으로 열수(洌水)는 마현(馬峴. 현 남양주시 조안면 능내리 일원 한강)을, 무원(茂園)은 김교헌의 호를 가리킨다.

는 점이 주목된다. 거센소리 글자의 표기와 분철된 활용 표기 등 조선어 문법의 현대적인 체계를 구조화하고 있다. 뿐만 아니라「말모이」사전이 언급되고 있는 것으로 미루어 조선어 문법서와 사전 작업이 동시에 이루어지고 있었음을 알 수 있다.

김두봉은 3·1만세운동 이후 망명하여 임시정부 사료편찬위원회에서 이광수, 김병조(金秉祚), 조동우(趙東佑), 김홍서(金弘敍), 이한근(李漢根), 박현환, 김여제, 장붕(張鵬) 등과 함께 교육회 일을 하고 있었고 1921년부터 한글 연구에 몰두한다. 그 결과물로 다음해『조선말본』을 수정, 보완한『깁더조선말본』을 상해 새글집에서 출판한다.[18] 개정판 서문에 의하면 인쇄 및 출판의 제반 사정이 여의치 않아 책의 간행이 쉽지 않았음을 알 수 있다.[19] 이토록 힘들게 간행된 책은 향후 이윤재가 한글을 바로 알리기 위해 교재와 기념품으로 달고 다녔을 정도로 그 권위를 인정받는다.[20]

신문관에서 조선어 문법서를 내고 있는 또 다른 인물은 이규영이다. 앞서 살펴본 '한글 472회 기념회'에서 한글 연혁에 관한 강의도 한 바 있는 그는 대표적인 주시경파이다. 그의 약력에 의하면 1913년 9월 조선광문회에서 주시경의 주관 아래 조선어 사전 편찬에 참여한 것으로 알려져 있다.[21] 특히 중앙학교 교원이었던 그가 학교 교재로 쓴「읽어리가륵

---

18) 김승곤,「조선말본과 깁더조선말본 비교분석」,『한힌샘 주시경연구』2호, 1989 참조.

19) 김석득,『우리말연구사』, 태학사, 2009와 김차균,「김두봉의 우리말 소리 연구에 대한 국어학사적 고찰」,『한힌샘 주시경연구』2호, 1989, 86면.

20) 이윤재,「한글대가 김두봉씨 방문기」,『별건곤』4권 7호, 1929.12, 14면.

21) 이규영의 호는 검돌이고 1910년대 주시경파(周時經派) 문법가로 사전 편찬과 국어연구에 공헌한 것으로 알려져 있다. 1911년 오성학교를 졸업하고 함흥에서 조선어와 조선 역사를 가르치기 시작했다. 1912년 조선어강습원에서 주시경에게 배웠고, 1913년 9월 조선광문회(朝鮮光文會)에서 주시경의 주관 아래 조선어 사전 편찬에 참여했다. 1918년 9월부터는 중앙학교 교원도 겸했다. 유고로 1912~13년경의 비망록「온갖것」, 1913년경의 초고「말듬」, 1907~1917년에 필사된「한글모죽보기」, 1916~1919년

침」은 신문관에서 발행한 『새별』의 〈읽어리〉 및 이를 바탕으로 작성된 『시문독본』 초판과 상당 부분 일치한다.[22] 이로써 〈읽어리〉가 사립학교 교과서로 채택되었다는 것이 증명된다. 또한 권덕규, 최현배와 마찬가지로 그 역시 신문관 매체인 『아이들보이』의 독자로 일찌감치 신문관의 잡지들을 구독했다(〈표 41〉 신문관 독자 관계도 참조).

무엇보다 그의 책 『현금조선문전』이 그의 사후인 1920년에 신문관에서 출판되었다는 점은 의미심장하다.[23] 왜냐하면 편집인 최남선이 3·1 만세운동 선언서 작성으로 수감된 이래 신문관의 실질적인 편집활동은 거의 중단된 상태나 다름없었기 때문이다. 이로 미루어 신문관에서 그의 존재는 보다 각별했던 것으로 간주된다. 『현금조선문전』에 주시경의 제자 권덕규가 한별이라는 필명으로 다음과 같은 서언을 쓴 바 있다.

> 우리 의 말 과 글 과를 議論하 는 이 가운데 에 가장 가까 이 넘나들기 는 배못 과 검돌 과의 두 언니 러니 배못언니 는 밝 으로 나아가시 고 검돌언니 와 나 와가 이 속 에서 지나이 ㄹ새 하나는 노 에 있 고 하나 는 마 에 있 어 적이 빽빽이 어 걱정 과 웃음 과를 낳 우 다가 검돌언니 좇아 환 으로 가시 니 애닯 고 앏으기 그지 없 는 바 이라 그러하 나 한 줄기 의 빛 을 끼치 고 가시 ㄴ 것 이 우 없 는 보배 니 이 것 하나 가 우리 의 생각 을 넛 하 야 있 는 동안 에 그 가 살 하 ㄹ 것만 다행 이라 그러하 나 다시 앏 은 것 은 이 것 을 저 의 손 으로 박 아 놓지 못하 ㄴ 것 이니 저 가 살 아서 이 冊 을 나이었 으면 얼마 나 속웃음 을 치었 으랴

에 필사된 「한글적새」, 1918~1919년의 교안 「읽어리가ᄅᆞ침」, 1920년에 쓴 『現今朝鮮文典』등이 있다. 김민수, 「이규영 문법연구」, 『한국학보』 19호, 1980 참조.

22) 여기에 대해서는 〈표 37〉 「읽어리가ᄅᆞ침」과 『시문독본』 목차 비교 참조.

23) 지금까지 확인한 바로 이 책은 신문관에서 출판된 마지막 단행본 서적으로 간주된다. 물론 비매품으로 출판된 각종 경전이나 개인문고(족보, 문집 등)류가 있지만 이는 신문관 서목에 포함되지 않기에 적용 대상에서 배제한다.

> 이 제 에 내 가 이 冊읏 을 발우 잡 으며 다 박기 에 및 어 그 의 읏음 을 녓 치 며 그 의 계시 던 노 를 바라 아 限 껏 느끼 며 두 어 마디 쓰 노라 한별[24] (밑줄-인용자)

「머리 에 씀」이라는 제목으로 된 인용문에서 가장 눈에 띄는 것은 김두봉의 글과 달리 띄어쓰기가 과도하게 작동되고 있다는 점이다. 〈한글맞춤법통일안〉이 제정될 때까지 주시경의 제자들 사이에서조차 표기나 띄어쓰기, 조사 사용 등이 합치되지 않았던 것으로 간주된다. 물론 "우리의 말과 글"을 "의론하는" 가운데 가장 가까이 한 이가 "배못과 검돌" 즉, 김두봉과 이규영이라고 직접적으로 언급하고 있어 이들이 조선어 연구의 동업자였음은 분명하게 밝혀진다. 이로써 주시경 사후 그를 계승한 제자들이 같은 자리에서 거론된 셈이다.

서두의 대부분은 짧은 생을 살다 간 이규영에 대한 애도로 채워진다. 이러한 추모의 분위기는 1933년 창립 25주년을 기념하는 『중앙학교회보』에도 그대로 드러난다. 이 회보에는 이규영 외에도 김윤식(金允植), 유길준(兪吉濬), 유근(柳瑾), 나원정(羅元鼎), 이중화(李重華) 등 중앙학교의 주요 인물들을 기리는 추도문 및 추모시 등 다양한 글들이 실려 있다.[25] 열거된 다른 이들에 비해 그가 중앙학교 교사로 재직했던 기간은 그리 길지 않다. 그런데도 중앙을 기리는 대표 인물 가운데 하나로 꼽힌 것으로 미루어 당대 청년들에게 상당한 영향을 미친 것으로 간주된다.[26] 이규영의 다른 저술들이 단행본의 형태로 제작되지 못한 반면 비록 유고의 형태이기는

---

24) 권덕규, 「머리에 씀」, 이규영, 『현금조선문전』, 신문관, 1920.

25) 「追悼辭」, 『中央校友會報』 7호, 1933.11, 16~19면.

26) 중앙학교 교사였던 이규영이 심훈, 박석윤 등 당대 청년들에게 끼쳤던 영향력에 대해서는 권보드래가 지적한 바 있다. 권보드래, 「1910년대의 이중어 상황과 문학 언어」, 『한국어문학연구』 54, 2010, 31~32면.

하지만 『현금조선문전』은 1920년 초판을 필두로 1928년 4판까지 거듭 간행된다.

2) 미완의 기획, 「말모이」

문법서의 간행과 함께 사전의 편찬은 신문관이 지향한 언어운동의 또한 축이다. 1914년 발행된 『총목』에 의하면 신문관은 총 5종의 〈新文舘編纂辭書類〉를 기획하고 있었다. 구체적으로 살펴보면 '朝鮮辭典말모이', '漢鮮大字典', '漢鮮新字典', '日鮮辭典', '鮮日辭典'이 그것이다. 이 가운데 「말모이」는 유일한 "조선사전"으로 "朝鮮語上에 絶大흔 使命을 帶ᄒᆞ고 無等흔 權威가 될 未曾有의 大計劃인 此書는 起鼓以來 이미 四星霜을 閱ᄒᆞ야 採集흔 語數가 屢萬이오 解釋의 役이 ᄯᅩ한 크게 進陟ᄒᆞ니라"[27]로 소개된다. 주시경이 심혈을 기울여 곧 출판 예정에 있는 것으로 광고된다.

「말모이」 稿本의 첫째 권은 알기-본문 찾기-자획 찾기로 구성되어 있다. 차례로 살펴보면 〈알기〉는 6개의 항목으로 이루어져 있고 사전 편찬의 기본이 되는 편집 방침 및 문법 체계와 어휘 분류 방법 등을 제시하고 있다.

ㄱ. 이글은낱말을모고그밑에풀이를적음.

ㄴ. 낮말벌이놓은자리는「가나…하」의자리대로함.

ㄷ. 뜻같은말의몸이여럿될때에는다그소리대로딴자리를두되그가온대에가장흖이쓰이고소리좋은말밑에풀이를적음.

---

27) 『신문관발매서적총목록』, 앞의 책, 3면.

ㄹ. 몸같은말의뜻이여럿될때에는다딴자리를두되제뜻에여러가지가잇는것은「㉠㉡㊀㉢㉣」의보람을두어풀이함.

ㅁ. 말소리의높으고낮은것은「…」의보람을두고흖이쓰이는이사소리는보람을아니둠
(벼슬을 갈. 논을 갈. 칼을 갈).

ㅂ. 한문말과다른나라말은「+×」의보람을두어알아보기에쉽도록함
(+강산[江山], ×까스[gas]).[28]

각 표제어는 '외래어 표시부호-표제어-한자 · 영자-문법용어-전문용어-의미풀이' 순으로 구성되어 있다.「말모이」편찬자는 용언의 어미와 체언의 조사를 포함하는 이른바 '토(씨)'를 독립된 품사로 설정했기 때문에 용언의 표제어는 체언의 표제어처럼 그 어간만이 제시된다. 예를 들어 '가다', '까다' 등은 '-다'가 없이 '가', '까'로 되어 있다.「말모이」에는 고유어, 외래어, 전문용어가 표제어로 선정되어 있고 외국어는 포함되어 있지 않다.[29] 그리고 어법과 관계된 용어를 나타내는 분류 항목들을 따로 제시하였고 이어서 전문용어의 항목들도 다음과 같이 분류하여 배열하였다.

[倧](大倧教)	[教](教育學)	[動](動物學)
[佛](佛教)	[經](經濟學)	[植](植物學)
[耶](耶蘇教)	[法](法學)	[鑛](鑛物學)
[哲](哲學)	[數](數學)	[物](物理學)
[心](心理學)	[天](天文學)	[化](化學)[30]

28) 이병근,「朝鮮光文會 編 ≪말모이≫(辭典)」,『한국문화』7집, 1986, 179면.

29) 위의 책, 177~178면; 이 밖에 이병근,「최초의 국어사전「말모이」(稿本)≪알기≫를 중심으로」(『언어』2호, 1977); 이응호,「≪조선광문회≫의 '말모이'(국어사전) 엮기」(『明大論文集』10집, 1977); 김민수,「「말모이」의 편찬에 대하여」(『東洋學』13집, 1983) 등 참조.

[倫](倫理學)　　[地](地質學)
[論](論理學)　　[生](生理學)

대종교에서부터 화학에 이르기까지 19개의 항목이 배열되어 있다. 이병근에 의하면 이러한 제시는 『한불ᄌᆞ뎐』을 비롯한 이전의 사전들에서는 전혀 볼 수 없던 것이며 조선총독부가 간행한 『朝鮮語辭典』(1920)의 4가지 분류에 비해서도 상당히 체계적으로 작성된 것이다. 흥미로운 것은 대종교에 해당하는 항목이 불교나 야소교보다 먼저 소개된 점이다. 주지하듯 대종교는 조선의 자생 종교로 『신단실기』나 『삼일신고』와 같은 교리서를 신문관에서 출판한다. 신문관이 대종교의 교리서를 출판한 것은 유근과 김교헌 같은 대종교 관련 인사들과 밀접하게 교유했던 이유에서이겠지만 대종교의 이 같은 우선 배치는 자국학 운동의 한 징후로 읽힐 수 있다는 점에서 흥미롭다. 여기에 대해서는 다음 장에서 보다 상세하게 후술할 예정이다. 대종교의 뒤를 이어 철학을 비롯한 서양의 다양한 학문 분과들이 나열된다.

김두봉의 『조선말본』 권말 광고 〈學生案頭不可無此書〉에는 『신자전』, 『조선리언』 등과 함께 사전 하나가 더 소개된다. 제목이 『辭典』으로 되어 있지만 "朝鮮時語五萬의標準을定하고意義를譯한것이니朝鮮有語以後初有한大著라우리의精神的血液이從此로一段의生機를加得할지니라"[31]로 보아 「말모이」를 가리킴에 틀림없다. 조선광문회 편찬 근간으로 광고된 것으로 미루어 이 같은 추정은 확실해 보인다. 이로써 「말모이」의 발행은 곧 출판에 임박한 것처럼 보였지만[32] 주시경 사후 난항을 겪다 김두봉의

30) 이병근, 「朝鮮光文會 編 《말모이》(辭典)」, 앞의 책, 180면.
31) 김두봉, 앞의 책, 광고.
32) 1914년 신문관이 발행한 『총목』에 의거하면 「말모이」는 사전류로 광고되고 있다. 따

망명과 이규영의 사망으로 결실을 보지 못한다. 애초 광문회의 다른 사전들과 함께 기획되었고 조선어강습원의 핵심 인사들인 주시경과 그 제자들이 추진하였던 「말모이」의 편찬은 끝내 무산된 것이다. 그렇지만 앞서 「문패의 내력담」에서 언급되었듯, 그 원고는 신문관에 보존되어 있었다. 이 기사가 난 지 1년 6개월 후인 1927년 6월 『동아일보』에는 계명구락부가 조선어사전 편찬에 들어간다는 내용이 보도된다.

> 시내인사동(仁寺洞)에 잇는 계명구락부(啓明俱樂部)에서는 전자에 긔관잡지계명(啓明)으로서 조선 고뎐(古典)연구에힘써 오든바 이번에 다시 조선어사뎐(朝鮮語辭典)을 편찬키로 하고 최남선(崔南善)씨를 수뇌로 뎡인보(鄭寅普) 리윤재(李允宰) 림규(林圭) 변영로(卞榮魯) 량건식(梁建植) 등각방면의 권위를 망라하야 작일부터 위선 어휘(語彙)모집에 착수하였다는데 지금까지 위선 약일만오천원의 경비를 예산하는바 대부분 동구락부원의 출자가될터이라하며 편찬에는 이전 <u>**조선광문회(光文會)**</u>에서모아둔 것을 긔초로 시작하리라더라 (밑줄 강조-인용자)[33]

인용문에 따르면 인사동에 있는 계명구락부와 그 기관지 『계명』은 조선 고전 연구에 힘써 오던바, 다시 조선어사전 편찬에 돌입하기 위해 인력과 자금을 마련한다는 소식이다. 구체적으로 최남선을 중심으로 정인보, 이윤재, 임규, 변영로, 양건식 등이 어휘 모집에 착수할 예정이며 일만 오천 원의 예상 경비까지 소상히 알리고 있다. 무엇보다 조선광문회에서 모아둔 것을 기초로 한다는 언급이 분명하게 서술되어 있다. 실제로 계명구락부의 '조선어 사전 엮기' 기획은 조직적으로 이루어져 위 인용문에서 언급된 이들을 중심으로 사전 엮기의 진용이 다음과 같이 꾸려진다.

라서 그 완성이 얼마 남지 않았을 것으로 판단된다.

33) 「조선어사전편찬」, 『동아일보』 1927.6.6, 2면.

崔南善 : 歷史, 地理, 制度, 宗教, 哲學 等에 關한 일굽가지의 말
鄭寅普 : 漢字에 關한 말
林　圭 : 動詞, 形容詞
梁建植 : 新語
李允宰 : 古語
卞榮魯 : 外國語
(但 博物에 關한 것은 第二期로 미룸)

(띄어쓰기-인용자)[34]

정인보를 제외하면 상기 언급된 인물들은 어떠한 식으로든 신문관과 관련된다. 최남선이야 말할 것도 없고 임규는 창립 초기부터 신문관의 각종 활동에 관여했다. 양건식과 변영로는 『청춘』의 필자로, 이윤재는 『아이들보이』의 독자로 일찌감치 신문관 매체들에 노출되었던 인물이다.

〈그림 8〉 계명구락부에 보관된 「말모이」 카드

34) 편집자, 「朝鮮語辭典編纂事業에 對하야」, 『정음』 2호, 조선어학연구회, 1934.5, 54면.

계명구락부의 "본부편집실내부"를 공개한 사진에 따르면 「말모이」로 추정되는 조선어 카드가 사무실 중앙에 배치되어 있다. '사전 엮기의 제1기' 사업이 목표로 한 10만 어휘의 수집과 수집된 어휘를 카드화하는 작업은 1927년에 착수하여 총 11년 만에 완수된다.[35] 그러나 박승빈을 중심으로 결성된 조선어학연구회에서 인계받은 10만 어휘 카드는 끝내 사전의 형태로 완성되지 못한 채 미완으로 남는다.[36] 조선인에 의해 편찬된 『조선어사전』은 1939년 문세영에 가서야 완성된다.

주시경과 그의 제자들뿐 아니라 조선어연구회의 박승빈이나 임규 등이 조선광문회 및 신문관에서 활동하였다는 사실은 그만큼 이들이 언어에 대해 공유한 부분이 컸다는 것을 방증한다. 비록 주시경 사후 1920년대를 경과하면서 조선어학회와 조선어연구회로 대표되는 두 단체는 조선어의 제반 문제를 둘러싸고 첨예하게 대립한다. 그렇다하더라도 이들이 이른 시기부터 한글의 중요성과 한글 연구의 필요성에 대해 공유한 것은 사실이고 이를 바탕으로 향후 '조선어' 연구 단체의 조성 및 관련 매체의 발행을 추진해 간 것은 분명해 보인다.

3. 한글 보급의 선두 매체들

1) 〈한글〉난의 구성

신문관의 출판활동을 통해 확산된 어문운동의 구체적인 사례들을 살펴보면 신문관은 『붉은져고리』와 『아이들보이』, 『새별』 등 일련의 어린

---

35) 이응호, 「《계명구락부》의 「조선어사전」 엮기」, 『明大論文集』 11집, 1978, 23~24면.

36) 조선어학연구회에서 인계받는 과정에 대해서는 고재섭의 「朝鮮語辭典編繁을 引受하면서」, 『정음』 20호, 조선어학연구회, 1937.9, 5~11면 참조.

이 및 학생을 대상으로 한 신문과 잡지에서 매체어로서 한글의 재현 양상을 적극적으로 실험한다. 강제병합 이전에 발간된 노래집이나 서양 번역소설의 단행본을 통해 보여주었던 '순국문' 글쓰기가 한글이라는 새로운 표기문자의 형태로 제시된 것이다. '붉은져고리', '아이들보이', '새별' 같은 잡지명에서부터, '책거죽', '그림본', '나무새김', '글꼬누기' 등 잡지를 구성하는 각종 요소들과 난(欄) 제목에 이르기까지 순한글로 이루어진 표현을 전면에 등장시킨다. 무엇보다 '한글'이라는 명칭을 본격적으로 가시화하기에 이른다.

『아이들보이』는 조선어강습원의 이념이 현실적으로 실현된 잡지라 해도 과언이 아닐 정도로 한글 사용을 전면화한다. 어린이와 학생을 대상으로 발간된 이 잡지에 〈한글〉난을 개설하고 한글로 된 다양한 서사와 한글 운용 원리 및 방식을 소개한다.

〈표 28〉『아이들보이』의 〈한글〉난[37]

호	6호	7호	8호	9호
제목	손작난	누리에 가장 큰 것	사람의 생김생김	노래
내용	ㄱ) 주먹과둘재손가락 ㄴ) 손가락잡아떼기 ㄷ) 컵재조	세계에가장큰것들 -긔념비동상쇠북칙공원	4유형의 인간형 ㄱ) 숨틀 ㄴ) 삭힘틀 ㄷ) 힘줄과 살 ㄹ) 머리골이잘자란사람	정몽주의단심가 리양원 사랑가
면	40~	44~46	44~48	41~42

37) 제시한 목록은 박진영이 『민족문학사연구』 42호에 소개한 『아이들보이』의 목차를 참조하여 작성된 것이다. 박진영, 「어린이 잡지 『아이들보이』의 총 목차와 폐간호」, 『민족문학사연구』 42호, 2010, 443~445면.

호	10호	11호	13호
제목	한글 새로 쓰는 까닭	노래	이언 수수격기 노리거리
내용		이이의 시조 새벽달 서리치고 지새는 밤에	조선리언10 수수격기4 (총, 심지, 맷돌, 대패) 노리거리4
면	43~44	41~44	

〈한글〉난은 12호만 제외하면 6호에서부터 종간호까지 고정적으로 연속 게재된다. 구성을 살펴보면 〈한글〉난은 「한글풀이」 뒤에 「ㅎㅏㄴㄱㅡㄹ」이 배치된다. 전자는 말 그대로 후자인 「ㅎㅏㄴㄱㅡㄹ」을 풀어 쓴 것이다. 통상 「ㅎㅏㄴㄱㅡㄹ」이 먼저 소개되고 이를 풀이한 「한글풀이」가 그 다음에 와야 할 것 같지만, 실제로는 그 반대이다. 대표적인 사례 하나만 살펴보자.

(1) 우리 글씨는 글씨 가온대에 가장 뛰어난것이니 그 됨됨과 씀씀이 글씨로 쉼일수가 잇음과 사람으로 만들수가 잇음의 한썻을 보인것이라 그러나 첨 짓으신이가 한 가지는 뒤사람에 미루신것이 잇음을 잇지못할지며 아울어 편하고 리롭은 이 은혜를 널이 펼 소임이 잇음을 버리지 못할지니 다른 것은 다 완젼하되 그쓰는 법에 고칠 틈 잇음을 보매 우리가 그대로 두지 못할줄을 깨달을지며 우리말에 업는 소리라도 못 적을것이 업스믈 볼때에 우리만 그 복을 혼자 누리러 들지 못할것을 짐작할지라

(2) ㅜㄹㅣㄱㅡㄹㅅㅅㅣㄴㅡㄴㄱㅡ ㄹㅅㅅㅣㄱㅏㅗㄴㄷㅏㅣㅔㄱㅏㅈㅏ ㅇㄷㄷㅜㅣㅓㄴㅏㄴㄱㅓㅅㅣㄴㅣㄱㅡㄷㅗㅣㅁㄷㅗㅣㅁ ㄱㅗㅏㅅㅅㅡㅁ ㅅㅅㅡㅁㅣㄱㅡ ㄹㅅㅅㅣㄹㅗㄱㄱㅜㅁㅣㄹㅅㅜㄱㅏㅣㅅㅡㅁㄱㅗㅏㅅㅏ ㄹㅏㅁㅡㄹㅗ ㅁㅏㄷㅡ ㄹㅅㅜㄱㅏㅣㅅㅡㅁㅡㅣㅎㅏㄴㄱㄱㅓㅅㅡㄹㅂㅗ

> ㅣㄴㄱㅓㅅㅣㄹㅏㄱㅡㄹㅓㄴㅏㅊㅓㅁㅈㅣㅡㅅㅣㄴㅣㄱㅏㅎㅏㄴㄱㅏㅈㅣ
> ㄴㅡㄴㄷㅜㅣㅅㅏㄹㅏㅁㅓㅣㅁㅣㄹㅜㅅㅣㄴㄱㅓㅅㅣㅣㅅㅡㅁㅡㄹㅣㅅㅈ
> ㅣㅁㅗㅅㅎㅏㄹㅈㅣㅁㅕㅏㅜㄹㅓㅍㅕㄴㅎㅏㄱㅗㄹㅣㄹㅗㅂㅡㄴㅣㅡㄴㅎ
> ㅕㅣㄹㅡㄹㄴㅓㄹㅣㅍㅕㄹㅅㅗㅣㅁㅣㅣㅅㅡㅁㅡㄹㅂㅓㄹㅣㅈㅣㅁㅗㅅㅎ
> ㅏㄹㅈㅣㄴㅣㄷㅏㄹㅡㄴㄱㅓㅅㅡㄴㄷㅏㅗㅏㄴㅈㅕㄴㅎㅏㄷㅗㅣㄱㅡㅅㅅ
> ㅡㄴㅡㄴㅂㅓㅣㄱㅗㅊㅣㄹㅌㅡㅁㅣㅅㅡㅁㅡㄹㅂㅗㅁㅏㅣㅜㄹㅣㄱㅏㄱㅡ
> ㄷㅏㅣㄹㅗㄷㅜㅈㅣㅁㅗㅅㅎㅏㄹㅈㅜㄹㅡㄹㄱㄱㅏㅣㄷㅏㄹㅡㄹㅈㅣㅁㅕ
> ㅜㄹㅣㅁㅏㄹㅓㅣㅓㅂㄴㅡㄴㅅㅗㄹㅣㄹㅏㄷㅗㅁㅗㅅㅈㅓㄱㅡㄹㄱㅓㅅㅣ
> ㅓㅂㅅㅡㅁㅡㄹㅂㅗㄹㄷㄷㅏㅣㅓㅣㄱㅡㅂㅗㄱㅡㄹㅎㅗㄴㅈㅏㄴㅜㄹㅣㄹ
> ㅓㄷㅡㄹㅈㅣㅁㅗㅅㅎㅏㄱㅓ ㅅㅡㄹㅈㅣㅁㅈㅏㄱㅎㅏㄹㅈㅣㄹㅏ[38]

인용문은 『아이들보이』 10호에 게재된 「한글 새로쓰는 까닭」의 일부이다. (1)이 「한글풀이」이고 (2)가 「ㅎㅏㄴㄱㅡㄹ」이다. 「ㅎㅏㄴㄱㅡㄹ」은 두음의 'ㅇ'이 생략된 채, 모든 알파벳이 낱개로 열거되는 방식으로 한글의 자음과 모음이 결합하는 방식을 뚜렷하게 보여준다. 두음의 ㅇ을 원칙적으로 쓰지 않은 채 모든 자모를 왼쪽에서 오른쪽으로 풀어서 가로쓰기하고 있기 때문에 그 시각적 효과가 독특하다. 이러한 풀어쓰기의 형태는 이규영이 정리한 「한글모죽보기」에도 동일하게 보인다.[39] 『아이들보이』가 조선어강습원과 연동하고 있음을 확인시켜 주는 대목이다. 흥미로운 것은 『아이들보이』에는 「한글모죽보기」에 없는 「한글풀이」가 함께 제시되고 있다는 점이다. 주시경에 의해 확립된 한글의 이론적 원리와 체계가 매체를 통해 일반 독자들에게 전달되기 위해서는 (1)과 같은 「한글풀이」 형식이 고안될 필요가 있었음을 드러낸다. 요컨대 『소년』을 비롯한 신문관의 문체 실험은 한글 전용 매체에도 마찬가지로 적용되었으며 조선어강

38) 「한글 새로쓰는 까닭」, 『아이들보이』 10호, 신문관, 1914.6, 43~44면.
39) 김민수 편, 『주시경전서』 6, 탑출판사, 1992, 401~444면.

습원이 구상한 한글의 이론적 원리를 보다 구체적으로 제시함으로써 효과적으로 보급시키고 있는 것이다.

『아이들보이』가 한글 문자의 구성과 실제를 보여주었다면 『청춘』에서는 한글의 이론적인 원리에 대한 설명이 본격화된다. 다음은 『청춘』에 게재된 글로 한글을 새로 쓰자는 주장에 대한 타당한 근거들을 제시하고 있다.

> 글씨가온대에가장좋은글씨는 우리글씨라할지라 그러나 이로써 참더함을 얻음이 얼마나되나뇨 이를 더욱 좋게하야 한쪽으로는 이를 처음 만드신 어른의 거룩한 뜻을 잇으며 한쪽으로는 이를 아즉 모르는 불상한 무리에게 훌륭한 힘을 줌이 이때의 더욱 종요롭은 일이 아니리요 이에 한글 새로 쓰자는 두어가지 까닭을 알에 벌이어적노니
>
> (ㄱ) 글씨자리를 한갈같이씀 소리나는때의 몬저와 뒤가 있을따름이요 왼쪽과 옳은쪽이나 우와 알에서 나는 일은 없나니 (중략) 다만 그 소리의 나는 때의 몬저와 뒤를 딸아서 그 글씨 자리를 벌이는 것이 옳으므로 이에 낱글씨의 자리를 그 소리의 나는 자리대로만쓰자함이요
>
> (ㄴ) 읽기에 좋음 글은 반듯이 한줄식한줄식 몬저 보는 것이요 여러줄을 한거번에 보는 것은 아니므로 가로박인눈으로 세로보는 것보다 가로보는 것이 곱이나 쉽을재 이러하므로 흖이 쓰는 글에는 다 가로쓰자함이요
>
> (ㄷ) 쓰기에 좋음 어느나라 사람이든지 다 옳은손으로 모든 일을 많이 하므로 글씨도 어느나라 글씨든지 낱글씨는 다 반듯이 왼쪽붙어 몬저 쓰나니 이는 절로 쓰기 좋음을 좇음이라 이러하므로 여러ㅅ를 잇달아 쓰는대에도 왼쪽 붙어 옳은쪽으로 가로쓰는 것이 좋으니 이는 첫재 한줄에 글씨가 얼마든지 다만 알에 팔만 움즉이어 쓸 수 있고 글씨마다 팔굼과 온몸을 다 움즉이어내리는 거북이 없으며 둘재 몬저 쓴 글씨가 팔밑에서 뭉캐어짐이 없는 까닭이라- 이러하므로 흖이쓰는 글에는 낱글씨든지 줄글로 씨든지 다 왼쪽에서 옳은 쪽으로 가로쓰자함이요[40]

인용문에서처럼 한글 가로쓰기를 주장한 것은 획기적이다. 한글의 가로쓰기가 보편적으로 실현된 것은 최현배에 가서이지만 『아이들보이』에서부터 가로쓰기의 실례를 보인 것은 분명하다. 이를 지속적으로 체계화하여 『청춘』에 와서는 이론적인 작업으로 선보인 것이다.[41] 그 한글 운용에 관한 내용이 당대 다른 교재나 연구에 비해 뛰어났으며 주시경의 이론적인 작업을 선구적으로 보급하고 있다. 물론 『신문계』와 같은 매체에도 주시경의 글이 게재된다. 그러나 『신문계』의 경우에는 한글이 아닌 조선어로 명명되었으며 그 위상 역시 『아이들보이』나 『청춘』과 같지 않았다. 가령 주시경의 「조선어에 관한 참고문」은 「國語 修學談」이나 「國語新話」와 같은 당시 국어의 위치를 차지하게 된 일본어에 관한 내용들과 함께 수록되면서 일종의 외국어 가령 영어나 기타 언어와 함께 취급된 경향을 보인다.[42] 한글에 관한 주시경의 글들은 여러 언어들 가운데 하나로 소개될 뿐, 매체 전반의 글쓰기에도 반영되지 않았다. 이러한 예는 『신문계』가 실시한 독자 투고에도 그대로 드러난다. 이에 비해 『청춘』은 '한글'이라는 명칭을 사용했으며 이를 분명히 '우리글'로 이해하고 있을 뿐 아니라 '독자투고'나 〈현상문예〉와 같은 형식을 통해 한글 글쓰기를 독려했다.

2) 〈읽어리〉를 통한 실천적 지향

『청춘』의 자매지로 소개된 『새별』은 한글 사용을 전면화하지는 않았지만 그 어떤 매체보다 한글 보급에 기여한 잡지라 할 수 있다. 아래 인용문은 『새별』의 광고이다.

---

40) 「한글새로쓰자는 말」, 『청춘』 4권, 신문관, 1915.1, 125~127면.

41) 김석득, 『외솔최현배 학문과 사상』, 연세대 출판부, 2000 참조.

42) 주시경의 「조선어에 관한 참고문」은 『신문계』에 1호부터 총 7회(1913.10)분이 게재된다.

本誌는舊「붉은져고리」以來로少年文學의先驅가되어江湖의歡迎을久蒙한者ㅣ라十一月로부터內容外形에一大革新을加하고程度를梢高하야進學益智上無等한良師友를作케하얏스며더욱新文章造成에注力하야우리語文의精華를發揮케하얏스니最廉한價로最大한益을得할者는本雜誌外에更無할지니라

本誌에連載하는〈읽어리〉는이미京城各私立高等程度學校의必須叅考書로採用을蒙하얏스며地方에셔도漸次로採用함[43]

『붉은져고리』 이후 소년문학의 선구가 되어 "신문장조성에 주력하야 우리 언문의 정화를 발휘"한다는 점을 강조하고 있다. 인용문에서 언급되고 있는 〈읽어리〉는 『새별』에 부록 형식으로 편집된 난(欄)을 가리킨다. 제목대로 독본에 가까운 읽을거리이다. 실제로 『시문독본』은 〈읽어리〉를 토대로 구성되었으니 독본에 가깝다는 표현이 과언은 아닌 것이다.[44] 여기에 대해서는 다음 제4부 3장에서 다룰 예정이니 자세한 언급은 피하고 〈읽어리〉의 체재부터 살펴보면, 현재 남아 있는 『새별』 15·16호에 의거하면 〈읽어리〉는 매호마다 한글로 표시된 두 개의 알파벳 항목으로 구성된다. 또 각각의 항목에는 다시 두 개의 에피소드가 실려 있다. 가령 『새별』 15호에 ㅁ과 ㅂ이, 16호에 ㅅ과 ㅇ이 실린 것으로 미루어 그 전 호들에는 ㄱ과 ㄴ, ㄷ과 ㄹ이 각각 쌍으로 게재되었을 가능성이 크다. 『새별』에 게재된 〈읽어리〉의 예문을 살펴보면

(1) 개미에 상전개미(主蟻)와종개미(奴蟻)가있으니兩者사이에 사람과 같은일이많으니라 무엇이냐하면상전개미는한집안에主人같고종개미는그

43) 〈月刊새별〉, 『청춘』 3호, 신문관, 1914.12, 광고.

44) 〈읽어리〉와 『시문독본』의 관련성에 대해서는 이 책의 제4부에서 상론한다.

下人같으니라 다만 사람은 主人이 잇어 奴僕을 먹이지마는 개미는 主人이 奴僕을 의지하야 生活하나니라 그러하므로 萬一하로라도 종개미가 일을 아니하게되면 상전개미는아주말못되나니라[45]

(2) 사람은 幼少時로붙어 善한習慣에 자라나야하나니 대개 少年적에 習慣이 된것은 終身토록 存續하야 變하지아니함일새니라 견주어보매나무껍질에 글씨를 삭임같으니 그 나무가자라는대로 글쒀도 크어지나니라 兒童적에 그 後來에 行할길속에 넣어서 敎育함이 要緊하나니 그리하면 낳이 長大하야 지드라도 그길을 뜨어나 背反하는일이 없을지니라 期初의 中에 이미 結果를 含하는 것이라 一生의 道路는 發軸할 時에 方向이 이미 定하야 後來의 命運이 여긔 決하나니라[46]

(1)에서는 개미에 관한 과학적인 지식을 소개하고 (2)는 제목은 없지만 좋은 습관에 대한 윤리적인 덕목을 설명하고 있다. 후자의 경우, 제목 없이 게재되었지만 1916년『시문독본』에 재수록 될 때는「선한 관습」으로 소개된다.[47] 예문에서 보이듯 순한글이 아닌 상당한 한자어들이 사용되었지만 문장의 통사구조 자체는 한글 문장이다. (1)에서처럼 괄호로 한자를 병기하는 경우도 있지만 대개는 한자어와 혼용하여 쓰고 있다. "한자 약간 석근" '시문체'의 형태라고 봐도 무방하다.

중요한 것은 시문체와 유사한 형식으로 쓰인 이 글들의 내용이다. 위 인용문은 과학적인 지식과 윤리적인 덕목에 관한 것들로 이 밖에 소개된「물의가는바」나「電氣」,「말코니」 역시 모두 과학 지식과 원리, 그리고 인물들에 관한 내용들로 이루어진다. 그러니까 학문적인 지식과 사상이

45)「ㅁ재 개미나라」,『새별』 15호, 신문관, 1914.12, 부록 1면.
46)「ㅂ재」, 앞의 책, 부록 4~5면.
47)「선한관습」,『시문독본』 제2권, 신문관, 1916(초판), 14~16면.

나 윤리적인 가치나 덕목에 해당되는 것들이다. 불과 몇 년 전까지만 해도 이광수는 "純國文으로만쓰고보면, 新知識의流入에沮害"가 된다면서 한글이 사상과 지식을 담을 수 없다고 간주했다.[48] 그런데 바로 그 발화의 당사자가 필자로 등장하여 새로운 형식의 문장을 시도하고 있는 것이다. "신문장"으로 조성된 〈읽어리〉의 내용은 당시 언문으로는 담을 수 없다고 한 바로 그 사상과 지식들을 전달하는 데 주력한 것이다.

〈읽어리〉는 『새별』의 부록 형식을 띠고 있지만 앞서 광고문에서 언급되었듯 "경성 각 사립 고등정도 학교의 필수참고서"로 채택된다. 물론 신문관 매체들은 『소년』에서부터 이미 일부 사립학교의 교재로 사용된 바 있다. 그렇지만 '필수참고서'로, 그것도 한글 교재로 채택되었다는 점에서 〈읽어리〉의 중요성은 보다 강조된다. 『붉은져고리』와 『아이들보이』에서 시도한 한글에 관한 각종 다양한 실험을 학교를 통해 접근하게 됨으로써 제도적으로 확산할 기회를 마련할 수 있게 되었기 때문이다. 이는 조선어 교육의 현실적인 문제와 맞닿아 있다. 식민지 체제하에서 학교 교육은 마땅히 국어 즉 일본어에 맞춰질 수밖에 없다. 따라서 일본어 교육은 배가되는 반면 조선어는 지나어나 영어와 마찬가지로 부차적으로 취급된다. 앞서 『신문계』에서 '조선어'의 위치와 연관시켜보면 이러한 사정은 쉽게 수긍된다. 더욱이 당시 "조선어라 불릴만한 조선어"를 배울만한 교재가 마땅치 않았다는 진술들을 참고해 볼 때, 형성중인 조선어의 수준과 그 보급에의 양상은 문제되지 않을 수 없다.

---

48) 李光洙, 「今日我韓用文에對ᄒᆞ야」(二), 『황성신문』 1910.7.26, 1면.

제4부

조선의 학술·문화 및 어문에 대한 새로운 모색

제1장

학술·문화서의 출판과 '실학적 인문주의'

1. 세계성과 민족성의 병치, 그리고 번역

『소년』 창간호의 목차는 백과전서를 연상시킬 정도로 다양한 지식들의 집합체이다. 매체를 통해 계몽을 실천하고자 했던 신문관의 일련의 잡지들은 '자미나고 유익'하다고 판단된 것이라면 무엇이든 전달하려한 박물지적인 성향을 드러낸다. 학교와 가정에서의 교육을 보조할 수단으로 매체의 역할을 강조했던 것이다. 이는 『소년』뿐 아니라 신문관이 펴낸 다른 매체들에도 거의 동일하게 나타나는 현상이다. 여기에는 두 가지 특이점이 포착되는데 '신대한의 소년'으로 상정된 독자들에게 필요하다고 간주된 것이라면 서양의 것이든, 조선의 것이든 상관없이 소개된다는 점, 그리고 주로 번역을 통해 이루어지고 있다는 점이다. 다시 말해 서양으로부터 유입된 새로운 문물이든 예전부터 전해 내려온 조선의 전통적인 학술과 놀이이든 번역을 통해서만이 비로소 독자들에게 전달될 수 있었다. 요컨대 신문관의 출판 지향은 독자들에게 필요하다고 간주된 읽을거리들을 서양과 조선의 학술·문화에서 찾고 이를 번역을 통해 새로운 언어로 전달하고자 했다.

1) 세계와 조선, 세계의 대한

식민지로의 유입이 가시화되면서 문명에서 문화로의 강조는 보다 명징해진다. 『대한매일신보』조차 "자국 고유의 장점을 보존하며 외래 문명의 정화를 채취해서 일종의 신민을 양성할 수 있는 문화를 진흥"[1]하라는 등 신국민을 양성할 수 있는 문화진흥에 주력할 것을 강조한다. 『소년』을 비롯한 신문관의 전 출판물이 세계적인 지식을 번역, 소개하는 일에 열심이었지만 한편으로 조선적인 것을 끊임없이 그 대타항에 놓고자 했던 것 역시 이러한 시대적 흐름과 맥을 같이 한다. 여기에는 세계적 보편성과 민족적 특수성이 모순없이 존재하는 문명개화론의 속성과[2] 식민지의 실상이 복잡하게 결부되어 있다. 문명을 선취한 서구사회를 모델로 국가 건설 프로그램이 진행되고 있는 한편에서는 제국주의 열강들의 패권다툼 속에서 국가의 존폐 위기가 초래되었다. 문명국으로의 진입을 위해 서구 및 일본으로부터 다양한 지식과 기술의 유입이 필요했지만 그들로부터 대한제국을 지키기 위한 자강책들도 동시에 요구되었던 것이다. 근대적 보편성을 획득하는 장치로 서구를 상정할 수 있었지만 식민지를 목전에 두면서 '조선'이라는 특수성을 발명해내야 했던 것은 이러한 상황과 무관하지 않다.

세계적인 동시에 조선적인 지식이 요구될 수밖에 없었던 상황에서 주목할 점은 이로 인해 세계를 구상하는 방식이 변모한다는 사실이다. 『소년』에 게재된 「초등대한지리총요고본」 제1편 제3장에서는 세계와 대한

---

1) 「문화와 무력」, 『대한매일신보』 1910.2.19, 논설 1면.

2) 문명개화론에 대해 임형택은 "원명 교체기 고려 문인지식층에게 문명의식(보편성)과 동인의식(특수성)이 동시에 드러나는 것은 모순이 아니라 지당한 사리"이다. "문명의식은 보편성을 지향하는 데 반해 동인의식이라면 특수성을 강조해서 상호 모순되는 듯" 싶지만 "사람은 타자와 비교를 할 때 비로소 자기가 보이는 법이다."라고 언급한 바 있다. 임형택, 『문명의식과 실학』, 돌베개, 2009, 32면.

의 관계를 "今日의 大韓은 大韓一國의 大韓이 아니라 世界의 大韓"으로 설정하고 "半島中央을 貫通한 鐵道는 世界陸上交通의 主要線이 되야서 朝에 유롭파의 客을 送迎하고 暮에 아메리카의 貨를 運轉하난 世界的 大韓"이어야 한다고 표명한다.[3] 오늘날 대한은 유럽과 아메리카를 종횡하는 세계적인 대한이어야 한다. 이를 위해서는 반도중앙을 관통하는 철도처럼 일정한 자격을 갖추고 세계 육상교통의 주요 노선과 같은 역할을 수행해야 마땅하다.

신문관이 창립 무렵부터 대한제국의 수도와 국토의 근간인 철도를 노래한 것은 우연이 아니다. 수도인 한양은 세계의 일부이고, 경부선 철도는 세계로 나아가기 위한 통로로 간주된 것이다. 『한양노래』와 『경부텰도노래』가 「세계일주가」와 함께 소개된 것도, 『소년』이 창간호에서부터 바다를 노래하고 「쾌소년세계주유시보」와 같은 글을 연재한 이유도 세계와 대한, 세계와 조선이 연결되어 있다는 데 주목했기 때문이다. 해륙이 삼면한 반도로서의 장점을 강조한 것도 이러한 세계 인식으로부터 비롯된다. 아래 인용문은 '半島와 人文'이라는 소제목이 붙은 「해상대한사」의 일부이다.

> 吾人은우리半島의 旣往의 功績과 將來의 抱負를 말삼하기前에 爲先半島와 文化의 關繫를 若干 考審하오리다.
>
> ((半島의 特長)) 地勢上으로 보아 半島가 다른 陸地보담 優勝한 點은 都트러 말하자면 **海陸接境에 處하야 陸利와 海利를 兼하야 밧난것이라** (중략)
>
> ((半島와 文化)) 그러나 以上에 列擧한바는 大體 自然上으로 觀察함이어니와 한번 고개를 돌려 살필진댄 더重要하고 더 巨大한 天命과 地利가

3) 「초등대한지리총요고본」, 『소년』 3년 4권, 신문관, 1910.4, 8~9면.

> 人文上에 잇음을 쌔다를지니 곳
> **海陸文化의 融和와 및 集大成者됨과**
> **海陸文化의 傳播와 및 紹介者됨과**
> **海陸文化의 長成處됨의** 세 가지 일이라[4] (강조-원문)

반도라는 지리적 특장을 강조할 뿐 아니라 대한이 다른 육지보다 나은 지리상의 장점을 인문상의 해륙문화로 발전시킨다. 이로써 세계의 대한이 갖춰야 할 자격은 문화적인 것으로 이어진다. 총 11회에 걸쳐 『소년』에 연재된 「나폴네온 大帝傳」이 나폴레옹의 위대한 행적보다 "프랑스 혁명의 사회문화사에 천착"하면서 볼테르와 루소 등에 주력했던 이유도 여기에서 찾아진다.[5]

세계와 대한의 관계 설정이 변모되면서 출판의 기획과 매체의 편집 구성도 이에 상응하게 된다. 우선 『대한지지』와 『외국지지』의 광고에서 확인되듯 대한과 외국은 대쌍으로 소개된다. 이 점은 지리뿐 아니라 역사나 교육 등에 있어서도 마찬가지이다.

> 此書는 幾多教育史中, 簡하고도 要함을 取함이라, 上世希臘羅馬로부터 今日 歐米列國의 現狀까디 上下三千載의 教育의 理想的 實行的 兩方面과 및 特出한 理學家教育家 等의 履歷學說等을 撮要記載한 것으로 實노 我邦教育界에 新光明을 投與하난 者[6]

『태서교육사』의 광고에 따르면 이들은 모두 "新教育이 必要한 時節"이 옴에 따라 요구된 것이다. 세계적인 것을 아는 것은 "我邦教育界"를

---

4) 「해상대한사」(6), 『소년』 2년 6권, 신문관, 1909.7, 23·25면.

5) 윤영실은 이러한 양상에서 근대적인 위인관의 전환을 찾고 있다. 윤영실, 앞의 글, 36~37면.

6) 『소년』 창간호, 신문관, 1908.11, 광고.

위해서이며 궁극으로는 세계로의 확장을 통한 대한의 세계화에 가 닿는다. 『태서교육사』가 『대한교육사』와 나란히 등장하는 것도, 지리에서 인문 지리로 문화적 성격을 강화해 간 것도 모두 이러한 편집 및 기획과 관련된다. 세계와 대한, 세계와 조선이 재배치되는 이러한 양상은 매체나 서적의 편집 구성에도 고스란히 드러난다.[7] 이를 보여주는 대표적인 사례가 『산수격몽요결』이다.

2) 『산수격몽요결』과 서양 격언의 2단 구성

『산수격몽요결』은 교육용 입문서로 알려진 이이의 『격몽요결』을 "산수(刪修)", 즉 쓸데없는 자구(字句)를 다듬어 신문관에서 새롭게 간행한 수신서이다.[8] 신문관은 〈십전총서〉 교훈류의 하나로 기획하여 입지(立志)·혁구습(革舊習)·지신(持身)·독서(讀書)·사친(事親)·거가(居家)·접인(接人)으로 편찬했다. 총 열 개의 장에서 상제(喪制)·제례(祭禮)·처세(處世) 세 편이 빠진 7장으로 구성된 셈이다.[9] 이러한 편집 방식에 대해 편자는 "나는 「刪修두자를, 크게, 용맹을, 내여, 이, 두자를, 노앗소, 그런즉, 넒어 보고, 맛당치못하게, 녁이시는, 사람은 「選讀」으로, 곳치심도, 관계치, 아

7) 세계와 대한의 관계는 이후 식민지에서 조선의 문화가 세계문화에 어떤 기여를 해야 하는가로 변모되면서 문화론의 핵심으로 부상한다. 이러한 특징을 잘 보여주고 있는 매체 가운데 하나가 『학지광』이다. 동경유학생을 중심으로 결성된 『학지광』은 1910년대 청년문화를 집약하고 있다고 해도 과언이 아니다.

8) 『격몽요결』은 이이(李珥)가 1577년(선조 10)에 저술한 것으로 초등 교과의 모범으로 널리 애용된 서적이다. 『산수격몽요결』에 관한 보다 심도 있는 논의는 임상석의 「『산수격몽요결』 연구」(『코기토』 70, 2011)를 참조하기 바란다.

9) 이러한 점에서 처세에 대한 신문관의 태도에는 좀 더 면밀한 검토가 필요하다. 그들이 입신이 아니라 '입지'를 강조한 점은 '처세'의 장을 의도적으로 다루지 않는 점과 상통하는 측면이 있기 때문이다.

니"10)한다고 덧붙였다.

편집 체재를 살펴보면 상하 2단으로 구성되어 위쪽에는 서양위인들의 격언이, 아래쪽에는 『격몽요결』이 실리고 있다. 문제는 서양위인들의 격언이 부차적으로 실린 것이 아니라 "西哲格言對照"라는 제목에서 드러나듯 '대조'의 형식으로 배치된다는 점이다. 『산수격몽요결』에 소개된 「西哲格言對照八十一條內」의 내용을 간략하게 목록화하면 다음과 같다.

〈표 29〉『산수격몽요결』의 「西哲格言對照八十一條內」

순서	출처	비고	격언수
1	롱펠노우	Henry W. Longfellow, 1807~1882, 미국 시인	1
2	워어쓰워어쓰	William Wordsworth, 1770~1850, 영국 시인	1
3	나폴네온	Napoleon Bonaparte, 1769~1821, 프랑스 황제	3
4	프랭클닌	Benjamin Franklin, 1706~1790, 미국 정치가, 과학자, 작가	1
5	스마일쓰	Samuel Smiles, 1812~1904, 영국 작가, 사회개혁가	8
6	스테펜손	George Stephenson, 1781~1848, 발명가	1
7	트라이든	John Dryden, 1631~1700, 영국 시인	3
8	알렉산더大王	Alexander the Great, BC 356~323, 마케도니아 국왕	1
9	에피크루쓰	Epicurus, BC 342~270, 그리스 철학자	1
10	아담스미쓰	Adam Smith, 1723~1790, 스코틀랜드 경제학자, 철학자	1
11	안더쎈	Hans C. Andersen, 1805~1875, 덴마크 동화작가	1
12	스펜서	Herbert Spencer, 1820~1903, 영국 철학자, 사회과학자	2
13	썬손	Samuel Johnson, 1709~1784, 영국 사전편찬자, 시인	1
14	영	Edward Young, 1683~1765, 영국 시인, 극작가	2
15	오애드	Publius Ovidius Naso, BC43~AD17. 로마 시인	1
16	듸로스톤	Siroston으로 추정	1
17	플나토	Plato, BC 428~347, 그리스 철학자	1
18	게일	Richard Lawson Gales, 1862~1927, 영국 시인, 수필가	1
19	칼나일	Thomas Carlyle, 1795~1881, 영국 역사가, 수필가	1
20	스터링	William Alexander, 1st Earl of Stirling, 1576~1640, 정치가	1
21	솔노몬	Solomon, BC 970~930(?), 이스라엘 왕	1

10) 공육, 『산수격몽요결』, 신문관, 1909, 1면.

22	포옵	Alexander Pope, 1688~1744, 영국 시인, 비평가	2
23	호레이쓰	Quintus Horatius, BC65~8, 로마 시인	2
24	피타꼬라쓰	Pythagoras, BC 582~500, 그리스 철학자, 수학자	1
25	사이라쓰	Publilius Syrus, 고대 그리스 극작가	2
26	아나카듸쓰	Anacharsis, BC 6, 스키티아 철학자	1
27	아우렐늬아쓰	Marcus Aurelius, 121~180, 로마 황제	2
28	쇠익쓰피여	William Shakespeare, 1564~1616, 영국 작가	1
29	으러쓰킨	John Ruskin, 1819~1900, 영국 작가, 비평가	1
30	루우소우	Jean Jacques Rousseau, 1712~1778, 프랑스 철학자, 작가, 정치학자	1
31	헤쎄어르	Friedrich W. Hegel, 1770~1831, 독일 철학자	1
32	에라쓰마쓰	Desiderius Erasmus, 1466~1536, 네덜란드 인문주의자	1
33	꽤드라쓰	성 패트릭스로 추정	1
34	소크라테쓰	Socrates, BC 469~399, 그리스 철학자	5
35	헬프쓰	Arthur Helps, 1813~1875, 영국 역사가	1
36	쎄이콘	Francis Bacon, 1561~1626, 영국 정치가, 철학자	2
37	맛진저	Philip Massinger, 1583~1640, 영국 극작가	1
38	써어톤	Robert Burton, 1577~1640, 영국 철학자, 작가	1
39	씨쌘	Edward Gibbon, 1737~1794, 영국 역사가	2
40	쏠테르	Voltaire, 1694~1778, 프랑스 풍자시인, 극작가, 수필가	1
41	퀸씨	Thomas de Quincey, 1785~1859, 영국 작가	1
42	쌕쓰터	Richard Baxter, 1615~1691, 영국 성직자	1
43	폐리코	Silvio Pellico, 1789~1854, 이탈리아 극작가, 정치가	1
44	쏘쓰에	Jacques-Bénigne Bossuet 1627~1704, 프랑스 성직자, 작가	1
45	허쌧	George Herbert, 1593~1633, 영국 성직자, 시인	1
46	꼬어든	C.C.Colton으로 추정	1
47	쎄르치에	Louis-Alexandre Berthier, 1753~1815, 프랑스 군인	1
48	웨쓸네	John Wesley, 1703~1791, 영국 종교가, 찬송가 작가	1

〈표 29〉는 81개의 서철(西哲) 격언 중 이름이 명시된 인물만을 중심으로 작성된 것이다. 총 51개 항목 가운데 3인의 무기명을 제외하면 48인의 격언 71개와 각국 속담 그리고 성경 말씀으로 구성된다. 『자조론』의 저자인 새무얼 스마일즈의 비중이 단연 높고 다음으로 소크라테스, 드라이든,

나폴레옹이 뒤를 잇는다. 성경과 각국 속담도 섞여 있지만 대부분은 플라톤, 에피쿠로스, 아담 스미스, 루소, 베이컨(Francis Bacon) 등의 서양 철학자들이다. 이이의 교육철학과 함께 소개된 이 서양 철학자들의 격언은 식민지 청년들의 수양과 수신, 나아가 윤리적 가치관을 형성하는 데 영향을 끼칠 뿐 아니라 세계와 조선이라는 대칭 구도를 끊임없이 환기시킨다.

수신서와 함께 이러한 교훈류, 격언류들은 신문관의 출판 지향과 밀접하게 연동한다. 이 책이 "일본교육대가복택유길씨의 『처세요령』을 부록"으로 싣고 있는 것도 이러한 맥락에서이다. "일본교육대가"로 소개된 복택유길(福澤諭吉), 즉 후쿠자와 유키치는 주지하듯 일본 근대화의 아버지로 일컬어지는 인물이다. 언급된 『처세요령』은 그가 게이오 기주쿠(慶應義塾)에서 강연한 내용을 그 제자들이 정리한 『修身要領』을 편역한 것이다. 그런데 총 29개 항목으로 소개되고 있는 본문에서는 『처세요령』이 아닌 「수신요령」으로 제목이 바뀌고 원문에도 없는 주(註)가 달린다. "아모쪼록 신시대소년의 덕육상 寶鑑을 作"하려 한 의도에서 일일이 각주까지 달아가며 소개한 것으로 간주된다. 『소년』에도 게재된 바 있고 향후 『수신요령』이라는 단행본으로도 다시 출판될 정도로 이 글은 여러 차례 소개된다.[11] 마침 『산수격몽요결』의 부록으로 실릴 때 새로운 쪽번호로 바뀌는 것으로 미루어 이 형식 그대로를 단행본으로 출판한 것이 아닌가 짐작된다. 흥미로운 것은 이 글이 전달하는 내용도 내용이지만 서구-조선-일본의 수양론이 한 권의 단행본 안에 배치된다는 점이다. 서구의 격언(서구)과 율곡의 『격몽요결』(조선)이 대칭하는 구도에 후쿠자와 유키치(일본)의 『수신요령』이 개입된 양상은 서구 근대가 일본을 경유해 조선으로 들어온 이른바 '중역(重譯)'된 근대를 연상시킨다.

11) 「수신요령」의 출판 과정에 대해서는 3장에서 다루고 있다.

위인의 형상화에 있어서도 세계와 조선을 대치시키는 방식은 유사하게 드러난다. 〈수양총서〉로 발간된 두 권의 책 『위인원효』와 『위인린컨』을 동서양을 대표하는 인물로 나란히 거론한다. "수양총서 제일종"으로 소개된 원효의 경우, "현대에셔 완전한 전형을 구하려" 했으나 구하지 못하고 "東方의 一曙星"인 원효의 "精神"과 "努力"과 "成功"을 모방하고자 한다는 취지를 밝히고 있다.[12] 여기에 짝이 되는 서양의 위인이 링컨이다. 링컨은 『소년』에서 특집으로 다룰 정도로 비중 있는 인물로 『새별』에서는 청년이 된 링컨을 소개하는 등 신문관의 전 매체에 걸쳐 꾸준히 소개되었다.[13] 두 위인의 형상화를 통해 신문관은 독자들에게 모범적인 청년상을 제시하고자 했다.

이처럼 다양한 방식을 통해 위인의 형상화와 격언을 전달하려고 했던 이유는 이 위인들이 완전한 인격체이자 이상적인 삶의 형태를 제시하기 때문이다. 위인들이 전하고 있는 격언은 위인들의 삶의 철학을 압축적으로 담고 있어 일회적인 학습으로 그치지 않고, 일상적으로 훈련되고 지속적으로 함양될 수 있어 수양의 장치로 유용하게 기능할 수 있었다. 요컨대 신문관이 이상적인 독자로 설정한 소년과 청년들에게 보편적인 실천 덕목으로서 제시되었던 것이다.

세계적인 지식과 조선적인 지식의 병치는 비단 위인들의 격언이나 인물의 형상화에만 한정되지 않고 서사를 전달할 때도 자주 원용된다. 특히 『붉은져고리』와 『아이들보이』에 소개된 다양한 허구적 서사들 가운데 『삼국유사』나 야담류에서 가져온 '옛이야기'는 그림동화나 안데르센의 동

12) 장도빈 찬, 「叙言」, 『偉人元曉』, 신문관, 1917, 1~8면.

13) 『소년』 3년 1권(1910.1)은 링컨 특집호인 "아브라함린커언 百年紀念"을, 『새별』은 「서국명화집-와싱톤이 어린이를 살니다」를 싣고 있다. 『새별』 16호, 신문관, 1915.1, 11~16면.

화들과 나란히 제시되고 있다는 점에서 주목된다. 가령 『붉은져고리』에서 '고담'으로 분류된 온달과 솔거의 이야기는 '동화'로 분류된 「싸님의 간곳」이나 「네동생」, 「밧고아패」와 같은 이야기와 함께 소개된다. 『아이들보이』나 『새별』은 서양 동화의 소개에 좀 더 주력했는데 그에 못지않게 「홍부놀부」, 「세선비」 등, 다양한 전래의 이야기를 연재했다.[14] 이처럼 서양의 '동화'에 조선의 '고담'이나 야담류를 병치시켜 조선의 '동화'라고 불릴만한 소재들을 나란히 배치한 것이다.[15]

공자의 교훈과 괴테의 금언이, 바이런과 이이의 격언이 같은 지면에 소개된 것은 세계의 학술·문화를 발전시킨 위대한 세계적 위인이라는 점에서 공통적이다. 신문관의 여러 잡지와 단행본에 소개된 위인이나 격언들이 동서양의 구분 없이 제시된 이유가 여기에 있다. 조선의 옛이야기와 서구의 동화가, 조선의 야담과 서양 각국의 우화가 함께 거론되는 것 역시 다양한 세계 문화의 일부일 따름이다. 이러한 구조 속에서 본다면 세계적인 보편성과 민족적인 특수성이 병치되는 신문관의 지식과 문화는 전혀 충돌하지 않을 뿐더러 모순관계에 놓일 가능성도 애초에 차단된다. 이 점이야말로 신문관이 "서구의 보편적 근대지식과 특수적인 조선적인 것"의 "공존"을 "모순없이"[16] 추구하도록 뒷받침해 준 셈이다.

신문관이 지향하고 있는 '신문(新文)' 즉 새로운 문(文)이란 곧 근대적인 지식이다. 이 '근대지'는 세계적인 동시에 조선적인 것으로 이해된다. 신문관은 번역을 통해 유용하고 가치 있는 것으로 판단되는 서구 지식을

14) 어린이를 대상으로 한 신문관 매체들에 소개된 이야기들에 대해서는 구인서, 앞의 글 참조.

15) 조선의 전래동화에 관한 연구로는 권혁래의 『조선동화집(1924) 연구』, 보고사, 2013 참조.

16) 류시현, 앞의 책, 39면.

소개하는 것은 물론 그것을 조선의 '옛 글'에서도 찾아 재배치 하고자 했다.[17] 사이언스로서의 학문적 보편성과 에스닉한 조선적 특수성이 공존하는 '근대적 조선지(知)'의 창출이야말로 신문관이 지향한 새로운 문(文)이었던 것이다.[18] 세계적이면서 동시에 조선적인 지식의 이중 결합은 향후 신문관이 발행한 매체 및 단행본의 출판을 통해 확인된다.

2. '조선' / '문화'서의 재구성과 출판화

『청춘』 14호에 실린 「서목」을 참고하면 신문관은 학술과 수양, 문예, 잡종류의 서적들에 주력했다. 이 가운데 상당 부분은 '조선'에 관한 내용으로 구성된다. 학술서류로 분류된 10권 가운데 이능화의 『조선불교통사』와 권상로의 『조선불교약사』, 주시경과 김두봉의 『말의 소리』와 『조선말본』, 그리고 『신단실기』와 『삼일신고』는 모두 조선의 사상과 언어, 종교에 관한 것이다. 그런데 『조선불교통사』와 『조선불교약사』는 학술서류로 구분되지만 동일한 불교에 관한 내용을 담고 있는 한용운의 『불교대전』은 수양서류로 분류된다. 학술과 수양이 어떠한 기준에 의해, 얼마나 뚜렷하게 구분되었는지는 알 수 없다. 다만 조선에 관한 것이냐의 여부에 따라

17) 신문관이 '옛 글'을 소환하여 근대적으로 배치하는 방식에 대해서는 최기숙의 논문에 잘 정리되어 있다.(최기숙, 「'옛 것'의 근대적 소환과 '옛 글'의 근대적 재배치」, 『민족문학사연구』 34호, 2007) 본 책 역시 이 선행 연구에 기대고 있기에 별도의 논의는 생략한다. 다만 본 논문은 옛 것의 근대적인 재배치가 세계적인 보편성과 관계맺음으로써 '근대지'로 포섭되는 양상에 좀 더 주력해서 살펴보고자 했다.

18) 민족주의와 제국주의, 그리고 식민주의와 근대주의와의 양가성에 대해서는 수많은 논의들이 있어 왔다. 이 책에서는 학문적 보편성과 민족적 특수성으로 이해해 보고자 한다. 한국/조선/대한제국을 이해하는 데 있어 세계성과 전통에 대한 보다 균형 잡힌 시각과 유연성은 필연적으로 요구된다. 앙드레 슈미드, 『제국 그 사이의 한국』, 정여울 옮김, 휴머니스트, 2007 참조.

그 항목을 달리한 것이 아닌가 하는 추정은 가능한데 가령 대종교의 교리서인 『신단실기』, 『삼일신고』 등은 기독교나 불교에 대해 다룬 수양서와 달리 학술서류에 포함된다. 이는 앞서 「말모이」 사전의 분류 항목에서 대종교가 가장 먼저 소개되었던 것과 같은 맥락이다. 이 밖에 잡종류에 포함된 『조선리언』이나 『조선요리제법』과 같은 서적도 조선의 속담이나 요리에 관한 내용을 다루고 있다. 요컨대 출판된 서적의 상당수가 조선의 사상과 언어, 종교, 속담, 요리 등, 이른바 '조선 것'으로 구성된다. 물론 '조선'과 '조선 것'에 대한 관심은 조선광문회에서 이미 이루어졌던 시도이다. 언급된 일련의 신문관 출판물이 광문회가 주도한 자국학 운동의 연장에 있음은 의심의 여지가 없다.

1) 수집되는 조선말과 '이약이'들

1913년 최원식이 편찬한 『조선리언(朝鮮俚諺)』은 항간에 떠도는 조선의 속담을 수집, 정리한 것으로 일종의 속담 사전의 성격을 띤다. 총 927여 개의 속담을 수록하고 있는 이 책은 조선 속담에 관한 체계적 작업으로는 거의 최초의 시도였다는 점에서 주목된다.[19] 책의 구성은 편찬자 서문에 해당하는 '題朝鮮俚諺'과 4개 항목으로 제시된 '朝鮮俚諺檢索', 쪽수 표시가 된 표제어, 그리고 249면에 달하는 본문과 편집 후기 순으로 되어 있다. 순서대로 간략하게 살펴보면 우선 '제조선리언(題朝鮮俚諺)'에서는 이언의 의의와 효과에 대해 다음과 같이 언급한다.

---

19) 한국 브리태니커(http://preview.britannica.co.kr/bol/topic.asp?article_id=b19j2509a) "조선이언" 참조.

> 俚諺은그作者를知치못ᄒᆞ나니萬人의認識感悟로出한共同的立言임이오그生時를考치못ᄒᆞᆯ지니萬代의練磨彫琢으로成한繼續的作品이라
>
> 임의一人의私說이아니니그럼으로偏固치아니ᄒᆞ며또一時의猝作이아니니그럼으로稜角이少ᄒᆞᆫ지라이로써萬人이利用ᄒᆞ야嫌치아니ᄒᆞ고萬事에引喩ᄒᆞ야礙치아니ᄒᆞ니그用이엇지廣치아니ᄒᆞ며그効-엇지大치아니ᄒᆞ리오
>
> 더욱그辭-平凡ᄒᆞ나그旨凱切ᄒᆞ며그語-俚野ᄒᆞ나그趣-微妙ᄒᆞ야人心에入ᄒᆞᆷ이深ᄒᆞ고事機를通ᄒᆞᆷ이利ᄒᆞ며明易ᄒᆞᆷ애大聖이또한應用ᄒᆞ고切當ᄒᆞᆷ애至蒙이能히感通ᄒᆞ니이로써俚諺이恒人에在ᄒᆞ야修身의科條도되고處事의規範도되야그實際의勢力이經典에有踰하도다 (하략)[20]

그러니까 언급된 진술에 따르면 이언은 만인의 지혜를 만대에 걸쳐 다듬어 만사에 인유(引喩)되도록 한 보편어로 그 실제 효력은 경전에 비해도 전혀 손색이 없을 정도이다. 이처럼 사상과 경험이 풍부한 이언이 조선에 무수히 많음에도 제대로 수집되지 않아 한탄스러운 사정을 토로하며 책의 발행 취지를 덧붙인다. 다음으로 '朝鮮俚諺檢索'은 표현 그대로 검색 즉 찾아보기에 해당한다. 검색의 목적과 방법, 유의사항들이 세세하게 서술되어 있다.

> 一. 此 檢索은 두 가지 目的으로 編成ᄒᆞ니 (1)意義不明ᄒᆞᆫ 俚諺의 解明을 檢索ᄒᆞ기에 便利케ᄒᆞ자ᄒᆞᆷ이오 (2)무슨 俚諺이 此書中에 임의 採收된 여부를 얼는 檢知케ᄒᆞ자ᄒᆞᆷ임
>
> 一. 檢索ᄒᆞᄂᆞᆫ方法은一俚諺의頭二字를가지고檢索表中에가서亞剌比亞數字로記數ᄒᆞᆫ것을보고그頁數를넘겨보면그만이니假令『것볼안』이란것이幾頁에載在ᄒᆞᆫ것을知코져ᄒᆞ면檢索表中에『것볼43』이라ᄒᆞ얏스니四十三頁을넘겨보면잇슬것임

20) 최원식, 「題朝鮮俚諺」, 『조선리언』, 신문관, 1913, 1~2면.

> 一. 檢索表中一條下에記數가여럿되ᄂᆞᆫ것은同一ᄒᆞᆫ頭字가진것이그만ᄒᆞᆫᄭᅡ닭이니檢索코져ᄒᆞᄂᆞᆫ條를索出ᄒᆞ기ᄭᆞ지골고로넘겨보시오
>
> 一. 書中에朝鮮文用法이歸一되지아니ᄒᆞᆫ것이만ᄒᆞᆯᄲᅮᆫ아니라俗間慣用ᄒᆞᄂᆞᆫ用字法도正確ᄒᆞᆫ依據가업ᄂᆞᆫ것이기로此檢索表中에ᄂᆞᆫ・韻字(아릿字란것)를一切로쓰지아니ᄒᆞ얏스니假令『ᄌᆞ식』이라고恒用ᄒᆞᄂᆞᆫ것도『자식』으로차지며『ᄀᆡ』도『개』로차질것이며ᄯᅩ사行자行차行은ㅏ와ㅑ며ㅓ와ㅕ며ㅗ와ㅛ韻을混同ᄒᆞ얏슴21)

인용문에서 잘 드러나듯 검색의 편의를 제공하고자 하는 의지가 뚜렷하다. 또 당시까지 "朝鮮文用法"이 일치하지 않아 통일된 문자를 사용하기에 어려움이 있었음을 알 수 있다. 검색 방법은 속담 머리에 해당하는 글자 두 개를 가지고 아라비아 숫자로 표시된 해당 쪽에 가서 가나다순으로 찾도록 되어 있는데 동일한 표제어는 해당 속담이 나올 때까지 면(頁)을 넘기도록 되어 있다. 검색어에 제시된 표제어는 총 785개이며, 각 알파벳에 해당하는 표제어와 속담의 수는 다음과 같다.

알파벳	ㄱ	ㄴ	ㄷ	ㄹ	ㅁ	ㅂ	ㅅ	ㅇ
표제어수	95	57	81	6	55	82	100	130
총속담수	114	76	94	6	70	94	121	155
알파벳	ㅈ	ㅊ	ㅋ	ㅌ	ㅍ	ㅎ	합계	
표제어수	85	21	9	8	18	38	785	
총속담수	93	23	9	9	19	44	927	

ㅇ으로 시작되는 표제어가 가장 많고 ㅅ과 ㄱ이 그 뒤를 잇는다. 두음법칙이 적용되어 ㄹ로 시작되는 것이 가장 적고 그 다음으로 ㅋ, ㅌ, ㅍ,

21) 최원식, 「朝鮮俚諺檢索」, 앞의 책, 1~2면.

ㅊ 순이다. 본문은 속담과 속담의 뜻을 풀이한 주해(註解)로 구성되어 있다. 흥미로운 것은 순국문으로 제시된 속담 옆에 국한문 표기가 ( )로 부기되어 있다는 점이다. 소개된 본문의 속담 중 하나를 예로 들어보면

> 짱 집고 헤엄 치기
> (地를托ᄒᆞ고遊泳ᄒᆞ기)
> 헤엄은 水中에 遊泳홈을 謂홈이니 生死安危가 其技術程度에 在ᄒᆞᆫ바 이로ᄃᆡ 手로 地面을 托ᄒᆞ고 足으로 活動만ᄒᆞ면 技術이 不足홀지라도 危殆홀 慮가 無ᄒᆞ다홈이니 大凡每事에 疑慮업시 萬全의 効果를 得ᄒᆞᆫ다홈이라[22]

땅을 짚고 헤엄을 친다는 속담은 기술이 부족해도 그만큼 위험부담이 적어 일을 하기가 쉬움을 가리킨다. 한글 표기와 국한혼용문을 나란히 배열한 후 여기에 국한혼용으로 된 주해를 달아 속담을 설명한다. 이러한 형식은 이후 발간되는 속담집에도 빈번히 활용된다. 가령 이상협에게 동양서원을 소개해 준 신문관의 김상기는 1922년 동양서원에서 『조선속담』을 펴내는데 이 역시 동일한 방식을 따르고 있다.[23] 한편 1926년경 조선총독부에서도 조선의 이언들을 수집, 채록하여 단행본으로 발행한다.[24] 이처럼 신문관이 상당히 이른 시기에 조선의 속담에 관한 사전을 기획했고 이는 향후 관련 서적들의 발행에 참조가 되었다 할 수 있다. 항간에 떠도는 조선의 속된 말(俚諺)을 조선어로 채록하고 이를 체계화하여 새로운 활판으로 인쇄함으로써 '서책'의 형태로 묶는 이러한 시도는

---

22) 위의 책, 1면.

23) 김상기, 『조선속담』, 동양서원, 1922. 권덕규가 서문을 썼고, 총 427면의 방대한 양으로 이루어졌다. 다만 『조선리언』에서와 같은 검색어별 찾기의 기능은 따로 두지 않았다.

24) 조선총독부는 1926년 5월 20일 '朝鮮民俗資料 第三編'으로 『朝鮮俚諺集』을 발행한다. 가나다순으로 되어 있고 조선어 표제에 일본어로 번역한 원문과 주석을 달고 있다.

상당히 의미 있는 것으로 간주된다. 속담집의 발간은 애초 기획되었던 사전류 편찬 사업 가운데 하나인 속담 사전의 일부이거나 그 변형된 형태로, 조선어 연구에도 상당한 자극을 주었을 것으로 짐작된다.

신문관이 민속적 지식들을 수집한 것은 『소년』에서부터이다. 『소년』은 창간호에서부터 조선의 방언이나 고향의 인물 사적들에 관한 정보를 독자들로부터 요청하기 시작했다.

> 이 通信은 讀者여러분씌서 各其사시난곳에 잇난 名勝 古蹟 特殊한風習 方言 俗諺 人物 産物 奇異한自然現象 學校校訓 童謠 傳說에 關한 것을 한가디나 두가디나 되난대로 뎍어보내시거나 또할수잇스면 略畵까디 添附하야 보내시면 順次로내이기 爲하야 設始한것인데 이는 讀者여러분이 힘써 보내듀시여야할것이오.[25]

『소년』은 "여러분의 居住하난짱의 名勝·古蹟·人物·特殊한風習·方言·童謠·傳說等을 明記하야 寄送하시면 次例次例로 내일것이"고 "째째로 謝禮"를 할 것이며 특히 "名勝 古蹟 人物의 寫眞갓흔 것은 더욱 歡迎"[26]한다고 공지함으로써 독자들의 적극적인 참여를 유도했다. 그리고 〈少年通信〉을 통해 방언이나 고적, 동요들을 선보인다. 〈소년통신〉의 실제 투고는 『소년』 2년 1권에서부터 2년 4권에 이르기까지 총 4회에 걸쳐 실시된다. 다음 표는 수록된 그 내용을 방언과 고적, 동요로 분류하여 정리한 것이다.

---

25) 〈少年通信〉, 『소년』 창간호, 신문관, 1908.11, 81면.
26) 「編輯室通寄」, 앞의 책, 84면.

〈표 30〉 〈소년통신〉 수록 내용

<table>
<tr><th>종류</th><th>이름</th><th>거주지</th><th>내용</th><th>출처</th></tr>
<tr><td rowspan="4">방언</td><td>姜熙木</td><td>경북 봉화
(안동방언)</td><td>'심니가'-생', 수ㅅ가락-술, 소-쇠,
함지박-방퉁이, 아버지-아배, 어머니-어매</td><td rowspan="2">2년1권</td></tr>
<tr><td>姜昌熙</td><td>강원 철원
(철원방언)</td><td>시오→교 (예 : 오시오 → 오교)</td></tr>
<tr><td>무기명</td><td>전북 익산
(익산방언)</td><td>눈바라(風雪) → 눈분배, 조곰 → 쬐깨,
저즘게-아래, 하얏소-하얏지라오,
슴니가 → 겟는거라오 등</td><td rowspan="2">2년4권</td></tr>
<tr><td>金鳳鉉</td><td>온성(穩城)
보흥학교(함북)</td><td>심니가 → 둥(예 : 오섯슴닛가 → 오섯슴둥)</td></tr>
<tr><td rowspan="4">고적</td><td>尹榮祐</td><td>의주군비봉면
원동진영학교생</td><td>契丹城</td><td rowspan="3">2년2권</td></tr>
<tr><td>姜周準</td><td>진주군중안삼동</td><td>촉석루</td></tr>
<tr><td>강희목</td><td>봉화군춘양면
현내리</td><td>-달바위와별바위</td></tr>
<tr><td>김봉현</td><td>온성보흥학교</td><td>이태조와 이지란이 만난 장소-距本郡</td><td>2년4권</td></tr>
<tr><td rowspan="2">동요</td><td>최정흠</td><td>한성남부상리동</td><td>8가지</td><td>2년3권</td></tr>
<tr><td>최정흠</td><td>동일</td><td>8가지</td><td>2년4권</td></tr>
</table>

독자들로부터 온 내용이므로 투고자의 성명과 거주지가 밝혀져 있다. 우선 방언 부분부터 살펴보면 경상도 봉화 지역의 안동방언과 강원도 철원방언, 전라도 익산방언, 함경도의 온성방언 등이 소개된다. 언급된 방언들은 독자들이 보내온 것인데도 대표적으로 손꼽히는 지역 방언과 일치한다. 대체로 각 지역 방언의 종결 표현을 서울말로 풀어주고 있으며 몇몇 어휘들은 서울말과 대비하여 소개하고 있다. 다음으로 고적은 주로 각 지역의 민담이나 역사적인 장소들을 중심으로 하고 있다. 가령 의주와 진주에서 보내온 거란성과 촉석루는 침략의 역사를 떠올리게 하는 명승지들이다. 함경북도 온성에서 보내온 고적은 태조가 조선의 개국공신인 이지란(李之蘭)을 만난 장소이다.(距本郡二十里 西壓江越邊) 이 밖에도 전래되는 다양한 것들이 실린다. 특히 "童謠"로 소개되고 있는 노래들

은 대부분이 민요나 달타령 같은 타령이 아니면 말놀이이다. 가령 "同謀야, 同謀야 나무가세?! 배앏아 못가겟네! 무슨배? 자라배! 무슨자라? 업자라! (하략)"이라던가 "저건너, 저건너, 잇는게, 무언구? 밀목(물미난 곶쟁이)! 밀목은, 세이니! 세이면, 할아비니! 할아비는, 등곱은이! (하략)" 식이다.[27] 이는 향후 『아이들보이』의 〈샹급주는 이약이 모음〉에서 보다 발전된 방식으로 전개된다.

조선의 민속에 관한 수집 과정이 보다 적극적으로 실시된 것은 『아이들보이』이다. 신문관은 『아이들보이』의 〈샹급주는 이약이 모음〉을 통해 각 지방의 독자들에게 조선의 옛이야기를 수집해서 투고할 것을 요청한다. 조선의 민담과 같이 전래되어 오는 이야기의 수집에 본격적으로 나선 것이다.

> 녯날 이약이는 소견으로도 매오 자미잇는것이어니와 학문에도 여러 가지 죵요로운 관계가 잇는것어니그럼으로 이를 모으고 연구히보기를 하로도 등한ᄒᆞ게 ᄒᆞᆯ수업는것이외다
>
> 죠션은 녜젼사람들이 의사가 만흠으로 여러 가지 조흔 이약이를 만들어노신 것이 잇서 오래 날여오것마는 아즉도 온갖 이약이를 한ᄃᆡ 모하 학문샹으로 연구ᄒᆞᆫ것이 업스니 참 애달은 일이외다
>
> 이제 우리가 이를 섭섭히 알아 우리 사랑ᄒᆞ는 여러분허고 널니 죠션안에 젼ᄒᆞ야 오는 이약이를 ᄌᆞ미 잇는법으로 샹급을 주어가며 오래두고 모아보려ᄒᆞ옵는바 자세ᄒᆞᆫ 말슴은 다음 호에 알니려 ᄒᆞ노이다[28]

27) 「童謠」, 〈소년통신〉, 『소년』 2년 3권, 신문관, 1909.3, 53~54면.

28) 〈샹급주는 이약이 모음〉, 『아이들보이』 2호, 신문관, 1913.10, 17면. 참고로 〈샹급주는 이약이 모음〉은 처음 소개될 때와 달리 〈샹급잇는 이약이 모음〉으로도 제시된다. 이 책에서는 전자의 표현으로 통일한다.

조선 내에 전해 오는 이야기를 상급을 주어가며 모으는 이유 역시 앞서 살펴본 『조선리언』과 다르지 않다. 조선의 옛이야기들이 재미는 물론 학문적으로도 긴요한 가치를 지니고 있음에도 수집하여 연구된 것이 없으므로 이에 상급을 주고 일단 수집부터 착수하고자 한다는 취지를 밝히고 있다. 이처럼 〈샹급주ᄂᆞᆫ 이약이 모음〉난의 개설 취지와 목적을 설명한 후 다음 호에는 독자들에게 투고시 주의할 일을 〈직히실 일〉로 정리하여 공지한다. 특히 "이약이ᄂᆞᆫ 반드시 죠션에서 녯날부터 나려오ᄂᆞᆫ 것이라야ᄒᆞ나니 남의 나라 ᄎᆡᆨ이나 말로 젼ᄒᆞᄂᆞᆫ것을 번역ᄒᆞ거나 옴겨오면 못씁ᄂᆡ다"라고 규정해 두고 "넘어 흔ᄒᆞ게 세샹에 돌아다니ᄂᆞᆫ듯ᄒᆞᆫ것을 피"해야 한다는 등의 주의사항을 세세하게 적고 있다.[29] 이렇게 해서 모인 편수는 상당하다.[30]

〈표 31〉『아이들보이』의 〈샹급주ᄂᆞᆫ 이약이 모음〉 당선자 명단

회수	호	이름	주소	제목	상금	비고
1회	5호	권덕규	경성교동이십오통팔호	내기로된량주와 닐곱 아들	일원	12월 1일까지
		김상규	경성서부義盈庫后동십구통오호	안ᄒᆡ의 가다듬음으로 글 공부	50전	
		이종조	경성북부누동구십삼통육호	후루러기는 두루미 ᄋᆞ명	30전	
		박윤오	경성서부약현하동이오일, 이	지극ᄒᆞᆫ 효성에 동ᄌᆞ삼 갑흠	30전	

29) 〈샹급주ᄂᆞᆫ 이약이 모음〉, 『아이들보이』 3호, 신문관, 1913.11, 34면.

30) 〈샹급주ᄂᆞᆫ 이약이 모음〉의 당선 목록은 최기숙에 의해 이미 제시된 바 있다. 이 책에서는 선행 연구에서 제외된 5, 6호를 추가하여 투고한 독자들을 중심으로 재정리하였다.(최기숙, '옛이야기'의 환상적 함의와 어린이 '독자/청중'의 '환상성'에 대한 문화적 재규정」, 『현대문학의 연구』 39호, 2009 참조.) 추가된 5, 6호의 자료는 『아이들보이』의 총 목록을 소개한 박진영 선생님으로부터 제공받았다. 이 자리를 빌려 감사하다는 말을 전한다.

		양진홍	함흥군 신창리팔 통일호 변창희가	넷사람 이약이 멋	20전	
		배치문	목포 항양동 싼왓킨스학교내	쌀이 헛것	20전	
		한중교	태안군 근서면 와세리이, 육	우승거리와 수수격기 멋	20전	
		홍선표	경성정동사립 이화학당내	우승거리 멋	20전	
		백낙창	정주군남면梟湖	어린아이 의사에 어른이 덕봄	10전	
		권익수		간도 개고리 회령 개고리	10전	
2회	6호	구성서	이천군대면 신갈산예배당내	효ᄌᆞ 렬녀의 수레 박휘 갑흠	30전	12월12일
				빈 절 북소리와 외 두 가지	40전	
				그래 보아야 알지 외 세 가지	50전	
		류영식	함흥군 기천면 풍강학교내	겨울 딸기와 암 피 쌀	20전	
		김□준	경성남부황정동 오통사호	개와 피와 붉은 주머니	20전	
		강의중	함안군 안신학교내	불 탄 렬녀문	20전	
		이동초	경성북부상동곡 십이통팔호	몰나서 불효	10전	
		김려균	장연군 태창학교내	올케 간 갑흠	10전	
		□相敦	경성남문외성석방 석교계이백십삼, 사	우슨 소리 두마듸	10전	
3회	7호	최창영	경성남부 반정동 십일, 사	친구가 난가 동생이 난가	30전	
				왕굴 장굴대	30전	
		최승오	강서군 상약평대창여관	옷나거라 뚝딱 금나거라 뚝딱	30전	→ 금방망이, 은방망이
		양진홍	함흥군 신창리팔 통일호 변창희가	제그림자에셩냄과 다른 것	30전	
		오대영	경성북부 제동 이구, 사	사람이제덕에삼과 다른 것	30전	
		김상규	경성서부義盈庫后 동일구, 오	세가지 내기	35전	
		백낙영	정주군남면 육영학교내	범 잡던 이약이	20전	
		구릐서	경성북부 제동 이구, 사	해와 달의 생김	20전	→ 해와달

		김창덕	금포군내 북변리 이, 사이	졍안울 뉘우쳐 고치게흔 솜씨	20전	
		김현경	마산군態邑 면성내개통학교	못된 재조가 몸을 망흠	20전	
		백인제	정주군오산학교	우숨거리 몃	15전	
		김인도	경의선 남시역 전남시 일,팔	수수격기 한아	10전	풀이
		이모석	경의선 남시역 전남시 명륜학교	우숨거리 몃	10전	
		임윤기	고□군 북부면 영성리	수수격기 몃	10전	
		임진종	경성남부 후동련 정동 팔칠, 팔	이와 발톱 업는 범	10전	
		노문희(정주) 홍선표(경성) 나성찬(용천) 박헌석(경성) 이순기(함흥) 한종섭(경성) 김주항(정주)				기타
4회	8호	최창영	경성남부 牛井洞 11, 4	콩지팟지와 다른것	40전	
		홍순성	개성북부 한영서원내	외쪽이	30전	
		권태홍	竹山郡遠三面 夜光里 1, 10	고든 마음의 갑흠과 다른것	30전	
		손을인	경성북부 송현교원 양성소내	업는빗 밧는 의사와 다른것	25전	
		노문희	정주군 오산 오산학교내	범과 호랑이의 신세갑흠과 다른것	25전	
				경성의 갑흠	20전	
		구성서	利山郡大面 薪葛山禮拜堂내	거짓 말이 패	20전	
		박광윤	경성남대문외 焰硝橋隅廣生局	기장 세 싹	20전	
		김인권	부산부범어사 명정학교내	쎄범 잡음	10전	
		김수홍	靈山郡吉谷面 外洞里	우숨거리 몃	10전	
5회 (네번째)	11호	김창덕	경기도 금포읍 북변리6, 2	범동생	40전	
		김택도	용암포 운흥동, 구세학교	두집색시가 다 되게와 다른것	35전	

		김택도	용천군楊市東洞 9, 2	우슴거리 몃	35전	
		김수홍	창녕군 길곡면 외동 2, 1	장군슈와 다른것	30전	
		양진홍	함남 함흥군 신창리 8, 1	살강아지와 다른것	15전	
		최승오	강서군 상약평 대창여관	남잡이가 저잡이	20전	동일 제목이 12호에 게재
		김겸수	경성 서대문외 신촌동 17,8	숨은일 들어난 갑흠	20전	
		노문희	평북 정주군 오산학교	自捕手	15전	
				수수격기 몃	10전	
		김수홍	경남 영산군 길곡면 외동리	쟝쟈늡	15전	
		김상규	경성남부 義盈庫后洞19, 5	쌀봄이 쳐다봄	10전	
		손치옥	경성중부장교 31통3호방	약곡감	10전	
		장영주	선천군 신성중학교내	먹어야 먹은것	10전	

상금을 주어 가면서까지 이야기를 공모했다는 점은 특기할 만하다. 상금은 1원에서부터 10전까지 등급별로 나눠져 있다. 제목만으로도 독자들이 보내온 이야기들이 다양했음을 알 수 있다. 물론 〈우슴거리〉와 〈수수격기〉도 상당수 포함되어 있지만 대체적으로는 전래되거나 전승되었던 것들로 짐작된다. 흥미로운 것은 최승오가 보내온 〈남잡이가 저잡이〉 같은 이야기는 『아이들보이』에 다시 게재된다는 사실이다.[31] 그러니까 독자 투고로 받은 내용의 일부를 매체에 소개한 것이다. 이는 매체를 중

31) 『아이들보이』 12호, 신문관, 1914.8, 15~16면. 참고로 동일한 제목의 동화요(童話謠)가 최남선의 이름으로 지어져 현재 아동용 프로그램으로 사용되고 있다.

심으로 독자와의 상호소통이 상당히 활발하게 이루어졌음을 방증한다. 1920년대 조선의 전래동화나 민담의 상당부분이 총독부나 일본인 학자들에 의해 정리, 재구성된다는 점에서 신문관의 이러한 시도는 선구적이지만 한편으로는 식민 체제에 흡수될 여지를 남긴다는 점에서 양가적이라 하지 않을 수 없다.

2) 망라되는 조선 인물들

『청춘』은 독자 프로그램을 이용하여 조선에 관한 지식을 수집하거나 체계화하지는 않았다. 대신 중등 정도의 학생을 대상으로 발간된 잡지였기 때문에 상당한 '옛 글'들이 소개된다. 이 가운데 역사적인 의미가 부여되거나 역사적 상상력을 활용한 형식들이 눈에 띈다. 가령 『청춘』 창간호에 게재된 「五百年間代表壹百人」[32]은 오백년 동안 "時代의 特殊한 人物事行"에 관한 총망라이다. '德'을 필두로 100개의 항목에 대표할 만한 인물을 뽑고 그 시대(왕조)를 함께 표기하였다. 설정된 항목도 항목이거니와 각 항목에 해당하는 인물을 짝해 놓은 양상이 흥미롭다.

〈표 32〉 『청춘』의 「五百年間代表壹百人」

순	항	인물	시대	비고
1	德	李滉	중종-명종	
2	忠	略		
3	節	成三問	세종	사육신
4	孝	趙翼	선조-효종	(浦渚)
5	烈	河氏	순조	(金麗璜妻)
6	友	金鳳祥	중종	
7	義	洪純彦	선조	역관, 唐陵君遺事徵

32) 「五百年間 代表壹百人」, 『청춘』 창간호, 신문관, 1914.10, 87~91면.

8	略	略		
9	威	許琮	세조	
10	勇	南怡	세조	
11	寬	尙震	중종-명종	
12	慧	金時習	세종	『금오신화』
13	敏	李彦瑱	정조	역관, 『청춘』 소개
14	經綸	柳馨遠	인조	
15	理想	許生	효종	허구
16	慈善	李鎬貞		
17	廉	李約東	문종	
18	風流	林悌	선조	『청춘』 소개
19	豪俠	張五福	영조	(吏胥吏)
20	오입장이	千興喆	정조	(金熤家傔)
21	曰者	金儞		
22	奢侈	劉목돌	정조	
23	放達	鄭芝潤	순조-철종	
24	狂	林熙之		水月道人
25	理學	徐敬德	중종-명종	
26	法制	丁若鏞	정조-순조	
27	禮	金長生	선조-인조	
28	樂	朴堧	세종	
29	數	金始振	인조-효종	
30	史	安鼎福	영조-정조	
31	儒	趙光祖	중종	
32	釋	休靜	선조	
33	道	鄭磏	중종	
34	天文	金泳	정조	
35	地理	金伯溫		
36	時調	尹善道	인조	
37	漢文	崔岦	중종-광해	
38	漢詩	朴誾	연산조	
39	書	李匡師	영조	
40	畵	金弘道	정조-순조	
41	小說	朴趾源	정조	

42	彫刻	姜潤	태조	
43	營造	金中軍		
44	醫	許浚	선조	
45	術	田禹治		소설
46	卜	弘啓觀	종종	
47	堪輿	南師古	명종	
48	人相	金銖	숙종	
49	筭命	金緻	광해군	
50	豫言	李之菡	선조	
51	騎	朴瀰	선조	
52	射	李之蘭	태조	
53	聲	權三得	철종	
54	曲	張友璧	순조	
55	舞	杜陽		丹陽妓
56	琴	李馬智		
57	琵琶	金聖基	경종	창곡에 뛰어남
58	劒	月岳山樵夫	인조	林慶業 스승
59	酒	禹六不		
60	金石	金正喜	순조	
61	鐵筆	田琦	순조-철종	
62	碁	金鐘貴		
63	滑稽	金行		
64	口辯	金仁福		
65	才談	尹行恁	정조-순조	
66	俳優	貴石	명종	
67	將	林慶業	인조	임경업장수-설화
68	相	黃喜	태조-세종	
69	政治	李珥	선조	『산수격몽요결』 간행
70	外交	申叔舟	세종-성종	
71	理財	尹鉉	선조	
72	創作	鄭平九	선조	『청춘』 소개
73	探險	安龍福	숙종	
74	譯	崔世珍	종종	광문회 간행
75	著述	崔漢綺	순조-고종	

76	拓植	金宗瑞	태종–세조	
77	植民	洪吉童		허구
78	殖産	韓滌		
79	農	金自點	인조	
80	商	林相玉	철종	
81	礦	李義立	현종	
82	賢母	金麟聲母氏		
83	良妻	申欽妻李氏	선조–인조	
84	風采	金麟厚	중종–명종	
85	美人	紫洞仙	세종	
86	力士	金德齡	선조	
97	才女	許景樊	선조	『청춘』 소개, 난설헌
88	女傑	朴氏	인조	
89	女丈夫	江南德(黃鳳妻)	선조	『청춘』 소개
90	妓	黃眞	중종	
91	巫	一今	효종	
92	사당	바위덕	철종	
93	壽	董八百		
94	福	鄭元容	헌종	
95	富	卞承業	효종	
96	吏胥	金壽彭	영조	
97	變局	李澄玉	세조	
98	樑上客	一枝梅	정조	허구
99	綠林	太白風	인조	鄭陽坡學友설
100	僕	彥立(李時白聘家奴)	광해군	청구야담

우선 100개로 분류된 항목에는 '德'·'忠'·'孝'·'節'·'烈'·'義'·'勇'과 같은 전통적인 항목에서부터 '植民', '拓植', '殖産'과 같은 항목에 이르기까지 다양하다. 史'에는 안정복, '地理'에는 김백온(古山子), '小說'은 박지원, '金石'은 김정희(秋史), '譯'에는 최세진, '著述'에는 최한기(惠岡) 등 다수의 실학자들이 거론된다. 흥미롭게도 각 항목에 해당하는 인물들에는 신문관과 광문회에서 출간한 고서들의 저자나 관련자들이 다수 포진되

어 있다. 가령 '創作'에 표기된 정평구는 비차의 발명가로 신문관의 매체나 출판물들을 통해 소개된 대표적인 인물이다.[33] 비행기에 대한 관심이 높아지면서 조선에서도 이와 비슷한 기구를 발명한 사람을 찾게 된 것이다. '敏'에 낙점된 이언진은 조선후기 역관출신으로 '천재'로 불릴 정도로 뛰어난 문재를 발휘한 인물인데[34] 『청춘』 창간호에서부터 『시문독본』에 이르기까지 여러 번 등장한다.[35] 이 뿐 아니라 '여장부'로 소개된 강남덕의 어머니(황봉의 처)와[36], '才女'로 소개된 허경번(許景樊)도 각각 그들의 행적과 글[37]이 『청춘』과 『시문독본』에 소개된다. 실학자를 비롯하여 여성에 이르기까지 소개된 인물들의 목록은 신문관 및 광문회의 출판 방향과 일맥상통한다.

이 외에도 몇 가지 특이점들이 포착된다. 2번과 8번 항목의 '忠'과 '略'에 해당하는 인물은 '略'(생략-인용자)으로 표시되고 있다. '오입장이'나 '왈자(曰者)'와 같은 항목에도 해당 인물이 표기된 데 반해 유교 질서를 규범

---

33) 『청춘』은 「飛行機의 創作者는 조선인이라」는 기사를 실을 정도로 애착을 보인 바 있다.(『청춘』 4호, 신문관, 1915.1, 5~15면)

34) 조선후기 역관으로 시재에 뛰어났다고 한다. 이언진에 대해서는 그의 평전 『나는 골목길 부처다』(박희병, 돌베개, 2010) 및 한영규, 「20세기 전반기, 이언진 문학의 호명 양상」(『반교어문연구』 31집, 2011) 참조.

35) 신문관은 『청춘』과 『시문독본』을 통해 그의 시와 글을 소개하고 있는데 그 방식이 흥미롭다. 『청춘』 창간호에는 심전 안중식이 그린 것으로 간주되는 그림과 함께(36면), 『시문독본』에는 「日本에서 弟에게」라는 편지 형식의 글이 소개되었다.(49면) 특히 후자는 이언진의 문집 『松穆館集』에 있는 글을 번역한 것으로 번역된 국한문의 문체가 상당히 뛰어나다. 『시문독본』에 '편지' 형식으로 소개되는 이유에 대해서는 임상석이 언급한 바 있다.(임상석, 「1910년대 국역의 양상과 한문고전의 형성-최남선의 출판 활동을 중심으로」, 『사이』 8호, 2010, 80면)

36) 「江南德의母」, 『청춘』 12호, 신문관, 1918.3, 82면. 같은 글이 『시문독본』 2권 30에도 소개된다.

37) 許蘭雪軒夫人, 「涉獵小抄-廣寒殿白玉樓上樑文」, 『청춘』 6호, 신문관, 1915.3, 112~113면.

짓는 최고의 가치 가운데 하나로 강조된 '충'이나 나라 경영 및 책략과 관계된 항목은 생략된 것이다. 이와 더불어 '理想'이나 '術', '植民'과 같이 당시 정치적으로 민감한 항목들에는 각각 허생, 전우치, 홍길동 같이 허구적 인물들이 설정되어 있다. 검열에 의해서이거나 적어도 검열을 의식한 행위로 간주된다. 500년을 통틀어 장상에서부터 노복에 이르기까지 다양한 인물들을 찾아 100개의 덕목에 배치해 놓은 작업은 조선의 역사적 인물을 체계적으로 정리, 소개한다는 점에서 의미 있다.

이 방식이 좀 더 전문적으로 고안된 것이 "歷代人物銓衡擬案"이라는 타이틀로 소개된 『청춘』 14호의 「其人備官」이다.[38] "一名 朝鮮萬古都目"이라는 부제에서도 알 수 있듯, 역사적 인물들을 현재의 관직에 맞추어 누가 무엇에 최고인가를 재편성한 가상 관직도이다. 내각을 필두로 추밀원, 궁내부, 외부, 내부, 도지부, 육군부, 해군부, 법부, 학부, 농상부, 공신부, 회계검사원, 상·하의원 등 총 15개의 관직을 대상으로 각 부마다 장관과 차관 및 국장들의 이름을 배열하고 있다. 뿐만 아니라 이 같은 역사적 인물들이 국립대학이나 미술전문학교의 학교장 등으로 재배치되기도 한다. 각 대신으로 설정된 대표적 인물들을 살펴보면, 총리대신에 을파소(고구려)가, 외부와 내부에 각각 서희(고려)와 팽오(檀朝)가, 그리고 도지부에 명위고(明位古, 부여)가, 육군부와 해군부에 각각 을지문덕(고구려)과 이순신(조선)이 배치되어 있다. 그리고 법부와 학부에 왕수긍(王受兢, 箕朝)과 설총(신라)이, 농상부와 공신부에 흘우(屹于, 백제)와 임아상(任雅相, 발해) 등이 있다. 고조선의 팽오나 부여의 명위고, 기자의 왕수긍, 백제의 흘우, 발해의 임아상과 같은 인물에 이르기까지 상당히 해박하고 전문적인 역사 지식이 동원되고 있음을 알 수 있다.

38) 「其人備官」, 『청춘』 14호, 신문관, 1918.6, 부록.

공교롭게도 『其人備官』은 1913년 광문회에서 단행본으로 이미 발행된 책이다. 앞서 서술한바, 1918년에 가면 『신자전』을 제외한 광문회 서적은 명의가 모두 신문관으로 변경된다. 이와 관련된 것인지 확실치는 않지만 『청춘』은 이러한 사실을 언급하지 않은 채 "本誌折半만하게 二百部쯤 單行本으로 싸로맨 것이 잇스니 所用되시는이는 主文하시오 定價拾五錢 郵稅貳錢"[39]라고만 적고 있다. 물론 『청춘』에는 전통적인 지식을 이용한 놀이들이 상당수 게재되었고 광문회에서 발행된 『기인비관』 역시 고조선에서부터 조선에 이르기까지 역사적 인물에 대한 지적 유희를 달성하고자 했다는 점에서 그 연장일 수 있다. 그런데 이러한 방식은 역사를 오락거리나 유희의 대상으로 취급할 가능성도 남긴다는 점에서 문제적이다. 전통적인 소재를 통해 취미나 오락 분야로의 확장 가능성이 열렸다는 점에서 분명 긍정적 효과를 예상케 하지만 한편으로 조선의 역사를 단순한 지적 유희의 대상으로 전락시킬 위험도 배제할 수 없기 때문이다.

5) '조선적인 것'의 강조

신문관이 '조선적인 것'에 주력했음은 하멜의 표류기를 통해서도 확인된다. 『하멜 표류기』는 1653년 일행 36명과 제주도에 표류한 네덜란드인 하멜이 13년간 조선에서 표류한 경험을 다룬 기행문으로 조선에 관한 서양인 기록으로는 최초로 간주된다.[40] 『청춘』 14호는 『태평양잡지』에 연재되었던 「하멜의 일긔」를 「조선일기」라는 제목으로 바꾸어 부록으로

39) 위의 책, 2면.

40) 1920년 후틴크가 정본을 발견하여 출판한 이후 다양한 번역본이 존재하지만 이미 그 이전에도 여러 형태로 소개된 바 있다. 『하멜표류기』의 판본 및 번역에 대해서는 김태진이 옮긴 『하멜표류기』의 「글을 시작하기 전에」와 「『하멜표류기』의 다른 판본에 관하여」(헨드릭 하멜, 『하멜표류기』, 김태진 옮김, 서해문집, 2003)를 참조.

게재한다. 제목만 바뀐 것이 아니라 구성에도 약간의 수정이 더해져 연재에 앞서 게재된 「하멜의파션ᄉᆞ적」 대신 『청춘』에는 육당이 붙인 「叙」가 다음과 같이 첨부된다.41)

> 이 冊을 볼때에 두가지 큰 遺憾이 잇스니 한아는 그네들이 智識만 不足할섇 아니라 踉止모르는 外國異人이기 때문에 極히 賤待를 바다 見聞이 下流社會에 局限할밧게 업섯슴으로 傳한바ㅣ 無識한 階級의 語行弊習 섇이니 (중략) 쏘 한아는 日本의 德用家康이 漂流한 西洋人을 利用ᄒᆞ야 造船術 砲術가튼 것을 傳受ᄒᆞᆫ 것처럼 우리 政府에서도 相異한 方法으로 써 그네의 新異한 智識을 利用하야 文物上으로 利益을 보지 못한 것은 매우 섭섭한 일이라 아니치못할지로다.
>
> 그네로 因緣하야 西洋에 關한 知識이 얼마만콤 우리에게 傳布되엇는지 西洋의 文物이 얼마만콤 우리에게 輸入되엇는지 쏘 그네 言語가 얼마만콤이나 우리에게 同化되어 朝鮮말을 보태엇는지 그네의 生活狀態가 얼마만콤이나 우리에게 이약이거리가 되엇는지 다 우리 文化史上에 자미잇는 硏究거리가 될것이라 여긔 關한 記錄이나 傳說을 아는대로 들녀주는이 잇스면 고맙겟도다42)

「하멜의파션ᄉᆞ적」과 비교했을 때 이 서문에는 육당 개인의 의견이 보다 두드러진다. 인용문에 따르면 이 책은 두 가지 유감스러운 점에도 불구하고 문화사적으로 재미있는 연구거리를 우리에게 제공한다. 첫째로

41) 「하멜의 일긔」는 『태평양잡지』 3호(1913.11)에 「하멜의파션ᄉᆞ적」과 함께 실렸다. 영문 번역이라고 명시되어 있으며 이후 6회(1914년 4월)까지의 연재분이 확인된다. 1914년 5월호는 영인본에서 누락되어 있고, 6월 역시 1~48면까지 누락되어 정확히 몇 회까지 연재되었는지 확인이 어렵다. 『태평양잡지』 영인본(최기영 편, 국가보훈처, 2013) 및 국사편찬위원회 편, 『재외동포사총서 3-태평양잡지·태평양주보 색인』, 국사편찬위원회, 2005, 1면.

42) 六堂生, 「헨드릭하멜朝鮮日記叙」, 『청춘』 14호, 신문관, 1918.6, 부록 4~5면.

하멜 일행이 무지할 뿐 아니라 외국인으로 천대를 받아 그들로부터 전해 들은 바가 그다지 많지 않다는 점과 일본은 표류한 서양인을 이용하여 조선술과 포술 같은 선진 기술을 받아들인 데 반해 우리는 그러지 못했다고 간주한 것이다. 결국 서구를 조우한 방식에서부터 차이 나기 시작한 일본과 조선의 문명에 대한 이해는 조선이 식민지로 전락하는 데 빌미를 제공한 셈인데도 육당은 여기에 대해 더 이상 묻지 않는다. 대신 서양에 관한 지식이 "얼마만큼 우리에게" "傳布"되고 "輸入"되고 "同化"되어 보탬이 되었고 이야기거리가 되었는지를 "우리 文化史上에 자미잇는 硏究거리"로 삼고 있을 뿐이다. 물론 이 글은 조선에 온 서양인이 직접 작성한 기록을 통해 '서양'이라는 타자가 동양에 비쳐진 모습을 고찰했다는 점에서 의의가 크다. 궁극적으로 조선과 세계가 관계하고 있는 양상을 살피고자 했다는 점에서 하멜의 「조선일기」의 소개 역시 『소년』에서부터 지속된 관심의 연장이었음이 확인된다.

조선적인 것을 강조하고 있는 태도는 『무정』의 단행본 서문과 광고에도 드러난다. 『무정』은 "文壇創有의名著", "想園最大의收穫"이라는 표제 아래 다음과 같은 광고로 대대적인 공세를 펼친다.

> 『無情』은 新文壇建設의 第一礎ㅣ라 이 自覺과 自任의 下에 春園李君이 心血을 傾倒하야 苦思力作한것이니 그 精妙한 結構와 纖奇한 描寫ㅣ 한번 新聞紙上의 가장 重要한 地位를 占有할 名著임을 公認케된것이라 幼稚한 文壇의 此書에 刺激됨이 實로 無限하얏도다 (중략) 此書는 實로 新朝鮮文壇에 在하야 旣往으로는 最大한 收穫이오 現在로는 最高한 典型이오 將來에는 最良한 嚮導者됨일새니라[43]

43) 〈無情〉, 『청춘』 15호, 신문관, 1918.9, 광고.

주지하듯 『무정』은 1년 전에 이미 『매일신보』에 연재되었고 연재 당시에도 상당한 반향을 불러일으켰다. 그런 만큼 1918년 7월 신문관에서 단행본으로 나오기도 전에 "朝鮮新文學史上에 特筆大書될名著"[44]로 광고되는 것은 이상할 것이 없다. 다만 그 내용이 『무정』이 '조선의 첫소리' 임을 거듭 강조한다는 점에서 독자들로 하여금 '조선의 것'을 환기하도록 기능했을 가능성은 다분해 보인다. 더욱이 『매일신보』뿐 아니라 당시 『청춘』에서까지 춘원(春園)이라는 필명으로 활동하고 있던 이광수를 굳이 "외배(春園의 本名)"[45]로 호명하면서 『무정』의 단행본 「서문」을 『청춘』에 게재한 의도는 의심스럽다.

이로써 신문관이 옛 것, 옛 글의 재배치를 통해 모색하고자 한 것이 학술적 영역에만 해당되지 않았음을 알 수 있다. 물론 자국학의 체계를 수립하고자 한 목표는 광문회의 연장선에서 이뤄지고 있던 바다. 그렇지만 속담이나 요리, 바둑, 기행과 같이 이른바 '잡종류'로 분류된 항목들은 이때까지 자국학의 범주로 취급되지 않았거나 소홀히 다뤄졌던 것들이다. 이로써 요리나 바둑, 속담 등이 새로운 조선 '문화'의 한 분야로 편입될 가능성을 열어 보인다. 또 제한적으로 접근되거나 취급되었던 옛 지식과 문헌 정보가 누구든지 구매할 수 있는 서적의 형태로 제작됨으로써 '지(知)'의 보편화는 물론 취미나 오락으로의 대중화도 가능케 되었다. 대표적인 예로 『기보』 같은 경우는 비본으로만 전해지다 신문관을 통해 근대적인 활판으로 간행, 보급되면서 대중적인 오락서로 자리매김하게 된다. 앞서 살펴본 『조선리언』이나 방신영의 『조선요리제법』 역시 마찬가지이다. 서적의 형태로 가공됨으로써 체계화된 지식을 지향한 동시에 한편으로는 오락용의 취미거리로도 기능한 셈이다. 이처럼 신문관의 출

44) 「신문관출판시보-무정」, 『청춘』 14호, 신문관, 1918.6, 128면.
45) 「我觀-「無情」序」, 『청춘』 15호, 신문관, 1918.9, 6~7면.

판활동은 조선의 학술 · 문화에 대한 재구성과 더불어 대중적 오락물로서의 새로운 모색을 동시에 추구하고 있었다.

3. 실학과 인문주의의 결합, '조선적 인문주의' 제창

1) 실학 관련 인문 서적의 발간

박지원의 『연암외전』을 비롯하여 정약용의 『아언각비』와 『경세유표』, 홍양호의 『해동명장전』, 한치윤의 『해동역사』, 이긍익의 『연려실기술』 등은 모두 광문회에서 간행된 대표적인 실학서이다. 실학에 경도되어 있는 출판의 지향성을 어느 정도 감지할 수 있다.[46] 그런데 이중환의 『택리지』와 신경준의 『산경표』 등 지리와 풍속에 관한 대표 실학서들은 광문회에서 복간되기 전에 이미 〈학예증간〉으로 기획된 바 있다. 『소년』을 비롯한 매체들도 천문이나 인문 지리, 역사 지식을 소개하는 데 집중했던 것이 사실이고 보면 실학 관련 인문 지리서에 대한 구상은 애초부터 있었다고 할 수 있다.

> 디금 世上은 專業時代라… 文學은 文學家, 理學은 理學家ᄒᆞ야 各各 專門家가 有ᄒᆞ고… 假令 文學 一科라도 就中에 或 史學을 專究ᄒᆞ고 或 哲學을 專修ᄒᆞ며 或 言語學을 主ᄒᆞ고 或 純文學을 主ᄒᆞ야 一部一分을 各分窮究ᄒᆞ되[47]

46) 이 책에서 참고한 실학 관련 연구들은 다음과 같다. 한국사연구회 편, 『한국 실학의 새로운 모색』(경인문화사, 2001); 연세대학교 국학연구원 편, 『한국실학사상연구 1 철학 · 역사학편』(혜안, 2006); 연세대학교 국학연구원 편, 『한국실학사상연구 4 과학기술편』(혜안, 2005); 임형택, 『실사구시의 한국학』(창작과비평, 2000); 『문명의식과 실학』(돌베개, 2009); 『다시 실학이란 무엇인가』(푸른역사, 2007).

인용문에서 언급되고 있는 "전업시대"의 학문들은 문학을 비롯하여 이학, 사학, 철학, 언어학 등이다. 이들이 모두 실용학문이 아니라는 점은 주지하는 바다. 신문관의 매체 및 단행본 출판물들은 실학적인 가치관을 추구했지만 부기나 상업을 강조했던 『신문계』와 달리 기능적인 지식에 얽매이지 않았다. 대신 궁극적인 진리나 삶의 방법에 대한 가치관을 형성하는 데 주력했다. 그리하여 서양의 보편적인 철학이나 동양의 사상을 통해 세계와 자신을 이해하고자 했으며 이는 인문학적인 지식의 모색으로 이어진다.[48]

『소년』이 공들여 소개했던 「나폴네온 大帝傳」의 "革新戰記"가 나폴레옹이라는 위인에 초점이 맞춰지지 않고 그 배경을 설명하는 데 주력한 이유도 여기에 있다. 인민의 자유사상을 고취시키고 있는 것으로 "세 사람의 자유창론가로 몽테스큐와 쏄테이루 루우소우 삼인"을 들고[49] 다음의 이어지는 구절에서는 "볼지어다 日本의 維新도 日本外史의 著書 賴山陽과 吉田松陰・佐久間象山 等의 言論期가 잇서 士氣를 振作한뒤에 事實이 되지아니하엿나냐"[50]라고 진단한다. 언급된 인물들은 프랑스 혁명기의 사상가나 일본 국학의 시조로 알려진 문사들로 유신(維新) 즉 새로운 시대를 연 사람들이다. 나폴레옹 제정기와 일본의 유신은 새로운 시대를 열 수 있는 지식과 사상을 가진 이들의 등장으로 가능해 질 수 있었다. 구습을 혁파하고 새로운 세대 구상으로까지 나아가게 한 사상적

47) 崔生, 「地理學雜記」, 『대한유학생회학보』 2권, 1907.4, 45면.

48) 이 점은 최남선을 중심으로 신문관과 광문회에 모인 인사들의 계급적 성향과도 관련된다. 특히 최남선을 위시하여 중인 출신들이 많았기에 중인계급의 의식은 신문관의 출판활동과 상당한 관련이 있을 것으로 판단된다. 육당의 중인계급적 성격에 대해서는 김윤식이 지적한 바 있다. 김윤식, 「『소년』지의 허구성」, 앞의 책, 32면.

49) 「나폴네온 大帝傳」, 『소년』 2년 4권, 신문관, 1909.4, 10~17면.

50) 「나폴네온 大帝傳」, 『소년』 2년 2권, 신문관, 1909.2, 16면.

근거를 인문주의적 사유에서 찾고 있는 것이다.

『청춘』은 「實利와 空想」이라는 짧은 글에서 실리에 대한 인식 차이를 과학과 철학에 빗대어 보여준 바 있다. 오늘날에는 "科學이 實用에 疎遠치 아니함을 說明할 必要"가 없을 정도로 자명하지만 100년 전만 해도 그렇지 않아 "博物學者큐비어가 佛國學士院에서 「科學과社會」란 演題"로 과학의 현실적 필요에 대해 설명할 정도였다고 한다. 그러니 오늘날 "哲學詩歌 가튼 것이 人生의 實利에 아모 利益이 업는 것으로 생각하는 이" 역시 이처럼 변할지 모를 일이라며 인문학에 대한 성찰을 끌어내고 있다.[51)]

「로빈손무인절도표류」의 연재를 마감하면서 번역자가 마지막으로 언급한 구절을 상기해 보면

> 한가지 願하난것은 가장 光明스럽고 榮譽잇슬 前途를 가진 新大韓少年 여러분은 **여러분의 나라형편이 三面으로 滋味의주머니오 보배의 庫ㅅ집인 바다에 둘닌것을 尋常한 일노 알지말어** 恒常 그를 벗하고 그를 스승하고 또 거긔를 노리터로 알고 거긔를 일터로 알어 그를 부리고 그의 脾胃를 마초기에 마음 두시기를 바라옵나니 엇젭지아니한 말삼이나 깁히 드러주시오 그런데 한마듸 부쳐 말할것은 우리모양으로 私利와 작난으로 바다를 쓰실 생각말고 좀 크게 놉게 人文을 爲하야 國益을 爲하야 眞實한 마음과 精誠스러운 뜻으로 學理硏究 · 當源開發等 조흔 消遣을 잡으시기를 바람이외다. (강조-원문)[52)]

인용문에서 마지막 구절에 서술된 "학리연구 · 당원개발"은 "고서소개와 회원권유"[53)]를 내세운 광문회의 주지와 크게 다르지 않다. "私利와 작난"

51) 「雅三俗四-實利와 空想」, 『청춘』 15호, 1918.9, 35면.
52) 「로빈손무인절도표류」, 『소년』 2년 8권, 신문관, 1909.9, 43~44면.
53) 「朝鮮光文會에 對ᄒᆞ야」, 앞의 책.

이 아닌 좀 더 고차원적으로 "인문"과 "국익"을 위한 학문이 요구된 것이다. 이 같은 태도는 총독부의 교육방침과 대조적이다. 데라우치(寺內正毅) 총독은 통치 초기 "세계에서 그 어느 나라도 식민지 교육을 정치, 법률 기타 고상한 학리적 과목으로 하는 것보다는 우선 새로 편입된 영토의 국민에 대해 생활상 직접 필요한 실용적 학예를 가르치는 일이 급한 일이라 할 것이니 나의 조선인 교육 방침도 이에 있다."[54]고 천명한 바 있다. 식민지에 대해 생활상 직접적으로 필요하고 새로 편입된 영토에 즉각적으로 적용할 수 있는 실용적 학예야말로 조선인에게 실시되어야 할 교육 방침인 것이다. 식민지의 피교육자가 정치 주체가 될 수 없음을 명확히 함으로써 교육과 출판의 방향 역시 제한한 것이다. 고상한 학리적 과목인 정치나 법률 대신 "실용적 학예"가 의미하는 바는 결국 식민지의 생산력과 노동력을 효율화하는 학문, 즉 실업이었다. 부기나 「簡算法」, 「홍삼전매법」과 같은 실용적 지식이 식민지 조선인 교육의 궁극적 목적이었음은 재론의 여지가 없다. 그렇다면 부기와 상업을 강조하면서 국어(일본어) 교육을 강화해간 『신문계』는 여기에 정확하게 부합하고 있었다고 할 수 있다. 반면 '고상한 학예'에 몰두했던 『청춘』은 여기에 반목한 셈이 된다.

2) 백과전서식 지식에서 '조선적 인문주의'로

신문관은 『소년』에서부터 다양한 지식들을 백과전서식으로 나열하면서 교육기관의 역할을 자처했다. 『소년』은 "少年漢文教室"이나 "少年英語教室", "少年理科教室" 등과 같이 〈소년○○교실〉이나 "鳳吉伊地理工夫", "(少年)數學遊戲"처럼 공부나 유희의 형식을 빌려 보통학교 혹은 그

54) 「寺內總督談 教育方針」, 『매일신보』 1913.7.22, 2면.

이상의 교육을 실시했다. 뿐만 아니라 「초등대한지리총요고본」이나 이른바 '꽃'특집인 화학교실에서는 보통과-고등과-전문과-보습과로 구성하여 학제의 형식을 취하기도 했다. 애초 신문관의 출판활동이 교육, 특히 교재 편찬에 상당한 비중을 두고 있었음을 염두에 둔다면 이러한 수순은 자연스럽다. 또 수신교과서에 실리고 있는 「이솝우화」와 같은 이야기 형식을 비롯하여 보통학교 창가집의 곡조, 위인전 등, 다양한 문학적 양식들을 원용하고 있다. 특히 시와는 또 다르게 변별될 수 있는 노래의 형식은 『소년』을 비롯해 『청춘』에 이르기까지 신문관 출판물에 지속적으로 등장한다. 아래 〈표 33〉은 신문관 출판물에 소개된 노래 가운데 곡보를 포함하고 있거나 불렸을 가능성이 농후한 것들을 위주로 작성된 목록이다.

〈표 33〉 신문관 매체별 노래(곡보 포함) 목록

<table>
<tr><th colspan="2">소년</th><th colspan="2">붉은져고리</th><th>새별</th><th colspan="2">청춘</th><th>시문독본</th></tr>
<tr><td rowspan="3">2년
10권</td><td rowspan="3">檀君節(곡보)</td><td rowspan="3">1호</td><td rowspan="3">은진미력
(보통교육창가집)</td><td rowspan="2">15호</td><td rowspan="2">1호</td><td>어린이꿈</td><td>가을뫼</td></tr>
<tr><td>세계일주가(곡보2)</td><td></td></tr>
<tr><td>게</td><td>2호</td><td>물네방아</td><td></td></tr>
<tr><td rowspan="2">3년
4권</td><td rowspan="2">青年學友會歌</td><td rowspan="2">2호</td><td rowspan="2">바둑이
(보통교육창가집
「漂衣」)</td><td rowspan="8"></td><td>3호</td><td>새아이(김인식)</td><td rowspan="8"></td></tr>
<tr><td>4호</td><td>새해(이상준曲)</td></tr>
<tr><td rowspan="2">3년
5권</td><td rowspan="2">青年學友會行步歌</td><td rowspan="2">3호</td><td rowspan="2">눈구경
(보통교육창가집
제8「移秧」)</td><td>6호</td><td>鵬(김인식)</td></tr>
<tr><td>7호</td><td>봄의山女(김인식)</td></tr>
<tr><td rowspan="2">3년
6권</td><td rowspan="2">青年學友會夏期休學歌</td><td rowspan="2">4호</td><td rowspan="2">우리오누
(보통교육창가집
25「公德」)</td><td>8호</td><td>나(이상준)</td></tr>
<tr><td>9호</td><td>녀름(이상준)</td></tr>
</table>

신문관의 매체들은 〈청년학우회가〉와 같은 회가를 포함해 동요로 분류될 수 있는 상당한 노랫말들을 창가집의 곡명이나 곡보와 함께 소개하고 있다. 『소년』에는 시(詩), 창가(唱歌), 국풍(國風), 신국풍 등 다양한 형

식의 시/가/노래들이 소개된다.[55] 이 밖에도 기행이나 지식을 소개하는 여러 산문들에 노래의 형식들이 삽입된다.[56] 율문을 통해 구성되고 매체를 통해 전파되는 이른바 근대 지식이 보급, 확산될 수 있었던 하나의 경로를 보여준다.[57]

한편 『소년』은 "우리들靑年은 被敎育者되난 同時에 敎育者되여야할지며, 學生되난 同時에 社會의 一員이되여야 할지라, 詳言컨대, 우리들은 學校나 先覺者에서 배호난 同時에 自己가 自己를 敎導하여야할지오, 學校나 其他敎育機關에 統御함이되난 同時에 此等機關을 運轉하난 者가되여야할지라"[58]라며 자기 정체성을 밝힌 바 있다. 『청춘』 역시 "우리는 여러분으로 더부러 배홈의 동무가 되려합니다 다 가치 배홉시다 더욱 배호며 더 배홉시다"[59]라며 더불어 배워가는 관계로 스스로의 모습을 상정한다. 배우자는 외침 아래 '미성숙한 대한의 소년'과 청년은 스스로를 피교육자인 동시에 교육자로, 이른바 계몽의 대상이자 주체로 인식하게 된다.[60] 교육자–피교육자, 학생–사회 일원 간의 교육과 배움에서 나타

---

55) 『소년』 창간호의 경우, 「海에게서少年에게」는 '詩'로 소개되고 「公六의 愛誦詩」로는 '國詩'라는 명칭으로 율곡 이이의 「泰山이 높다해도」라는 시조가 소개된다. 이 밖에도 「黑軀子의노리」(창간호, 11면, 2편–2년 10권, 16면)와 같은 민요형식이나 '창가'로 소개된 「들구경」(3년 5권, 39면), 「소년의녀름」(3년 6권, 25면), 「녀름의자연」(3년7권, 1면), 「조상을 위해」(3년 8권, 15면), '국풍'으로 소개된 「태백에」, 「또 皇靈」(3년 5권, 45, 46면)과 같은 시, 바이런의 「해적가」(3년 3권, 4~8면), 「대양」(3년 6권, 5~9면)와 같은 (번)역시 등 다양하다.

56) 대표적으로 『소년』 창간호에 실린 「甲童伊와 乙男伊의 相從」에는 「山有花」가, 다음호 「快少年世界周遊時報」에는 『京釜鐵道歌』의 일부가 실리고 있다. 「甲童伊와 乙男伊의 相從」, 『소년』 창간호, 신문관, 1908.11, 15~16면; 「快少年世界周遊時報」, 『소년』 1년 2권, 신문관, 1908.12, 11면.

57) 한기형은 최남선이 "'지식의 율문화'를 통해 근대지식의 대중적 보급을 시도"했다고 평가한 바 있다. 한기형, 「최남선의 잡지 발간과 초기 근대문학의 재편」, 앞의 책, 341면.

58) 孤舟, 「〈소년논단〉 今日我韓靑年의 境遇」, 『소년』 3년 6권, 신문관, 1910.6, 28면.

59) 「아모라도 배화야」, 『청춘』 창간호, 신문관, 1914.10, 5면.

나는 쌍방향성은 『소년』에서부터 『청춘』에 이르기까지 신문관의 전 매체에 관통함으로써 신문관 출판활동의 실천적 원동력인 된 셈이다.

이러한 양상은 신문관 매체들이 지식과 정보를 일방적으로 주입하기보다 상호소통의 방식으로 전달하려한 데서도 드러난다. 가령 이야기의 형식을 강화하면서 서술의 거리를 일방적으로 설정하지 않은 점이나 대화나 문답을 통해 배움의 진리를 깨달아가는 방식을 택함으로써 독자들에게 접근해 간 점 등이 그러하다.[61] 『소년』 창간호에 실린 「星辰」은 대화의 형식을 통해 자연 현상에 대한 호기심과 인문학적 상상력이 어떻게 전개되는지를 비교적 구체적으로 보여준다는 점에서 주목된다. 학교에서 배운 내용을 주인공 어린이가 집에 돌아와 그 숙부와 대화하면서 깨우쳐 가는 전개가 흥미롭다. 뒷동산에 올라 별을 감상하는 데서 출발하는 글의 첫 부분은 아래와 같은 노래로 시작한다.

(1) ★낫에는 숨어잇서 우리삷히고
밤에는드러나게 우리보시난
北斗七星太白星 다른모든별
웃디뎌리덕은게 반쨕거리노
바루바루金剛石 夜光珠갓히

60) 칸트의 「계몽이란 무엇인가에 대한 답변」, 이한구 편역, 『칸트의 역사철학』, 서광사, 1992, 13면.

61) 소크라테스의 진리탐구로부터 비롯된 대화법이 학습의 방법으로 효과적이라는 점은 익히 알려진 바다. 플라톤의 『향연』이 보여주듯 대화를 통해 진리를 알아가는 이 방법의 매력을 『소년』이 이미 실천하고 있다는 점은 주목될 필요가 있다. 특히 주시경의 국문연구회(조선어강습원)나 청년학우회, 그 밖에 흥사단의 입회 방식 등도 모두 이 같은 대화법을 통해 이루어진다는 사실과 관련하면 안창호-주시경-최남선이 공통적으로 민주적인 대화의 방식을 취하고 있다는 흥미로운 결론에 이르게 된다.

(2) ★아모리놉드라도 나무가디에
달녀잇난果實은 아모거라도
댭어당겨쌀수가 잇난것텨럼
뎌긔닷난막대가 잇스량이면
무엇으로생긴고 짜보리로다

(3) ★반쨕~~밝음은 모다갓흐나
쪽쪽마다짠琉璃 부틘燈갓히
靑紅赤白그빗이 各各다르니
靑衣입은너의는 무삼나라며
白衣입은너의는 무삼나라냐

(4) ★무러도對答업고 짜디도못해
設或對答하야도 듯디못하니
하난수만잇스면 電話도매고
空中으로鐵道도 길게노아서
네곳까디이르러 親히보리라[62]

인용문의 노래가 끝난 뒤 "사슴이는 별을 窮究할次로 뒤ㅅ동산에올너와서 댜구하날만티여다보면서 혼댜말노 듕얼"(58면)거린다. 학교에서 배운 지식에 의구심과 호기심이 생겨 "먼뎌 배운 어룬에게 다 무러보리라"(59면)며 숙부의 방을 찾는데 마침 사슴이를 지켜보던 숙부가 그 연유를 묻자 두 사람의 대화는 지구와 별에 관한 천문학으로 이어진다. 이야기가 한창 무르익어 갈 무렵 "「오날은 이믜밤도 늦고 하얏슨즉 내일밤에 다시 이약하댜」"며 대화가 중단되고 "사슴이는 밤復習을 한뒤에 아홉時

62) 「성진」, 『소년』 창간호, 신문관, 1908.11, 58면. 인용문의 번호는 원문에는 없는 것으로 인용자가 편의로 붙인 것이며 칸 띄우기의 모양이나 새로운 연이 시작되는 곳의 ★표시 등은 모두 원문 그대로이다.

鐘이 우난소리를 듯고 댜리펴고 來日뎌녁이 어서 와서 새理致배오기를 기다리면서 가만히 담이드러 별나라에 드러가 無雙한 歡迎을 밧앗소"(64면)로 마무리된다. 자연 현상에 대한 호기심이 발생하고 그것을 풀어가는 과정이 구체적으로 서술된다. 뿐만 아니라 학교에서 배운 내용이 귀가 후 어떻게 전개되는지에 관한 학교-가정 간의 연계학습 모형도 보여준다. 또 다른 예로 「갑동이와 을남이의 상종」과 같은 글에서도 갑동이와 을남이가 "ᄯᅩ 생각한즉 사람이 짐생에게 향하야 자랑하난것은 무엇이냐 도덕률이냐 사회조직이냐 이상이냐 합하야 말하면 문화란 것이로구나"63)라며 대화를 이어가는 데서도 유사한 양상이 엿보인다.

이와 더불어 서사성이 강화된 것도 꼽을 수 있다. 신문관은 『소년』에서부터 다양한 지식들을 서사적인 형식으로 전달하면서 재미를 배가해 가는데 특히 어린이와 학생을 위한 잡지들에서, 그것도 과학적인 지식이나 자연 현상을 설명하는 곳에서 이러한 양상은 보다 두드러진다. 가령 『아이들보이』의 「리되ᄂᆞᆫ버러지들이약이」 같은 고정란을 통해 각종 동물이나 자연 현상에 관한 지식들을 이야기의 형식으로 전달한다. 『아이들보이』는 이 난(欄)을 개설하면서 다음과 같은 취지를 밝혀 두고 있다.

> 날시가 ᄯᅡᄯᅳᆺ하야지면 여러가지 식물(植物)이며 동물(動物)이 나 여긔 잇소ᄒᆞ고 튀어 나옵ᄂᆡ다 동물 가운ᄃᆡ에ᄂᆞᆫ 여러가지 버러지도 잇습ᄂᆡ다 버러지 가운ᄃᆡ에ᄂᆞᆫ 사람에게 ᄒᆡ되ᄂᆞᆫ것과 리되ᄂᆞᆫ 것두가지가 각각 수 업시 만습ᄂᆡ다 이제 여긔서 우리게 리되ᄂᆞᆫ 여러가지 버러지가 차례로 나와서 여러분게 바라ᄂᆞᆫ 일을 각기 말ᄉᆞᆷᄒᆞᆯ터이니 버러지 말이라고 우숩게 아시지 말고 차근차근 들어 두시면 공부와 소견에 여러 가지로 유익ᄒᆞ오리다 행여 범연히 듯지 마시기를 신신당부ᄒᆞ노이다64)

---

63) 「갑동이와 을남이의 상종」(二), 『소년』 2년 10권, 신문관, 1909.11, 129~132면.

연가시를 필두로 잠자리, 거미, 꿀벌, 누에, 범, 도마뱀, 지네, 가뢰, 노락이, 개구리 등이 차례로 소개된다. 특이하게도 주로 「~의 말슴」이라는 형식을 취해 해당 대상을 1인칭 화자로 삼음으로써 대상에 보다 친근하게 접근하도록 유도한다. 이 밖에도 물의 부력으로 물체가 가벼워지는 아르키메데스의 원리나 염화코발트 용액을 사용한 변색 원리 등 다양한 과학 상식을 재미있게 풀어낸다. 자연 현상이나 과학 실험을 통해 과학적 원리나 이치를 깨치는 데까지 이르는 이러한 방식은 인문학적 사유에 보다 근접한다.

대화나 서사로 풀어가는 전개 방식 역시 자신을 성찰하고 사물을 반성하는 태도로까지 이어진다. 『청춘』 2호에 벗에게 보내는 일종의 서간 형식을 취한 「닐은바지식을빌어알겟다한 벗에게」에는 지(知)에 대한 인식의 변화가 뚜렷하게 감지된다. 『소년』과 달리 『청춘』에서는 각종 잡다한 지식의 소개에 회의를 느끼면서 문명과 자본에 대한 경계와 비판을 드러내기 시작한다.[65] 그것은 「我觀」과 같은 편집인의 주관이 반영된 글이 아니더라도 「冷罵熱評」, 「第一步」, 「京城小感」과 같은 다양한 형식을 통해 보다 두드러지는 경향을 보인다. 여기에 대해서는 다음 장에서 후술한다.

신문관이 구상했던 '근대지'는 결국 '많이 아는 것'(博學多識)에서 "제대로 아는 것"으로 변모해 간다. 그렇지만 "제대로 아는 것" 역시 제한적인 수준에서 이루어질 수밖에 없었음을 간과하지 않을 수 없다. 현실에 대한 태도에서 엿보이듯 이들은 "계모의 손에 자라나는 계집모양" 초라한 조선의 풍경을 목도하지만[66] 비판적인 성찰을 밀고 나가는 대신 조선의 문화

64) 「리되는버러지들이약이」, 『아이들보이』 창간호, 신문관, 1913.9, 23면.

65) 권보드래는 신문관의 두 매체가 보여준 비판적 성향에 대해 다음과 같이 진단한 바 있다. "『소년』과 『청춘』이 증언한 근대 초기의 일상은 '구설(口舌)적' 애국주의에 대한 비판 및 애국주의 실종 이후 혼란한 세태에 대한 비판이라는 감각 속에서 일단 마감되었다" 권보드래, 「'소년' · '청춘'의 힘과 일상의 재편」, 앞의 책, 182면.

로 눈을 돌리기 때문이다. 이로 인해 『청춘』에는 문화에 대한 지향이 보다 강하게 드러나게 된다. 『청춘』이 정치 · 시사적인 주제를 다룰 수 없었던 외부적 상황을 충분히 참조하더라도 그들 스스로가 문명에서 문화로의 선회를 내면화함으로써 이러한 경향을 보다 강화해 간 것만은 분명하다.

물론 『청춘』은 실용적이고 기능적인 기술보다 이를 적용할 수 있는 인식 능력이나 사고력을 더 강조했다. 가령 「근대의 로빈손」과 같은 모험의 태도나 금강석의 진가를 발견할 줄 아는 응용력과 관찰력에 주목하고 이를 수행할 수 있는 대표적인 인물들로 과학자나 문학가들을 소개하는 데 적극적이었다. 특히 시각매체나 율문 형식의 활용, 서사성의 강화, 대화 형식의 유도 등 다양한 방식을 통해 인문학적 지향을 보다 다각적으로 실험하고자 했다. 그럼에도 조선이 처한 현실에 대해서는 미온적이었으며 소극적이었음을 부인할 수 없다.

신문관이 표방했던 문명화된 '근대지'는 휴머니즘, 즉 인문주의에 기대고 있다. 인류 보편의 사상과 정신인 휴머니즘으로부터 '근대지'가 형성될 수 있었으며 이러한 인문주의와 결합된 실학사상으로 조선만의 독창적인 지식이 발명될 수 있다고 믿었던 것으로 보인다. 결국 '세계지'와 '민족지'의 병치를 통해 신문관이 추구한 근대지(知)는 '실학적 인문주의'로 요약될 수 있다. 이 같은 신문관의 지적 구상은 신문관의 주 편집인이었던 최남선이 이후 발간할 『괴기』와 관련하여 흥미로운 양상을 띤다. 최남선은 『괴기』의 발간 목적을 밝히는 자리에서 '조선적인 인문주의'[67]를 제창했는데 이는 바로 1900년대 후반부터 신문관이 추구한 이념에

66) 춘원, 「동경에서 경성까지」, 『청춘』 9호, 신문관, 1917.7, 80면.

67) 최남선이 『괴기』의 창간호(1929.5)에서 사용한 표현이다. 근대 초기부터 지속된 조선 문화의 세계성에 대한 그의 관심을 단적으로 집약하고 있는 것으로 이 책에서는 신문관이 지향한 실학적 인문주의와 관련시켰다.

맞닿아 있기 때문이다. 초창기 신문관이 '세계지'를 통해 접한 보편적 인문주의는 궁극적으로 민족적인 지식과 결합됨으로써 '조선적인 인문주의'를 예기한 셈이다.

제2장

청년 양성의 실천적 방안

1. 수양의 함양과 일상적 글쓰기

1) '수양시대'[1] 청년의 자화상

근대 초기 '소년'과 '청년'은 '신시대'를 이끌어갈 새로운 주체로 호명된다.[2] 한말 자강운동의 한 계열인 청년학우회가 소년과 청년의 실력양성을 최대의 과제로 내건 이상[3], 신문관의 출판 방향도 이와 연동했을 것은 의심의 여지가 없다. 신문관은 소년과 청년들이 수양과 교양을 함양할 수 있도록 읽을거리를 생산하고 이를 통해 실질적인 수양의 방법론을 제시하는 데 지향점을 두고 있었다.[4] 이를 위한 구체적 방안으로 신문관

1) 이광수가 "今日我韓青年"이 처한 시대적 상황을 "大抵青年時代는 곳 修養時代"라고 규정한 데서 차용했다. 孤舟, 「少年論壇-今日我韓青年의 境遇」, 『소년』 3년 6권, 신문관, 1910.6, 26면.

2) 근대 초기 소년과 청년이 새로운 주체로 등장하고 있는 양상에 대해서는 소영현의 『문학청년의 탄생』, 앞의 책 참조.

3) 한말 자강운동은 현실인식과 운동노선에 따라 몇 가지 계열로 구분되는데 그 가운데 안창호를 중심으로 한 청년학우회계열은 '선실력양성 후독립'을 표방한 대표적 단체로 규정된다. 박찬승, 앞의 책 1장 참조.

은 조선의 유교로부터이든, 서양철학으로부터이든 가리지 않고 구체적인 실천 방안들을 모색하기 시작했다. 『소년』을 필두로 신문관 매체들에 수양 관련 내용들이 압도적인 것은 이 때문이다. 〈수양총서〉의 기획을 비롯해 『산수격몽요결』, 『수신요령』, 『기독교의 청년』, 『채근담』, 『자조론』에 이르기까지 다양한 단행본 수신서들을 지속적으로 출판한 것은 이러한 맥락에서이다.

신문관 수양서들에서 일관되게 추구된 이념은 입지(立志)이다. 뜻을 세우는 일이 다른 무엇보다 중요하다는 사실은 신문관의 거의 모든 매체에서 빠지지 않고 다뤄지는 데서 확인된다. 『소년』은 창간호에서 "栗谷李先生은 우리輩를 爲하야 「擊蒙要訣」이란 됴흔책을 著述하야듀신 고마운先師라, 그開卷第一에 먼뎌 「立志」를 말하시니 大哉라 達人의 立言이여 탐됴코 후하고 크고 뎍은일이다 立志한번에 말매암이로구려"[5]라며 '입지'의 중요성을 강조했다.

(1) 初學을先須立志ᄒᆞᄂᆞ니必以聖人으로自(ᄌᆞ)期오不可有一毫(호의 오자-인용자)自少退託之念이니라 蓋(ᄀᆡ)衆人與聖人이其本性則一也니雖氣(긔)質이不能無淸濁粹駁之異나而구苟能眞知實踐ᄒᆞ야去其舊染而復其性初則不增毫末而萬善이俱足矣리니衆人이라도豈(긔)可不以聖人으로

4) 김지영에 의하면 전통적인 학문의 개념이 근대적으로 전화되면서 "전통학문의 요체였던 '나'의 수양적 성찰, 즉 '나'의 내면을 통한 세계와의 만남이라는 학문의 방법은 잊혀 지게 된다. 신학문으로의 근대적 전환은 학문연구자로서의 '나'의 소외를 전제하면서 출발하였다고 할 수 있다." 김지영, 「학문적 글쓰기의 근대적 전환-구한말 학회보의 '학해'면을 중심으로」, 『우리어문연구』 27집, 2008, 324면.

5) 「소년시언」, 『소년』 창간호, 신문관, 1908.11, 6면.

自(ᄌᆞ)期乎아故로 孟(ᄆᆡᆼ)子(ᄌᆞ)ㅣ道性善하ᄉᆞᄃᆡ 而必稱(칭의 오자-인용자)堯舜而實之曰人皆(ᄀᆡ)可以爲堯舜이라ᄒᆞ시니 豈欺(긔)我哉(ᄌᆡ)시리요[6]

입지와 함께 혁구습도 신문관의 편집 방향에서 중요하게 다뤄진다. 인용문에 따르면 "도덕은, 때를, ᄯᅡᆯ어, 변하는것인즉, 다른글은, 이, 다음에, 웃지될지, 몰으오, 그러나「立志」「革舊習」두장은, 영원히, 우리, 졂은, 사람의 精神의 糧食이, 되리라."[7]며 "입지"와 "혁구습"편이 특별히 언급된다. 도덕은 때에 따라 변해도 뜻을 세우는 것과 구습을 혁파하는 두 가지는 "졂은 사람"의 변치 않는 "정신의 양식"으로 꼽힌 것이다.

'혁구습'편은「구습을 혁거하라」는 제목으로『시문독본』에 다시 한 번 수록된다. 이 점은 나폴레옹을 소개한「혁신난기」나 일본의 유신(維新)을 강조했던 것과도 유관하게 읽히는데 그것은 혁신적인 시대 분위기, 즉 새 시대에 대한 열망과도 상통한다. 최남선을 비롯한 유학생 세대들은 '선배 없음'을 공공연히 외치면서『소년』을 비롯한 신문관의 출판물들을 통해 "신대한의 소년"과 "신시대의 청년"은 물론이고 "새아이"나 "x빛의 아이" 등과 같은 수사를 동원해 일종의 세대론으로 간주되는 담론을 형성한다. 구습의 혁파를 통해 새로운 세대를 구성하고자 한 의도는 어느 정도 관철된 것으로 간주된다. 결국 입지는 자조론으로 연결되면서 개인의 인격 형성에 실천적 덕목으로, 구습혁파는 '선배 없음'이라는 시대인식과 결부되어 세대론을 형성하는 데 일조한다.[8] 이로써 신문관이 매체를 바꿔가며 다양한 '입지'론과 '혁파'론을 강조한 이유가 설명된다.

6) 신문관 편집국,『산수격몽요결』, 신문관, 1909, 1면.

7) 위의 책.

8) 일본 유학생들을 중심으로 이전 시대와는 다른 새로운 감각이 형성되기 시작했으며 이를 통칭하여 '세대론의 대두'라고 간주하였다. 여기에 대해서는 제5부에서 상론한다.

2) 일상의 체험과 경험적 글쓰기

청년학우회의 '덕육'론에서 살펴본바, 청년의 인격수양과 덕의 함양은 신문관의 출판 이념을 뒷받침하고 있는 사상적 근간이다. 신문관은 일련의 수양서 출판을 통해 학우회가 내세웠던 '자강', '근면', '용감' '절제'를 이념화하고 이를 실현하기 위한 구체적 방안으로 여행이나 독서, 일기 등을 제시한다. 앞서 동서양 성현들의 격언이나 일화에서 드러났듯, 이들 대부분도 일상적인 차원에서 다뤄진다.[9] 개인의 일상과 밀접하게 관련되는 경험을 강조한 것 역시 수양 담론의 연장에서 논의될 수 있다. 『소년』만 한정해 보더라도 〈泰西少年日常生活訓〉이나 「消夏日課格言六拾參集」, 「톨스토이先生의日常生活十誡」처럼 '일상'이나 '생활'이라는 표현이 직접적으로 거론되고 경험과 관련된 수양의 측면이 강조된다.[10]

『소년』은 〈현대소년의 신호흡1/신시대 청년의 신호흡2〉이라는 타이틀로 고정란을 설치하고 후쿠자와 유키치의 '수신요령'에서부터 에피테투스의 '학자의 행의훈'에 이르기까지 다양한 인물들의 좌우명과 처세훈을 소개한다. 소개된 내용은 대략 다음과 같다.

---

9) 모더니티의 중요한 현상인 일상성은 세계를 다른 방식으로 주조해 낸다는 점에서 새로운 대안으로 제시되고 있다. 현대의 일상성에 관해서는 앙리 르페브르의 『현대세계의 일상성』(박정자 옮김, 기파랑, 2005)과 게오르그 짐멜의 『짐멜의 모더니티』(김덕영・윤미애 옮김, 새물결, 2005) 참조.

10) 〈태서소년일상생활훈〉은 『소년』 2년 3권(1909.3), 2년 4권(1909.4), 2년 7권(1909.8), 2년 8권(1909.9), 2년10권(1909.11) 5회에 걸쳐 게재되었다. 이 밖에 「소하일과격언육십삼집」은 『소년』 3년 7권(1910.7, 11~29면)에 「톨스토이 선생의 일상생활 십계」는 『소년』 3년 3권(신문관, 1910.3, 56면)에 실려 있다.

〈표 34〉『소년』의 〈현대소년/신시대청년의 신호흡〉 목록

소년	난(欄) 제목	내용	비고
2년 2권	현대소년의 신호흡	1. 후쿠자와 유키치 수신요령 29가지	『산수격몽요결』게재 단행본으로도 출간
2년 3권	신시대 청년의 신호흡	2. 워싱턴의 좌우명	『새별』에 소개
2년 4권		3. 프랭클린 좌우명	
2년 6권		4. 톨스토이 선생의 교시	『소년』 톨스토이 특집
2년 7권		5. 페스탈로치 선생의 〈처세훈〉	
2년 8권		6. 율곡 이이 선생의 〈자경문〉 17칙	『산수격몽유결』
2년 9권		7. 스마일스 선생의 〈용기론〉	자조론
2년 10권		8. 에피테투스 선생의 〈학자의 행의훈〉 15칙	

좌우명과 행의훈, 수신요령과 처세훈, 이 밖에도 교시나 자경문 등 인간이 살아가면서 실천해야 할 것들에 대한 수많은 경구와 격언이 차례로 소개된다. 이 말의 주인공들 역시 『소년』을 비롯한 신문관의 단행본에 이미 소개되었거나 이후 다른 매체들을 통해 반복적으로 등장한다. 흥미로운 것은 전통적인 지식을 소개할 때조차 일상적인 측면에서 접근하고 있다는 사실이다. 한 예로 유가 철학의 대표적인 경전인 『논어』를 번역한 「소년논어」는 단순히 한문을 번역하는 데 그치지 않고 실제적인 삶의 문맥을 활용한다. 총 4회에 걸쳐 소개된 「소년논어」는 공자가 제자들에게 직접 말한 내용을 가장 중시했으며, 그 가운데서도 주관적이거나 보편적인 가치를 지니기 힘들다고 판단되는 부분은 제외하고 독자인 소년들에게 읽힐 가치가 있다고 간주된 것 위주로 번역되었다.[11] 가령 "말 납신 납신 잘하고 남의 脾胃나 살살 잘마추난 사람에 사람다운 사람 업습듸다"[12]는 「學而」편의 "子曰巧言令色은鮮矣仁이니라"를 번역한 것이다.

---

11) 이상의 내용은 전호근 · 김시천이 펴낸 『번역된 철학 착종된 근대』(책세상, 2010)의 1장을 참고하였다.

12) 「소년논어(一)」, 『소년』 2년 7호, 신문관, 1909.8, 48면.

여기에 대한 주(註) 또한 "제속은 조곰도 업고 남의 얼골보아 제 빗을 것난 사람을 警戒하신말삼."이라고 덧붙이고 있다. 교언영색을 "말 납신납신 잘하고 남의 비위나 살살 잘마추난" 것으로 표현하고 있는 것이나 그것을 다시 "제속은 조곰도 업고 남의 얼골보아 제 빗을 것난" 것으로 설명하고 있는 부분은 일상적인 감각이나 정서를 잘 살린 생동감 있는 표현들이다.[13] 「소년논어」의 이러한 번역은 "개인의 경험과 체험을 바탕"으로 하지 않고서는 불가능하다.[14]

우선 신문관 매체에서 소개하고 있는 경험적인 글쓰기 가운데 일기 형식에 주목해 보고자 한다. 『소년』은 2년 3권에 "少年三月曆"을 표지로 삼으면서 월력의 구체적인 형태를 제시한 바 있다.[15] 그리고 이 형식은 3년 1권(1910.1)에서부터 잡지의 부록으로 실린다. 이것이 단순히 면수를 차지하는 데 그치지 않았음은 발행일을 변경하면서 편집 과정에서 누락된 면수를 바로 잡는다는 언급에서 잘 드러난다.

> ○卷末에 附錄하난 日記紙로 말하면 아못조록 여러분의 進學益智上 必要件을 삼기爲함인데 本執筆人의 外洋滯留中에 發行人의 意思로 發行日을 十五日노 更定한지라 이리하고본즉 半月間것이 所用만 못될뿐아니라 거의 웃지하여야 조흘지 몰을만콤 되얏스니 나로는 도리혀 無色하기 限量업사외다 그럼으로 이달까지는 印出上事勢가 이믜 저러하니 웃지할수 업거니와 來月卷에는 三・四兩朔치를 한번에 내이고 次次로 한달을 먼저하야 揭載하야 아못조록 實用件이 되도록 하오리다.[16]

13) 신지연은 『소년』의 문체적 특징으로 구어에 사용된 비속어의 남용을 지적한 바 있다. 신지연, 『글쓰기라는 거울』, 소명, 2007, 53~56면.

14) 전호근・김시천, 앞의 책, 47면.

15) 『소년』 2년 3권, 신문관, 1909.3, 표지.

16) 「編輯室通寄」, 『소년』 3년 2권, 신문관, 1910.2, 92면.

『격몽요결』에서도 제안하듯 일기는 배움을 나아가게 하고 지혜를 더하는 데 요긴하다. 그렇기에 『소년』은 권말의 부록으로 한 달 치를 제공하기 시작했다. 그런데 편집인이 해외에 체류하는 동안 발행일이 변경되면서 반 개월 치가 소용이 없게 되자 편집인은 다음 호에 2개월 치를 실어 "實用件이 되도록"하겠다고 밝힌다. 이로써 독자들에게 실질적인 「일기」의 지면을 제공함으로써 이를 적극 활용하도록 유도했음이 확인된다.

다음으로 〈그림 2〉에서 제시한 〈중요일기〉를 참고하면 "紀元四千二百四十參年重要日記"(1)이라는 표제로 1월에 있는 "節期"와 해당 "日曜"일을 따로 표시해 두고 일지에는 월/일/요일을 구분해두고 있다. 보다 세분화된 일지의 형식은 오른쪽에 "書信", "交際", 왼쪽에 "過/功", "摘要"의 란을 두고 그 가운데는 "私事", "世事", "新知識"으로 구분하고 있다.[17] 이후 『청춘』에 소개될 「일일일건」이 날짜와 요일을 제외하고는 별다른 형식이 없었던 것과 달리, 『소년』은 개인사, 세상사, 새로운 지식은 물론 주고받은 서신과 교제한 사람들, 그리고 하루의 공과(功過)를 반성하며 마지막으로 그날의 요점을 뽑아 적을 수 있도록 구성되었다. 이처럼 개인의 일과를 일정한 형식으로 세분화하고 구체적인 사항들을 구분함으로써 행동의 양식화를 꾀한다. Franklin Planner와 같은 양식인 셈인데 이러한 특성은 향후 '일기'의 내용을 구성하는 데 중요하게 작용한다. 서신을 포함하여 교류했던 인물들 그리고 강연이나 잡지 편집, 지인과의 사담이나 술자리, 지극히 개인적인 꿈 이야기에 이르기까지 사적, 공적인 일들에 대한 기술들이 일기에 중요한 요소로 등장하기 때문이다.

『청춘』에 소개된 곡교인(曲橋人)의 「일일일건(一日一件)」도 그날그날 일어난 일을 적고 있다는 점에서 일기에 해당된다. "스스로는 외적으로라도

17) 〈그림 2〉는 이 책의 제2부 2장에 제시되어 있다.

제 생애 관조하는 一端을 삼고 남에게는 제 일상 동정을 보고하는 일도 될가하야"[18] 시작된 이 글은 11월 1일부터 약 두 달이 넘는 1915년 1월 12일까지 연재된다. 연재가 중단된 것은 『청춘』이 정간되면서이다. 이 일기에는 『청춘』의 주간인 최남선의 동정이 비교적 구체적으로 제시된다. 주로 그가 교류한 사람들이나 읽거나 쓴 책, 혹은 원고들, 그리고 강연과 모임 등으로 분주한 최남선의 일상들이 소소하게 그려진다. 비록 최남선을 중심으로 이루어진 것이기는 하나 1914년을 전후하여 신문관과 관련된 인적 교류는 물론 출판활동과 관련된 각종 에피소드를 엿볼 수 있다는 점에서 유용하다.[19]

『청춘』에 두 번째로 소개된 일기는 「어느 일요일부터 월요까지」이다. 날짜와 날씨가 밝혀져 있기에 일기로 간주하지만 일기 형식을 취한 픽션으로 봐도 무방할 정도로 양식적 경계가 모호하다. 게재 당시 필자가 밝혀져 있지 않았지만 1926년 10월에 발행된 이광수의 단행본 『젊은꿈』에 수록되어 있어 이광수의 글임을 알 수 있다.[20] 이틀 동안의 행적을 그리고 있는 이 글에서 이광수는 미션학교 장로와의 갈등을 중심으로 기독교에 대한 비판적 시각을 주로 드러냈다. 무엇보다 이 글이 국한문체가 아닌 한글로 쓰였다는 점에서 1910년대 중반, 그러니까 『무정』 이전에 도달한 이광수의 문장 수준을 짐작케 한다.

---

18) 曲橋人, 「一日一件」, 『청춘』 3호, 신문관, 1914.12, 125면.

19) 『청춘』의 「一日一件」에 관한 상세한 내역은 〈부록〉으로 정리하여 첨부하였다. 〈부록 1〉 참조.

20) 「어느 일요일부터 월요까지」, 『청춘』 6호, 신문관, 1915.3, 75~78면. 이 글은 "1926년 10월 단행본 『젊은꿈』 소재"로 『이광수전집』 19권에 재수록 되어 있다.(삼중당, 1963[66년 중판], 92~96면) 전집에 실린 단행본은 박문서관본이다. 참고로 『청춘』에 실린 이 글 바로 다음에도 역시 필자 표기 없이 이광수의 「해삼위로서」가 게재된다. 『청춘』 6호에 게재된 글로 이광수가 필명을 밝히고 있는 글은 「침묵의 미」(외배)와 「금경」(孤舟)이며 「한그믐」, 「내소원」, 「생활난」 세 편의 운문을 올보리라는 필명으로 싣고 있다.

일기는 "미세한 수준에서 일상을 재조직하려는 움직임"[21]으로 개인의 행동에 변화를 촉구하고 나아가 이러한 변화를 하나의 패턴으로 양식화하려는 경향을 보인다. 위인들의 일상이나 생활패턴 등을 좌우명으로 삼아 이를 실천할 것을 권하는 것도 이 연장선에서 요청된 것으로 이해된다.

한편 글쓰기를 통해 개인의 일상을 드러내는 방식은 '○○평'이나 '○○소감'이라는 형식에서 보다 전문적으로 확장될 가능성을 제시한다. 대표적으로 「냉매열평」과 「경성소감」, 「제일보」와 같은 글이 여기에 해당되는데 이들은 신변잡기적이면서도 자신의 주관을 개진하는 데 거침이 없다.[22] 물론 이러한 성격의 글들은 『학지광』과 같은 매체에서 이미 부상한 것으로 주로 유학을 통해 신교육을 받은 세대들에게서 두드러지게 나타난 현상 가운데 하나로 간주된다. 『청춘』에 실린 비평 형식의 글 대부분도 유학생들에 의해 작성되었다는 점은 이를 뒷받침한다. 그런 점에서 『청춘』의 '비평'에의 지향은 『학지광』의 연장일 수 있다. 그렇지만 『청춘』은 『학지광』에서처럼 강도 높게 비판하기보다 희화화하려 한 경향을 보인다는 점에서 차이가 발견된다. 『청춘』이 보여준 비평적 글쓰기에의 지향은 비평 정신의 냉소성과 유쾌함을 잃지 않으려는 균형감각의 소산인 동시에 1910년대 『청춘』이 도달할 수 있었던 산문적 글쓰기의 최대치가 아니었을까 생각한다.[23]

---

21) 권보드래 외, 앞의 책, 171면.

22) 「냉매열평」은 『청춘』 3호(1914.12, 71~76면) · 4호(1915.1, 102~105면) · 6호(1915.3, 71~74면) · 7호(1917.5, 68~72면)에 (열돌)음빙객이라는 필명으로 연속 게재되었다. 「경성소감」(11호,1917.11, 124~129면)은 소성 현상윤이, 「제일보」(13호, 1918.4)는 평파생이라는 필명을 사용한 변봉현이 쓴 글로 두 사람은 모두 동경유학생 출신이다.

23) 물론 이러한 '비평' 양식의 글에 대해서는 보다 정밀한 연구가 뒷받침된 이후에 논함이 마땅할 것이다. 그렇지만 『학지광』과 같은 유학생 잡지에서 이러한 성향이 두드러진 것은 분명하다. 그것은 아무래도 유학생 잡지라는 특권적인 요건 때문일 공산이 크다. 여기에 대해서는 보다 진전된 논의가 뒤따라야 할 것이다.

여행과 독서를 통한 수양의 함양도 강조했다. 철도와 같은 교통수단의 발달로 철도여행에서 책은 이미 빠질 수 없는 필수 휴대품이 되었다.[24] 중요한 것은 여행을 통해 독서활동이 진작됨은 물론, 그것을 기록하는 행위도 함께 강조되었다는 사실이다. "夏期休暇는 旅行으로 消遣하라 사른智識은 此中에서 엇나니라[25]"며 경험이 곧 지식임을 강조하면서 "여러분中에도 夏期放課를 旅行으로 利用하신이가 잇거든 아못조록 記行文을 만드셔 本誌에 寄送ᄒᆞ시기를 伏望ᄒᆞ옵나이다"[26]라며 독자들에게 기행문 쓰기를 독려한다. 기행문에서는 기행 자체의 중요성도 강조되지만 그보다 여행으로 인하여 발현되는 시적 흥취와 문학적 상상력에 초점이 맞춰진다. 여행의 목적을 수행하는 것이 일차적인 목표겠지만 그 과정에서 행위와 사유의 진행은 목적과는 무관하게, 오히려 이율배반적으로 이루어질 수 있으며 때로는 그것을 넘어설 수도 있다. 기행문이라는 형식의 매력은 바로 여기에 있다. 충실하게 행선지를 따라가면서도 그 사유의 진폭은 철로처럼 직선으로 진행되지 않고 궤도를 이탈하는 비선형적인 양상으로 점철된다. 기차라는 달리는 현재적 공간은 과거의 역사나 미래의 전망 어느 쪽으로도 이동 가능하기 때문이다. 기차여행은 이러한 시공간을 구현해 내는 데 더없이 유용하다. 다만 기차라는 매체를 통해서만이 감각되고 체험된다는 점에서 기차여행을 통한 견문의 확장은 일정한 조건 속에서 가능해지는 제한된 가상 체험인 것이다. 결국 근대적인 제도와 매체들에 의해 견인되거나 형성되는 이 같은 제한적인 체험이 역으로 이들의 일상과 감각을 재편하기에 이른다.

---

24) 볼프강 쉬벨부쉬의 『철도여행의 역사』(박진희 옮김, 궁리, 1999) 및 박천홍의 『매혹의 질주, 근대의 횡단』(산처럼, 2003) 참조.

25) 권두언, 『소년』 2년 6권, 신문관, 1909.7.

26) 「編輯室通寄」, 『소년』 2년 7권, 신문관, 1909.8, 62면.

최남선이 평양행 기차 안에서 대제국 고려와 최영을 떠올리며 역사적 상상력을 펼칠 수 있었던 것도 바로 기행문에 내재하는 이 같은 속성에서 비롯된다.

> 將次 松京을 등지고 떠날새 西門을 보고 한 詩가 잇스니
> (중략)
> 한世上을 고요하게 지낼새
> 너에게 자랑할것 自負할것 한아 업섯도다
> 그러나 大皇祖의 宏遠한 規模를 現實할양으로
> -사랑과 올흠의 大帝國을 이 人間에 세울양으로
> -그리하야 主의 뜯을 이루고 아울너 우리나라의 흙이 왼 地球中 가장 큰것을 만들양으로
>
> 그목숨을 내여논 崔瑩은
> 高麗史의 저녁노을 이러니라 죽이긴 죽이고 죽기는 죽엇서도
> 오호! 이 淚腺이 넉넉지못한 사람은 피로 代身하야 우난곳이로구나.
> 그가 얼업시 도라다보난것이 무엇이뇨? (하략) [27]

평양을 둘러보고 경성으로 돌아가는 기차 안에서 떠올린 이 시는 최남선의 역사적 감각과 문학적 감수성이 접목된 구체적 예시로 간주된다. 그 전에 말해두어야 할 것은 최남선이 평양에 간 목적은 청년학우회 지방연회 설립과 관련된 제반 조사차 시찰을 하기 위해서였다. 그렇지만 여기에 이러한 목적이 끼어들 틈은 없다. 대신 평양의 송악산과 만월대를 뒤로 하며 삼국을 통일한 제국 고려를 환기시킨다. “그가 일업시~무엇이뇨?”라며 반복되는 후렴구는 현실적인 제약과 유보된 미래의 가능성

27) 「평양행」, 『소년』 2년 10권, 신문관, 1909.11, 138~142면.

사이에서 화려했던 과거 역사의 한 장면을 불러온다. 다시 말해 문학적인 형식을 빌려 원대했던 과거, 혹은 과거에 대한 기억을 재성화 하려한 제스처에 지나지 않는다. 부재의 감각을 거짓된 낭만으로 충족시키려는 허구적 욕망에 다름 아닌 것이다.[28)]

남대문에서 대구까지의 일정을 그린 「교남홍과(嶠南鴻瓜)」에서는 철도 내에서 일어나는 광경을 관찰자의 시선에서 서술한다. "前漢城電氣會社 京營業人 콜불안이, 려구가를 합창, 판수(判叟)외마듸소리(아마만세성인듯)"[29)]를 듣는가 하면 기차의 달리는 모습을 통해 "이솝우화에 잇난 토씨와 자라가 다름박기던 이약"을 생각하고 "여러가지 공상을 베푸러 공상이 공상을 낫"(54면)는 가운데 한 "일본부인의 불쌍한 모습을 보고 「미써레이쌜」(書名)의 코오쎄트낭자의 생각이 나서"(59면) 측은함을 느낀다. 『이솝우화』와 「미써레이쌜」로 대변되는 문학작품 속의 상황이 현실에서 어떻게 감각되는지를 보여준다. 문학작품을 통해 습득된 감각들이 실감의 차원으로 넘어온 것이다. 언급된 두 서적이 모두 신문관에서 번역, 소개되었음은 말할 나위가 없다.[30)]

이처럼 기차여행은 단순히 지식을 축적하고 새로운 문물에의 경험을 넘어 개인의 감수성, 특히 문학작품을 통해 감각된 연민, 동정, 측은함과 같은 보편적인 정서들을 내면화하도록 특별한 시공간을 제공한다. 물론

---

28) 르네 지라르, 『낭만적 거짓과 소설적 진실』, 김치수 · 송의경 옮김, 한길사, 2001 참조.

29) 「嶠南鴻瓜 三. 남대문-대구」, 『소년』 2년 8권, 신문관, 1909.9, 54면. 이후 인용은 괄호에 해당 면수만 표시.

30) 「이솝우화」는 『소년』을 비롯하여 『붉은져고리』, 『아이들보이』에 지속적으로, 『레미제라블』은 「ABC契」와 「너참불상타」로 소개된 바 있다. 근대 초기 매체들에 다양하게 소개되고 있는 『이솝우화』에 대해서는 허경진 · 표언복 · 유춘동의 『근대계몽기 조선의 이솝우화』(보고사, 2009)를, 『레미제라블』에 대해서는 박진영의 「『레미제라블』을 위한 다섯 개의 열쇠」(『민족문학사연구』 33호, 2007)를 참조.

이러한 대리효과는 간접적인 독서 체험으로부터 비롯된 것이기에 피상적일 수 있다. 그럼에도 독서를 통해, 특히 서구 문학의 감상을 통해 획득된 경험치가 현실적인 경험세계를 새롭게 사유할 수 있도록 비교의 방법론을 제공한 것은 분명하다.

한편 여행은 직접 체험한 것으로부터의 흥취가 자연스럽게 발로하는 기회이기도 하다. 『소년』 2년 7권(上) · 8(中) · 9(下) 3회에 걸쳐 실린 「반순성기(半巡城記)」는 동소문을 나서 그 주변을 구경한 이야기를 담고 있다.

> 우리는 漢詩에는 아주 生素한 무리라 이믜 字모둠도 하야본 經驗도 업고 또 古人의 詩詞를 通讀한 資本도 업스니 簾이니 字高低니 格이니 調니 文字니 하난것은 알 까닭이 업슴은 毋論이라 그러나 近來에 이르러 무엇이 動機인지 漢詩짓고 십은 생각이 매우 懇切하야 機會만잇스면 한首式 지여보랴으로 空然히 애를쓰난데 左에 記錄한바는 이번 南遊中에 바다를 구경하고 感想을 얼근것이라
>
> 만일 이것을 詩로만 評하야 그 缺點을 두러 말한진댄 한두가지뿐이 아닐지로대 그리하난中에서도 우리의 보고 생각한 바다는 웃더한고를 삷혀주시면 얼마콤 맛이잇슬줄 밋소[31]

풍경을 보고 시 한수를 읊는 것, 좋은 것을 보고 시심을 발동시키는 행위는 지극히 보편적인 문예관의 발로이다. 새롭다 할 수 없는 이 행위에 주목하게 되는 것은 이들이 취하고 있는 문학적 태도 때문이다. 단적인 예로 위의 인용문에서 바다나 산을 여행하면서 한시를 읊고 한시에 대한 동경을 드러내고 있는 육당의 태도는 불과 일 년 전까지만 해도 「해에게서 소년에게」와 같은 전대미문의 시를 선보인 것과 상당히 다르기 때문이다. 「舊作三篇」의 후기에서 언급했듯 그는 스스로를 "天稟이

31) 「觀海詩」, 『소년』 2년 8권, 신문관, 1909.9, 44면.

詩人이 아니"라고 했지만 일찍이 "우리 國語로 新詩의 形式을 試驗"[32]한 바 있다. 그랬던 그가 다시 한시와 한문으로 돌아가는 태도를 취하고 있는 것이다.[33]

한시에 대해 "생소한 무리"임에도 그러한 형식을 취하면서 독자들에게 강조하고 있는 바는 바다를 직접 보고 쓴 감상 자체에 있으니 거기에 충실해 줄 것을 요구한 데 있다. 결국 직접 체험한 기행에서 발로된 문학적 감상성에 역점을 둔 것이다. 기행과 관련된 글들이 중요하게 다뤄져야 하는 이유도 여기에 있다. 기행문은 독서를 통해 상상된 감정과 일상적 경험을 통해 습득된 감각이 서로 융합되면서 새로운 감각을 재구성하는 기회를 양산하기 때문이다. 앞서 살펴본 「반순성기」가 "이것은 尋常한 消暢하던일을 記錄한것이어니와 이다음부터는 學究的旅行記를 連續하야 揭載하겟소."[34]라는 다짐으로 마무리 되었지만 기실 학구적 여행기의 연재는 현실화되지 못한다.[35]

이 시기 새롭게 등장한 매체가 장르나 양식에 대한 인식과 그것의 형식화를 선도하고 가르친 것은 분명하다. 이때, 새롭게 지향해야 할 것과 기존의 경험들로부터 구성된 것들이 어떠한 방식으로 드러나는가에 대해서는 주의가 필요하다. 왜냐하면 이전 시기에 흔히 볼 수 없었던 글쓰기 형식들이 신문관 매체들에 선보이기 시작하고 특히 일상에 주목한 이러한 양상은 근대성의 한 징후로 읽히기 때문이다. 그 가운데서도 개인적인 경험을 기록한 일기나 서한, 그리고 기행 등이 빈번히 소개되는

---

32) 「舊作三篇」, 『소년』 2년 4권, 신문관, 1909.6, 2면.

33) 육당이 한문에 대한 동경을 가지고 있었음은 『청춘』의 「一日一件」에도 드러난다. 「一日一件」, 『청춘』 4호, 신문관, 1915.1, 117면.

34) 「半巡城記」(上), 『소년』 2년 7권, 신문관, 1909.8, 54면.

35) 『백두산근참기』, 『심춘순례』, 『송막연운록』과 같은 학구적 형식의 기행기는 1920년대 이후에나 가능해진다.

것에는 주의가 요구된다. 『소년』을 필두로 신문관의 일련의 매체들이 근대적인 윤리나 수신과 관련하여 새로운 강령들을 고안하고 새로운 감각에의 이미지들을 주조해낸 것은 이와 연관되기 때문이다. 더욱이 일상에서 지켜야 할 덕목들을 정리한 격언이나 금훈, 위인들의 일화 외에도 개인의 경험을 바탕으로 매일의 행위를 기록하는 일기나 일지, 철도를 이용한 기행이나 하기방학 또는 유학생활을 알리는 생활담, 고향의 풍경에 관한 견문 등 매체를 통해 다양하게 소개되는 글들은 새로운 글쓰기 양식들의 대두를 예비한다. 이 매체들은 기행이나 일기와 같은 형식을 통해 새로운 시대의 주체들에게 적합한 윤리 덕목과 감각들을 제공함으로써 글쓰기에서의 일상성을 선취하고 나아가 일상에서의 글쓰기를 꾀하고자 했다. '덕체지'의 수양을 통한 청년 양성의 구체적 방법론은 이러한 방식으로 실천되어간 셈이다.

2. 위인의 형상화와 여성의 글쓰기

1) 문화적 위인의 재현과 위인의 어린 시절

신문관 출판물에 드러나는 위인 형상화의 특징 중 하나는 어린 시절에 초점을 맞추었다는 점이다. 이들은 매체가 상정한 분화된 독자상에 따라 위인의 면모를 다르게 제시했는데, 유독 어린 시절 위인의 형상화에 주력했다는 공통점을 지닌다. 그러니까 소년이나 그 부형이 본받아야 할 대상으로 영웅이나 위인이 모두 소년으로 상정된 것이다. 가령 "전기왕 에듸손"의 소년 시절이나 이순신의 어린 시절을 통해 영웅이나 위인의 덕육을 강조하는 식이다. 이처럼 위인전기는 주로 소년시절 에피소드를 소개하며 위인들이 그 시기를 어떻게 보냈는지에 초점을 맞춘다. 대표적으로 정몽주는 정몽란(鄭夢蘭)으로 소개된다. 몽란은 그의 초명으로 그의 어머니 영천 이씨가 꿈에 신선으로부터 난초 하나를 받게 되는데 그것을 받자마자 꿈에서 깨어 이를 태몽으로 삼은 데서 유래한다.[36] 덕육의 항목을 제시하고 있는 「깨우쳐 들일 말솜」에 소개되는 비교적 유명하지 않은 인물들 역시 어린 시절의 비상함으로 주목된다.

『붉은져고리』와 『아이들보이』는 아이들을 상대로 했던 만큼 이러한 특징이 두드러지게 드러난다. 가령 『붉은져고리』 1호에 연재되는 「바보온달이」와 「싸님의 간곳」은 모두 동·서양을 막론하고 덕과 지혜를 겸비한 '자식'들을 주인공으로 삼고 있다. 「바보온달이」에 이어 연재된 「세가지 시험」도 마찬가지이다. '솔거의 솜'이라는 부제가 달린 이 이야기는 "솔거ᄂᆞᆫ 신라때 낫븐 사람의 아희외다"로 시작되는데 어버이의 기대와 달리 그림에 재주가 있었던 솔거의 이야기를 감동적으로 서술하고 있다. 이 밖에도 "울기 잘ᄒᆞᄂᆞᆫ 아희 이야기"[37], "염냥"과 "셈속"에 아둔한 뭉술이[38] 등을 통해 비상한 재주나 고쳐야 할 습관 등 어린이가 겸비해야 할 덕목과 그렇지 않은 것들을 형상화한다.

조선의 영웅과 위인을 발견해 가는 과정에서 서양인들이 모범적 준거가 되는 경향도 보인다. 이는 서사에 설득력을 더하고 감동을 보장한다는 점에서 주의가 요구된다. 인용문은 「이충무공 軼事」의 일부인데 어려서부터 무장(武將)의 자질을 엿보인 충무공은 워싱턴이나 페터 대제와 비교된다.

---

36) 포은 정몽주의 탄생설화는 다양하다. 그 가운데 몽란처럼 이름과 관련된 것이 주를 이룬다. 가령 몽주 역시 그 아버지가 꿈에 주공을 만났다는 데서 유래한다. 정몽주의 탄생설화에 대해서는 홍윤기 엮음, 『정몽주-세계위인6』, 상서각, 2007 참조.

37) 「우지 보전이」, 『붉은져고리』 1년 3호, 신문관, 1913.2, 5면.

38) 「밧고아패」, 『붉은져고리』 1년 9호, 신문관, 1913.5, 4면.

녯말에 썩닙부터 보난것이 잇다하얏거니와 또한 반면의 진리를 가진 말이로다. 공이 어렷슬때 작난을 하되 흔이 여러 아해를 모아가지고 戰陣의 흉내를 내이난데 다른 아해들이 반다시 공을 미루어 장사를 삼으면 좌작진퇴와 상벌징려가 사리에 마졋다하고 그형장에게 儒業을 밧을새 재기가잇서 큰 공을 이룰만 하얏스나 매양 붓을 던지고 戎軒에 종사할뜻이 잇섯다더라, 수천만생령을 실코 그 쑤리째 빠지려하난 큰 나무를 혼자 버틸 사람이라 하날이 읏지 泛然하게 그를 인도하시리오. 와싱톤의 어렷슬때에 보던지 페터의 어렷슬때에 보던지 그러한 일 할 사람은 다 그러한 본능이 잇난 듯하도다39)

동서양의 위인은 공통적으로 어린 시절부터 '그러한 일'을 할 능력을 '본능'적으로 갖춘 자로 서술된다. 근대 초기부터 소개된 나폴레옹과 워싱턴, 페터 대제와 같은 서양 위인들은 조선의 영웅이나 위인과 동등하게 취급된다. 이 과정에서 영웅의 어린 시절을 부각함으로써 소년독자들을 흡인력 있게 견인해 간다.

한편 『대한매일신보』를 비롯한 각종 매체들이 조선 영웅들의 상무성에 초점을 맞춘 데 반해 신문관의 매체들은 상무정신과는 다른 노선을 지향한다.40) 상무적 영웅들인 충무공이나 을지문덕을 서술할 때조차 무장으로서의 영웅성에 주력하기보다 그들의 인격과 덕성에 집중한다. 「살수전

39) 「이충무공 軼事」, 『소년』 2년 10권, 신문관, 1909.11, 112면.

40) 『대한매일신보』 필진과 신문관 필진들 간의 영웅 전기에 대한 상이 달랐음은 그들의 자강론(실력양성론)으로도 충분히 설명 가능하다. 다만 영웅에서 위인으로 강조의 초점이 변화되어 간다는 진술들에 대해서는 좀 더 조심스러울 필요가 있다. 왜냐하면 동시기 영웅과 위인은 비슷한 비중으로 소개되거나 수용되고 있었기 때문에 이들을 단순히 초점의 변화나 관심의 이동으로 간주하기에는 어려운 부분이 있기 때문이다. 이 시기 영웅과 위인을 소개한 번역서의 비율에 대해서는 문한별이 제시한 「근대전환기 번역 및 번안 서사의 두 가지 양상-애국과 교육 계몽 담론의 수용 양상을 중심으로」(『현대문학이론연구』 42호, 2010)를 참조했다.

기」 서언에서는 그 게재의 목적이 "決斷코 戰事를 頌讚하야 여러분으로하야곰 이를 됴케알도록함이 아니라 다만 古人이 우리게 끼틴바 訖物을 밧어 이中에 싼 幾多勇士의 幾多佳話를 보고 快感과 美感을 엇어 써 우리 댜라가난 마음을 거름하랴함"에 있다고 밝힘으로써 그 게재의 초점이 어디에 있는지를 분명하게 했다.41) 넬슨 제독과 쌍을 이루던 이순신은 이제 워싱턴과 같은 문화적 위인으로 전환된다. 더 이상 영웅의 무용적인 특징에 대해 서술하기보다 근대적인 정신의 담지자이자 훌륭한 인격의 소유자로 소개한 것이다.42)

신문관의 매체들이 문화적 위인의 소개에 적극적이었음은 말할 나위 없다.43) 중요한 것은 영웅이나 위인의 문화적 가치가 새롭게 재조정된다는 점이다. 가령 우리 역사상 용기 있는 인물을 소개하는 자리에서 발명가와 개척자, 연구가 등이 손꼽히는데 그 이유는 바로 새롭게 재해석된 '용기'의 의미에서 비롯된다. 진리를 추구하고 노력 끝에 독창적인 발명을 한다거나 문화적, 예술적, 학술적인 성과를 거둠으로써 비로소 진정한 '분투적 용기'를 선취한 이가 영웅이나 위인으로 간주된 것이다. 그런데 이때 용기 있는 행위와 이를 실현한 자들로 일컬어지는 대부분의 사례에는 서구의 근대 문명관을 구현한 인물들보다 우리가 더 앞선다는 식의 논리가 전제된다. 대표적인 사례로 "꾸텐뻬르히는 15세기 하반의 일이니 적어도 1세기는 우리보다 뒤"의 일이며 "근세의 명장 팔리시나 뻐트께르는 16세기 이후 인물이니 우리가 앞선다", "飛車, 龜船, 측우기, 진천뇌

41) 「薩水戰記」, 『소년』 창간호, 신문관, 1908.11, 70면.

42) 윤영실의 「최남선의 근대적 글쓰기와 민족담론 연구」, 서울대 박사논문, 2009, 37면.

43) 이들이 문화적 위인을 소개하는 데 주력했다는 사실은 『청춘』의 「십대분투적위인」에서 가장 잘 드러난다. 여기에 소개되는 10인의 위인 가운데 상무적인 영웅은 한 명도 없다. 물론 검열된 부분에 가리발디가 있었음은 보론에서 살펴본 바 있다. 「十大奮鬪的偉人」, 『청춘』 10호, 신문관, 1917.9, 34~105면.

등 발명도 우리가 앞선다."[44] 서양의 과학자, 문학자, 음악가 등 다양한 인물들을 소개하는 경우에조차 조선에서 이와 유사한 사례들을 모색하는 쪽으로 나아간다. 이리하여 곧 "조선은 세계의 갑부"라는 결론에까지 이르게 된다.[45] 박지원을 비롯하여 정몽주, 김시습 같은 문인들이 신문관의 각종 매체에 거론되기 시작하고 정평구와 같은 인물이 주목된 것은 이러한 이유에서이다.[46]

최남선을 위시한 신문관 편집부는 창립 무렵 철도를 대상으로 시가집을 낼만큼 근대적인 기술문명에 관심을 표명했다. 특히 비행기에 대한 관심은 『소년』에서부터 나타나는데 『소년』에 〈空中飛行〉란을 개설하고 '本欄을 두난 말'까지 명시해 둘 정도였다.[47] 「혜성설」이나 「지구의 과거와 미래」 등의 서술에서 드러나듯, 하늘과 우주는 지리적 경계를 넘어 상상력을 무한대로 증폭시킬 수 있는 대상으로 이들에게 최고의 관심사가 되었던 것이다. 더욱이 1차 세계대전을 계기로 비행기에 대한 관심은 배가된다.[48] 삼면이 바다인 반도의 지리적 특성을 강조하고 이순신과 같은 해양 전문가에 대한 숭배에도 불구하고 바다보다는 하늘이 더 선호되었던 것이다. 따라서 비행기가 이미 100년 전에 우리 조상에게서 만들어졌다는 사실을 발견한 최남선의 감개는 말로 설명할 수 없을 정도로 무량하다.[49] 세계에 자랑할 만한 조선의 발명품으로 소개된 것들 역시 이

44) 「勇氣論」, 『청춘』 11호, 신문관, 1917.11, 20~21면.

45) 「我等은 世界의 甲富」, 『청춘』 7호, 신문관, 1917.5, 52~62면.

46) '옛 것'의 발견에 있어 신문관이 유독 잘 알려지지 않은 중인 계급의 인물들을 발견해내는 것은 이와도 밀접하게 연관될 수 있다.

47) 「空中飛行(欄)-本欄을두난말」, 『소년』 3년 2권, 신문관, 1910.2, 65~67면.

48) 『소년』에서부터 야기된 관심은 『붉은져고리』이 이어 『청춘』에 와서 본격적으로 다뤄졌으며, 이 시기 최남선이 동경에서 비행쇼를 보고 와서 더 관심을 가지게 된 듯하다. 「용기론」, 『청춘』 11호, 신문관, 1917.11, 6~7면.

49) 「飛行機의 創作者는 朝鮮人이라」, 『청춘』 5호, 신문관, 1915.1, 5~15면.

와 무관하지 않다.

2) 여성 작가의 소개와 여성의 글쓰기

이 시기 대부분의 매체들이 상무정신을 추구한 영웅이나 위인을 형상화한 것과 달리 신문관은 문화적 위인들을 재현하였고 이는 여성이나 부인에게도 동일하게 적용된다. 애국계몽기 영웅·전기의 주인공으로 등장하는 잔다르크(Jeanne d'Arc)나 라란부인(Madame Roland)과는 다른 여성상을 보여주는데 그 대표적인 사례가 『소년』에서 수양의 거울로 소개한 헬렌 켈러(Helen Adams Keller)이다.[50] 신문관이 헬렌 켈러를 조선 여성들이 본받아야 할 인물로 상정한 것은 동경에서 유학하고 있는 『여자계』에 당부하는 글에도 반복적으로 드러난다.[51] 그녀가 강조되는 이유는 그녀가 장애를 극복하고 사회적으로 성공한 여성이기 때문인데 그 기저에는 지혜롭다는 덕목이 내재되어 있다. 『아이들보이』에 실린 「계집아희 슬긔」[52]나 「짓결이 아씨」[53]와 같은 글에서도 지혜를 겸비한 여성에 대한 공통점이 발견된다. 신문관 매체들에서 여성에 관한 언급은 상당히 제한적임에도 지혜로운 여성에 대한 강조는 일관되게 관철되고 있다. 결국 남성에게는 용기를, 여성에게는 지혜를 가장 가치 있는 덕목으로 꼽고 있는 것이다.

이와 함께 신문관의 번역소설들에 여성 작가의 비중이 높다는 점도

---

50) 「수양의 거울」, 『소년』 3년 5권, 신문관, 1910.5, 20~29면.

51) 「我觀」, 『청춘』 10호, 신문관, 1917.9, 11~12면. 동경여자 유학생들이 「여자계」를 만들어 보내오자 상당한 기대감을 피력하면서 그녀들이 헬렌 켈러를 본받을 것을 당부한다. 『여자계』에 대해서는 이혜진, 「『여자계』 연구」, 연세대 석사논문, 2008 참조.

52) 『아이들보이』 2호, 신문관, 1913.10, 1~13면. 특히 이 이야기는 일본의 『智慧女』를 번역한 것으로 아동 서사의 번역 경로를 확인할 수 있는 흥미로운 자료이다.

53) 『아이들보이』 7호, 신문관, 1914.3, 1~12면.

함께 생각해 볼 필요가 있다. 신문관은 스토우(Harriet Beecher Stowe), 위다(Ouida, Maria Louise de la Ramee), 에지워스(Maria Edgeworth)와 같은 여성 작가들의 소설들을 번역하면서, '문(文)의 힘'을 강조했다. 인용문은 『검둥의 셜음』의 번역에 앞서 붙인 「스토우 부인 ᄉᆞ적」[54]의 일부이다.

> 『쓰오리다, 쓰오리다, 내 목숨이 ᄭᅳᆫ키지만 아니ᄒᆞ면 내가 이를 쓰오리다.』
> 일쳔 팔빅 오십일년 부인의 나이 마흔살적에 하로는 회당에서 셩찬례에 참여ᄒᆞ엿다가 문득 이 소설거리가 ᄉᆡᆼ각이 나서 곳 닐어나 집으로 돌아와 그 자리에 지은것이 엉클 톰의 죽는데라. 즉시 열 살 된 아들과 열두살 된 아들을 불너노코 그 글을 낡어 들녓더니 두 아희가 몹시 감동되여 『에그, 어머니. 셰상에 노예 제도 보담 더 악ᄒᆞᆫ 것이 다시는 업지오.』
> ᄒᆞ고 슬피 울더라.
> 그해 류월 초 닷새날 붓허 석달에 ᄭᅳᆺ 나일 작졍으로 『네 슌앨.에라』라는 신문에 내엇더니 과연 웬셰상이 뒤끌을 ᄲᅮᆫ 아니라, 쓰면 쓸ᄉᆞ록 가슴에 불이 닐어나고 ᄉᆡᆼ각이 ᄭᅳᆯ어 소사 열달 만에야 겨오 ᄭᅳᆺ이 나니, 이것이야 말로 노예 쥬의의 극악ᄒᆞᆷ을 셰상에 울니고 노예 해방의 공명졍대ᄒᆞᆫ것을 인류에게 가르친 세계 문학상에 썩지아니ᄒᆞᆯ것의 하나인 이 『엉클 톰스 캐빈』이라.
>
> (중략)
>
> 『쓰오리다, 쓰오리다, 내 목숨이 ᄭᅳᆫ키지만 아니ᄒᆞ면 내가 이를 쓰오리다.』
> 이 밋음과 이 졍셩이 연연ᄒᆞᆫ ᄋᆞ녀ᄌᆞ의 일홈으로 쳔추에 썩지 아니ᄒᆞᆯ 보물이 되게 하엿도다[55]

이광수는 연약한 아녀자의 붓 한 자루에 세상을 바꾸는 혁명적인 힘이

54) 조만간 하타노 세츠코와 최주한에 의해 이광수가 번역 저본으로 삼은 일본어 판본이 밝혀질 것으로 예상되는데, 「스토우 부인 ᄉᆞ적」은 바로 그 판본에 함께 실려 있다.
55) 「스토우 부인 ᄉᆞ적」, 『검둥의 셜음』, 리광슈 역, 신문관, 1913, 4~5면.

있다는 사실을 언급함으로써 소설의 사회적 실천력을 역설한다. 참혹함이나 슬픔, 비애나 기쁨과 같은 감정적 요소들이 신소설류의 통속화된 방식이 아니라 인류 보편의 문제를 형상화해낼 수 있음을 이들 서양 번역소설들에서 찾은 것이다. 신문관이 주로 여성 작가들의 작품에 주력했던 것은 이들의 작품에 드러나는 감정의 문학적 효과에 주목했기 때문이다. 이광수의 문학관을 통해 곧 정립될 '정(情)의 분자'들 역시 이 연장선상에서 이루어진다. 이를 통해 문학은 감정교육으로 수렴되고 감정은 문학 내에서 다룰 수 있는 특권적인 영역으로 자리 잡으면서 이른바 '동정의 정치학'을 실현하기에 이른다.[56]

이 점은 세계문학의 번역이 주로 '동정(sympathy)'으로 대표되는 감정의 영역에 기대고 있다는 점과 연동한다.[57] 주지하듯 『소년』은 진취적이고 남성적인 기상이나 의지를 표현하면서 한편으로는 혁명의 과격함과 이로 인한 비극성을 경계하고 실력양성을 당부했다. 여기에 감정적 요소가 개입될 여지는 크지 않다. 그러나 서양 번역소설에서는 다양한 감정들을 다루었으며 특히 동정에 주목했다. 이 시기 새롭게 부각된 동정은 단순한 감정을 넘어 자신을 다른 사람에게 이입할 수 있는 공감을 전제한다. 나아가 동의와 연민을 기본적인 구성요소로 인식하면서도 이를 공동체의 윤리로 확장시키는 기능을 지니고 있었다. 결국 동정이란 문학적 효과에 따라 발생하는 감정을 현실적인 변화의 가능태로서 인식하도록 하는 동시에 문학을 윤리적인 체제로 기능하게 한 것이다.[58]

---

56) 이 시기 '동정'이 가지고 있는 문학의 교육적 효과에 대해서는 김성연, 「한국근대문학과 동정의 계보」(연세대 석사논문, 2002)와 김현주, 「문학·예술교육과 '동정'-이광수의 『무정』을 중심으로」(『상허학회』 12집, 2004), 참조. 이 밖에도 신파극의 센티멘털리티와 동정을 관련하여 논의하고 있는 우수진, 「신파극의 센티멘털리티/즘과 개량의 윤리학」(『현대문학의 연구』 38호, 2009) 참조.

57) 외배, 「동정」, 『청춘』 3호, 신문관, 1914.12, 57~64면.

근대 초기 글쓰기의 주체는 의심할 여지없이 남성들이었으며 여성은 대부분 소설의 독자이거나 비극적 주인공에 국한되었다.[59] 그런데 신문관 단행본 소설들은 세계적 명저의 작가가 여성임을 강조하면서 그 동안 '부인'과 '여사'에게는 부재했던 작가라는 정체성을 환기시킨다. 이 점은 『청춘』의 〈섭렵소초〉에 허난설헌과 금원여사의 글을 소개하고 있는 데서도 확인된다.[60] 이 두 사람 역시 조선시대에 여성으로서는 드물게 문필활동을 펼친 인물들이다. 물론 이러한 제시가 다분히 제한적이었다 해도 글쓰기의 주체, 다시 말해 필력(筆力)을 소유한 여성을 등장시킨다는 점은 강조될 필요가 있다. 신문관 번역소설들과 함께 『청춘』과 같은 매체 역시 여성 작가의 필력에 새롭게 주목하기 시작했고 이는 조선의 여성으로까지 확장될 가능성을 내비친 것이다.

이처럼 신문관은 여러 매체를 통해 헬렌 켈러를 수양의 모범으로 삼는가 하면 유독 여성 작가들의 번역소설을 소개하는 데 주력했다. 신문관이 이 여성 작가들의 사진을 권두에 싣고 있는 것 역시 이러한 의도나 효과와 무관하지 않을 것이다. 이때까지 신·구소설을 비롯하여 일본 가정류 번안소설들에 이르기까지 여성은 수난 서사의 주인공으로 형상화된 경향이 컸다. 그러나 신문관의 번역소설들은 단 한 번도 수난의 여성

58) 린 헌트에 의하면 나와 타자에 대한 동일한 권리를 바탕으로 하고 있는 '인권'이라고 하는 개념 자체가 공감능력, 타인에 대한 감정이입과 몰입을 통한 재성화의 기능을 통해 '발명'된 것이며 이것은 문학을 통해서 가능해질 수 있다.(린 헌트, 전진성 역, 『인권의 발명』, 돌베개, 2009 참조)

59) 근대 초기까지만 해도 작가는 곧 남성이었다. 여성이 작가가 되기 위해서는 '여류'라는 수사가 선행되어야 했다. '여류'라는 용어의 본격적 사용에 대해서는 박정애, 「창조된 '여류'와 그들의 '이원적 착란'」, 『현대문학의 연구』 20호, 2003 참조.

60) 許蘭雪軒夫人, 「涉獵小抄-廣寒殿白玉樓上樑文」, 『청춘』 6호, 신문관, 1915.3, 112~113면 및 錦園女史(十四歲), 「涉獵小抄-湖洛鴻瓜」, 『청춘』 13호, 신문관, 1918.4, 84~88면. 이 두 여성에 대해서는 이혜순, 『한국고전 여성작가 연구』, 태학사, 1999 참조.

주인공을 형상화하지 않았다. 오히려 「계집아이 슬긔」와 같은 이야기를 통해 지덕을 겸비한 여성 인물을 재현함으로써 여성의 역할에 대한 인식 전환의 계기를 제공하고자 했다.

3. 취미서의 탄생과 독서 취미

1) '고상한 취미'와 '놀이의 화수분'

근대 초기 취미(趣味)는 개개인의 생활방식을 새롭게 재배치하는 과정에서 적극적으로 전유된 개념 가운데 하나이다. 문명개화와 부국강병의 시대적 사명 속에서 취미는 국민을 호명하고 사회를 규율하며 개인을 계몽하는 일종의 가치 원리 중 하나로 기능한다. 특히 근대적 개인이 '자기(自己)'를 입법(立法)화할 때 준거로 삼아야 하는 개인적 특성 중 하나로 제시되면서[61] 취미는 문화적 지표로 이해된다.

> 누구던지 일을 할때에는 쏙 自己의 處地에 對하야 正確한 自覺을 가져야 하나니 그러치아니하면 그때 自己의 技能과 事情과 趣味와 局勢에 맛지아니함으로 큰 自信이 아니나고 큰 自信이 업슴으로 順境에 서서 잘되여가면 모르된 逆境에 서서 困難의 맛을 볼때에는 길히 견대고 굿게 직히지 못ᄒᆞ고 今時今時에 失敗하난 辱을 當하고 마난것이라 무삼일에든지 自己가 自己를 아난것이 먼저니라.[62]

그런데 '자미와 실익'으로 요약되는 이들 취미 담론은 각 매체가 지향

61) 문경연은 취미를 "근대적 개인이 자기의 정체성을 변별해내는 항목"으로 규정하고 있다. 문경연, 「한국 근대초기 공연문화의 취미담론 연구」, 경희대 박사논문, 2008, 67면.
62) 「少年時言-自己의 處地」, 『소년』 2년 10권, 신문관, 1909.11, 9면.

한 가치에 따라 조금씩 다른 양상을 보인다. 신소설을 비롯해 일본 가정류 번안소설 및 각종 판소리계 소설들을 연재한 『매일신보』는 인정세태의 반영과 풍속개량의 하나로 취미를 강조한다. 특히 연극장이나 공연장과 매개하여 흥미본위의 대중적인 성향을 주도해 나간 경향이 있다. 반면 『신문계』는 학생들에게 유용하고 실용적인 지식과 실생활에서 사용할 수 있는 기술적 측면을 강조한 측면이 있다. 이처럼 각 매체나 발화 주체들이 가리키는 취미의 용례는 일관되거나 균질적이지 않다.

취미가 앎의 방식과 더불어 감각의 훈련을 통해 양성되는 일종의 정신적인 양식으로 이해된다는 점에서 신문관의 출판활동은 근대적인 취미의 형성을 통해 습득될 수 있는 교양론으로 이어진다. 특히 통속적인 재미를 보다 유익한 형태로 재편하고자 한 신문관은 여러 매체를 통해 '놀이의 화수분'을 제시하였다.[63] 즐거움과 재미가 취미의 근본적인 속성이자 이를 추동하는 욕망임을 간과하지 않았던 것이다. 최남선 개인에 한정하면 이러한 경향은 보다 뚜렷해지는데 그는 조선인들에게 바람직한 취미가 있어야 한다고 생각하고 시조놀이와 같은 형태를 근대적인 오락물로 만들고자 했다.[64] 신문관이 추구한 "취미성 양성"이 교육적인 측면과[65] 밀접하게 결부되면서도 '자미'를 겸비하는 오락과 같은 행위로 간주되었던 것은 이러한 연유에서이다.[66] '취미와 실익'이 '풍속개량'의 차원

---

63) 『소년』과 『청춘』에 사용된 '취미'의 용례에 대해서는 이현진과 문경연이 정리한 바 있다. 이현진, 「근대 취미와 한국 근대소설 관련양상 연구」, 경기대 박사논문, 2004 및 문경연, 앞의 논문 참조.

64) 고은지는 시조놀이를 근대적인 오락으로 만들려고 한 시도를 최남선으로부터 찾고 있다. 고은지, 「20세기 놀이문화인 시조놀이의 등장과 그 시조사적 의미」, 『한국시가연구』 24집, 2008 참조.

65) 이 시기 "취미는 즐거움을 주는 통속적인 재미거리도 한가로운 풍류도 아니다. 개화기의 '문명', '지식' 담론을 통해 획득할 수 있는 '근대적 앎의 성과'"로 간주된다. 문경연, 앞의 논문, 351면.

이 아니라 교양론의 범주로 확대되면서 『매일신보』나 『신문계』와 다른 위치를 차지할 수 있었던 것도 이 때문이다.

신문관 매체들 가운데 『붉은져고리』나 『아이들보이』와 같이 아동을 대상으로 한 매체에서는 감수력의 훈련과 취미의 양성이 특히 강조되었다. 『붉은져고리』는 '感受力訓練의 好資料滿紙'과 '趣味性 養成의 大關鍵在此'라는 표제를 전면에 내세울 정도로 아동의 취미 양성을 본격적인 목표로 설정했다. 흥미로운 것은 '취미'라는 단어가 사용되는 맥락이 '輕妙'나 '興致'와 짝이 되거나 오락이나 감각과 연결되고 있다는 점이다. 취미가 "맏보"는 감각작용이나 신체성을 수반하는 것도 이와 관련된다.

이에 반해 『청춘』은 상당히 전통적이고 고상한 놀이들을 선보인다. 〈섭렵소초〉란에 실린 「옥경십이루기」나 「부벽루기」가 그 대표적인 예들인데 전자의 경우는 홍석주(洪奭周)의 것으로 출처가 표기되어 있고[67] 후자는 미상이다. 전자부터 살펴보면 「옥경십이루기」는 조선시대 문관 홍석주의 『상서보전』에서 취해온 것으로 12채의 아름다운 누각을 노래하고 있는 글이다. 『상서보전』은 광문회에서 발행한 서적이기도 하다(〈표 24〉 참조). 앞서 서술했듯 조선광문회가 신문관의 여러 매체 및 단행본에 실질적인 원료를 제공한 것이 다시 한 번 증명된다. 아래 그림이 부록으로 제공된 「옥경십이루기」이다.

---

66) 문경연에 의하면 '자미'는 당시 매체에서 '滋味'로 표기되던 단어로 지금 현재 우리에게는 '재미'라는 단어로 남았다. 그 '자미'를 일본식 조어 '취미'로 번역했다. 이것은 '재미'와 '취미'가 호환 가능한 의미를 가진 단어로 쓰이는 현상의 한 사례이기도 하고, 장래 일본적 개념어로서의 '취미'의 유입을 보여주는 것이기도 하다. 위의 논문, 360면.

67) 홍석주(1774~1842) : 본관은 풍산, 호는 연천(淵泉), 조선 후기의 문신이며 성리학자이다. 대표 저서로 『연천집』, 「상서보전』 등 다수가 있다. 이상의 내용은 한국 브리태니커(http://100.daum.net/encyclopedia/view.do?docid=b25h1993a) 참조.

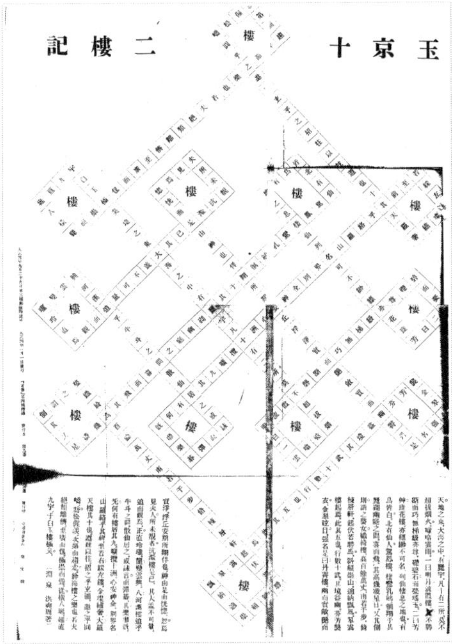

〈그림 9〉 부록「玉京十二樓記」 원문 [자료 : 연세대학교 국학자료실 소장][68)]

제목에서 드러나듯 그림은 오른쪽에서 왼쪽으로 읽어 나가도록 배치되어 있다. 크기는 가로 29cm, 세로 45cm이다. 12개의 '樓'라는 글자가 중앙에 있고 이 글자 하나하나를 중심으로 총 12개의 글자가 사면을 둘러싼 형국이다. 그리고 12개의 루(樓)라는 글자들은 마치 전체가 하나의 구조물을 이루는 듯한 형상을 취하고 있다. 그런데 도형을 그리기 위해 글자 수를 맞추다 보니 생략되는 글자들이 생겨난다. 아래 인용문의 원문에서 첨자 표시된 글자들이 그림에서 생략된 한자들이다.

68) 홍석주 著, 「玉京十二樓記」, 『청춘』 4호, 신문관, 1915.1, 부록. 영인본에는 누락되어 그 내용을 알 수가 없다. 다행히 한결 김윤경이 기증한 『청춘』에 첨부되어 있기에 원문과 함께 번역문을 모두 소개한다. 귀중한 자료의 복사를 허락해 준 연세대학교 국학자료실의 김명주 과장님께 이 자리를 빌려 감사드린다.

天地之東 大海之中 有麗宇, 凡十有二所, 莫不超拔烟火, 噓噏雲雨 一曰明月流霞樓 不礱斲而巧 無梯級亦尊 礎碧石而甍瑤玉 二曰芳艸琺花樓 亦縹緲不可名 列仙棲息之地也 有鳥皆白 北有仙人駕鳳樓 棲鸞乳鵷 徊翔于其麗砌幽庭之間 喜而飛 其高幾淩星日 又其側則謂之婺女織綺樓 高百餘萬丈 南若千步 脩棟層軒 起伏若騁馬 斜頫崇山 迥納飄風 翠靄樓起焉 此其五也 行數十武 其境益幽 芬芳襲衣 金翠眩目强名是曰丹霄樓 幽而實敞 艷而實淨 浮丘安期所翱佯也 神由是而恍惚 忽焉見夫人所未覩者沆瀣樓是已 其大盖不可量 迫而觀焉 正直玲瓏 龍變雲興 八河漢樓迫乎牛斗之間 散仙居之 或詠言而彈碁 其樂靡旣 无何有樓居其九 曠攬十洲心安神全 別界名山 羅絡乎其前 至若右綵左鏤 金琛繡奢 大羅天樓其十也 遵玆以往 招之乎玄圃 邀之乎圓嶠 喬松偓羡 次第而趨走 絳節樓之樂也 若夫絶類離儕 至廣而包 極崇而聳 從横八埏 延直九宇 于白玉樓極矣

(淵泉 洪奭周 著)[69]

천지의 동쪽, 바다의 중앙에 아름다운 건물이 모두 12채가 있으니, 인간 세상을 벗어나서 운우를 호흡한다. 하나는 **'명월류하루'**(밝은 달에 흐르는 노을)라고 한다. 갈고 다듬지 않아도 정교하고 사다리 세우지 않아도 높으며, 초석은 푸르고 기와는 옥돌이다. 둘은 **'방초보화루'**(아름다운 풀과 꽃)라고 한다. 또한 아스라해서 형용할 수 없다. 여러 신선들이 머무는 곳이다. 새들은 모두 흰색이다. 북쪽에는 **'선인가봉루'**(신선들이 타는 봉황)가 있다. 깃들어 사는 난새와 젖먹이 봉황이 그 아름다운 섬돌과 그윽한 정원을 빙빙 돌다가 기뻐 날아오르면 그 높이는 별들을 능가하는 듯하다. 또 그 옆 건물

69) 위의 책, 148면.

을 일러 **'무녀직기루'**(무녀[1]가 짜는 비단)라 한다. 높이가 수백 만 길(丈)이고 남쪽으로는 천 보(步)[2]쯤 된다. 긴 기둥과 높은 처마가 오르락내리락 하는 것이 말 달리는 것 같다. 비스듬히 숭산을 바라보며 멀리 회오리바람을 용납한다. **'취애루'**(비취빛 아지랑이)가 서 있다. 이것이 다섯이다. 수십 걸음을 가면 그 경계가 더욱 그윽해지는데 향기가 옷에 스미고 황금과 비취색이 현란하다. 억지로 이름하여 **'단소루'**(붉은 하늘)라고 한다. 그윽하며 실로 넓고 고우면서 실로 깨끗하여, 부구와 안기(신선들 이름)가 거닐던 곳이다. 정신이 이로 말미암아 황홀해진다. 홀연 인간세상에서 보지 못했던 것을 보게 되니, **'항해[3]루'**(밤이슬)가 이것이다. 그 크기는 헤아릴 수 없다. 다가가 바라보면 정말 곧고 영롱하여 용이 변하고 구름이 이는 듯하다. 여덟 **'하한루'**(은하수)는 견우성과 북두성 사이에 가깝다. 산선(散仙)[4]들이 머물면서 노래도 읊조리고 바둑도 두니, 그 즐거움이 끝이 없다. **'무하유루'**(이상향)가 아홉 번째다. 널리 십주[5]를 움켜쥐고 마음이 편안하며 정신이 온전하다. 신선세계의 명산들이 그 앞에 벌여져 있는데, 오른쪽은 비단이요 왼쪽은 새기어 놓은 듯하며 금빛 찬란하고 화려한 수를 놓은 듯하다. **'대라천루'**(가장 높은 천상계)가 열 번째다. 이를 따라 가서 현포[6]로 부르고 원교[7]로 부르니, 왕자교(王子喬) · 적송자(赤松子) · 악전(偓佺) · 연문(羨門)(모두 신선들)이 차례로 달려온다. **'강절루'**(붉은 절개)의 즐거움은 무리를 벗어난다. 지극히 넓게 포용하며 극히 높이 솟아있다. 가로 세로는 팔방의 끝이요 뻗은 높이는 하늘 끝에 닿는다. **'백옥루'**에서 극에 달한다.[70)]

70) 번역은 동국대 불교연구소 이대형 선생님의 도움을 받았다. 이 자리를 빌려 감사의 말씀을 드린다. 한글 해석의 주석은 다음과 같다.

1 무녀(婺女) : 별 이름. 직녀성 아래 있다. 옷감을 관장한다고 한다.

2 보(步) : 거리 단위. 여섯 자.

3 항해(沆瀣) : 야간에 엉긴 맑은 이슬. 보통 선인(仙人)의 음료수를 뜻하는 말로 쓰인다. 저자 홍석주의 동생 홍길주의 호도 '항해'다.

4 산선(散仙) : 벼슬이 없는 신선.

5 십주(十洲) : 신선이 산다는 섬.

6 현포(玄圃) : 곤륜산 위에 신선이 산다는 곳.

생략된 한자는 모두 45자이다. 루(樓)가 11회로 가장 많이 생략되었고 나머지는 주로 부사나 대명사를 가리키는 한자들이다. 명월류하루(明月流霞樓)에서부터 출발하여 방초보화루(芳艸珤花樓), 선인가봉루(仙人駕鳳樓), 무녀직기루(婺女織綺樓), 취애루(翠靄樓), 단소루(丹霄樓), 항해루(沆瀣樓), 하한루(河漢樓), 무하유루(无何有樓), 대라천루(大羅天樓), 강절루(絳節樓)를 지나 백옥루(白玉樓)에 이르는 과정이 아름다운 구조물처럼 서술되어 있다.

「부벽루기」의 경우는 작자가 밝혀져 있지 않다. 원문을 살펴보면 바둑판 모양으로 가로 세로 각각 14자로 구성된 글자를 방사형으로 중앙을 향하도록 배치하고 중앙에서부터 오른쪽으로 돌아가며 한 글자씩 차례로 늘려 읽어 가는 방식이다.

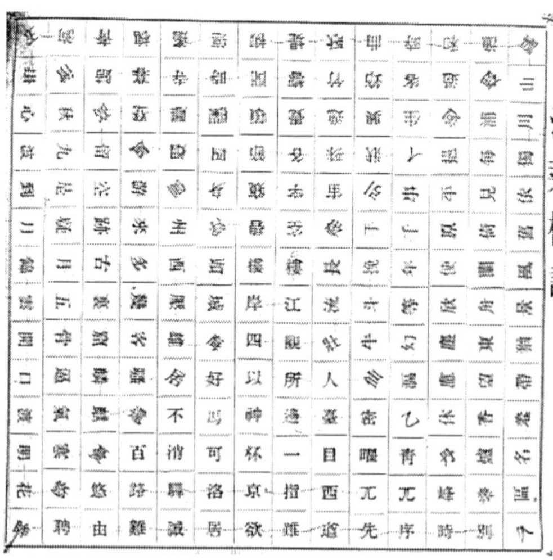
浮碧樓記

〈그림 10〉「浮碧樓記」 원문71)

7 원교(圓峤) : 신선 약인 도화석(桃花石)이 있었다는 산 이름.

71) 자료의 출처는 연세대학교 국학자료실 소장. 그림에 그어져 있는 줄 표시는 한결 김윤경이 소장한 책에 남겨진 흔적이다. 이로써 실제 「부벽루기」를 즐겼음을 확인할 수 있다.

독법대로 펼쳐 보면 아래 제시한 것처럼 1자로부터 10까지 늘어났다가 다시 1자까지 줄어드는 마름모꼴의 시형이 된다. 총 38줄로 구성된 이 글은 루(樓)에서 시작해서 수(愁)로 끝나면서 운을 맞추었고 을밀대, 기린굴 같은 평양의 명소들을 끌어들여 옛 정취를 환기하는 정서적 대상으로 활용하고 있다. 부벽루에서 바라본 풍경을 서정적으로 잘 노래하고 있다.

〈표 35〉「浮碧樓記」 전문과 한글 풀이 형태도

1	樓	누각
2	樓	누각.
3	江岸	강언덕
4	城頭	성 머리.
5	浮碧空	허공에 떠
6	帶長流	긴물결 둘렀네.
7	壯觀四海	장하게 사해를 보며
8	雄壓西州	웅장히 서주 누르네.
9	側身窺宇宙	몸기울여 우주를 엿보고
10	引手挽牛斗	손 끌어 북두견우를 당기네.
11	仙人所以好居	신선들 거처하기 좋은 곳이요
12	騷客幾多來游	시인들 얼마나 많이 와 놀았던고.
13	風烟四節各殊狀	바람 안개 사계절 각기 다른 그 모습
14	人事千年等幻漚	천년간 사람 일은 허깨비요 물거품일세.
15	乙密臺邊神馬不還	을밀대 곁으로 신마는 돌아올 줄 모르나니
16	麒麟窟裏古跡空留	기린굴 속에는 옛날의 자취만 쓸쓸히 남았네.
17	高登雕欄頓覺逸興生	채색 난간 오르니 문득 맑은 흥 일어남 깨닫겠고
18	迥挹平原便欣塵慮休	멀리 평원 바라보니 문득 티끌 생각 사라짐 기뻐라.
19	丹青曜日一杯可消百憂	단청에 해 비치니 한잔 술에 온갖 근심 사라져 버리고
20	寒氣逼骨五月疑是九秋	찬 기운 오싹 뼈에 스며 오월에도 한가을인가 의심한다네.
21	僧歸暮寺時聞響竹節	중이 저물녘 절에 돌아가니 이따금 대지팡이 소리 들리고
22	客過烟浦每見倚蘭舟	객은 내 낀 물가 지나다 언제나 목란배에 기댐을 보네.
23	東望香爐衆峰兀兀	동편으로 향로봉 바라보면 뭇메들 우뚝 솟아 있고
24	西指京洛驛路悠悠	서쪽으로 서울 쪽 가리키면 역마 길은 아득해라.
25	花明渡口開雲錦	나루 어귀 핀 꽃은 구름 비단 펼친 듯하고
26	月到波心掛玉鉤	강바닥에 이른 달빛은 옥갈고리 걸은 듯.
27	青槐遙連柳堤	홰나무는 멀리 버들 둑에 맞닿았고
28	歌曲時和漁謳	노래 소린 어부가에 화답한다네.
29	山川獨依舊	산천만은 홀로 변함이 없는데
30	風景猶帶遙	경치는 오히려 부끄럽구나.
31	名區久別	오래도록 이별하려니
32	時序先逝	계절이 먼저 가서,
33	雖欲居	더 머물고 싶어도
34	誠難留	그럴 수 없어,
35	騁眸	바라보다가
36	擡首	고개 들면,
37	愁	수심
38	愁	수심.[72]

정민에 의하면 이러한 층시(層詩)의 형식은 잡체시의 일종으로 "적어도 그 내용에서는 장난기를 전혀 찾아볼 수 없"으며 "까다로운 제한을 걸어놓고, 여기에 진중한 내용을 담아 자신의 언어 구사력을 한껏 과시하고 있는" 것으로 평가된다.[73] 그렇지만 한자를 이용한 언어유희를 통해 시각적으로 흥미로운 볼거리를 제공하는 것만은 틀림없다.

고전적인 방식을 새롭게 소개함으로써 전통적인 지적 유희를 새로운 오락으로 변용하고자 한 경향은 『승경도』에서도 나타난다. 『승경도』는 1912년경 조선광문회에서 복간한 것으로 추정되며 "全一幅"이라는 「회고」의 내용으로 미루어 그림으로만 구성되었을 것으로 짐작된다. 『승경도』에 대해 「회고」는 다음과 같이 서술하고 있다.

> 自來朝鮮에 普行ᄒᆞᆫ 敎育的 遊戲中에 特히 著名ᄒᆞᆫ 者ᄂᆞᆫ 地理를 敎示ᄒᆞᄂᆞᆫ 覽勝圖와 官方의 履歷을 敎示ᄒᆞᄂᆞᆫ 陞卿圖 兩種이니 各數種本이 잇셔 詳略이 同치아니ᄒᆞ니라 陞卿圖의 起源은 未詳ᄒᆞ나 俗間에 高麗陞卿圖란 것이 잇슴을 보건ᄃᆡᆫ 그 由來의 己久ᄒᆞᆷ을 可知며 그러나 近에 行用ᄒᆞᄂᆞᆫ 자ᄂᆞᆫ 흔히 李朝近葉의 官方으로 編成ᄒᆞᆫ者ㅣ니 傳云ᄒᆞ기를 正祖씌오셔 親修ᄒᆞ야 臣隣에 下賜ᄒᆞ신것이라 ᄒᆞᄂᆞᆫ바ㅣ라 … (하략)[74]

인용문에서처럼 "교육적 유희"의 목적으로 실시된 『승경도』는 원래 조선시대 관직 상승도로 말판에 관직명을 차례로 적어놓고 윤목(輪木)을 던져 나온 숫자에 따라 말을 놓아 말단직부터 차례로 승진하여 고위 관직에 먼저 오르는 사람이 이기는 놀이이다. 4~8명까지, 1~5가 적힌 숫자가 적힌 윤목을 사용하여 놀이판에 적힌 관직과 서열로 움직일 수 있는 놀이

72) 해석은 정민의 『한시 미학 산책』, 솔, 1996, 275~278면을 참조했다.

73) 위의 책, 278면.

74) 「會告-第四回配冊附張」, 7면.

로 던진 끗수대로 관직이 높아지기도, 귀양을 가기도 하는 등 당시의 관직을 한눈에 볼 수 있다. 주로 양반집 자제들이 즐기던 놀이로 조선시대 관직의 복잡한 서열과 칭호, 상호관계를 일찍부터 체계적으로 가르치기 위해 고안된 일종의 학습놀이도이다.[75] 『청춘』의 광고에 따르면 "娛樂하는 中에 複雜ᄒᆞᆫ ○官方履歷을 解得ᄒᆞ게ᄒᆞᆫ 遊戲니 正廟朝조에서 特命으로 撰進케 ᄒᆞ신 것"으로 오락과 유희의 측면이 강조되었다. 광문회본 『승경도(陞卿圖)』는 이후 발행처를 신문관으로 옮겨 재출판 된다(〈표 7〉 참조).

이를 통해 신문관이 '옛 것' 혹은 '옛 글'의 재배치를 '지(知)'의 영역에만 국한하지 않았음이 확인된다. 물론 조선에 대한 지식을 수집, 정리하려한 목표가 보다 뚜렷하긴 했어도 『승경도』나 『기보』와 같은 사례에서 엿보이듯, 청년 독자들을 위한 오락과 취미의 개발도 함께 추구했던 것이다. 이러한 경향은 소화집의 발간이나 시조놀이와 같은 놀잇감을 만들어 내는 데서 보다 명징하게 드러난다. 전통으로부터 근대적인 대중에게 맞는 새로운 오락물을 함께 모색해 간 것이다.

신문관이 취미로 간주한 것은 한자를 이해해야 가능한 고상한 수준에서부터 염가의 언문소설인 〈륙젼쇼셜〉에 이르기까지 다양하다. 중요한 것은 인쇄 출판의 형태, 다시 말해 책(冊)으로 출판됨으로써 읽는 행위가 독서를 통한 취미 행위로 재구성된다는 점이다. 이른바 '출판을 통한 취미의 탄생'이라 부를 만한 것으로 오늘날 취미의 한 분야로 일컬어지는 요리나 바둑, 여행 등에 관한 읽을거리들이 양산된 것이다. 가령 최초의 근대적인 요리책으로 손꼽히고 있는 방신영의 『조선요리제법』과 같은 경우는 요리가 읽을거리를 통해 새로운 취미로 인식되는 계기를 마련할 가능성을 엿보인다. 뿐만 아니라 바둑의 전략을 설명하고 있는 『기보』는

---

75) 『승경도』는 관직도로 종경도(從卿圖) 혹은 승정도(陞政圖)로 불리기도 한다. 『한국민족문화대백과사전』 13, 정신문화연구원, 웅진, 1991 참조.

비본으로만 전해지다가 신문관을 통해 바둑 설명서로 대중들에게 선보이게 된다.

신문관의 이러한 기획은 이후 이 분야의 '최초'라는 타이틀을 획득하면서 취미서의 한 분야로 이어진다. 다시 말해 요리나 바둑, 속담, 소화 등에 관련된 서적들을 출판하고 새로운 읽을거리로 재구성함으로써 이들을 근대적 의미에서의 '취미'로 인식될 수 있도록 기능한 셈이다. 이러한 출판은 이전에는 지식으로 간주되지 않았던 것들, 혹은 일부 계층들에게만 국한된 것들을 인쇄 기술의 힘을 빌려 문자-텍스트의 형태로 제작함으로써 보다 다양하게 보급될 가능성을 열어 놓는다. 일상적으로 공유하고 경험할 수 있도록 다양한 방법으로 광고함으로써 일종의 취미서의 탄생을 예고한다.

2) 독서 취미와 '청춘'의 독서

『소년』과 『청춘』을 포함하여 신문관 서적들이 추구한 취미의 특징은 독서 및 오락의 개발을 바탕으로 '고상한 쾌락'의 형성과 '교양'의 습득에 주력한 것으로 요약될 수 있다. 주목할 점은 신문관의 이러한 취미에 대한 서술이 주로 책을 소개하거나 광고하는 장면에서 자주 발견된다는 점이다. 가령 창립 초기에 펴낸 『경부텰도노래』의 경우는 "少年諸子의 玩通티 아니티 못할 好書라 我半島의 人物財貨의 叢藪인 南中의 事情을 가댱 趣味잇게 輕妙하게 知하랴면 此書를 捨하고는 更無하리라"76)면서 취미를 직접 거론하고 있다. "『로빈손, 크루서』를 飜譯하야 우리 사랑하난 少年諸子로 더브러 한가디로 海上生活의 興致와 航海冒險의 趣味를

76) 「京釜鐵道歌」, 『소년』 창간호, 신문관, 1908.11, 광고.

맏보게하도다."[77]에서도 항해모험을 하나의 취미로 간주한다. 또 「세계일주가」에서는 "차편은 취미로써 세계지리역사상 긴요한 지식을 득하며 아울러 조선의 세계교통상 주요한 부분임을 인식케 할 주지로 배차함"[78]이라고 명시하고 있다. 이처럼 책과 관련하여 언급된 취미는 책을 통해 얻어질 수 있고 감각될 수 있다는 공통된 시각을 보인다.

이 밖에도 신문관은 다양한 방법으로 책 읽는 어린이나 학생상(像)을 재현하고 있다. 가령 『만인계』의 주인공인 여덟 살 길동이는 '금방울전'을 읽고 '월버러'라는 장난감을 가지고 노는 어린이로 설정된다. 『붉은져고리』를 비롯하여 『아이들보이』에는 책 읽는 소녀나 어린이를, 『청춘』은 창간호에서부터 책 읽는 청년의 그림 등을 제시한다.[79] 여행이나 산보 중 독서하는 장면도 빼 놓을 수 없는 풍경 중 하나이다. 이를 통해 독서하는 학생이나 어린이의 모습이 구체적으로 재현된다.

독서하는 주체에 관한 이러한 재현은 신문관에서 발행한 다양한 종류의 서적들과 연동되어 청년들에게 취미 활동의 하나로 제시된다. 이 점은 『소년』을 비롯한 신문관 매체들이 애초부터 문예나 문학잡지를 표방하지 않았음에도 '문예서'로 간주된 점과 관련된다. 주지하다시피 『소년』은 "少年文學을 主張하야 發刊함이 아니라"[80]고 천명했다. 창간호에서부터 독자의 글을 장려하고 구경도 할 겸 〈소년문단〉이라는 제목으로 난을 마련하긴 했지만 이때의 문단은 문학에 한정되지 않았다. 오히려 일기나 서한, 감상 등 내용과 형식에 구애되지 않는 글쓰기를 장려했지 시, 소설, 희곡과 같은 장르를 가리키는 '문학'은 아니었던 것이다. 이처럼 『소년』이 문학

77) 「로빈손無人絶島漂遊奇談」, 『소년』 1년 2권, 신문관, 1908.12, 42면.
78) 「世界一周歌」, 『청춘』 창간호, 신문관, 1914.10, 37면.
79) 『청춘』 창간호에 실린 고희동의 〈公園의 所見〉에는 독서하는 청년상이 제시된다.
80) 「소년문단」, 『소년』 창간호, 앞의 책, 78~80면.

을 강조하지 않았음에도 문예적인 성격을 띤 양상은 이후 후속 잡지에도 그대로 이어진다.

『청춘』도 예외이지 않은데 1930년대 모더니스트 박태원은 "춘향전, 심청전류의 구소설을 탐독하기는 취학 이전이거니와, 정말 문학서류와 친하기는 '부속보통학교' 3, 4학년 때이었던가 싶다. … 집에 다달이 『개벽』지와 『청춘』지가 왔다. 나는 그것들을 주워 읽었다."[81]고 회고한 바 있다. 인용문에서 "정말 문학서류"로 든 『개벽』이나 『청춘』은 문예잡지가 아니다.[82] 그럼에도 박태원과 같은 당시 독자들에게 이들 잡지들이 문학 혹은 상당한 문학적 취향으로 이해되었음을 알 수 있다. 김동인 역시 회고에서 당시 문학서류라고 해봐야 『청춘』에 실리는 이광수의 소설이 전부였다고 진술한 바 있다.[83] 미술학도이자 김기진의 형인 김복진 역시 「윤광호」와 같은 소설 속 주인공을 모방할 정도로 당시 『청춘』에 연재된 소설에 심취한 문학청년이었다.[84]

『청춘』 독자들의 이러한 문학 취향은 일정한 독서 패턴을 보인다. 다음은 친구의 집에서 신문관 잡지를 읽고 월정 독자가 되어 다른 잡지들까지도 구독하게 되었다는 박영희의 회고이다.

> 내가 처음 잡지를 읽게 된 것은 육당의 주간인 ≪붉은 저고리≫라 제호를 붙인 리플릿형의 주간잡지였다. 그때 나는 열네 살쯤 되었었다. 나는 어떤

---

81) 박태원, 「춘향전 탐독은 이미 취학 이전」, 『문장』 2권 2호, 1940.2, 4면.

82) 『개벽』과 『청춘』을 함께 거론하고 있는 박태원의 언급은 흥미롭다. 왜냐하면 이 둘은 동시기에 발행된 잡지가 아니기 때문이다. 1910년대에 발행된 『청춘』이 1920년대 최대 잡지인 『개벽』과 동급일 수 없음에도 함께 거론된 맥락을 살펴보는 것은 이 시기 『청춘』에 대한 인식을 이해하는 데 하나의 실마리를 제공한다.

83) 김동인, 「조선문단의 여명-〈창조〉 회고」, 『조광』 4권 6호, 1938.6, 54면.

84) 김복진, 「조각생활이십년기」, 『조광』 6권 3호, 1940.3, 211면.

> 동무의 집에서 《붉은 저고리》을 보고 곧 신문관으로 한달치의 대금을 부치고 《붉은 저고리》의 월정독자가 된 것이다. 나로서는 서점에 뿐 아니라 다른 사람에게 편지나 돈을 부친 것은 이것이 처음이었고, 또 다른 데서 내 이름을 써서 우편물이 온 것도 처음이었다. 나는 한 주일에 한 번씩 이 귀여운 동무 오기를 고대하였었다. 나는 잡지를 받을 때마다 피봉에 내 이름이 씌어있는 것을 보는 기쁨이 그 잡지의 내용을 읽는 기쁨보다 덜하지 않았었다. 그리고 그 후에 뒤를 이어 《청춘》지의 독자가 되었고, 그러는 동안에 무수하게 신소설을 읽었으며, 또 춘원의 《무정》을 읽고 감격하였었다.[85]

인용문에서 보이듯 박영희의 매체 경험은 『붉은저고리』에서부터 출발한다. 동무의 집에서 본 잡지를 구독 신청하기 위해 돈을 부치고 이후 우편으로 책을 받아보게 된다. 이 월정 구독은 그에게 몇 가지 새로운 체험을 안겨 주는데 무엇보다 자기 이름이 씌어 있는 피봉에서 기쁨을 맛보게 된다는 점이다. 이후 박영희는 신문관에서 출판된 『청춘』의 독자가 되고 『무정』과 신소설도 읽게 된다. 박영희의 이 같은 회고는 신문관 독자들이 신문관의 일련의 매체들과 단행본을 연동해서 읽었음을 보여준다. 그리고 이 일련의 독서는 비슷한 부류의 문학 독자층이 형성되고 있었을 가능성을 방증한다.

세계문학의 번역을 통해 보편적인 문학 이념에 다가가려 했던 신문관의 기획은 문학에 대한 인식 변화와 더불어 당대 독자층에 적잖은 반향을 불러일으킴으로써 새로운 소설 독자층을 형성하기에 이른다. 그런데 실제 이 독자층은 새로운 독서 스타일의 대두와 밀접하게 연결된다. 새로운 독자층의 대두는 독서 개념이나 방법에 의한 것일 수 있기 때문이다. 가령

85) 박영희, 「초창기 문단측면사 : 『청춘』지 시대의 인상」, 『현대문학』 56호, 1959.8, 209면.

"조선시대의 주 독자층인 선비들을 해석공동체 개념으로 바라보면 그들을 특정한 집단으로 포함시키는 요소는 그들의 사회적인 계급이나 지위가 아니라 그들이 공유하는 텍스트에 대한 태도와 사용방식"[86]일 수 있다. 마찬가지로 1900년대 후반에서 1910년대 한글소설의 새로운 독자층으로 등장했던 청년 학생들 역시 박영희의 회고에서처럼 그들이 공유한 텍스트에 대한 태도와 사용방식에 의해 형성된 존재들일 수 있다.[87]

> 生은 自來로 小說부치에 對하야는 興味를 가지지 아니하얏나이다 웨그러냐하면 小說-더욱 時下의 小說이란것이 대개小하게는 人의 情感을 汚損하고 大하게는 世의 風敎를 賊害하는것임을 省察한까닭으로 小說이라하면 鴆毒잇는 술가치 생각되어 當初부터 갓가히할 生意를 아니하얏나이다 (중략) 그럼으로 生만 小說을 갓가히하지아니할샏아니라 사랑하는 벗에게도 이로써 勸導하기를 게을리하지 아니하얏섯나이다
>
> 小說에 對한 이 생각으로 말하오면 오늘도 오히려 前日과 갓사외다마는 先生의 「불상한동무」로 因하야 一大例外의 發見됨을 先生씌 直告치 아니치 못하겟나이다 처음에는 小說이기째문에 아니보려하얏사오나 다시 생각하오매 先生의 붓쯧흐로 나온것인즉 반드시 所以가 잇스리라하야 一種冒險者의 態度로 「불상한동무」를 펴보앗나이다 저허하는 마음으로 한줄두줄 닑어나갈스록 아모 무서운 分子가 업슴을 보고 비로소 安心하야 좍좍나리보앗나이다 스스로 깨닷지 못하는中에 一種異樣의 感想이 章을 짜라 節을 짜라 行을 짜라 연방 湧起하며 亢進함을 깨닷지 못하엿나이다 엇재그러한지를 모름으로 그까닭을 차지려하얏사오나 어느 章이나 節에 特別히 神奇한 事實과 卓異한 論說이 잇는것은 보지못하겟더이다 쏘 全體로

---

86) 마이클 김, 「서양인들이 본 조선후기와 일제초기 출판문화의 모습」, 『열상고전연구』 19집, 2006, 178면.

87) 이러한 태도는 이미 일본의 경우 『태양』이라는 잡지의 독자를 통해 증명된 바 있다. 鈴木貞美 編, 『雜誌『太陽』と國民文化の形成』, 思文閣出版, 2001 참조.

> 말하야도 結構의 極히 單純하고 文辭의 極히 簡潔힌 一篇小話어늘 이러틋 奇偉한 感興이 어대로부터 생겨나오는지 모르겟더이다 그런즉 外形은 비록 작고 尋常하야 內容으로는 말하면 句句히 靈火요 字字히 活泉이라 할밧게 업슬줄 아나이다 이 작은 冊子에 對하야 이러틋 큰 評語을 씀이 或 妥當치못한 嫌節도 업지 아니하지오마는 生이 一讀再讀三四五六讀한 讀後의 感想을 이말이라야 能히 表現할줄 아노이다(下略)[88]

이 글의 필자는 "文學上 아모意義 업고 藝術上 아모 價値업는 時下의 小說은 참青年者流의 決코 갓가히 할것아니니 우리의 時間을 盜賊하며 우리의 囊橐을 減輕케함은 작은일이라할지라도 그때문에 우리의 純潔한 마음과 貞固한 뜻과 健全한 精神이 더러워지고 어지러워지고 흔들리고 病들림은 實로 恢復할수 업는 大創傷이오 忍受치 못할 大損失이라"고 여겼다. 소설에 대해 평소 이 같은 생각을 품었던 독자는 "奇偉한 感興"은 물론이고 "만일 「불상한동무」를 尋常한 小說만 녁여 눈에 대지 아니하얏든들 거의 一平生의 大損失"이 되었을 것이라고 밝히게 되는 경지에까지 이른다. 이 같은 반응이야말로 신문관의 서적들을 통해 새롭게 형성된 독서 효과일 것이다. 궁극적으로 독서를 통해 공통된 성향과 연대감을 형성하는 독자층이 구축된다. 이렇게 형성된 독자층은 '독서'를 하나의 취미로 표방하는 새로운 경향을 조성하고 소설과 같은 특정 장르나 문예적인 글에 경도되어 간다. 이른바 출판을 통해 형성된 취미 담론과 독서 행위가 결합됨으로써 일종의 '독서 취미'가 구현되는 것이다.

88) 「大例外의 發見함-「불상한동무」의 독자에게서」, 『청춘』 14호, 신문관, 1918.6, 부록 104면.

제3장

문체 실험과 '시문체'의 발명

1. 다양한 문체 실험

1) '순국문'의 지향과 『소년』의 문체 실험

근대 초기 등장한 학·회보나 월보와 같은 매체들에서 사용된 문체는 한문이 아니면 국한문이다. 이 매체들의 주담당자였던 지식인들이 한글로 된 글쓰기를 어느 정도까지 구사할 수 있었는지에 대해서는 구체적으로 알려진 바가 없다. 다만 공적 글쓰기를 통해 그들이 보여준 언문 혹은 '순국문'의 실천은 극히 소수였다. 그것도 대부분은 한글 독자층과 밀접하게 관련된 내용들로 소설이 아니면 대개는 가정, 위생, 육아 등 여성과 관련하여 이루어진 경향이 있다. 부인 잡지를 제외하고 당대 국한문 잡지에서 '순국문'으로 쓰여진 글은 대략 다음과 같다.

〈표 36〉 근대 초기 잡지의 순국문 표기 현황[1)]

잡지목록	순국문 표기 기사 및 소설 권호와 제목	비고
대조선독립협회회보	「국문론」(1호) 「공긔」(1~2), 「구라파 론이라」(3), 「사ᄅᆞᆷ 마다 알면 조ᄒᆞᆯ 일」(4~5)	
대한유학생학보	「쓰러져가ᄂᆞᆫ딥」(3호)	
대한자강회월보	「유서」(913호)	
대한학회월보	「育兒法의注意」(9호)	
서북학회월보	「閨童謠」(1권16), 〈街談〉(제목미상)문답(1권17), 〈街談〉「인력거군수작」(1권18), 〈談業〉「甲乙問答」·「뒤장이수작」(1권19)	
서우	국어와 국문의 필요	
소년한반도	〈아모권면〉(1~6호), 〈동양담셜〉(1~2호)	
태극학보	「녀ᄌᆞ교휵」(1호), 「ᄋᆞᄒᆡ기르ᄂᆞᆫ방법」·「본국졔형졔ᄆᆡ의게(寄書)」(2), 「추풍일딘(寄書)」(3), 「공겸의정신」·「面々그리스도」, 「獻身的精神」(7), 「불학무식ᄒᆞᆫ 집안의 가ᄉᆞ쓰홈을 구경ᄒᆞᆷ(긔서)」(9), 「집안에셔 어린아ᄒᆡ 기라ᄂᆞᆫ법」(11)	「俚言」(22호) : 순국문 예외
조양보	〈婦人宜讀〉(1~7)	
호남학보	「가정학」(부분 번역)(1~8)	
낙동친목회학보	해당사항 없음.	
기호흥학회월보		
교남교육회학지		
대동학회월보		
대한협회회보		
동인학보		
대한흥학보	「요조오한」(8), 「무정」(13)	순국문 예외

〈표 36〉에서 나열되고 있는 기사의 제목들에서 보여지듯 근대 초기 등장한 학·회보 및 월보에 국문으로 게재된 내용들은 부인 잡지와 크게 다르지 않다.[2)] 자국어에 대한 열망에도 불구하고 한문 글쓰기에 익숙했던 당대 지식인들에게 '순국문'의 실현은 이상에 불과했음을 알 수 있다.[3)]

1) 이 표는 기사와 소설을 위주로 작성된 것이다.

2) 이 시기 대표적인 부인 잡지는 『가뎡잡지』(1906), 『녀ᄌᆞ지남 女子指南』(1908), 『자선부인회잡지』(1908) 등이다.

3) 당대 국문담론의 열정적인 분위기에도 불구하고 실제적인 언어공간에서는 주시경을

그렇다고 순국문체에 대한 지향이 전혀 없었던 것은 아니다. 『소년』은 매체어가 실현할 수 있는 가능한 범위 내에서 순국문체를 지향하고 있어 주목된다.

1900년대 후반에 발행된 대부분의 잡지와 마찬가지로 『소년』 역시 외형상으로는 '순국문'이 아닌 국한문을 사용한다. 그러나 『소년』의 국한문체는 당대 학·회보나 월보 등, 여타의 잡지와는 변별되는데 그것은 한문의 통사구조를 따르지 않은 데서 찾아진다. 물론 다른 잡지에 비해 문예물에 비중을 둔 것이고 보면 이로 인한 특징일 수도 있다. 그렇지만 문예물이 아닌 경우에도 사정은 크게 다르지 않다. 가령 수신의 모범서로 알려진 후쿠자와 유키치의 『修身要領』은 『소년』에 소개된바, 비슷한 시기 『畿湖興學會月報』[4]에도 실린다. 둘의 비교를 통해 동일한 국한문체라도 그 양상이 어떻게 다른지 확인할 수 있다.

> (1) 人は人たるの品位を進め智德を硏きますます其光輝を發揚するを以て本分と爲さざる可らず。吾党の男 女は獨立自尊の主義を以て修身處世の要領と爲し、之を服膺して人たるの本分を全うす可きものなり.[5]

> (2) 一 人은人의品位를尊히ᄒᆞ며智德을修ᄒᆞ야더욱더욱, 其光輝를發揚

비롯한 몇몇 학자들을 제외하곤 대부분이 '순국문' 글쓰기를 실천하는 데 어려움이 있었던 것으로 보인다(이기문, 『개화기의 국문 연구』, 일조각, 1970과 송철의, 「한국 근대 초기의 어문운동과 어문정책」, 『한국문화』 33집, 2003 참조). 한편 김영민은 문체의 변화를 시도하는 개인의 의지가 아무리 강한 것이었을지라도, 개인의 문체가 시대의 한계를 넘어서는 것은 단순한 일이 아니었음을 이광수 연구를 통해 보여주고 있다. 김영민, 「근대소설의 문체 변화와 근대성의 발현」, 앞의 책 참조.

4) 『畿湖興學會月報』는 1908년 8월부터 1909년 7월까지 통권 12호를 내고 종간된 기호흥학회의 기관지로 문장은 한문에 토를 단 국한혼용문이 주를 이루며 이해조가 편집인으로 있었다. 최덕교 편, 『한국잡지백년』 1, 현암사, 2004, 126~132면.

5) 福澤諭吉, 『修身要領』, 福澤三八, 1901, 5~7면.

홈으로써本分을爲치아니치못홀지니吾輩의士女는獨立自尊의主義로써修身處世의要領을삼고造次顚沛의間이라도服膺ᄒᆞ기를惰케아니ᄒᆞ야人된本分을完全히홀지니라6)

(3) 一, 사람은 사람인 1品位를 올녀가며 智德를 닥거서 더욱더욱 2그 光輝를 發揚함으로써 本分으로 하지아니치못할지니 3吾黨의 士女는 獨立自尊의 主義로 써 修身處世의 要領을 삼고 造次顚沛의 사이라도 服膺하기를 계을니아니하야 사람된 本分을 完全히할지니라.

[註] 1 現持한品格과 現居한 地位 2 品位와 智德의 3新時代의 士女=獨立自尊하난士女7)

인용문 (1)은 후쿠자와 유키치가 게이오 기주쿠에서 강연한 내용을 그 제자들이 정리한 것이고 (2)와 (3)이 조선에서의 번역문이다. 출판된 시차로는 (3)이 몇 개월 앞서나 거의 동시적으로 번역되었다고 판단된다. 그렇지만 표기상의 차이는 상당하다. (1)의 원문과 비교했을 때 (3)으로 갈수록 변화의 폭이 커진 것을 알 수 있다. 물론 (2)와 (3)의 차이가 번역의 내용에 지장을 가져올 정도까지는 아니라 할지라도 동일한 내용을 다르게 표기하고 있다는 점에서 형식상의 변화는 눈여겨 볼만하다.

우선 번역된 방식을 살펴보면 (2)는 (1)의 원문에서 명사와 대명사, 즉 체언에 해당하는 한자어는 그대로 두고 조사나 용언처럼 활용하는 부분만을 바꿔 번역했다. 한문현토식에 비해 유연한 방법이기는 하지만 여전히 한문의 구속력에서 벗어나지 못하고 있음을 알 수 있다. 이에 비해 (3)은 한자어의 사용이 감소되면서 본문에 숫자가 매겨지고 그 아래 '[註]'

---

6) 福澤諭吉 著, 「修身要領」, 『畿湖興學會月報』 11호, 1909.6, 40면.

7) 「現代少年의新呼吸(一) 修身要領」, 『소년』 2권 2호, 신문관, 1909.2, 5면. 참고로 「現代少年의新呼吸(一) 修身要領」은 이후 신문관에서 출간할 예정이라는 언급(「編輯室通奇」, 『소년』 2년 4권, 신문관 1909.4, 64면)과 함께 단행본으로 간행된 바 있다.

의 형식이 첨가된다. 보다 구체적으로 살펴보면 (2)의 "人", "其", "間" 등 명사와 대명사에 해당하는 한자어가 (3)에서는 "사람", "그", "사이" 등으로 대체되었다. (3)은 (2)에 비해 한자어의 사용이 줄었다는 것 이외에도 국문 문장에 훨씬 가까운 표현들을 쓰고 있다. 가령 "尊히하며"나 "修ᄒᆞ야", "爲치아니치", "惰케아니ᄒᆞ야"와 같은 국한문식 표현을 "올녀가며", "닥거서", "하지아니치", "게을니아니하야" 등의 국문 표현으로 바꾸고 있다. 이 같은 국문 표현은 궁극적으로 통사구조에 변화를 가져옴으로써 국문 문장에 한층 근접하게 된다.

다음으로 (3)의 번역에서 눈에 띄는 것은 "品位"나 "그", "吾黨의 士女"에 숫자로 번호를 달고 그것을 주석의 형식으로 설명하고 있다는 점이다. 물론 주(注)의 기능이 「수신요령」에만 적용된 것은 아니다. 『소년』은 「ABC契」와 같은 소설에서도 주를 사용한 바 있다. 그렇지만 「수신요령」의 주는 특별히 주목된다. 왜냐하면 본문 내용보다 두 배 이상 길어진 설명을 덧붙임으로써 본말이 전도되는 양상을 보이기 때문이다. 참고삼아 소개해 보면,

> 卄二. 나라가 잇스면 반다시 政府가 잇나니 政府는 政令을 行하고 軍備를 設하야 一國의 男女를 保護하고 그 身體·生命·財産·名譽·自由를 侵害됨이 업시 함이 그任務니 그럼으로 國費를 負擔하난 義務가 잇나니라.
>
> [註] 내 人民은 自己가 煩劇한 일을 혼자 總察하기 어려우매 租稅란 출斂을 내여 政府란 事務處를 두고 官吏란 雇傭을 두어서 代辨케 하얏스니 人民이 政府의것이 아니라 政府가 人民의것이라 그럼으로 西哲의 말에 人民아래에 매인 政府는 잇서도 政府밋헤 달닌 人民은 업다 하니라
>
> 우리의 온갖것을 護保하야주난 雇價로 租稅란것을 주어 凍餓의 患이 업게함이니 그러키나하야 人民이 國費를 擔當하난것인즉 만一 그러치 못한 境遇에는 稅斂을 上納함이 無意味한 일이니라.8)

22항은 정부의 역할과 인민의 관계를 설명하고 있는 곳이다. 정부는 인민을 보호하고 그 권리를 수호할 임무를 맡고 있으며 이를 수행하기 위해 필요한 경비를 부담하는 것이 인민의 의무이다. 간략하게 두 줄로 언급되고 있는 이 내용에 대해 주는 두 가지를 보충해서 설명하고 있다. 첫째는 새롭게 성립되고 있는 국가와 인민의 관계, 다시 말해 시민사회의 형성에 관한 것이다. 주석 2는 '政府의 政令'과 관련하여 조세에 대해 보다 상세하게 적고 있다.

이러한 주석의 형식은 『소년』이 대상 독자층을 어떻게 설정하고 있었는지를 보여주는 하나의 사례가 된다. 원본에도 『기호흥학회월보』에도 없는 이 같은 주석을 덧붙인 이유는 바로 매체 수용자인 독자의 이해를 돕기 위해서이다. 『기호흥학회월보』에 비해 한자가 줄어들면서 국문에 가까운 표현들을 사용하여 문장의 통사구조를 바꾸고 개념이나 내용을 보충하기 위해 주석을 사용한 것은 모두 『소년』의 독자층으로부터 기인한다.[9] 앞선 인용문에서 살펴본바, (2)와 (3)이 잡지라는 매체를 통해 비슷한 시기에 소개되었음에도 이 같은 차이를 드러내는 이유에 주목하는 것도 이 때문이다. 이 시기 매체들의 문체 선택이 매체의 편집 방침이나 의도로부터 비롯된 것이라 할지라도 매체를 수용할 대상, 즉 가상의 독자를 고려하지 않을 수 없었던 것이다.[10]

---

8) 「現代少年의新呼吸(一) 修身要領」, 앞의 책, 8~9면.

9) 김영민은 이 시기 신문 매체를 통해 작가 중심 문체가 독자 중심 문체로 바뀌었음을 주장한다. 그에 의하면, 문집이 작가 중심 편집 체제의 폐쇄적 인쇄물이라면, 신문은 독자 중심 편집 체제의 개방적 인쇄물이다(김영민, 『한국근대소설의 형성과정』, 소명, 2005, 192면). 이 책 역시 『소년』이 비록 신문과 같은 개방적 인쇄물은 아니었다 할지라도 여타의 월보나 학회보와 달랐던 이유를 상업적인 데서 구한다.

10) 황호덕은 "국문문체 · 국한문체 · 한문문체가 있기 이전에 이미 각각의 문체를 자신의 교양 수준과 대조 선택하는 소비자로서의 가상의 교양-국문 독자, 국한문 독자, 한문 독자가 있었다고 말하는 편이 옳을 것이다"라고 언급함으로써 이 시기 문체 선택에

2) 노래집의 전략과 매체에 따른 문체 선택

『소년』이 당대 잡지들에 비해 국문 사용의 빈도를 높이고 국문 문장을 지향했지만 그렇다고 '순국문'을 전용하지는 않았다. 이는 매체 언어로서 한글 문체의 가능성을 확장하는 동시에 한자의 비중을 감소시킴으로써 지배 문자의 위치를 전도하는 현상을 야기한다. 한문을 제2의 국어로 규정하고 〈소년한문교실〉란을 개설하여 한자를 친절하게 한글 표현으로 설명하는 등 한문을 배격하지 않으면서도 한문 문장의 통사구조를 내부로부터 파괴해간다. 이 일련의 과정은 순국문체로 간행된 단행본 노래집과의 비교를 통해 더욱 명확해진다.

『소년』 창간을 전후하여 신문관은 『경부텰도노래』와 『한양노래』 두 권의 노래집을 출판하고 이를 광고했다. 『소년』 1년 2권에서는 본문의 지면을 할애하여 이 단행본의 내용들을 한 구절씩 소개한다.[11] 그런데 이때 순국문체나 부속 한문체로 쓰인 단행본의 문체를 한자 섞인 문체로 바꾸는 수고로운 작업을 마다하지 않는다.

있어 유용한 관점을 제공한다. 황호덕, 『근대네이션과 그 표상들』, 소명, 2005, 489면.

11) 『소년』 1년 2권에는 「京釜鐵道歌一節」(72면)과 「漢陽歌一節」(79면)이 각각 실렸다. 목차에 그 면수가 표시되지만 「鳳吉伊地理工夫」와 「星辰(二)」의 자투리 공간에 실려 있다.

(1) 『경부텰도노래』

三三,
니십사번화신풍 부러올때에
때듯타고쏫피난 금셩산인데
뎡든손을난호기 어렵다하야
쏫다운혼슬어딘 락화대로다
三四,
미륵황간두녁을 밧비디나서
튜풍령의이마에 올나타도다
경부선듕최고디 이고개인데
예서부터남편을 령남이라오[12]

(1)′ 「京釜鐵道歌一節」

二十四番 花信風 부러올때에
때조타고 쏫피난 錦城山인데
情든손을 난호기 어렵다하야
쏫다운魂 스러진 落花臺로다

(원문에는 행갈이 없음-인용자)

彌勒黃澗 두驛을 밧비지나서
秋風嶺의 이마에 올너타도다
京釜線中 最高地 이고개인데
예서부터 南便을 嶺南이라오.[13]

(2) 『한양노래』

一〇
너보아라하난듯 운둑하게서
큰광태를발하던 뎌독립문은
오날와서댬시간 뷘업슬망뎡
태양갇티환할날 머디안햇네
一一
남산밑헤디여논 댱튱단뎌딥
나라위해몸바린 신령되신데
태산갇흔의리엔 목숨보기를
터럭갇티하도다 댱한그분네[14]

(2)′ 「漢陽歌一節」

너보아라 하난듯 우뚯하게서
큰光彩를 발하던 저獨立門은
오날와서 暫時間 빗업슬망정
太陽갓히 煥할날 머지안햇네

南山밋해 지여논 壯忠壇저집
나라爲해 몸바린 神靈되신데
泰山갓흔 義理엔 목숨보기를
터럭갓히 하도다 壯한그분네[15]

왼쪽 (1), (2)가 단행본이고 오른쪽 (1)′, (2)′가 『소년』에 게재된 형태이다. (1)의 경우, 국문에 한자어를 병기한 부속 한문체[16]를 쓰고 있는데

12) 『경부텰도노래』, 앞의 책, 17면.

13) 「京釜鐵道歌一節」, 『소년』 1년 2권, 신문관, 1908.12, 72면.

14) 『한양노래』, 신문관, 1908, 5~6면.

15) 「漢陽歌一節」, 『소년』 1년 2권, 앞의 책, 79면.

16) 『경부텰도노래』의 경우처럼 국문에 한자를 작게 병기한 형태를 일반적으로 '부속 한문체'라고 명명한다. 이 같은 부속 한문은 「관동별곡」과 같은 가사에서부터 보이기 시작한 형태로 근대 초기 매체와 서적들에도 드물지 않게 사용되었다. 특히 장지연이

한자어를 덧붙이고 있는 부분은 주로 지명이나 숫자에 한해서이다. (1)′에 오면 단행본의 부속 한자는 본문의 국문 글자를 대체하면서 그 자리에 대신 쓰이게 된다. “니십사번화신풍(二十四番花信風)”이 “二十四番 花信風”이 되는 방식이다. “꽃다운혼슬어딘(芳魂消散)”을 芳魂消散이 아닌 “꽃다운魂 스러진”으로 표기한 부분이나, 단행본에서는 한자로 표기되지 않았던 “뎡”이나 “남편”을 “情”이나 “南便” 등으로 바꾼 부분을 제외하면 거의 이 방식을 좇는다.

(2)의 경우도 단행본 자체에는 한자가 거의 쓰이지 않았지만 『소년』에 게재될 때에는 (2)′처럼 “獨立門”, “奬忠壇”, “南山”, “泰山”과 같은 특정 장소나 지명에 한자가 사용되었다. 그런데 이때, 한자어의 전환은 음을 위주로 한 것임을 알 수 있다. 인용문에서 “煥할날”, “나라爲해”, “壯한그분네”에서 사용되고 있는 “煥”이나 “爲”, “壯”은 용언의 어간에서 온 한자들이다. 이때, ‘빛날’이나 ‘할’, ‘굳셀’ 등의 뜻이 아닌 음, 즉 소리의 형태를 취한다. 「수신요령」에서 사용된 “爲”와 비교해보면 좀 더 분명해지는데 가령 「수신요령」에서는 “하지”로 되었던 것을 여기서는 “위”로 씀으로써 국문 단어에 한자음을 대체하는 방식을 선보인다. 다시 말해 의미 위주로 한자를 대체한 것이 아니라 소리 위주로 바꾼 것이다.

그렇다면 부속 한문체이든 순국문체이든 이미 국문의 형태로 간행된 단행본들이 『소년』에 소개될 때, 다시 한자 섞인 형태로 바뀌는 이유는 무엇인가. 여기서 신문관이 매체의 언어를 선택한 방식을 상기할 필요가

편집한 『녀자독본』(상 · 하, 광학서포, 1908)과 같은 교과서에서 이 같은 부속 한문체를 사용하고 있음은 주지할 필요가 있다. 왜냐하면 이 같은 문체는 당대 신문과 같은 매체에 주로 드러난 부속 국문체와 더불어 연구해 볼만하기 때문이다. 이 시기 신문 매체에 드러난 부속 국문체에 대한 논의는 김영민, 「근대계몽기 신문의 문체와 한글 소설의 정착 과정」, 앞의 책, 67~109면 참조.

있다. 『소년』이 당대 다른 잡지와 달리 국문의 통사 구조에 가까운 문체를 썼다고 해서 그것을 순국문체라고 할 수는 없다. 독자층으로 환원하면 『소년』은 순국문체를 범용하는 독자층을 향해 있지 않았다. 국한문 사용층을 대상으로 발간된 『소년』이 원래 순국문이었던 형태에 한자를 섞음으로써 표면상으로 국한문체를 구사하는 것은 어쩌면 당연하다. 그렇지만 (1)′과 (2)′처럼 원래 순국문으로 작성된 글에 몇몇 단어만을 한자로 대체한다고 해서 글의 문체가 국한문체로 바뀌는 것은 아니다. 그럼에도 외형상 한자를 배제하지 않으려고 한 이 의도적인 작업은 결국 잡지가 표방하고 있는 문체의 일관성을 유지하고자 한 욕망에서 비롯된 것으로 판단된다. 그것은 같은 내용의 글이라도 매체에 따라 문체의 선택 방식을 달리하고 있는 데서 보다 분명히 드러난다.

신문관 매체들이 독자에 따라 다양한 문체를 선택적으로 사용하였음은 다음과 같은 사례를 통해서도 확인된다.

> (1) 정몽란 어른은 세움 삼천륙ᄇᆡᆨ칠십해에 경샹도 영쳔 골에서 나셧습니다 디톄가 놉고 집안이 넉넉ᄒᆞᆫ 복은 타지 못ᄒᆞ얏스나 두 어버이ᄂᆞᆫ 참 ᄒᆞᆫ치 아니ᄒᆞᆫ 잘난 어른을 모시어 가ᄅᆞ치시고 배호ᄂᆞᆫ 즈음에 여러 가지 남이 가지지 못ᄒᆞᆫ 복을 누리엇습ᄂᆡ다
>
> 그 시졀은 나라 일을 마타ᄒᆞ던 사람이 잘못ᄒᆞ고 ᄇᆡᆨ셩들이 ᄯᅩ한 게름을 부려 그ᄯᅢ 북편 건너쌍에서 새로 큰 나라를 만든 원(元)의 업수히 녁임과 지근거림을 바다 밧그로 나라 모양이 매오 창피ᄒᆞᆯ ᄲᅮᆫ 아니라 안으로 우의 다ᄉᆞ림과 알에의 살님살이도 갈ᄉᆞ록 못되어가니 힘이 부쳐 얼는 새롭게ᄒᆞ지ᄂᆞᆫ 못ᄒᆞ나 ᄯᅳᆺ잇ᄂᆞᆫ 션ᄇᆡᄂᆞᆫ 다 이 일을 근심ᄒᆞ야 크게 ᄒᆞ고ᄌᆞᄒᆞᆷ이 잇셧습ᄂᆡ다[17)]

17) 「정몽란(鄭夢蘭)」, 『붉은져고리』 1년 4호, 신문관, 1913.2, 7면.

(2) 鄭夢蘭은紀元三千六百七十年에慶尙道永川에나니崔瑩으로더부러麗末의文武兩柱石이라門地가놉고家勢가가멸한福은타지못하얏스나 世上에 드믄 잘난 父母를 모시어 가르치시고 배호는 지음에 여러 가지 남이 가지지 못한 福을 享有하얏더라

그時節은內政이修치못하고外交가振치못하야國勢가날로陵夷하고民生이날로困瘁하매朝野의賢良을기다리는情이갈스록深殷하더라18)

인용문 (1)은 『붉은져고리』에 소개된 「정몽란」이고 (2)는 『시문독본』의 「정몽란(鄭夢蘭)」이다. 보다시피 인용문 (1)과 인용문 (2)가 동일한 내용임에도 순한글 표기로 게재했던 내용을 (2)처럼 바꾸고 있는 이유는 바로 문체가 매체, 즉 어떤 독자를 대상으로 했는지와 관계되기 때문이다. 『붉은져고리』가 순한글 사용자를 대상으로 한 어린이 신문이었다면 『시문독본』은 '한자 약간 섞은' 이른바 '시문체'를 지향하고 있었기에 (1)이 『시문독본』에 수록될 때는 (2)처럼 바뀔 수밖에 없었던 것이다.

신문관 출판물들에 사용된 다양한 문체를 일별할 수 있는 곳은 서적 광고에서이다. 이 책의 제2부에서 살펴본바, 신문관은 『매일신보』를 비롯하여 『신문계』, 『상공월보』 등 타사 매체들을 이용하여 자사의 서적들을 광고했다. 이 가운데 가장 대표적이라 할 만한 『매일신보』의 서적 광고를 보면

〈표 37〉 『매일신보』에 광고된 신문관 서적의 문체 표기

	제목	문체	권수	광고 내용
1	朝鮮俚諺	언한문	全一冊	朝鮮常談中情理逼切ᄒᆞᆫ者를解說ᄒᆞᆷ
2	新校玉樓夢	순언문	全四冊	古今小說中大王의稱을得ᄒᆞᆫ名著ㅡ니十讀百讀에趣味가愈新ᄒᆞᆫ지라印刷鮮明, 結冊堅美, 圖像美麗ᄒᆞᆫ新文館校刻

18) 「鄭夢蘭(蘭一昨周)」, 『시문독본』 1권 제27, 신문관, 1918, 44면.

3	新校水滸志	순언문	全四冊	四大奇書의最大奇書-니此書의情趣를不知ᄒᆞᆫ은讀書家의最大羞恥-라印刷結冊이極精極佳ᄒᆞᆫ者ᄂᆞᆫ新文館出板
4	古本春香傳	언문	全一冊	春香傳中에最詳細最有識最奇妙ᄒᆞᆫ者ᄂᆞᆫ此古本이니漢文傍註結冊雅堅
5	六錢小說	순언문	每冊	古來名著ᄅᆞᆯ校刊ᄒᆞᆫ者니旣刊十種沈淸傳興夫傳洪吉童傳南薰太平歌三說記上下裙馬武傳謝氏南征記上下田愚致傳
6	불샹ᄒᆞᆫ동무	순언문	全一冊	世界百名著中選拔ᄒᆞᆫ奇談이니英國라미夫人의原著를崔南善氏의澤述ᄒᆞᆫ것이라
7	검둥의셜음	순언문	全一冊	四百萬黑奴ᄅᆞᆯ贖良케ᄒᆞᆫ名著니美國스토부인의原著를春園李光洙氏의澤述ᄒᆞᆫ것이라
8	허풍션이 모험긔담	언문	全一冊	다西洋의有名ᄒᆞᆫ小說을平易히譯述ᄒᆞᆷ
9	자랑의단츄	언문	全一冊	
10	만인계	언문	全一冊	
11	썰너버유람	언문	全一冊	
12	絶倒百話	언한문	全一冊	
13	朝鮮말본	언문	全一冊	現在에最整備最詳明ᄒᆞᆫ朝鮮語文法
14	神檀實記	한문	全一冊	朝鮮始祖檀君의聖事와氏族派系, 敎化原流, 崇奉典例等을昭詳繹編
15	基督敎靑年	언한문	全一冊	基督敎의見地로셔靑年의修養을說ᄒᆞᆷ

『조선리언』에서부터 『기독교의 청년』까지 신문관에서 간행된 주요 서적들이 망라된다. 서적의 특징으로 소개되고 있는 내용도 내용이지만 이 광고에서 눈에 띄는 것은 신문관 서적 목록에는 보이지 않았던 문체가 표기되고 있다는 점이다. 정가 및 책 권수, 서적의 특징에 대한 간략한 소개 외에 책에 사용된 문체가 '언한문'인지 '순언문' 혹은 '언문'인지, '한문'인지를 일일이 표시해 두고 있다.[19] 이 밖에 『신자전』, 〈일본어학총서 시리즈〉 및 『일문역법』, 『지구지기왕급장래』는 문체 표기가 없고, 〈조선광문회고서〉는 모두 한문으로 표기되어 있다. 표와 그림으로 구성된 『산

19) 「良書普及의 機會를 勿失ᄒᆞ시오」, 『매일신보』 1917.1.30, 1면 광고.

경표』, 『도리표』, 『기보』, 『승경도』 역시 문체가 표기되어 있지 않다.

문체는 독자, 즉 서적을 구매, 구독하는 독자층과 직결된다. 『아이들보이』가 보통학교 학생들을 대상으로 했기 때문에 〈일본어학총서〉나 광문회 고서들이 광고되지 않았던 것과 달리 『매일신보』는 상당히 폭넓은 문체 사용층을 대상으로 발행된 일간지이다. 그렇기에 사용 문체를 일일이 부기할 필요가 있었던 것이다. 신문관이 자사의 매체 및 단행본에는 표기하지 않았던 문체 표기를 『매일신보』의 서적 광고에는 한 이유가 여기에 있다.

신문관이 처음으로 펴낸 잡지 『소년』은 타 학·회보나 월보에 비해 비교적 쉬운 문장으로 쓰였지만 한자 사용에 부정적이지 않았다. 『소년』에는 〈소년한문교실〉이나 「소년논어」와 같은 한문이나 한자와 관련된 내용이 지속적으로 실렸고 한문을 "第二의 國語"나 "歸化한 文字"로 인식했다.

> 漢文은 泰東文化를 産出한 重要한 思想과 事件을 記錄한 것이오 又 將來에도 多大히 人文에 貢獻할 司命을 가딘 것인데 더욱 우리나라와는 密接한 關繫가 잇서 可히 第二의 國語라도 할만하고 又 可히 歸化한 字라고도 할 것이니 我國의 新文化도 又한 此에 假手할者ㅣ 多한디라 此ㅣ 本誌의 小幅을 割하야 漢文教室을 特設한 所以라[20]

『한양노래』나 『경부텰도노래』처럼 한글 문장에 가까운 문체를 구사할지라도 한자를 병기한다든가 지명이나 특정 고유명사에만 한자를 사용하고 있는 것은 결국 『소년』이 설정한 국문 독자의 국한문 훈련 방식과 관련될 수 있다. 『소년』은 이미 한자 / 한문에 익숙한 독자가 아닌 국문

---

20) 漢文教室主任, 「少年漢文教室」, 『소년』 창간호, 신문관, 1908.11, 39면.

독자들을 위해 한자의 사용을 높이는 방식으로 문체를 구성해 간 것일 수 있기 때문이다.

청년 독자들에게 한자 및 한문 교육을 시킬 목적이었음은 『청춘』에서 좀 더 명확하게 드러난다. 『청춘』에는 한문 고전의 비중이 커지면서 한시 소개나 〈섭렵소초〉와 같은 고정란이 등장한다. 당시 『청춘』의 애독자 중 한 사람이었던 김윤경은 자신이 구독한 『청춘』 잡지 가운데 한문의 비중이 큰 〈섭렵소초〉와 같은 난(欄)에 소개된 글에 줄을 그어가며 열독한 흔적을 남기고 있다. 신문관이 한자의 표기 형태 자체를 완전히 배제하거나 거부하지 않으면서도 '採訪'할 한글 글쓰기의 범주를 넓혀간 것으로 판단하는 근거는 여기에 있다. 『소년』을 비롯해 신문관이 여러 단행본과 매체들을 통해 시도한 문체 실험은 한자와 한글을 대치 관계에 두기보다 독자대중에게 보다 접근하기 쉬운 매체 언어로 전개되어 갔다고 보는 편이 유연한 시각일 것이다. 『소년』에서 시도한 다양한 문체 실험은 이후 어린이를 대상으로 한 잡지들을 거쳐 『청춘』에 이르기까지, 그리고 신문관의 전 출판활동으로 확대된다. 근 10여 년에 걸친 신문관의 문체 실험은 단행본 출판물과 매체를 통해 활발하게 이루어짐으로써 공통된 문체를 발명하는 데까지 이른다.

2. 시문(時文)의 정체

1) '시문'의 규정

근대 초기 사용된 국한문 혼용체는 그야말로 시대의 요구에 부응하여 새롭게 등장한 문체였다. 그러나 새로운 만큼 일관된 규범이나 체계를 확립하기에는 어려움이 있었다. 국문과 한문을 혼용하는 '중간' 형태를 지향했으나 혼용과 '중간'은 형태로 규정될 수 있는 것이 아니었으며 실제로도 천차만별이었다.[21] 유길준의 『서유견문』에서부터 『청춘』에 이르기까지, 국한문체는 근 30여 년 간 실험의 과정에 있었다고 해도 과언이 아닐 것이다.[22]

> 세상에 나온 첫소리로 질은다는 것이 『소년』(少年)이란 월간잡지엿지요 지금은 어느 신문이나 잡지나 물론하고 언문일치(言文一致)로 나날이 진보해갑듸다만은 그때야 어데 그럿습듸까 『소년』이란 그것이물론 사상선뎐(思想宣傳)과 문명수입을 중심으로 한것이지요만은 그때에는 가장 새로운 언문일치를 실현하야 가위 파텬황(破天荒)이란 평판을 바뎟섯지요[23]

인용문에서 신문관 스스로 "첫소리가 少年-언문일치의 첫시험"이라고 규정하고 있듯 『소년』은 그야말로 "새로운 언문일치를 실현"하기 위한 실험실 그 자체이다. 신문관의 전 출판물은 이 연속선상에 있다고 해도 무방할 정도로 다양한 문체를 시도했고 이 일련의 과정 끝에 신문관이 최종적으로 내놓은 문체 기획이 바로 '시문체(時文體)'이다. 이 절에서는 시문의 의미와 시문체의 양상에 대해 본격적으로 다뤄보고자 한다.

'시문'이란 정해진 문체가 아닌 '시속(時俗)'에 따른 문장을 일컫는다.[24]

---

21) 임형택은 국한문체를 문명의 구개념과 신개념을 절충하고자 했던 문명개조론의 입장을 반영한 형식으로 "서양발發 신문명을 수용하고 전파하는 형식"이라고 간주한 바 있다.(임형택, 『문명의식과 실학』, 돌베개, 2009, 57면) '시문체'에 대한 생각을 전개시키는 데 많은 시사점을 던져주었다.

22) 이 시기 국한문체의 다양한 양상에 대해서는 임상석, 『20세기 국한문체의 형성과정』(지식산업사, 2008)과 배수찬, 『근대적 글쓰기의 형성 과정 연구』(소명, 2008) 참조.

23) 「門牌의 來歷談 2 : 「言文一致」를 宣言 「出版報國」을 標榜」, 『동아일보』 1926.1.2, 11면.

24) ① 당대의 文明. 예악, 제도 등을 이름 ② 당시의 문장 ③ 당시 유행하는 문체, 과문체(科文體) 이상의 내용은 『漢韓大辭典』, 단국대 동양학연구소, 2003, 751면.

신문관 출판물에서 '시문'이라는 용어가 처음으로 등장하는 것은 1916년 『시문독본』(이하 초판)이라는 책의 제명에서이다.[25] 그렇지만 정작 이 책은 "우리글을배호는이의첫걸음이되게하려"[26]고 편찬했다는 목적만을 밝힐 뿐, 시문에 대한 어떠한 서술도 하고 있지 않다. 대신 2년 후인 1918년 『시문독본』 정정합편(이하 정정합편)에 가서는 이 구절이 "時文을 배호는 이의階梯되게하려"[27]로 바뀌면서 '시문'이라는 용어를 직접 제시한다. 우리글을 배호는 것과 시문을 배우는 것이 등가가 된 셈이다. 다시 말해 시문이란 곧 우리글이다. 그러나 이 역시 시문의 형태를 규정했다고 할 수는 없다.

시문이 어떠한 형태인지를 규정하고 있는 것은 잡지 『청춘』이다. 『청춘』은 〈每號懸賞文藝爭先應募〉의 단편소설 부분에 "一行二十三字漢百行內外 漢字약간석근時文體"[28]라는 조건을 내걸었다. 인용문 가운데 "漢字약간석근時文體"가 바로 시문의 구체적인 형태인 것이다. 그러니까 시문이란 곧 "漢字약간석근" 우리글로 정의될 수 있다. 그렇지만 "漢字약간석근" 형태는 일반적으로 국문과 한문이 병용된 국한문체를 가리킨다. 이 역시도 '형성' 중에 있는 문체라는 점에서 일정한 하나의 통일된 규범을 제시하기에는 미흡하다.

마침 초판에는 시문의 문체와 관련된 두 가지 설명이 마련되어 있는데 첫째는 "문체는 아무쪼록 變化잇기를 힘썻스나 아즉 널리 諸家를 探訪할 거리가 적음으로 單調에 싸진 嫌이 업지 아니함"이며 둘째는 "이 책의

---

25) 『시문독본』에 대해서는 지금까지 구자황, 문혜윤, 김지영, 임상석, 박진영 등이 관심을 가져왔으며 이들의 성과물에 대해서는 선행 연구에서 언급한 바 있다.

26) 「例言」, 『時文讀本 一二合篇』, 신문관, 1916.

27) 「例言」, 『時文讀本 訂正合篇』, 신문관, 1918.

28) 〈每號懸賞文藝爭先應募〉, 『청춘』 11호, 신문관, 1917.11, 광고.

文體는 過渡時期의 一方便으로 생각하는 바ㅡ니 毋論 完定하자는 뜨시 아니라 아즉 동안 우리글에 對하야 얼마콤 暗示를 주면 이 책의 期望을 達함”(띄어쓰기-인용자)이 그것이다.[29] 이 두 구절에 의하면 시문은 단조에 빠진 혐의가 있으며 특히 “過渡時期”의 한 방편에 불과하다. 다시 말해 시문은 결코 완성된 형태나 정해진 규범이 있는 것이 아니라 아직 ‘완정’되지 않은 우리글에 대한 일정한 암시의 역할을 하는 것으로 일단락된다.

그런데 이보다 훨씬 이른 시기에 『소년』은 〈新體詩歌大募集〉에서 “아못조록 純國語로하고 語義가 通키 어려운것은 漢子를 房付함도 無妨하”다고 규정해 놓은 바 있다.[30] 또 『경부텰도노래』에서는 “이택 원글은 국문으로 듀인을 삼고 한문(漢文)을 쌰로혓으니 이는 우리가 듀당하난바 우리나라의 넘난세상(過渡時代)에 한때동안 씨우려하난 바.”[31]라고 언급하였다. 이처럼 신문관은 창립 무렵부터 순국문으로 쓰면서 한자를 병기하는 문체에 관심을 보였다. 『소년』 이후 발간된 『붉은져고리』와 『아이들보이』는 예상 독자를 어린이와 보통학교 학생 정도로 설정하면서 한글 사용을 전면화한다. 문체 실험의 방향이 국한문에서 한글로 정향되어 가는 양상을 보인 셈이다. 그러나 이때에도 ‘독자 투고’에는 “글은 줄글 귀글 아모것도 다 조흐나 아모조록 죠션말로 지으며 이미 죠션말 뒤 한문말은 얼마 석거도 관계치 안습니다”[32]라는 규정을 내걺으로써 시문이라는 용어만 쓰지 않을 뿐 한자를 섞어 쓰는 것을 허용했다.

이러한 일련의 양상들은 바로 『청춘』의 〈현상문예〉에 내건 “漢字약간 석근時文體”의 형태와 일치한다. 그렇다면 ‘시문’은 『아이들보이』에서부

29) 「例言」, 『時文讀本 訂正合篇』, 신문관, 1918.
30) 〈新體詩歌大募集〉, 『소년』 2년 1권, 신문관, 1909.1, 광고.
31) 「뎐례말」, 『경부텰도노래』, 신문관, 1908.
32) 〈샹급잇는글짓느기〉, 『아이들보이』 창간호, 신문관, 1913.9, 광고.

터 아니 더 거슬러 올라가 『소년』에서부터 비롯된 것이라 해도 과언이 아니다. 신문관이 시문에 대한 구체적인 상을 선보인 것은 『시문독본』과 『청춘』의 〈현상문예〉라 할지라도 신문관 전체의 출판물에 비춰봤을 때 하나의 체재로 구성될 수 있는 문체에 대한 요구는 애초부터 있었다고 할 수 있다. 그렇다면 체계화된 문체에 대한 요구가 창립 초기부터 존재했고 더욱이 형식에의 집착을 보이면서 표준어에 대한 구상까지 시도했던 신문관의 어문 정책이 왜 '시문'과 같은 형태로 나타났는지에 대해서는 생각해 볼 필요가 있다.

'순국문'에서 '시문체(時文體)'로 이어지는 신문관의 문체 실험이 정형화된 규범이 아니라 "통속(通俗)"에 기댄 "시문(時文)"으로 집약된다는 점은 흥미롭다. 더욱이 "재가를 채방할 거리가" 적다는 진술과 관련하면 시문의 여러 형태는 결국 당시까지 존속했던 여러 문체들 사이에서 '취해진' 것이지만 그다지 다양하지 않았음을 알 수 있다. 이런 점에서 시문에서의 '시속'의 의미는 재음미될 필요가 있다.[33] '시속'이라는 표현은 초판에 등장한다. 초판에서 '시속'은 "時俗에알아볼만한範圍안에서될수잇는대로法에마추어標準語를定"해 따른다는 것과 "時俗에알아보게하랴고不得已法에맞추어쓰지못한거슨그頭註"[34]를 이용한다는 구절에서 각각 쓰였다. 문맥으로 미루어 이때까지의 상용자들이 일반적으로 사용하고 있는 언어/문체에 기대어 『시문독본』의 문장들을 표현했던 것이다. 그런데 정정합편에 가서는 "通俗"으로 수정되면서 초판에 서술된 규정들은 "合理한訂正"이 "必要"[35]되는 영역으로 모두 삭제된다. 계층적으로 다양하게 사용

33) 『시문독본』 초판과 정정합편의 '시속'과 '통속'에 대해서는 임상석이 논의한 바 있다. 임상석, 「『시문독본』의 편찬과정과 1910년대 최남선의 출판활동」, 『상허학보』 25집, 2009, 50~56면.

34) 「例言」, 『時文讀本 一二合篇』, 신문관, 1916, 2면.

되고 있었던 언어들을 통합하면서도 '俗'이라는 기의가 가진 다층성을 모두 반영하려 한 초판의 의도가 상당히 축소된 것이다.

또 생략된 초판에는 표준어에 대한 단서도 포착된다. 초판 例言에 "時俗에알아볼만한範圍안에서될수잇는대로法에마추어標準語를定하되連發音과合音에말의몸과토가석긴거슨보는이의짐작에맛"[36]긴다는 구절이 명시되어 있다. 이른바 표준어란 시공간의 제약에도 불구하고 균질된 언어를 사용하려는 욕망으로부터 비롯된 언어관이다. 신문관이 표준어를 통해 언어의 균질화를 추구하고자 한 움직임은 창립 초기부터 드러난다. 이 용어는 1908년에 발간된 『한양노래』의 「머리말」과 방언을 소개하는 『소년』에서부터 이미 사용되는데 전자에는 "畿湖音(긔호음)으로써 본보기말(標準語)을 삼"는다고 명시하고 있으며[37] 후자인 『소년』에는 각 지방의 대표 방언을 소개하면서 서울말과 비교하는 내용이 게재된다.[38] 이러한 시도는 지역마다 언어가 다르다는 인식으로부터 지리적으로 분리되어 있었던 언어 사용층을 통합하려한 욕망의 투사에 가깝다. 향후 조선어학회를 통해 마련되는 표준어라는 인공어의 초보적 인식 단계라 할 수 있다. 이로써 『시문독본』이 애초에는 표준어에 대한 인식도 지니고 있었음을 알 수 있다. 그러나 이 같은 표준어에 대한 인식이 정정합편에서는 사라진다. 균질된 언어에 대한 욕망보다 '시문'으로 포괄해야 하는 범주, 즉 통속에의 지향이 우선적으로 요청될 수밖에 없었기 때문일 것이다.

---

35) 「例言」, 『時文讀本 訂正合篇』, 신문관, 1918, 2면.
36) 「例言」, 『時文讀本 一二合篇』, 신문관, 1916, 2면.
37) 公六, 「뎐례 말」, 『한양노래』, 신문관, 1908, 1~2면.
38) 〈표 30〉 〈소년통신〉에 수록된 내용들 가운데 '방언' 부분 참조.

2) ‘순국문’에서 ‘시문’으로

신문관은 창립 초기부터 『소년』을 비롯하여 각종 단행본과 어린이, 학생을 대상으로 한 일련의 매체들을 통해 다양한 문체의 가능성들을 실험했다. 『소년』은 당대 국한문이 매체어의 주종을 이루었던 시기에 이 규범을 이탈하진 않았어도 각종 문체 실험을 두드러지게 한 매체였다. 『붉은져고리』와 『아이들보이』 역시 한글을 매체어로 삼아 다양한 한글 운용을 실험했다. 이처럼 『소년』에서부터 시도한 다양한 문체 실험이 최종적으로 ‘시문체’의 형식으로 제안되고 이유는 당시 급변하던 식민지 조선의 언어 상황과 무관하지 않을 것으로 보인다.

근대 초기 경합을 벌였던 다양한 문체들의 난립은 강제병합 이후 전혀 다른 언어 질서 속에 놓이면서 국문은 더 이상 조선어가 아닌 일본어로 대체되고 조선어 교육은 상당히 협소해지는 등 현실적인 언어 수행의 장은 보다 복합적인 국면으로 돌입하게 된다. 이제는 순국문(한글)이든, 한문이든, 국한문이든 식민지 체제 하에서 국어인 일본어와 경쟁력을 가질 수 있는 ‘조선어’를 모색해야 하는 상황에 처하게 된 것이다. ‘시문’의 ‘조급한’ 등장은 바로 이러한 데서 비롯되었을 것으로 간주된다.

일종의 ‘과도시기’의 글쓰기를 자처한 ‘시문’은 조선어가 ‘형성 중’에 있다는 점에서 일정한 기준이나 규범에 의해 배제될 수 있는 언어의 폭을 최소화하고자 했다. “漢字약간석근”이라는 상당히 폭넓은 범주를 구상한 것도 이러한 이유에서 일 것으로 추측된다. 요컨대 신문관은 국문/국한문/순한문으로 분절되어 있었던 언어 사용층을 포괄함으로써 언어 질서가 통합될 수 있는 가능성을 시도해 보고자 했던 것이다. 물론 한문과 한글의 이원화된 언어 사용층을 통합하려는 시도는 근대 초기 매체들에서 공통으로 보이는 현상 가운데 하나이다.[39] 국한문체가 매체어로 유력하게 부상한 것도 이러한 연유에서이다.[40] 신문관은 이 국한문을 보다 체계화된 '문체'라는 범주로 형상화해 보려했고 그 구체적 장치가 '시문체'의 발명으로 귀결된 것이다. '시문체'의 기획은 한국어가 근대 이전과 근대 이후 양립된 글쓰기에 공통적으로 존재했던 언어 사용층의 이원화를 해결하기 위한 모색이라 할 수 있다.

'시문'은 분리된 언어 사용층을 통합한다는 점 외에도 문장의 바른 형태를 모색했다. 그런 점에서 전통적인 문체론에 닿아 있다고 할 수 있다. 근대 이전에는 문(文)과 도(道)와 학(學)이 서로를 매개하는 소통과 통합의 체계 위에서 수립되었던 만큼 글의 바른 형태에 대한 관심이 남달랐다. 따라서 문체론 역시 각 문체에 최적의 양식을 정식화하려는 경향으로 흘렀다. 그런데 이는 단일하고 체계적인 기준에 의거한 것이 아니라 내용과 문장 배열, 작가와 독자의 관계 혹은 율격이나 문장을 써 두는 장소에 이르기까지 서로 다른 기준들이 적용된 것과 관련이 깊다. 고전 산문의 분류법에 따르면 "서로 다른 기준들이 적용되고 시대에 따라 문체의 종류가 가감되"면서 이합집산하는 이유는 "일관되고 연속적인 문종의 체계를 세우기보다 각각의 시대에 일반적으로 사용되고 숭상되던 문체들을 정리하는 방식으로 문체론이 전개"되었기 때문이다.[41] 시문 역시 어떤 획일화된 체계, 혹은 하나의 규범을 세우기보다 '시문체'라는 일종의 스펙트럼 속에서 당시 각각의 층위에서 사용된 바른 문장들을 모아 통합

---

39) 『대한매일신보』의 국문판이나 『만세보』의 문체, 『매일신보』의 지면 분할 등은 모두 이러한 시도의 일환들이다. 이러한 매체들이 시도한 문체의 양상에 대해서는 김영민의 『한국근대소설의 형성과정』(소명, 2005)과 한기형, 「매체의 언어분할과 근대문학(임형택 외, 『흔들리는 언어들』, 성균관대 대동문화연구원, 2008) 참조.

40) 20세기 초 부상한 국한문체의 형성에 대해서는 임상석, 『20세기 국한문체의 형성과정』, 앞의 책 참조.

41) 김지영, 「문학 개념체계의 계보학–산문 분류법의 변화과정을 중심으로」, 『민족문화연구』 51호, 2009, 343면.

적인 문법의 형태를 제시하는 데 목적을 두었다. 분리된 언어 사용층을 하나의 문체로 통합해 보려는 '시문체'의 기획은 분명 근대적인 방식으로 접근된 새로운 문체 인식에 기대어 있다. 그렇지만 그 구체적인 방법론은 문(文)과 도(道)와 학(學)이 서로를 매개하는, 소통과 통합의 체계 위에서 수립된 전통적인 문체론에 좀 더 친연적이다.

3. 시문의 두 장치, 『시문독본』과 〈현상문예〉

1) 『시문독본』의 편찬 과정과 〈읽어리〉

'시문체'의 의의는 〈현상문예〉의 글들과 함께 '시문'을 실험하고 『시문독본』을 통해 그 문법을 모색했다는 데 있다. 신문관은 『시문독본』과 〈현상문예〉를 통해 '시문'의 읽고 쓰기가 가능해질 수 있는 구체적인 장치들을 마련한다.

> 文章과 言論은 人格과 抱負를 直接表現하는 重要한 機關이니 그 精粗巧出은 所關이 實로 非輕혼 者-라 然이나 初學의 規範이 될 良書-一無흠으로 學者-깁히 病을 삼든바-러니 今에 此書-六堂崔氏의 手로서 撰出되니 實로 適人의 適箸라 할것이라 通編 一百二十課에 <u>長短雅俗諸體時文을 適宜히 按排하야 卑近平易로부터 高尚深遠으로 序上漸進케 한 것</u>이니 學者-此에 熱習得功하면 思想表現과 事物記載의 能力이 速進驟長하게 될 것이오 더욱 그 材料는 常識增進과 精神修養上에 緊切한 者를 選擇하얏스니 習文以外의 好箇讀本됨을 不失할지니라
>
> 試驗的 出版임으로 印出을 겨오 五百部에 限하얏스니 有志者는 速購할지니라(大板全一冊二百八十頁 定價 七十五錢 郵稅 六錢)[42]
>
> (밑줄 강조-인용자)

인용문은 『청춘』에 실린 『시문독본』의 광고이다. 광고의 특성상 책의 필요성을 비롯해 책의 체재와 구성 등도 상세하게 소개된다.[43] 이 같은 정보는 『시문독본』의 구조적 성격을 이해하는 데도 유용하다. 특히 "長短雅俗諸體時文을 適宜히 按排하야 卑近平易로부터 高尙深遠으로 序上漸進케 한 것"이라는 구절은 『시문독본』이 애초 일정한 방식에 의해 편찬된 것이 아님을 명시해 준다. 길고 짧은 글을, 우아하고 속된 글을, 여러 가지 다양한 성격의 '시문'을 적당히 안배했다. 특히 비근하고 평이한 것에서 고상하고 심원한 쪽으로 편집이 이루어졌음을 밝히고 있다. 『시문독본』에 수록된 문장이 일관성 없고 균질하지 않다고 평가받는 이유도 이러한 편집 방식에서 기인한 것임을 알 수 있다.

『시문독본』의 이 같은 편집 방식은 책의 출판 과정과도 관련이 있는데 『시문독본』은 1916년 초판 출판 당시 2권 1책으로 구성되었다가 2년 후인 1918년에 이를 보완하여 4권 1책의 정정합편으로 재간행된다.[44] 출판 과정을 좀 더 상세하게 살펴보면 1916년 1월 13일에 인쇄하여 1월 15일에 2권 1책으로 발행된 초판은 각 권이 32과로 구성되었다. 각 권의 분량은 70여 면에 달한다. 반면 1918년 정정합편은 4권 1책, 각 권 30과로 각 권의 분량은 권마다 차이가 있으나 대략 50~80여 면에 이른다.

---

42) 〈신문관출판시보-時文讀本〉, 『청춘』 13호, 신문관, 1918.4, 35면 광고.

43) 인용한 『시문독본』의 광고는 1918년 정정합편 간행과 때를 맞춰 나온 것이다. 1916년에 이미 초판이 출판된 이 책에 대한 광고는 1918년부터 본격적으로 이루어지고 있다. 자사의 서적에 대한 광고를 활발하게 펼쳤던 신문관이고 보면 초판에 대한 광고가 전혀 보이지 않는 것은 다소 예외적이다. 물론 이 기간에 신문관이 매체를 발행하지 못했다는 점과도 무관하지 않겠지만, 타 매체에서도 이 광고는 쉽게 확인되지 않는다.

44) 『시문독본』의 출판 과정과 관련해서는 임상석(「『시문독본』의 편찬과정과 1910년대 최남선의 출판활동」, 앞의 책)과 박진영(「시문독본」, 『민족문학사연구』 39호, 2009)이 논의한 바 있다. 이 책에서는 두 선행 연구를 참조하되, 선행 연구에서 다루지 않은 〈읽어리〉와의 관계에 보다 집중해서 논의하고자 한다.

김두봉의 『조선말본』 권말광고인 〈學生案頭不可無此書〉에 의하면 초판은 중등 정도의 학생들을 대상으로 하고 있었음이 확인된다. 가령 "學習과 使用에 至大한 便宜가 有하고 光明과 暗黑에 深切한 關係가 有한 우리 朝鮮言文의 正路에 利導하는 階梯로 現時行文에 適合하도록 編成한 學生必讀의 中等讀本"45)이라고 분명하게 명시하고 있다.

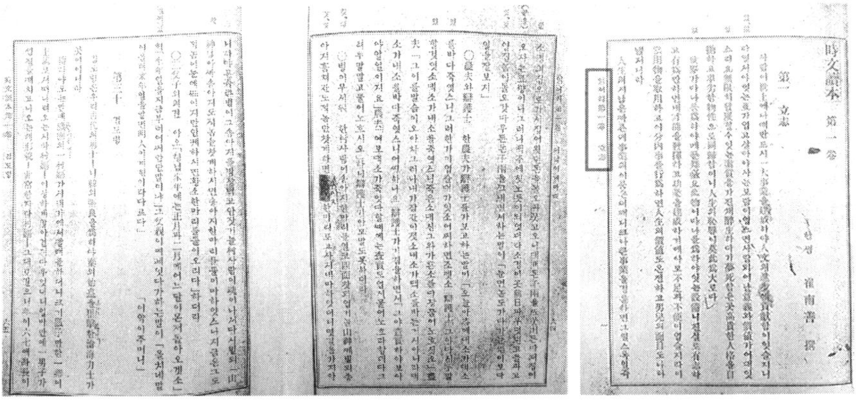

〈그림 11〉 『시문독본』 초판의 체재 [자료 : 개인소장]

흥미롭게도 **초판은 第一卷의 第一 「立志」가 실린 1면부터 第二十九 「이약이네마대」가 실린 64면까지가 "읽어리第一卷"으로 구성되어 있다.** 이 점은 책의 세로 표제에서 확인할 수 있다. 65면부터 마지막 第三十二 「고지식」이 끝나는 70면까지는 "時文讀本第一卷"으로 표시되어 있다. 64면과 65면의 판형에 변화가 있는 것이 아니므로 동일하게 제작된 한 권의 책임은 틀림없다. 초판 第二卷은 第一 「첫봄」이 시작되는 1면에서부터 第三十二 마지막 글인 「역금(編)」이 수록된 73면까지 동일하게 "時

45) 〈時文讀本〉, 김두봉, 앞의 책, 광고.

文讀本第二卷"으로 소개되고 있다. 그러니까 초판 제일권은 〈읽어리〉 제일권을 모본으로 하여 나머지 세편인 「검도령」과 「日本에서 弟에게」, 「고지식」을 첨부한 형태로 편찬된 것임을 알 수 있다.46)

상술한 내용은 『시문독본』의 편찬 과정에 대한 이해를 도울 뿐 아니라 신문관이 펼친 근대적인 문범이 정립되는 하나의 가능성을 제안한다. 앞서 논의한바, '시문체'의 제안이 『시문독본』이나 『청춘』의 〈현상문예〉에 와서가 아니라 훨씬 이전부터 이루어졌을 가능성, 다시 말해 『소년』에서부터 제안한 새로운 문체에 대한 인식의 일환으로 이해되기 때문이다. 요컨대 '시문체'와 『시문독본』은 '우리 언문의 정화를 발휘'케 하고자 처음부터 '신문장조성'에 주력한 신문관의 일련의 문체 실험이 낳은 산물이다.

또 하나 『시문독본』의 초판이 『새별』의 부록인 〈읽어리〉를 모본으로 편찬되었다면 그것은 애초에 교재 형식을 띤, 상당히 검증된 읽을거리였을 가능성을 시사한다. 왜냐하면 〈읽어리〉는 고등보통 정도의 사립학교 교재로 사용되었기 때문이다. 아래 〈표 38〉은 이규영이 중앙학교 교재로 사용했던 「읽어리가르침」과 『시문독본』 초판의 목차에서 공통된 항목을 추려 비교한 것이다.

46) 『시문독본』 초판 1면 상단에 "時文讀本 第一卷"이라고 표시된 제명 중 유독 "시문독본"이라는 글자에만 마치 글자를 새로 오려 넣은 듯한 흔적을 남기고 있다. 이러한 추정을 뒷받침하는 사례로 간주된다.

〈표 38〉「읽어리가ᄅᆞ침」과 『시문독본』(초판)의 목차 비교[47]

1. 第一學年 敎案(중앙학교 이규영, 1918)	2. 시문독본 초판(1916)
한뫼가 높다 하되(시조) 뜻을 소리로(소리갈) 둘재끼 나(수필) 네재끼 한말 스승님을 생각함(가사) 다섯째끼 千里 봄빛(기행) 第十三時 날램 1(논설) 第十四時 날램 2 第十五時 날램 3 第十六時 廉潔 1(논설) 第十七時 廉潔 2 第十八時 東渡하면서 第에게(편지) 第十九時 斬馬巷(史話) 第二十時 歸省(수필)	九 時調二首 중 泰山이놉다하되 四 千里春色 一 五 千里春色 二 九 時調二首 중 泰山이놉다하되 四 千里春色 一 五 千里春色 二 六 千里春色 三 二十 날램(말글) 十 廉潔 三十一 日本에서 第에게(편지) 二十三 斬馬巷 十五 歸省

〈읽어리〉가 조선어 교재로 사용되었다는 것은 시문체와 『시문독본』을 고찰하는 데 유용한 참조항을 제공한다.[48] 조선어 교재인 〈읽어리〉는 한글 문장의 모범을 제시하고 있다. 이 점은 우선 초판의 한글 지향을 설명하는데, 순한글로 작성된 『시문독본』의 서문도 이 연장선에서 이해된다. 『시문독본』에는 순한글로 된 글이 한 편도 없지만 「서문」만은 예외이다. 『시문독본』의 초판이 애초 한글 쓰기를 지향한 〈읽어리〉에서 비롯된 것이라면 순한글로 된 서문의 형태는 지향해야 할 좌표의 하나로 설정되었을 수 있다.

47) 〈표 38〉은 김민수가 제시한 「읽어리가ᄅᆞ침」의 목차를 근거로 『시문독본』의 초판 목차와 비교하여 공통적으로 드러난 항목만을 제시한 것이다. 김민수, 「이규영 문법연구」, 『한국학보』 19호, 1980, 80면.

48) 『시문독본』에 재수록 되고 있는 〈읽어리〉의 기사 중 현재 확인 가능한 것은 다음과 같다. 「개미나라」(『시문』2권5-『새별』15호), 「선한습관」(『시문』2권6-『새별』15호), 「내소와 개」(『시문』2권12 · 13-『새별』16호), 「말코니」(『시문』2권27-『새별』16호), 「우어오칙」(『시문』2권28-『새별』16호), 「물의가는바」(『시문』2권29-『새별』16호)

> 아름다운. 내. 소리. 넉넉한. 내. 말. 한껏. 잘된. 내. 글씨. 이. 올과. 날로. 나이. 된. 내. 글월. 이로도. 굿센. 나로다.
>
> 버린. 거슬. 주우라. 일흔. 거슬. 차즈라. 가렷거든. 헤치라. 막혓거든. 트라. 시므라. 북. 도두라. 걸. 음. 하라. 말로. 글로도. 나.
>
> 나를. 세우라. 온갓. 일의. 샘이니. 생각의. 나. 부터. 안치라. 온갓. 생각의. 흐름이니. 글월의. 나를. 일히키라. 두. 즘의. 침침을. 헤칠. 쌔 ㄴ저. 가웃. 골의. 잠잠을. 깨칠. 쌔 ㄴ저.
>
> 나즘. 부터쉬움. 부터. 작음. 부터. 꾸준히만. 곳장만. 긋까지. 더. 나갈. 지어다. 더. 오를. 지어다. 아름다움. 넉넉. 잘의. 나로. 윈. 남을. 다. 쌀지어다.[49]

시문을 과도기의 문체로 인식한 이 책이 한글을 "아름다운 내 소리, 넉넉한 내 말"로 규정하고 있다는 사실은 의미심장하다. 조선어가 '과도시기'를 거쳐 이상적으로 지향해야 할 최종 단계가 순한글로 설정되었을 수 있기 때문이다. 한자 약간 섞은 '시문체'를 지향한 이 책에 순한글로 된 글은 한 편도 실리지 않았음에도 유독 서문만은 순한글로 편집된 이례적인 양상을 보인 것은 이러한 맥락에서 이해된다.[50]

『시문독본』이 신문관의 전 출판활동과 긴밀하게 연동된 것은 주지의 사실이다.[51] 『소년』에서부터 『붉은져고리』, 『아이들보이』, 『새별』, 『청춘』 등 다양한 매체들에 게재된 글들을 가려 뽑은 것은 물론이고 광문회에서 복간한 고서들로부터 '옛 글' 즉 고전을 번역하여 새롭게 소개한다. 이 밖에도 『학지광』과 『매일신보』 등에 실린 글들까지 편집해서 싣고

---

49) 한샘, 「서문」, 『時文讀本』, 신문관, 1916[一二合篇].

50) 『시문독본』은 1918년 개정판 발행 이후 여러 번의 판을 거듭했고, 그때마다 정오표를 비롯하여 구성이나 체제를 바꾸었다. 그럼에도 「서문」의 고전적인 방식인 권점 띄어쓰기나 두음의 ㅇ을 쓰지 않았던 사례는 그대로 두고 있다. 정통한 연구자들의 관심을 부탁한다.

51) 임상석, 앞의 글 참조.

있다. 애초 조선어 교재에서 출발한 『시문독본』은 비록 그 "채방"할 거리가 적다고 했지만 실은 꽤 넓은 범주로까지 시문의 사례를 확충해갔다고 할 수 있다. 광고에서 밝힌바, 점진적으로 그 문범의 다양성 및 범위를 확장해 간 것이다.

'시문'은 언문과 한문으로 분리되어 있었던 문체와 그에 따른 내용을 하나의 일정한 체계 안에서 다룸으로써 이분법적으로 위계화된 언어질서에 가해진 균열의 양상을 전면화했다.[52] 『시문독본』의 의의는 균일하고 균질적이지 않은 내용의 글, 다시 말해 각종 다양한 문(文)들이 하나의 스펙트럼 속에 전시될 수 있음을 보여줌으로써 문체 인식의 전환을 이루어냈다는 데 있다. '시문'과 『시문독본』의 진정한 의의는 여기에서 찾아진다.

2) 〈현상문예〉를 통한 시문체의 구현

『시문독본』에 수록된 글들은 현장성이 강한 문예적인 글에서부터 추상적 관념과 사상성이 강한 글에 이르기까지 다양하다.[53] 더욱이 동일한 내용을 "원문에 거리끼지 않고 취지에 맞게" 바꾸었던 사례들을 통해 짐작되듯 '시문'은 그 문체가 담을 수 있는 글의 성격이나 내용과 관련되었을 가능성이 있다. 마침 『청춘』의 〈현상문예〉는 '시문체'로 쓸 것을 구체적으로 명시한 바 있으니 이를 통해 실질적으로 구현된 '시문체'의 사례

52) 김지영은 『시문독본』이 현장성이 강한 문예적 글에서는 국문에 가까운 문체가, 추상적 관념과 사상성이 강한 글에서는 한자와 한문의 영향이 짙은 문체가 사용됨을 밝혀냄으로써 문체 분리 현상을 포착했다. 그에 의하면 『시문독본』의 이 같은 문체 분리 현상은 문체 사이의 차이들을 위계적으로 파악하지 않고 오히려 다양한 실험을 통해 문체 사이의 위계화에 저항했다는 데 그 의의가 있다. 김지영, 「최남선의 『시문독본』 연구-근대적 글쓰기의 형성과정을 중심으로」, 『한국현대문학연구』 23집, 2007, 83~129면.

53) 김지영, 위의 글, 121면.

들을 확인할 수 있다. 〈현상문예〉 고선자(考選者)의 한사람인 최남선은 '시문'의 구현 여부에 따라 투고작들을 평가했다. 다음은 최남선의 선자평(選者評)이 첨부되어 있는 당선작이다.

> (1) 我-年來學友를 從하야 保寧郡에 居留한지 임의 數個星霜을 閱한지라 足跡이 保寧山川에 遍하고 耳目이 保寧風土에 慣하야 居然히 保寧은 我의 幷州故鄕을 成하엿도다 保寧은 地圖上에 表示함과 如히 西으로 海面에 際하고 東으로 山岳을 連하야 水陸兩界를 兼該함으로 氣候가 順適하고 山水가 明媚하야 진실노 湖西의 名勝鄕이라 稱하기도 足하도다(생략)
> 選者評 : 敍述도 잇고 品評도잇스며 感慨도 잇고 興嗟도 잇스니 時文의 高手임을 知할지라 落字와 措辭에 可議處-容有 할지라도 渾然한 全部文章을 害한다못할진저[54]

> (2) 一自判襂로 雁阻魚稀하고 虛座之感이 靡日不切하야 湖雲江樹에 徒馳意馬하니 悠悠所懷가 與夏同長일새 竊相吾兄이 蓬轉日永하니 淸宵步月과 白日看雲을 何堪能做아 山河遠隔하야 連璧未得하니 我心莫休라가 所思無益이라 飜然改悟하고 鄕里一事를 忘拙謹綴하야 欲慰羈情하노니 幸賜一覽하소서(생략)
> 選者評 : 要領을 略得하얏슴을 取하노라. 時文아님은 憾이로다[55]

첫 번째 인용문은 원(元)에 당선된 송완근(宋完根)의 글이다. 고선자는 "서술도잇고품평도잇스며 감개도잇고홍차도잇스니 시문의 고수임을 지할지라"며 이 글을 칭찬한다. 반면 두 번째 선외가작으로 당선된 이강석(李康錫)의 글에 대해서는 "時文은 아님이 憾"이라고 평가한다. 그런데 시문의 고수로 평가받은 글과 그렇지 않은 글은 단순히 "漢字약간석근時

54) 〈특별현상문예〉, 『청춘』 11호, 신문관, 1917.11, 26~28면.
55) 위의 책, 37~39면.

文體"로 판별된 것이 아님을 알 수 있다. 물론 후자의 문장은 한문현토체에 가깝지만 시문의 고수로 지칭된 글은 문체의 문제가 아니라 서술과 품평과 감개와 흥차가 잘 드러난, 다시 말해 글의 성격과 결부된다. 『시문독본』에 수록된 글을 살펴보더라도 생활에 밀착된 글이 많다. 예를 들어 이광수의 경우만 하더라도 그가 펼친 급진적 주장의 논설이나 허구적 소설이 아니라 일상에서 일어난 평이한 내용을 다룬 산문들이 주를 이룬다. 뿐만 아니라 소개된 시가나 번역된 고전 가운데서도 편지나 수필, 기행 형식 등이 다수를 차지한다. 그렇다면 '시문'은 일정한 문체를 통해 재현 가능한 글과 상통한다. 이는 〈소년문단〉에서부터 강조했던 "진실을 담을" 수 있는 문체와 다르지 않다.

이러한 점을 상기한다면 신문관은 자사 매체들의 '독자 투고'를 통해 '시문체'를 견인하고 실현해 갔다고까지 말할 수 있다. 『소년』의 〈소년문단〉에서부터 『아이들보이』의 〈글ᄭᅩ느기〉, 『청춘』의 〈현상문예〉 등, 매체별로 다양한 독자 투고란을 마련하고 독자들에게 글쓰기를 독려했던 것은 넓게 보면 '시문체'의 형성과정으로 이해된다. 물론 『소년』이 야심차게 준비한 〈소년문단〉은 독자들의 관심을 유발하지 못했다. 그렇지만 '투고필준'에서 제시한 규정들은 문장쓰기와 관련하여 특별히 주목할 만하다.

眞實을 일티말일

假令 兒孩둘이 노리를 가고도 成句가 잇다고 「冠童六七人」이라하던디 秋成時의 敍事에 傳習이라고 먹디도아니한 「黃鷄白酒」를 쓰든지 늣게 이러난것을 남에게 알니기 붓그럽다하야 日高三丈한뒤에 이러나고도 日記에는 「텻닭울면서」라하든지 어린兒孩에게는 當치도아니한 公共事業의 經營과 酒烟에 關한일을 쓰든디 하난것은 다그딧말이라

> ▲▲▲ ▲▲▲▲
> 簡要를 듀당할일
>
> 쓸데업난 敍景과 誇大한 記事를 避할 것이니 假令「어뎨뎌녁八時에 우리아바님이 서울노부터 還宅하시다」하면 다될것을 緊한 關繫도 업난것을 「오래 留京하시면서 學校設立일에 奔走하시던 아바님씌서 어뎨 서울노서 還宅하시난데 다락원酒幕에서 點心이 늣게되고 議政府안말에 親知을 탸디셔 이럭뎌럭 遲滯가 되야 밤八時나되야 抵達하시엿난데 때에 으스름달은 건넌山에 微照하고 洞里ㅅ개들은 서투른 검은옷을 딋더라」하난 것은 아듀 안된 글이니 쓸句와 할말만 쏙 너흘것이라56)

"어뎨뎌녁八時에 우리아바님이 서울노부터 還宅하시다"하면 될 것을 "오래 留京하시면서 學校設立일에 奔走하시던 아바님씌서 어뎨 서울노서 還宅하시난데 다락원酒幕에서 點心이 늣게되고 議政府안말에 親知을 탸디셔 이럭뎌럭 遲滯가 되야 밤八時나되야 抵達하시엿난데 때에 으스름달은 건넌山에 微照하고 洞里ㅅ개들은 서투른 검은옷을 딋더라"라는 문장으로 쓰는 것은 "緊한 關繫"도 없이 "쓸데업난 敍景과 誇大한 記事"임을 지적하고 있다. 진실하게 쓸 것과 더불어 이처럼 쓸데없는 미사여구와 풍경묘사, 과대한 감정 표현 등은 옳지 못한 것으로 규정한다. "少年文學을 主張하야 發刊"된 것이 아닌 이상에야 문학적인 미사여구와 감정의 수사들을 배제한 단문을 요구하는 것이 마땅하겠지만, 이러한 서술에는 미문에 대한 경계가 엿보인다. 그러니까 신문관의 문체 실험이 바른 문장에 대한 모색으로 이어진 것은 이처럼 애초부터 정립된 문체관에서 비롯된 것임을 알 수 있다.

신문관이 매체마다 독자참여를 기획하고 독자들에게 글쓰기를 독려하면서 시문체와 같은 문체를 요구한 것은 독자들의 문체와 문장을 연습시

56) 〈소년문단-투고필준〉, 『소년』 창간호, 신문관, 1908.11, 79면.

키는 효과를 불러온다. 신문관이 의도했든 그렇지 않든 결과적으로 독자들의 문장력을 훈련시켰던 것이다. 이 제도적 장치의 실질적 효과는 『청춘』의 현상응모에 당선된 이들을 통해 증명된다. 가령 최서해를 두고 김동인은 "이전 六堂 주간의 〈청춘〉에부터 顯賞에 응모하느라고 문장에 대한 솜씨는 익혀 두었으므로 그의 문장은 미끈하였다."[57]고 평가한 바 있다. 『청춘』의 〈현상문예〉가 독자들에게 문장 훈련의 장치로 작동했음은 분명해 보인다.

흥미롭게도 이러한 문체의 영향은 독자들에게만 일방적으로 가해지는데 그치지 않고 매체 자체에도 변화를 가져온 것으로 판단된다.

> (1) 「少年文壇」은 우리讀者諸君의 河海를 傾하고 風濤를 驅할 壇場이라 感懷를 書함도 可하고 見聞을 記함도 可하고 日記를 記함도 可하고 課文을 投함도 可하고 吾鄕의 風土를 誌함도 可하고 先輩의 經歷을 錄함도 可하고 詩詞도 可하고 書翰도 可하나 行文結辭하난사이에 힘써 眞境을 그리고 眞地를 일티말디니 執筆人은 詞操에 富한것도 取티아니할것이오 結構에 妙한것도 擇티아니하며 다만 거딧말아닌 듯 한것과 首尾가 相接하야 이르랴 한뜻이 낫타난것이면 썝을터이니 이에 着念하시여 이러한 그리면 續續投稿하야 執筆人으로 하야곰 蔚然이 曜하는 麟鳳과 鏘然히 鳴하난 韶鈞에 驚心驚眼케하서오 (중략)
>
> 또한가디 말삼할것은 本誌가 少年文學을 主張하야 發刊함이 아니라. 다만 讀者의 글을 奬勵도하고 구경도할次로 이 文稿를 둡인즉 만은 紙幅을 割하기는 事情이 어려운즉 아못됴록 短文을 歡迎할수밧게 업난디라 不得已 左의 規定을베프러 制限하노니 이에 着念하야 어긔디말도록 하시오 一行에 十七字ㅅ식 十七行以內[58]

57) 김동인, 「作家四人-춘원 · 상섭 · 빙허 · 서해, 그들에 대한 短評」, 『김동인전집』 16, 조선일보사, 1988, 308면.

58) 〈소년문단〉, 『소년』 창간호, 신문관, 1908.11, 78~80면.

(2) 사람이 세상에 살자면 글짓ᄂᆞᆫ것이 매오 종요로운 일이외다 글을 질줄 모르면 말못ᄒᆞᄂᆞᆫ 사람 가트니 암만 남에게 알닐 일이 잇서도 알닐수 업스며 암만 내가 ᄒᆞ고십은 말이 잇서도 ᄒᆞᆯ수 업슬지라 갑갑ᄒᆞ고 속이 답답ᄒᆞᆫ것은 오히려 견ᄃᆡᆫ다ᄒᆞᆯ지라도 일과 몸이 큰 낭패 당ᄒᆞ게 됨을 엇지ᄒᆞ리오 그럼으로 학교에서도 독본과 작문 두 과뎡을 힘써 가ᄅᆞ치며 ᄯᅩ 녜로부터 잘난 사람들은 반ᄃᆞ시 당신 생각을 몃쳔년 몃ᄇᆡᆨ년뒤 우리들ᄭᅡ지 분명ᄒᆞ게 일도록 글들을 잘 지으셧슴ᄂᆡ다 그러나 글을 잘 짓자면 마음만 두어 될 일 아니오 생각만 잇서 될수 잇ᄂᆞᆫ것 아니라 어려서부터 만히 남의 글을 닑고 만히 내손으로 지어 보아야ᄒᆞᄂᆞᆫ 것이니 일즉이 련습ᄒᆞᆷ이 업스면 늣게 큰 설음을 바들것이 분명ᄒᆞ외다 여러분이 응당 이 리치를 밝히 아르셔 글짓기를 매오 힘쓰실줄은 밋ᄂᆞᆫ바어니와 그러나 우리가 얼만콤 여러분으로 더부러 동무가 되어 조흔 일을 서로 권면ᄒᆞᄂᆞᆫ 자리에 자미 잇ᄂᆞᆫ 방법으로 이 요긴ᄒᆞ고 고상ᄒᆞᆫ 글짓기를 더욱 권장ᄒᆞ야 재조와 솜씨를 갈ᄉᆞ록 느시게ᄒᆞᆷ은 과연 아니ᄒᆞᆯ수 업ᄂᆞᆫ 일이라ᄒᆞᆯ지라 이에 알에 적은 방법으로 여러분의 지으신 글을 모집ᄒᆞ야 공평ᄒᆞ게 ᄲᅩᆸ코 정당ᄒᆞ게 고쳐 잘직은것은 우리 잡지에 번번히 내어 여러분의 기림이 되게ᄒᆞ려ᄒᆞ오니 힘써 글을 지으시고 그 지으신것을 우리에게로 보ᄂᆡ시오[59]

〈소년문단〉은 "讀者의 글을 奬勵도하고 구경도할次"로 실시되었다. 〈현상문예〉 역시 "一邊 讀者허고의 思想上交際의 機會를 짓는 同時에 또 一邊으로는 바야흐로 勃興하려하는 新文壇에 意味잇는 一波瀾을 寄與코저 함"[60]에서였다. 이는 "讀者허고의 思想上交際의 機會"를 통해 독자와의 소통 가능성을 모색했음을 의미한다. 앞서 살펴본바, 『청춘』이 시문체를 규정해 놓고 〈현상문예〉를 모집했지만, 그 문체는 일정한 규범이나 형태로 제시된 것이 아니었다. 『청춘』의 고선자들이 시문의 고수라

---

59) 〈샹급잇ᄂᆞᆫ 글ᄭᅩᆫ느기〉, 『아이들보이』 2호, 신문관, 1913.10, 광고.

60) 「每號懸賞文藝」, 『청춘』 9호, 신문관, 1917.7, 126면.

고 규정한 글들 역시 모호한 건 마찬가지였다. 그런데 『아이들보이』나 『청춘』에 투고된 독자들의 문체는 상당한 수준의 시문체를 구현하고 있다. 다시 말해 여기에 참여한 투고자들의 글을 통해 시문의 형태가 구체적으로 제시되거나 형상화된 것일 수 있다는 말이다. 최서해의 사례에서 보이듯 『아이들보이』나 『청춘』의 독자들 역시 시문체에 대한 감각이 처음부터 있었던 것이 아니라 당선작들의 문체를 통해 이를 모방하고 따랐을 가능성이 농후하다.

이 점은 〈소년문단〉에서부터 〈현상문예〉에 이르기까지 신문관이 지속적으로 독려한 독자들의 일상적 글쓰기를 상기시킨다. 신문관은 시문체, 즉 한자 약간 섞은 문체와 더불어 독자 투고를 통해 고향의 사정이나 자신의 근황을 보고하는 일종의 생활문을 적극 권장했다.[61]

> 뎅뎅치는下學鍾소리를 듯고 에그 조하라하다가 先生님께 꾸중을 들은 것은 제가 생각하야도 부끄럽지마는이것이 學期의 마조막인가하매 깃븜을 깃븜을스스로이기지못한것이다 書冊筆記帖할것업시다치어내던지고 꾸지람듯지아니할때가 왓대선가아니지 登山이며 海水浴이며 마음대로 놀수잇대선가자이니지 그도 깃브지 아니함은 아니지마는 이 鍾소리가날때에 선뜻 내눈압헤선하게보인것이故鄕의光景이다 故鄕에는 父母님이게시니 내가 이제돌아가서 膝下에뫼시게될수잇는몸이된것을 깃버함이다(중략)
>
> 그러자마자언니하고부름은더니덧나를 알아보고 雙手를쳐든동생의소리다 내다보니 아버님도 오셧네 어머님도계시군 누의동생이야퍽도컷구나 어머님께서는 눈물이 그렁그렁하시어 말슴도 別로업스시며 누의동생은 어안이 좀 벙벙한모양이다아버님께서 「잘잇섯느냐」하시고가까이나오시는데

61) 김지영은 『시문독본』에 실린 글을 모두 네 가지 문종으로 분류한 다음, 글의 성격을 밝힌 바 있는데 여기에서 경험적인 글과 윤리적인 표현을 중요한 요소로 지적하고 있다. 김지영, 앞의 글 참조.

> 뷜업시가슴이 메어대답이얼른사뢰어지지안는다 路上에서이것한마대저것한마대하는동안에어느덧 며칠발두고쑴으로다니든 우리집에 다달앗다 집안 왈은봄과다름이업다[62]

『시문독본』 초판에서부터 실린 이 글은 〈현상문예〉 당선작은 아니지만 독자의 글과 유사한 분위기를 풍긴다. 여름방학을 맞아 고향으로 돌아가는 이러한 성격의 글은 독자 투고에서 나타나는 경향과 닮았기 때문이다. 시문의 모범으로 학생 독자가 쓸 법한 글을 싣고 있다는 것은 바로 '시문체'의 또 다른 측면을 보여주는데 그것은 다름 아닌 독자의 글, 다시 말해 새로운 글쓰기의 주체를 예고한 데 있다. 신문관의 출판활동이 1차적으로는 읽을거리를 생산하는 데 있지만 궁극적으로는 이러한 읽을거리를 통해 자신의 생각과 사고를 자신의 언어와 말로 표현, 개진하는 주체들을 양성하는 데까지 나아갔던 것이다.

신문관의 '독자 투고'는 독자들에게 경험적인 글쓰기를 독려함으로써 시문을 훈련시키는 동시에 독자들의 글을 통해 자신들이 내세운 시문을 구체화시킬 수 있었다. 매체 역시 독자들의 문체를 공유하면서 이른바 시문을 만들어 나갈 수 있었던 것이다. 요컨대 시문체는 매체로부터 일방적으로 강요된 것이 아니라 독자들의 글을 통해 수정되고, 이러한 구체적인 사례들을 경유함으로써 형성되어 갔을 수 있다. 신문관이 실시한 문장교육은 매체의 일방적인 훈련에 의해 이루어진 것이 아니라 소통형식으로 작용했던 것이다.[63] '독자 투고'를 비롯한 〈현상문예〉의 가능성

---

62) 「제15 귀성」, 『時文讀本』, 앞의 책, 34~35면.

63) 『청춘』의 〈현상문예〉에 대해 김미정은 "『청춘』의 현상공모는 근대적인 문단을 바로 정비하는 제도라기보다, 이후 세대의 특징인 문학의 자율성을 가능케 하는 과도기적 실험장이었다고 볼 수 있다."(172면) 이런 점에서 『청춘』은 '문학'이 '자율성'을 확보하기 이전에 어떻게 글쓰기 실험을 시도하고 움직여 갔는지를 보여주는 장(場)이라 할

과 시문체의 중요성은 여기에 있다. 『시문독본』과 〈현상문예〉가 합작이 되어 시도한 시문체의 향방은 향후 여러 형태로 드러난다.

『시문독본』이 가지는 문예적 통합은 하나의 '문체', 곧 시문체를 통해 분리된 언어 사용층을 통합한다는 점 외에도 문장의 바른 형태를 모색함으로써 근대적인 독본의 가능성을 열어주었다는 데 있다. 시험적으로 500부만 발행한다는 출판사의 입장과 달리 신문관이 해체된 후에도 『시문독본』은 판을 거듭해 간행되었을 정도로 이 책의 인기는 상당했다. 독본의 활용성과 보급률이 다른 서적에 비해 높았다[64]는 점에서 그러하겠지만, 무엇보다 이후 작가들의 필독서가 되고 있는 장면이 여러 차례 목격된다. "시문독본에서 읽은 이 시조를 이따금 목을 빼서 청청스럽게 읊조렸다. 또 붓을 들면 이 글을 적기도 했다. 그리고 춘심이란 두 글자를 뚫을 듯이 들여다보니 정신을 잃었다. 그 두 글자가 굼실굼실 움직여 엄청나게 굵고 크게 되어 시커멓게 눈을 가리기도 했다. 봄 춘자의 삐침과 파임이 그의 가냘픈 팔이 되어 나의 허리에 감기도 하였다."[65] 이러한 영향은 이태준에게도 보인다. 『사상의 월야』에서 "사립봉명학교를 졸업하면서 받은 우등상품이 『시문독본』이었던" 것이다.[66] 작가들의 이러한 회고는 1910년대 『아이들보이』의 독자이자 당선자이기도 했던 이윤재의 『문예독본』과 연결된다는 점에서 식민지 시기 독본의 문예적 가능성을 다시 한 번 확인시킨다.[67]

수 있다. 김미정, 「근대초기 현상공모 일고찰」, 『반교어문』 18집, 2005 참조.

64) 조윤정은 독본 형식의 서적이 독자들에게 어떻게 수용되고 있었는지를 추적함으로써 독본의 사회적 기능과 학습적인 효과를 치밀하게 논증한 바 있다. 조윤정, 「근대적 글쓰기의 형성과 글쓰기 장(場)의 재인식; 독본의 독자와 근대의 글쓰기」, 『반교어문연구』 29집, 2010 참조.

65) 『현진건문학전집』 2, 국학자료원, 2004, 43면.

66) 이태준, 『사상의 월야』, 깊은샘, 1996, 72면.

한편 『청춘』의 〈현상문예〉 출신이기도 한 계용묵은 "시문독본이 문예서와 혼동되어 지식 청년층으로부터 열애가 되었으며, 이 책을 읽는 학생들을 순사가 주목"했음을 회고한 바 있다.68) 이처럼 순사의 주목을 받는 상황은 조금 다른 맥락에서이지만 백낙준의 회고에서도 유사하게 드러난다. 백낙준에 의하면 "일제시대에 시문을 말하다가는 시국에 저촉"되고 "시문인 신문논설 일편을 쓰거나 읽을 수 없다하면"69) 동류로 취급하지 않았다는 것이다. 백낙준의 이 언급은 시문이 일종의 언어 사용자들을 동일한 표지로 인식하게 하는 기능으로 작용했음을 보여준다. 동일한 언어 사용자들끼리 동류라고 인식하는 이러한 예는 '시문'의 모범을 구현한 『청춘』의 주 필자인 현상윤으로부터 일찍이 그 단초가 나타난다. 현상윤은 "가나다라 마바사아를 닑고말하는이면, 다갓치諸君이내의兄弟오내가諸君의兄弟로다"70)라고 서술함으로써 한글이 "형제", 즉 민족을 구성하는 표지가 되고 있음을 드러낸 바 있다. 동일한 언어 사용을 통해 민족이 구성되는 이른바 언어 민족주의적인 인식의 형성에 다름 아니다. 1910년대 조선어에 대한 명확한 이론적, 문법적 통일이 이루어지지 않은 시점에서 이들이 유사한 문체를 사용함으로써 통일된 인식을 지향, 혹은 형성해 가고 있었음을 보여주는 흥미로운 장면이다.71) 요컨대 신문관은

---

67) 문혜윤, 앞의 책 참조.

68) 계용묵은 하태용이라는 본명으로 『청춘』 15호 〈독자문예〉에 「제비」로 당선된 바 있다. (〈부록2-2〉 참조.) 계용묵, 「한국문단측면사」, 『현대문학』 10호, 1955.10, 183~184면. 물론 여기서 언급한 "시문독본이 문예서와 혼동"된다고 했을 때의 '문예'는 문학과 거의 동일어로 쓰인 개념이다. 1920년대 이후 문예는 더 이상 문장과 관련된 글쓰기의 광범위한 벡터를 지칭할 수 있는 개념으로 사용되지 않았기 때문이다. 문예의 개념 형성 과정에 대해서는 김지영(Chiyoung KIM)의 'The Emergence of the Modern Concept of "Munye" in Korea', "Korea Journal" Vol.50 No.1, Spring 2010, pp.169~191.

69) 『백낙준전집』 6권, 연세대학교 출판부, 1995, 266면.

70) 현상윤, 「말을半島青年의게붓침」, 『학지광』 4호, 1915.2, 15면.

『청춘』의 〈현상문예〉와 『시문독본』을 통해 문범의 제시는 물론, 독자층과의 소통을 시도했다. 이를 통해 필자는 물론 독자들로 하여금 조선어로 읽고, 쓰는 일련의 행위를 제도적으로 마련함으로써 공통된 언어의식이 형성될 계기를 제공한 셈이다. 사전 편찬 및 문법서의 출판과 더불어 신문관의 일련의 문체 실험이 궁극적으로 "현대 조선어"라 불릴만한 단일하고 공통된 언어, 즉 민족어의 형성에 있었음이 이로써 확인된다.

---

71) 한진일은 1910년대의 단편소설 형성과정을 고찰하면서 이들의 문체에 대해 관심을 표명한 바 있다. 그에 따르면 이시기 언문일치의 표현을 지향함으로써 표현 영역에 따라 달라지는 사용문체의 영역 구분 현상이 어느 정도 극복되고 있음을 알 수 있다는 것이다. 필자에 따라 정도의 차이는 있지만 확실히 유사한 문체를 구사하고 있고 이는 일정한 통일된 문체 의식으로 발전한다고 주장한 바 있다. 한진일, 앞의 논문, 29~31면.

제5부

필자-독자 네트워크와 문예 주체의 양성

제1장

'회중노사'와 '청년제류'의 절합[1] 가능성

신문관의 출판활동에 관여한 인물은 책의 저·역자나 편자는 물론, 편집자나 인쇄인, 교열자 그리고 판매자와 분매소 주인에 이르기까지 다양하다. 이들은 소년과 어린이의 부형으로, 양사우(良師友)로, 청년들의 선배로 신문관의 필자인 동시에 독자였으며[2] 드물게는 책의 판매나 유통에 관여하기도 했다. 책을 구매하고 잡지를 구독하며 현상응모를 비롯한 각종 '독자 투고'에 참여한 구/독자 역시 방식은 다르지만 출판활동에 참여한 이들로 간주된다. 이들은 매체의 또 다른 구성원으로 향후 필자나 저·역·편자로 성장, 변모해 갔을 수 있기 때문이다. 딱히 출판활동에 두드러지게 관여하지는 않았어도 신문관을 구심점으로 결사의 장을 마련하고

1) 주로 articulation의 역어로 사용되는 절합이라는 개념은 소쉬르에게서 출발해 마르띠네, 레비스트로스 등 구조주의자들을 통해 체계화되었다. 라틴어 'articulus'에서 비롯된 이 용어는 몸의 마디처럼 부분들을 분리하는 동시에 연결하는 것'을 뜻한다(주경복, 『레비스트로스』, 건국대 출판부, 1996, 57~64면 참조). 본 책에서도 신문관을 통해 이합집산한 인물들이 '회중노사'와 '청년제류'라는 신구세대의 분리를 가리키는 동시에 운동의 형식으로 연대 가능하다는 의미에서 사용했다.

2) 필자이자 독자였다는 표현은 근대 초기 매체의 형성 과정 상, 필자가 곧 독자인 매체 생산–소비방식을 가리킨다.

담론을 공유하는 데 일정한 역할을 한 이들도 있다. 출판활동에 관여한 인물들을 살펴보는 것은 신문관을 중심으로 형성된 인적 구성의 실질적이고 구체적인 장을 파악하는 일이자 동시에 1900년대 후반에서 1910년대 지식인들의 지형을 조망할 수 있다는 점에서 의미 있을 것이다.

이 장에서는 『소년』에서부터 『청춘』에 이르는 동안 신문관 출판활동에 개입한 이들의 인적 네트워크를 구조화해 보고자 한다.[3] 신문관에 '이합집산'한 인물들은 '회중노사'로 불리는 개신 유학파들에서부터 당대 '청년제류'로 지칭되는 신세대 인물에 이르기까지 다양하다. 전자에는 유근, 김교헌, 박은식, 장지연, 신채호 등 한말 계몽운동의 원로들이, 후자에는 이광수를 필두로 한 동경유학생과 부상하는 청년・학생층이 포함된다. 이 두 열쇠말은 세대 구분의 기능으로도 유용하기에 신구세대를 가리키는 개념으로 사용하고자 한다.

1. 『소년』에서 『새별』에 이르기까지

1) 신문관 편집국과 창립 무렵의 필진들

최남선은 신문관이 창립되기 이전부터 동경유학생들의 잡지에 관여했고 이 잡지들에 상당수의 글을 게재한 바 있다.[4] 이때 본명 외에도 공육(公

3) 출판활동의 층위는 매우 다양하다. 따라서 이 책에서 매체 및 단행본의 필・저자를 중심으로 살펴보는 방식은 편의적이며 구조화에 분명한 한계를 지닐 수밖에 없음을 미리 밝혀 둔다.

4) 유학 시절 발표한 최남선의 글 목록은 류시현, 『최남선 연구』, 역사비평사, 2009, 41면 참조. 이 목록에 포함되지 않은 것으로 樂天子의 「國風四首」(『대한유학생회학보』 1호, 1907.3)와 N.S生의 「歐洲泰東學界泰斗 막스, 물너 博士의 儒教論(上)」(『서북학회월보』 16호, 1909.10, 41~46면), 그리고 「壬辰倭亂에 關ᄒᆞᆫ 古文學 三度」(『낙동친목회월보』 3・4호, 1907.12・1908.1, 38~40・27~31) 등이 추가로 발견된다. 낙천자를

六)이나 N.S., N.S生, 최생(崔生), 육당학인(六堂學人), 대몽(大夢) 등, 여러 필명을 사용하여 필자 표기를 하였다. 그것은 『소년』이나 〈소년구가서류〉, 〈십전총서〉 등 창립 초기 신문관의 매체나 여타의 단행본들에도 마찬가지이다. 그는 『소년』 편집인, 집필인, 곡교인(曲橋人), 한샘 등 『소년』에서부터 『청춘』에 이르기까지 다양한 필명을 사용했다.[5] 이를 통해 최남선이 자신의 글을 비교적 분명하게 밝히고자 했음을 알 수 있다.

이 점은 몇 가지 석연찮은 의문을 남기는데 주지하듯 신문관은 경영과 편집, 인쇄와 판매의 기능이 구분되었고 편집국 역시 따로 있었다. 그렇지만 "『소년』으로부터 『새별』에 이르기까지 이광수가 약간 원고를 거들었을 뿐으로, 잡지의 대부분을 육당이 혼자서 써서 만들었다. 편집도 물론 혼자서 했고, 교정만은 다른 사람의 힘을 빌었다. 광고문도 자신이 만들고, 체재도 육당의 고안으로 되었다."[6]는 것이 일반적 견해다. 회고에서처럼 잡지 편집에서부터 광고에 이르기까지 거의 대부분이 최남선의 손에 의해 이루어졌다면 편집국의 존재와 그 인적 구성원에 대해서는 의문이 풀리지 않는다.

1909년 1월 『소년』에는 신년을 축하하는 사고(社告)가 실린다. 전문은 "館主 崔昌善 編輯局員一軆"[7]라고 되어 있다. 최남선의 이름이 직접적으로 거론되진 않았지만 그를 포함한 편집국원 일체의 신년 인사인 셈이다. 『소년』의 편집후기인 「編輯室通寄」에는 신문관에 최남선 외에 또 다른 인물이 있음을 보여준다. 가령 "本誌의 執筆人中, 公六子는 『執筆

최남선으로 추정한 것은 홍일식에 의해서이다. 홍일식, 『한국개화기의 문학사상연구』, 열화당, 1980, 112면.

5) 이 밖에도 최남선은 남악주인(南嶽主人)・축한생(逐閑生)・백운향도(白雲香徒) 등의 필명을 사용한 것으로 알려져 있다.

6) 조용만, 『육당최남선』, 삼중당, 1964, 121면.

7) 「謹賀新年」, 『소년』 2년 1권, 신문관, 1909.1.

人의 文章』에도 잇슴과 갓히 平生에 조와하난 바다 구경次로 本月九日東萊를 向하야 出發하얏사온즉 來卷부터 그 遊覽記가 揭載될듯하외다."[8] 라며 집필인 중 한명으로 최남선을 소개하고 있다. 이외에도 "N.S.子는 今月中日本으로 觀風하라갓사온즉 來卷부터는 그 紀行文이 揭載될듯하외다"[9]라며 최남선의 부재와 다음 호에 대한 기대를 전한다. 그렇지만 정작 다음 호인 『소년』 3년 1권에서 "今年부터는 本誌도 여러가지 새希望과 새抱負가 잇"었지만 "公六子는 아직도 日本東京에 滯留中"인 까닭으로 "그가 도라오면 多少 새面目이 本誌上에 낫타날듯하"다며 공육의 부재를 공지할 따름이다. 그리고는 이번 호가 "「아브라함, 린커언百年紀念」卷"[10]으로 대체될 수밖에 없는 사정을 함께 고한다. 이처럼 최남선이 도일 후 발간된 『소년』 2년 10권(1909.11)과 3년 1권(1910.1)의 편집후기에서 N.S.子나 공육의 부재를 알리고 있는 다른 인물이 존재한다. 또 『소년』 창간호에 "崔는無責任한書를出할勇氣를不有하얏슨則敢히此書로써學校敎科書로用하기는請하디못하드라도다만地理學이如何한것인디를아딕知티못하난兄弟에게一覽을請하랴하노라."[11]라며 "崔"의 〈崔南善地理書〉를 광고하는 내용이 실린다. "최"를 호명하는 이가 서적 광고에도 등장하고 있는 셈이다. 물론 이 사람이 발행인이자 경영주인 최창선일 가능성도 충분하다. 그렇다하더라도 『소년』 창간호에서부터 신문관에 최남선 이외에 '제3의' 인물이 편집에 관여했던 것만은 분명해 보인다.

이 밖에 신문관 편집국의 이름으로 발행된 단행본 서적들이 있다. 가

8) 「編輯室通寄」, 『소년』 2년 7권, 신문관, 1909.8, 62면.
9) 「編輯室通寄」, 『소년』 2년 10권, 신문관, 1909.11, 152면.
10) 「編輯室通寄」, 『소년』 3년 1권, 신문관, 1910.1. 「편집실통기」 끝에 "不備上"이라고 되어 있는데 이는 주로 서간이나 서찰의 끝인사로 사용한 표현이다.
11) 『소년』 창간호, 신문관, 1908.11, 광고.

령 서양 번역소설 시리즈 가운데 최남선과 이광수의 이름으로 번역된 『불상흔 동무』와 『검둥의 셜움』을 제외하면 나머지 소설들은 모두 신문관 편집국의 이름으로 출판되었다. 『고본츈향젼』을 제외하면 〈륙젼쇼셜〉을 비롯한 『신교옥루몽』, 『신교슈호지』 역시 모두 신문관 편집국의 명의로 간행되었다. 동일한 기획 아래 발행된 소설 가운데도 유독 저·역자명을 표기하고 있는 것과 그렇지 않은 것이 구분되고 있는 셈이다. 한편 신문관은 비교적 단기간에 서양 번역소설 및 〈륙젼쇼셜〉과 고소설을 펴내고 있는데 마침 이 시기는 『아이들보이』, 『새별』, 『청춘』 등의 잡지가 동시에 발행된 때이기도 하다. 그렇다면 일련의 작업들이 최남선 한 사람에 의해 이루어지는 것이 물리적으로 가능한 일인지 의문이다.

신문관 출판물 가운데 신문관 편집국의 이름으로 발행되었지만 '공육' 이라는 필자 표시가 분명한 서적들도 있다. 가령 〈십전총서〉로 기획된 『썰늬버유람긔』나 『산수격몽요결』, 『지구지기왕급장래』 등의 서문에는 최남선이 쓰고 있음을 밝혀 두었다. 그런데 『일문역법』의 경우는 책의 표지 및 본문에 신문관 편집국이 편찬한 것으로 되어 있지만 범례(凡例)에 "本書編輯은거의다林圭氏의手에成"했다고 언급되어 있다.[12] 이후 광고와 목록에서 저자가 임규로 표기된다. 그렇다면 임규가 신문관 편집국의 일원이거나 신문관의 편집에 관여했을 가능성도 제기된다. 제2부에서 살펴보았듯 창립 초기부터 『청춘』에 이르기까지 임규의 궤적을 따라가다 보면 그가 신문관과 밀접한 관계에 있었음을 알 수 있다. 특히 그의 초기 저작 및 출판활동은 신문관을 중심으로 집중적으로 이루어진다.[13]

---

12) 「凡例」, 『일문역법 상』, 신문관, 1909.2, 4면.

13) 신문관과 관련한 임규의 출판활동은 필자가 「근대 초기 지식인의 한 초상-신문관을 중심으로 살펴 본 임규의 초기 활동」(〈2012년도 동양고전학회 동계 학술대회〉 자료집, 한성대학교 동양고전연구소, 2013.2.16)에서 다룬 바 있다.

임규의 출판활동을 보다 자세히 살펴보면 그는 앞서 언급한 『일문역법』 외에도 신문관에서 〈일본어학총서〉를 출간하고 '우정거사(偶丁居士)'라는 필명으로 소화집 『開卷嬉嬉』를 펴낸다. 또 『청춘』에 게재된 「歐洲戰場武勇美談」의 '佛蘭西部'[14]편을 번역하는가 하면 신문관 창업 10주년 기념호에 기념사와 함께 「○○洞」[15]을 싣기도 한다. 이처럼 일본에서 돌아온 이후 임규의 활동은 상당 부분 신문관을 중심으로 이루어졌다. 신문관과의 교류는 여기에 그치지 않고 3·1만세운동으로까지 이어져 민족 대표 48인 가운데 한 사람으로 독립선언문과 통고문을 일본 공관에 전달하는 임무를 맡게 된다. 뿐만 아니라 계몽구락부의 편집위원으로 『계명』 십주년을 기념하는 특집호를 발간하는가 하면 「말모이」의 편찬에 끝까지 참여했던 인물로 기록되어 있다.[16]

임규 외에 창립 무렵 신문관의 서적 출판에 관여한 또 다른 인물은 박승빈이다. 일본 유학생 출신으로 법학을 전공한 그는 신문관의 〈일본국육법전서〉에 관여, 상법에 관한 법률서인 『日本國商法』과 같은 서적을 편역한다. 1908년 10월에 간행된 이 서적은 당시 '언문일치'로 번역되었다는 점에서 주목되는데 한글 쓰기를 지향한 신문관의 문체 특징과 결부될 뿐 아니라 향후 박승빈의 활동과 관련해서도 중요한 단서를 제공한다.[17] 그는 전공을 살려 귀국 후 변호사가 되지만 한편에서는 계명구락부의 핵심 인물로 각종 사회운동 및 한글운동에 뛰어드는데 특히 조선어학연구회를 발족하고 기관지 『정음』을 발간하여 한글과 관련된 여러

14) 『청춘』 14호, 신문관, 1918.6, 부록.
15) 偶丁 林圭, 『청춘』 14호, 신문관, 1918.6, 69면.
16) 編輯子, 「朝鮮語辭典編纂事業에對하야」, 『正音』 2호, 1934.4, 141~145면.
17) 박승빈에 대해서는 미쓰이 다카시, 「박승빈의 언어운동과 그 성격」, 『한국학연구』 26집, 2012 참조.

의견들을 개진하면서 조선어학회와 논쟁을 불러일으킨다.

박승빈의 이러한 활동에 동참하면서 지지를 보내준 이가 바로 임규이다. 두 사람은 동경 유학시절 광무학교 교사로 활동했고[18) 『대한유학생회학보』에 글을 싣는 등[19) 유사한 행보를 보인다. 무엇보다 귀국 후 창립 초기 신문관의 출판활동에 관여한 공통점을 지닌다. 1900년대 후반 신문관을 중심으로 이루어진 이들의 교류는 이후 계명구락부로 이어져 「말모이」 편찬을 비롯한 각종 어문운동 및 생활개선운동으로 표면화된다.

2) '회중노사'의 인물들

청년학우회 기관지를 겸하면서 『소년』은 독자층의 확보는 물론이고 필자 구성과 그 활동 영역까지도 다양하게 전개되는 양상을 보인다. 우선 신채호가 쓴 청년학우회의 취지서 및 윤치호의 연설이 실리는가 하면 김인식이 작곡한 악보들이 게재된다. 안창호의 시들은 이미 그 이전부터 실리고 있었다. 학우회와 직·간접적으로 관련된 인물들의 글이 실리고 학우회 회원들의 동정이나 부속활동들을 통해 상당한 인물들이 신문관에 출입하게 된다.[20] 진학문의 회고에 따르면 송진우와 같은 인물은 일찍부터 최남선을 찾아 신문관에 출입했다고 한다.[21] 마침 그가 청년학우회 회원으로 한성연회 도서종람소에 도서를 기부하고 있는 장면이 목격된다. 나경석을 비롯한 다양한 인물들도 한성연회 도서종람소의 임시 사

18) 「賀光武學校盛況」, 『황성신문』 1906.11.6, 논설 2면.

19) 學凡朴勝彬傍錄, 「擁爐問答」, 『대한유학생회학보』 2호, 1907.4, 23면.

20) 대표적으로 청년학우회의 신입회원으로 가입한 이상준은 향후 『청춘』에서 각종 노래의 작곡을 맡고 있다(〈표 33〉 참조).

21) 진학문, 「육당의 업적」, 『육당이 이 땅에 오신지 백주년』, 앞의 책, 29면.

무실인 신문관에 서적을 기부하였는데[22] 이 중에는 『청춘』 분매소의 주인으로 신문관 서적을 취급한 인물도 있다.[23] 이처럼 신문관의 출판활동에 개입한 이들의 행적은 창립 초기부터 다양한 방식으로 전개된다.

이 가운데 『대한매일신보』의 주필인 신채호가 청년학우회와 관련하여 『소년』의 필자로 등장하는 방식에 주목해 보고자 한다. 신채호는 『소년』의 발간을 축하하는 기념사를 쓴 바 있는데[24] 이 글을 쓸 당시만 하더라도 『소년』에 기대를 걸고 있는 한 사람의 언론인이자 독자였다. 그런데 학우회원도 아닌 그가 최남선을 대신하여 학우회의 취지서를 쓰고 『대한매일신보』에 연재했던 「독사신론(讀史新論)」[25]이 「국사사론 고대(國史私論古代)」라는 제목으로 『소년』에 게재되면서 그는 의도치 않게 『소년』의 필자가 된다. 전자의 경우 신민회 활동의 한 연장으로, 후자의 경우는 국학사상의 피력으로 이해된다.

> 이는 純正史學의 産物로 보아주기는 넘어 輕率하고 그러타고 純然히 感情의 結晶이라고만하기도 발으지못한지라 다만 祖國의 歷史에 對하야 가장 걱정하난 마음을 가지고 그 참과 올흠을 求하야 그 오래 파뭇쳣던 빗과 오래 막혓던 소리를 다시 들어내려고 왼 精誠을 다하난 한 少年의 속마음의 불으지짐으로 이에 이를 收錄하노라.
>
> 그럼으로 科學的正確에는 幾多의 未備가 잇슬지오 兼하야 論理와 文脈이 整齊치못한곳이 만흐니 이는 奔汨한中 忽忙한 붓의 웃지하지못함으로

22) 청년학우회의 부설활동 가운데 하나인 한성연회 도서종람소에 서적을 기부한 이들에 대해서는 제3부 〈표 22〉에서 다루었다.

23) 『청춘』의 지방 분매소 주인들은 제2부에서 살펴보았다.

24) 「소년잡지를 축하홈」, 『대한매일신보』 1909.4.13, 논설 1면.

25) 「독사신론」은 1908년 8월 27일부터 9월 15일까지, 10월 29일부터 12월 13일까지 총 50회에 걸쳐 『대한매일신보』에 연재되었다. 12월 13일자 연재 끝에는 '미완(未完)'이라고 되어 있다.

> 容恕함이 可할 듯.
>
> 이 사람을 只今에 보앗스면, 그붓을 한번 다시 놀녓스면, 더욱 그로하야 곰 健康한몸으로 安詳하게 일하게할 것 갓흐면 웃더케 내마음이 滿足함을 엇으리오 두 번 이 글을 닑다가 붓을 던지고 憮然함을 禁치못하노라.[26]

"순정사학의 산물로 보아주기는 넘어 경솔하고 그러타고 순연히" 개인적인 "감정의 결정이라고만하기도 발으지 못"한데도 굳이 제목까지 바꿔가며 수록한 이유는 "祖國의 歷史에 對하야 가장 걱정하난 마음을 가지고" "왼 精誠을 다하난 한 少年"의 부르짖음으로 간주되기 때문이다. 더욱이 인용문에서 밝히듯 "이 사람을 지금"에 볼 수 없고, "그붓을 한번 다시 놀"릴 수가 없기에 그 의미는 증폭된다. 망명한 단재의 글을 게재하는 의도를 보다 분명하게 밝힌 것으로 이해되는데 특히 「독사신론」에서 「국사사론」으로의 제목 변경이 신채호 본인이 아니라 『소년』 편집부에 의한 것이라면 이는 다분히 의도적으로 읽힌다. "순정사학"이 아니라고 선을 그으면서도 그것을 '국사'로 명명하고 있기 때문이다. 『소년』이 밀어붙인 사상적 기대치는 이미 통감부에 의해 허용된 수위를 넘고 있다.

이러한 양상은 신채호만이 아니라 근대 초기 개신 유학자로 활약한 박은식에게도 공통으로 엿보인다. 박은식은 조선광문회 회원으로 언급되기는 했지만 신문관 출판활동과 관련해서는 논의된 적이 거의 없다. 그렇지만 신문관 기획 총서의 하나인 『산수격몽요결』의 서(序)를 쓰는 등 꽤 밀접한 행보를 보인다. 1909년에 출판된 이 책의 서문에서 박은식은 편수자인 최남선의 노고를 치하하는 한편, 책에 대한 자신의 견해를 피력한다. 그는 "동서의 학문이 지향"하는 바는 일반일지니 율곡선생의 『격몽요결』에서 그 중요한 바를 뽑는 것에서 나아가 서양 철학자(理學家)

---

26) 公六, '轉載하면서', 「國史私論 古代」, 『소년』 3년 8권, 1910.8, 부록 2면.

의 말의 뜻을 서로 부합시키고 참조하여 변통하는 앎이야말로 공부의 본령이라고 설파하고 있다. 책의 체재를 그대로 반영하고 있는 내용일 뿐 아니라 양명학을 숭앙하고 있는 그의 사상이 잘 드러난다.

양명학자로서 박은식의 면모는 왕양명의 전기를 다룬 「왕양명선생실기」에서 그 전모가 보다 구체화된다. 이 글은 『소년』 종간호에 게재되었기에 폐간의 계기로도 알려져 있다. 이 책의 서문을 청하는 「與韋庵書」를 통해 장지연의 서문도 수록될 계획이었음이 포착된다.[27] 장지연에게 보내는 이 간찰에 의하면 박은식은 양명학이 근대 서구문물을 수용할 수 있는 정신적인 기초학문임을 분명하게 주장하고 있다. 「범례」에서도 "일반 학자들로 하여금 왕학(王學)의 마음을 닦는 법(練心法)을 터득하여 여러 학문을 수용하는 근본으로 삼고자" 한다고 책의 취지를 천명해 두었다.[28] 박은식의 이러한 인식은 일정한 한계를 노정하고 있다는 평가를 받고 있지만 그럼에도 "주자학에 비해 양명학은 간이직절(簡易直截)한 실천적 방법론이며 그것이 그가 구상했던 국력단합의 이념 곧 유교의 전파에 더 효율적"[29]이기에 강제병합을 앞두고 저항의 이념적 사상으로 제시

27) "망명전인 1910년에 위암 장지연에게 보낸 「與韋庵書」는 그의 명저 중의 하나인 『왕양명실기』를 저술하고 장지연에게 서문을 청하는 간찰이다. 그러나 어찌된 셈인지 현전한 『왕양명실기』에는 위암의 서문이 들어있지 않다. 그러나 이 『왕양명실기』는 간행되고 그 후 조선총독부 당국에 의하여 금서로 취급되어 발매 금지되었다. 어떻든 이 간찰로 말미암아 『왕양명실기』는 왕양명의 〈연보〉와 일본의 다카세 다카지로(高瀨武次郎 : 일본양명학 학자)가 지은 『王陽明詳傳』을 비롯하여 『傳習錄』 『明儒學案』 등 여러 관련 문헌을 종합하여 편찬한 경위를 밝힐 수 있다. 아울러 이 간찰에서 박은식은 양명학이야말로 근대 서구문물을 수용할 수 있는 정신적 기본학문이라고 역설한 주장을 살필 수 있다." 백암박은식선생전집편찬위원회 편, 「해제」, 『白巖朴殷植全集』, 동방미디어, 2002, 13면. 원문은 전집 5권 126면에서 확인할 수 있다.

28) 「凡例」, 『소년』 4년 2권, 신문관, 1911.5, 12면. 한글 해석은 최재목・김용구가 역주한 『한글주해 왕양명선생실기』를 참조하였다. 박은식 편저, 『한글주해 왕양명선생실기』, 최재목・김용구 역주, 선인, 2011, 31면.

될 수 있었다.

한학자로서 그의 면모는 『고등한문독본』의 편찬에서도 엿보인다. 1910년 8월에 발간된 『소년』 3년 8권에는 박은식의 『고등한문독본』의 광고가 실리는데 "本書는汗漫히古文을輯錄ᄒᆞ야書名을妄付ᄒᆞᆫ坊間普通의出書와名은相近ᄒᆞᄂᆞ實은特殊ᄒᆞᆫ것이라"며 수록한 문장의 종류와 작자를 소개하고 있다.30) 실제로 이 책은 1910년 9월 2일에 인쇄되어 9월 3일에 발행되었고31) 조선총독부불인가교과용도서로 지정된다.32) 이 밖에도 광문회에 『洌陽歲時記』를 보내는(寄本) 등 망명 후에도 광문회 사업에 관여한 흔적이 포착된다(〈표 26〉 참조).

그런데 『소년』의 입장에서 본다면 신채호나 박은식과 같은 개신 유학파들의 등장은 다소 예외적이다. 왜냐하면 이들이 개진하고 있는 글들은 『소년』 독자들에게는 쉽지 않은 내용이기 때문이다. 내용만이 아니라 문체 역시 마찬가지다.33) 이러한 글은 "소년일반을 위해 대중적인 내용을 평이하고 쉽게 서술"하고자 한 『소년』의 의도나 편집 방향에도 위배된다.34) 『소년』의 편집 방향은 어려운 학설과 논문을 과감하게 버리고 저근한 논리와 쉬운 글쓰기를 표방함으로써 매체가 설정한 '소년' 독자들에게

29) 「옮긴이의 말」, 위의 책, 10~11면.

30) 『소년』 3년 8권, 신문관, 1910.8, 광고.

31) 『白巖朴殷植全集』 제3권에 실려 있다. 판권지 사항을 간략하게 살펴보면 "정가30전 / 저작인 박은식(한성북부교동28통7호) / 발행인 최창선(한성남부상리동32통4호) / 인쇄인 최성우(최창선과 동일) / 인쇄소 신문관인쇄국(상동) / 총발행처 신문관(상동) / 발매처 경향각유명서포"로 되어 있고 "불허복제"가 인쇄되어 있다.

32) 「朝鮮總督府不認可教科用圖書」, 『教科用圖書一覽』, 조선총독부, 1917.11[개정11판], 45면.

33) 「왕양명선생실기」를 한글로 옮긴이들에 의하면 이 글은 박은식의 다른 글과 달리 대중적인 독자층을 의식하여 국한문 혼용으로 서술되었다고 했지만 일반인은 물론 연구자들에게조차 난해하다고 한다. 『한글주해 왕양명선생실기』, 앞의 책, 12면.

34) 「少年時言」, 『소년』 창간호, 신문관, 1908.11, 3~10면.

접근하는 것이었다. 그렇다면 애초에 설정한 매체의 편집 방향과도 맞지 않는 개신 유학파들의 역사서나 사상서들을 게재하고 있는 이유는 무엇 때문일까. 신문관이 망명한 신채호나 박은식의 저술들을 단행본이나 매체의 부록 형식으로 발행하고 있는 상황에 대해서는 좀 더 전문적인 분석을 필요로 한다. 그렇지만 우선 생각해볼 수 있는 것은 박은식과 신채호로 대표되는 애국계몽기 지식인들의 저술들을 정리해 놓고자 한 데서 찾을 수 있다. 이미 상당수의 애국계몽 서적들이 금서로 처분되었던 것을 언급하지 않더라도 이 시기 지식장은 파편화될 위기에 처해 있었다. 이러한 상황에서 신문관이 신채호나 박은식의 저술을 재정비하여 새롭게 소개한 것은 사상적 계보가 단절될 가능성을 미연에 방지하고 유통의 가능성을 마련한 셈이 된다.[35] 더욱이 망명한 단재와 백암의 저술들이 게재되는 시점이 강제병합이나 『소년』의 폐간과 일치하는 것은 우연일 수 없다.

동시대 지식인들의 지적 산물을 출판하고자 한 신문관의 의도는 운양(雲養) 김윤식의 문집인 『雲養集』을 새롭게 펴내는 데서도 확인된다. 『운양집』은 원래 1913년 석판본으로 출판되었지만 1917년 경 신문관에서 재간된다.[36] 1917년 5월 『청춘』의 서적 광고에 의하면 "初刻의印傳이未

35) 물론 「독사신론」의 경우는 이미 게재된 내용이므로 망실의 우려는 없다고 할 수 있다. 그렇지만 신문 연재와 단행본에는 물리적 차이가 있을 뿐 아니라 제목까지도 바꿔 게재한 것으로 미루어 새로운 의도가 담겨진 것으로 간주된다. 실제 「독사신론」은 단행본의 형태로 제작되어 35전에 유통되었다. 『신한민보』 1914.12.17, 4면 서적 광고.

36) 김윤식의 문집으로 全5冊, 정가 7원 50전으로 6월에 발행될 것으로 광고된다. 한국고전종합데이터베이스에 의하면 "중간본은 초간본의 문집 체제를 거의 그대로 유지하면서, 권수에 문인 李斌承이 지은 저자의 〈略傳〉, 末松謙澄 등이 지은 重刊題辭 7편, 尹喜求 등의 重刊序 3편을 첨부하고, 약간 편의 詩文을 增補하여 15권 5책으로 다시 編次하고, 권말에 鄭萬朝와 金澤榮의 跋文을 붙였다."
한국고전종합DB http://db.itkc.or.kr/index.jsp?bizName=MH&url=/itkcdb/text/nodeViewIframe.jsp%3FbizName=MH%26seojiId=kc_mh_a650

廣한데世人의渴仰이徒殷하야先生의經濟에觀感하며先生의性靈에浴化하려는者의遺憾이深切하기로門人後生輩ㅣ玆에重刊을圖하니" "此百世寶籍을親炙世傳할機會"를 가지라고 권하고 있다.37) 신문관의 발매 서적 목록에는 제시되지 않았지만 신문관은 각종 족보와 문집 간행에도 관여하고 있었다. 한말의 대표 지식인으로 꼽히는 김윤식의 시문 및 사상을 정리한 『운양집』의 중간(重刊)은 이러한 연장에서 이루어진 산물로 여겨진다.

이 밖에 장지연이 묶은 『大東詩選』이나 남악산인의 『歌曲選』도 이러한 성격을 분명하게 드러낸다. 과거 특정층의 향유물이었던 한시와 가곡 등을 수집, 채록하여 새롭게 출판함으로써 전대 양식을 보존할 뿐 아니라 보다 대중적으로 확산시키고자 했기 때문이다. 전자의 한시 선집은 고조선에서부터 한말에 이르기까지 2천여 명의 각체시를 선집하여 간행한 것으로 "우리나라 한시의 총결산으로서의 의미"를 지닌다.38) 한시의 전통이 종장에 이른 당시 현실을 고려한다면 이 책의 편찬은 단순한 선시 작업에 그치지 않고 전통시대 유산의 총정리로 간주된다. 후자 역시 전승되던 가곡 문화의 영향과 시조 보급에의 의지가 더해져 '시조 향유의 일상화'가 꾀해진 근대적 출판물로 인정된다.39) 이러한 평가는 신문관 서적들에서 공통으로 보이는 특징 중 하나이다. 이로써 신문관의 출판활동이 광문회의 고서뿐 아니라 동시기 지식과 학문에까지 미치고 있었음이 분명해진다. '조선학'이라고 불릴만한 뚜렷한 이정표를 세울 수 있었던 것은 광문회의 고서 복간 및 사전 편찬 작업과 더불어 한말 개신 유학자들의 명맥을 이음으로써 가능해질 수 있었다.

---

37) 〈再刊雲養集〉, 『청춘』 7호, 신문관, 1917.5, 광고.

38) 황재문, 「『대동시선』의 편찬경위와 문학사적 위상」, 『진단학보』 103, 2007 참조.

39) 송안나, 「20세기 초 활자본 가집 『가곡선』의 편찬 특징과 육당의 시조 인식」, 『반교어문연구』 27집, 2009, 208~209면.

3) 『소년』 폐간 이후의 동정들

1911년 5월 통권 23호를 끝으로 『소년』이 폐간된 후 1913년 1월 『붉은져고리』가 창간될 때까지 신문관은 주로 단행본 출판에 주력한다. 이 시기에 『불상흔 동무』를 필두로 서양 번역소설들과 〈륙젼쇼셜〉, 〈일본어학총서〉 그리고 일련의 소화집과 대종교 관련 단행본 등이 발간된다. 신문관 인쇄소는 광문회 서적을 비롯하여 소설, 교재, 고서, 기독교 관련 서적 등 다양한 타사 서적들의 인쇄를 담당하고 있었다. 특히 대종교나 광문회와는 긴밀하게 연관되어 있었던 것으로 판단된다. 대종교의 경우, 대종교의 교리를 담은 『신단실기』를 비롯해 김교헌이 편찬한 『삼일신고』의 인쇄 및 발매를 맡고 있다. 이 교리서의 발행은 모두 대종교 본사가 한 것으로 되어 있다. 서적에 정가 표시가 없는 것으로 미루어 회원들에게만 배포할 목적으로 출판되었을 가능성도 제기된다. 무엇보다 이 시기는 광문회가 활발하게 활동을 전개하면서 고서 발간에 힘을 쏟던 때이다. 인쇄소의 책임자인 최성우가 광문회 서적의 교열에도 동참하는 등 신문관 인쇄소는 광문회의 고서 복간에 주력했다. 이 외에도 사전 편찬에 참여하는 등 광문회 사업을 보조하고 있었다(〈표 24〉 참조).

1913년 1월 신문관이 두 번째로 발간한 신문 형식의 잡지인 『붉은져고리』는 편집자가 김여제로 되어 있다. 정주 오산학교 출신인 그는 재학 시절 이미 『소년』을 비롯하여 각종 신문관 단행본을 접했고 일본 유학을 가기 전에 스승 이광수의 추천으로 신문관에서 잠시 잡지 일을 도운 것으로 알려져 있다.[40] 그렇지만 잡지 편집인으로 이름이 기재되고 있는

40) 조용만, 『육당 최남선』, 앞의 책, 116면. 이후 김여제의 행로에 대해서는 정우택, 「「만만파파식적」의 시인, 김여제」(『상허학보』 11호, 2003) 참조. 김여제가 신문관의 잡지 편집에 관여할 수 있었던 것은 물론 스승 이광수의 추천에 의해서이겠지만 이전에 그는 『소년』을 비롯한 신문관 발행물의 독자였다.

이상 그의 역할은 단순한 보조자 이상의 의미를 지닐 것으로 추측된다. 『붉은져고리』에 기재된 그의 주소가 신문관 발행소와 일치하는 것으로 미루어 『붉은져고리』 편집 당시 그가 신문관에서 지냈음을 알 수 있다. 그렇다면 신문관과 사무소를 겸했던 조선광문회에도 참여했을 가능성이 농후하다. 이를 방증이라도 하듯 흥사단 입단 시 작성한 입단서에 청년학우회, 경성일본연구회, 조선광문회, 중앙기독교청년회 등에서 활동했다고 적고 있다.[41]

이러한 추측에 힘을 실어주는 하나의 단서가 『붉은져고리』의 성격이다. 김여제가 편집을 맡은 『붉은져고리』는 잡지 구성을 비롯하여 서사의 스타일 등에서 『소년』과 다른 변별성을 드러낸다. 어린이를 주 독자로 설정했기 때문일 수 있겠으나 동화나 동요가 다수를 차지하고 특히 고전에서 취해온 이야기가 주를 이룬다는 점에서 비슷한 독자층을 겨냥한 『아이들보이』와도 차별된다. 최남선은 『붉은져고리』에서 한샘이라는 필명으로 주로 연설에 해당하는 「깨우쳐드릴말씀」란을 담당했다.[42] 더욱이 『새별』에 "십세이후에 붓을 쩨인일이 업섯것마는 지난 한해는 이를 못하고 이를 할수 업도록 되엇스며 몰리다가 못하야 혹 붓을 드나 능히 생각한 바를 쓰어본 일이 업"[43]다고 토로한 바 있다. 이 같은 최남선의 언급을 신뢰한다면 이 시기 발간된 잡지들에 최남선의 개입은 매우 제한적이었을 것으로 판단된다. 따라서 『붉은져고리』의 상당수 기사가 김여제에 의해 작성되었을 가능성은 충분해 보인다.

---

41) 김여제는 1920년 5월 27일 이광수(제103단우), 주요한(제104단우), 박현환(제105단우)에 이어 제106단우로 흥사단에 입단한다. 이명화, 「흥사단 원동임시위원부의 인적 구성과 그 성격」, 『한국근현대사연구』 22집, 2002 참조.

42) 김여제의 시에서 고전으로부터 차용된 모티프나 소재는 이런 점에서 재고될 필요가 있다.

43) 「굽은다리겻흐로서」, 『새별』 15호, 신문관, 1914.12, 3면.

『붉은져고리』에 현상윤이 필자로 활동했을 가능성도 제기된다. 현상윤은 『청춘』 2호에 소성(小星)이라는 필명으로 산문 「동경유학생생활」과 소설 「한의 일생」을 실으면서 등장했다. 이를 시작으로 그는 이광수와 함께 『청춘』의 고정 필자가 된다. 그런데 그가 조선어강습원의 회원이었음을 상기한다면 앞서 강습원 회원들이 신문관 발행 서적들에 일찍이 접촉되었듯 그 역시 그러할 가능성이 적지 않다. 마침 필명과 관련하여 하나의 단서가 포착된다. 『붉은져고리』 4호 권두에는 「우리 오누」라는 제목의 글 한 편이 실리는데 여기에는 '잔별'이라는 필자 표시가 되어 있다. 순한글인 잔별은 한자어 소성(小星)과 동일한 표현이다.[44] 조선어강습원 출신인 김윤경이 일파(一波)와 한결을 동시에 사용했고 1910년대 이광수가 외배와 고주(孤舟)를 함께 사용했듯 그 역시 소성과 잔별을 병용했을 개연성은 충분하다.

여기에 또 하나의 단서로 현상윤의 등장 시기를 고려해 볼 수 있다. 현상윤은 1914년 12월 『청춘』 2호에 처음 글을 실으면서 조선 문단에 등장한 것으로 알려져 있다. 그런데 1917년 복간 다음 호인 『청춘』 8호에 발표된 「逼迫」에는 글의 말미에 "癸丑五月二十七日夜"[45]라는 날짜가 표시되어 있다. 이런 식의 표시는 일반적으로 작품을 완성한 날짜를 기재할 때 사용되는 것으로[46] 계축년은 1913년을 가리킨다. 그렇다면 「핍박」의

44) 소성은 현상윤이 기당이라는 필명을 사용하기 이전인 1910년대에 주로 즐겨 썼던 필명이다. 현상윤의 글을 모은 『기당전집』에는 1910년대 활동했던 현상윤의 필명에 대해서는 언급이 없다. 그렇지만 그가 조선어강습원의 회원이었다는 점에서 소성의 한글 필명이 잔별이었을 가능성은 상당할 것으로 판단된다.

45) 小星, 「逼迫」, 『청춘』 8호, 신문관, 1917.6, 90면.

46) 『청춘』 7호(1917.5)에 실린 金禔濟의 「演說法要領」은 "1915.1.2"에, 小星의 「向上」은 "1915.3.7", 『청춘』 8호(1917.6)의 春園의 「少年의 悲哀」는 "1917.1.10.朝"에, 『청춘』 9호(1917.7)의 黑洋服學徒이라는 필명의 「키작은先生님씌」는 "1915.2.25,夜"에 작성된 것으로 표시되어 있다.

실제 창작연도도 1913년일 수 있다.[47] 「핍박」이 1913년에 창작되었다면 1913년에 발행된 『붉은져고리』에 잔별이라는 필명을 사용한 사람이 현상윤일 가능성은 보다 커진다. 1893년 정주 출신인 그는 평양 대성학교에 다녔지만 1911년 '105인 사건'으로 학교가 폐쇄되어 보성으로 전학했다.[48] 정주 출신에 평양 대성학교에서 수학했고, 재학 당시 '105인 사건'을 접했다는 등의 사실은 『청춘』 이전에 신문관과 접촉했을 여지를 강화시킨다.

이 밖에 『아이들보이』나 『새별』도 최남선 주간으로 발행된 잡지이고 뚜렷한 외부 필자가 기재되어 있지 않지만 이광수를 비롯하여 조선어강습원 회원들과 주시경의 제자들이 참여했을 수 있다. 왜냐하면 한글 사용을 전면화하고 있는 이들 잡지에는 주시경을 비롯한 조선어강습원의 어문의식이 뚜렷하게 투영되어 있기 때문이다. 우선 잡지명을 비롯하여 각종 난(欄)이나 용어들을 순한글 명칭으로 표기하는 데서부터 주시경식의 이름붙이기 방식이 드러난다. 그리고 이규영이 정리한 「한글모죽보기」에서 실험한 한글의 풀어쓰기 형태가 『아이들보이』에서도 그대로 구현되는가 하면 『새별』의 부록인 〈읽어리〉는 사립보통학교 교재로 사용되면서 조선어 교과서의 자리를 대체했다.

이광수의 경우는 홍명희와 함께 『소년』의 새로운 필자로 영입되어 『소년』 3년 2권(1910년 2월)부터 외배(孤舟)라는 필명으로 활동하기 시작했다. 그는 메이지 중학교를 졸업하고 귀국 후 오산학교 교사를 지내면서 『소년』을 비롯한 각종 신문관 서적들을 교과서나 수업 외 교재로 활용했고 학생들에게도 권장했다. 일본으로 2차 유학을 떠나기 전까지 신문관을 중심으로 번역이나 매체 발행에 참여하여 1913년에 발간한 스토우 여사

47) 김복순은 「핍박」의 창작 시기와 발표 시기의 차이를 의미 있게 포착한 바 있다. 김복순, 『1910년대 한국문학과 근대성』, 소명, 1999, 87면.

48) 「기당 현상윤 연보」, 『기당 현상윤 전집』 4, 나남, 2008, 17~20면.

의 *Uncle Tom's Cabin*을 『검둥의 셜음』으로 번역하는가 하면[49] 『아이들보이』나 『새별』과 같은 어린이, 학생을 대상으로 한 잡지들의 편집에도 적극 관여하였다.[50] 이후 『청춘』의 고정 필자가 되면서 1910년대 전반기의 주요활동을 신문관에서 펼친다. 『아이들보이』와 『새별』에 실린 「허생전」을 비롯한 다수의 글과 『새별』의 부록인 〈읽어리〉에서 선보인 몇몇 글들이 그에 의해 작성된 것임을 알 수 있다. 특히 〈읽어리〉에 수록된 그의 글은 『시문독본』에도 재수록 될 정도로 정선된 한글 문장을 구사한다. 「내소와 개」가 대표적인데 이 글은 아동문학 연구자들 사이에서 상당한 평가를 받고 있다.[51]

그런데 여기서 주목해야 할 점은 불과 몇 년 전만 해도 언문으로는 사상과 지식을 전달할 수 없다고 주장한 그가 한글 문장을, 그것도 모범이 될 정도로 구사하고 있다는 사실이다. 이광수는 1910년대 초반부터 『검둥의 셜음』을 비롯하여 아이들을 위한 잡지에서 한글 문장을 시도한다. 이러한 글의 대부분은 소설의 번역이나 번안이 아니면 경험을 바탕으로 한 수필과 시들이다. 그러니까 그가 「今日我韓用文에對ᄒᆞ야」에서 주장한 대로 사상과 지식을 담은 논설이나 비평은 여전히 국한문으로 작성했지만 적어도 창작물에 있어서만큼은 한글로 된 문장 쓰기가 가능해진 셈이다. 이 점은 향후 그가 시도한 첫 창작 장편소설 『무정』이 한글로 이루어지는 점과 무관해 보이지 않는다. 요컨대 이광수는 1915년 4월 『청춘』 정간 이후 『매일신보』로 지면을 옮기기 전까지 신문관에서 단편

49) 리광슈, 『검둥의 셜음』, 신문관, 1913.

50) 물론 이광수는 1916년부터 「농촌개발」을 비롯해 『매일신보』에 비중 있는 논설과 기행, 특히 장편 창작소설 『무정』과 『개척자』를 연재한다. 그렇다하더라도 『청춘』에 실린 다수의 단편소설 및 논설과 특히 〈현상문예〉 고선자로서의 그의 비중은 이미 상당했으며 『매일신보』에로의 영입 역시 이러한 상황과 무관하지 않을 것으로 판단된다.

51) 박숙경, 「이광수와 근대 창작동화의 기원」, 『아침햇살』, 1998 여름.

소설을 비롯한 각종 다양한 글쓰기를 실험했던 것으로 간주된다.

이미 이광수보다 문학에 더 심취해 있던 홍명희는 가인(假人)이라는 필명으로 다양한 글을 『소년』에 게재한다.[52] 그런데 이광수와 달리 홍명희는 주로 일본 유학 당시 탐독했던 외국문학 서적들을 번역 소개한다.[53] 특히 이광수에게 소개한 것으로 잘 알려진 바이런도 여기에 포함되어 있을 가능성이 크다.[54] 흥미로운 것은 「쿠로이로쯔譬喩談」을 필두로 쓰보우치 쇼요(坪內逍遙)나 후타바테이 시메이(二葉亭四迷) 등, 그가 소개한 서적들의 대개가 일본 문학가들을 통해 번역된 서적이라는 점이다. 그러니까 일본어로 이 외국문학들을 읽고 다시 조선어로 옮기는 '중역(重譯)' 작업을 하고 있었던 셈이다. 이에 대해 그는 다음과 같은 말을 남긴 바 있다.

> 내라난 한 소년이 이 소년의 소개를 엇어 여러분少年을 對하게되여 처음人事를 한번 헌칠하게하려고 조흔말ㅅ거리를 차지나 조흔것은 아지도못하난주제에 너모 조흔 것을 차자 數日 속만답답히지내다본즉 이 少年이 印刷所로 갈날이 몃칠아니남앗스니 이야말노 事急矣라 아모거나 관계업겟지하고 冊匣을 뒤져서 俄羅斯人쿠로이로쯔의譬喩談두셋을 重譯하여 말삼할터이나 數日 苦心한보람업시된 것이 恨이오.[55]

---

52) 홍명희가 '가인'이라는 필명으로 『소년』에 게재한 글은 다음과 같다. 「쿠로이로쯔譬喩談」(3년 2권, 1910.2, 60~64면), 「書籍에對하야古人의讚美한말」(3년 3권, 1910.3, 66~70면), 「사랑」(3년 8권, 1910.8, 42~44면).

53) 홍명희는 일본 유학 당시 번역되고 있었던 외국문학에 상당히 심취되어 있었다. 이광수가 홍명희를 통해 문학에 경도되었음은 잘 알려진 사실이다. 이에 대해서는 하타노 세츠코(波田野節子)의 『일본 유학생 작가 연구』 홍명희 편에 보다 상세하게 서술되어 있다. 하타노 세츠코, 『일본 유학생 작가 연구』, 최주한 옮김, 소명, 2011 참조.

54) 『소년』 3년 6권에는 오랑(鰲浪)이라는 필명으로 바이런의 「大洋」이 소개된다. 홍명희가 바이런에 심취했음은 널리 알려진바, 오랑은 홍명희의 또 다른 필명으로 추정된다. 이 외에도 오랑이라는 필명으로 쓴 글은 같은 호 〈소년논단〉에 이광수의 글과 나란히 실린 「學生은 모름직이」와 신문관 10주년 기념호인 『청춘』 14호에 게재된 「力을 蓄積하라」이다. 여기에 대해서는 추후 다른 지면을 통해 논의할 계획이다.

두어말삼 여러분게 말삼하여두을것이 잇스니 첫재는 本人이 西洋書冊에셔 飜譯한것이아니라 日本坪內博士의 著書(文學その折折)에서 중역하온것이라난 말삼이외다 이다음에도 혹시 西洋것은 本人이 本誌에내거든 여러분은 서슴지말고 重譯으로 認定하셔주시기를 바라나이다. 그러나 本人도 西洋두세나라말삼할날이 잇사을 듯? 그때는 이말이 無效가되오리이다.[56]

이散文詩는 波蘭文士 안도레에.네모에쭈스키이氏가 故國山河를 바라보고 慷慨한 懷抱를 이기지 못하야 지은것이라. 년전에 日人長谷川二葉亭氏가 波蘭사람 빌스쓰키이氏의 付托을 밧아 日本志士에게 紹介코자 飜譯한것이라. 長谷川氏의 熟練한 붓으로도 原文 妙한 맛을 다 傳치 못하야마음에 맛지 못함으로 未定稿로 發表한것이라 나는 이것을 愛讀한지 數年이되얏스나 지금도 닑으면 心臟이 자진맛치질하듯 쒸논난것은 더하면더하지 들하지는 아니하니 무삼일인지? 諸君中에 이 散文詩를 (大意라도) 나의 重譯에서 엇어아시난 분이 계시면 나의뜻은 達하얏다하리라.[57]

(원문의 행갈이 생략-인용자)

세 인용문 모두 '중역'에 대한 인식을 분명하게 표명하고 있다.[58] 특히 두 번째 인용문에는 자신이 소개한 서양 지식의 출처는 물론이고 앞으로 소개할 서양에 관한 것들 역시 중역을 통해 이루어진다고 밝히고 있다.

신문관을 통해 새롭게 확인되는 또 한 가지는 홍명희가 조선광문회에 관여했을 가능성이다. 앞서 살펴보았듯 홍명희는 광문회에 고서를 제공한 바 있다(〈표 26〉 참조). 광문회에 기증한 고서는 집안 대대로 내려오던

55) 假人, 「쿠로이로ᄭ譬喻談」, 『소년』 3년 2권, 신문관, 1910.2, 60~61면.

56) 假人, 「書籍에對하야古人의讚美한말」, 『소년』 3년 3권, 신문관, 1910.3, 64~65면.

57) 假人, 「사랑」, 『소년』 3년 8권, 신문관, 1910.8, 42면.

58) 중역에 대한 인식은 조재룡, 「중역(重譯)과 근대의 모험-횡단과 언어적 전환이라는 문제의식에 관하여」(『탈경계 인문학』 제4년 2호, 2011) 및 손성준, 「영웅서사의 동아시아 수용과 중역의 원본성」(성균관대 박사논문, 2012) 참조.

가문의 장서였을 것으로 추정된다.[59] 그의 집안은 증조부에서부터 부친에 이르기까지 고관대직을 지낸 명문가이다. 특히 부친 홍범식(洪範植)은 한일 강제병합을 당해 자결했을 정도로 강직한 인물이다. 망명 후에도 그가 최남선과 서신 교류를 하고 있는 것으로 미루어 광문회에 관여했을 가능성 역시 충분할 것으로 판단된다(〈부록 1〉 참조).

신문관에서 발행된 매체들은 앞서 인용한 조용만의 회고처럼 오랫동안 최남선 1인에 의해 만들어진 것으로 간주되어 왔다. 이러한 이유로 이 매체들에 관여한 인물들 역시 그다지 조명되지 않았다. 그렇지만 살펴보았듯, 여기에는 보조적이든, 주도적이든 다양한 인물들이 관여했던 것으로 드러난다. 임규와 박승빈을 비롯해 박은식, 신채호, 김윤식, 장지연 같은 개신 유학파, 김교헌, 유근 같은 대종교 인사들 그리고 김인식, 이상준, 송진호와 같이 청년학우회를 경유한 인물들, 무엇보다 이광수와 홍명희, 김여제, 현상윤 등 부상하고 있던 유학생들이 신문관을 중심으로 이합집산하고 있었다. 신문관이 최남선을 중심으로 '회중노사'의 모임 장소이자 청년 유학생들의 회합지로 간주된 것은 이러한 상황과 무관하지 않다. 1910년대 신문관이 가장 주력했던 『청춘』에는 이 같은 '회중노사'와 '청년제류'의 절합 가능성이 보다 선명하게 드러날 것으로 예상된다.

59) 이처럼 망명하면서 최남선에게 서적을 기부한 예로 "李始榮氏가 西間島로 가실 때에, 그 大小家의 傳來하던 수만 권의 서적과 文書를 나에게 맡기신 것은 우리 사업 진행상에 커다한 寄與가 되었다."(최남선, 「서재한담」, 『새벽』 송년호, 1954.12, 41면)나 김교헌이 만주로 망명한 후 "그의 서적은 대부분 최남선이 소유하고 있었으나 오늘날 그 문적은 고려대학교 아세아문제연구소에 소장된 것"(윤순구・김동희 편, 『잃어버린 민족정신을 찾아서』, 고대원출판사, 1992, 64면) 등이 있다.

2. 『청춘』과 부상하는 '청년제류'

1) 『청춘』의 필자들

『청춘』은 지금까지의 신문관 매체들과 달리 수십 명에 달하는 인물들이 관여했으며 특히 고정 필자들을 포섭하여 일정하게 지면을 나눈 경향이 있다. 주로 권두언과 운문, 논설은 최남선이, 산문과 논설, 특히 소설은 이광수와 현상윤이 담당하고 있다. 그리고 유영모와 유근, 이능화, 김창제, 권상로, 변영만, 임규, 강매, 나석기, 이종린, 김현제, 선우일과 유학생 출신으로 진학문, 최두선, 변봉현, 서춘, 방두환 등이 관여하게 된다. 특히 복간된 1917년 이후에는 선우일, 이상협, 심우섭, 민태원, 양건식, 백대진 등 당시 『매일신보』나 『신문계』의 기자 및 필자들이 『청춘』으로 대거 영입된다. 『청춘』에 글을 실은 필자는 대략 다음과 같다.

〈표 39〉 『청춘』 필자 명단

순	구분		본명	생몰년도	청춘에서 사용한 필명	대표 게재 글	비고
1	고정 필자	주간	崔南善	1890~1957	한샘, 공육, 곡교인, 육당, 주간, 인경도인	다수	頭公, 三一學人 : 최남선으로 간주
2			李光洙	1892~1950	외배, 고주, 호상몽인, 올보리, 닷메, 춘원(생)	다수	배달자 : 이광수로 추정
3			玄相允	1893~1950	小星	동경유학생 생활, 한의일생, 재봉춘 외 다수	잔별 : 현상윤으로 추정, 기당
4	참여 필자		柳永模	1890~1981	당엄	나의一二三四, 보아너게, 활발	多石
5			秦學文	1894~1974	秦瞬星, 瞬星	타고르선생 송영기	
6			閔泰瑗	1894~1934	牛步	조선의조류	

7		金祉濟	1881~1947		조선종교에 대하여, 연설법 요령, 冬과 吾人	
8		李相協	1893~1957	何夢, 李何夢	咸興陸行陪從記	
9		林圭	1867~1948	偶丁	신문관창업 십주년기념사	우정거사
10		李能和	1869~1943	상현거사	오인대원경	
11		邊鳳現		平波生 [平波]	제일보, 거츠른동산	청춘14호 기념호 필명
12		鮮于日	1881~1936	鮮于녹동	희망의力, 광음가석우	
13		崔斗善	1894~1974	覺泉, 崔覺泉	근세철학의 선도자	
14		金庈鎭	1889~1917	樹石青春	「反響」 청춘현상문예 투고작	수석청년, 수석생(매일신보)
		李常春	1882~미상	늘봄, 白夜	백운	
15		權相老	1879~1965	權退耕	조선불교의 변천	아이들보이 구독자
16		權悳奎	1891~1949	崖溜	북성기	한별
17		柳瑾	1861~1921	太華樵夫	時體少年行	청춘14호 기념호 필명[石儂]
18		李殷相	1903~1982	노덧물	김장자의노래	*방정환/권덕규도 동명의 필명을 쓴 바 있다.
19		安在鴻	1891~1961	풍속도인, 풍속	영웅알렉산더 대왕	청춘14호 구주전장편 번역
20		金弦齋		현제	종교의 실용	「일일일건」 11.18
21		徐椿	1894~1944	[五峯]	근래의 생물학	
22		沈友燮	1890~1946	天風	海印寺의 兩日	미게재
23	그림	高羲東	1886~1965	高春谷, ko	공원의所見, 경부선도중, 엿장사	
24		安中植	1861~1919	安心田	각종 삽화	
25	음악	金仁湜	1885~1962		노래	
26		李尙俊	1884~1948		노래	

27		1회등장	方斗煥			극동올림픽대회 참관기	
28			崔昌植	1892~1957	云丁		
29			羅錫琪		栢軒	반향 : 아청년의 전도	
30			李鍾麟	1885~1950	凰山	不愛愛愛不愛	
31			姜邁	1878~1941		超絶論	
32			李琦	1856~1935	蘭坨		
33			池白蓮			한시	「일일일건」 11.30, 지석영의형
34	미게재		張志淵	1864~1921	張韋庵	「朝鮮儒教의淵源」, 청춘10호 〈9月倍號要目〉	「일일일건」 12.14
미확인 필명				自開人, 열돌/음빙객[60], 돌매, 금당거사, KY, 광축실주인, 읍청생, 흑양복학도, 편운생, 봉파생, 낙낙자, 화홍, 벽우생			

표는 『청춘』에 참여한 필자들 가운데 본명이 확인되는 이는 본명을, 그렇지 않은 이는 미확인 필명으로 나누고 이를 다시 고정과 참여로 구분하였다. 예상대로 최남선과 이광수의 역할이 독보적이다. 두 사람이 사용한 필명만도 5~6가지를 웃돈다. 여기에 현상윤이 새롭게 가세하여 이광수와 문예 특히 소설의 지면을 분할하여 맡고 있다. 이 밖에도 30여 명이 넘는 필자들이 다양한 방식으로 참여한다. 가령 진학문의 경우 타고르선생 송영기를 쓰는가 하면 방두환은 극동올림픽대회에 참관한 후기를 싣고 지백련 같은 이는 필자 표시없이 한시를 게재하기도 한다. 본명이 확인되지 않는 필자들까지 포함하면 『청춘』에 글을 기고한 이는 50여 명에 이른다.

『청춘』의 이러한 필자 구성에는 1910년대 지식인의 부침이 뚜렷하게

60) 열돌음빙객 혹은 음빙객이 누구인지는 알 수 없다. 다만 『청춘』에서 당엄(戇广)이라는 필명으로 활동한 다석(多石) 유영모일 가능성이 어느 정도 제기된다.

나타난다. 『매일신보』나 『신문계』와 관련하여 살펴보면 1910년대 전반까지만 해도 비교적 구분되어 보이던 필자층이 『청춘』 정간을 전후하여 상당히 혼융되는 양상을 띤다. 전자의 경우 이해조나 조일재가 장악하고 있었던 『매일신보』의 소설란은 이상협을 필두로 재편되기 시작한다.61) 이전에 『매일신보』에서 활동했던 기자들이 신문관 매체나 단행본에 관여한 흔적은 쉽게 찾아지지 않는다. 기껏해야 이해조의 신소설들을 인쇄한 정도인데 이마저도 신문관의 인쇄부와 편집부가 독립적으로 기능한 데서 야기된 현상에 불과하다.

일본인 발행인 다케우치 로쿠노스케가 이끈 『신문계』 역시 마찬가지이다. 1913년 발행된 『신문계』는 백대진이 가세하기 전까지 최영년과 최찬식을 필두로 주로 현장학교 교사를 대상으로 전개되었다. 『매일신보』에 신소설과 번안소설을 실었던 이해조나 조일재가 신문관과 직접적인 접촉이 닿지 않은 것처럼 최영년 · 최찬식 부자가 신문관과 관계 맺었을 가능성은 희박해 보인다. 그런데 최영년의 또 다른 아들이자 최찬식과 형제인 최원식의 행보는 다소 다르게 펼쳐진다.62) 앞서 살펴본바, 최원식은 『청춘』의 지방분매소인 인천 빈정(濱町)의 조선신문사 실무진이자 1913년 신문관에서 발행한 『조선리언』의 편자이다. 이후 그는 『조선일보』 초대 편집부장 및 『시대일보』의 정리부장으로 활동한다.63) 그렇다면 이 시기 지식인들의 네트워크는 보다 복잡하면서도 중층적으로 연결되었을 가능성을 시

61) 『매일신보』 소설란의 지면 재편에 대해서는 함태영의 「1910년대 『매일신보』 소설 연구」, 앞의 논문, 참조.

62) 최원식은 최찬식의 동생으로 알려져 있지만(최원식, 『한국계몽주의문학사론』, 소명, 2002) 『언론인인명사전』(한국언론재단, 2004)에 의거하면 최찬식의 형으로 소개된다. 『朝鮮新聞』은 인천 『상공신문』의 후속으로 최영년이 주간을 맡은 것으로 알려져 있다.

63) 대한언론인회 편, 『韓國言論人物史話 8 · 15前篇』(上卷), 대한언론인회, 1992, 247~250면.

사한다. 이상협과 백대진을 대표로 한 『매일신보』, 『신문계』의 기자 출신들이 1910년대 중반 이후 『청춘』에 대거 영입되듯 『청춘』의 대표 필자인 최남선과 이광수 역시 『매일신보』에 일정한 지면을 얻게 된다.

그런가하면 김성진(金宬鎭)과 이상춘이 『청춘』에 개입하고 있는 방식 역시 흥미롭다. 왜냐하면 이 두 사람은 『매일신보』에 〈현상응모〉로 당선된 당선자일 뿐 아니라 이미 몇 편의 신소설을 발표한 기성 작가이기 때문이다. 김성진은 1895년 12월 사숙(私塾)에 입학하여 이후 다양한 관직을 역임하였고[64] 『매일신보』에 「파락호」(1912.3.20)를 필두로 「허영심」(1912.4.5), 「슈전로」(1912.4.14), 「잡기빅의 량약」(1912.5.3) 등 현상단편소설 외에도 한시와 논설 등을 싣고 있다. 그리고 경세소설(警世小說)로 불리는 『秋夜月』을 출판하기도 했다.[65] 이상춘의 경우는 개성 출신으로 윤치호가 설립한 한영서원(韓英書院)에서 신교육을 받고, 주시경 문하에서 공부한 후 송도고등보통학교와 루씨고등여학교(樓氏高等女學校), 개성고등여학교 등에서 교사와 교장을 지낸 것으로 알려져 있다.[66] 그는 신문관

---

64) 국사편찬위원회 한국사데이터베이스 참조. 한진일과 함태영의 연구에 의하면 김성진(1889~1917)은 황실의 외척으로 한학적 소양을 가진 구지식인 계층에 속하는 인물로 대한제국 시기 황족과 귀족자제의 교육기관이던 수학원에서 당시 황태자였던 순종과 동문수학했으며 여러 외국어에 능통했다고 한다. 『대한제국관원이력서』에 의하면 1904-7년까지 정릉참봉에서부터 가례도감별단까지 다양한 관직을 역임한 것으로 되어 있다. 이상 한진일, 「근대 단편소설의 형성과정 연구」, 앞의 논문, 66면 및 함태영, 「1910년대 『매일신보』 소설 연구」, 앞의 논문, 129면, 『대한제국관원이력서』, 국사편찬위원회 온라인.
http://db.history.go.kr/item/level.do?levelId=im_101_02148 참조.

65) 김성진이 『매일신보』에 싣고 있는 일련의 한시 및 논설은 함태영의 앞의 논문 133면에 잘 정리되어 있다. 한편 『(警世小說)秋夜月』은 1913년 3월 5일 광덕서관에서 발행된 것으로 편집겸발행자로 김성진이, 책의 본문에 수석청년이라는 필명이 쓰여 있다. 총 138면에 해당하는 책의 인쇄는 동문관의 전경우(全敬禹)가 맡고 있으며 분매소로는 김우진(金宇鎭)方이 기재되어 있다.

66) 이상춘(1882~미상 : 늘봄, 白夜)은 이후 『조선어문법』(1925), 『국어문법』(1946), 『주

인쇄소에서 인쇄된 신소설 『박연폭포』(1913)의 저자일 뿐 아니라 바다를 소재로 한 소설 『서해풍파』(1914)를 출판하는가 하면 애국창가집 운동을 주도한 인물이기도 하다.[67] 이처럼 『청춘』의 〈현상문예〉에 응모하기 이전에도 다양한 문예활동을 펼친 인물들이 『청춘』의 일반 독자들과 마찬가지로 현상응모를 하고 있는 것이다.

그런데 이 두 사람이 공통적으로 신소설 작가였다는 점은 신문관의 소설 정책과 관련하여 몇 가지 단서를 제공한다. 앞선 이상협의 회고에서도 살펴보았듯 1912년을 전후하여 일련의 단행본 소설들을 발행할 때까지만 해도 신문관은 신소설을 출판하지 않았다. 오히려 고소설은 발행할망정 신소설은 경계했던 것이다. 따라서 이들처럼 신소설 작가라는 경력을 지닌 이들이 신문관 필자로 기용될 때에는 이들이 『청춘』의 필자로 적합한지에 대한 제도적 절차가 필요했던 것은 아니었을까 하는 의문이 제기된다. 그렇지 않고서야 이미 기성 작가에 그것도 『청춘』에서 '수석청춘(漱石青春)'이라는 필명으로까지 활동한 바 있는 이가 『청춘』의 〈현상문예〉에 응모할 이유는 없어 보이기 때문이다.[68] 그렇다면 이 두 사람이 『청춘』의 〈현상문예〉에 투고하고 있는 현상은 『매일신보』 〈현상응모〉 당선자나 신소설 작가라는 이력이 아닌, 『청춘』의 지면에 어울릴만한 글쓰기를 스스로 검증받고자 한 방식이었을 수 있다. 이를 방증이라도 하듯,

---

해용비어천가』(1946), 『조선옛말사전』(1949) 등을 저술하면서 국어학자의 길을 간다. 1910년대 신소설 작가로 등장하여 향후 국어학자가 된다는 점에서 이 시기 그의 작품활동을 어문운동과 관련시켜 보는 것도 흥미로울 것으로 예상된다. 한국중앙연구원 한국역대인물종합시스템, 및 브리태니커 온라인 서비스 참조.

67) 1916년 개성 한영서원에 재직 중, 애국창가집 운동을 주도하여 민족의식을 고취시킨 지식인으로 평가되고 있다. 양문규, 『한국근대소설사연구』, 국학자료원, 1994 참조.

68) 김성진은 「反響」이라는 제목으로 青春을 찬양하는 산문과 한시를 싣고 있다.(『청춘』 3호, 신문관, 1914.12, 140면)

이상춘은 단편소설 「기로」로 11호 〈현상문예〉에 당당하게 '元'으로 당선된다.[69] 김성진 역시 같은 호에 「怨」이 선외가작으로 뽑힌다. 이것이 검증을 위한 절차였음은 다른 〈현상문예〉 투고자들과 달리 이들이 이후 〈현상문예〉에 투고하지 않은 것으로, 그리고 필자로 대접받고 있는 모습을 통해 확인된다. 따라서 이 두 사람의 사례는 신소설과 『매일신보』 〈현상응모〉 작가들이 『청춘』을 통해 그 실력을 검증받는 절차를 거치고 있음을 보여준다.

2) 신문관 창업 십주년을 기념한 이들

『청춘』의 필자 구성은 1910년대 소설장, 나아가 학술·문화 및 지식장이 보다 복잡한 관계망 속에서 진행되고 있음을 드러낸다. 『청춘』 14호의 "신문관 창업 십주년 기념호"는 그 축소판이라 할 수 있는데 신문관의 위상을 말해주는 동시에 1910년대 지식인의 지형을 단적으로 보여준다는 점에서 의미 있다.

1908년 창립된 신문관은 1918년 6월 10주년을 맞이하여 기념호를 발행한다. "원고가 도착하는 순으로 실었다(原稿來到序次)"는 이 기획에는 당대 지명도 있는 지식인이 대거 참여했는데 약 70여 명에 이른다.[70] 1850년대 이후 출생한 개신 유학파에서부터 1900년대 태어나 동경 유학 중인 신세대 청년에 이르기까지 이 지면에 글을 싣고 있는 인물은 다양

69) 이상춘은 이미 『청춘』 10호 〈매호현상〉에 「불나비」로 당선되었지만 김윤경의 「말뫼의겨을빛」과 함께 삭제되었다. 〈매호현상〉, 『청춘』 10호, 신문관, 1917.9, 116면.

70) 원고를 모집했거나 투고작일 가능성도 배제하지는 못한다. 어떤 형태이든 출판사의 창립 기념을 위해 다양한 필자들을 모집한 사례는 드물다는 점에서 의미 있는 작업이라고 생각한다. 유사한 예로 한남서림이 개업 축하 시문첩 『가상도서첩(家藏圖書帖)』을 펴낸 바 있다. 이민희, 『백두용과 한남서림 연구』, 역락, 2013 참조.

하다. 연령이나 사상, 취향과 무관하게 당대 많은 지식인들이 『청춘』과 신문관을 중심으로 이합집산 하였음을 방증한다. 목차에는 모집한 원고를 크게 '논설시가', '서화', '외문' 세 부분으로 분류하고 있다. 논설시가와 외문은 본명으로, 서화는 필명으로 필자 표기가 되어 있다.

〈표 40〉 신문관 창업 10주년 기념호의 필자 명단[71]

		이름/목차순	생몰연도	원고 제목	신문관 출판 및 문필 활동	비고
1	논설시가	(佐翁)尹致昊	1865~1945	善變	청년학우회연설문, 『우순소리』, 『윤치호일기』	한말정치가
2		多石 柳永模	1890~1981	오늘	『청춘』필자	기독교, 교육가
3		石顚 朴漢永	1870~1948	反馬蹄	『해동불교』 창간, 『석전시초』	불교계 대고승
4		寓山 釋鼎鎬		野孤禪과 屠兒佛		승려, 불교
5		藕堂(閔泳達) 藕堂(朴性淵)	1859~? 1838~?	菊花問答說		1. 한말의 문신 2. 혜민서 군수[72]
6		(古友) 崔麟	1878~납북	靑年의修養과其價値	『소년』 연설회, 『청춘』 학교방문기	보성교장, 중추원참의
7		鷩浪(洪命憙로 추정)	1888~1968	力을蓄積하라	『소년』 필자, 「一日一件」 서간, 광문회인사	언론인, 소설가, 북한사회과학원장
8		柳一宣	1879~1937	余의 基督敎觀	『가정잡지』	목사, 숙명, 휘문교사
9		肯來 安往居 (본명 : 宅重)	1858~1929	蠶女詞示女兒收瓊	『동시총화』, 『포염라연의』	수학원 교관, 『매일신보』

71) 이 표는 『청춘』 14호의 목차 및 내용을 중심으로 필자의 본명 및 필명과 원고 제목을 재구성한 것이다.

72) 이 시기 우당(藕堂)이라는 필명을 쓴 이는 민영달(閔泳達)과 박성연(朴性淵)이다. 전자일 가능성이 크지만 후자 역시 배제할 수는 없다.

10	논설시가	鷲山 金九河	1972~1965	平常의 修養		승려, 삼십본산연합 사무소위원장 등 불교계 인사
11		金鎭玉		우리의 살림사리		
12		石儂 柳瑾 (太華樵夫)	1861~1921	頑固老人行	광문회, 『신자전』, 『청춘』 필자, 『신정동국역사』 등 다수	한말 언론인, 대종교
13		凰山 李鍾麟	1885~1950	此世는 疑懼와 戀愛	『文章體法』, 『滿江紅』, 『諺文風月』 등	한말 언론인, 천도교
14		尹益善	1871~1946	精神戰爭의 大陰謀		보성전문 교장, 천도교
15		退耕 權相老	1879~1965	先生에 自在를 求하라	『아이들보이』 독자, 『청춘』 필자 및 저자	승려, 불교계 인사
16		(華山)姜大蓮		佛書研究에 就하야	『조선불교월보』 필자	불교계인사
17		蘭坨 李琦	1856~1935	勤儉論		대종교
18		偶丁 林圭	1867~1948	○○洞	『청춘』 필자, 〈일본어학총서〉	교육가
19		兪星濬	1860~1934	前進		한말관료, 유길준형제
20		崔炳憲	1858~1927	濯斯漫吟	『성산명경』 저자, 성서번역	목사, 한국적신학형성
21		金鎭浩	1873~1960	今日의小事	배재고교목	목사, 독립운동가
22		小星 玄相允	1893~?	中庸과 極端	『청춘』 필자, 『조선유학사』등	교육가, 사상가
23		南石祜		○○○		『杏農遺稿』(1926) 의 서문
24		池錫永	1855~1935	牛痘入國之 緣起	『우두신설』, 『자전석요』 등 다수	한말 의사, 국어학자
25		姜荃		道德的根底 로브터現하 는法律觀	『대한학회월보』 필자	황실특파유학생, 최남선과 동기
26		(늘봄)李常春	1882~?	死와 信	『청춘』〈현상문예〉, 『박연폭포』, 『서해풍파』, 『조선어문법』	한영서원교사, 국어학자

27	痴圓 任璟宰	1876~1955	青年의 自覺을 띠함	『간이상업부기』 상업서, 조선어연구회	보성전문강사, 휘문교장
28	海槎 權純九	1866~1944	題崔六堂青春褋誌卷後	『대동시선』 편집및교열, 고종실록편찬위원	군수, 경학원강사
29	覺泉 崔斗善	1894~1974	哲學者칸트	『청춘』 필자, 일본 유학생	언론인, 정치가, 최남선형제
30	平波 邊鳳現	미상	내쯧	『청춘』 필자, 일본 유학생	조선체육회창설 준비위원
31	(春江)趙東植	1887~1969	女子教育의 急務		교육가, 여성교육에 이바지(사회장)
32	華山 金駬 (金華山人)	미상	讀書하라		조선물산장려계 협의원
33	惺堂 金敦熙	1871~1937	必要한人物 十種	광문회, 『청춘』 필자	서화협회
34	金昶濟	1881~1947	滿天下青年에게警告하노라	『청춘』 필자, 『기독교의 청년』	기독교 청년운동가
35	(海石)孫貞道	1882~1931	天地人大光은何也오		목사, 선교활동 및 독립운동가
36	南坡 金孝燦		蜂農聯句	1890년대蘭菊社 문학단체조직	순천출신
37	徐泰浩		利己之爲德이果惡乎		
38	金鎔埰		傳染病에 對한 注意		
39	洪祐晚		英雄되는 捷徑		충북보은면장 (1935)
40	茂亭 鄭萬朝	1858~1936	與嘐古子問答	『국조보감』 편찬위원	조선사편수회, 경학원대제학
41	(汕農)朴勝鳳	1871~1933	無題	기독교출판사 광문사 설립	한말 관료, 기독교
42	菊如 梁建植	1889~1944	打算한 生	『청춘』 필자, 白華居士	소설가, 번역가, 불교
43	春園 李光洙	1892~1950	南遊雜感	『소년』, 『새별』, 『청춘』 필자	언론인, 작가
44	牛步 閔泰瑗	1894~1934	自然의 音樂	『청춘』 필자	언론인, 번역가
45	崔順貞		青春에		(목차누락)

46	서화	雲養 金允植	1835~1922	글씨	59	『운양집』	한말의 석학, 문장가
47		心田 安中植	1861~1919	그림	63	신문관 매체 그림	서화협회1대회장
48		小琳 趙錫晉	1853~1920	그림	67	신문관 매체 그림	서화협회2대회장
49		又香 丁大有	1852~1927	글씨	71	대표작 〈彩梅圖 : 扇面〉	서화협회3대회장
50		葦滄 吳世昌	1864~1953	글씨	75	광문회 글씨, 『근역서화징』	역관출신 언론인, 서예가
51		海岡 金圭鎭	1868~1933	그림	79	『서법요결』 등 다수	서화협회발기인, 고금서화관개설
52		春谷 高羲東	1886~1965	그림	83	신문관 매체 그림	서양화가
53		白蓮 池運永	1852~1935	그림	87	대표작 〈群仙咸集圖〉	지석영 형제
54		貫齋 李道榮	1884~1933	그림	91	『대한민보』 시사만화, 기명절지	서화협회
55		小湖 金應元	1855~1921	그림	95	〈석란도〉	서화미술회교습소
56		(東愚)金觀鎬	1890~?	그림	97	문부성미술전람회특선 (1916)	서양화가
57		壽山 丁學秀	1884~?	그림	99	대표작 〈長江玩景圖〉	(산수)화가, 서화협회
58		白堂 玄采	1856~1925	글씨	101	광문회, 『유년필독』, 『월남망국사』 등 다수 교재	역관출신, 학부 및 한성사범부교관
59		渭士 姜弼周	1853~1923	그림	103		서화협회발기인
60		菁雲 姜晉熙	1851~1919	그림	105		역관출신, 서화협회발기인
61		靜齋 吳一英	1890~1960	그림	107	대표작 〈정재산수도〉	오세창의 조카
62		已雲 金殷鎬	1892~1979	그림	109	대표작 〈백학도〉	서화미술회 출신, 동양화가
63		一汕 盧壽鉉	1899~1978	그림	111	『매일신보』 삽화, 산수화	삽화, 만화가, 동연사 서화미술회 출신, 동양화가
64		惺堂 金敦熙	1871~1937	글씨	125	『청춘』 필자, 광문회 고서 글씨	서화협회4대회장, 상서회조직, 예서의 일가
65	外文	(草夢)南宮璧	1894~1922	孤獨は爾の運命である 외 5편		『폐허』 동인, 『신생활』 유고시, 일기	시인, 남궁훈의 아들

66		Y.P.Pyun(변영복/卞榮魯)	1898~1961	Cosmos	『폐허』 동인, 『수주시문선』 등 다수. 독립선언문 영문번역	시인, 교육자, 변영만·변영태와 형제
67		Yi Nung-Hoa (李能和)	1869~1943	Notre Grand et rond miroir	『청춘』 필자, 『조선불교통사』, 『조선여속고』 등 다수	사학자, 민속학자, 조선사편찬위원회, 4개국어 능통
68		W.Y.Paek (白禹鏞)	1883~1930	Der Fruehling	한성독어학교	한국최초서양음악 지휘자, 작곡자

* 표의 순서는 게재 당시 목차를 기준으로 배열하였으며 이름이나 필명 역시 목차에 제시된 대로 따르되 이름난의 ( )와 신문관 출판 및 문필 활동 여부, 비고는 저자가 임의로 첨부한 내용이다.

『소년』이 청년학우회의 기관지였을 때부터 신문관에 관여한 윤치호와 한성연회 도서종람소에 서적을 기부한 임규는 물론이고 최남선의 1차 동경 유학 시절 동기생인 최린이나 강전과 같은 인물들까지 포함한다면 『청춘』의 인적 관계망은 보다 거슬러 올라간다. 1908년 창립한 신문관이 창립 10주년에 이르렀을 때 보여준 인적 네트워크가 1910년대 학술·문예의 장을 방불케 한다 해도 과언은 아닐 것이다.

표의 인물 구성을 보다 구체적으로 살펴보면 『청춘』의 고정 필자인 이광수와 현상윤은 물론, 주 필자이기도 했던 유영모, 양건식, 민태원, 최두선, 변봉현 등이 등장한다. 최남선과 개인적으로 친분이 돈독한 유근, 지석영, 김창제, 이능화, 정만조 등도 참여했다. 특히 불교, 대종교, 기독교 등 종교계 인사들이 상당수 관여하고 있다. 박한영이나 석정호, 김구하, 강대연 등 당대 불교계 인사들과 『성산명경』의 저자이기도 한 최병헌이나 유일선, 손정도와 같은 기독교계 인사들도 다수 포함되어 있다. 이 밖에도 광문회 및 출판계와 관련 있는 오세창, 현채, 이종린 등이 참여하고 있다. 이광수와 함께 『소년』의 또 다른 필자로 영입됐던 홍명희와도 지속적으로 교유하고 있었음이 드러난다. 물론 홍명희에 관한 소식은 호상에서 서간을 보내오는 등 간간이 비쳐지긴 했지만[73] 이 지면을 통해 그의 필력을 다시 한 번 감상할 수 있게 된다.

한편 이를 통해 『청춘』의 필자들이 보다 명확해졌다. 특히 '평파생'이라는 필명으로 『청춘』에서 필력을 발휘하고 있었던 이가 와세다 대학에 재학 중인 동경유학생 변봉현임이 드러난다. 김팔봉의 회고에 따르면 그는 오산파로 분류된 인물이다.[74] 평안북도 박천 출신으로 와세다 영문과를 졸업하고 특히 대학시절 야구선수로 활약하여 이후 조선체육회 창립 운동에 주도적인 인물로 활동하면서 조선체육계에 영향을 끼친 사람으로 평가되고 있다.[75] 이 밖에도 최남선의 동생 최두선이나 변영만의 동생 변영복, 남궁훈의 아들 남궁벽 등도 신문관과 교류했음이 확인된다.

마지막으로 조명되어야 할 대상은 『소년』에서부터 활약한 서화가들이다. 신문관 출판활동을 통해 창립 초기부터 그림과 글씨에 조예가 깊었던 당대 서화인들의 참여가 활발하게 포착된다. 그 가운데 적극적으로 참여한 인물은 심전 안중식과 소림 조석진이다. 안중식은 『소년』에서부터 상당수의 삽화들을 그렸으며 창을 들고 있는 장군을 그린 『아이들보이』의 표지는 그의 대표적인 그림으로도 알려져 있다. 조석진 역시 『소년』에서부터 활동했으며 특히 『붉은져고리』의 삽화 중 상당수가 그의 것이다. 『청춘』에 와서는 고희동의 참여도 보인다. 그는 『청춘』 창간호에 책 읽는 청년을 그린 〈公園의 所見〉이래 다수의 삽화들을 싣는다. 안중식과 함께 신문관에 내왕하면서 최남선과 교류한 장면도 포착된다(〈부록 1〉 참조).

광문회를 포함한 신문관 서적들의 장정에까지 범위를 확장시킨다면 관여한 인물의 범위는 훨씬 다양해진다. 장정은 책의 물질적인 형태에

73) 곡교인, 「一日一件」, 『청춘』 3호, 1914.12, 125면.

74) 홍정선 편, 『김팔봉문학전집』 II, 문학과지성사, 1988, 128면.

75) 이상의 정보는 한국역대인물종합정보시스템 민족문화대백과 온라인 사전 참조. http://encykorea.aks.ac.kr/Contents/Contents?contents_id=E0022917

필수불가결한 요소이다.[76] 신문관 단행본들의 표지에 제목을 쓰고 있는 서체의 주인공들은 김윤식, 김돈희, 오세창 등 당대 최고의 문장가 및 서화인이다. 실제로 『청춘』 14호에 소개되고 있는 그림과 글씨만도 20여 작품에 달한다. 마침 신문관 주최로 〈詩文書畵擬科會〉의 광고가 『매일신보』에 실리기도 한다.[77] 『청춘』 14호에 게재된 서화인들의 작품이 이들 의과회의 결과와 직접적인 연관은 없지만 출판사를 중심으로 이러한 행사가 기획되고 인물들이 규합되었던 것만은 분명해 보인다. 이처럼 신문관의 출판활동에는 당대 글씨와 그림에 명망 있는 인물들은 물론 서양미술을 새롭게 배워 온 유학생에 이르기까지 다양한 이들이 참여했다. 서화협회의 발족 역시 이러한 움직임과 무관하지 않을 것이다.[78]

3) 절합의 가능성과 세대론의 대두

최남선은 『청춘』의 「일일일건」에서 서신을 교류하거나 신문관에 내방한 인물들을 언급하면서 그들과 나눴던 이야기나 느낀 바를 비교적 세세하게 밝혀 놓았다.[79] 이때 그가 만나고 있는 인물은 구체적으로 이름이 거론된 서진하나 게일(Gale, James Scarth) 같은 종교인, 신석우 같은 일본

76) 책의 장정과 관련해서는 박대헌의 『우리 책의 장정과 장정가들 : 韓國 近代 圖書裝幀小史, 1883-1953』(열화당, 1999)을 참조했다. 최남선의 서적 장정에 대해서는 최민진, 「육당 최남선의 서적 장정 연구」(홍익대 석사논문, 2013) 참조.

77) 〈詩文書畵 擬科會〉, 『매일신보』 1917.5.27, 1면 광고.

78) 근대 초기 서화미술회 및 서화협회가 성립되는 과정에 대해서는 홍선표, 『한국 근대미술사』(시공사, 2009) 참조.

79) 곡교인, 「一日一件」, 『청춘』 3·4·6호, 1914.12~1915.3. 총 3회에 걸쳐 연재되었으며 11월 1일에서 다음해 1월 12일까지의 기록이 게재되었다. 상세한 내역은 〈부록 1〉을 참조하기 바란다. 이 난(欄)은 일기라는 형식이 매체를 통해 본격적으로 소개된다는 의의 외에도 최남선과 신문관을 중심으로 형성된 인적, 지적 네트워크의 양상을 보여준다.

유학생 외에도 지방에서 문학을 지망하며 찾아온 청년, 신문사 기자, 공립학교 교사 등 다양하다. 불교, 대종교, 기독교 등 종교를 불문하고 경향각지에서 올라온 '회중노사'에서부터 문학청년에 이르기까지 각양각색의 인물들이 신문관에 모여들었던 것이다. 주목할 점은 이들이 신문관에 모여 단순히 사교활동만 한 것이 아니라 다양한 방식으로 출판활동에 관여한다는 사실이다.

가령 신채호, 박은식, 장지연과 같은 개신 유학파들은 일찍이 『소년』의 발간을 축하하는 독자이자 필자였을 뿐 아니라 창립 무렵 간행된 서적들의 서문 및 발문에 참여한 흔적도 보인다.[80] 특히 서·발문은 해(該) 서적의 저자와 긴밀한 관계에 있거나 적어도 발행 서적의 최초 독자가 남긴 인상기라는 점에서 인적 네트워크에 관한 중요한 정보를 제공한다.[81] 예를 들어 『고등한문독본』의 저자이자 『소년』에 「왕양명선생실기」를 게재한 박은식은 『산수격몽요결』의 서문을 써 최남선의 공로를 치하한 바 있다. 또 『소년』에 첨부되어 있지는 않지만 박은식의 「왕양명선생실기」에는 장지연이 쓴 서문이 남아 있다. 장지연 역시 『대동시선』을 신문관에서 펴내는 등 신문관 출판활동에 관여했고 최남선과도 밀접하게 교유한 인물이다.[82] 최남선 역시 〈신문관번역신쇼셜〉인 『불상한 동무』를 번역한 동시에 이 책과 쌍을 이루는 이광수의 『검둥의 셜움』에 서문을 쓴다. 다음 인용문은 그 일부이다.

---

80) 신문관 필자들이 출판에 개입하게 되는 경로에 대해서는 보다 진전된 논의가 필요하다. 특히 신문관의 주요 발행물인 어학 및 문법서, 역사 및 수신서, 종교 및 사상서의 저자들은 출판뿐 아니라 각종 활동과 연동되어 있다는 점에서 주목을 요한다.

81) 근대 초 서적들의 서발문이 지니는 학술적 가치에 대해서는 민족문학사연구소 편, 『근대계몽기의 학술·문예사상』, 소명, 2000 참조.

82) 「一日一件」에는 최남선이 장지연에게 『삼국연의』를 종용하는 장면이 언급된다. 『청춘』 4호, 신문관, 1915.1, 137면.

> 내 이칙에 셔문을 짓게 되야 붓을 들고 조회를 림홈애 이 늣김과 이 한이 더욱 깁고, 간졀ᄒᆞ도다 그러나 나는 그를 ᄭᅳᆺᄭᆞ지 슬허ᄒᆞ지 아니ᄒᆞᄂᆞᆫ 자로니 대ᄀᆡ 이 ᄎᆡᆨ의 주ᄂᆞᆫ바ᄂᆞᆫ 셔문 한아 잇고 업슴을ᄒᆞ야 두텁고 엷어질리 업스며 ᄯᅩ 낡으시ᄂᆞᆫ이에게ᄂᆞᆫ 더군다나 털ᄭᅳᆺ만치라도 덜님이 업슬지라 (중략) 쳐음 이칙을 본지 지금 륙칠년이라 그러나 이ᄯᅢᄭᆞ지 『엉클톰』소리만 드르면 그 가운ᄃᆡ 몃구졀은 반ᄃᆞ시번개 갓치마음우에 ᄯᅥ나와 이샹ᄒᆞᆫ 늣김이 이샹히 가슴 안에 가득ᄒᆞᄂᆞᆫ지라 ᄯᅢ와 셰상이 달은 우리도 이러홈을 보아 그ᄯᅢ 그셰샹 사람의 엇더ᄒᆞ얏슬것을 짐작ᄒᆞ건댄[83)]

최남선은 『엉클톰』을 읽고 이상한 느낌을 받았다고 적고 있다. 시공을 초월하여 문학작품이 주는 감동을 맛보게 된 것이다. 그가 보여준 이 같은 태도는 출판사의 기획자나 번역자이기보다 오히려 독자에 가깝다. 특히 "쳐음 이칙을 본지 지금 륙칠년"이라고 언급하고 있는 것으로 보아 최남선은 이광수가 번역하기 이전에 이미 이 책을 접했을 것으로 간주된다. 왜냐하면 책의 출간일로부터 6~7년 전이면 1907~8년인데, 이때는 신문관이 창립되기도 전이며 두 사람은 1909년 홍명희의 소개로 알게 되기 때문이다. 책 제목 역시 영문으로 지칭되는 것으로 미루어 한글 번역본이 아닌 영어나 일본어로 읽었을 가능성도 제기된다. 물론 그렇다하더라도 최남선이 이광수가 번역한 『검둥의 셜음』의 첫 독자임은 부인되지 않는다.

이런 식으로 신문관의 발행서들을 읽고 책에 서·발문을 쓰고 있는 이는 상당하다. 신문관에서 출판된 일련의 소화집의 경우 이러한 양상이 두드러지는데 국국도인(局局道人)이라는 필명을 사용하고 있는 이는 원석산인(圓石散人)의 『절도백화』와 장춘도인(長春道人)의 『소천소지』에 각각 발문과 권두를 쓰고 있다. 그러니까 국국도인은 두 소화집 발간에 공통으

83) 최남선, 「셔문」, 『검둥의 셜음』, 리광슈 역, 신문관, 1913, 4~5면.

로 관여한 인물임을 알 수 있다. 언급한 저자 중 원석산인(圓石散人)은 1900년대 후반 각종 학·회·월보에서 원석(圓石) 혹은 원석자(圓石子) 등의 필명으로 교육과 학문에 관한 경론을 펼친 이철주(李喆柱)로 간주된다. 그는 『서례편고(西禮便考)』의 저술자이자 신문관 인쇄소에서 인쇄한 『부란극림전』의 교열자로도 알려져 있다.[84] 흥미로운 것은 『소년』의 인쇄인이기도 했던 박영진 역시 소화집 『요지경』을 발간한 이력을 지닌다는 점에서 유사성이 포착된다. 이는 신문관이 발행한 일련의 소화집들이 박영진이나 이철주 같은 재담이나 소화에 능한 인물들의 인프라에 의해 가능해진 것일 수 있음을 시사한다.

최남선의 부탁으로 『청춘』에 「연설법요령」을 게재하기도 했던 김창제의 『기독교의 청년』에는 이상재(李商在)의 서문이 실려 있다. 독립운동가로 잘 알려진 이상재는 당시 황성기독교 청년회 간부이자 향후 YMCA 초대 회장이 된다.[85] 기독교와 청년이라는 두 열쇠말을 대변하기에 이보다 적합한 사람을 찾기도 힘들 정도로 이상재는 적임자다. 해당 서적은 물론 김창제와도 긴밀한 관계였음은 두말할 나위 없다. 이규영의 『현금조선문전』에 서문을 쓴 권덕규 역시 마찬가지이다. 그는 『아이들보이』의 구독자로 1910년대 신문관 매체의 독자였으며 조선어강습원의 회원 자격으로 광문회의 사전 편찬에도 관여한 것으로 간주되는 인물이다. 그가 이규영의 유고에 서문을 붙이고 있는 장면에서 누구보다 이 책의 충

---

84) 이철주에 대해서는 지금까지 알려진 바가 거의 없다. 다른 기회를 통해 보다 상세하게 살펴볼 수 있기를 바란다.

85) 이상재(1850~1927) : 한말의 교육가, 정치가. 독립운동가. 충남 서산(당시 한산) 출생. 박정양을 통해 개화사상에 입문, 독립협회에서 활동했으며 개혁당 사건으로 구금되었을 때 감옥에서 기독교에 귀의, 1905년 이후 윤치호와 함께 YMCA를 지도. 1920년대 조선일보 사장 및 신간회 회장에 추대됨. 이광린, 「월남 이상재」, 『개화기의 인물』, 연세대출판부, 1993, 243~274면 참조.

실한 독자임이 증명된다. 이처럼 각종 서적의 서·발문은 이들이 필자이자 독자였음을 방증하는 동시에 신문관에 출입하거나 신문관 출판물들에 관여하고 있던 인물들의 네트워크를 확인시킨다.

물론 이보다 중요한 것은 신문관의 서적들을 읽으면서 성장한 독자들이 자기 목소리들을 내기 시작한다는 점이다. 간접적으로는 동경유학생들에게 『청춘』을 보내지 않아 유감이라는 신석우 식의 발언을 포함해[86)]직접적으로는 『청춘』에 꾸준하게 독자 투고를 해 온 투고자들이 바로 그들이다. 이광수의 오산학교 제자들인 김여제나 김억, 이희철 등은 학교 수업을 통해 일찍이 신문관 간행물들을 접했던 독자들이다. 이 가운데 김여제는 이후 신문관 잡지 발간에 직접 관여하는 편집자가 되고 이희철은 『아이들보이』에 독자 투고를 하는 투고자가 된다. 이 밖에도 김억(金億)은 잘 알려져 있다시피 1918년 장두철(張斗澈), 황석우와 함께 문예지 『태서문예신보』를 창간한다. 이처럼 실질적인 필·저자 및 역·선자뿐 아니라 잠재적인 필자나 저자까지 염두에 둔다면 신문관 독자들의 존재는 보다 강조될 필요가 있다. 그리고 이들 중 상당수는 『소년』에서부터 『붉은져고리』-『아이들보이』-『새별』을 거쳐 『청춘』으로 연결되는 매체의 적층된 독자이자 신문관의 각종 단행본들을 교차적으로 읽어온 독자라는 점에서 일종의 독서 공동체를 연상케 한다. 다시 말해 매체와 단행본을 공유한 집단 주체가 형성되면서 '신문관 독자'라 일컬을만한 공통 연대가 가능해지는 것이다.

그런데 이러한 연대의 가능성 한편에는 차별화된 의식도 공존한다. 『새별』 15호에 실린 「굽은다리겻흐로서」에는 1914년에 세상을 떠난 전덕기(全德基)[87)], 주시경(1876~1914), 유길준(1856~1914), 황필수(黃泌秀)[88)] 네 사

86) 곡교인, 「一日一件」, 『청춘』 6호, 신문관, 1915.3, 115면.

람이 언급된다. 이들은 1850년대에서 1870년대에 출생하여 근대 전환기를 살다간 대표적 인물들로 1890년생인 최남선과는 평균 20년 이상의 나이 차가 난다. 당시 '스믈다섯'인 최남선은 이들을 '어른'으로 표현한다. 실제로 최남선은 신문관과 광문회에서 중요한 역할을 한 주시경을 '어른'으로 깍듯하게 모셨다고 한다.[89)]

그런데 최남선을 필두로 '신문화 운동'과 '신문학 건설'에 앞장섰던 이들은 자신들에게 본받을 선배가 없다고 외쳤던 인물들이다. 대표적으로 "世上이 새로운 뒤 짧으지 아니한 동안에 이 資格 잇는 이를 볼수업도다. 우리는 正當한 意義로 쉛혀 先輩란 것이 잇지 아니하도다"와 같은 언급에서 단적으로 드러난다. 이른바 "선배 없음"으로 표방되는 이들의 구호는 한결같이 "우리의 쳐다볼 目標가 될만한이", "나아갈 길을 틈이", "우리의 길잡이 되는이", "自己의 애쓰다가 못한 것을 우리에게 물녀주고 우리가 뒤바칠만콤 自己의 씨쳐놋는 것 잇는이"가 없다는 논조로 귀결된다.[90)] 구습을 혁파하고 새로운 '전통'을 고안해내고자 한 최남선은 한편

87) 전덕기(1875~1914) : 감리교 목사, 독립운동가, 서울 출생. 서울 상동교회 목사로 상동청년회를 조직하여 민족운동을 지도하고, 국민교육회를 창설, 국권회복을 위하여 노력했으며 안창호를 중심으로 양기탁 등과 신민회를 조직, 그 중앙 위원이 되어 배일운동을 전국적으로 전개. '105인 사건'으로 혐의를 받고 병보석 중 사망. 『한국민족문화대백과사전』 19, 정신문화연구원, 1991, 477면.

88) 황필수(1842~1914) : 조선 말기 의인(醫人), 본관은 창원(昌原), 호는 신촌(愼村). 황도연(黃道淵)의 자제로 유의(儒醫)로 이름이 높았음. 1885년(고종22) 『방약합편(方藥合編)』을 간행. 이 책은 1887년 현공렴이 개정하여 지금까지도 활용되고 있다. 이상의 내용은 『한국민족문화대백과사전』 25, 앞의 책. 이 외에도 황필수는 이 시기 여러 서적들의 교정과 교열을 담당하는 등, 서적 간행과 관련된 행보를 보인다. 김종천에 의하면 황필수는 19세기 말에서 20세기 초 총 11종에 달하는 서적의 편집에 간여한 전문 편집자이다. 김종천, 「황필수와 그의 편간서들」, 『서지학연구』 10집, 1994, 287면.

89) 최남선과 주시경의 관계에 대해서는 제3부에서 살펴본 바 있다.

90) 「我觀-우리들은 先輩란것이 업슴」, 『청춘』 4호, 신문관, 1915.1, 17~19면.

에서는 구세대의 '어른'들로부터 많은 것들을 '의논'한 동시에 "선배 없음"을 외치고 있는 것이다.[91] 20년 이상 나이 차가 있는 이들을 어른으로 대접하면서 동시에 "선배 없음"을 외치는 이 감각은 상치되는 것처럼 보인다. 모실 '어른'은 있지만 본받을 '선배'는 없다는 이들에게 부재하는 '선배'란 누구를 가리키는 것일까.

『소년』과 『청춘』을 중심으로 신문학을 선도해간 최남선, 이광수, 현상윤 등은 10대에 이미 일본 유학을 통해 근대적인 학교를 경험한 바 있다. 이 점에서 그들의 학교 교육은 이전 세대와는 구분된다. 신세대를 자처했던 이들이 공통으로 '선배 없음'을 외치는 이러한 현상은 이들이 수혜한 교육적 시스템과 무관해 보이지 않는다. 선배에 대한 이러한 인식은 학교라는 제도권 안에서 학년별, 학기별로 구성될 수밖에 없었던 협소한 의미에서 비롯되었을 가능성이 크다.[92] 이를 뒷받침이라도 하듯 현상윤은 「京城小感」에서 "청년의 불행"을 "배울만한 선생과 선배를 가지지 못함에서" 찾는다. 그는 "동경에 가서 제일 부러운 것은 선생님과 선배가 있다는 사실"[93]이라고 토로한다. 『청춘』의 고정 필자로 소설을 비롯해 기행문, 비평, 시, 주장문 등의 다양한 글을 싣고 있는 동경유학생 현상윤이 선배라 부르고 있는 대상은 근대의 교육 제도 안에서 형성될 수 있는 새로운 관계임에 틀림없다.

---

91) 최남선과 이광수가 위치했던 지점은 다소 다른 것으로 파악된다. 한 예로 경성제국대학의 교과서로 『격몽요결』이 선택되었을 때 이광수는 과거의 유물이라고 비판했지만 이 책은 신문관 〈십전총서〉로 발간되었을 뿐 아니라 『현토격몽요결』 등 다양한 방식으로 출판되기 때문이다. 따라서 이 서술은 최남선에게만 한정하고자 한다.

92) 훨씬 후대의 기록이기는 하나 변영로는 "'선배'는 '센빠이'의 역어(譯語)"라며 이 관념이야말로 일제 잔재의 표상이라고 비판한 바 있다. 변영로, 「제척除斥 선후배 관념」, 『註解수주수상록』, 민충환 엮음, 수주문학상운영위원회, 산과들, 2009, 71~74면.

93) 小星, 「京城小感」, 『청춘』 11호, 신문관, 1917.11, 129면.

흥미로운 것은 이 같은 인식이 세대론으로 전개될 가능성을 엿보인다는 점이다. 본받을 '선배'가 없다는 이들의 부재 감각은 앞 세대에 대한 전면 부정이라기보다 '어른'과 소년 혹은 청년으로 대비될 수밖에 없었던 새로운 '세대 인식'으로 읽힌다.[94] 물론 이 역시 무언가를 부정함으로써 구성되는 존재론적인 표지임에 틀림없지만 그 부정의 대상은 이미 존재하는 신/구의 대립 구도로부터 비롯되었다기보다 '소년'인 동시에 '어른'이 되어버린 자신들 스스로에 의해 구축된 것이라 할 수 있다. 부정과 부재로 표방된 세대 감각의 낙차를 통해 스스로를 차별화하려 한 수사에 지나지 않는 것이다. 최남선・이광수로 대표되는 '2인 문단 시대'라는 표어에서 확인되는바, 어른-소년이 아닌 선배-후배라는 구도는 이후 '세대론'을 구성하는 차별적 감각으로 작용함으로써 문단과 문사를 구분하는 하나의 잣대로 기능한다. 이들 세대는 향후 김동인을 필두로 한 1900년대 생들에게 '문사'를 자처하는 구세대로 지목되면서 새로운 세대 구상의 빌미를 제공한다. 요컨대 『청춘』을 중심으로 대두된 '선배 없음'에 대한 인식은 본격적인 조선 문단이 형성되기 이전에 구성된 가상 세대론이라 할 수 있다.

94) 물론 이러한 추론에는 좀 더 많은 실증이 뒤따라야 할 것이다. 다만 『청춘』의 주요 필자인 최남선, 이광수, 현상윤에게서 공통으로 드러나는 '선배 없음'의 감각이 이들 스스로가 신문학의 선두주자였다는 점과 밀접하게 관련된다는 것만은 분명하다. 이에 대해서는 차후 다른 기회를 마련하여 논하고자 한다.

제2장

독자상의 분화와 독자층의 구축

1. 분화된 독자상

이 시기 대부분의 잡지들은 지역별, 단체별, 주제별로 구성되는 학·회·월보나 특정 기관의 기관지로 회원이나 찬성인 중심으로 생산, 유통되었다. 따라서 잡지의 독자 및 필자 역시 비슷한 연령과 출신 지역, 학력 및 지적 수준을 갖춘 이들로 구성된 경향이 컸다. 반면 신문관이 처음으로 발간한 잡지 『소년』은 특정 지역이나 단체 위주가 아닌 일반 독자들을 대상으로 발간되었다. 그것도 상업용 종합잡지의 형태를 띤 채 전국 독자들을 대상으로 한 점은 여러모로 강조될 필요가 있다. 여타의 학·회·월보처럼 '계몽'에 초점을 두고 교육적인 내용을 싣는다 하더라도 수용자를 염두에 두지 않을 수 없기 때문이다. 독자 설정 방식에 따라 매체의 언어에서부터 기사 소재의 종류, 내용의 수위 등 잡지의 성격이 가변적, 유동적으로 결정될 수밖에 없는 것이다. 결국 독자가 매체의 성격을 결정짓는 기준이 된다. 신문관의 매체들은 이러한 특징을 기민하게 포착하여 근대 계몽의 주체로 '소년'을 호명하는가 하면 어린이와 같은 개념이 있기도 전에 이들을 가상 독자로 설정하여 다양한 어린이 중심의 장르와 서사를 선보인다. 요컨대 신문관은 소년을 비롯하여 어린이, 학생, 청년 등을 새로운 독자로 호명함으로써 매체의 성격과 노선을 설정했고 결국 이러한 방식은 전에 없던 새로운 독자와 독자층을 주조하는 데 기여한다.

1) 매체별 독자들

신문관의 각 매체들은 매체의 성격에 따라 예상 독자가 다르게 설정된다. 각 매체들이 텍스트에 등장시킨 인물이나 서사의 주인공을 통해 파악되는 대략적인 예상 독자상(像)은 다음과 같다.

〈표 41〉 신문관 매체별 예상 독자 및 구독률

	소년	붉은져고리	아이들보이	새별	청춘
유형	잡지	신문	잡지	잡지	잡지
발행 년도	1908.11~1911.5	1913.1~6	1913.8~1914.9	1913.10(추정) ~1915.1	1914.10~1918.9
총호수	23호	12/부록 1호	13호	16호	15호
표지	창든소년[1]	호랑이와어린이	말탄장군	교복입은두학생	청년과호랑이[2]
(예상) 독자 및 독자상	-소년과그부형 -청년학우회 기관지	-어린이와 부형 -권두 그림	-붉은져고리후속 -조선어강습원 회원	-학생 -사립학교교재 -표지	-중학 이상 -조선광문회 및 조선어강습원 회원
판매율 (구독자수)	-창간호10부 내외 -1년 후 200부 상회 / 종간 무렵 1000부로 추정 -재판(再版) 있음	2000부 판매	500명이상의 독자 참여→1000부 이상으로 추정	『청춘』과 자매지, 『아이들보이』와 동시 기출판 →1000부 추정	-2000부 판매 -복간 및 특집호 4000부 -재판(再版) 있음

1) 『소년』은 창간호에서부터 2년 10권에 이르기까지는 '소년'이라는 제명에 월계관 모양의 테가 둘러져 있고 아래에는 '本卷槪目'을 실었다. 이후 3년 1권에서 3년 8권까지는 '本卷槪目'을 월력으로 대체했다. 그러다 3년 9권과 4년 2권에서는 창과 비슷한 깃대를 들고 있는 청년에 가까운 인물 형상을 싣고 있다.

2) 『청춘』의 표지는 총 세 버전이 있다. 1호~3호까지는 호랑이를 곁에 둔 청년 그림,

『소년』은 제목에서 시사하듯 소년을 예상 독자로 삼았다.[3] 창간호의 권두에 "日本에 御遊學하옵시난 我皇太子殿下"의 사진에서 1907년 일본 유학 당시 10살이었던 영친왕의 모습을 싣고 있는 데서부터 알 수 있듯 이들이 재현하고 있는 인물 역시 예상 독자로 상정한 소년과 유사하다. 「갑동이와 을남이의 상종」에 등장하는 갑동이와 을남이는 각각 15세와 9세의 대성학교 생도이다. "自然界의 온갓 滋味잇난 現象을 滋味잇게 秩序잇게 알리기 爲해" 구성된 이 글에서 갑동이와 을남이는 "의사가 깊고 … 어른보다 나은"[4] 학생으로 형상화된다. 「성진」에 등장하는 사슴이 역시 정확한 나이는 명시되어 있지 않지만 "「地獄私談」이란 文字語"를 적재적소에 쓰는 것이 아직은 어려운 학생이다.[5] 이 밖에도 「쾌소년세계주유시보」의 최건일은 1년 전 양영학교 보통과를 졸업한 방년 15세의 모험심 많은 소년이고 『소년』에서 처음으로 실시한 「소년문단」에 투고한 최정흠 역시 15세로 확인된다.[6] 편집인은 연합대운동회를 향해 가는 학생들의 행진소리를 들으며 「편집여언」을 적는가 하면[7] 출판사 창문으

4호~6호까지는 호랑이와 달나라 토끼 그림, 복간된 7호부터 종간될 때까지는 무궁화와 새의 그림을 이용하고 있다.

3) 『소년』 창간호에 실린 취지문은 별다른 난 표시나 제목 없이 표지와 판권장 다음에 실리고 있다. 당대 소년이나 청년, 어린이 등의 개념 범주 자체가 지금처럼 명확하지 않았을 때 그들이 상정한 '소년'이 어떠한 개념 범주로 설정되었는지에 대해서는 이미 몇몇 연구자들에 의해 논의된 바 있다. 조은숙, 「근대계몽담론과 '소년'의 표상」(『어문논집』 46, 2002) 참조.

4) 「甲童伊와 乙男伊의 相從」(一), 『소년』 창간호, 신문관, 1908.11, 12면.

5) 「성진」, 『소년』 창간호, 신문관, 1908.11, 60~61면.

6) 「소년문단」, 『소년』 2년 1권, 신문관, 1909.1, 76면. 『소년』의 독자들이 가상 인물이 아니라 실제 존재하고 있었음에도 최정흠 같은 경우는 실제 독자가 아닌 편집인 최남선이 만들어낸 가상 인물일 가능성이 있다. 왜냐하면 투고자의 주소가 신문관과 같은 "한성남부상리동"이며 구사하는 수사 역시 최남선과 유사하기 때문이다.

7) 「編輯室通寄」, 『소년』 2년 5권, 신문관, 1909.5.

로 학생들의 정제된 대오를 내려다보며 스파르타식 학생 기숙사를 만들면 되지 않을까 하는 상상에 잠기기도 한다.[8)]

다른 매체들에 비해 시각적으로 구성되어 있는 『붉은져고리』나 『아이들보이』의 경우는 독자로 상정한 이들의 모습이 보다 분명하게 드러난다. 학생복을 입고 바둑이와 함께 놀고 있는 남학생이나 책을 읽고 있는 소녀 등, 다양한 학생과 어린이의 모습이 제시된다. 특히 『붉은져고리』의 「그림공부도음」은 차돌이를 중심으로 '차돌이 집안사람'을 그림으로 보여주는데 "웃어른"으로는 한아버지 · 한어머니 · 아버지 · 어머니 · 언니와 "알엣 사람"으로는 누의동생 · 아기 · 아범 · 어멈 · 순이가 소개된다.[9)] 주인공 차돌이는 웃어른인 언니와 누이동생 사이에 있다. 「우리 오누」의 주인공들인 "누님은아홉살에 나는닐곱살 둘이다보통학교 일년급에를 봄부터 비롯ᄒᆞ야 다니"[10)]고 있는가하면 가난한 "건널골" 「ᄯᅩ범이」는 "열한살인ᄃᆡ 보통학교삼년급"[11)]으로 시험에서 "백뎜"을 받아와 굶어도 배가 부르다. 『아이들보이』의 「조흔사람안된사람」의 주인공 "김덕슌"도 "아홉살 된 보통학교 二년급 시험에 우등"[12)]을 한 학생이고 홍긔돌과 사슴이, 도야지도 모두 학교에 다니고 있는 학생들로 설정된다.[13)] 이로써 『붉은져고리』나 『아이들보이』는 주로 15세를 넘지 않으며, 보통학교 학생들을 대상으로

8) 「반순성기」, 『소년』 2년 7권, 신문관, 1909.8, 50면.

9) 「그림 공부 도음-차돌이 집안 사람」 (一)웃어른과 (二)알엣사람, 『붉은져고리』 1년 3 · 4호, 신문관, 1913.2.1 · 15, 3면. 이 밖에 「차돌이 집 짐승」(1년 6호, 1913.3.15, 3면), 「차돌이 집 방안 세간」(1년 7호, 1913.4.1, 3면), 「차돌이 집 마루 세간」(1년 9호, 1913.5.1, 3면) 등이 소개된다. 이러한 「그림공부」는 이 시기 매체가 상정한 이상적인 집안의 구성도이기도 하다.

10) 「우리오누」, 『붉은져고리』 1년 4호, 신문관, 1913.2.15, 1면.

11) 「ᄯᅩ범이」, 『붉은져고리』 1년 5호, 신문관, 1913.3.1, 1면.

12) 「조흔사람안된사람」, 『아이들보이』 창간호, 신문관, 1913.9, 15면.

13) 『아이들보이』 2호, 신문관, 1913.10, 14~16면.

하고 있음을 알 수 있다.

이에 비해 『새별』은 『붉은져고리』나 『아이들보이』 보다 학년이 높은 학생들을 독자로 상정했을 가능성이 크다. 『새별』 표지에 교복을 입고 학생 모자를 쓴 채 어깨동무를 하고 있는 이들은 중학생 정도로 간주되기 때문이다. 「서국명화집」에 소개되고 있는 인물들이 소년티를 벗은 완연한 청년이나 어른으로 묘사되고 있음을 고려한다면 이 같은 추정은 크게 어긋나지 않을 것이다. 가령 『소년』에서는 유년시절이 강조되었던 워싱턴이 『새별』에 오면 어린이를 살리는 "젊은 청년"으로 등장한다. 『새별』과 "兄弟"로 소개된 『청춘』에는 이러한 경향이 훨씬 뚜렷해진다. 광고를 통해 「學校訪問記」나 「運動會記」같은 "靑春學生허고 特別히 交涉이되는 記事"[14]들을 많이 싣고 있음을 알리는 데서도 이 잡지가 대상으로 한 독자층을 쉽게 짐작할 수 있다.

신문관은 『소년』 창간호의 간행 취지문에서부터 "少年으로 하야곰 이를 낡게하라 아울너 少年을 訓導하난 父兄으로 하야곰도 이를 낡게하여라."고 명시함으로써 소년과 그 부형을 예상 독자로 삼을 것을 분명히 했다.[15] 물론 신문관의 각종 매체들이 상정한 독자층은 아이들과 소년, 그리고 청년과 학생으로 대표되는 새로운 세대들이 틀림없다. 그렇지만 이 세대들을 지원하는 부형과 교사 역시 배제하지 않았다. 신문관은 소년과 어린이, 학생을 넘어 이들을 가르치는 부형과 교사들로까지 잡지의 독자를 확대시키고 계몽의 대상을 확장시켰다. 부형과 교사들이 '양사우'로 계몽되어야 가정에서나 학교에서의 교육적 효과가 제대로 발휘될 수 있다고 믿었던 것이다.

---

14) 「今月의 靑春」, 『새별』 15호, 신문관, 1914.12, 17면, 광고.

15) 『소년』 창간호, 신문관, 1908.11.

2. 적층된 독자층의 형성

신문관은 매체에 따라 예상 독자를 달리 설정했고 이에 따른 내용 역시 취사했다. 그렇지만 매체의 실질적인 구독자와 독자층은 이보다 더 다양하거나 제한적일 수 있다. 『소년』에서부터 독자를 위한 각종 지면을 마련했고 『아이들보이』와 『청춘』에서는 독자 프로그램을 훨씬 적극적으로 운영함으로써 독자 참여를 유도한 바 있으니 이들을 중심으로 신문관 독자들에 보다 실증적으로 근접해 보고자 한다. 나아가 매체의 독자들이 개별적으로 분산되거나 분리되지 않고 지속적으로 적층되어가는 모습을 통해 이른바 '신문관 독자층'이라 불릴만한 일종의 독자 그룹의 형성 과정을 살펴보고자 한다.[16]

1) 『소년』의 독자들

『소년』은 창간호에서부터 〈소년문단〉을 마련해 "少年諸子의 文藝"를 장려했다. 뿐만 아니라 "「少年通信」, 「少年應酬」等欄을 設置"하여 "前者는 여러분의 居住하난 짱의 名勝·古蹟·人物·特殊한風習·方言·童謠·傳說等"을 "後者는 本誌上에 揭載된 文字(一句의語義나 或全文의意趣)에 對하야 모르실뜻한것"[17]을 물어오면 알려주겠다고 제안한다. 이처럼 독자들에게 적극적인 참여를 독려한 점은 고무적이다. 그렇지만 〈소년문단〉을 필두로 〈소년통신〉이나 〈소년응수〉 등에 독자 참여가 활발하게 이루어지지는 않았다. 그나마 '독자'라는 형식으로 가시화된 이들이 있기

16) 매체의 독자 연구에 대한 선행 연구로는 천정환(『근대의 책읽기』, 앞의 책)과 전은경(『근대계몽기 문학과 독자의 발견』, 앞의 책) 및 『독서국민의 탄생』(앞의 책) 등을 참조하였다.

17) 「編輯室通寄」, 『소년』 창간호, 1908.11, 83~84면.

는 하나 매체에 의해 가상으로 설정된 인물일 것으로 간주되어 왔다.[18)]

우선 『소년』 2년 1권의 〈소년문단〉에 처음으로 투고를 해 온 이들의 글을 감상해 보자.

> (1) 東天의 紅日은 三等이 已高ᄒᆞ고 壁上의 掛鐘은 上午八時를 報하ᄂᆞᆫ 聲에 怠惰ᄒᆞᆫ 我夢이 天上雷公의 號令을 承ᄒᆞᄂᆞᆫ듯 枕衾 辟除ᄒᆞ고 窓戶를 洞開ᄒᆞ야 通衢를 觀望ᄒᆞᆯ 際에 一紙가 飄落키에 雙手로 披見ᄒᆞ니 卽 『대한매일신보』第 九百五十號러라. 我-비록 四肢ᄂᆞᆫ 怠惰ᄒᆞ나 嗜報의 癖이 頗有ᄒᆞᆷ으로 盥漱를 退停ᄒᆞ고 次次로 閱覽타가 報紙 「第三面第三欄」에 至ᄒᆞ야ᄂᆞᆫ 自言曰 「俄者鐘聲이 雷公號令갓히 格格터니 今者警世鐘이 紙上의 又聞ᄒᆞ네」 我少年=我少年界의 經世木鐸이로구나[19)]

> (2) 왜 우리는 해변에서 나지를 아니하얏노! 왜 나의 처음쓰난 눈에 하날을 삼키려하난 膽大한 물ㅅ결의 모양이 드러오지를 아니하고 나의 처음 내이난 우름 소리가 山岳을 싸려부스난 力强한 물ㅅ결의 號통으로 唱和하지를 못하얏노![20)]

첫 번째 인용문은 "한성중부교동"의 강문환이 보내온 글로 신보 즉 『대한매일신보』를 통해 『소년』이 발간된 것을 보고 기뻐하며 『소년』 출간에 "대한제국의 일대신명성이 출현"했다는 기대를 표명하고 있다. 그런데 인용문은 『소년』의 광고문이라 해도 믿겨질 정도로 수사나 내용이 『소년』과 유사하다. 『황성신문』이나 『대한매일신보』 등 당대 주요 일간지가 『소

18) 지금까지 『소년』을 대상으로 한 연구들에서 독자투고자들은 편집자에 의해 설정된 가상인물일 것으로 추측되어 왔다. 그렇지만 강문환과 김봉현의 경우처럼 실제 인물이 독자일 수 있기에 이 시기 독자 투고를 하고 있는 이들에 대해서는 좀 더 면밀한 접근이 필요하다.

19) 姜文煥, 「家庭의 一日」, 『소년』 2년 1권, 신문관, 1909.1, 74~75면.

20) 崔正欽, 「나의 所恨한 所望」, 앞의 책, 76면.

년』의 창간을 축하하며 기대를 걸었던 것은 주지하는 바다. 『소년』의 글이 『대한매일신보』에 게재되었듯 역으로 『대한매일신보』의 기사 역시 충분히 『소년』에 소개될 수 있다. 다만 신문 주필이나 기자가 아닌 독자가 이러한 내용을 싣고 있다는 것은 의미심장하다. 더욱이 『대한매일신보』와 『소년』의 독자층이 분리되지 않았거나 공유되었을 가능성을 제기한다는 점에서 인용된 독자의 글은 그 의미가 증폭된다. 후자는 "한성남부상리동"에 거주하는 15세 최정흡이 보내온 글로 바다의 기상을 찬양하는 소년의 이야기이다. 이 역시 내용이나 문체 면에서 『소년』과 유사한 특징을 보인다.[21)]

그런데 이 가운데 강문환은 『장학보』에서 지리 및 근대적인 지식에 관한 다양한 글을 투고한 바 있는 실제 인물로 확인된다. 앞서 살펴보았던 〈소년통신〉에서 함경도 온성의 고적과 방언을 보내온 김봉현 역시 주시경에게 수학한 조선어강습원의 회원임을 고려한다면(〈표 27〉과 〈표 41〉 참조) 지금까지 『소년』을 대상으로 한 연구들에서 편집자에 의해 가상 독자로 간주된 이들은 실제 독자이거나 적어도 그러할 가능성이 클 것으로 판단된다. 물론 실제 독자인지의 여부와 무관하게 『소년』이 '독자'를 상정했다는 자체가 의미 있다. 왜냐하면 이러한 독자상은 책을 구독한 구독자들에게 '독자' 개개인에 대한 개별상(象)을 제시할 뿐 아니라 독자라는 특정 집합체에 대한 구체적인 인식을 심어주기 때문이다.

여섯 명의 독자에서 출발해 1년 후 이백 여명의 독자를 확보하기까지 『소년』은 청년학우회의 기관지를 겸하고 홍명희와 이광수를 영입하면서 최남선 1인 편집으로부터 탈피하는 등 다방면으로 변화를 시도했다. 그러나 〈소년문단〉을 비롯한 독자 프로그램을 개선하거나 활성화하려는

---

21) 고향의 고적이나 동요, 방언들을 소개하는 〈소년통신〉에 비해 〈소년문단〉은 실시되지 않는다. 〈소년통신〉에 수록된 내용은 제4부의 〈표 25〉 참조.

노력은 더 이상 이루어지지 않았다. 『소년』 편집국 자체에서도 〈소년문단〉에 대한 독려의 광고를 하지 않은 것으로 미루어 실제 독자들의 참여를 기대하기란 쉽지 않았을 것으로 짐작된다. 더욱이 청년학우회의 기관지를 겸하고 또 강제병합 이후에는 잦은 압수와 정간, 검열 등으로 잡지의 편집 자체가 특집이나 부록으로 구성되는 경향이 강해지면서 애초에 기획했던 독자란은 소홀해질 수밖에 없었을 것으로 판단된다. 대신 다양한 읽을거리를 통해 독자 확보에 나서는 것이 보다 우선적으로 요청되었을 것으로 간주된다. 왜냐하면 후속지인 『붉은져고리』에는 독자 참여 프로그램이 전혀 개설되지 않는 대신 다양한 볼거리와 이색적인 편집으로 독자들에게 상당한 호응을 얻기 때문이다. 신문관은 두 번째 잡지의 판매 경로가 비교적 안정되었을 때 비로소 독자 참여를 시도할 수 있었던 것으로 보인다. 이는 『붉은져고리』 이후 발행된 『아이들보이』의 독자를 통해 확인된다.

2) 『아이들보이』의 독자들

신문관 발행 매체 중 독자 참여가 가장 활발하게 이뤄진 매체는 『아이들보이』이다. 『아이들보이』는 창간호에서부터 독자 참여에 관한 광고를 전면에 내세운다. "샹급잇는"이라는 수식어를 내걸고 부상금을 수여하면서 참여한 이들의 성명과 거주지를 기재하는 등 독자의 존재를 적극 활용한다. 글을 짓는 〈글ᄭᅩᆫ느기〉와 이야기를 모으는 〈이약이 모음〉, 학습적인 내용을 직접 풀어 보게 하는 〈의사보기〉와 〈그림글 닑기〉 등 다양한 프로그램을 개발한다. 실제 이러한 전략은 성공적이라 간주될 정도로 독자들의 호응을 얻는다. 창간호에서 광고한 독자 참여는 3호부터 제1회 당선자 명단을 발표하기 시작한다. 〈글ᄭᅩᆫ느기〉는 당첨자를 장원 1명, 둘째 장원 2~3명, 많게는 6명까지도, 그리고 셋째 장원 역시 2~4명 정도를 뽑았다. 이 밖에도 잘 지었다고 생각되는 이들의 이름을 거주지와 함께 부기했다.[22] 〈샹급잇는 이약이 모음〉, 〈샹급잇는 의사보기〉, 〈샹급잇는 그림글 닑기〉 등 다양한 독자 프로그램이 실시되었고 여기에서도 매호 "제비를 쏩아" 1등 1인(賞壹圓書籍券), 2등 2인(賞各五拾錢書籍券), 3등 5인(賞各우리『아이들보이』參個月치)의 성명과 거주지 및 소속 등이 게재되었다. 그리고 당선자 외에도 참여한 사람들을 "賞外알아낸이"라는 명목으로 일부 기재하고 있다. 상당한 지면을 할애하면서까지 참여자들의 이름과 함께 거주 지역을 밝히고 있는데 이 점은 앞에서 이미 살펴보았듯 잡지의 독자 및 독자층의 지역 분포를 파악하는 데 유용하다. 매호 실시된 이들 독자 프로그램에 참여하고 있는 이들은 평균 500여 명 이상이며 참여 지역 역시 다양하다.[23]

특기할 사항은 이들 당선자들 가운데 학생이나 교원이 많다는 사실이다. 대표적으로 〈글ᄭᅩᆫ느기〉를 살펴보면 1회 당선자 중 장원인 이윤재는 마산의 의신여학교 교원이다. 그리고 1회의 이동혁(배재학당), 노문희(정주오산학교), 백선준(태안안중학교), 2회에 셋째 장원 이병두(경기광주보육학교), 5회(7호)에 둘째와 셋째로 뽑힌 이희철과 김주항, 그리고 6회(8호)에 셋째 장원 진병형[24]은 모두 오산학교 출신이다. 5회의 손을인은 교원양성소에, 6회의 장원인 승계형은 정주육영학교, 셋째 장원인 김중하와 조문태는 각각 휘문의숙과 보성중학교에 다니고 있다. 7회(11호)는 당선자와 상

---

22) 『아이들보이』의 〈글ᄭᅩᆫ느기〉 당첨자 명단은 〈부록 2〉 참조.

23) 여기에 대해서는 이 책의 제2부에서 이미 다루었다.

24) 한자 판독이 어려워 秦柄衡인지 秦柄衢인지 혼동된다. 저자의 판단으로 전자를 택한다. 진병형은 11호 「학문은 인생에게 제일귀한것」이라는 제목으로 셋째 장원에 당선된 인물과 동일인일 가능성이 크다. 주소지가 정주오산학교에서 경성휘문의숙으로 변경된 것으로 보아 정주에서 경성으로 유학했으리라 간주된다.

급 이외 뽑힌 사람이 가장 많은데, 둘째 장원인 김택도(金澤道)는 평북용암포의 구세학교, 셋째 장원 정열모는 교원양성소 출신이며, 계창□(桂昌□)는 선천의 보신학교에 재학 중이다. 이 밖에도 백낙영(정주육영학교), 백인제(정주오산학교), 김경락(선천신명학교)이 모두 학생이거나 교원이다. 당선자 가운데 상당수가 학교(서원, 의숙 포함)나 교원양성소 등에 있었다는 점은 이들이 학생이든 교사든 학교를 중심으로 구축되고 있었다는 사실을 방증한다. 학교를 중심으로 이루어진 이들 독자층의 형성은 눈여겨볼 만하다. 왜냐하면 신문관 매체들이 학교 제도와 상당히 밀접하게 연동하고 있었고 이로써 『아이들보이』를 비롯한 신문관의 매체가 사립학교의 교재로 사용되었을 가능성이 확인된 셈이기 때문이다.

이처럼 『아이들보이』는 『소년』이 실현하지 못한 독자 프로그램을 다각도로 진행하면서 독자들의 참여를 유도한다. 특히 독자들의 글쓰기를 활성화시킨다. 글짓기의 중요성을 분명하게 피력하고 있는 것으로 보아 단순히 잡지 판매의 효과를 높이기 위한 목적을 넘어 글쓰기 주체를 양성하려는 의도가 드러난다. 글은 자신을 표현하기 위해, 의사소통의 미숙으로 "일과 몸이 큰 낭패 당ᄒᆞ"지 않기 위해 "반ᄃᆞ시" 갖추어야 할 자질로 요구된다. 이 때문에 학교에서도 독본과 작문 두 교과 과정을 힘써 가르치고 예로부터 위인들도 글짓기에 힘썼음을 강변한다. 따라서 글을 잘 지으려면 "어려서부터 만히 남의 글을 닑고 만히 내손으로 지어보아야"한다. 그렇지 않고 "일즉이 련습홈이 업스면 늣게 큰 설음을 바들것이 분명ᄒᆞ"다고 강조한다. 이러한 취지와 함께 "글뎨ᄂᆞᆫ 마음대로", "쓰기ᄂᆞᆫ 해 졍ᄒᆞ게" 해서 "무슨글이든지 제가지은것"으로 "三빅 二十ᄌᆞ" 이내로 쓰기를 권고하고 있다.[25] 다음은 1회 장원으로 당선된 글이다.

25) 〈샹급잇ᄂᆞᆫ 글ᄭᅵᆺ느기〉, 『아이들보이』 창간호, 신문관, 1913.9, 광고.

> 쇠가녹고돌이타게쪼이던쓰거운볏이졈졈물너가고가을졀긔가되매한째의번화로써봄빗을자랑하던산과들에꼿다온식물들이긔를펴지못하고쇠잔함이극하도다슬프다우리는이에대하야한감샤이업지못할지니대뎌우리인생이이셰샹에생겨나옴으로부터차차자라셔쇼년시대에닐으면톄력이강건하야아모일이라도능히감당하나니사람일생의무엇을일움과못일움은젼혀이때에매인지라셰월이나를기다리지안이하고그렁저렁쇠로ᄒᆞ게되면아모리문장재사로도지혜를내일여력이업고영웅령사로도용맹을내일여력이업서흡사히가을맛난초목과가트리로다우리무리청년이여청춘의조흔시긔를노치지말고분발하야남달니학업을일워빗난일홈을씨칠진뎌내이로써한늣김을삼아젼보담갑절이나더욱스사로경계함을어덧도다[26]

인용문은 "마산 의신여학교"에 있는 이윤재의 글이다. 향후 국어학자로 명성을 높이는 이윤재가 『아이들보이』의 독자이자 투고자였음이 확인된다. "말은잘되엇스나생각이넘어로셩ᄒᆞ오"라는 "평"이 첨부되어 있는데 『아이들보이』가 참여를 독려했던 예상 독자와 달리 여학교 교사였던 이윤재로서는 어쩌면 당연한 평가를 받은 셈이다. 그런데 이윤재의 이 당선작은 『아이들보이』의 독자 및 투고자들의 문장 수준, 다시 말해 이 매체를 구독하고 여기에 자신의 글을 투고하는 이들의 문체를 보여준다는 점에서 의미 있다. 『아이들보이』의 문체가 한글 전용이었음을 염두에 둔다면 이 매체는 실제 그 독자가 어린이든, 어른이든 한글에 상당한 관심을 가진 이들이 구독했고 비교적 한글 구사가 가능한 이들이 투고했음을 방증하기 때문이다.

이윤재의 글 외에도 〈글ᄭᅩ느기〉에 당선된 글들은 상당한 한글 문장을 구사한다. 이는 『아이들보이』가 사용한 매체 언어가 한글이라는 점과 더

26) 이윤재, 「느진가을의늣김」, 『아이들보이』 3호, 신문관, 1913.11, 36면.

불어 중요하다. 왜냐하면 아무리 "아모조록 죠션말로 지으며 이미 죠션말 뒤 한문말은 얼마 석거도 관계"치 않는다 하더라도 실제 투고된 작품들이 전혀 이 같은 규정에 맞지 않는다면 이는 '독자 투고'가 의도하지 않은 방향으로 흘러갔음을 반증하는 것이기도 하기 때문이다. 그러나 『아이들보이』의 〈글쓰느기〉는 의도대로 진행되었으며 매체 기획자들이 생각했던 것보다 훨씬 성공적으로 이루어졌다고 할 수 있다. 이러한 독자 참여를 통한 글쓰기는 『신문계』와 비교하면 단적으로 그 차이가 드러난다. 『신문계』는 1권 3호부터 〈현상과제〉를 모집하고 다음 호에 〈현상과제당선〉 작문들을 싣고 있는데 모두 일본어로 된 작문이다.[27] 『신문계』는 우리말이 조선어로 지칭되면서 국어와 경쟁 관계에 놓이고 있는 현상을 실감나게 보여준다.

〈글쓰느기〉에 두 번 이상 당선되었거나 상급 이외로 뽑힌 명단은 다음과 같다. 노문희(3, 4, 11), 이재갑(3, 4, 11), 이운벽(4, 11), 권일규(3, 11), 손을인(3, 7), 이병두(3, 4) 박광윤(3, 4, 8, 11), 이운벽(4, 11), 최승오(4, 8, 11), 문정국(7, 11 세편), 장지성(7, 11), 김재형(3, 7), 진병형(8, 11), 김건오(3, 11 세편), 박철용(4, 8), 김중하(8, 11), 송기빈(8, 11), 고석주(8, 11), 박헌양(8, 11), 김수홍(8, 11) 등이다. 이 가운데 노문희, 이재갑, 박광윤, 최승오 등은 세 번 이상 당선된 자들이다. 당선자 명단에서 정열모, 손을인, 장지성, 이재갑 등 조선어강습원 회원들과 노문희, 이희철, 김주항, 백낙영, 백인제 등 정주 출신들이 상당수였음을 확인할 수 있다.[28] 전자는 조선어강습원 회원들이 『아이들보이』의 독자였다는 점과 더불어 『아이들보이』가 한글 글쓰기와 밀접하게 연동하고 있었음을 상기시킨다. 후자는 오산에서 교사생활

---

27) 〈懸賞課題當選〉, 『신문계』 1권 4호, 신문사, 1913.7, 62~67면. 물론 그 이전에 〈文林〉을 통해 경향 각지에서 오는 학생들의 글을 싣고 있다.

28) 『아이들보이』의 〈글쓰느기〉 당선자는 〈부록 2-1〉 참조.

을 한 이광수를 중심으로 형성된 문학열을 연상시킨다. 1913~14년 〈글꼬느기〉에 투고한 오산학교 학생들이 이광수의 제자들임은 말할 나위 없다. 이 점은 특별히 주목되는데 '문학'이라는 장치가 매체와 더불어 독자들에게 '감염'되는 또 하나의 방식을 보여주기 때문이다.

3) 『청춘』의 독자들

『아이들보이』의 〈글꼬느기〉는 『청춘』의 〈현상문예〉로 이어진다. 이미 많은 논자들에 의해 그 중요성이 부각되었듯 〈현상문예〉의 핵심은 '현대 청년'들에게 문장교육을 실시했다는 데 있다. 「양문고선의 감」에서도 밝혔듯 〈현상문예〉는 "文章練習이 엇더케 現代靑年에게 不足함을 볼 것이며 時文에 對한 用意가 殆無한 時下 敎育의 缺陷이 엇더케 甚함"[29]을 깨닫고 이를 개선하기 위해 시급히 요구된 것이다. 그렇지만 앞서 살펴본바, 〈현상문예〉에 당선된 독자들의 글쓰기는 『시문독본』과 함께 '시문체'의 구체적인 실례들로 제시되면서 매체의 기획자와 독자들 간의 혹은 독자와 독자 간의 소통 형식으로 작용했다. 매체가 주도한 이 제도적인 글쓰기를 통해 향후 상당한 문예 주체들이 양성되는 것을 목격할 수 있다.

『청춘』은 신문관이 마지막으로 발간한 잡지이자 가장 오랫동안, 그러나 정간으로 인해 상당 기간 발행이 금지되었던 매체이다. 흥미롭게도 『청춘』의 독자 가운데는 이미 『소년』이나 『아이들보이』에서부터 신문관 매체들을 읽어온 이들이 다수 존재한다. 『청춘』의 '독자 투고'에 주목하는 이유도 여기에 있다. 종간에 이르는 동안 투고한 이들을 통해 신문관에 관여한 독자들의 추이가 어느 정도 가늠되기 때문이다. 이로써 지속적으로 형성된 신문관의 독자층이 파악된다.

---

29) 「特別懸賞文藝－兩文考選의感」, 『청춘』 11호, 신문관, 1917.11, 40면.

〈표 42〉 신문관 독자 관계도(가나다순)

이름	매체별 독자	'독자 투고'	신문관 저·역·필자	단체 활동	비고
강문환(姜文煥)	『소년』	『소년』			『장학보』
강용흘(姜鏞訖)		『청춘』			도미, 작가
고석주(高碩柱)	『아이들보이』				
고한승(高漢承)		『청춘』		색동회	아동문학가
구성서(具聖書)	『아이들보이』	『아이들보이』 『청춘』		기독교	『태서문예신보』
권덕규(權悳奎)	『아이들보이』		『현금조선문전』 서문	조선어강습원	
권상로(權相老)	『아이들보이』		『조선불교약사』 저자	불교	『불교』
김가전(金嘉全)	『아이들보이』			기독교	청춘분매소
김동환(金東煥)		『청춘』			『삼천리』
김두봉(金枓奉)			『조선말본』 저자	조선어강습원 조선광문회	
김두종(金斗鐘)	『아이들보이』			조선어강습원	
김득린(金得麟)	『아이들보이』				정주출신, 독립운동
김명순(金明淳)		『청춘』			
김복진(金復鎭)	『청춘』(회고)				김기진과 형제
김성진(金晟鎭)		『청춘』	『청춘』 필자		『매일신보』
김봉현(金鳳鉉)	『소년』			조선어강습원	
김순호(金洵皓)	『아이들보이』			조선어강습원	
김억(金億)	『소년』(회고)				『태서문예신보』
김여제(金輿濟)	『소년』(추정)		『붉은져고리』 편집자	오산학교, 청년학우회, 광문회	
김윤경(金允經)	『아이들보이』	『청춘』		조선어강습원	
김주항(金周恒)	『아이들보이』			오산학교	
김태영(金台榮)	『아이들보이』			조선어강습원	
김형원(金炯元)		『청춘』		조선어강습원	『생장』
나석기(羅錫基)			『청춘』 필자	조선어강습원	
나시규(羅始奎)	『붉은져고리』(회고), 『청춘』	『청춘』			나운규의 형

나운규(羅雲奎)	『붉은져고리』(회고)				
노문희(盧文熙)	『아이들보이』, 『청춘』	『청춘』			『개벽』
명순조(明舜朝)	『아이들보이』	『청춘』			
문목규(文穆圭)	『아이들보이』				
박달성(朴達成)		『청춘』			
박영진(朴永鎭)	『아이들보이』		『소년』 인쇄인		『요지경』 작가
박영희(朴英熙)	『붉은져고리』, 『청춘』(회고)				
방인근(方仁根)		『청춘』			『조선문단』
박재동(朴載垌)	『아이들보이』			조선어강습원	
방정환(方定煥)		『청춘』			『어린이』
박종화(朴鍾和)	『아이들보이』				→ 朴宗和
박태원(朴泰遠)	『청춘』(회고)				
박현환(朴賢煥)			『해당화』 역자	홍사단	
배재황(裵在晃)	『아이들보이』	『청춘』		조선어강습원	
백낙영(白樂嶸)	『아이들보이』, 『청춘』	『청춘』			
백인제(白麟濟)	『아이들보이』				
변영태(卞榮泰)	『아이들보이』			조선어강습원	변영만·변영로 형제
손을인(孫乙仁)	『아이들보이』	『아이들보이』		조선어강습원	
심재덕(沈在悳)	『아이들보이』			조선어하기 강습소	
엄항섭(嚴恒燮)		『청춘』		조선어강습원	
오대영(吳大泳)	『아이들보이』			청년학우회	
유종석(柳種石)		『청춘』			柳光烈
윤태휴(尹泰休)	『아이들보이』			조선어강습원	
이규영(李奎榮)	『아이들보이』		『현금조선문전』 저자, 「읽어리가ᄅ침」	조선어강습원	
이두영(李斗榮)	『아이들보이』			조선어강습원	
이명규(李明奎)	『아이들보이』			조선어강습원	
이병기(李秉岐)	『아이들보이』			조선어강습원	

이상춘(李常春)	『청춘』	『청춘』	『청춘』 필자		『박연폭포』, 『서해풍파』 작가
이운벽(李雲碧)	『아이들보이』, 『청춘』	『아이들보이』, 『청춘』			
이윤재(李允宰)	『아이들보이』	『아이들보이』			한글학자
이익상(李益相)		『청춘』			작가
이재갑(李載甲)	『아이들보이』	『아이들보이』, 『청춘』	학생연합연설 회(『청춘』)	조선어강습원	갈돕회
이희철(李熙喆)	『소년』(회고), 『아이들보이』				『동아일보』 (「읍혈조」 연재)
장리욱(張利郁)	『아이들보이』			흥사단	정주출신
장지성(張志峸)	『아이들보이』	『아이들보이』		조선어강습원	
장두정(張斗貞)	『아이들보이』			조선어강습원	
정열모(鄭烈模)	『아이들보이』	『아이들보이』, 『청춘』		조선어강습원	
조문태(趙文台)	『아이들보이』 『청춘』	『청춘』		조선어강습원	
주기철(朱基徹)	『청춘』			오산학교	
주병건(朱柄乾)		『청춘』		조선어강습원	『공제』 〈현상문예〉
주요한(朱耀翰)	『아이들보이』	『아이들보이』, 『청춘』			주낙양, 『창조』
진병형(秦柄衡)	『아이들보이』				
최국현(崔國현)		『청춘』			
최학송(崔鶴松)		『청춘』			최서해
최현이(崔鉉彛)	『아이들보이』			조선어강습원	崔鉉培(위산)
차용운(車用運)	『청춘』				
하태용(河泰鏞)		『청춘』			계용묵, 『학생계』
한동찬(韓東瓚)		『청춘』		조선어강습원	
한현상(韓睍相)		『청춘』		조선어강습원	
현상윤(玄相允)			『붉은져고리』 (추정), 『청춘』 필자	조선어강습원	『학지광』
홍선표(洪善杓)	『아이들보이』	『청춘』			

위 〈표 42〉 신문관 독자 관계도는 독자 투고란이 활발하게 가동된 『아이들보이』와 『청춘』을 중심으로 구성되었고 회고나 문헌을 통해 밝혀진 사실들도 참고하였다. 이 밖에도 『소년』과 『붉은져고리』를 구독했다는 언급 등을 부기하였다. 앞서 조선어강습원의 회원들과 오산학교, 혹은 정주와 같이 특정 단체나 학교, 지역의 인물들이 신문관의 매체들을 구독하거나 읽었음이 다시금 확인된다.

조선어강습원부터 살펴보면[30] 대표적으로 주시경의 제자였던 김윤경 외에도 최현배나 이규영이 신문관의 매체인 『아이들보이』의 독자였다는 점이 드러난다. 최현배는 이 시기 '최현이'라는 필명으로 '위산'에서 『아이들보이』를 구독하고 있었다. 이 외에 이명규, 권덕규, 장지성, 배재황, 김두종, 이재갑, 박재동, 이두영, 윤태휴, 손을인, 김순호 김태영, 심재덕 등이 있다. 이 가운데 정열모와 이재갑, 조문태, 배재황과 같은 인물들은 『아이들보이』에서부터 『청춘』에 이르기까지 지속적으로 독자 투고를 하고 있는 인물이다. 또 조선어강습원의 회원은 아니어도 한글 연구에 관심이 있었던 이윤재나 권상로 역시 일찌감치 『아이들보이』의 독자로 참여하고 있었다.

한편 주요한을 비롯해 서북지역 출신들로는 노문희, 이운벽, 백낙영, 명순조, 구성서 등이 『아이들보이』의 열렬한 독자이자 투고자였으며 이들이 『청춘』에 이르러서는 〈현상문예〉에 당선되는 주역이 된다. 특히 주요한이나 백낙영은 소년 시절을 거쳐 청년에 이르게 되는 일련의 과정이 매체를 통해 드러난다. 주요한은 『아이들보이』에서는 "東京神田區小川町二ノ七"로 도쿄 간다가 주소지였다. 그런데 『청춘』에 가면 "東京芝白金今里町明治學院"으로 주소지가 바뀐다. 동경 유학 당시 주요한의

30) 조선어강습원 회원들 가운데 〈현상문예〉에 당선된 이들에 대해서는 제3부에서 상세하게 다룬 바 있다.

궤적을 엿볼 수 있다. 백낙영 역시 『아이들보이』에서는 "정주군 남면 육영학교"였던 것이 『청춘』에서는 "경성 휘문의숙"으로 주소지가 변경된다. 이로써 고향인 정주에서 보통학교를 졸업하고 경성으로 유학해 휘문의숙에 재학 중인 사실이 확인된다. 이러한 예는 김윤경에게도 보인다. 『아이들보이』에는 마산으로 거주지가 표시되지만 『청춘』에 오면 연희전문학교로 소속이 변경된다. 김윤경은 상동 청년학원에서 주시경에게 가르침을 받고 졸업 후 마산에서 교사생활을 할 때 『아이들보이』를 구독했다. 『청춘』의 독자였을 때는 다시 상경하여 연희전문 학생으로 수학했던 것이다.[31] 이처럼 고향을 떠나 동경이나 경성으로 유학하거나 혹은 다시 고향이나 지방으로 이동했던 이들의 경로들이 매체를 통해 뚜렷하게 나타난다. 구독자나 투고자로 참여한 다양한 행위들이 신문관 매체를 통해 드러나고 있는 셈이다.

『아이들보이』에서 『청춘』으로 이어지는 동안 매체가 바뀌고, 학교가 바뀌고, 거주지가 바뀌어도 독자들은 매체의 구독을 멈추지 않았다. 이들은 지속적으로 꾸준하게 신문관 매체를 구독하여 읽었을 뿐 아니라 매체가 기획한 독자 프로그램에 참여하는 데도 적극적이었다. 이 가운데 〈글ᄭᅩᆫ느기〉와 〈현상문예〉는 순전히 독자들의 글로만 채워지는 이른바 독자들이 글쓰기의 주체가 되는 장(場)이라 할 수 있다. 이 장의 주역들은 매체에 투고하여 자신들의 글을 시험해 본 아마추어들로 매체를 통해 자신의 글을 평가받는 동시에 당선된 글을 읽기 위해 기다리는 또 다른 독자를 양산해 낸다.

---

31) 1894년생인 김윤경은 어렸을 때 고향(경기 광주)에서 한문을 배우다가 15세(1908)에 신교육을 받기 위해 서울에 올라와 우산학교 · 의법학교를 다녔다. 1911년 상동에 있는 청년학원에 입학했으며, 주시경에게 감화 받아 국어연구에 뜻을 두고 졸업 후 경남 마산의 창신학교에 부임하여 국어 · 역사 · 수학을 가르쳤다. 1917년 서울에 돌아와 연희전문학교에 입학하였다.

제3장

문예의 훈련과 문예 주체의 양성

신문관의 일련의 매체로 이어진 '독자 투고'는 독자들의 유년 혹은 소년 시절의 글쓰기뿐 아니라 그들 자신의 변모 과정이나 변화 양상까지도 살펴볼 수 있다는 점에서 의미 있다. 더욱이 『청춘』을 비롯한 신문관 매체들이 문예잡지가 아니었음에도 '문학'서로 인식된 점과 관련시킨다면 이들이 특정 글쓰기에 견인되거나 일정 방향으로 유도된 것은 특기할 만하다. 임화의 지적처럼 신문관 단행본 번역소설 및 매체들은 서구문학 중심의 소설들을 번역, 소개하면서[1] 차별화된 문학관을 형성해 나갔다. 신문관의 차별화된 문예관이 지속적으로 적층된 독자층과 연동하면서 독자들의 글쓰기에 미친 영향은 예상대로이다. 다시 말해 독자층의 형성과 문예관의 변화는 독자 투고를 해오는 이들에게 특정한 경향, 곧 문예에 대한 편향으로 이어지고 이렇게 영향 받은 독자들은 하나의 부류를 형성하기에 이른다. 신문관 매체들에 투고한 자들의 투고작을 통해 이들이 문학에 경도된 양상을 구체적으로 살펴보고자 한다.

1) 임규찬 · 한진일 편, 『임화 개설 신문학사』, 한길사, 1993, 148~149면.

1. 투고열(熱)과 아마추어리즘

'독자 투고'나 〈현상문예〉는 신문관 매체들 이전에도 이미 실시되고 있었다. '독자 투고'의 형식은 아니지만 『신학월보』와 같은 기독교 매체는 부인을 대상으로 마련된 글짓기의 결과를 싣는가 하면[2] 『대한자강회월보』도 1906년 7월 창간호에서 독자들에게 기서(寄書) 형식의 투고를 공지한 바 있다.[3] 매체에 따라 형식상의 차이가 있기는 하지만 '독자 투고'는 이후 『태극학보』, 『대한흥학보』, 『소년』, 『학지광』, 『여자계』 등 여러 잡지로 이어진다.[4] 그렇지만 이들 매체들에서 실제 독자들의 참여나 투고는 그다지 활성화되지 못한 것으로 간주된다. 물론 『장학보』처럼 독자 참여가 예외적으로 두드러졌던 경우도 없는 것은 아니나 이 역시 학생 독자를 대상으로 한 교과와 관련된 내용이 주를 이룬다.[5] 다시 말해 독자들의 글쓰기에 방점을 두고 있지는 않았던 것이다. 신문관 매체들의 '독자 투고'에 주목하는 이유는 바로 독자들의 글쓰기가 강조되었고 독자들 역시 여기에 열렬하게 반응했다는 데 있다.

1) 방정환과 김윤경의 투고열

신문관의 '독자 투고'가 특별한 이유는 매체의 상호성을 이해하면서 독자 스스로 발화할 수 있는 지면을 열어주었다는 데 있다.

---

2) 『신학월보』 3권 11호, 1903.11, 480~482면.

3) 「注意」, 『대한자강회월보』 창간호, 1906.7.

4) 신문학 초창기의 '독자 투고' 및 '현상문예'가 정착되는 과정에 대해서는 김영철의 「신문학 초기의 현상 및 신춘 문예제의 정착과정」, 『국어국문학』 98집, 1987 참조.

5) 『장학보』에 관한 논의는 이유미, 「근대 단편소설의 전개양상과 제도화 과정 연구」, 연세대 박사논문, 2011, 120~124면 참조.

> 우연한긔회로崔南善氏의『青春』雜誌를보고興味가끌리어ㅈㅎ生이라는匿名으로作文을投書하엿더니 그것이當選되아誌上에실린것이처음이엿습니다. 어린때라 投書해놋코는 마음이퍽조이엿섯습니다. 新聞에廣告 나기를 苦待苦待하다 못하야 新文館으로 電話를 걸면 의례히 當局에서 許可가 나오지 안엇으니 더 기다리라는對答이엿습니다. 그리다가 新聞紙에서 廣告를보면冊이 郵便으로오기를기다릴사이업시 뛰어나가서 鐘路거리의 策店에가서學校에서成績發表를 기다리든 때나 조곰도 달르지안은마음으로 맨먼저 讀者文藝欄을펴들엇습니다. 그리다가 거긔에 自己 匿名을 發見하엿슬때, 무슨 奇術이나 본 것처럼 몹시 新奇해하면서 슨채로 나리 닑엇습니다. 닑고는『내가 그때 정말 이럿케 써보냇든가?』십어하면서 집에도 冊이올것을뻔히알면서 깃븐마음에 돈주고사가지고와서는 닑은 것을 또 닑고또닑고하야 그 글자한자 한자가 무섭게강한親密性을가지고 머리에 숨어들어 冊을덥고도 어느쪽에 題目과姓名이 엇더케씨여 잇는것까지를 눈에번-하게보게되게까지 반복해닑엇습니다. 그러고 自己글을 반복해닑을뿐 아니라 그 冊에 내글과 함께실리여잇는 여러사람의글을 모다 정다운 親友의 便紙닑듯 몃번씩반복해 닑으면서 그 未知의 벗들을 맛나사피엿스면… 하고생각하엿습니다. 지금생각하면 퍽 마음이 어리엿든것입니다. 그러나 그 때에 誌上으로 姓名을 닉히고 便紙로사괴인사람으로 至今까지사괴여오는사람이만히잇습니다.[6] (밑줄-인용자)

인용문은 방정환이 『청춘』을 접하면서 "作文을投書"하기 시작할 무렵의 모습을 여과 없이 서술하고 있다.[7] 투고한 후의 그 조바심 나는 기다

6) 방정환, 「사라지지안는記憶」, 『조선문단』 6호, 1925.3, 66~67면.

7) 인용문에서 한 가지 짚고 넘어가면 방정환은 "ㅈㅎ生이라는匿名으로作文을投書"하였다고 했지만 실제로 그가 『청춘』에 쓴 익명은 "ㅅㅎ生"이다. 방정환이 투고하기 전에 『청춘』에는 이미 배재황이 자신의 필명으로 "ㅈㅎ生"을 사용하고 있었다. 따라서 회고대로 방정환이 자기 이름의 이니셜을 따서 "ㅈㅎ생"으로 투고했더라도 『청춘』 편집부로서는 중복을 막을 필요가 있었기에 "ㅅㅎ生"으로 바꾼 것이 아닌가 추정한다.

림이 생생하게 묘사되는데 가령 신문에 광고나기를 고대하다 못해 출판사로 전화를 해 보고, 광고가 나기 바쁘게 "郵便으로 오기를 기다릴 사이 업시" 종로거리의 책방으로 내달리는 모습은 영락없이 달뜬 투고자의 모습이다. 돈을 주고 사서는 "닑은 것을 또 닑고 또 닑고 하야 그 글자 한자 한자가 무섭게 강한 親密性을 가지고 머리에 숨어들어 冊을 덥고도 어느 쪽에 題目과 姓名이 엇더케 씨여 잇는 것까지를 눈에 번-하게 보게 되게 까지 반복"해서 읽고 있다. 흥미로운 것은 "그 冊에 내 글과 함께 실리여 잇는 여러사람의 글을 모다 정다운 親友의 便紙 닑듯 몃 번씩 반복해 닑으면서 그 未知의 벗들을 맛나"보았으면 하는 내밀한 감정이 형성된다는 점이다. 자신의 글이 매체에 활자로 실리는 기쁨과 감동을 넘어 동일한 지면에 당선된 글은 모두 친우의 편지처럼 느껴지는, 일종의 정서적 유대감이 유발되는 장면이 목격된다.[8] 동일한 지면, 동일한 문체를 통해 새롭게 공감되는 연대의 가능성은 〈현상문예〉가 의도하지 않은 또 다른 효과이다. 문자를 매개로 시공간을 넘어 형성되는 이 같은 친밀성은 이른바 '언어 공동체'로의 귀속을 예기한다.

방정환 못지않게 『청춘』을 애독했던 독자로 김윤경을 꼽을 수 있다. 앞서 살펴본바, 그는 『아이들보이』에서부터 신문관 매체들의 구독자였다.[9] 주시경의 제자인 그는 상동 청년학원을 졸업하고 마산으로 내려가

방정환이 투고한 총 8편 중 "ㅅㅎ生"으로 발표된 두 작품 모두 처음 투고한 12호의 당선작에만 해당된다. 이후 방정환은 "小波生"이라는 필명을 사용한다.

8) 박현수에 의하면 방정환의 이러한 경험은 독자로부터 출발하여 향후 잡지의 주체가 됨으로써 다시 독자를 견인한다. 박현수, 「한국 근대문학의 재생산 과정과 그 의미-방정환을 중심으로」, 『대동문화연구』 53집, 2006, 41~75면 참조.

9) 신문관에서 출판된 거의 모든 서적을 소장하고 있다는 점에서도 그의 구독열은 증명되고 남는다. 앞서 언급한바, 『청춘』을 비롯해 이 책에서 이용하고 있는 상당수의 신문관 발행서들은 김윤경이 연세대학교 도서관에 기증한 문고이다. 김윤경이 구독한 『청춘』에는 설명한 대로 이러한 행위들이 여실히 드러나고 있어 당시 독자였던

교원생활을 하고 있을 때부터 『아이들보이』를 구독했고 다시 연희전문에 입학해서는 『청춘』을 구독하게 된다. 『청춘』에 오면 매호 '청춘독자증'을 오려 독자 투고를 하는 이른바 '열혈' 투고자가 된다. 김윤경이 『청춘』에 투고한 작품은 총 6편이다. 이 가운데 10호 〈매호현상〉에 투고한 「말뫼의 겨을빗」은 이상춘의 「불나비」와 함께 삭제되어 원문을 확인할 수 없다. 검열로 인한 조치였을 것으로 추정된다. 다음 호인 11호에는 「自己近況을 報知하는 文」에 '副'로 당선된다. 이후 12호에는 〈韻文及時調〉 부분에 「행복된 배필」이 선외가작으로, 〈散文及小說〉에 「戰場奇譚」을 번역한 글이 각각 당선작으로 뽑힌다. 14호에는 「인천원족기」와 「이른봄」이 당선된다. 흥미로운 것은 12호에 당선된 두 편의 글이 모두 번역이라는 사실이다. 그러니까 창작만이 아니라 번역 역시 투고가 가능했던 것이다.

12호에 당선된 「행복된 배필」은 *New National Fourth Reader*의 'A HAPPY PAIR'를 번역한 것으로 번역의 말미에 "이原文은New National Fourth Reader의 Lessan xx(Page 95)인데韻律과句調는不關하고다만意味만옴기어볼까할것, 工課를自習하는中, 그高尙한뜻에醉하여서옴기기를試驗함이올시다"[10]라고 번역 취지와 그에 관련된 정보들을 서술해 두고 있다. 언급된 책은 당시 학교에서 영어교재의 하나로 널리 사용된 서적이다.[11] 『청춘』에 실릴 때는 원문의 연 구분이 표시되지 않은 채로 편집되었는데 〈그림 12〉에서처럼 김윤경은 자신의 책에 누락된 연을 표기해 두고 있다. 이처럼 김윤경은 『청춘』에 투고한 자신의 글에서 오자들을

그의 흔적을 생생하게 실감할 수 있다.

10) 「幸福된配匹」, 『청춘』 12호, 1918.3, 109~110면. 인용문의 Lessan은 Lesson의 오기이지만 원문 그대로를 인용한다는 원칙대로 고치지 않았다.

11) 학부편집국, 「교과용도서일람」, 1910[증보5판], 22면(『식민지조선교육정책사료집성』 제67권, 대학사원, 1990).

바로 잡는가 하면, 편집상의 실수로 인해서인지 누락된 연들에 숫자를 표기해 놓는 등 꼼꼼한 사후 점검의 태도를 보인다. 활자화되어 잡지에 실린 후에도 자신의 글을 들여다보면서 잘못된 곳을 고치고 있는 것이다. 방정환에 뒤지지 않는 김윤경의 이러한 모습 역시 1910년대 신문관 매체들이 양산한 투고자상(像)의 하나이다.

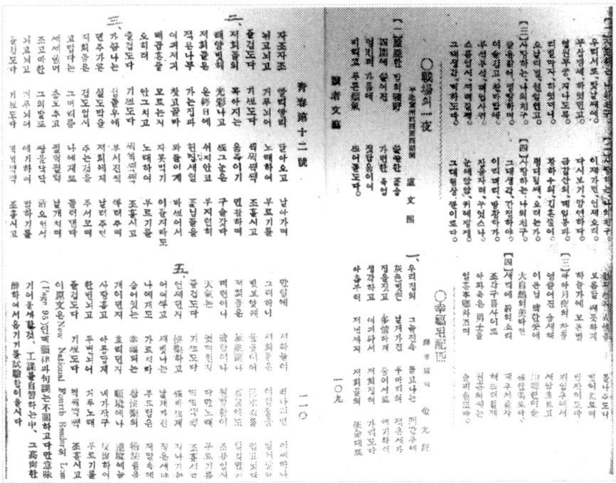

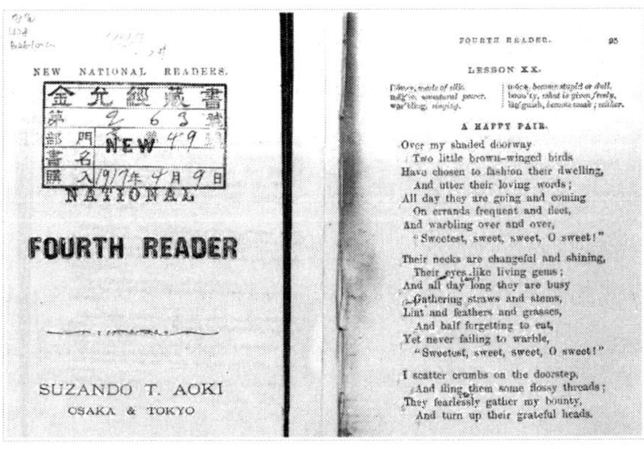
NEW NATIONAL READERS.

金允經藏書 第 263號 部門 NEW 49 書名 購入 1917年 4月 9日

NATIONAL FOURTH READER

SUZANDO T. AOKI
OSAKA & TOKYO

FOURTH READER. 95

LESSON XX.

A HAPPY PAIR.

Over my shaded doorway
Two little brown-winged birds
Have chosen to fashion their dwelling,
And utter their loving words;
All day they are going and coming
On errands frequent and fleet,
And warbling over and over,
"Sweetest, sweet, sweet, O sweet!"

Their necks are changeful and shining,
Their eyes like living gems;
And all day long they are busy
Gathering straws and stems,
Lint and feathers and grasses,
And half forgetting to eat,
Yet never failing to warble,
"Sweetest, sweet, sweet, O sweet!"

I scatter crumbs on the doorstep,
And fling them some flossy threads;
They fearlessly gather my bounty,
And turn up their grateful heads.

〈그림 12〉 김윤경의 당선작과 번역 원문 [자료 : 연세대학교 국학자료실 소장]

2) 열렬한 투고자들

『아이들보이』에서부터 『청춘』에 이르기까지 시종일관 열렬하게 독자 투고를 한 이들은 상당하다. 대표적인 인물로 정열모(鄭烈模)와 이재갑(李載甲), 이운벽(李雲碧), 구성서(具聖書), 명순조(明舜朝), 노문희(盧文熙), 주병건(朱柄乾), 나시규(羅始奎), 백낙영(白樂韺) 등을 들 수 있다. 이 중 정열모와 이재갑은 조선어강습원의 회원으로 활동한 인물들이다. 이 두 사람을 필두로 열거한 이들의 투고 양상을 차례대로 살펴보고자 한다.

(1) 정열모

「한글모죽보기」에 의하면 정열모는 중등과(2회)와 고등과(2회)를 졸업한 조선어강습원의 특별회원이다. 『아이들보이』와 『청춘』에 당선된 그의 작품들을 한 편씩 감상해 보자.

> 이누리의사람들을둘로난홀수잇으니일하기조하하는사람들과일하기실허하는사람들이라 일하기조하하는사람들은자나쌔나일에만뜻을두고힘을쓰어몸을일에밧치는사람들이니일만하러사는것갓고일하기실허하는사람들은한번움즉이고고요함에반듯이맘과뜻을먹고입기에두어몸을먹고입기에밧치는그사람들이니먹고입기만하러사는것갓도다 우리가이누리에사는까닭은꼭무엇이라고말하기어렵으나우리들이츰으로싸에써러지던쌔브터사람마다하날이주신다가튼의무가잇으니이의무를직히는것이우리들의책임이라 이책임을다하자면반듯이일을하여야하겟으며일을함에는그일을실허하지말고맘과힘을한결가치쓸지니이가치하면저로그일에맛이나아나종에는아니하고저하나말지못하리라[12]

12) 정열모, 「우리들은 일하는 사람들 됩시다」, 『아이들보이』 11호, 신문관, 1914.7, 34면.

위 인용문은 『아이들보이』에 산문으로 당선된 「우리들은 일하는 사람들 됩시다」이다. 일 하기 좋아하는 사람과 싫어하는 사람을 모두 부정하고 하늘이 준 다 같은 의무로서 책임을 다해 일하는 사람이 되자는 계몽적 메시지가 강조된 글이다. 구조가 단순하고 어려운 한자어를 전혀 사용하지 않았다. 이 인용문의 다음에는 운문 형식으로 된 4편의 시도 함께 실린다. 각 시의 제목은 "우리시골", "봄날", "해", "봄날"이다. 반면 『청춘』 12호 〈韻文及時調〉 부분에서는 시조로 당선된다. 당선작에는 「時調三」이라고만 되어 있지만 각각의 시에는 "秋色", "萍踪", "偶咏"이라는 제목이 붙어 있다. 세 편의 시조를 감상해 보면

秋色	하늘은 놉핫는데 바람도 선선코나
	물빗츨 거울삼아 신나무 丹粧할제
	農夫는 들에거닐어 깃봄만하 하더라
萍踪	절에 萍踪노릇 하루가 三秋로다
	꼿피는 아츰이나 달밝은 져녁마다
	南天만 멀리바라고 마음들대 업소다
偶咏	하늘이 사람낼제 厚薄이 잇슬소냐
	계른者 업더지고 하는者 이룰진저
	우리는 天職만닥가 압만보고 나갑세[13]

정형화된 율격을 사용하고 있지만 글자 수를 맞추기 위해 변격을 가하거나 어미를 변형하여 리듬을 강조하고 있다. 가을 경치나 정처 없이 떠도는 가운데 시간이 흘러가는 첫째, 둘째 시조와 달리 직분을 강조하고 있는 셋째 '偶咏'은 앞서 살펴본 『아이들보이』의 투고작과도 주제면에서

13) 정열모, 「時調三」, 『청춘』 12호, 신문관, 1918.3, 102면.

상통한다. 물론 산문과 달리 이들 시에서는 한자 약간 섞은 이른바 '시문체'를 사용하고 있다. 이처럼 조선어강습원 출신의 정열모는 『청춘』의 〈현상문예〉가 요구한 문체에 착실하게 부응한 셈이다.

(2) 이재갑

다음으로 살펴볼 이재갑 역시 초등과 1회와 중등과 4회, 그리고 고등과 4회 과정을 모두 이수한 조선어강습원의 특별회원이다. 『아이들보이』에서는 경성부 삼청동으로 주소가 기재되어 있는데 『청춘』에 오면 부근이지만 경성부 팔판동 93번지로 거주지가 변경된다. 『아이들보이』에 실린 글부터 살펴보면

> 鐵갓치굿은精神돌갓치단단한自信이잇더라도 熱心업스면결코 成功할수업나니 게을늠이 업시 熱心으로나갈지라 有名한 數學家으이넬이란이는 中年에 병으로소경이되얏스나 오직 硏究를 게을니안이하고 말하되 내가 소경이되야 물정이 눈을 찌르지 안음으로연구함에 오히려 편하다하고더욱 열심하야 드리ᄃᆡ여 對數表를 지어 後世에 큰 利益을 끼치니 이열심을인하야일운배아니리오 대개여름에 바다가에 가서 바위에서면 물결이쉽이업시 바위에부디치니이바위는 쓸수도업고 깨터릴수도 업스나 매일 끈치지안코 으직부스고부스면 조곰식지치는 물이 어느 사이에 바위에 구녕을 만드러 보는 이로하야곰 크게 늣기게홈이 엇지바다물이 끈임업시 부듸친 까닭이 아니리오 녜사람의 말에 精神이 한번 이르면 무슨일을 못할가여사니 무슨일으 한던지 熱心으로하여야 成功할지나리
>
> [평]당신글도더열심으로 짓기를 공부하시오14)

인용문은 『아이들보이』의 〈글ᄭᅵᆺ느기〉 셋째 장원에 당선된 「열심」의

14) 이재갑, 「열심」, 『아이들보이』 3호, 신문관, 1913.11, 36면.

전문이다. 정열모와 달리 부분적으로 한자를 쓰고 있으며 열심히 하여 성공하고 싶다는 강한 욕망을 드러내지만 그 욕망이 가닿은 대상은 다소 모호하게 처리되고 있다.[15] 당선작에 대한 평가는 "더 열심으로 짓기를 공부"하라는 당부로 마무리된다.

그런데 이재갑은 〈현상문예〉 이전에 이미 토론회 참가자의 한 사람으로 『청춘』에서 언급된 바 있다. 『청춘』 4호에는 1914년 12월 5일 토요일 청년회관 대강당에서 개최된 제 1회 "都下 六校學生聯合大討論會"[16]의 상황이 보도된다. 보성, 배재, 휘문, 오성, 경신 그리고 청년학원의 여섯 학교 학생들이 참가하여 토론회를 펼쳤는데 이재갑은 오성의 대표로 참가했다.

> 몸집은 홀쭉하나 생김이 결곡□야 만만치 아니하다「여러분이 이미 膏粱珍味를 베블니 잡수신 뒤지마는 나는 여러분에게 조밥을 들이고저합니다…」하며 悠揚不迫하는 態로 正攻奇襲을 밧고아차기로 續行하니 一折一折이 愈進愈妙하야 거의傍若無人이오 論旨가 縈廻盤旋하야「山窮水盡疑無路柳暗花明又一村」의 觀이 잇다 말은 快暢하나 지음이 만흠으로 말작이 말가치 보임과 몸짓이 넘어 대단□야 輕率에 갓가움은 아모래도 缺點이다[17]

신문관의 편집 기자는 이재갑의 언변에 대해 몇 가지 결점이 있지만 유창하다고 칭찬한다. 이로써 그가 글쓰기와 말하기에 두루 능했음을 엿볼 수 있다. 이후 그는 『시대일보』 기자로 활동하며 조선물산장려회에

---

15) 이 시기 입신출세를 지향하는 청년들의 구체적인 양상에 대해서는 소영현의 「근대 인쇄 매체와 수양론 · 교양론 · 입신출세주의」, 앞의 책 참조.

16) 「六校學生聯合大討論會記事」, 『청춘』 4호, 신문관, 1915.1, 86~94면.

17) 위의 책, 92면.

깊이 관여한다. 또한 고학생(苦學生) 단체인 갈돕회의 주요 인물로 각종 강연을 비롯한 활동들을 활발하게 했던 것으로 드러난다.[18] 그런데 강연 도중 경관에 의해 강연이 중지될 정도로 과격한 발언을 한 것으로 보도된다.[19] 글쓰기를 비롯한 다양한 행위들에서 그가 '운동'의 성향을 지니고 있음을 엿볼 수 있다.

(3) 이운벽

이운벽은 함북 경성(鏡成)에서 신문관의 매체들에 독자 투고를 해 온 이다. 『아이들보이』에 여러 차례 당선되는데 그 중 장원으로 뽑힌 글을 살펴보면

> 보아라 니러나 보아라 반가운 태양이 오른다 항상 변ᄒᆞᆷ업시 둥글둥글 붉은 그 ᄐᆡ도여? 억만년 녜와 이제와 장래에 한갈갓치하야 나마다 동으로나서에 드ᄂᆞᆫ 그 규율이 정정ᄒᆞ고나 아모리 큰진동과 웃더ᄒᆞᆫ 폭풍우에라도 그ᄂᆞᆫ 조곰도 놀냄업시 항샹 웃ᄂᆞᆫ 낫ᄎᆞ로 ᄃᆡᄒᆞ니 그 도량의 너그럽고 넓음이 짝업도다 네가 만일 사람이드면 ᄂᆡ너를 스승삼으리라 아참긔운이 새로 울사 만물이 생생ᄒᆞᆯᄯᅢ에 부드러운 바닷물결에 정ᄒᆞ게 목욕감고 온화ᄒᆞ고 정소ᄒᆞ며 침착ᄒᆞᆷ이 비할ᄃᆡ잇스랴 네가 만일 여자이드면 ᄂᆡ너를 안ᄒᆡ삼으리라 태양아! 태양아!! ᄂᆡ사랑ᄒᆞᄂᆞᆫ ᄐᆡ양아!!! 빗과 쓰거움의 주인되며 온갖 덕성의 선생님! 이우리 소년들은 ᄇᆡ호고 본밧고저 ᄒᆞᆫ다 너 ᄐᆡ양의 성행을……[20]

---

18) 이재갑은 「인생의 가치」(1921.7.11., 평양), 「인생의 사명」(1921.7.12., 개성), 「풍전등화의 비극」(1922.5.12., 서울), 「교육의 데모크라시」(1922.7.11., 개성), 「吾人의 장래는 何뇨」(1923.1.6., 서울) 등 총 5번의 강연을 한 바 있다. 한규무, 「1920~1930년대 고학생갈돕회의 설립과 활동」, 『한국민족운동사연구』 73집, 2012, 231~232면, 〈표 4〉 갈돕회 강연회 참조.

19) 「갈돕회원의 강연중 정지」, 『조선일보』 1921.7.15, 3면.

20) 이운벽, 「태양」, 『아이들보이』 11호, 신문관, 1914.7, 32면.

힘껏 차오르는 태양의 이미지가 잘 재현된 글이다. 특히 비유와 감탄의 수사는 『소년』에 게재된 최남선의 「해에게서 소년에게」를 연상시킬 정도로 유사하다. 화자는 스스로를 "이우리 소년"이라고 표현하고 있는데 이로 인해 독자로부터 공통된 소속감을 불러일으키는 효과를 유발한다. 스스로를 소년으로 일컫는 이운벽은 다른 독자들과 달리 『아이들보이』에서부터 주소지가 한 번도 바뀌지 않아 그 이력을 추적하기가 비교적 어렵지 않았는데 조선총독부 『관보』에 의하면 그는 명치 46년 6월 22일자로 조선총독부 도서기 8급에 서임된다.[21] 『직원록』 자료에 의거하면 1912~19년 함경북도 재무부 혹은 도지방토지조사위원회에서 근무한 기록이 있다.

> 요지음 西伯利亞 일대의 풍운은 또한 급하여지매 예전 그곳으로 여행하든 때 일이 생각난다. 그것이 벌서 10여년 전 일이다. 大正 8년 즉 己未년 8월 25일에 내가 함경북도 參與官으로 있을 때에 늘 한 번 보자든 西伯利亞의 東端海蔘威로 視察을 나섯다.
>
> 道書記 李雲碧, 府書記 李文基와 淸津에서 淸津丸을 타고 오후 3시 출범하여 26일 오전 10시에 海蔘威에 입항하였다. 露國官憲이 선객의 檢疫를 행하고 여권을 대조하며 하물을 검사하노라고 두 시간이나 지체되어 오후 1시에야 상륙하였다. (밑줄-인용자)[22]

인용문에서처럼 대정 8년 즉 1919년 8월 25일과 26일 해삼위로 여행한 기록에서도 그의 흔적이 포착된다. 이 밖에도 1920년대에 함경북도 지식인들과 교유했을 가능성이 있으며[23] 1930년대까지 도서기를 했던

---

21) 『조선총독부 관보』 명치 550호, 1912.6.27, 2면. http://gb.nl.go.kr/detail.aspx#top 참조.
22) 朴榮喆, 「海蔘威에 단여와서」, 『삼천리』 10권 10호, 1938.10, 44면.
23) 「咸鏡北道의 知識人들로 조직된 韓國」, 『동아일보』 1920.8.10; 이 밖에 함경북도 연

것으로 확인된다. 그러니까 총독부 도서기로 근무하면서 『아이들보이』에서부터 『청춘』에 이르기까지 독자 투고를 한 셈이다. 이처럼 총독부 관리가 신문관 매체들을 지속적으로 구독하고 더욱이 자신의 글을 적극적으로 투고했다는 점은 특기할 만하다.

이 밖에 구성서와 명순조도 『아이들보이』에서부터 『청춘』에 이르기까지 지속적으로 독자 투고를 한 인물들이다. 두 사람은 모두 기독교인이자 3·1만세운동에 관여한 공통점이 있다. 구성서는 3·1운동 당시 독립선언문을 배포하다 체포되었으며 이후 협성신학교에 입학하여 목회활동을 하면서 1930년대 조선주일학교연합회의 파송을 받아 『아해생활』과 『신생』 등의 편집에 관여한다.[24] 물론 그 이전에 그는 『태서문예신보』에 「감사한 문예신보」라는 글을 싣는 등,[25] 신문관 매체 외에도 1910년대 다양한 매체 경험을 한 바 있다. 『아이들보이』 종간호인 13호에 "또 직산 구성서씨에게는 고마운 뜻을 살외노이다"[26]라는 구절이 언급되어 있는 것으로 미루어 단순히 신문관 매체의 독자에 그치지 않고 신문관과 보다 긴밀한 관계로까지 나아갔으리라 추정된다. 명순조는 대한민국임시정부 국무원의 서기로 활동한 바 있으며 이후 미주 지역으로 거취를 옮긴 것으로 조사된다.[27]

'독자 투고'는 매체의 구독자들이 자신의 글을 투고할 수 있는 장치이

통제사건 조사 과정에서 관련자 중 한 사람인 全在一을 심문할 때 "이운벽(李雲碧)이란 사람이 경성총감부 서긔(鏡城總監部書記)로 임명한 일이 잇는가?"라고 묻자 "아지 못하오."라는 기록이 있다. 「1920년 함경북도 연통제사건 관련자」, 『동아일보』 1920. 8.22·23·27~31.

24) 구성서(1894~1969)는 기독교인으로 독립운동에 적극 참여한 인물로 기록되어 있다. 기독교대한감리회 (http://www.kmc.or.kr)의 인물사전 참조.

25) 구성서, 「감사한 문예신보」, 『태서문예신보』 10호, 1918.12.7, 7면.

26) 『아이들보이』 13호, 신문관, 1914.9, 38면.

27) 대한민국임시정부 문서는 독립기념관 자료 참조.

다. 이를 통해 투고자들은 자신의 글쓰기를 시험하고 훈련하는 등 상당한 열정을 쏟아 붓는다. 흥미로운 것은 이들이 지속적으로 그리고 한 매체만이 아니라 여러 매체에 반복적으로 응모하고 있다는 사실이다. 이들 가운데는 방정환이나 최서해처럼 전문작가로 등단하는 이도 있지만 많은 경우 취미로 그치기 일쑤이다. 제도적으로 마련된 이 글쓰기를 취미 이상으로 추구한 경향이 새롭게 조성되는데 그것이 바로 '아마추어리즘(amateurism)'이다.

(4) 노문희

노문희는 신문관 매체들의 '독자 투고'에 응모한 투고자 가운데 가장 열렬하게 참여한 인물이다. 『아이들보이』의 〈글ᄭᅩ느기〉에 1회부터 참여하여 (1) 「느진가을의늣김」(1회, 둘째 장원)과 (2) 「국화」(2회, 둘째 장원으로) 그리고 (3) 「ᄡᅡᆷ의갑」(11회, 셋째 장원) 등의 글이 뽑힌 바 있다. 언급한 당선작들을 차례로 살펴보면

> (1) 歲月은살가치다라나도다엇그적게三伏덥위가사람의등을태이더니어느덧겹옷을닙히도다여름ᄯᅳ겁은陽氣를밧아욱어지게 푸르러제로라든풀나무도造化翁이물드리는솜씨에푸름이약하고긔운업는누름에도라가솔솔부는찬바람에아츠럽게ᄯᅥ러지며시내물은쌀쌀ᄒᆞ게바닥을내어보이며이골져메이논져밧에서새갈베갈하는農夫의깃븐가운데로나오는소리는「봄여름에힘드린열매라」는것을왼젼하게나타내며맑고푸른가을하늘에밝고얌젼한날이半空中에걸녓으며여러가지나무는찬바람힌서리를이긔지못하야닙을ᄯᅥ러치거늘「오히려솔은「네아모리나를해하란들내푸름을엇지못ᄒᆞ리라」하고제로라고누른산에 푸르게서잇도다이런여럿은저詩人으로읍조리게ᄒᆞᄂᆞᆫ조흔뎨목이며우리어린이로하야곰새긔운나게ᄒᆞᄂᆞᆫ조흔약이로다가을이여내너를사랑ᄒᆞ노라[28]

(2) 바람은丹楓진나무입흘써르니아마도晩秋인가보다秋風이부는곳에서리조차퍼부어千草萬花가다이울째힌서리속에저혼자아리땁이핀것은오직菊花!

너는어이뭇꼿으로가치아니하느냐?남들은三月東風에엄올나이고五六月쓰거운陽氣를바다아름답이피고北風에 이울거늘너는웨홀로北風을싸르느냐?

가을에는너밧게꼿이라고는하나도업다꼿의水平線上에웃둑솟앗다그리하야세상이다너를긔이히녁이노나

世上에菊花가튼이가몃몃이나잇느냐?대개는뭇꼿이로다. 菊花가되랴는이들은北風과찬서리를이기어야할것이로다.

菊花야너는어이北風을 기다린다
뭇꼿은찬서리에 아츠럽게 살미거늘
너혼자힌서리에 아리땁이.[29]

(3) 世上에뜻업시이루는일이잇지아니하고쌈아니흘니고갑잇는물건을엇지못하나니우리의날마다배불니는쌀한알도農夫의쌈덩어리곤하물며큰事業이리오씨쌔리는이三伏더위의진쌈의結晶은오직가을의깃븜이로다太平洋中에散在한저적은珊瑚島도조곰한버레의數百年쌈의뭉치며놉히二丈이나넘는저씨제의塔은개암이의數十年活動한쌈의結晶이고녀!아아크다쌈이여거룩하다쌈이여一個動物의排泄物이나온갖잇는물건의어미로구려!우리들有爲한우리들쌈흘닐지어다쌈은온갖 有價物의쌔리것다[30]

(1)은 장원으로 당선된 이윤재의 당선작 제목과도 동일하다. "그림이 만코 늣김이적으나 또한 잘하엿다하겟소"라는 평가를 받았다. 묘사가 장황한 대신 감상이 적다는 이 평가는 『아이들보이』가 지향한 글의 성격을

28) 노문희, 「느진가을의늣김」, 『아이들보이』 3호, 신문관, 1913.11, 36면.
29) 노문희, 「菊花」, 『아이들보이』 4호, 신문관, 1913.12, 31면.
30) 노문희, 「쌈의갑」, 『아이들보이』 11호, 신문관, 1914.7, 35면.

말해 준다. (2)는 행구분이 있는 것으로 보아 운문으로 간주된다. 여느 꽃과 달리 북풍과 찬서리를 기다린다는 이러한 정조는 전통적인 국화의 상징에서 크게 벗어나지 않는다. (3)은 땀 흘리는 값진 의미를 강조하고 있는 계몽적인 메시지를 담고 있는 산문이다.

노문희의 이러한 독자 투고는 『청춘』으로 이어진다. 총 5회에 걸쳐 실시된 『청춘』의 〈현상문예〉에 무려 10편이 당선될 정도로 열정적인 모습을 보인다. 10호 〈매호현상〉에 「初夏夕景」이, 11호에 〈自己近況을 報知하는 文〉(삼등)과 단편소설(선외가작)이 뽑힌다. 12호 〈운문及시조〉에는 「전장의 일야」와 「국화」가, 〈산문及소설〉에는 「힘」이 당선된다. 이때 ㅁㅅ生이라는 필명을 사용한다. 그리고 13호에는 ㅁᄒᆞ生으로 「山家冬夜」가, 14호에는 선외가작으로 「바다」가 당선된다. 15호에는 「바늘소리」가 뽑히고 ㅁㅎ生으로 산문 「입지」도 가작으로 발탁된다. 당선작들 가운데 13호의 ㅁᄒᆞ生은 주소지가 용천으로 되어 있지만 15호의 「바다」를 게재할 때 사용한 주소지 "龍川郡雙城"과 일치하는 까닭에 동일 인물임을 알 수 있다. 12호의 ㅁㅅ生과 13호의 ㅁᄒᆞ生, 그리고 15호의 ㅁㅎ生이 모두 노문희로 간주되는 것은 앞서 방정환의 경우와 같은 이유에서이다. 그러니까 같은 회에 동명의 이름이 게재되는 것을 꺼린 데서 야기된 현상 가운데 하나로 간주된다. 이처럼 노문희는 『청춘』의 〈현상문예〉에 단 한 번도 거르지 않고 투고했으며 당선작 역시 매회 한 편 이상이었다. 투고작의 종류 역시 산문에서부터 단편소설, 운문 시가 등 다양한 장르에 도전하고 있다. 이 밖에도 〈샹급잇ᄂᆞᆫ 이약이 모음〉, 〈샹급잇ᄂᆞᆫ 의사보기〉, 〈그림글닑기〉 등 『아이들보이』와 『청춘』에 이르기까지 신문관의 전 매체를 통해 가장 열렬했던 것으로 확인된다.

그런데 노문희의 독자 투고는 1910년대 신문관의 매체에 국한되지 않고 1920년대 『개벽』으로까지 이어진다. 『개벽』 13호 〈현상문예〉 소품문

삼등에 「夕陽」이라는 제목의 글이 당선된다. 이 글 역시 『아이들보이』나 『청춘』의 투고작과 크게 다르지 않다.

> 비는개엇다, 조각구루밍 써도는 西녁한울로서는 맑은 바람이 가늘게 불어온다, 西峯에 거의 걸린 여름해는 薄紅의빗을 흘리어 메와 들을 곱게비친다, 푸른가지에 기름이 도는듯한 夕陽수풀엔 쐬꼬리소리만이 맑게도 동산을 울린다.
>
> 天台山下두세집漁村은어느덧 재빗가튼 暮煙에잠기어저녁밀물에 멀리써오는고기배를 기다리는듯, 半空에놉히 뜬 갈먹이는 짝을부르는소리인가, 乾坤으로한가지 한가함을 누리는漁翁은 아즉도 溪邊緣蒲에서 머뭇거리며 소를 빗기탄牧童들은 알쉽는 愁心歌만주고밧는다. 한가한風物, 한가한소리-이속에서 홀로奔走하게보이는것은 오즉 鍤을메인 農夫이다.
>
> (하략)[31]

노문희처럼 매체를 가리지 않고 지속적으로 투고해 온 이가 작가로 나아가지 못했다는 사실은 〈현상문예〉가 작가로 등단하는 길이 아니었음을 반증한다. 향후 신춘문예 당선자들이 문단에서 바로 활동할 수 있었던 것에 비한다면 초창기 『청춘』의 〈현상문예〉는 작가 등단과는 다소 거리가 있었던 것으로 간주된다. 최서해만 해도 『청춘』의 〈현상문예〉에 두 번이나 당선된 바 있지만 그의 처녀작은 이광수의 추천으로 『학지광』에 실린 산문시로 알려져 있다.[32] 이 밖에 이익상(11호), 김형원(12호), 방인근(13호), 김동환(14호), 하태용(15호, 계용묵), 박달성(15호), 고한승(15회), 강용흘(15호) 등 『청춘』의 〈현상문예〉에 당선된 문인들이 상당함에도 이들

---

31) 노문희, 「夕陽」, 『개벽』 13호, 1921.7, 17~21면.

32) 최서해는 『청춘』 14호에 「춘요설경」이 가작으로 당선되었지만 소개되지 않았다. 〈부록 2-2〉 참조. 최서해의 처녀작 회고는 崔鶴松, 「處女作發行當의感想-그립운어린째」, 『조선문단』 6호, 1925.3, 75~76면.

가운데 『청춘』에 투고했음을 내세우거나 드러낸 이들이 드문 것은 〈현상문예〉가 작가 등단 제도로 인식되지 않았음을 간접적으로 증언한다.

(5) 주병건

조선어강습원의 특별회원으로 『청춘』에 투고한 주병건(朱柄乾)[33]도 〈현상문예〉의 아마추어리즘을 전형적으로 보여주고 있는 인물 중 한 사람이다. 주병건은 『청춘』 13호에 「眠覺鐘」와 「雪朝의 벗」(산문)이 각각 당선작과 가작으로 뽑힌다. 이 외에도 그는 주원해라는 필명을 사용했던 것으로 보인다. 『청춘』 15호에 게재되고 있는 「면각종과 마주안저」는 주원해라는 이름으로 당선되었는데 주소지가 "扶餘鴻山面井洞里"와 "忠南鴻山郡井洞里"로 동일하기 때문이다. 당선작을 한번 감상해 보자.

> 줄줄가는저時間을. 쪽짝쪽짝재촉하니.
> 가는놈은거거니와. 소리칠것무엇인가.
> 쪽짝쪽짝그말말게. 낸든구태그리하나.
> 歲月處送者를爲해. 不得已의일쌤일세.
> 쪽짝쪽짝저소리는. 事業行進「마치」로다.
> 그曲調에步法맛춰. 웃줄웃줄나갈거나.[34]

이 작품은 13호에 당선작으로 발표된 「眠覺鐘」을 가리키는 것으로 제목의 일부가 변경되었거나 당선작 발표 당시 제목의 앞부분만을 소개했던 것으로 간주된다. 이처럼 『청춘』에서 활발한 독자 투고를 하고 있던

---

33) 1930년대 공주영명학교 교사로 재직, 광주학생운동 선동죄로 기소되어 11년 구형을 산 것으로 조사된다. 3·1운동 및 학생시위와 관련되어 있다. 박철희, 『광주지역 독립만세운동의 재조명』, 한국문학도서관, 2008, 9면.

34) 朱願海, 「眠覺鐘과마주안저」, 『청춘』 15호, 신문관, 1918.9, 89면.

그 역시 노문희와 마찬가지로 1920년대 『공제』의 〈현상문예〉에 당선된 이력을 지닌다.

> 一, 발벗고 괭이메니 天地創造始作되고
> 밧갈고 씨뿌리니 人類幸福開發일세
> 쉽작쉽작 열손가락 滿洲平野일어내고
> 토닥토닥 두발길로 아메리카 밟아왓네
>
> 二, 마치질 풀구불이 구름루工場세고
> 가래와 곡괭이로 파나마 運河여네
> 아, 보배롭다 勞働이어
> 아, 貴흡다 勞働이어[35]

인용문은 1920년 10월 『공제』 2호의 〈懸賞勞働歌募集〉에 甲으로 뽑힌 주병건의 글이다. "忠南 扶餘郡 鴻山面 南村"에서 투고한 것으로 미루어 그간 주소지가 변경되지 않은 것으로 간주된다. 『공제』는 조선노동공제회의 기관지이다. 이 잡지는 국한문을 매체어로 하고 있는데[36] 이에 비해 주병건의 당선작은 한자를 사용하고 있기는 하나 문장 구사는 한글에 가까운 '시문체'이다. 노동에 대한 찬양으로 이루어지고 있는 이 글의 내용은 노동대중을 대상으로 노동자의 해방을 표방한 잡지의 성격과 정확하게 맞아떨어지고 있다.

노문희나 주병건처럼 1910년대 신문관 매체의 투고자였다가 다른 매체들에도 지속적으로 투고하고 있는 이들은 여럿이다. 대표적으로 방정환과 김형원은 『유심』에[37], 김동환과 하태용이라는 본명으로 『청춘』에

---

35) 주병건, 『공제』 2호, 1920.10, 130~131면.

36) 『공제』에 대한 보다 자세한 내용은 최덕교, 『한국잡지백년』 2, 현암사, 2004, 340~343면.

투고한 계용묵은 『학생계』 및 『매일신보』에 투고한 것으로 드러난다.[38] 이처럼 독자들은 매체를 바꿔가면서까지 글쓰기에 대한 열정을 포기하지 않았다.

2. 못다 핀 문학열, '문학청년'의 꿈

신문관이 발행한 매체들은 문예지가 아니었음에도 이 시기 독자들에게 '문학'서로 소비된 경향이 있다. 그들이 의도했건 그렇지 않건 이들 매체가 주도한 '독자 투고'나 〈현상문예〉를 통해 자신들의 글쓰기를 훈련한 독자들 가운데는 '문학'이라는 특정한 분야에 경도되어 간 인물들이 있다. 이 장에서는 대표적인 두 '문학청년'[39]으로 나시규(羅始奎)와 백낙영(白樂暎/議)에 대해 다뤄보고자 한다.

1) '문학을 지원하는 지방 소년 친구' 나시규

나시규는 『청춘』 11호에 〈自己近況을 報知하는 文〉에 삼등으로 당선되면서 『청춘』에 등장한 후, 한 회도 거르지 않고 〈현상문예〉에 응모한 그야말로 열렬한 투고자 가운데 한 사람이다. 〈현상문예〉에 다섯 번 투

37) 방정환은 『유심』에서 실시한 1회 〈현상당선문예〉에 「고학생」이라는 단편소설과 「마음」(운문), 「현대청년에게呈하는修養論」이, 김형원은 「七夕」과 「동무야아느냐알거든」 등이 당선되었다. 〈懸賞當選文藝〉, 『유심』 3호, 1918.12, 56~62면.

38) 하태용은 계용묵의 본명이다. 1920년과 1922년 『매일신보』 〈신춘문예〉에 「새해」와 「이 거리로!」가 당선되었다. 문단 데뷔는 1925년 『조선문단』을 통해서 하고 있지만 데뷔 전에 『학생계』 등 다양한 매체에 상당한 독자 투고를 하고 있음이 목격된다.

39) 1920년대를 전후해 등장하는 '문학청년'에 대해서는 소영현의 『문학청년의 탄생』(푸른역사, 2008)이 잘 보여주고 있다.

고하여 다섯 편 모두 당선 혹은 선외가작으로 뽑힌 필력의 소유자이다. 12호에는 「圓方角」이, 13호에는 선외가작으로 「추석」이, 14호에는 「물과뫼」가, 15호에는 「평화론」이 당선되었으나 이 작품은 게재되지 않았다. 두 편의 시부터 살펴보자.

(1) 1 圓方角이냐
圓은圓滿하더라
方은方正하더라
角은銳敏하더라
나는너를이러케보노라
(중략)
6 아아圓方角이여크고壯하다
온누리와온갓일과골잘물건이
모도다너에게統一되엿네
아아크고壯하다
나의사랑하는圓方角이여40)

(2) 누리를 거느리신 우리검쎄서 / 우리사는쌍덩이 지으실쌔에
사랑운놉흔뫼와 맑고맑은물 / 사람들을 보라고 내주시도다

푸르름욱어진속 바위틈으로 / 돌농돌농무슨소리 얼핏들닌다
아-이게무언가 별것아닌가 / 希望을가르치는 샘이그걸네

草綠道袍걸어닙은 휜한曠野에 / 길고가는藍色씌 씌운것인다
아-이게무언가 별것아니라 / 努力을가르치는 江이그걸네

40) 나시규, 「圓方角」, 『청춘』 12호, 신문관, 1918.3, 102~103면.

어득어득느연느연 깁고무섭다 / 밋바닥에감촌것은 아름다운몬
아-이게무언가 별것아니라 / 沈默을 가르치는 놉히그걸네
(중략)
누리의온갓美가 그에잇스니 / 가슴속에한줌사랑 베풀양으로
누리의온權勢도 그에잇다니 / 누를이업는긔운 펴볼양으로[41]

인용문 (1)은 〈운문及시조〉 부분에 당선된 것으로 전체 6연으로 구성되어 있으며 연마다 숫자가 표시되어 있다. '圓方角'이라는 삼부인(三符印)으로 우주만물의 사상에 대해 다루고 있는데 특히 덕목들을 설명하고 있는 방식이 흥미롭다. 인용문 (2)는 전체 15연으로 구성된 시이다. 율격의 형식으로부터 자유롭지는 못하지만 나시규의 문학세계를 비교적 잘 드러낸다. 흥미롭게도 함경북도 회령에서 이 글들을 투고하고 있는 나시규는 나운규의 둘째 형으로 추정되고 있는 인물이다.

> 가운데 형 시규라는 분이 가사를 돌보는데 원래 이 분은 체약한 분이나 문학의 소질이 훌륭히 많았다. 회령서 보통학교를 졸업하고는 자습으로서 조도전대학(早稲田大學) 강의까지 마치고 문학에 대한 수도를 찾아서 경성에 와서 최남선 선생을 방문하였다. '당신 같은 사람은 학교가 필요치 않고 도시도 필요치 않으니 그대로 내려가서 문학을 연구하면 대성하리라' 하는 말을 듣고 다시 고향으로 돌아왔던 것이다. 집안은 패가하고 여동생 세 사람(네규, 오규, 필규)의 학자와 형수와 제수며 자기 식구들 십여명의 책임지게 되자 낮에는 회사에 다니고 밤이면 책을 대하고 밤을 새이고 이러기를 2, 3년 계속하다가 폐병으로 별세하고 말았다.[42]

41) 나시규, 「물과뫼」, 『청춘』 15호, 신문관, 1918.9, 86~88면.
42) 윤봉춘, 「나운규일대기」(『영화, 연극』, 1939.11), 김종욱 편, 『춘사 나운규 영화 전작집』, 국학자료원, 2002, 300~301면.

물론 이러한 추정에는 몇 가지 의심스러운 부분이 있어 다음과 같은 의문이 제기된 바 있기도 하다.

> 그는 3남 3녀를 두었는데 위로는 민규(泯奎), 시규(始奎), 운규(雲奎) 세아들과 그 아래로 사규, 오규, 필규 세 딸을 두었다. 그러나 이 중에서 의문이 드는 부분은 운규의 바로 윗형에 해당하는 시규가 친형인지 아니면 사촌간인지 하는 것이다. 연세대학교가 보관하고 있는 연희전문학교 시절의 학적부에는 나시규가 재학한 사실을 기록하고 있으나 아버지가 나형권이 아니라 나형해(羅亨海)의 장남으로 나타나 있기 때문이다. 문서에는 나형권을 큰아버지(伯父)로 기록하고 있다. 나형권의 직업을 약종상으로 밝히고 있는 것도 이 기록이 유일하다. 이 같은 기록으로 본다면 나시규와 운규는 형제간이 아니라 사촌 사이이다. 나형권이 3남 3녀를 두었다는 이야기가 정확하지 않거나 시규 아닌 다른 아들이 있었다는 이야기가 된다.[43)]

'규'자 돌림인 이 형제들 가운데서 나시규가 나운규의 친형인지, 사촌형인지는 정확히 알 수 없다. 다만 그가 나운규와 밀접한 관계였다는 것만은 분명해 보인다. 위 인용문을 통해 나시규에 대해 알 수 있는 사실은 그가 연희전문에서 수학했다는 점, 생전의 그의 모습을 담은 사진이 함께 제시됨으로써 나시규의 실제 모습이 확인된다는 점 등이다.

그런데 나운규에 대한 회고 가운데 그가 『붉은저고리』와 『아이들보이』 같은 신문관 잡지들을 읽었다는 언급이 있다. 이 점은 나시규가 신문관 발간 매체들의 독자이자 투고자였음을 보다 명징하게 뒷받침해준다.

> 운규는 학과는 보기 싫어하면서도 잡지같은 것은 매우 좋아하였다. 그 시절에 보는 책은 '붉은 저고리' '아이들보이' 이런 책이 순 조선 글로 발간

43) 조희문, 『나운규』, 한길사, 1997, 36~38면.

> 되었다. 바보 온달이의 이야기와 솔거의 이야기며 을지문덕의 이야기며, 한 번 보면 잊지 않는 그는 동무들 사이에도 이야기 잘하는 사람으로도 한 목 보게 되었다.[44]

인용문에서 언급된 바보 온달과 솔거의 이야기는 실제로 『붉은져고리』에 연재된 「바보온달이」와 「세가지 시험-솔거의숨」과 정확하게 일치하며 을지문덕 역시 언급된 두 잡지는 아니지만 『소년』에 게재된 바 있다. 따라서 나운규가 직접 잡지를 구독했을, 혹은 잡지의 독자였을 가능성은 거의 확실해 보인다. 그렇다면 나시규와 나운규가 친형제간이든 사촌간이든 신문관의 잡지들을 함께 보았다는 추정은 충분히 설득력이 있다. 더욱이 앞선 윤봉춘의 회고에서 나시규는 최남선을 방문한 적이 있다. 당대 지방 문사들의 집결지이자 결사의 장소이기도 했던 신문관을 찾아간 것이다. "문학에 대한 수도"에서 찾아 갈만한 사람이 최남선이었다는 사실은 적어도 그가 이전부터 최남선에 대해 알고 있었을 가능성을 시사한다. 흥미롭게도 이 장면은 최남선이 곡교인(曲橋人)이라는 필명으로 자신의 일상에 대해 쓰고 있는 『청춘』의 「一日一件」의 한 장면을 연상시킨다.

> 文學을 志願하는 地方 少年친구가 來訪하니 誠意-辭表에 溢 하나 學資-過貧하며 才能이야 알길이 毋論 업스나 自信은 큰가보더라 「쇠리씨」의 歷史를 說與하야 그 志氣를 激勵하고 아울너 오늘날 우리는 묵은 설음을 吐露하고 새 바람을 象徵하려하야 意識無意識間 大詩人을 要求하는터임을 말하야들리고 「셍키비치」와 「싸고레」의이약이를 하야주니 深大한 感激이 眉宇에 현연하더라[45]

44) 윤봉춘, 「나운규일대기」, 『춘사 나운규 영화 전작집』, 앞의 책, 302면.
45) 曲橋人, 「一日一件」, 『청춘』 4호, 신문관, 1915.1, 133면.

1914년 11월 21일 토요일에 최남선은 "文學을 志願하는 地方 少年친구"의 방문을 받는다. 그런데 이 장면은 "조도전대학(早稻田大學) 강의까지 마치고 문학에 대한 수도를 찾아" "경성에 와서 최남선 선생을 방문"하는 나시규의 모습과 정확하게 오버랩된다. 최남선은 내방한 인물에 대해 "誠意-辭表에 溢 하나 學資-過貧하며 才能이야 알길이 毋論 업스나 自信은" 커보였다고 한다. 그리고 그 청년에게 "「쏘리씨"와 "「셍키비치」와 「싸고레」의이약이"를 해가며 "그 志氣를 激勵"하고 감격을 주었다고 기록하고 있다. 나시규 역시 최남선으로부터 "'당신 같은 사람은 학교가 필요치 않고 도시도 필요치 않으니 그대로 내려가서 문학을 연구하면 대성하리라'"는 말을 듣고 다시 고향에 돌아간 것으로 알려져 있다. 최남선이 만난 "文學을 志願하는 地方 少年친구"와 나시규의 모습은 그리 다르지 않다.[46] 나시규는 『청춘』을 구독하면서 한 회도 거르지 않고 꼬박꼬박 자신의 글을 써나갔다. 1917년에서 18년 사이에 그는 고향 회령에서 『청춘』의 〈현상문예〉에 열렬하게 투고하면서 "문학을 연구"하고 있었던 것이다.

이로써 나시규가 문학에 경도된 청년이었음이 확인된다. 『붉은져고리』에서부터 아니 그 이전의 『소년』에서부터 『청춘』에 이르기까지 신문관 매체의 지속적인 독자였을 가능성은 물론, 한 회도 빠지지 않고 『청춘』의 〈현상문예〉에 응모했다는 점에서 문학에 대한 그의 열정은 충분히 감지된다. 그러나 안타깝게도 그는 "패가"한 집안을 "책임"지느라 "낮에는 회사에 다니고 밤이면 책을 대하고 밤을 새이고 이러기를 2, 3년 계속하다가 폐병으로 사망하고" 만다. 1923년 9월 4일자 『동아일보』에는 다음과 같은 기사가 게재된다.

---

46) 물론 그렇다고 해서 두 사람이 반드시 동일 인물이라고 주장하는 것은 아니다. 최남선은 당시 많은 사람들을 만났고 나시규 역시 그가 만난 한 사람이었을 수 있다. 다만 최남선이 「一日一件」에서 적고 있는 이 특별한 만남이 나시규일 가능성은 충분하다.

故羅始奎君追悼會 故圓月羅始奎君의 追悼會는 會寧青年會의 主催로 去八月二十五日午後八時 會寧青年會舘에서 金瑞仲씨 司會로 擧行하얏는대 式場의 一隅에는 故圓月의 作品數十種이 秩序號然히 陳列되야 參會者의 追憶을 喚起케하얏스며 順序에 依하야 會□普同窓會代表 岡木□松 會寧青年會代表 金熙均 會友 親睦會代表 咸彦柱 諸氏의 追悼辭와 陳 一○氏의 略歷朗讀이 有한後 同十時半에 閉會하얏더라(會寧)[47]

(띄어쓰기－인용자)

회령에서 보내온 기사는 8월 25일 오후 8시에 회령청년회관에서 나시규의 추도회가 거행되었음을 알리고 있다. 추도식에는 동창회와 청년회, 그리고 친목회 대표들의 추도사가 이어지고 나시규의 약력도 낭독된다. 기사를 통해 그가 원월(圓月)이라는 호를 사용하고 있었다는 점과 그의 작품 수십 종이 진열되어 있었다는 것으로 보아 창작활동을 꾸준히 했음을 알 수 있다.

2) '과도히 공부만' 한 백낙영

신문관의 매체로부터 문학청년의 꿈을 펼친 양상은 백낙영에게도 동일하게 드러난다. 백낙영은 『아이들보이』에서부터 신문관의 열렬한 독자였다. 『아이들보이』의 독자 프로그램에 거의 매회 참여했고 11호 〈글ᄭᅳᆫ느기〉에는 「理想」이라는 투고작이 상외 가작으로 뽑힌 바 있다. 흥미

47) 「羅始奎君追悼會(會寧)」, 『동아일보』 1923.9.4, 4면. 이 기사가 실린 4면에는 당시 이희철의 「읍혈조(泣血鳥)」가 연재되고 있는데 한 사람은 이미 세상을 등져 그 추도회를 가진다는 기사로, 다른 한 사람은 자신의 죽음을 예언한 소설로 한 지면에 등장한다. 신문관 매체들을 통해 문학에 대한 열정을 키웠던 두 청년의 모습이 오버랩되는 장면이다.

로운 것은 그가 정주 출신이라는 점이다. 투고작에 "정주군 남면 육영학교"로 거주지가 밝혀져 있는데 이 점은 주목해 둘 필요가 있다. 『아이들보이』에 정주 오산학교 출신들이 다수 응모했다는 사실 외에도 정주를 중심으로 한 문학 열풍을 감지토록 하기 때문이다.[48)]

『청춘』에 투고된 백낙영의 글은 총 네 편이다. 12호 〈운문及시조〉 편에 「농가」가, 〈산문及소설〉에 「시험뒤」와 「少年 墮落」이 당선작과 가작으로, 13호에는 산문 「凫湖의美」가 선외가작으로 뽑힌다. 이 가운데 「농가」와 「시험뒤」가 『청춘』에 소개되는데 후자의 경우는 앞선 주병건의 「면각종」의 경우처럼 게재될 때 「試驗을畢하면서」로 제목이 수정된다.

[一] 늙은이는 언덕에 새를직히고
남녁언덕 아래에 어린누이는
소리놉혀 무어라 불너가면서
젓멕이려 애업고 풀노가더라
(중략)
[四] 며나리는 밥지여 머리에이고
좁은길에 냇물을 건너가는데
검은개는 압헤서 선당세고서
밟아버슨 어린에 뒤싸로더라.[49)]

인용문은 「농가」의 일부이다. 전체 네 부분으로 구성되어 있으며 정형화된 율격을 지키고 있다. 내용 역시 농가의 한 풍경을 고즈넉하게 그리고 있다. "늙은이", "어린누이", "젓멕이 애", "큰오라비", "맛누이", "소리

48) 정주는 이광수가 재직했던 오산학교를 비롯해 신흥여학교, 육영학교 등의 학교들이 설립된 곳이다. 이곳에서 배출된 신문관의 독자들이 상당하다는 점에서 특정 지역에서의 문학 열풍은 주목된다.

49) 白樂詠, 「農家」, 『청춘』 12호, 신문관, 1918.3, 107면.

개", "병아리", "어미닭", "며느리", "검은개", "어린에" 등 농가를 구성하고 있는 인물들과 가축들의 일상이 묘사된다. 이 운문의 미덕은 일상의 장면들에 대한 관찰을 바탕으로 유려한 한글 문장을 구사하고 있다는 점이다. 백낙영의 이러한 문장력과 관찰력은 그의 산문 「試驗을畢하면서」에서 훨씬 더 잘 드러난다.

> 第一괴롭고無限애를쓰게하는 試驗-나는무슨큰決心이나 한듯이 내의 조고마한 주먹을 불우쥐고 니를 □으면서 그의 쌀으지도안이한 왼밤을 희미하게 보이는 □燈알에 冊床에서 날이 밝기를 기다리고도 오이려 不足하여괴로워하든-이는 三學年最後의 試驗이엿다.(중략) 나는 「죽음」이라는데 對 하여 神經이 銳敏하게 될 샏이다. 멀니 汽笛소리가 들닌다-아아이는K군이 三年동안 通學하든 汽車-나는눈물이 흘음을 아지 못하엿다
>
> (歸省의 一寄宿舍에서)[50]

휘문의숙 재학시 투고한 이 작품은 중학 3년 "최후의 시험"을 마치면서 죽은 K군을 추억하며 쓴 글이다. 간간이 한자가 쓰이긴 했어도 이 역시 유창한 한글 문장을 구사하고 있다. 특히 '-ㅅ다'나 '-이다'와 같은 서술어미의 사용이 자연스럽다. 시험을 마치고 귀성하는 기숙사를 배경으로 쓰고 있는 이 글은 1910년대 유학생들의 글과 유사한 분위기를 지닌다. 그런 점에서 학생을 소재로 한 『청춘』 필자들의 글과 닮아 있다.

그런데 1926년 5월 6일, 최남선이 『동명』 이후 발간한 『시대일보』에는 다음과 같은 부고가 실린다.

50) 白樂詠, 「試驗을畢하면서」, 『청춘』 13호, 신문관, 1918.4, 107~108면.

> [定州] 定州君南面白鶴濟氏 令恩 樂暎君은 身病으로 지난 一日 自宅에서 逝去하얏는데 君은 現今와 京帝大學生으로 京城徽文高普 東日本松山高等學校를 優秀한 成績으로 卒業한 二十五歲의 英手로 一般은 哀悼함을 마지안는다고[51]

기사는 1926년 5월 1일 백낙영이 25세의 나이에 신병으로 사망했음을 알리고 있다. 이로써 그가 1901년 정주군 남면 출신으로 백학제[52]의 자제였으며 정주 육영학교를 마치고 경성 휘문고보와, 東日本松山高等學校 등을 거쳐 동경제국대 학생으로 수학하다 폐병으로 25세의 짧은 생을 마감했음을 알 수 있다. 『청춘』의 필자이기도 한 유영모도 『동아일보』에 백낙영의 안타까운 죽음을 추도하면서 그의 집안 내력과 이력 등을 상세하게 적은 바 있다.[53] 개성(開城)의 이성득 역시 요절한 백낙영을 위해 다음과 같은 추도시를 게재한다.

> 마음이 命이란들
> 가심이야 엇지하며
> 죽음이 쉼갓건만
> 가고안이 오노매라
> 슯흐다 군의姿態를
> 못니저워 하노라[54]

51) 「白樂暎君逝去」, 『시대일보』 1926.5.6, 3면.

52) 참고로 백낙영의 부친으로 언급된 백학제는 정주의 유지였던 것으로 간주된다. 그는 1920년 불탄 오산학교의 재건을 위해 200원을 기부한다. 『오산팔십년사』, 앞의 책, 145면.

53) 柳永模, 「故金裕鴻 白樂詵兩君을 울움」(上), 『동아일보』 1926.5.26, 3면.

54) 李聖得, 「白樂詵君을吊함」, 『동아일보』 1926.6.24, 3면.

유영모와 이성득의 추도에서 알 수 있듯 이 젊은 청년의 죽음이 얼마나 애달픈지는 짐작하고도 남는다. 나시규와 마찬가지로 백낙영 역시 25세의 젊은 나이에 생을 마감한 것이다. 공교롭게도 두 사람은 1900년대에 출생하여 10대에 신문관 매체들을 읽고 여기에 자신들의 글을 투고하였으며 불운하게도 20대에 폐병으로 요절한 공통점을 지닌다.

〈그림 13〉 나시규(左)와 백낙영(右)의 모습[55)]

이들은 식민지 조선의 서울 경성에서든 제국 일본의 서울 동경에서든 고향을 떠나 유학하면서도 매체의 구독을 멈추지 않았고 문학에 대한 열정과 동경을 포기하지 않았다. 비록 문학에 대한 꿈을 다 펼쳐내기도 전에 생을 마감했지만 신문관에 보내온 수많은 독자 투고만으로도 이들이 지녔던 '문학열(文學熱)'은 충분히 감지된다. 신문관의 여러 매체들을 통해 보여준 이들의 투고열은 새롭게 부상하고 있던 '문학'이라는 장치와 그것에 감염되어 갈 '문학청년'들의 자화상을 예진(豫診)한다.

55) 나시규의 사진은 조희문, 『나운규』, 앞의 책, 55면; 백낙영의 사진은 유영모의 「故金裕鴻 白樂議兩君을 울움」(上), 앞의 글 참조.

3. 독자에서 작가의 길로[56)]

1) 시 쓰는 소년, 주요한

문학에 뜻을 둔 독자 가운데는 시인이나 소설가가 되는 이들도 있다. 알려져 있다시피 주요한은 1919년 김동인과 함께 동인을 모아 '순문예'를 표방한 잡지 『창조』를 발간하고 전문작가로 나아갔다. 이러한 그의 이력 이면에는 일본에서의 문학 체험이 특히 강조되는데[57)] 1910년대에 접한 매체의 경험은 빼놓을 수 없는 요소로 꼽힌다. 여기에 신문관의 잡지들과 관련한 습작기의 경험이 놓인다. 회고에 의하면 그는 이때까지 『소년』을 알지 못했다고 하지만 동경에서 『아이들보이』와 『청춘』을 구독할 정도로 신문관 잡지의 열렬한 독자이자 투고자인 것으로 확인된다.[58)]

지금까지 주요한의 처녀작은 1917년 『청춘』에 주낙양(朱落陽)이라는 필명으로 투고하여 당선된 「마을집」으로 알려져 있다. 그렇지만 주요한은 1913년에 이미 『아이들보이』에 한 편의 시를 투고한 바 있다. 물론 1회 〈글ᄭᅩᆫ느기〉에도 투고했지만 당선되지 않았기에 매체에 게재된 글을 기준으로 삼는다면 주요한의 첫 작품은 『아이들보이』 4호에 실린 「리별

---

56) 이러한 생각의 출발점에서 박헌호의 논문 「식민지 조선에서 작가가 된다는 것」(『상허학보』 17호, 2006)은 많은 시사점을 던져 주었다. 식민지에서 작가라는 이름의 사회적 주체를 논하는 것은 그의 말처럼 여러 역사적·사회적 구조의 문제를 해명한다 하더라도 "한 개인의 영혼을 통과한 문제"들이기에 그것을 "온전히 객관화하기란 사실상 불가능"할 것이다. 그의 이러한 견해에 공감하면서 이 책에서는 신문관의 매체들을 통해 문학에 대한 꿈을 키운 독자들이 실제 작가의 길로 나아가는 과정을 조심스럽게 다뤄보고자 한다.

57) 주요한의 초기 문학 체험 및 창작에 대해서는 심원섭, 「주요한의 초기 문학과 사상의 형성과정 연구」, 연세대 박사논문, 1992 참조.

58) 주요한은 당시까지만 해도 『소년』을 알지 못했다고 회고한 바 있다.(주요한, 「어렸슬 재 본 책」, 『조선문단』, 1927.1, 31~32면) 따라서 주요한이 신문관의 매체들을 읽기 시작한 것은 동경에서일 가능성이 크다.

ᄒᆞᆫ아희를ᄉᆡᆼ각ᄒᆞᆷ」으로 간주된다.

一. 금옥에도견주지못ᄒᆞᆯ 내아들아
네가닙던옷만보아도 그리움간졀타
의지ᄒᆞᆯᄃᆡ업ᄂᆞᆫ널은들에
어느곳으로헤매느냐
ᄭᅩᆺᄯᅥ러지는오늘저녁은－
후렴 내아들아내아들아아어셔도라와
질겁고ᄯᅡᄯᅳᆺᄒᆞᆫ이약이 갓치ᄒᆡ보자ᄭᅩ
二. 저산밋헤자최를일흔 내아들아
돌아오는기러기편에 긔별을젼ᄒᆞ렴
의지ᄒᆞᆯᄃᆡ업는널은들에
어느곳으로헤매느냐
셔리차고 달밝은이밤－[59]

一, 二 두 개의 장면과 후렴으로 구성되고 있는 이 시는 한자가 전혀 사용되지 않고 순한글로만 창작된 자유로운 형식의 작품이다. 아들과 이별 후, 그리움과 허전함을 노래한 이 시는 형식이 정형화되어 있지는 않지만 안정된 호흡으로 "의지ᄒᆞᆯᄃᆡ업ᄂᆞᆫ널은들에"나 "어느곳으로헤매느냐"와 같은 구절을 반복함으로써 리듬을 단순하게 처리하고 있다. 특히 이별로 인한 슬픔과 그리움의 감각이 "ᄭᅩᆺᄯᅥ러지는" 장면과 맞물리면서 하강의 이미지를 그려내고, "자최를 일흔" 아들의 부재는 서리의 차가움과 결합되어 더욱 강화되면서도 밝은 달의 이미지로 인해 선명해진다. 단순한 리듬의 반복과 뛰어난 이미지 처리로 감정을 절제하고 있는 이 시가 불과 1년 전에 소학교를 졸업한 13세 소년의 창작이라는 것만으로 이미

59) 「리별ᄒᆞᆫ아희를ᄉᆡᆼ각ᄒᆞᆷ」, 『아이들보이』 4호, 신문관, 1913.12, 32면.

주요한의 시적 재능은 충분히 감지된다.[60)]

이 작품이 단순한 습작기의 소품임에도 주목되는 이유는 시인으로서의 주요한의 이정표를 알려주기 때문이다. 그간 주요한의 첫 작품으로 간주된 「마을집」이 단편소설이었기에 주요한의 시인으로서의 자각은 주로 일본 유학 이후와 관련되어 논의된 경향이 크다. 그렇지만 인용문에서 보이는 시적 형식에의 자각은 일찍이 형성된 것임에 틀림없다. 그렇다면 유학 이전에 경험한 그의 독서나 글쓰기와 관련하여 논의될 여지도 충분할 것으로 판단된다.[61)] 다시 말해 주요한의 자유로운 시 형식에의 감각과 순한글을 구사하는 언어적 감각이 전적으로 유학을 통해서 형성된 것만은 아닐 수 있음을 시사한다.

여기에 비해 『청춘』 11호에 주낙양이라는 필명으로 투고하여 당선된 「마을집」은 그가 동경 명치학원에 다니고 있을 때 쓴 글이다.[62)] 단편소설 부분에서 부(副)에 당선된 작품으로 같은 회 원(元)을 받은 이상춘의 「기로」나 삼등으로 당선된 김명순의 「의심의 소녀」와 달리 선자평이 생략되어 있다. 다른 〈현상문예〉 소설과 마찬가지로 장 구분이 있으며 총 6개의 장면으로 구성되어 있다. 『아이들보이』에서 보여준 대로 유려한 한글 문장으로 씌어졌다. 자전적이라고 해도 될 만큼 작가와 유사한 주인공 유학생 창호의 모습을 통해 지식인의 허구성을 잘 드러내고 있다.

---

60) 이러한 판단은 이 시가 전적으로 주요한의 창작시라는 전제하에서이다. 「글쓰느기」는 "무슨글이든지 제가지은 것"(〈샹급잇는 글쓰느기〉, 『아이들보이』 1호, 1913.9)을 투고할 것을 규정하고 있었다. 그렇지만 화자 설정이나 시어의 구사 등을 고려했을 때, 주요한이 직접 쓰지 않았을, 혹은 모방했을 여러 가능성도 배제할 수는 없다.

61) 『소년』을 비롯하여 신문관 매체들이 시도하고 있었던 각종 시형들과의 상관성을 제안하는 것도 이 때문이다. 「천주대의 층층대」와 같이 '시'로 소개된 것들과의 연장선에서 시라는 형식적 자각을 논의한다면 보다 흥미로우리라 생각된다.

62) 주낙양, 「마을집」, 『청춘』 11호, 신문관, 1917.11, 54~62면.

그런데 「마을집」의 이러한 현실 인식은 『청춘』에서 이광수나 현상윤이 보여준 것과 유사한 측면이 있다. 그렇다면 〈현상문예〉의 글들이 매체의 지향이나 성격에 일정 정도 영향을 받았거나 그 아래 있었던 것은 아닌가 하는 의혹도 제기된다. 실제로 당선자의 상당수는 이미 신문관의 여러 매체들을 오래 구독하거나 『청춘』에 깊이 경도된 독자들이고 이를 숨기지도 않았다. 가령 "「청춘」을 다시읽게된뒤로더욱 前非를 깨달앗나이다.청춘은 양사우가업스면안되겟습데다. 「靑春」은 우리 賢師며 良友외다"[63]나 "나는 愛讀하는 「靑春」한卷을 들엇다 (중략) 할수업시 「靑春」을 접어노코 창문을 들어부치고 손을 마조잡아 窓門지방에언저 턱을 고이고 視線을 自然界의 美에 集注하엿다"[64]에서처럼 『청춘』이 자신들의 일상과 글쓰기에 개입하고 있음을 스스럼없이 표현한다.

무엇보다 '시문체'와 같이 매체가 요구하는 형식에 맞춰 글을 쓸 필요가 있었음을 명시적으로 드러냈다. 앞서 최서해에 대한 김동인의 서술에서 드러나듯[65] 『청춘』의 〈현상문예〉는 매체가 지향하는 글쓰기를 '시문체'를 통해 일정하게 유도했다. 실제로 최서해는 최학송이라는 본명으로 『청춘』 15호 〈현상문예〉에 「海坪의 一夜」로 당선된 바 있다. 최서해와 같은 투고자들은 〈현상문예〉가 요구하는 문체를 연습하는 등, 제안된 지침이나 방향을 추종해 갔던 것이다. 그리고 이러한 경향이 문체에만 국한되었을 리 없음은 주요한을 비롯한 〈현상문예〉 응모자들의 투고 스타일이나 작법에서 일정 정도 짐작된다.

63) 한동찬, 〈특별현상문예 : 선외가작〉, 『청춘』 11호, 신문관, 1917.11, 16면.
64) 김윤경, 「인천원족기」, 『청춘』 15호, 신문관, 1918.9, 81면.
65) 김동인, 「作家四人–春園・橫步・憑虛・曙海, 그들에 대한 단평」, 앞의 책.

2) 독자에서 연재소설 작가로, 이희철

주요한의 경우처럼 매체의 독자에서 작가로 나아가는 경로가 투고작들을 통해 직접 드러날 수도 있지만, 여기에 교육적 시스템을 경유하는 사례도 있다. 그러니까 매체의 유통이나 전달이 스승과 제자라는 관계를 통해 형성되는 방식으로, 이광수와 오산학교 제자들의 경우가 대표적이다. 『소년』에서부터 필자로 활동한 이광수는 오산학교에 재직했을 당시 이 잡지를 수업에서 교재로 썼고 그의 제자들을 다양한 형태로 신문관 매체들에 접촉하게 했다. 『붉은져고리』의 편집을 담당했던 김여제뿐 아니라 신문관 매체들의 독자들 가운데 오산학교 출신들이 많다는 점, 그리고 당선자들의 투고작이 상당히 뛰어나다는 점은 매체와 교육의 상호성이 글쓰기에 직접적으로 나타나고 있음을 방증한다.

이광수가 오산학교에서 학생들을 가르친 경험은 그 자신에게 뿐 아니라 제자들을 비롯한 여러 인물들에게 영향을 미친 것으로 판단된다.[66] 특히 문학이 강조되었는데 그의 자전적 요소들이 상당 부분 투영된 것으로 평가된 『무정』에서 이러한 점을 살펴볼 수 있다. 다음은 『무정』에서 이형식이 "ᄉᆞ랑과 고민의 ᄉᆡᆼ활이"[67]이라고 표현한 경성학교 교사생활의 일부이다.

> ᄯᅩ 형식은 삼ᄉᆞ년급학ᄉᆡᆼ들에게 은연즁 문학을 장려ᄒᆞ얏다 그ᄅᆡ셔 학ᄉᆡᆼ즁에ᄂᆞᆫ 혹 소셜도 보며 텰학에 관ᄒᆞᆫ 셔적도 보며 잡지도 보ᄂᆞᆫ자가 ᄉᆡᆼ기고 그즁에ᄂᆞᆫ 가쟝 문학자인톄 ᄉᆞ상가인톄 텰인「哲人」인톄ᄒᆞ야 무슨 큰 ᄉᆡᆼ각이나 ᄒᆞᄂᆞᆫ지 고ᄀᆡ를 숙이고 단이ᄂᆞᆫ 학ᄉᆡᆼ도 몃 사ᄅᆞᆷ이 ᄉᆡᆼ기고 ᄯᅩ 그러ᄒᆞᆫ 학ᄉᆡᆼ들도 다른 교ᄉᆞ들을 아죠 정신ᄉᆡᆼ활(精神生活)이라ᄂᆞᆫ것을 알지못ᄒᆞᄂᆞᆫ 아조 유

---

66) 김윤식, 『이광수의 그의 시대』, 앞의 책 참조.

67) 김철 교주, 『무정』, 앞의 책, 411면.

> 치ᄒᆞᆫ 사ᄅᆞᆷ들이라고 비웃기도ᄒᆞᆫ다 형식의 보기에 이는 학ᄉᆡᆼ들의 진보ᄒᆞᆷ이라 깃분 일이언만은 다른 교ᄉᆞ들 보기에 이는 학ᄉᆡᆼ들이 타락ᄒᆞᆷ이오 쥬져넘게 됨이엇다 교ᄉᆞ들ᄲᅮᆫ안이라 학ᄉᆡᆼ즁에도 리희경일파가 글자 젹은 어려온 ᄎᆡᆨ을 들고 단이ᄂᆞᆫ것과 그달에 발ᄒᆡᆼᄒᆞᆫ 잡지를 들고 단이ᄂᆞᆫ것을 비우셧다[68]

"은연중 문학을 장려"했다고 했지만 김억에 회고에 의하면 오산학교에서 "춘원의 영향"은 이광수 자신이 생각한 이상으로 크게 작용했던 것으로 간주된다.

> (1) 그러나 그때를 자세히 검토해보면 춘원의 영향이 많은 듯합니다. 내가 15세때 오산중학부를 다녔는데 그때 춘원 이광수씨가 그곳 교사로 계셨읍니다. 춘원은 그때 학생들의게 <u>빠이론의 해적(海敵)과 파리시나</u> 등을 번역하야 학생들의게 읽혀주고 문학열을 고취시켰는데 나는 그때 그 시에 많이 감격하고 또는 시를 좋아하기 시작하였읍니다. 나는 木村鷹太郎이 번역한 '파리시나'를 다시 조선말로 번역하야 춘원의게 뵈였는데 춘원의게 칭찬을 받었습니다.[69] (밑줄-인용자)
>
> (2) 나는 어찌하여 문예에다가 뜻을 두었던가, ―이르는 말이 사람의 일생은 첫걸음이 가장 중요하다고.
>
> 귀밑에 솜털도 지지 아니한 새파란 사람을 부뜰고 무어라고 학교 선생님이 칭찬을 하거니와, 이처럼 무서운 결과를 주는 것은 없습니다.
>
> 시가에 대한 나의 흥미도 이러한 곳에서 싻이 텄으니, 그것은 오산학교 중학부 2학년 때외다. 어찌어찌하여 작문이랍시고 웃으운 것이 춘원선생의 눈에 들어 대스럽지 아니한 칭찬을 받은 것이 결과로는 그만 <u>나의 일생을</u>

68) 위의 책, 415~416면.

69) 안서. 「나의 시단생활 25년기(記)」, 『新人文學』 2, 1934.9. (박강수 편, 『안서김억전집』 5, 1987, 한국문화사, 781~783면)

> 지배케 되었으니, 춘원선생으로서야 어찌 이리 될 것을 꿈에나마 생각했을 것입니까.[70] (밑줄-인용자)

인용문 (1)에 언급된 「해적」은 『소년』에 소개된 대표적인 번역시이다. 이로써 『소년』이 문학 교재로 기능한 사실이 다시금 확인된다. 수업시간에 접한 "빠이론의 해적(海敵)"과 같은 시가 한 소년에게 어떻게 문학적 감흥을 불러일으키는지를 여실히 보여준다. 15세의 오산학교 중학부 2년인 김억에게 이광수의 칭찬 한마디는 "그만 나의 일생을 지배"하게 되었다. 그가 몇 년 후 『태서문예신보』를 창간하면서 "태셔의 유명한 쇼셜 시됴 ○○ 가곡 음악 미술 각본 등 일체 문예에 관한 기사"[71]를 소개한 것은 예견되어 있던 바다. 더욱이 "우리의 문예를 근본젹으로 세우랴면" "언문쓰기를 연구ᄒᆞ고 언문읽기를 가리키려ᄒᆞᄂᆞᆫ 것이 본보의 주의"[72]이므로 '순언문'을 표방하고 있는 것은 결코 우연이 아니다.

김억 외에도 문학에 뜻을 둔 오산의 제자는 여럿이고 이 가운데 신문관 매체의 독자에서 소설가로 나아간 대표적인 사례로 이희철(李熙喆)에 주목해 보고자 한다.[73] 이희철은 『무정』에 등장하고 있는 '리희경'의 모델로도 거론된 적이 있다.[74] 『무정』에서처럼 이희철은 스승 이광수를 통

70) 「독백-작가생활의 회원(回顧)」, 『博文』 12, 1939.10(박강수 편, 앞의 책, 786~788면).

71) 윤치호, 「창간사」, 『태서문예신보』 1호, 1918.9, 1면.

72) 「독자의 소릐」, 『태서문예신보』 5호, 1918.11, 6면.

73) 학위 논문 집필 당시 쓴 이 내용을 바탕으로 이희철에 관한 다음의 논문들을 발표하였다. 권두연, 「소설의 모델, 독자, 작가-이희철의 문학적 행보에 대한 고찰」(『비평문학』 42호, 2011.) 및 「전경화된 연애, 후경화된 시대, 실종된 '청년'들-이희철의 「읍혈조」를 중심으로」(『대중서사연구』 28호, 2012.)

74) 『무정』 외에도 이희철은 이광수의 여러 작품에 등장하고 있다. 여기에 대해서는 김윤식(『이광수와 그의 시대』, 앞의 책), 이경훈(「춘원과 『창조』-근대 문단 형성의 한 양상」, 『대합실의 추억』, 문학동네, 2007), 하타노 세츠코(『『무정』을 읽는다』, 최주한 역, 소명, 2008) 등이 언급한 바 있다.

해 각종 다양한 문학 관련 서적들을 접하면서 문학에 경도되어 간다. 다음 인용문은 『아이들보이』의 독자문예인 〈글꼬느기〉에 둘째 장원으로 당선된 그의 투고작 「겨을빗」이다.

> 그늘을 찻던 덥위는 솔솔부는 北風에 南洋으로 쏫겨 갓는지 뺨을 쎼여 내는 추위만 남고 덥위를 막아주던 뜰버들은 그만 죽은 듯이 쓰리고 아린 바람에 가치만 써는고나 –無情하다 白雪은 끗침업시 와 싸여 남보기 조케 쏫을 이루웟고 山間에셔 노든 새 먹을 것 엇노라고 마을에 나려와 「잭잭종이종이」하는 소리 겨을을 원망하는 것 갓도다 이러한 쎄 길을 가노라면 발자최마다 「싸드득 싸드득」하는 소리요 귀애 들니는 것은 다만 바람소리 뿐이며 쏘한 사이는 쯧업시 길을 引導하여주는도다–農夫는 무엇이 그리 깃븐지 벼 되는소리 「수심가」 가트며 방아간에 소모는 소리 空中에 찻도다 그러나 사람사람은 추위에 못이겨 밧게 나오지 못하고 춥다춥다하는 소리 밧게 업도다 겨을아 너는 어이 남을 슬프게 하며 試驗하느냐[75]
>
> (띄어쓰기-인용자)

"평북정주군오산학교"로 소속 표시가 되어 있는 것으로 보아 이 글을 쓸 당시 이희철은 오산학교 중학부에 재학 중이었던 것으로 판단된다.[76] 학생시절 투고한 습작 수준의 감상적인 짧은 글임에도 문체나 이미지, 정조 등에 있어 문학적 표현이 비교적 잘 형상화되어 있다. 먼저 탁월한

---

75) 참고로 『아이들보이』 7호(1914년 3월)에서 실시된 〈글꼬느기〉 당선작은 아래와 같다. 「苦와 樂」(崔璟在), 「귀한 시간」(張志셩), 「겨을빗」(李熙喆), 「財産」(孫乙仁), 「少年期의 修養」(金庸大), 「새봄」(金允五), 「겨울의 아츰」(金周恒), 「뒷뫼의 솔나무 보고 늣김」(薛元植). 이희철 외에도 이 호에는 이광수의 오산학교 제자 김주항이 「겨울의 아츰」으로 당선되었다.

76) 이희철의 회고에 의하면 1910년 이광수가 부임(19세)할 당시 그는 삼년급(13~14세로 추정)에 있었다고 했으니 이 글을 투고할 1914년경에는 중학부에 다니고 있었으며 약 17~18세에 이르렀을 것으로 추정된다.

한글 운용 능력이 돋보인다. 간간이 한자가 사용되며 '-고나'와 같은 예스러운 표현을 쓰고 있긴 하나 전체적으로 뛰어난 한글 표현을 구사하고 있다. 특히 의성어나 의태어 표현들이 뛰어나다. 겨울, 추위, 춥다 등의 계절감을 나타내는 표현을 통해 글의 전반적인 이미지를 차가우면서도 선명하게 조성한다. 이 차가움의 이미지는 '무정하다'는 표현이나 '수심가', '원망', '슬프다는 비애감' 같은 고독하고 애상적인 정서와 결합하면서 전체적으로 슬픈 정조를 형성한다.[77)]

이희철의 이러한 감수성은 6년 후 1920년 『창조』의 「K先生을 생각함」에서 다시 한 번 확인된다.[78)] 오산인(五山人)이라는 필명으로 쓴 이 글에서 그는 오산학교 시절을 회고하면서 K선생인 이광수와 "동성의 연인"[79)]임을 밝히고 있을 뿐 아니라 그의 "소년시대를 기념"[80)]하고 있다. 그 과정에서 그가 추억하고 있는 한 장면은 『아이들보이』에 투고한 「겨울빗」의 정조와 닮아 있다.

> 가을도 다 지나고 입업는 나무가지 사이로는 힌구름을 씐 하늘이 흘러가는 엇던날 져녁, 나무사이로 바라다보이는 남산허리에는 아직 불근해발이 남아 잇을 때에 나는 K선생의 팔에 어깨를 너코 가치 「뒷뫼」에 올라갓다. 엇던 무덤압 잔듸판에 안잣다. 좌우전후에는 송림이 둘러잇다. 겨을을 재촉하는 바람이랄넌지 그 바람이 송림우에를 지날때마다 일종 애조를 품은

77) 이희철의 「겨울빗」은 1914년 3월에 투고되었지만 글이 쓰일 당시와 관련시킨다면 1913년 겨울 오산을 떠난 이광수의 행적과 연관될 가능성이 있다. 한편 이광수의 작품에는 이희철로 간주되는 이가 오산을 떠나는 자신을 배웅하는 장면이 여러 번 목격된다. 이광수, 「그의 자서전」, 『이광수전집』 19, 삼중당, 1963[66년중판], 318면; 이광수, 「H군을 생각하고」, 『조선문단』 2호, 1924.11, 3면.

78) 이경훈, 앞의 책, 56~64면.

79) 오산인, 「K先生을 생각함」, 『창조』 5호, 1920.3, 89면.

80) 위의 글, 91면.

> 소래가 사방에 들린다. (중략)
>
> 「H군 그대는 저바람 소리를 엇더케 듯나?」
>
> 하고 뭇는다. 그날 저녁 바람소리는 이상하게도 세상을 원망하는 유령의 소리와 가치 들렷다. 나는 그 소리가 귀에 들리는 순간々々 전신의 신경이 재릿〳〵하엿다. 불상한 나의 집도 생각낫다 고독한 자기의 신세도 생각하엿다. 지금 여기 갓치 안즌 K선생에게 자기의 전신을 바치어 사랑을 엇으랴는, 부모가 잇고도 부모의 사랑을 밧지 못하는, 불상한 몸의 장래도 생각하여 보앗다. 이런저런 생각하는 동안에 저도 모를 눈물이 어느새 뺨에 흘넛다.[81)]

「겨울빛」의 배경과 유사한 "「뒷뫼」"의 풍경은 K선생과 한 때 나누었던 추억의 한 장면을 불러온다. "바람소리를 어더케 듯나"라고 묻는 K선생의 질문으로부터 출발한 자연에 대한 인식은 결국 이희철로 하여금 "제이의 천성"인 자신의 문학적 감수성을 깨닫는 데까지 나아간다. 한낱 자연현상일 뿐인 바람소리가 "세상을 원망하는 유령의 소리와 가치 들"리는 것은 "자연이 사물에 감각"하기 쉬운 자신의 예민한 정서로부터 기인함을 깨닫는다. 소리로부터 온 비애의 감각은 K선생과 함께 있을 때 바람소리를 듣고 슬픔에 겨워 눈물을 흘리는 이희철의 감상적 기질과 무관하지 않다. 「겨울빛」의 차가운 정조 역시 이 같은 예민한 문학적 감수성의 발로였으며 이 애조의 감각은 이희철의 예술적 기질이면서 동시에 원망이라는 감정과 연결되어 그의 문학에서 큰 비중을 차지하게 된다.

동인이 아니면 글을 실을 수 없었던 『창조』에 한낱 인쇄공인 이희철이 글을 실었고[82)] 이에 대해 당시 편집자였던 김동인은 다음과 같이 평한

81) 같은 글, 95면.

82) 그가 인쇄공이었다는 사실은 『창조』의 편집자 전영택을 통해서 확인된다. "印刷所에서 本誌 印刷의 일을 獻身的으로 힘써 주시는 李熙喆君의게 感謝를 드리고 붓을 놋습니다." 늘봄, 「남은말」, 『창조』 6호, 1920.5.

바 있다.

> "五山人의 「K先生을 생각함」(本誌五號) 참말노 조흔 作品이다. 作者는 이것을 感想이라 하엿지만, 참 잘된 作品이다. 다만 하나 아까운 것은, 作者가 이 作品의 價値를 모르고 無意識히 쓴 것이다. 모든 苦勞, 모든 不幸이 이만큼 맑게 이만큼 아름답게 되면 筆者도 한번 그 苦생을 痛切하게 맛보고 십다. 또 K에 대한 그 執着-대-구이拍子로 나아가기를 바란다."[83]

김동인은 이 글을 "感想"의 차원을 넘어 "참 잘된 作品"으로 호평했다. 다만 "作者가 이 作品의 價値를 모르고 無意識히 쓴 것"이라 지적한다. 여전히 아마추어적인 습작 수준을 벗어나지 못했지만[84] 그럼에도 "모든 苦勞, 모든 不幸"을 "이만큼 맑게 이만큼 아름답게" 형상화 해냈다는 평가를 받는다. 예민한 문학적 감수성을 지닌 이 소년은 내면의 고통과 불행을 여과 없이 형상화해 낼 수 있는 문학청년으로 거듭나면서 이윽고 '작가'라는 이름으로 출현하게 된다. 그의 행보는 1923년 『동아일보』 연재소설을 통해 확인된다.

1920년에 창간된 『동아일보』는 소설란을 따로 두기는 했으나 1921년 나도향의 「환희」가 연재될 때까지 주로 우보 민태원의 번안소설이나 단편 위주의 소설들을 연재했다. 그래서 『동아일보』는 최초의 연재소설인 「환희」에 "연재장편창작"이라는 타이틀을 내걸고 이광수나 염상섭과 같은 기성 작가를 영입하면서 창작 장편소설 연재에 의욕을 보인다. 이희철은 나도향의 「환희」와 이광수의 「선도자」에 이어 세 번째로 창작 장편소설 「읍혈조(泣血鳥)」를 연재한다.[85] 1923년 6월 2일부터 10월 28일 동

83) 금동인, 「글동산의거둠」, 『창조』 7호, 1920.7, 66면.

84) 이경훈, 앞의 책, 59면. 이경훈은 이희철의 이 글이 『창조』 동인으로 이름만 올리고 있던 이광수를 『창조』에 본격적으로 참여케 하는 계기로 작용했다고 평가하고 있다.

안 140회에 걸쳐 연재되는 동안 1면에는 장백산인이라는 필명으로 이광수의 「先導者」가, 그 후속으로 염상섭의 「해바라기」(1923.7.18~8.26, 40회) 및 「너희들은 무엇을 얻었느냐」(1923.8.27~1924.2.5, 129회)가 연재된다. 그러니까 이희철은 염상섭보다 먼저 연재소설 작가로 기용된 셈이다.

다른 작가와 달리 별다른 동인이나 작품 활동이 없었던[86] 이희철이 『동아일보』에 장편소설을 연재할 수 있었던 데에는 무엇보다 스승 이광

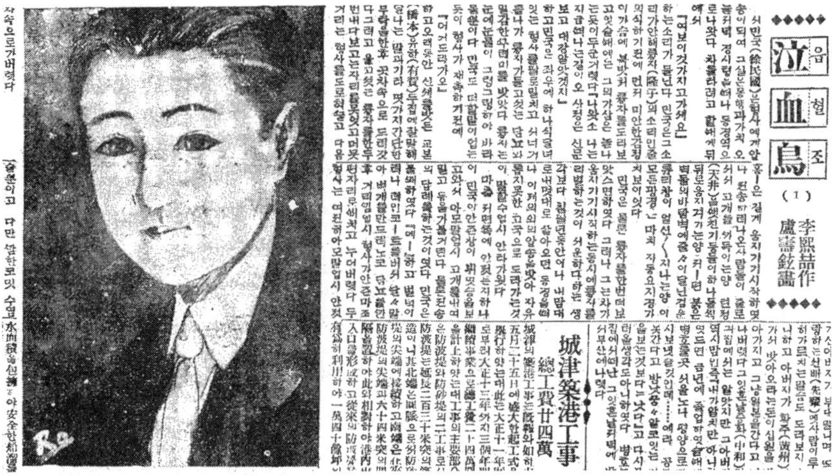

〈그림 14〉『동아일보』 연재소설 이희철의 「읍혈조」 연재 1회[87]

85) 연재하는 동안 한 회도 빠지지 않고 삽화가 등장한다.(1회 중복) 삽화는 동양화가로 알려진 심산(心汕) 노수현(盧壽鉉, 1899~1978)이 그렸다.

86) 최근 오산인이라는 필명으로 쓰인 「생각나는 대로 여러분에게」라는 글 한편을 더 발견하였다. 『현대』에 실린 이 글은 1920년 6월에 게재되었는데 『현대』는 1920년 1월 동경 조선기독청년회에서 발행한 잡지이다. 이희철이 이 잡지에 글을 실을 수 있었던 것은 그가 당시 횡빈 복음인쇄주식회사의 인쇄공으로 일하고 있었고 기독교인이었기에 가능했을 것으로 간주된다. 『현대』가 동인 위주로 활동한 잡지였는지에 대해서는 보다 면밀한 검토가 필요하다. 오산인, 「생각나는 대로 여러분에게」, 『現代』 6호, 1920. 6, 34~38면.

87) 「읍혈조」, 『동아일보』 1923.6.2, 4면.

수의 개입이 컸을 것으로 판단된다. 1923년 5월 『동아일보』에 입사한 이광수는 1924년 1월 「민족적 경륜」을 연재하면서 물의를 일으켜 퇴사하기까지 『동아일보』 편집부원으로 활동했다.[88] 이미 『청춘』의 〈현상문예〉 소설 부분의 고선자로 활동하면서 여러 문인들을 배출한 바 있으며 『매일신보』에 두 편의 장편소설을 연재한 바 있는 그로서는 제자를 연재소설 작가로 추천하는 일 정도는 충분히 가능했을 터이다.

그런데 이때까지도 조선문단이라는 장(場) 자체는 상당히 폐쇄적이고 협소했다. 주목하고 싶은 것은 이토록 밀폐된 구조를 가진 곳에서 추천이든 어떤 형태로든 연재작가가 될 정도로 그가 상당한 필력을 갖추고 있었다는 점이다. 더욱이 「읍혈조」는 경제적으로도 정신적으로도 자립할 수 없는 유학생들의 기생적인 삶을 강도 높게 비판하고 있다.[89] 무목적적인 유학을 통해 조선의 남녀 유학생들이 전락하는 모습을 그림으로써 유학생 열풍이 가져온 폐풍과 식민지 조선 지식인들의 이념적, 실천적 한계를 드러내고 있다. 이런 점에서 「읍혈조」는 상당히 이른 시기에 이미 자신의 세대에 대한 자성의 목소리를 냄으로써 식민지 시대 청년세대의 부정의식을 선취한 것으로 간주된다.[90]

10대 소년기를 거쳐 20대 청년기에 접어든 이희철이 문학청년에서 작가로 도약할 수 있었던 것은 그가 다양한 매체들을 통해 문학에 대한

88) 장신, 「1924년 동아일보 개혁운동과 언론계의 재편」, 『역사비평』 75호, 2006.5, 242~272면.

89) 최미진 · 임주탁, 「1920년대 신문소설에 나타난 유학체험과 근대적 특성-「읍혈조」와 「진주는주엇스나」를 중심으로」, 『한국문학논총』 41집, 2005 참조.

90) 특히 이 소설은 3 · 1운동과 연애를 교차적으로 다루고 있다는 점에서 『재생』(1924. 11/~9월 28일, 218회)과 「만세전」(1922/1924)이 보여주는 모티브들을 선취한 측면이 있다. 열거한 작품들과의 비교는 차후 과제로 남긴다. 이혜령, 「정사(正史)와 정사(情史) 사이 : 3 · 1운동, 후일담의 시작」, 『민족문학사연구』 40호, 2009 참조.

열정을 시험했기에 가능할 수 있었다. 그 다양한 매체들의 중심에는 단연 신문관의 잡지들이 놓여 있다. 신문관의 일련의 잡지들을 통해 문학적 감수성은 물론 문장력을 훈련해 갔던 것이다.

> 담당하신과목은 그 때 벌셔 조선어라고 부르어야 할 조선어이엿다. 최남선씨가 경영하던 소년잡지를 들고 오아셔 자미잇는 이약이를 말하기도 하고 필기도 식히실때에 우리들은 모든 시간중에 제일 자미잇는 시간으로 하학종소리를 원망하고는하엿다.[91]

"하학종소리를 원망"할 정도로 재미를 준 『소년』의 독자로, 『아이들보이』의 투고자로, 읽고 쓰는 행위들이 신문관 매체들을 통해 이루어질 수 있었다. 앞서 살펴보았던 나시규나 백낙영처럼 이희철 역시 27세에 폐병으로 요절한다. 그의 행보 역시 문학에 뜻을 두었지만 일찍 세상을 뜬 젊은 문학청년들의 자화상을 대변한다. 비록 이들이 자신들의 꿈을 다 이루지 못하고 세상을 등지거나 요절했다 하더라도 문학은 이들의 소년시대를, 청년시대를, 그리고 전 인생을 살아갈 '희망'으로 작용했다. 신문관 매체들의 독자였던 박영희는 『청춘』의 〈현상문예〉를 통해 향후 문예 주체로 나아간 이들의 경로를 다음과 같이 회고한 바 있다.

> 매호마다 당선된 수많은 사람들 중에서 특히 눈에 띠는 몇 사람을 골라내어 본다면 유종석, 이상춘, 김윤경, 김형원, 방인근, 이익상, 최학송 등의 제씨였다. 그때의 정도에서 또 독자문예이니 그 내용은 유치하였으나 후일 문사, 학자, 신문기자가 된 현명한 분들의 소년시대가 이곳에서 자라났고 희망을 북돋아주었으니 실로 깊은 감회를 자아내서 마지않는 바이다.[92]

---

91) 오산인, 「k선생을 생각함」, 『창조』 5호, 1920.3, 90면.
92) 박영희, 「『청춘』지 시대의 인상」, 앞의 책, 242면.

후일 소설가와 시인으로 또는 문사나 학자, 신문기자로 성장해 간 인물들이 신문관을 중심으로 펼친 소년기 혹은 청년기의 한 단상을 엿볼 수 있다. 뿐만 아니라 주요한의 『창조』나 박종화의 『문우』, 김형원의 『생장』, 방정환의 『신청년』과 『어린이』 그리고 방인근의 『조선문단』이나 김동환의 『삼천리』 등 향후 문예잡지 혹은 문단의 기라성이 된 인물들이 제작하고 있는 매체들과 관련시켜 본다면 그 영향 관계는 보다 확장될 가능성도 충분하다. 이로써 신문관 매체들이 주도한 〈현상문예〉 및 '독자 투고'가 이후 새로운 조류의 문예를 형성하는 데 영향을 미쳤음은 분명해 보인다.

신문학 초창기 매체들은 문명화된 새로운 지식을 습득할 수 있는 학습의 장인 동시에 자신의 글쓰기를 표현할 수 있는 습작의 공간이기도 했다. 방정환이나 주요한이, 박영희나 박태원이 잡지에 독자 투고를 하거나 달마나 나오는 잡지들을 사보기 위해 직접 출판사로 달려갔다고 한 회고들은 이미 십대에 그들이 문학에 '들릴' 수밖에 없었던 매체의 열렬한 독자이자 구매자였음을 방증한다. 이들 독자들 중 일부는 살펴본 바와 같이 '독자 투고'나 〈현상문예〉 등의 제도들을 통해 아마추어든 프로든 글을 쓰는 행위로 나아갔다. 어떠한 경우든 '문학청년'들의 등장이 매체와 밀접하게 관련되어 있는 것만은 분명하며 신문관의 매체들이 그 중심에 있었던 것만은 틀림없다. 신문관 매체들을 중심으로 형성된 독자 및 독자층의 형성은 바로 이러한 결과의 산물에 다름 아니다. 신문관은 매체와 다양한 서적들을 중심으로 소년 및 청년 독자들을 문예의 주체로 견인했고 새롭게 형성된 이 문예 주체들은 미디어와 긴밀하게 연동하면서 이후 근대문학의 장을 전개해 간다.

제6부

결론

신문관과 '그들'의 시대

지금까지 신문관의 물리적 구조와 출판물에 실증적으로 접근함으로써 신문관의 출판 기획과 문화운동의 구체적 양상을 살펴보았다. 신문관은 최남선 1인 경영으로 오인된 측면이 있지만 최창선과 최남선, 최성우가 경영과 편집, 인쇄를 책임지면서 분업화된 시스템으로 운영된 근대적 출판사이다. 근대 초기 책사(冊肆)에서 출발한 출판사에 비해 비교적 안정된 출판 구조를 형성하고 있었던 신문관은 분업화된 운영 시스템을 통해 근 10여 년 동안 총 5종의 잡지와 60여 종 이상의 단행본을 발간했다. 이로써 이 시기 지식인들에게는 지면과 언로를, 독자들에게는 다양한 읽을거리를 제공했다. 특히 잡지와 단행본의 동시 발간은 이때까지의 잡지사 중심의 네트워크가 출판사를 중심으로 이루어짐으로써 보다 확장될 가능성을 제시했다. 『소년』과 『청춘』으로 대표되는 신문학의 장이 형성될 수 있었던 것은 물론, 분화된 독자를 대상으로 한 매체 발행 및 서적의 출판을 통해 적층된 독자층의 구축이 가능할 수 있었던 것도 모두 이러한 구조에 기인한 결과로 볼 수 있다.

또 잡지와 단행본의 긴밀한 상호성은 출판활동을 보다 효과적으로 전개시킬 수 있었다. 신문관은 자사의 출판물들을 특정한 방식으로 분류, 구분했고 서적 목록 및 광고를 이용해 다양한 판매 전략을 선보였다. 대표적으로 〈십전총서〉를 비롯한 〈륙젼쇼셜〉, 〈신문관단행본신쇼셜〉 등, 기획 도서의 발간을 통해 출판물의 새로운 유형을 선도했다. 이와 함께 병합을 전후하여 1910년대 단일 출판사로는 가장 다양한 매체를 발간하면서 이 시기 검열의 수준과 출판의 허용 범위를 확인시켰다. 특히 황실특파 유학생인 최남선과 민충정공 애도 광고를 낸 최창선·최남선 형제의 행보를 통해 신문관이 내세운 창립 이념 및 취지를 보다 분명하게 이해할 수 있게 되었다.

신문관은 1908년 설립되어 1922년 동명사로 그 제명이 바뀌기까지 존립한 출판사이다. 따라서 신문관의 출판활동은 대한제국기로부터 무단통치기를 거쳐 문화통치기로 변화되는 복잡한 시대 상황과 밀접하게 관련된 측면이 있다. 강제병합 이전 '출판보국'의 창립 이념을 표방하며 출범한 신문관은 '신문화 운동'을 추동해간 현실적인 기반이다. 보국의 구체적인 방법론으로 제안된 출판 기구인 신문관은 회합의 장소나 사교의 장을 제공하는 데 그치지 않고 매체를 비롯한 구체적인 표현 수단을 창출함으로써 최남선을 비롯한 이 시기 지식인들에게 실질적인 활동무대를 제공했다. 육당과 춘원을 대표로 하는 '2인 문단 시대'의 주인공은 물론, 박은식, 장지연, 신채호, 유근, 김교헌과 같은 한말 개신 유학자들과 현상윤, 진학문, 홍명희와 같이 새롭게 부상한 청년 유학생들이 활약할 수 있는 장을 마련했다. 이른바 '회중노사'와 '청년제류'가 '절합'(articulation)할 가능성을 엿보였던 것이다.

뿐만 아니라 청년학우회나 조선광문회, 조선어강습원, 서화미술회, 그리고 당시 각종 종교 단체들과 밀접하게 교류했다. 특히 『소년』이 청년학우회의 기관지였다는 사실과 최남선이 조선광문회의 핵심 인물로 활동했다는 점은 일찌감치 언급되어 왔지만 이 두 단체와 신문관의 연관성에 대해서는 그 동안 모호하게 처리되어 온 경향이 없지 않았다. 이 책에서는 신문관이 청년학우회의 청년운동에 개입하면서 학우회의 각종 부설활동에 참여했을 뿐 아니라 안창호의 이념적 지향성을 전 출판물로 확대, 강화시켜 나갔음을 논증했다. 조선광문회의 경우도 신문관과 구분되지 않고 호칭되거나 그 발행물들이 종종 혼동되었는데 두 기관의 서적은 발행 당시부터 뚜렷하게 구분되어 광고되고 있었다. 이 점에 착안해 광문회는 학술기관으로, 신문관은 이를 물질적인 측면에서 보조한 출판기구로 설정했으며 주로 고서 복간에 초점을 맞춰 광문회의 학술활동을 검토했다. 이로써 광문회가 상당수의 실학서적을 발간하고 있었고 이는 신문관의 매체나 단행본에 다양한 형태로 소개됨으로써 보다 대중적으로 확산될 가능성을 엿보았다.

마지막으로 주목한 단체는 조선어강습원이다. 최남선은 주시경의 사상에 상당한 영향을 받았으며 주시경 역시 광문회의 핵심 인물이었다. 1914년 주시경 사후, 그의 죽음이 신문관의 매체들을 중심으로 애도된 것은 물론, 그 제자들의 문법서 및 사전 편찬과 관련된 일련의 활동들이 신문관에서 이루어졌으며 신문관의 매체들을 통해 한글 글쓰기가 본격적으로 실험되었다. 무엇보다 이들 매체들의 독자 중 상당수가 조선어강습원의 회원들이었음이 목격된다. 조선어강습원의 회원들은 일찍부터 신문관 매체들의 독자로 각종 다양한 독자 프로그램에 참여하고 있었던 것이다. 이 밖에 권덕규나 이윤재 등, 한글에 관심이 많았던 이들 역시 이 매체의 독자였음이 확인된다. 그러니까 어린이 및 학생을 대상으로 발간된 신문관 잡지들은 실제 어린이 외에도 한글에 관심을 가졌던 이들에게 구독되고 있었다. 요컨대 신문관은 각 단체들이 지향한 사회운동 및 학술, 어문운동에 결사의 장을 제공한 동시에 운동의 구심점으로 기능하면서 그 실천의 결과물들을 서적의 인쇄와 출판을 통해 보다 효과적으로 구현해냈다.

근대 초기에는 인쇄·출판의 비약적인 발달과 더불어 이전과는 다른 새로운 지식과 글쓰기의 패러다임이 요구되었다. 이에 부응하듯 각종 신문과 잡지 등의 매체와 다양한 서적들이 생산, 유통되었다. 신문관 역시 '새로운 문(新文)'의 창설을 목표로 다양한 출판활동을 통해 시대가 요구하는 새로운 지식 및 글쓰기의 내용과 형식을 모색했다. 뿐만 아니라 새로운 '회(會)'의 구상과 인물 양성에도 주력했다. 이 가운데서도 특히 신문관의 출판활동은 근대적이면서 동시에 민족적인 지식의 창출과 '신대한 소년/청년'으로 표상되는 독자들의 실력양성에 초점이 맞춰졌다. 전자는 조선의 학술·문화 및 어문에 대한 모색으로, 후자는 수양과 교양을 함양한 청년 독자의 양성으로 구체화되었다. 이 두 특징은 『소년』 발간 당시부터 『청춘』에 이르기까지 신문관의 전 출판물에 일관되게 관철되었다.

이를 통해 신문관은 실학과 인문주의를 바탕으로 한 '조선적 인문주의'라 불릴만한 지적 체계에 대한 상을 마련해갔다. 그리고 일상에서의 격언과 위인의 삶을 통해 수양의 모범적인 인물을 형상화하고 다양한 문예물 및 취미, 오락으로 간주되는 서적들의 출판을 통해 독자들에게 교양을 겸비한 이른바 '고상한 취미'를 함양케 하였다. 이로써 독서를 통한 취미의 등장을 예비했다고 볼 수 있다. 무엇보다 신문관은 『소년』에서부터 다양한 문체를 실험했고 그 결과 '시문체'를 발명해냄으로써 조선어에 대한 경쟁력을 강화시키고자 했다. 구체적으로 시문의 두 장치인 『시문독본』과 『청춘』의 〈현상문예〉를 통해 독자들에게 조선어로 읽고 쓰는 훈련을 시킴으로써 공통된 문체에 대한 의식이 형성될 계기를 제공했다.

끝으로 신문관은 『소년』에서부터 『청춘』에 이르기까지 지속적인 매체 발간을 통해 다양한 필자는 물론 적층된 독자층을 형성해 갔다. 특히 다양한 '독자 투고'를 통해 독자들에게 글쓰기를 훈련시킴으로써 상당수의 독자들을 문예적인 글쓰기에 경도되게 했고 일부의 독자를 문예 주체로 견인해 갔다.

신문관은 '신문화 운동'에 현실적인 기반을 제공했을 뿐 아니라 이 시기 다양한 인물들을 규합하고 각종 단체 및 조직들의 '운동'과 연동함으로써 그 자체가 이미 하나의 문화 장치로 기능했다. 요컨대 출판활동을 통해 복합적인 문화 기구의 역할을 수행했다고 할 수 있다. 신문관을 중심으로 이합집산한 인물들을 규합하고 각 단체들이 모일 수 있도록 결사의 장을 마련하는 동시에 운동의 구심점으로 기능함으로써 각 단체들이 지향한 운동에 적극적으로 개입하고자 한 것이다. 뿐만 아니라 어떤 측면에서는 각 단체들의 노선을 보다 지속, 강화해 나갔다고 할 수 있다. 가령 안창호의 '십년생취(十年生聚)'는 신문관의 출판 이념과 결합되면서 수양과 교양을 함양한 지식인 청년 독자들의 양성으로 구체화되었다. 그리고 주시경의 한글사상은 신문관의 매체들을 통해 보다 대중적으로 보급되면서 공통된 언어 의식을 공유한 언어 공동체를 형성하기에 이른다. 이처럼 신문관은 공통의 이념과 언어를 공유한 청년 독자들이 1910년대 각종 동맹휴학과 1919년의 2·8 및 3·1만세운동으로 나아갈 수 있도록 기폭제 역할을 담당했다. 물론 점진적이며 '기나긴 혁명'의 방식으로 말이다. 결국 신문관의 출판활동을 중심으로 형성된 문화운동은 '십년생취'의 점진적 '혁명'이 구체적으로 실현된 형태라 할 수 있다.

이로써 그간 최남선을 중심으로 민족운동 및 '신문화 운동'의 출발점으로 인식된 신문관의 실상을 구체적으로 재구해 볼 수 있었다. 최남선이 이끈 것으로 간주된 '신문화 운동'이란 결국 출판 기구의 물리적인 자원을 통해 실현될 수 있었으며 결사의 장소와 운동의 구심 역시 이를 통해 가능해질 수 있었다. 요컨대 신문관은 최남선을 주축으로 이 시기 지식 및 학술장(場)의 형성에 원동력을 제공했을 뿐 아니라 다양한 운동의 주체들에게 실질적인 활동 무대를 제공했고, 독자들을 통해 이러한 운동의 지향을 확산시킴으로써 복합적인 문화 기구의 역할을 수행했다.

이처럼 출판 기구인 신문관이 문화복합체로 기능할 수 있었던 것은 집회의 결사 및 표현의 자유가 원천적으로 봉쇄, 통제되었던 시대적 상황에 기인한 결과라 생각한다. 다시 말해 대한제국에서 일본 식민지로, 통감에서 총독에 의한 무단 통치로 이행된 1910년대라는 예외적 상태에서 가능할 수 있었던 방식인 것이다. 병합을 전후로 애국계몽 서적에 대한 탄압과 각종 학회의 해산 및 매체의 폐간은 이 시기 결사의 장을 전면 봉쇄했을 뿐 아니라 지식 생산의 경로를 차단시킨다는 점에서 심각한 문제를 야기했다. 따라서 애국계몽운동의 한 방법론이자 실력양성운동의 구체적 실천으로 드러난 신문관의 출판활동이 이러한 시대적인 분위기 속에서 존속되었다는 점은 더욱 의미 있게 다뤄질 필요가 있다. 그럼에도 출판 기구가 이끌어간 문화운동에는 분명한 한계가 노정될 수밖에 없다는 점 역시 부인할 수 없는 사실이다. 1920년대 문화 통치가 실시된 이후 신문관이 존속될 수 없었던 이유도 여기에 있을 것이다.

부록

〈부록 1〉『청춘』의 「一日一件」 내역

날짜	사건	관련 인물	관련 글	비고
11.1일	조선광문회 회원 서진하와 만남	서진하		광문회
11.2월	호상의 가인으로부터 척소	홍명희		
11.3화	휘문의숙동창회에서 「고조선인의 해외활동」 강연	이병욱(우련), 강진희	「고조선인의 해외활동」	휘문의숙
11.4수		이우련	雨栗堂六書字彙/說文翼徵	
11.5목	입학선서십주년기념회	최린, 구자학, 강전, 유병민, 윤태진, 지성연, 강원영, 전우영, 문창규, 최남선, 오오야마 가즈오		『청춘』 3호 게재
11.6금	쎄일박사가 내방-원각사와 및 경천절탑에 관한 문의	쎄, 에스, 쎄일, 김무원		무원-김교헌
11.7토	武進屠의 寄纂한 蒙兀兒(元)史記 刊本四冊을 寄送	金滄江		창강-김택영
11.8일	김창강의 기함에 적힌 내용			진남포
11.9월	정오기차로 수원에 ㅇ,ㄹ 두 친구 찾아갔다 못만남/訪花隨柳亭애 소군대의 야전책략 실습구경	수원의 친구 ㅇ, ㄹ	기차에서 시를 지음	
11.10화	保晩齋叢書를 原本으로 入手	徐家	保晩齋叢書 林圓經濟志	서유구와 서명응
11.11수	중국당나라시인의 시를 읊음	한산	한산시	
11.12목	「엘레베터」탄 꿈을 꿈/조건의 기한을 떠올리며 두통을 호소			조선호텔
11.13금	집보러감, 독서에 집중 못함, 석농과 작반	수원 ㄹ군/생키비치/석농	「이대로가오」	유근

11.15일	수원서 振威가다 길 잃음		시조한수 창작	
11.16월	진위서 돌아옴			
11.17화	의주의 ㅁ군에게서 글월이 오다-순한문 서신	의주의 ㅁ군		
11.18수	弦齋金君이 내방하야 종교에 관한 담론. 「간이성서」의 역본을 빌리다	톨쓰토이, 金弦齋	「아종교」 「간이성서」	김현제 (『청춘』 필자)
11.19목	「청춘」 편집 슷내노라고 주야를 지내다		「청춘」	
11.20금	개천절축전에 往赴. 9월13일을 신역으로 밧구든지 여러 가지 합당한 하로를 가리어 만흔 사람이 모이도록 節日을 정함이 시세에 합할듯			개천절축전 『새별』 게재
11.21토	문학을 지원하는 지방 소년친구가 내방. ᄉᆞ리ᄯᅵ의 역사를 설여하야 그 자기를 격려	문학을 지원하는 지방소년친구,	ᄉᆞ리ᄯᅵ, 「생키비치」와 「ᄶᅡ고레」	→나시규를 연상시킴
11.22일	사학의 개념에 대해 제일강의를 열다		사학의 개념	
11.23월	어느 신문기사의 내방. 금일 적절한 신문 편집법에 대해 말해도 흥미 없어 하다 신문을 가장 발달식이는 힘은 전쟁이란 구어에는 시세의 촉감으로 매오 동감하는 듯하더라	신문기사	신문 편집법	
11.24화	어느 골목을 지나다본 이야기를 매우 맛깔스럽게 서술하고 있음 - 마치 한편의 수필같은 느낌	여섯 살짜리 아이와 개		뛰어난 한글문장
11.25수	징금다리 건너듯 겅둥겅둥 뛰어 갈밧게 업다			
11.29일	전주일의 강을 속하다			
11.30월	金老石편에池白蓮에게 그의 신구시고를 빙독하니 기쾌를 불가언이라 얼마를 썝아 청춘지상에 두번 실키로하다	金老石 池白蓮		지백련의 한시 『청춘』 게재
12.1화	朴齋瑢씨가 우리를 위하야 희본을 보냄 아마우리 本草書중 매우 오랜것의 한아	姜仁齋, 世宗 朴齋瑢	청천양화소록	
12.2수	부산의 ㅁ군에게 다시 말하지 말자는 글을 보내엇다	부산의 ㅁ		
12.3목	분원자기주식회사주주총회 구경	李基燦		안창호 관련
12.5토	학생연합토론회			『청춘』 게재

12.7월	유학 위해 1만원 대용하자는 청구받음	유학생자		비슷한 예가 윤치호일기에도 보임
12.8화	급행차로 호남선을 밧고아타다			
12.10목	고희동 견방	고희동		
12.11금	안심전 어른을 방하다	안심전		
12.12토	당엄과 밤늣도록 정담 / 아나톨쯔랑쓰의 단편일역 받음	당엄 / 아나톨 쯔랑쓰	아나톨 쯔랑쓰의 단편 일역	유영모
12.13일	아츰은 ㄷㅈㄱ 낫뒤에는 YMCA 그 틈에는 「새해」를 짓고 밤에는 『청춘』 신년호를 뭉뚱그리다	ㄷㅈㄱ→ 대종교를 암시하는 듯함	새해 청춘 신년호	YMCA 『청춘』
12.14월	張志淵이枉하심으로 입야토록 듯든 「삼국연의」를 기어히 襃成하시기를 慫恿 함녕전고사를 누고에게 상문하다	위암 장지연	「삼국연의」	
12.15화	학지광 삼호를 닑다	최승구	학지광, 「정감적생활의 요구」	
12.16수	밤에 아모어른을 찻다. 「Blue Book」책 밧다. 고담 잘하는 이의 이약이를 듯다	아모어른 고담잘하는이	「Blue Book」	
12.17목	신석우군이 내방하야 동경유학생계의 근황을 들려줌. 고토의 천황이 적지 아니한 영향을 미침. 「청춘」을 보내지 않은 것에 섭섭함을 표현→발행키로 신탁	신석우, 고토 천황	『청춘』	동경유학생계
12.20일	공립보통학교장 두분 내방하여 기다리다감 / 금테줄이나 둘은 싼 량반 왔다감	공립보통학교장 두분 금테줄둘은 싼 량반		
12.21월	종업는 이약이로 락을 삼다, 갑갑할때에 소리놉혀 노래부르거나 글닑는 것이 효험잇슴은 攄得한지 오래거니와 그 밧게 여러 가지 방문이 차차 알아진다			
12.22화	浦上의ㄱ군에게서 글 오다. 그를 걱정함	浦上의ㄱ군→ 외배	「로빈손 크루소」	블라디 보스토크
12.25금	기독교청년회관의 크리스마스축회에 왕주 / 정문앞 양측에 새긴 한자 등주와 하이칼라가 아이러니를 불러일으킴			기독교 청년회관 크리스마스
12.26토	글쟁이로서의 육당의 개인적 심정 토로			

12.29화	신문장이에게 붓들려 한나절 기계노릇 / 어느 학교외교 / 『청춘』의校準 / 어느은행에 글전함 / 간판장이에게 들러 각황사 불사리 구경갓다 설명까지 듯고 만자병 엇더들고 ㄱ군을 차져 만두 어더먹고 여섯시까지 약속한 어느 신문 신년호 적음	신문장이 간판장이 ㄱ군 이룽	이룽의 「答蘇武書」. 『청춘』, 신문 신년호	각황사
12.30수	「내일이지」하는 생각밧게 업다	직접적인 언급은 없지만 강박적인 사건과 관련되었을 것으로 추정		
12.31목	복잡한 심회를 드러냄			
1.1금	年始狀 / 아모 새해가튼 표를 못보겟더니 신문들이 페지가 만타		年始狀 신문 신년호	『매일신보』일 가능성
1.2토	한문을 읽고 싶어함 南華經을 內編이나허고		南華經	
1.5화	산사로 독서하러 간단 말에 작반하기를 구하는 이가 더러잇다			
1.9토	오성학교 왕방, 학교방문기 적기 위함			『청춘』 게재
1.10일	객년부터 일요강을 갱시하다 진위○군의 惠示에 감격하다	진위○군		
1.12화	환세 후 처음 붓대를 들다 / 2월 『청춘』의 「아관」 외 두 편을 적다		『청춘』의 「아관」	『청춘』 게재

〈부록 2-1〉『아이들보이』의 〈글ᄭᅳᆫ기〉 당첨자 명단

작자명	작품명	형식	호수	게재 여부	등급	주소
李允宰	느진가을의 늣김	산문	3	○	장원	慶南馬山府舊馬山義信女學校
李東赫	쓰기를잘할것	산문	3	○	둘재	西部貞洞培材學堂內
盧文熙	느진가을의 늣김	산문	3	○	둘재	平北定州郡五山學校
李載甲	熱心	산문	3	○	셋재	京城北部三淸洞
白先俊	재동의의사	이야기	3	○	셋재	忠南泰安郡安眠島中場里安中學校
權一奎			3	×	이외	京城
李炳斗			3	×		廣州
孫乙仁			3	×		京城
白敬和			3	×		京城
韓武烈			3	×		泰安
金在衡			3	×		長淵
朴光允			3	×		京城
崔壽昌			3	×		京城
金琯洙			3	×		全州
周謐洪			3	×		咸安
朱耀翰			3	×		東京
安庚遠			3	×		京城
金建五			3	×		釜山
薛元植	시골의 가을빗	산문	4	○	장원	咸鏡南道端川郡龍城里
盧文熙	國花	산문	4	○	둘재	平北定州郡五山學校
李雲碧	명남아버지의말삼	훈화	4	○	둘재	咸北鏡成郡邑西門外二中洞
朱耀翰	리별ᄒᆞᆫ아히를ᄉᆡᆼ각함	시후렴	4	○	둘재	東京神田區小川町
李炳斗	시간이귀함	산문	4	○	셋재	京畿道廣州老谷私立普陸學校內
朴哲鎔	시간	산문	4	○	셋재	京城南部河橋
朴光允	모다제가만드는것	산문	4	○	셋재	京城西部藥峴下洞
裵致文			4		이외	木浦
文尙洪			4			釜山
李載甲			4			京城
崔承澳			4			江西

玄性健			4			京城
崔璟在	苦와樂	산문	7	○	장원	會寧郡西門內耶蘇教內
張志셩	귀한시간	산문	7	○	둘재	京城南大門外紫岩
李熙喆	겨울빗	산문	7	○	둘재	平北定州郡五山學校
孫乙仁	財産	주장	7	○	둘재	京城北部松峴教員養成所
金庸大	少年期의修養	주장	7	○	둘재	黃海道安岳郡邑小川洞
金允五	새봄	시	7	○	셋재	釜山府 沙 下面松亭洞
金周恒	겨울의 아침	산문	7	○	셋재	平北定州郡五山學校內
金正瑢			7		그외	京城
金容柞			7			東萊
金在衡			7			長淵
權翼洙			7			間道
文正國			7			釜山
承啓亨	時計	산문	8	○	쟝원	定州郡南面二里育英學校
宋基彬	嚴冬後에陽春을맛남	산문	8	○	둘재	橋河郡衝洞
崔承澳	꿋의가라치는 힘	산문	8	○	둘재	平南江西郡上藥水坪大昌旅舘內
金夏重	사람이 반드시 目的을 定할일	산문	8	○	셋재	京城北部徽文義塾內
朴哲鎔	汽車的人物	산문	8	○	셋재	京城南部河橋
秦柄衡	健强은 人生의 幸福이라	산문	8	○	셋재	平北定州郡五山學校
趙文台	南山의 松柏	산문	8	○	셋재	京城磚洞普成中學校
朴憲陽			8	×	그외	京城
辛□柱			8			全州
金守洪			8			靈山
高碩柱			8			京城
具聖書			8			利川
朴光允			8			京城
李雲碧	太陽	산문	11	○	쟝원	鏡成郡邑西門外二上洞
金澤道	大洋	산문	11	○	둘재	平北龍岩浦救世學校
金宅道	부지런	산문	11	○	둘재	平北龍川□市東洞
崔承澳	압일을아난 千里眼	산문	11	○	둘재	平南江西郡上藥水坪大昌旅宿

權□王	春雷	산문	11	○	둘재	京畿道通律郡
	玩月		11	○	둘재	
朴憲陽	지금그때	창가	11	○	둘재	京北部上於義(?)宮洞
鄭烈模	우리들은일하는 사람들 됩시다	산문	11	○	셋재	京城北部松峴教員養成所
	우리시골 / 봄날 / 해 / 봄날	시	11	○	셋재	
盧文熙	짬의갑	산문	11	○	셋재	平安北道定州郡五山學校
秦柄衡	學問은 人生에게 第一 貴한것	산문	11	○	셋재	京城北部觀峴徽文義塾內
桂昌□	느즌봄빗		11	○		平北宣川郡古府面普新學校
金宅道	今日	산문	11	○		平北龍川郡 楊下面市東洞
高碩柱	失敗는成功의 원인		11	○		京城南部上□洞
文正國	하옴이만흘아이		11	○		東萊郡沙下面槐亭洞
金夏重	汽車室內에서한덩이 봄눈을보고自覺함		11			開城西部紙洞
宋基彬	平生의 大計는 青年에 있음		11			坡州郡衙(?)洞
金守洪	소낙이		11			昌寧郡吉谷面外洞
朴光允	立志		11			京城南門外藥峴下洞
文正國	씃써러짐과나의늣김		11			東萊郡沙下面槐亭洞
金建五	아츰	시	11			東萊郡沙下面槐亭洞
	반달	시	11			
張志暎	바람		11	×	이외	京城南大門外紫岩洞
白樂誤	理想		11			定州郡南面育英學校
李載甲	不滿足心		11			京城北部三清洞
金澤道	心老와 行屍		11			龍岩浦雲興洞救世學校
文正國	눈		11			東萊郡沙下面槐亭洞
金庸大	봄마지		11			安岳郡邑小川洞
白麟濟	봄		11			平北定州郡五山學校
金建五	書籍		11			東萊郡沙下面槐亭洞
權一奎	功力		11			京城中部校洞
金景洛	競爭心		11			宣川郡東面維明學校

〈부록 2-2〉『청춘』의 〈현상문예〉 당선자 명단

호			이름	주소	제목	게재 여부	비고	아이들 보이 독자여부
10호	매호 현상		노문희	평북 정주군 서면 서호동	初夏夕景	○		○
			梁宙永	개성군 북본정80	성공의 要道	○		
			鄭龍謨	경성부 授恩동 9번지	細川	○		
			韓東瓚	천안공립보통학교	무제	○		
			유종석	고양군 중면 일산리	大賢大愚說	○		
			유종석	경기도 고양군 중면 일산리	냉면한그릇	○		
			ㅈㅎ生	창원군 熊東면 마천리	인생과 사회	○	배재황	○
			이상춘	경성부 낙원동 122	두벗	○		
			裵在晃	창원군 態東面 馬川里	샛쌕라그늘	○		○
			崔承澤	강서군 강서면 靜和里舊藥水坪	知己의無함을 歎함	○		
			이상춘	경성	불나비	삭제	검열	
			김윤경	경성	말뫼의겨을빗	삭제	검열	○
11호	自己 近況을 報知 하는文	元	이경	咸安郡 杜陵 東明書堂		○		
		副	김윤경	연희전문학교		○		○
		三	노문희	정주군 서면 서호동		○		○
		三	이운벽	鏡城郡 梧村面 勝巖		○		○
		三	나시규	會寧 間島 偶跡洞		○		○
		선외 가작	한동찬	충남 천안 공립보통학교		○		
			願海生	당진군 合德面 합덕리 학교		○		
			이재갑	경성부 팔판동93번지		○		○
			주기철	경성부 계동1-31번지		○		
			申瑩澈	충남 舒川郡 私立麒山學校		○		
	故鄕의 事情을 錄送 하는文	元	宋完根	保寧郡 大川面 竹亭里 崔益方留		○		
		副	이운벽	鏡城郡 梧村面 勝巖		○		○
		三	최승택	평남 강서군 강서면 靜和里舊藥水坪 靜和舘內		○		
		三	李慶	咸安郡 杜陵 東明書堂		○		
		선외	李康錫	開城郡 松都面 滿月町46번지(原住金浦)		○		

		언급만된것	이선봉	坡州 문산리		×		
			이익상	부안 동중리		×		
			조문태	함안 봉성동		×		
			洪善杓	경성 필운동		×		○
			박노환	대구 서성정		×		
			李南斗	목포 온금동		×		
			金相哲	순천 송광사		×		
			鄭晄震	동경 曹洞大學		×		
			김웅도	정주 觀揷洞		×		
			朴淵義	경중앙학교		×		
			최국현	고양 마두리		×		
			정재길	강화읍내		×		
			文炳允	해남 대흥사		×		
			金任鍾	창원 용원리		×		
			황규만	대구 동운정		×		
	단편소설	元	이상춘	경성 낙원동 122번지	기로	○		
		副	주낙양	東京芝白 金今里町명치학원	마을집	○	주요한	○
		三	김명순	京城桂洞 119金明淑方	의심의소녀	○		
		三	金泳杰	개성 남대문통	유정무정	○		○
		선외가작	노문희	정주군 서면 서호동	故情			○
			이강석	개성군 만월정 46	奇男 兒			
			최해종	대구 부서성정1-11	障碍			
			金周鳳	평양부 숭실대학교 내	소년의루			
			정용모	경성	두글ᄌ			
			金成律	은율	怨			
			박동진	경성	애닯은 末路			
			黃金萬	대구	愛			
			金德滉	경성	深夜			
			洪箕疇	경성	성공			
			方雲庭	경성	少年御者			
			김웅도	정주	유학생			
			金瀅玉	孟山	海濱			
			유종석	고양	舊校			

12호	독자문예 — 韻文及時調	당선작	정열모	(藏?)城	秋色/萍況/偶咏	○		
			나시규	함북 회령군 회령면	圓方角	○		○
			최해종	대구 부서성 정1정목44	달	○		
			차용운	咸鏡南道元山府 私立保光學校	我의耳目口鼻	○		
			배재황	昌原郡 熊東面 大壯里	내노래	○		○
			ㅅㅎ生	시내 견지동 118	바람	○	방정환	
			金賢珣	경성부 인사동 85번지	아니! 내가無情?	○		
			박희우	마산부석정태공서포내	땀	○		
			백낙영	경성부苑洞휘문의숙내	농가	○		○
			薛亨植	경성중앙학교 내	싹	○		
			정용모	경성부 長沙洞 2번지	자명종	○		
		선외가작	安宅淳	경성부 內資洞 140	愛友의別	○		
			노문희	평북 정주군 서면 서호동	戰場의 一夜	○		○
			김윤경	廣州 → 역자로 표시(번역)	행복된배필	○		○
			ㅁㅅ生	정주서호	국화	○	노문희	○
					가을	○		
			정용모	경성부 長沙洞 2번지	청춘	○		
			차용운	元山府私立保光學校생도	가을	○		
	散文及小說	당선	유종석	고양중면일산	모자의정	×		
			방정환	경성견지동118	우유배달	×		
				자연의교훈		×		
			최국현	高陽中面馬頭里	우연	×		
			김윤경	廣州郡五浦面 高山	戰場奇譚	×		○
			노문희	정주서면서호	힘	×		○
			김형원	論山 江景面 黃金町	그래도불만족	×		
			백낙영	경성휘문의숙	시험뒤	×		○
			설형식	경성중앙학교	야경	×		
			엄항섭	경성 樓下洞 249	中秋對月	×		
		가작	설형식	중앙학교	四時	×		
			배재황	창원	農夫	×		○
			조준기	경성안국동 162	曉의 悲劇			

			金賢珣	경성 인사동 85	初秋一夢			
			張士明	宣川 信聖중학교	少年의 前路			
			백낙영	京城徽文義塾	少年 墮落			○
			李允贊	평양 鏡齋里 165	自知			
			朱基瑢	昌原郡 熊邑面 北部里	한가온날			
			洪善杓	경성 필운동 64	다홍치마친구			○
			최해종	大邱 西城町1丁目 44	恨路			
13호	지난 호 당선 작		유종석	고양군 중면 일산리	모자의정	○		
			김윤경	廣州郡五浦面 高山里448	戰場奇譚	○	번역	○
			ㅅㅎ生	市內 堅志洞 118	자연의교훈	○	방정환	
			김형원	忠淸南道 論山 江景面 黃金町	그래도 「불만족」	○		
			ㅅㅎ生	市內 堅志洞 118	우유배달부	○	방정환	
			노문희	平北 定州郡 西面 西湖洞	힘	○		○
			백낙영	京城 徽文義塾內	試驗을 畢하면서	○		○
			최국현	高陽郡 中馬面 頭里	우연	○		
			설형식	경성 중앙학교내	야경	○		
	금회 당선	당선	星島	慈城公普	一片情緖를	× 15호		
			河泰鏞	馬山 昌信學校	제비	× 15호	계용묵	
			李南斗	木浦 溫錦洞 88	高下島古碑	×		
			朱柄乾	扶餘鴻山面井洞里	眠覺鐘	× 15호	주원해	
			金賢珣	경성인사동 85	永劫의 躍動	×		
			정인택	大邱 弓町 26	望鄕臺에서	× 15호		
		가작	朴致連	충남 당진읍내	압길(소설)	×		
			백낙영	경성 원동 휘문의숙	鳧湖의美 (산문)			○
			鄭淳鐘	경남 陜川읍내	白雲(시)과 水月(시조)			
			朴淵義	경성 계동 중앙학교	理想的靑年 (산문)			
			차용운	元山 銘石洞249	海陸의境界 (산문)			

13호	금회 당선		이재갑	경성 팔판동 93	生活의 矛盾(산문)			○
			嚴恒燮	京城 樓下洞249	仲秋對月 (산문)			
			洪箕疇	鎭南浦 三崇學校	立志(소설)			
			徐政善	京城 桂洞 中央學校	立志(산문)			
			方仁根	東京 青山南町6, 17	秋心(소설)			
			崔丈夫	寧邊 崇德學校	가는時間 (운문)			
			星島	慈城公立 普通學校	向上論(산문)			
			朱柄乾	扶餘 鴻山面 井洞里	雪朝의벗 (산문)			
		선외가작	徐乃錫	경성	크게 修養하라			
			秦一善	경성	小說昇天記			
			李澤龍	마산	小說蒼天			
			李洞秀	부여	山水			
			南海龍	창원	時調			
			李南斗	목포	N의 朝行			
			具聖書	운산	蒼松			○
			具聖書	雲山	사랑			○
			羅始奎	회령	秋夕			○
			金鼎魯	평양	無名英雄			
			吳騏煥	천안	近況報知			
			朴榮坤	경성	小說金玉			
			朴在永	정주	近況報知			
			柳甲順	평강	天下事只在誠			
			朴淵羲	경성	立志			
			朴恒秉	동경	小感			
			白樂詼	경성	秋感			
			李圭恒	경성	우리責任			
			ㅁㅎ生	용천	山家冬夜		노문회	
			李益相	부안	日常의벗			
			全教煥	경성	吾友青年	×		
			吳斗鉉	은율	時調	×		
			金淳爽	평양	體育	×		

14호	독자문예	금회당선	羅始奎	咸北 會寧郡 會寧面2洞	물과뫼	×	다음호게재		
			方定煥	京城 堅志洞28	觀花	×			
			小波生	仝	봄	×		방정환	
			김윤경	高揚郡 延禧面 滄川里	仁川遠足記	×			
			김윤경	延禧專門學校	이른봄	×			
			차용운	元山 府銘石洞ロブ牧師方	海邊巖	×			
			노문희	龍川郡 北中面 協昌學校	바다	×			
		가작	方定煥	京城 堅志洞118	故友	×			
			崔鴻範	會寧郡 普興學校	運朶	×			
			金鶴烔	開城郡 東本町197	破壞와 建設	×			
			韓浩錫	明天郡 東面 楊川洞	近況報知	×			
			ㅁㅅ生	龍川郡 雙城	初春	×		노문희	
			裵在晃	昌原郡 熊東面 大壯里	雪山의感	×			
			崔鶴松	城律郡 鶴中面 臨溟洞	春曉雪景	×		최서해	
			安宅渟	京城 弼雲洞236	외로움	×			
		선외가작	이근영	경성	잡가	×			
			양주영	개성	한시	×			
			金渟蒸	평양	목단봉	×			
			具載龜	成安	벗에게	×			
			金麗煥	제주	청춘	×			
			千代憲	경성	聱者	×			
			金海瑢	안동현	勉學	×			
			金東煥	鏡城	自嘆	×			
			明舜朝	경성	軍艦구경	×			
			卓三泳	정주	人生	×			
			白光粥	경성	松竹	×			
			張日炫	선천	春日農家	×			
15호		지난호당선	방정환	경성견지동 28	觀花	○			
				上仝	봄	○			
			김윤경	연희전문학교	이른봄	○			○
				상동	仁川遠足記	○			
			차용운	원산명석동ロブ목사방	海邊巖	○			
			나시규	함북회령군회령면2동	물과뫼	○			○
			星 嶋	慈城	一片情緖를	○			
			하태용	마산 사립 창신학교 생도	제비	○		계용묵	

		주원해	충남홍산군정동리	면각종과 마주안저	○	주종건	
		鄭寅倬	대구 부방정26	망향대에서	○		
		노문희	龍川郡 雙城(영홍)	바다	×		○
		이남두	목포 부온금동88번지	高下島의녯碑	×		
		김현순	경성부 인사동85번지	영겁의 약동	×		
15호	금회당선	홍기주	진남포 삼숭학교	의리(소설)	×		
		金斗植	북간도 용정시 야소교서원	도라온고향(소설)	×		
		신영철	韓山공립보통학교	의미잇난세소리(산문)	×		
		鍊生	昌原郡 鎭田面 五西里	歸路(소설)	×		
		金熙敬	大同郡 栗里面 長泉里	욕망은성공의원동(율문)	×		
		星島	자성공보	시조	×		
		노문희	정주군 서면 서호	바늘소리	×		○
			仝	보배	×		○
		趙俊基	안국동 2번지	吾家의 富	×		
		崔海鐘	대구부서?정1ノ44	妄擧	×		
		방정환	京城齊洞75	天國	×		
		柳榮國	春川郡 衙洞里198	一週年	×		
		朴淳寬	開城 高麗 町貞芝村	投筆嘆	×		
		趙誠惇	尙州郡道谷	달의 同情	×		
		羅始奎	회령	平和論	×		
			仝	自我	×		
		雙赤	개성 대천서당내	○ ○(산문)	×		
		글샘	부산부 부평정3-67	나의가난	×		
		崔鶴松	城津郡 鶴中面臨溟	海坪의 一夜	×	최서해	
	가작	韓晛相	靈巖校洞里	愛友의別(율문)	×		
		洪箕疇	진남포 삼숭학교	나의생애(율문)	×		
		車用運	元山 私立 進誠女學校	외솔(운문)	×		
		朴達成	泰川郡 院面 新豊里	師弟의別(소설)	×		
		安一	昌原 郡內西面 斗尺里	無情(소설)	×		

				金仁淑	중학동 89	敬愛(산문)	×		
				ㅁㅎ生	정주군 서면 서호	立志(산문)	×	노문희	
				崔重咸	정주군 오산학교	古墓下에서(산문)	×		
				仝		벗에게(산문)	×		
				高文龍	경성 의학전문학교	病床에서(산문)	×		
				金昌浩	伊川郡 鶴鳳面事務所	青年의立志(산문)	×		
				崔鴻範	會寧郡 普通學校	薄情(소설)	×		
				全興極	北青郡 佳會面 初里	世界는青年의工場(산문)	×		
			선외가작	申瑩徹	한산	욧구경	×		
				任榮得	개성	개고리	×		
				李澤龍	마산	金君에게	×		
				金相德	정주	汽車	×		
				金麗煥	제천	勇斷	×		
				高漢承	京城	녀름	×		
				金斗植	북간도	벗에게	×		
				姜鏞訖	城津	暗示	×		
				金在漸	高原	青春	×		
				小波生	경성	시냇가	×	방정환	
				朴榮坤	迎日	밥床	×		
				金萬洙	延日	悠悠我思	×		

〈부록 3〉 신문관 (미)출판 단행본 목록

서명		저자/역자/찬자	발행년도	정가/우세	쪽수	체재 및 구성	문체	비고	출처 및 소장
小人國漂遊記*								미출판	
日文譯法(상)		저작자신문관 편집국 / 발행자 : 최창선	1909.2.1	75	339 (수표시)	범례(4) / 목차(4) / 분매처 : 경향각유명서사	국한문	저자 임규 일본에서 먼저 간행됨	『역대한국문법대계』 영인
日語初桄*								확인불가	
武士道*								확인불가	
少年口歌書類	漢陽歌	저작자공육 / 발행자 : 최창선	1908.10.15. (동년 2월 16일 인쇄)	6	14	곡보안내 / 달먹고~소년의딕택이라 / 경복궁 광화문사진3, 설명 / 뎐례말(2) / 본문사진4 (쪽수표시없음) 광고 "此書의兄弟 : 大韓沿海歌 / 京義鐵道歌 / 大韓地理歌"	순국문	『황성신문』에 언급 발행금지 (1917)	연세대
	京釜鐵道歌	저작자공육 / 발행자 : 최창선	1908.3.20	10	34 (수표시)	경부철도연로지도 / 곡됴 / (뎐례말있다는데낙장?) / 본문67 사진첨부 / "삼가이노래" / 광고 "쉬내일택세계일듀가 / 사긔노래"	순국문	발행금지 (1917)	연세대 국중
	世界一周歌	『청춘』 창간호 게재	1914.10			정가10전으로 광고	국한문	미출판	『청춘』
	사긔영가*							미출판으로 간주	
	대한연해가*							미출판으로 간주	
	경의철도가*							미출판으로 간주	
	대한지리가*							미출판으로 간주	
日本國六法全書 상법		번역자 : 박승빈 / 발행자 : 최창선 / 인쇄자 : 吉田幸吉 / 인쇄소 : 경성일보사 / 總發兌處 : 신문관	1908.10.20 印行	60	153	앞표지제목 : 商法 / 속표지제목 : 일본국상법 / 목차(7) / 정오표* "언문일치"라는 표현 씀 / 본문은 한문 훈독 의미를 한자 옆에 조선어로 표기	국한문 부속 한문	言文一致六法全書와 동일	연세대
修身要領				3		『소년』 게재 / 『산수격몽요결』 합본	국한문		
十錢叢書	썰늬버遊覽記	스위프트 / 편수자신문관편집국	1909.2	10	54	앞표지그림	순국문	소인국 / 거인국합본	연세대
	刪修擊蒙要訣		1909.3 추정	10	36 / 부록12	앞표지(동일) / 율곡의시 / 십전총서취지 / 이책내는변(공육) / 原序 / 序 : 박은식(2, 순한문) / 목차 / 본문 / 정오 부록福澤有吉 『수신요령』 (29조) / 西哲格言對照 81조	국한문	교훈류제1책 (표지) / 2단구성 /	연세대 (목용)

地球之 旣往及將來						橫山又次郎 著; 新聞館編輯局 譯 / 1冊(面數複雜) : 揷圖	국한문	『소년』 연재	이화여대
初等大韓地理總要稿本*						안종화 / 광덕서관 / 1910 → 같은 제목의 책		미확인	
대한지지*								미출판으로 간주	
외국지지*								미출판으로 간주	
태서교육사*								미출판으로 간주	
대한교육사*								미출판으로 간주	
신문관발간신소설	썰늬버 유람긔 (겹)	스위쯔트 / 편수자신문관편집국	1909.2.20	10	54	앞표지(십전총서일반) / 속표지 : 十錢叢書小說類 第一冊, 원제목 / 十錢叢書發行趣旨 / 例言(2) : 『十錢叢書』 編修人 / 알사람나라구경(30) / 왕사람나라구경(54) / 十錢叢書續刊目次 / 판권 / 광고 : 少年歌詠書類 / 소년 / 일문역법 / "民俗土宜眞學問 水光山色好文章"	순국문	십전총서 不許飜印	연세대 (한결 127)
	불샹훈 동무	본문 : 라미이원저, 최남션번역 / 저자 : 최남선, 발행자 : 최창선	1912.6.3	20/2	72	앞표지 : 제목 / 권두사진, 뒷면 : 사진설명 / 본문-장구분(8) / 발문 및 원저자 및 저작소개(4) / 판권 / 광고 : 絶倒百話	한글	不許飜印	연세대 (한결 126)
	검둥의 셜음	표지 : Harriet Beecher Stowe, 리광슈번역 / 저작자 : 李光洙, 발행자 : 최창선	1913.2.20	30/3	180	앞표지 : 제목 / 속표지 : 원제목, 원저자, 번역제목, 번역자 / 원저자사진 / 머리말(1) / 서문(4) : 최남선 / 스토우부인수젹(5) / 본문-삽화(2), 장구분(24) / 판권 / 불샹훈동무광고	한글	不許飜印	서강대
	허풍션 이모험 긔담	본문 : 뮨하우젠 / 저작발행자 : 최창선	1913.5.20	20/2	81	앞표지 / 원제목, 그림 / 서문 및 원저자소개(5) / 목록(2) / 본문-장별제목(22)삽화 / 판권 / 광고 : 불샹훈동무 · 검둥의셜음 · 만인계 / 가곡선 · 조선리언 / 舊小說之精英 : 신교옥루몽 / 절도백화 · 개권희희 · 자랑의단추 · 썰늬버유람긔	한글	不許飜印	연세대 (한결 135)
	자랑의 단추	미상 (에이미르페브르) / 저작겸발행자 : 최창선	1912.10.15	20	127	앞표지 : 그림, 뒷면 : 제목 / 권두사진 / 서문(3) / 본문 - 장구분 / 판권 / 광고 : 불샹훈동무 / 허풍션이 모험긔담 / 만인계 · 썰늬버유람긔 / 절도백화 · 개권희희	한글		『근대서지』 창간호

	만인계	엣디워어쓰부인 / 저작겸발행자 : 최창선	1912.9	20	112	앞표지그림, 작가사진, 목록(7)	한글		『신소설 전집』 영인
륙전쇼셜	심쳥젼	저작겸발행자 : 최창선	1913.9.5	6	48		한글		현실문화영인
	홍길동젼	저작겸발행자 : 최창선	1913.9.5	6			한글		
	흥부젼	저작겸발행자 : 최창선	1913.10.5	6	52		한글		연세대
	남훈태평가	저작겸발행자 : 최창선		6			한글		
	삼셜긔 (상하)	저작겸발행자 : 최창선	1913.3.10./18	6	50		한글		국립
	겨마무젼	저작겸발행자 : 최창선	1914.3.18	6	48		한글		현실문화영인
	사시남졍긔 (상하)	저작겸발행자 : 최창선	1914.7.22.(하)	6	175		한글		국립
	뎐우치젼	저작겸발행자 : 최창선	1914.7.9	6	62		한글		현실문화영인
신교 슈호지									아단문고
신교 옥루몽		편수겸발행인 : 최창선 / 발행소 : 신문관·광학서포	1913.5.3	55/4	?	권지ᄉ : 목록(5) / 중향각그림 / 일지련화상 / 삽입시의 경우 한시 /	순한글	총 卷四 판형특이	연세대 국중
開卷嬉嬉		저작겸발행자 : 최창선 / 본문 "偶丁居士談"	1912.8.20	10	88	앞표지그림 / 題卷首(2) / 목록(100/5) / "忘字記聲(대화)" / 우금의너(공육/2)	국한문		연세대
絶倒百話		판권낙장 → 확인요 본문 "圓石散人輯"			64	앞표지그림 / 題卷首(2) / 목록(100/5) / 옷음에관한 경구4 / 局局道人(발문/5)	국한문	광문회동시 발행사실 - 확인요	연세대
基督教의 青年		저작자 : 김창제 / 발행자 : 민준호, 최창선	1914.4.1	20/2	94	序 : 이상재(3) / 序言 : 김창제(2) / 목차(제7장)	국한문		연세대
高等漢文讀本		저작자 : 박은식 / 발행인 : 최창선 /	1910.9.30	30	113	목차(4) / 총56과 (쪽수표시 목차에만있음) / 발매처 : 경향각유명서포	순한문		『박은식 전집』
朝鮮俚諺		본문 : 최원식韓解 / 저작발행자 : 최원식 / 발행자 : 최창선	1913.4.1	30/4	260	題朝鮮俚諺(4) / 검색(2 / 색인 : 10)	한자약간섞인 한글	십전총서 크기	서울대
歌曲選		南岳主人撰訂 / 편수겸발행인 : 최창선	1913.6.5	30/4	106	겉표지(광문회와동일) / 속표지 : 남악주인선정·경성신문관 / 序(2) / 例言(2) / 목록(2) / 본문 검색(1~4) 작가 검색(5~8)	한자약간섞인 한글	발행처 : 광학서포	건국대
三一神誥		편수겸발행인 : 김교헌	1912.4.7	10	8장?	앞표지 : 孫鵬九敬籤 / 속표지없음 / 序(1장)??? / 御製三一神誥贊 / 본문(5장) / 독법 / 奉藏記 / 字解 / 발행처 : 대종교본사 / 인쇄인 : 최성우 / 인쇄소 : 신문관인쇄국 / 발매처 : 조선서관	순한문 도표		연세대 (목용)

<table>
<tr><td colspan="2">神檀實記</td><td>편수발행자 김교헌</td><td>1914.2.20</td><td>(40전)</td><td>52장</td><td>목록(2)/발행소 : 대종교 본사 / 발매소 : 신문관 / *판권에는 가격표시 없으나 김윤경본에는 40전이라고 표시</td><td>국한문</td><td>김윤경같은 책을 여러권 소장</td><td>연세대</td></tr>
<tr><td colspan="2">古本春香傳</td><td>편수겸발행인 : 최창선</td><td>1913.12.20</td><td>50
우세6</td><td>240</td><td>서 : 南岳主人(2) / 광고 : 옥루몽, 수호지, 육전소설, 가곡선</td><td>한글/
부속
한문</td><td>광학서포
(발매소)</td><td>연세대</td></tr>
<tr><td colspan="2">이약이주머니</td><td>광고 참고해서 작성</td><td></td><td></td><td></td><td></td><td></td><td></td><td>미확인</td></tr>
<tr><td colspan="2">李忠武公全書</td><td>편수겸발행인 : 최남선</td><td>1918.12.15</td><td>2원20/
우세8</td><td>440</td><td>속표지(內閣裒輯 / 乙卯活印) / 重刊叙 : 최남선 / 綸音(4) / 御製(6) / 총목(4) / 卷上목록(8) / 卷下목록(6)</td><td>순한문</td><td>상194
하246
重刊</td><td>연세대</td></tr>
<tr><td colspan="2">備音時體尺牘</td><td>박문서관본으로
광고됨 → 청춘10호</td><td>영인2/569</td><td></td><td></td><td>박문서관과 발행권을 공유했을 가능성 → 원문 확인 및 다른 케이스 모색</td><td></td><td></td><td>미확인</td></tr>
<tr><td colspan="2">말의 소리</td><td>저작겸발행자 : 주시경 / 발행자 : 최창선</td><td>1914.4.13</td><td>40
우세2</td><td>별도
표시
(63)</td><td>앞표지(인쇄활자 아닌 듯?) / 속표지 / 말의소리(본문 : ㄱ~ㄴㅁ) / 부(ㄱ~ㅁ) / 말의소리㚒ㅅ(ㄱ~ㄴ) / 우리글의가로쓰는익힘</td><td>순한글
(예문 :
한자)</td><td>쪽수표기방
식특이</td><td>연세대</td></tr>
<tr><td rowspan="3">일본
어학
총서</td><td>日本語
學音語
篇(겹겹)</td><td>저자 : 임규/
발행자 : 최창선</td><td>1912.7.1</td><td>1원
40전</td><td>591</td><td>例言(5) / 목차(1편字·音 / 2편言語 / 3편會話 / 4)</td><td>대화
한글
번역</td><td></td><td>『역대한
국문법
대계』
영인</td></tr>
<tr><td>日本
語學文
典篇</td><td>저자 : 임규/
발행자 : 최창선</td><td>1912.4.1</td><td>65</td><td>186</td><td>緖言(2) / 목차(12장/3) / 오십음도 / 林圭著 일본어학총서5권광고(일본어학作文篇 / 體用篇 / 俗語篇 : 將刊)</td><td></td><td></td><td>『역대한
국문법
대계』
영인</td></tr>
<tr><td>日本
語學書
翰篇</td><td></td><td></td><td></td><td></td><td></td><td></td><td>미확인</td><td>아단
문고</td></tr>
<tr><td>조
선
광
문
회
본</td><td>燃藜室
記述</td><td>朝鮮光文會發刊/
完山李肯翊編/
慶州金敎獻訂/
편수겸발행인 : 최남선</td><td>1912.5.31./
1912.8.25./
1913.1.30./
1913.6.5./1
913.10.25./
1914.3.19./
1914.9.1./1
915.4.5</td><td>80
우세6
→
八 책은
60으로
고쳐져
있음</td><td>총8
각권
별도
표시</td><td>앞표지(광문회일반)/속표지:鼎嶠翁(?)/해제:寫本無限定 李範世寄本 /義例(4)/一冊목차(4)/정오표/二冊목차(6)/정오표/三冊목차(4)/四冊목차(4)/五冊(2)목차/정오표/六冊목차(4)/七冊목차(2)/정오표/八冊목차(2) 권一 : 78二 : 54三 : 72四 : 100五 : 52六 : 138七 : 64八 : 72九 : 86十 : 84十一 : 62十二 : 52十三 : 66 十四 : 72十五 : 76十六 : 64十七 : 126十八 : 130十九 : 50二十 : 88卄一 : 82卄二 : 56卄三 : 62卄四 : 58</td><td>李範
世藏本
新文版</td><td></td><td>연세대</td></tr>
</table>

조선광문회본	燃藜室記述別集	朝鮮光文會發刊 / 完山李肯翊編 / 慶州金敎獻 / 편수겸발행인 : 최남선	1912.11.15. / 1914.4.25. /1914.6.15	60/6 (1)/4 (2·3)	총3각권 별도 표시	앞표지(광문회일반) / 속표지 : 卞鍾獻 / 一冊 목차(2) / 본문 / 정오표 / 二冊목차(2) / 정오표 / 三冊목차(4) / 정오표 권一 : 60二 : 52三 : 56四 : 78五 : 90六 : 56七 : 66八 : 58九 : 90十 : 36	具滋旭 藏本 新文版		
	海東名將傳	朝鮮光文會重刊/豐山 洪良浩編 / 저작겸발행인 : 최남선	1911.11.25	50/	별도 표시	앞표지(인쇄용아님?) / 속표지 : 原題縮寫 / 活印本三冊, 洪承敎寄本 / 原本樣子 / 序(2)洪良浩 / 목차(4) 권一 : 26二 : 20三 : 20四 : 26五 : 26六 : 26	洪承敎 藏本 新文版		
	三國史記	朝鮮光文會重刊 / 저작겸발행인 : 최남선	1914.7.20	80/	별도 표시	앞표지 / 해제(2) : 原活印本十冊 金敎獻寄本 / 표(2) / 官員() / 목록(12) / 권一~권五十 / 跋(1) : 金居斗 / 重刊官員(1) / 정오표망실된 듯(김윤경이 오자를 고치고 있음) 총 권五十	新文版 金敎獻 藏本	조선고서간행회(1909)	연세대 (한결 607)
	東國通鑑	朝鮮光文會重刊/편수겸발행인:최남선	1-1911.8.15. / 2-9.26 / 3-9.26 / 4-11.28 / 5-12.31 / 6-11.28	80우세 6/5-90	총6각권 별도 표시	앞표지(광문회일반) / 속표지 : ? / 進東國通鑑箋(6) / 序(4) : ? / 범례(2) / 목록(8) / 一冊목차(4) 東國兵鑑外記(6) / 一冊20·18·26·22·44·28·20·18·18 / 二冊목차(2) 22·26·30·20·24·24·26·28·20·22 / 三冊목차(2) 22·20·20·20·20·16·22·24·18 / 정오표 / 四冊목차(2) 18·22·24·24·20·20·16·16·22·20·18 / 정오 / 五冊(2) 18·22·22·24·22·18·24·28·30 / 六冊목차(2) : 24·28·26·28·36·28·18·36	新文版 崔南善 藏本	一冊 : 권1~9 二冊 : 10~19 三冊 : 20~28 四冊 : 29~39 五冊 : 40~48 六冊 : 49~56	연세대 (탁사/노산/서여/한결문고)
	黨議通略	朝鮮光文會發刊 / 完山李建昌鳳藻著 / 편수겸발행인 : 최남선	1912.11.15	40우세 4	106	앞표지(광문회일반) / 속표지 : 현채 / 원사본 이책, 李建芳寄本 / 自序(2) / 목차(2) / 跋 : 再從弟建芳(2) / 정오표	순한문 新文版		연세대
	海東繹史	朝鮮光文會發刊 / 洌水韓致奫述 /	1912.4.13. / 6.15 / 8.25 / 9.30 / 1913.6.30	각권80 우세6	총5각권 별도 표시	앞표지? / 속표지 : 孤雲崔致遠 / 序(2) : 柳得恭 / 引用書目(18) / 總目(10) / 一冊부터 목차 / 본문 / 정오 / 판권一冊 : 제16二冊 : 제29三冊 : 제41四冊 : 제56五冊 : 제70	新文版 崔南善 藏本	一冊 : 제16 二冊 : 제29 三冊 : 제41 四冊 : 제56 五冊 : 제70	연세대
	海東繹史續	洌水韓鎭書輯	1912.8.17	1원우 세6	별도 표시	표지없음(확인요) / 海東繹史地理考識(2) : 韓鎭書 / 목록(2)	新文版 崔南善 藏本	표지없음 →확인요	연세대

	陸卿圖								
조선광문회본	棋譜	朝鮮光文會發刊 / 편수겸발행인 : 최남선	1912.8.25	45우세 6	127	앞표지(손글씨?) / 속표지 : 오세창 / 序(3) / 枰例(1) / 목차(8) /	閔衡植藏本		연세대 (한결 704)
	其人備官	청춘14호 부록							
	山經表	撰者未考 / 편수겸발행인 : 최남선	1913.2.28	30우세 2	102	앞표지(광문회일반) / 속표지 : 金丙鍊 / 사본일책本會藏本	新文版 崔誠愚藏本		연세대
	擇里志	朝鮮光文會發刊 / 青華山人撰 / 後學崔南善校 / 편수겸발행인 : 최남선	1912.6.15	30우세 4	80	앞표지(광문회일반) / 속표지 : 유근 / 원사본일책, 閔濟鎬寄本 / 序(2) : 鄭彦(?) / 목록(2)	新文版		연세대
	新字典	편집겸발행자: 최남선/ (표지)조선광문회편찬	1915.12.5. (초판) 1928.11.5. (5판)	2원50 우세14	별도 표시	序 : 유근(2/순한문) / 叙 : 최남선(6) / 例(2) / 부수목록(2) / 檢字(22획/4) → 초판 찾아서 확인할 것 인쇄자 : 심우택 / 인쇄소 : 대동인쇄주식회사 / 발행급발매소 : 신문관, 박문서관, 신구서림 (→5판상황)	그림	권一 : 52 권二 : 67 권三 : 68 권四 : 56	국중 연세대
	東詩精選	河曲吳錫龍編纂 / 편집겸발행자: 田炳圭 / 발행소 : 芸香書樓 *신문관은 인쇄만함	1917.5.25	60	별도 표시	앞표지 / 속표지 / 芸香書樓목각(?) / 弁言(1장) / 卷上목록(10장) / 卷下목록(10장) / 補遺목록(2장) / 판권 / 芸香書樓書目	노루지본	上 : 33장 下 : 31장 補遺 : 6장	연세대
	大東詩選	저작겸편집인 : 장지연	1918.2.9	3원26 /8	별도 표시	전오책(판권지상) - 권수마다 판권지가 있는 것이 아니라 한권에만 있음		광학서포 (발행처)	
朝鮮佛教通史		이능화輯述 · 최남선校閱 / 판권?	하권 조사		별도 표시	앞표지 : 金敦熙題 (불기 2945) / 示諸子孫 / 序 : 佐美勝夫(조선총독부학부장관1917.3) / 序 : 惠勤 / 自序 / 범례(4) / 상편목차(8) / 人名略目상편(12) / 중편목차(4)	순한문	3권2책상 : 674중 : 378하 :	연세대
朝鮮佛教略史		退耕相老編纂 / 편집겸발행자 : 권상로	1917.8.20	1원	328	표지 : / 序(2) : 編者小識 / 범례(2) / 要目(18) / 上(90) 中(170)下(256)부록1宗要(284)2祖系(302)3人名考(316)4國系(328) / 정오표			
조선말본		작자자 : 金科奉 / 발행자 : 최창선	1916.4.13	50	217(?)	머리말(2) / 알기(~ㅂ/2) / 벼리(6)	한글	깁더조선말본(재판)	연세대
禪學入門		본문 : 月窓居士金大鉉述 / 伊齋居士校	?	?	상 : 양면33/하49	앞표지 : 撰集 / 신문관藏版 / 序(3) / 범례(3) / 목록(5) / 跋 : 門鼎鎬(3) / 書後 : 吳徹浩(3) / 跋 : 최남선(1) / 정오표	순한문	판권낙장 연활자	연세대

<table>
<tr><td colspan="2">洪景來實記</td><td>저작겸발행인 : 최창선 / 표지 : 南岳主人撰</td><td>1917.7.10.
(초판)</td><td>45/우세4</td><td>128</td><td>공고(홍경군고증문서및구비전설녹송) / 序(8) / 총17회 / 발행소 : 신문관·광학서포 / 광고(슈호지, 갓쥬사, 시하호평서류)</td><td>순한글
(부속 한자)</td><td>1918.715
(재판)</td><td>연세대</td></tr>
<tr><td colspan="2">偉人元曉</td><td>저작겸발행자 : 張道斌 / 발행자 : 최창선</td><td>1917.9.17</td><td>20</td><td>64</td><td>원효의문구2구절 / 목차(서언-5장-결론)</td><td>국한문</td><td>수양총서
제일권</td><td>연세대</td></tr>
<tr><td colspan="2">偉人링컨</td><td></td><td></td><td></td><td></td><td></td><td></td><td></td><td>동국대</td></tr>
<tr><td colspan="2">雲養集</td><td></td><td></td><td></td><td></td><td></td><td></td><td></td><td>미확인</td></tr>
<tr><td colspan="2">불교대전</td><td>편찬겸발행자 : 한용운
(경북동래군범어사)</td><td>1914.4.30</td><td>특상제 1원10/ 순양장 85전/ 우세8</td><td>800</td><td>표지 : 集金生書 / 서문(2) / 범례(2) / 목록(21) / 목차(8) - 총20장 / 책크기 : 채근담이랑 같은 크기 및 체재인 듯/
- 판권지 인쇄소 : 대동인쇄소 / 인쇄자 : 김홍규 / 발행소 : 범어사 / 발매소 : 조선선종중앙포교당, 광학서포</td><td>국한
혼용</td><td>신문관은 이 판본을 중간 혹은 재간한 것으로 판단됨</td><td></td></tr>
<tr><td colspan="2">精選講義菜根譚</td><td>明洪應明著
朝鮮韓龍雲講義 /
저작겸발행 : 한용운</td><td>1917.4.4</td><td>34우세
4</td><td>276</td><td>앞표지 / 叙言(2) : 石顚山人(박한영) / 序(2) / 범례(2) / 본문구성修省(26) 應酬(62) 評議(80) 閒適(96) 概論(276) / 광고 : 韓龍雲著『불교대전』, 『조선불교유신론』 / 신자전 / "신문관발간 신소설" 불상한동무 · 검둥의설움 · 만인계</td><td>原文-
讀-講
형식</td><td>동일본이 동양서원서 발행</td><td>국중</td></tr>
<tr><td colspan="2">自助論(상)</td><td>저작자 : 최남선 /
발행자 : 최창선</td><td>1918.4.28</td><td>65</td><td>256</td><td>서 : 최남선(4) / 初版 및 再版原序(5) / 譯自助論 叙言數則(5) / 少年讀者 에게十條(3) / 총목(제13장) / 상권세목 (제6장/5)</td><td>국한문</td><td>광학서포
(총발행소)</td><td>연세대</td></tr>
<tr><td colspan="2">朝鮮料理製法</td><td>저작자 : 방신영 /
발행인 : 최창선</td><td>1917.7.28.
/1908.9.28.
(재판)</td><td>40우세
4</td><td>115</td><td>앞표지그림 / 서문 : 리용?(2) / 목록(6) / 장구분 없이 소제목(박스)</td><td>한글</td><td>재판</td><td>연세대</td></tr>
<tr><td colspan="2">笑天笑地</td><td>본문 : 長春道人輯 /
저작발행자 : 최창선 /</td><td>1918.3.21</td><td>30</td><td>80</td><td>앞표지그림 / 題卷首(4) /</td><td>국한문</td><td></td><td>연세대</td></tr>
<tr><td rowspan="2">時文
讀本</td><td>一二
합편</td><td>편찬겸발행자 : 최창선 / 최남선찬(표지)</td><td>1916.1.15</td><td>30</td><td>별도
표시</td><td>서 : 한샘(순한글) / 例言5 · ㄱㄴㄷ / 목차(2) / 권一70 / 권 二73</td><td>각문체</td><td>각32과
•미광고</td><td>개인
소장</td></tr>
<tr><td>訂正
합편</td><td>편찬겸발행자 : 최창선 / 최남선찬(표지)</td><td>1918.4.15./
11.5(3판)</td><td>75/6</td><td>276</td><td>서(동일) / 例言5(변경) / 목차(4)</td><td>각문체</td><td>권四각30과
(戊午再版)</td><td>이대</td></tr>
<tr><td colspan="2">무정</td><td>저작겸발행자 : 최창선 / 춘원(표지)</td><td>1918.7.20</td><td>1원20
/12</td><td>623</td><td>표지(디자인) / 서문(4) : 한샘</td><td>순한글</td><td></td><td>태영사
영인</td></tr>
<tr><td colspan="2">무궁화(상하)</td><td>저작겸발행자 : 최창선 / 하몽이상협작(표지)</td><td>1918.2.5</td><td>50/4</td><td>175/182</td><td>앞표지그림(상하매일신보 삽화) / 장구분 없이 소제목(박스처리)</td><td>한글</td><td></td><td>국중</td></tr>
<tr><td colspan="2">갓츄사애
화해당화</td><td>저작겸발행자 : 최창선 / 광고 : 박현환역</td><td>1918.4.25</td><td>40</td><td>134</td><td>앞표지(그림?) / 서 : 육당학인</td><td>한글</td><td>광학서포
(총발행소)</td><td>『신소설
전집』
영인</td></tr>
</table>

개척자*	저작겸발행인 : 조연교	1922.12.20. (초판)	1원10	240	인쇄소 : 홍문당 / 인쇄자 : 장순원 / 판매소 : 박문서관, 광동서국 (3판확인)		미출판 / 홍문당서점 (1922)	
정부원*	저작겸발행인 : 최창선 / 발행자 : 노익형	1925.9.30	2원		겉표지 : 이상협저 / 인쇄소 : 신문관 / 인쇄자 : 김익수 / 발행처 / 박문서관 / 발매소 : 신구서림 : 저작권과 발행권리의 분리 사례		미출판	서울대
산중화*							미출판	
袖珍自習尺度	장도식 찬	1918.?	25/2		광고 : 영인3/648참조		미확인	
實用作文法	박문서관본으로 광고됨 → 청춘10호	영인2/569			박문서관과 발행권을 공유했을 가능성 → 원문확인 및 다른 케이스 모색			국중
作文大方	영창서관							
惜字如意寶錄	편집자 : 지석영 / 발행자 : 최창선	1912.5.17	30	별도 표시	序 / 原序 / 例言 / 附牘(10) / 應驗記(10) / 목차(38) / 본문(卷一54, 卷二52, 卷三40, 卷四40, 卷五24, 卷六30) / 발문 : 지운영(3) / 정오표	순한글	비매품표시	연세대
燕巖外集 熱河日記	편수겸발행인 : 최남선	1912.2.9	90/6	246	열하일기원사본(정보) / 목차(3) / 발행소 : 조선광문회 / 發售處 : 신문관	한문	兪鎭哲藏本	국중
林忠愍公實紀	편수겸발행인 : 최남선	1913.6.30	40/4	106	林忠愍公實紀印本(정보) / 序 : 李弼鎔 / 목록(卷之八 / 2) 발행소 : 조선광문회 / 發售處 : 신문관	한문	閔奎植寄本	국중
大東韻府群玉	朝鮮光文會重刊 / 權文海撰 / 편수겸발행인 : 최남선	1913.9.7. / 1914.1.20. / 1914.9.20	각권80 - 6·4 (2, 3)	각권 별도 표시	앞표지? / 속표지 : 훈몽자회와 같은사람 / 序(2) : 丁範祖 / 범례(4) / 目錄 및 類目(2) / 纂輯書籍(6) / 2책목차(2) - 卷之四·五·六 / 정오표 // 3책목차(2) - 卷之七·八·九 / 정오표	新文版 朝鮮光 文會 藏本	卷之一 : 44 卷之二 : 78 卷之三 : 74 卷之四 : 88 卷之五 : 72 卷之六 : 80 卷之七 : 66 卷之八 : 74 卷之九 : 70	연세대
中京誌	朝鮮光文會發刊 / 편수겸발행인 : 최남선	1914.3.5./ 1914.10.30	1:75-4 / 2:60-4	각권 별도 표시	앞표지(광문회일반)1~6권 / 속표지 : 金敦熙글씨 / 中京舊誌序跋(18) : 金堉 외11인 / 범례(4) / 목록(2) / 지도및설명(2) / 정오표 //2책 : 앞표지(광문회일반) 7~10권	新文版 李冕儀 藏本	卷之一 : 32 卷之二 : 22 卷之三 : 14 卷之四 : 54 卷之五 : 54 卷之六 : 24 卷之七 : 50 卷之八 : 56 卷之九 : 22 卷之十 : 22	연세대
尙書補傳	豐山洪奭周著 / 安東金鶴鎭校 / 편수겸발행인 : 최남선	1913.2.28	30/4	별도 표시	앞표지(광문회일반) / 속표지 : 金敦熙글씨 / 解題 : 사본삼책, 金鶴鎭寄本 / 序(2) : 金鶴鎭 / 목차(2) / 정오표	新文版 金鶴鎭 藏本	1책:50 2책:24 3책:38	연세대

訓蒙字會	朝鮮光文會重刊 / 편수겸발행인 : 최남선	1913.1.25	90/6	별도 표시	앞표지(광문회일반) / 속표지 : 못읽겠음 / 訓蒙字會引(2장) / 범례(4장) / 목록(2) / 再刊例(4장) : 주시경		상권 : 35장 중권 : 35장 하권 : 35장	연세대
雅言覺非	洌水丁鏞談(정약용) / 편수겸발행인 : 최남선	1912.2.29	40/4	별도 표시	앞표지(광문회일반) / 속표지 : 金敎熙글씨 / 解題 : 원사본일책, 丁奎英寄本 / 小引 / 목록(4) / 題雅言覺非後(6) : 淵泉(홍석주) : 정오표	新文版 丁奎英 藏本	卷之一:43 卷之二:30 卷之三:30	연세대
海東續小學	朝鮮光文會重刊/密城 朴在馨纂輯/	1912.4.13	60/6	별도 표시	앞표지(광문회일반) / 속표지 : 鄭丙朝 / 解題 : 木版本二冊, 李圭鳳寄本 / 小學圖(2) / 인용서책목록(2) / 목록(2) / 정오표)初) /	李圭鳳 藏本/ 新文版	卷之一 : 12 卷之二 : 20 卷之三 : 16 卷之四 : 30 卷之五 : 32 卷之六 : 84	연세대
東國歲時記 洌陽歲時記 京都雜志 合編	조선광문회발간 / 東國歲時記 : 陶厓洪錫謨敬數編, 崔誠愚校 / 洌陽歲時記 : 安東金邁淳撰, 坡平尹稷閱, 韓成潤校 / 京都雜志 : 儒州柳得恭惠甫撰,	1911.7.20	歲時記 三種45 /4	각권 별도 표시	앞표지(광문회일반) / 속표지 : 金奭準 / 解題 : 東國歲時記 原寫本壹冊 洪承敎寄本, 洌陽歲時記 原寫本壹冊 朴殷植寄本, 京都雜志 原寫本壹冊 本會藏本 / 東國歲時記序(2) : 李子有 / 목록(2) / 洌陽歲時記 목록(2) / 京都雜志목록(2)	洪承敎 藏本 / 朴殷植 藏本 / 朝鮮光文會藏本 / 新文版	東國歲時記 : 52 洌陽歲時記 : 20 京都雜志 : 30 (卷之一二)	연세대 (한결)
道理表	朝鮮光文會發刊 / 撰者未考 / 편수겸발행인 : 최남선	1912.6.25	30/2	94	앞표지(광문회일반) / 속표지 : 金丙鍊 / 解題 : 寫本全一冊, 本會藏本 / 목차(2) / 距京程里表(22) / 道郡相距表(94)	朝鮮光 文會 藏本 / 新文版		
東京雜記	朝鮮光文會發刊 / 편수겸발행인 : 최남선	1913.12.27	50/4	별도 표시	앞표지(광문회일반) / 속표지 : 金敎獻 / 解題 : 印本全三冊, 洪命憙寄本 / 목차(2) / 刊誤(18)	洪命憙 藏本 / 新文版	卷之一 : 40 卷之二 : 42 卷之三 : 36	
東國兵鑑	朝鮮光文會重刊 / 편수겸발행인 : 최남선	1911.7.20	75/4	별도 표시	앞표지(광문회일반) / 속표지 : 丁奎喬 / 原本樣子(상·하권 : 2) / 朝鮮叢書要解 崔南善識(2) / 목록(2)	閔濬鎬 寄本 / 新文版	卷上 : 78 卷下 : 88	연세대 (한결 702)
經世遺表	朝鮮光文會發刊 / 편수겸발행인 : 최남선	1914.10.10	60/4	별도 표시	앞표지(광문회일반) / 속표지 : 김돈희 / 邦禮艸本序(4) : 이건방 / 邦禮艸本引(6) / 목차(4) / 朝鮮叢書要解 崔南善識(2) / 목록(2)	朝鮮光 文會 藏本 / 新文版		연세대 (한결 708)
京城記略	편집겸발행자 : 이중화	1918.11.7	70/4	206	敍言(3) / 범례(1) / 인용서목(1) / 목차(3) / 본문卷六 / 광고(시문독본) / 정오표 / 발매소 : 박문서관·동양서원	국한문	공도연재물	연세대
現今朝鮮文典	저작자 : 이규영 / 발행자 : 최창선	1920.7.12	50	83	머리에쏨(한별) / 목차(2)	한글	유고	연세대

현토주해 격몽요결	판권						판권누락	
朝鮮都府郡面町 改正區域表	편집겸발행자 : 金翼熙	1914.7.15	70전	별도 표시	앞표지 : 朝鮮道府郡要覽 / 속표지 "附발法院管轄區域表 / 위치관할구역표(20) / 各府町洞구역개정표(16) / 各郡面名稱구역표(112) / 총독부재판소명칭위치及관할구역표(4) / 발행소 : 신문관 / 분매소: 경향각서포	한문	총독부행정 통치자료로 간주됨 / 목록미수록	연세대
萬善同歸集	편집겸발행자 : 최창선	1919.4.14	비매품			한문 (복각?)	목록미수록	국중
覺世寶鑑	巴雲李鎰著 / 金擎雲校 / 저자겸발행자: 최창선	1919.11.3	정가 표시 없음	69장	海美休巖첨판 / 讚頌文 : 金聲根讚 /	순한문	목록미수록	연세대
兒庵集	蓮坡堂惠藏大師撰 / 편집겸발행자 : 申鏡虛	1920.8.5	정가 표시 없음	별도 표시	신문관첨판 / 序 : 呂圭亨(2장) / 卷之一(15장) / 卷之二(17장) / 卷之三(16장) / 부록(5장) : 紫霞山人丁鏞撰 / 蓮坡老師遺集跋(2장)	순한문	소요당집과 체재유사 목록미수록	연세대
逍遙堂集	逍遙道人太能著 / 편집겸발행자 : 申鏡虛	1920.8.5	정가 표시 없음	별도 표시	신문관첨판 / 정오표 / 重刊序 : 呂圭亨(2장) / 逍遙大師詩集序 : 丁範祖譔(2장) / 序 : 李輪祥(2장) / 본문(37장) / 行狀(2장) : 猊雲惠勤 / 碑銘 : 李景奭 / 像贊 : 柳士衡題 / 跋 : 李勉輝	순한문	목록미수록	연세대 (묵용)

참고문헌

1. 국내 자료

【신문 및 잡지】

『독립신문』, 『황성신문』, 『제국신문』, 『대한매일신보』, 『해조신문』, 『신한민보』, 『국민신보』, 『대한민보』, 『권업신문』, 『매일신보』, 『동아일보』, 『시대일보』, 『조선일보』, 『조선총독부 관보』, 『대한학회월보』, 『대한유학생회학보』, 『태극학보』, 『서우』, 『기호흥학회월보』, 『대한자강회월보』, 『호남학보』, 『조양보』, 『소년한반도』, 『야뢰』, 『가뎡잡지』, 『녀자지남』, 『장학보』, 『대도』, 『태평양잡지』, 『소년』, 『붉은져고리』, 『아이들보이』, 『새별』, 『청춘』, 『신문세계』, 『신문계』, 『반도시론』, 『우리의가뎡』, 『태서문예신보』, 『근대사조』, 『학지광』, 『여자계』, 『유심』, 『창조』, 『현대』, 『삼광』, 『개벽』, 『조선문단』, 『동명』, 『계명』, 『아성』, 『공제』, 『생장』, 『삼천리』, 『괴기』, 『중앙교우회보』, 『동광』, 『정음』, 『한글』, 『문장』, 『별건곤』, 『조광』, 『현대문학』, 『새벽』.

【전집·문집·자료집·사전】

고려대학교 아세아문제연구소 편, 『藏書目錄 Ⅲ. 六堂文庫』, 고려대 출판부, 1974.
구자황・문혜윤 편, 『근대독본총서』 1・2・3, 경진, 2009.
국사편찬위원회 편, 『한민족독립운동사자료집 : 105人事件 公判始末書』, 1986.
『개화기 문학 신소설 전집』, 계명문화사, 1987.
계훈모, 『한국언론연표』 Ⅰ・Ⅱ・Ⅲ, 관훈클럽, 1979.
『기당(幾堂) 현상윤 전집』, 나남, 2008.
『김동인전집』, 조선일보사, 1988.
김민수 편, 『주시경전서』, 탑출판사, 1992.
김민수・하동호・고영근 편, 『역대한국문법대계』, 탑출판사, 1977.
단재신채호전집편찬위원회, 『단재신채호전집』, 독립기념관 한국독립운동사연구소, 2007.
박강수 편, 『안서김억전집』, 한국문화사, 1987.
배재100년사편찬위원회, 『배재백년사』, 재단법인 배제학당, 1989.

백암박은식선생전집편찬위원회 편, 『백암박은식전집』, 동방미디어, 2002.
『백낙준전집』, 연세대학교 출판부, 1995.
보성80년사 편찬위원회, 『普成80年史』, 학교법인 동성학원, 1986.
송병기 외 편저, 『한말근대법령자료집』, 대한민국 국회도서관, 1971.
『식민지조선교육정책사료집성』, 대학서원, 1990.
『신소설 · 번안(역)소설 전집』, 아세아문화사, 1978.
『역사 · 전기소설 전집』, 아세아문화사, 1979.
오산중 · 고등학교 편, 『오산팔십년사』, 오산중 · 고등학교, 1897.
육당전집편찬위원회 편, 『육당 최남선 전집』, 현암사, 1973~1974.
『육당 최남선 전집』, 역락, 2003.
『이광수전집』, 삼중당, 1963[재판 1966].
이기문 편, 『주시경전집』, 아세아문화사, 1976.
이동진 편역, 『세계의 명언』 상하, 해누리, 2007.
이병도 외역, 『국역 연려실기술』, 민족문화문고간행회, 1966[중판 1985].
『장지연전서』, 단국대학동양학연구소, 1983.
『재외동포사총서』, 국사편찬위원회, 2005.
정교, 『대한계년사』, 조광 편, 소명, 2004.
정명기 편저, 『한국재담자료집성』 1 · 2 · 3, 보고사, 2009.
중앙백년사 편찬위원회 편, 『중앙백년사』, 중앙교우회, 2008.
『친일인명사전』, 민족문제연구소, 2009.
『한국개화기교과서총서』, 동아일보사, 1977.
『한국민족문화대백과사전』, 정신문화연구원, 1991.
홍정선 편, 『김팔봉문학전집』, 문학과지성사, 1998.
황현, 『매천야록』, 임형택 외역, 문학과지성사, 2005.
해외의 한국독립운동사료(33) 미주편⑨ : 장인환 전명운의 샌프란시스코의거 자료집』, 국가보훈처, 2008.
『현진건문학전집』, 국학자료원, 2004.
휘문칠십년사 편찬위원회, 『徽文七十年史』, 휘문중 · 고등학교, 1976.

【단행본】

공육, 『경부텰도노래』, 신문관, 1908.
____, 『한양노래』, 신문관, 1908.

공육 편, 『地球之旣往及將來』, 신문관, 1909.
『교과용도서일람』, 조선총독부, 1917.
김두봉, 『조선말본』, 신문관, 1916.
______, 『깁더조선말본』, 상해 : 새글집, 발행연도 미상[1922].
김상기, 『조선속담』, 동양서원, 1922.
김창제, 『기독교의 청년』, 신문관, 1914.
남악주인, 『가곡선』, 신문관, 1913.
________, 『홍경래실기』, 신문관, 1917.
리광수 역, 『검둥의 셜음』, 신문관, 1913.
박은식, 『(한글주해) 王陽明先生實記』, 최재목, 김용구 譯註, 선인, 2011.
박승빈 역, 『日本國商法』, 신문관, 1908.
박진영 편, 『신문관 번역소설집』, 소명, 2010.
박현환 역, 『해당화』, 신문관, 1918.
방신영 찬, 『조선요리제법』, 신문관, 1917[재판, 1918].
변영로, 『註解수주수상록』, 민충환 엮음, 수주문학상운영위원회, 산과들, 2009.
『산수격몽요결』, 신문관, 1909.
『삼셜긔』, 『심쳥젼』, 『뎐우치젼』, 『져마무젼』, 『흥부젼』, 『샤시남졍긔』 하, 신문관, 1913.
『신교옥루몽』(권일), 신문관, 1913.
신문관편집국, 『썰늬버유람긔』, 신문관, 1909.
___________, 『일문역법』, 신문관, 1909.
우정거사, 『개권희희』, 신문관, 1912.
원석산인, 『절도백화』, 신문관, 1912.
이규영, 『현금조선문전』, 신문관, 1920.
이상협, 『무궁화』 상 · 하, 신문관, 1918.
이주영 편, 『륙젼쇼셜-심쳥젼 · 뎐우치젼 · 져마무젼』, 현실문화, 2007.
이태준, 『사상의 월야』, 깊은샘, 1996.
임규, 『일본어학문전편』, 신문관, 1912.
____, 『일본어학음 · 어편』, 신문관, 1912.
____, 『국역 북산산고』, 정후수 역, 깊은샘, 2004.
장도빈, 『위인원효』, 신문관, 1917.
______, 『위인린컨』, 백산서원, 1917.

장춘도인, 『笑天笑地』, 신문관, 1918.
________, 『소천소지』, 서대석 옮김, 박문사, 2013.
「朝鮮光文會告白」(조선광문회, 발행연도 미상).
조선광문회 편, 『신자전』, 신문관, 1915[5판, 1928].
「(朝鮮光文會)會告」(조선광문회, 발행연도 미상).
조선총독부 편, 『高等習字帖』 상·하, 조선총독부, 1913.
주시경, 『말의 소리』, 신문관, 1914.
최남선 역, 『불상ᄒᆞᆫ 동무』, 신문관, 1912.
최남선 찬, 『시문독본』, 신문관, 1916.
________, 『시문독본』, 신문관, 1918[정정합편].
________, 『자조론』 상, 신문관, 1918.
최남선 편, 『고본츈향젼』, 신문관, 1913.
최원식, 『조선리언』, 신문관, 1913.
『허풍션이 모험긔담』, 신문관, 1913.

2. 국내 논저

강명관, 「근대계몽기 출판운동과 그 역사적 의의」, 『민족문학사연구』 14호, 민족문학사연구소, 1999.
강영주, 『벽초 홍명희 연구』, 창비, 1999.
강진모, 「『고본춘향전』의 성립과 그에 따른 고소설의 위상 변화」, 연세대 석사논문, 2003.
강현조, 「한국 근대초기 번역·번안소설의 중국·일본문학 수용 양상 연구」, 『현대문학의 연구』 46호, 한국문학연구학회, 2012.
고영근, 「'한글'의 작명부는 누구일까 : 이종일·최남선 소작설과 관련하여」, 『새국어생활』 13권 1호, 국립국어연구원, 2003.
고은지, 「20세기 '대중 오락'으로 새로 태어난 '야담'의 실체」, 『정신문화연구』 31권 제1호, 한국학중앙연구원, 2008.
고정일, 『애국작법-新文館 崔南善·講談社 野間淸治』, 동서문화사, 2007.
구인모, 「고안된 전통, 민족의 공통감각론-김억의 민요시론 연구」, 『한국문학연구』 23집, 한국문학연구학회, 2000.
구인서, 「1910년대 아이들 독서물 연구-〈신문관〉발행 정기간행물을 중심으로」, 연세대 석사논문, 2008.
구자황, 「'독본(讀本)'을 통해 본 근대적 텍스트의 형성과 변화」, 『상허학보』 13집, 2004.
______, 「근대 독본류의 성격과 위상(1)」, 『탈식민의 역학』, 소명, 2006.
______, 「근대 독본의 성격과 위상(2)」, 『상허학보』 20집, 2007.
구장률, 「근대지식의 수용과 소설 인식의 재편」, 연세대 박사논문, 2009.
______, 「근대초기 지식편제와 교양으로서의 소설」, 『한국문학연구』 41집, 2011.
______, 『근대 초기 잡지와 분과학문의 형성』, 케포이북스, 2012.
권동희, 「최남선의 지리사상과 "소년(少年)"지의 지리교육적 가치 – "해상대한사(海上大韓史)"를 중심으로」, 『한국지리환경교육』 12호, 2004.
권두연, 「근대 초기 번역소설에 관한 한 연구 – 『썰리버유람긔』의 '순국문' 번역 양상을 중심으로」, 『사이』 3호, 2007.
______, 「『소년』, 문체 실험의 장」, 『민족문학사연구』 36호, 2008.
______, 「신문관 단행본 번역소설 연구」, 『사이』 5호, 2008.
______, 「신문관 출판활동의 구조적 특성에 관한 연구(1) – 인쇄부와 판매부를 중심으로」, 『현대문학의 연구』 40호, 2010.
______, 「신문관 출판활동의 구조적 측면 연구(2) – 서적 목록과 광고를 중심으로」, 『민족문학사연구』 44호, 2010.
______, 「보성관(普成館)의 출판 활동 연구」, 『현대문학의 연구』 44호, 2011.
______, 「소설의 모델, 독자, 작가–이희철(李熙喆)의 문학적 행보에 대한 고찰」, 『비평문학』 42호, 2011.
______, 「청년학우회의 활동과 참여 인물」, 『현대문학의 연구』 48호, 2012.
______, 「전경화된 연애, 후경화된 시대, 실종된 '청년'들 – 이희철의 「읍혈조(泣血鳥)」를 중심으로」, 『대중서사연구』 28호, 2012.
______, 「근대 초기 지식인의 한 초상–신문관을 중심으로 살펴 본 임규의 초기 활동」, 『2012년도 동양고전학회 동계 학술대회』 자료집, 한성대학교 동양고전연구소, 2013.2.16.
권보드래, 『한국 근대소설의 기원』, 소명, 2000.
_______, 『1910년대, 풍문의 시대를 읽다』, 동국대 출판부, 2009.
_______, 「『소년』과 톨스토이 번역」, 『한국근대문학연구』 12호, 한국근대문학회, 2005.
_______, 「1910년대의 이중어 상황과 문학 언어」, 『한국어문학연구』 54호, 2010.
_______ 외, 『『소년』과 『청춘』의 창』, 이화여대 출판부, 2007.
권복연, 「근대 아동문학 형성과정 연구 : 1910–1920년대 초를 중심으로」, 연세대 석사논문, 1999.
권순긍, 『활자본 고소설의 편폭과 지향』, 보고사, 2000.
권용선, 「1910년대 '근대적 글쓰기」의 형성과정 연구, 인하대 박사논문, 2004.
권정화, 「최남선의 초기 저술에서 나타나는 지리적 관심」, 『응용지리』 13호, 1990.
권정희, 「도쿠토미 로카(德富盧花) 『호토토키스(不如歸)』의 번역과 번안-조중환 『불여귀』」, 『민족문학사연구』 22호, 2003.
권행가, 「고종황제의 초상」, 홍익대 박사논문, 2005.
권혁래, 『조선동화집(1924) 연구』, 보고서, 2013.
권희영, 「20세기 초 잡지 ≪소년≫에 나타난 소년의 정체성」, 『정신문화연구』 31권 3호, 2008.
______, 「사진 속에 재현된 대한제국 황제의 표상」, 『한국근현대미술사학』 16호, 2006.
김경택, 「한말 중인층의 개화활동과 친일개화론 – 오세창의 활동을 중심으로」, 『역사비평』 23호, 1993.
김근수, 『일제 치하 언론 출판의 실태』, 영신아카데미 한국학연구소, 1974.
______, 『한국잡지개요 및 호별 목차집』, 한국학연구소, 1973.
김기란, 「대한제국기 "극장국가(theater state)" 연구(1)」, 『어문논총』 51집, 한국문학언어학회, 2009.
______, 「대한제국기 "극장국가(theater state)" 연구(2)」, 『한국연극학』 40호, 2010.
김기주, 『한말 재일한국유학생의 민족운동』, 느티나무, 1993.
김남이, 「1910년대 최남선의 '자조론(自助論)' 번역과 그 함의」, 『민족문학사연구』 43호, 2010.
김남이 · 하상복, 「최남선의 신대한(新大韓) 기획과 "로빈슨 크루소"」, 『동아연구』 57호, 2009.
김도형, 『대한제국기의 정치사상연구』, 지식산업사, 1994.
______, 「한말 대구지역 상인층의 동향과 국책보상운동」, 『계명사학』 8집, 1997.
김동식, 「한국의 근대적 문학 개념 형성과정 연구」, 서울대 박사논문, 1999.
______, 『한국근대문학의 풍경들』, 들린아침, 2005.
김미정, 「근대초기 현상공모 일고찰」, 『반교어문』 18집, 2005.
김민수, 「이규영 문법연구」, 『한국학보』 19호, 1980.
김민환, 「개화기 출판의 목적 연구」, 『언론정보연구』 47권 2호, 2010.
김병철, 『한국근대번역문학사연구』, 을유문화사, 1975.
김병철 편, 『일제 치하 언론 출판의 실태』, 영신아카데미 한국학연구소, 1974.

김복순, 『1910년대 한국문학과 근대성』, 소명, 1999.
김봉희, 『한국 개화기 서적 문화 연구』, 이화여대출판부, 1999.
김상태 편역, 『윤치호 일기, 1916~1943 : 한 지식인의 내면세계를 통해 본 식민지시기』, 역사비평사, 2001.
김석득, 『외솔최현배 학문과 사상』, 연세대 출판부, 2000.
김성연, 「한국근대문학과 동정의 계보」, 연세대 석사논문, 2002.
______, 『영웅에서 위인으로』, 소명, 2013.
김수기, 「육전소설의 수수께끼 같은 매력」, 『한국의 디자인2 – 시각문화의 내밀한 연대기』, 디플, 2008.
김승곤, 「조선말본과 깁더조선말본 비교분석」, 『한힌샘연구』 2호, 1984.
김영민, 『한국 근대소설의 형성과정』, 소명출판, 2005.
______, 『한국의 근대신문과 근대소설』 1·2, 소명, 2006·2008.
______, 「근대계몽기 문학 연구의 성과와 한계 : '신소설'에 대한 논의를 중심으로」, 『한국문학의 근대와 근대성』, 소명, 2006.
______, 「근대적 유학제도의 확립과 해외 유학생의 문학·문화활동 연구」, 『현대문학의 연구』 32호, 2007.
______, 「이광수 초기 문학의 변모 과정」, 『현대문학의 연구』 34호, 2008.
______, 「근대 작가의 탄생 : 근대 매체의 필자 표기 관행과 저작의 권리」, 『현대문학의 연구』 39호, 2009.
김영철, 「신문학 초기의 현상 및 신춘 문예제의 정착과정」, 『국어국문학』 98호, 1987.
김예림, 「1920년대 초반 문학의 상황과 의미–서사 장르의 상관성을 중심으로」, 『상허학보』 6집, 2000.
김용직, 『한국근대시사』, 새문사, 1983.
김우종, 『한국현대소설사』, 선명문화사, 1973.
김욱동, 『한국개화기시가연구』, 시문학사, 1981.
김원모, 「장인환의 스티븐즈 암살사건」, 『동양학』 18호, 1988.
김윤식, 「『소년』지의 허구성」, 『근대한국문학연구』, 일지사, 1973.
______, 『이광수와 그의 시대』 1, 솔, 1999(개정증보).
김윤희, 「20세기 초 창가(唱歌) 『한양노래』의 창작 동인과 '한양(漢陽)' 표상의 특징」, 『인문과학연구』 34, 2012.
김재영, 「근대계몽기 소설 개념의 변화」, 『현대문학의 연구』 22호, 2004.
______, 「이광수 초기문학론의 구조와 와세다 미사학」, 『한국문학연구』 35집, 2008.

김정숙, 「출판인 최남선 연구」, 중앙대 석사논문, 1991.
김정환 외, 『문화운동론』 2, 공동체, 1986.
김종수, 「일제 강점기 경성의 출판문화 동향과 문학서적의 근대적 위상-한성도서주식회사의 활동을 중심으로」, 『서울학연구』 35호, 2009.
김종식, 『근대일본 청년상의 구축』, 선인, 2007.
김종욱 편, 『춘사 나운규 영화 전작집』, 국학자료원, 2002.
김종천, 「황필수와 그의 편간서들」, 『서지학연구』 10집, 1994.
김주현, 「각종 취지서, 선언서의 저자들과 그 의미」, 『어문학』 107집, 2010.
김지영, 「최남선의 『시문독본』 연구-근대적 글쓰기의 형성과정을 중심으로」, 『한국현대문학연구』 23호, 2007.
______, 「문학 개념체계의 계보학-산문 분류법의 변화과정을 중심으로」, 『민족문화연구』 51호, 2009.
______, 「학문적 글쓰기의 근대적 전환-구한말 학회보의 '학해'면을 중심으로」, 『우리어문연구』 27호, 2008.
김차균, 「김두봉의 우리말 소리 연구에 대한 국어학사적 고찰」, 『한힌샘연구』 2호, 1989.
김 철, 교주, 『바로잡은 무정』, 문학동네, 2003.
______ · 신형기 외, 『문학속의 파시즘』, 삼인, 2001.
김춘식, 「한국 신문학 초창기 문학장의 형성과 서구적 개념의 미적 근대성 비교」, 『동서비교문학저널』 12호, 2005.
김춘희, 「한국 근대문단의 형성과 등단제도 연구」, 동국대 석사논문, 2000.
김한식, 「잡지의 서적 광고와 내면화된 근대-청춘과 개벽을 중심으로」, 『상허학보』 16집, 2006.
김 현 · 김윤식, 『한국문학사』, 민음사, 1996(개정판).
김현주, 『이광수와 문화의 기획』, 태학사, 2005.
______, 「문학 · 예술교육과 '동정' - 이광수의 『무정』을 중심으로」, 『상허학보』 12집, 2004.
______, 「문화, 문화과학, 문화공동체로서의 '민족' - 최남선의 '단군학'을 중심으로」, 『대동문화연구』 47집, 2004.
______, 「문화사의 이념과 서사전략-1900~1920년대 최남선의 문화사 담론 연구」, 『대동문화연구』 58집, 2007.
김형목, 『김광제, 나랏빚 청산이 독립국가 건설이다』, 선인, 2012.

남석순, 「한국 근대소설 형성과정의 출판수용 연구」, 단국대 박사논문, 2003.
대한언론인회 편, 『한국언론인물사화 8·15(상)』, 대한언론인회, 1992.
동국대학교 문화학술원 한국문학연구소 편, 『식민지 시기 검열과 한국 문학』, 동국대 출판부, 2010.
류시현, 「출판물을 통한 신학문의 수용과 '근대'의 전파–최남선의 사례를 중심으로」, 『한국독립운동사연구』 26집, 2006.
______, 『최남선 연구』, 역사비평사, 2009.
______, 「1910년대 최남선의 문명·문화론과 조선불교 인식」, 『한국사연구』 155, 2011.
______, 「1910년대 조선불교사 연구와 '조선학'의 토대 형성」, 『한국학연구』 44집, 2012.
류준경, 「지식의 상업유통과 소설출판」, 『고전문학연구』 34호, 2008.
류준필, 「1910–1920년대 초 한국에서 자국학 이념의 형성 과정」, 『대동문화연구』 52집, 2005.
마이클 김, 「서양인들이 본 조선후기와 일제초기 출판문화의 모습」, 『열상고전연구』 19호, 2006.
목수현, 「대한제국기 국가 시각 상징의 연원과 변천」, 『미술사논단』 27호, 2008.
문경연, 「한국 근대초기 공연문화의 취미담론연구」, 경희대 박사논문, 2008.
문성환, 「최남선의 글쓰기와 근대 기획 연구」, 인천대 박사논문, 2007.
문한별, 「근대전환기 번역 및 번안 서사의 두 가지 양상–애국과 교육 계몽 담론의 수용 양상을 중심으로」, 『현대문학이론연구』 42호, 2010.
미쓰이 다카시, 「박승빈의 언어운동과 그 성격」, 『한국학연구』 26집, 2012.
민족문학사연구소 편, 『근대계몽기의 학술·문예사상』, 소명, 2000.
민족문학사연구소 기초학문연구단 편, 『한국근대문학의 형성과 문학 장의 재발견』, 소명, 2004.
______________________________, 『탈식민의 역학』, 소명, 2006.
______________________________, 『제도로서의 한국 근대문학과 탈식민성』, 소명, 2008.
박대헌, 『우리 책의 장정과 장정가들』, 열화당, 1999.
박숙경, 「이광수와 근대 창작동화의 기원」, 『아침햇살』, 1998 여름.
박애경, 「민충정공 담론과 〈혈죽가〉류 시가 연구」, 『우리어문연구』 34호, 2009.
박종화, 『나의 인생관–달여울에 낚싯대를』, 휘문출판사, 1972[수정1판].

박지홍, 「『한글모 죽보기』에 대하여」, 『한힌샘주시경연구』 9호, 한글학회, 1996.
박진영, 「소설 번안의 다중성과 역사성－『레미제라블』을 위한 다섯 개의 열쇠」, 『민족문학사연구』 33호, 2007.
______, 「창립 무렵의 신문관」, 『사이』 7호, 국제한국문학문화학회, 2009.
______, 「시문독본」, 『민족문학사연구』 39호, 2009.
______, 「어린이 잡지 『아이들보이』의 총 목차와 폐간호」, 『민족문학사연구』 42호, 2010.
______, 「번역 출판과 근대 동화의 숨은 첫길 『자랑의 단추』」, 『근대서지』 창간호, 2010.
______, 『신문관 번역 전집』, 소명, 2010.
______, 『번안과 번역의 시대』, 소명, 2011.
박찬승, 『한국근대정치사상사연구』, 역사비평사, 1992.
______, 「1904년 황실 파견 도일유학생 연구」, 『한국 근현대사 연구』 51집, 2009.
박천홍, 『매혹의 질주, 근대의 횡단』, 산처럼, 2003.
______, 「근대 출판의 선구자 육당 최남선」, 『문학과사회』 79호, 2007 가을.
박헌호, 「식민지 조선에서 作家가 된다는 것 : 근대 미디어와 지식인, 문학의 관계를 중심으로」, 『상허학보』 17집, 2006.
박현수, 「한국 근대문학의 재생산 과정과 그 의미－방정환을 중심으로」, 『대동문화연구』 53집, 2006.
방효순, 「일제시대 민간 서적발행 활동의 구조적 특성에 관한 연구」, 이화여대 박사논문, 2001.
______, 「근대 출판문화 정착에 있어 경성서적업조합의 역할에 관한 고찰」, 『한국출판학연구』 63집, 2012.
______, 「한남서림의 소설류 방각본 발행」, 『근대서지』 5호, 2012.
______, 「조선도서주식회사의 설립과 역할에 대한 고찰」, 『근대서지』 6호, 2012.
배수찬, 『근대적 글쓰기의 형성 과정 연구』, 소명, 2008.
배우성, 「지리학의 발달과지지, 지도의 편찬」, 연세대학교 국학연구원 편, 『한국실학사상연구』 4, 혜안, 2005.
백동현, 『대한제국기 민족의식과 국가관념』, 고려대민족문화연구원, 2009.
백순재, 『韓末 韓國 雜誌目次總錄 : 1896～1910』, 국회도서관, 1967.
백운관・부길만, 『한국출판문화 변천사－도서유통의 성립과 발전』, 타래, 1992.
백 철, 『신문학사조사』, 민중서림, 1953.

서민교, 『1910년대 일제의 무단통치』, 독립기념관 한국독립운동사연구소, 2009.
서영채, 「단군과 만주, 아첨의 영웅주의 : 최남선의 「자열서」 읽기」, 『한국현대문학연구』 32, 2010.
서은영, 「한국 근대 만화의 전개와 문화적 의미」, 고려대 박사논문, 2013.
성무경, 「普及用 歌集 『남훈태평가』의 印刊과 시조 향유에의 影響(1)」, 『한국시가연구』 18집, 2005.
소영현, 「근대 인쇄 매체와 수양론 · 교양론 · 입신출세주의」, 『상허학보』 18집, 2006.
______, 「청년과 근대－『소년』을 중심으로」, 『한국근대문학연구』 11집, 한국근대문학회, 2005.
______, 『문학청년의 탄생』, 푸른역사, 2008.
손성준, 「『이태리건국삼걸전』의 동아시아 수용양상과 그 성격」, 성균관대 석사논문, 2007.
______, 「영웅서사의 동아시아 수용과 중역의 원본성」, 성균관대 박사논문, 2012.
송병기 역, 『국역 윤치호 일기』 1, 연세대 출판부, 2001.
송안나, 「20세기 초 활자본 가집 『가곡선』의 편찬 특징과 육당의 시조 인식」, 『반교어문연구』 27집, 2009.
송혜경, 「근대 초, 조선에 있어서 「수신요령(修身要領)의 번역과 수용－잡지 『소년』과의 관련성을 중심으로」, 『일본사상』 22호, 2012.
송철의, 「한국 근대 초기의 어문운동과 어문정책」, 『한국문화』 33호, 2003.
수요역사연구회 편, 『식민지 조선과 매일신보 : 1910년대』, 신서원, 2003.
________________, 『일제의 식민지 지배정책과 매일신보 : 1910년대』, 두리미디어, 2005.
신동욱 편, 『최남선과 이광수의 문학』, 새문사, 1981.
신병주, 『조선평전』, 글항아리, 2011.
신용하, 『한국민족독립운동사연구』, 을유문화사, 1985.
신인섭 · 김병희, 『한국근대광고걸작선100 : 1876~1945』, 커뮤니케이션북스, 2007.
신주백, 「'조선학운동'에 관한 재검토와 조선연구」, 『근대 '지식장'의 형성과 재편』, 제16차 사회인문학 포럼 학술자료집, 연세대학교 국학연구원 HK사업단, 2010.12.14
신지연, 『글쓰기라는 거울』, 소명, 2008.
______, 「『청춘』의 독자문예란 연구」, 『한국언어문학』 53, 2004.
______, 「'느슨한 문예'의 시대 : 편지형식과 '벗'의 존재방식」, 『반교어문연구』 26집, 2009.

신현득, 「한국 근대아동문학 형성과정 연구–최남선의 공적을 중심으로」, 『국문학논집』 17집, 단국대학교, 2000.
심원섭, 「주요한의 초기 문학과 사상의 형성과정 연구」, 연세대 박사논문, 1992.
심지연, 『잊혀진 혁명가의 초상–김두봉 연구』, 인간사랑, 1993.
안예리, 「시문체時文體의 국어학적 분석」, 『한국학논집』 46집, 2012.
안춘근, 『한국출판문화론』, 범우사, 1981.
______, 『한국출판문화사대요』, 청림, 1988.
______, 『한국서지의 전개과정』, 범우사, 1994.
양문규, 「1910년대 한국 소설 연구 : 사회사적 관련 양상을 중심으로」, 연세대 박사논문, 1990.
역사문제연구소 민족해방운동사 연구사 편, 『쟁점과 과제 민족해방운동사』, 역사비평사, 1990.
연세대학교 국학연구원 편, 『한국실학사상연구 1 철학 · 역사학편』, 혜안, 2006.
______________________, 『한국실학사상연구 4 과학기술편』, 혜안, 2005.
연세대 근대한국문학연구소 기초학문연구팀, 『한국 근대 서사양식의 발생 및 전개와 매체의 역할』, 소명, 2005.
____________________________________, 『근대계몽기 단형 서사문학 연구』, 소명, 2005.
오문석, 「민족문학과 친일문학 사이의 내재적 연속성 문제 연구–최남선을 중심으로」, 『현대문학의 연구』 30호, 2006.
______, 「최남선의 지리적 상상력」, 『근대계몽기 서사와 신시의 재현성』, 한국근대문학회16회 학술대회자료집, 2007.6.2.
오영섭, 「조선광문회 연구」, 『한국사학사학보』 3집, 2001.
오오타케 키요미, 『한일 아동문학 관계사서설』, 청운, 2006.
오윤희, 『창강 김택영 연구』, 국학자료원, 1996.
옥영정 외 5인, 『조선의 백과지식–『대동운부군옥』으로 보는 조선시대 책의 문화사』, 한국학중앙연구원, 2009.
우수진, 「신파극의 센티멘털리티/즘과 개량의 윤리학」, 『현대문학의 연구』 38호, 2009.
유광수, 「『옥루몽』 연구」, 연세대 박사논문, 2005.
유상호, 「애국계몽기의 출판문화운동」, 고려대 석사논문, 1986.
유석환, 「근대 문학시장의 형성과 신문 · 잡지의 역할」, 성균관대 박사논문, 2013.
유종렬, 『기자반세기』, 서문당, 1969.

유춘동, 「20세기 구활자본 고소설의 세책 유통에 대한 연구-장서각 소장본을 중심으로」, 『규장각』 15집, 2006.
______, 「〈수호전〉의 국내 수용 양상과 한글 번역본 연구」, 연세대 박사논문, 2012.
육당연구학회, 『최남선 다시 읽기』, 현실문화, 2009.
육당최남선선생기념사업회편, 『육당이 이 땅에 오신지 백주년 1890-1957-1990』, 동명사, 1990.
윤경로, 『105인사건과 신민회 연구』, 일지사, 1990(한성대학교 출판부, 2012 개정증보).
윤설희, 「육당 최남선의 시조정리사업과 그 의미 - 『가곡선』과 『시조유취』를 중심으로」, 『한국시가연구』 32, 2012.
윤순구·김동희 편, 『잃어버린 민족정신을 찾아서』, 고대원출판사, 1992.
윤영실, 「최남선의 근대적 글쓰기와 민족담론 연구」, 서울대 박사논문, 2009.
______, 「최남선의 수신(修身)담론과 근대 위인전기의 탄생」, 『한국문화』 42호, 2008.
윤호진 외, 『대동운부군옥』, 지식을만드는지식, 2008.
이경돈, 『문학이후』, 소명, 2009.
______, 「근대문학의 이념과 문학의 관습 - 「文學이란 何오」와 『朝鮮의 文學』을 중심으로」, 『민족문학사연구』 26호, 2004.
______, 「『별건곤』과 근대 취미독물」, 『대동문화연구』 46집, 2004.
______, 「취미라는 사적 취향과 문화주체 대중」, 『대동문화연구』 57집, 2007.
이경란, 「식민지기 조선의 실천적 지식전통의 형성과 확산-평북 오산학교를 중심으로」, 『근대 '지식장'의 형성과 재편』, 제 16차 사회인문학 포럼 학술자료집, 연세대학교 국학연구원 HK사업단, 2010.12.14.
이경현, 『청춘』을 통해 본 최남선의 세계인식과 문학, 『한국문화』 43호, 2008.
______, 「1910년대 신문관의 문학 기획과 한국 근대문학의 형성」, 서울대 박사논문, 2013.
이경훈, 『어떤 백년 즐거운 신생』, 하늘연못, 1999.
______, 『오빠의 탄생』, 문학과지성사, 2003.
______, 『대합실의 추억』, 문학동네, 2007.
______, 「번역과 번역 문학, 근대와 근대 문학」, 『문학과 사회』 73호, 2006.
______, 「『학지광學之光』과 그 주변」, 한기형 외, 『근대어·근대매체·근대문학』, 성균관대 출판부, 2006.
이경훈, 『속·책은 만인의 것』, 보성사, 1993.
이광린, 『개화기의 인물』, 연세대 출판부, 1993.

이광수, 『도산 안창호』, 홍사단본부, 1947[1978 증보].

이규철, 「대한제국기 한성부 군사관련 시설의 입지와 그 변화」, 『서울학연구』 35호, 2009.

이기문, 『개화기의 국문 연구』, 일조각, 1970.

이기훈, 「독서의 근대, 근대의 독서-1920년대의 책읽기」, 『역사문제연구』 7호, 2001.

이명화, 『근대화의 선각자-최광옥의 삶과 위대한 유산』, 역사공간, 2006.

_____, 「홍사단 원동임시위원부의 인적 구성과 그 성격」, 『한국근현대연구』 22집, 2002.

이민희, 『16-19세기 서적중개상과 소설·서적 유통관계 연구』, 역락, 2007.

_____, 『백두용과 한남서림 연구』, 역락, 2013.

이병근, 「자료소개-조선광문회 편 ≪말모이≫(辭典)」, 『한국문화』 7호, 1986.

이상현, 「제국들의 조선학, 정전의 통국가적 구성과 유통: 『천예록』, 『청파극담』소재 이야기의 재배치와 번역·재현된 '조선'」, 『한국근대문학연구』 18, 2008.

이영화, 『최남선의 역사학』, 경인문화사, 2003.

이유미, 「근대 단편소설의 전개양상과 제도화 과정 연구」, 연세대 박사논문, 2011.

이윤석, 「『고본춘향전』 개작의 몇 가지 문제」, 『고전문학연구』 38호, 2010.

이윤석·정명기, 『구활자본 야담의 변이양상 연구』, 보고사, 2001.

이응호, 『개화기의 한글 운동사』, 성청사, 1975.

이재선, 『한국개화기소설연구』, 일조각, 1972.

이재정, 『조선출판주식회사』, 안티쿠스, 2008.

이종국, 『한국출판사년표』 1·2, 한국출판연구소, 1991·1993.

_____, 「개화기 출판 활동의 한 징험-회동서관의 출판문화사적 의의를 중심으로」, 『한국출판학연구』 49호, 2005.

이종호, 「최남선의 지리(학)적 기획과 표상」, 『상허학보』 22집, 2008.

이종호, 「대한매일신보와 황성신문의 서적광고에 관한 연구」, 『한국전통상학연구』 17집 1호, 2003.

이주영, 『구활자본 고전소설 연구』, 월인, 1998.

_____, 「新文館 간행 〈六錢小說〉」, 『고전문학연구』 11집, 한국고전문학회, 1996.

이준환, 「朝鮮光文會 편찬 『新字典』의 體裁, 漢字音, 뜻풀이」, 『어문연구』 40권 2호, 2012.

이지원, 『한국 근대 문화사상사 연구』, 혜안, 2007.

이지훈, 「『소년』의 순문학 번역과 복수의 내면 형식」, 『한국현대문학연구』 38, 2012.

이진호, 「최남선의 2차 유학기에 관한 재고찰-연보 재정립을 위한 제언」, 『새국어교육』 42호, 1986.
이춘우, 「수석 남형우-남형우 선생에 관한 새로운 자료」, 『한힌샘 주시경 연구』 9집, 1996.
이태화, 「신문관 간행 판소리계 소설의 개작 양상」, 고려대 석사논문, 2006.
이현진, 「근대 취미와 한국 근대소설 관련양상 연구」, 경기대 박사논문, 2004.
이현희, 『김인전 목사의 나라사랑』, 동방도서, 2004.
______, 「권덕규의 생애와 그의 국어학적 업적에 대한 한 연구」, 『규장각』 41집, 2012.
이혜령, 「한자 인식과 근대어의 내셔널리티」, 『탈식민의 역학』, 소명출판, 2006.
______, 「정사(正史)와 정사(情史) 사이 : 3・1운동, 후일담의 시작」, 『민족문학사연구』 40호, 2009.
이혜선, 「한국 근대일러스트레이션의 형성과 전개 : 1910년-1945년까지」, 홍익대 석사논문, 2007.
이혜순, 『한국고전 여성작가 연구』, 태학사, 1999.
이혜진, 「『여자계』 연구」, 연세대 석사논문, 2008.
이화여대 한국문화연구원 편, 『근대계몽기 지식개념의 수용과 그 변용』, 소명, 2004.
________________________, 『근대계몽기 지식의 발견과 사유지평의 확대』, 소명, 2006.
________________________, 『근대계몽기 지식의 굴절과 현실적 심화』, 소명, 2007.
이황직, 「근대 한국의 윤리적 개인주의 사상과 문학 연구」, 연세대 박사논문, 2001.
이희정, 「1910년대 『매일신보』 소재 소설 연구」, 경북대 박사논문, 2006.
임규찬・한진일 편, 『임화 신문학사』, 한길사, 1993.
임규찬 편, 『현대 조선문학사 외』, 범우사, 2008.
임상석, 『20세기 국한문체의 형성과정』, 지식산업사, 2008.
______, 「『시문독본』의 편찬과정과 1910년대 최남선의 출판활동」, 『상허학보』 25집, 2009.
______, 「1910년대 국역의 양상과 한문고전의 형성-최남선의 출판 활동을 중심으로」, 『사이』 8호, 2010.
______, 「고전의 근대적 재생산과 최남선의 국한문체 글쓰기」, 『민족문학사연구』 44호, 2010.
임상석, 「『산수격몽요결(刪修擊蒙要訣)』 연구」, 『코기토』 69, 2011.
임형택, 『한국문학사의 논리와 체계』, 창작과비평사, 2002.

임형택, 『문명의식과 실학』, 돌베개, 2009.
_____ 외, 『흔들리는 언어들』, 성균관대 대동문화연구원, 2008.
임홍빈, 「'한글'명명자와 사료 검증의 문제 –고영근(2003)에 답함–」, 『어문연구』 35권 3호, 2007.
장문석, 「출판기획자 임화와 학예사라는 문제틀」, 『민족문학사연구』 41호, 2009.
장병극, 「조선광문회 연구」, 성균관대 석사논문, 2012.
장　신, 「1924년 동아일보 개혁운동과 언론계의 재편」, 『역사비평』 75호, 2006.
전광용, 「한국소설발달사」下, 『한국문화사대계V – 언어 · 문화사 下』, 고려대 민족문화연구소, 1967.
전성곤, 『근대 '조선'의 아이덴티티와 최남선』, 제이앤씨, 2008.
_____, 「『국민의 벗』과 『소년』지에 나타난 〈문화론〉에 관한 고찰」, 『인문연구』 50, 영남대인문과학연구소, 2006.
전영표, 「육당 최남선의 출판행위와 『소년』지 연구」, 『출판잡지연구』 12호, 2002.
전은경, 『근대계몽기 문학과 독자의 발견』, 역락, 2009.
정명기, 「세책본소설의 유통양상」, 『고소설연구』 16집, 2003.
_____, 「일제 치하 재담집에 대한 재검토」, 『국어국문학』 149호, 2008.
정　민, 『한시 미학 산책』, 솔, 1996.
정선태, 『개화기 신문 논설의 서사 수용 양상』, 소명, 1999.
_____, 「번역과 근대소설 문체의 발견–잡지 『소년』을 중심으로」, 『대동문화연구』 48집, 성균관대대동문화연구원, 2004.
정우택, 「「만만파파식적」의 시인, 김여제」, 『상허학보』 11집, 2003.
_____, 『한국 근대 자유시의 이념과 형성』, 소명, 2004.
_____, 『황석우 연구』, 박이정, 2008.
정은경, 「개화기 현채가(玄采家)의 저(著) 역술(譯述) 및 발간서에 관한 연구」, 『서지학연구』 14호, 1997.
정진석, 「일제하의 언론출판연구 상 · 하」, 『관훈저널』 26 · 27, 1978.
_____, 『한국언론사』, 나남출판, 1990.
_____, 「개화기 언론 출판문화의 생성」, 『동양학』 34호, 2003.
_____, 『극비 조선총독부의 언론검열과 탄압』, 커뮤니케이션북스, 2008.
정한모, 『한국현대시문학사』, 일지사, 1974.
정혜원, 「1910년대 아동문학 연구」, 성신여대 박사논문, 2008.
정후수, 「우정 임규 연구」, 『한성어문학』 11집, 1992.

정후수, 「우정 임규의 근대 문화사적 역할」, 『동양고전연구』 1호, 동양고전학회, 1993.
______, 「우정 임규론」, 『동악어문논집』 35집, 동악어문학회, 1999.
______, 「우정 임규의 시세계」, 『동양고전연구』 18집, 2003.
조 광, 「개항기 및 식민지시대 실학 연구의 특성」, 『한국실학연구』 7호, 2004.
조기준, 『한국기업가사』, 박영사, 1973.
조남호, 「『환단고기』와 『삼일신고』」, 『仙道文化』 9권, 2010.
조성출, 『한국인쇄출판백년』, 보진재, 1997.
조연현, 『한국현대문학사』, 현대문학사, 1956.
조용만, 『육당 최남선』, 삼중당 1964.
조용만·송민호·박병채, 『일제하의 문화운동사』, 민중서관, 1970.
조윤정, 「잡지 『少年』과 국민문화의 형성」, 『한국현대문학연구』 21호, 2007.
______, 「근대적 글쓰기의 형성과 글쓰기 장(場)의 재인식; 독본의 독자와 근대의 글쓰기」, 『반교어문연구』 29집, 2010.
조은숙, 「근대계몽담론과 '소년'의 표상」, 『어문논집』 46, 2002.
______, 「1910년대 아동신문 『붉은져고리』 연구」, 『근대문학연구』 8집, 2003.
______, 「한국아동문학의 형성과정 연구」, 고려대 박사논문, 2005.
조재룡, 「변증법적 세계관의 한 실현 방식 – 프랑스 '백과전서파'와 최남선」, 『대동문화연구』 69집, 2010.
______, 「중역(重譯)과 근대의 모험」, 『탈경계인문학』 제4년 2호, 2011.
조지훈, 『한국문화사서설』, 탐구당, 1964.
조항래 엮음, 『국채보상운동사』, 아세아문화사, 2007.
조희문, 『나운규』, 한길사, 1997.
조희정, 「1910년대 국어(조선어)교육의 식민지적 근대성」, 『국어교육학연구』 18, 2003.
주경복, 『레비스트로스』, 건국대출판부, 1996.
주요한 편, 『안도산전서』, 삼중당, 1963[개정판 1971].
주종연, 「이광수의 초기 단편소설고」, 『이광수 연구』 하, 태학사, 1984.
진재교·한기형 외, 『문예공론장의 형성과 동아시아』, 성균관대 출판부, 2008.
차승기, 『반근대적 상상력의 임계들』, 푸른역사, 2009.
______, 「근대문학에서의 전통 형식 재생의 문제–1920년대 시조부흥론을 중심으로」, 『상허학보』 17집, 2006.
차승기, 「문학이라는 장치」, 『현대문학의 연구』 44호, 2011.
차혜영, 『한국근대 문학제도와 소설양식의 형성』, 역락, 2004.

채 백, 「근대 민족주의의 형성과 개화기 출판」, 『한국언론정보학보』 41집, 2008.
천관우, 「조선후기 실학의 개념재론」, 『한국사의 재발견』, 일조각, 1974.
천정환, 『근대의 책읽기』, 푸른역사, 2003.
천정환 · 이용남, 「근대적 대중문화의 발전과 취미」, 『민족문학사연구』 30호, 2006.
천 진, 「20世紀 初 中國의 智 · 德 담론과 '文'의 경계」, 연세대 박사논문, 2008.
최기숙, 「'신대한소년'과 '아이들보이'의 문화생태학」, 『상허학보』 16집, 2006.
______, 「'옛 것'의 근대적 소환과 '옛 글'의 근대적 재배치」, 『민족문학사연구』 34호, 2007.
______, 「'옛이야기'의 환상적 함의와 어린이 '독자/청중'의 '환상성'에 대한 문화적 재규정」, 『현대문학의 연구』 39호, 2009.
최기영, 『大韓帝國時期 新聞硏究』, 일조각, 1990.
______, 『한국근대계몽사상연구』, 일조각, 2003.
______, 『애국계몽운동Ⅱ-문화운동』, 한국독립운동사연구소, 2009.
최덕교, 『한국잡지백년』, 현암사, 2004.
최미진 · 임주탁, 「1920년대 신문소설에 나타난 유학체험과 근대적 특성 - 「읍혈조」와 「진주는주엇스나」를 중심으로」, 『한국문학논총』 41집, 2005.
최민진, 「육당 최남선의 서적 장정 연구」, 홍익대 석사논문, 2013.
최수일, 『『개벽』연구』, 소명, 2008.
최원식, 「장한몽과 위안으로서의 문학」, 『민족문학의 논리』, 창작과비평사, 1982.
______, 『한국근대소설사론』, 창작과비평사, 1986.
______, 『한국계몽주의문학사론』, 소명, 2002.
최이권 편, 『최광옥 약전과 遺著問題』, 동아출판사, 1977.
최재목, 「최남선 『소년』지의 '신대한소년' 기획에 대하여」, 『일본문화연구』 14집, 2005.
최 준, 「교포신문과 일본의 침략정책」, 『법정논총』 15집, 중앙대 법학과, 1962.
최태원, 「일재 조중환의 번안소설 연구」, 서울대 박사논문, 2010.
최현식, 「근대계몽기 '한양-경성'의 이중 표상과 시적 번역」, 『상허학보』 26집, 2009.
______, 「철도창가와 문명의 향방」, 『민족문학사연구』 43호, 2010.
______, 『신화의 저편』, 소명, 2007.
최혜주, 『창강 김택영의 한국사론』, 한울, 1996.
______, 「한말 일제하 재조일본인의 조선고서 간행사업」, 『최남선 다시 읽기』, 현실문화, 2009.
최호석, 「지송욱과 신구서림」, 『고소설연구』 19집, 2005.

최희정, 「한국 근대 지식인과 '자조론'」, 서강대 박사논문, 2004.
______, 「1910년대 최남선의 『자조론』 번역과 '청년'의 '자조'」, 『한국사상사학』 39집, 2011.
하동호, 『한국근대문학의 서지연구』, 깊은샘, 1981.
______, 『근대서지고습집』, 탑출판사, 1986.
______, 『근대서지고류총』, 탑출판사, 1987.
한국공자학회, 『기당 현상윤 연구』, 한울, 2009.
한국사연구회 편, 『한국 실학의 새로운 모색』, 경인문화사, 2001.
한규무, 「1920~1930년대 고학생갈돕회의 설립과 활동」, 『한국민족운동사연구』 73집, 2012.
한기형, 『한국 근대소설사의 시각』, 소명, 1999.
______, 「최남선의 잡지 발간과 초기 근대문학의 재편 – 『소년』, 『청춘』의 문학사적 역할과 위상」, 『대동문화연구』 45집, 성균관대 대동문화연구원, 2004.
______, 「근대잡지와 근대문학 형성의 제도적 연관」, 『대동문화연구』 48집, 성균관대 대동문화연구원, 2004.
______, 「근대어의 형성과 매체의 언어전략」, 『역사비평』 71호, 2005.
______, 「근대어의 형성과 한국문학의 언어적 정체성」, 『대동문화연구』 59집, 성균관대 대동문화연구원, 2007.
______ 외, 『근대어 · 근대매체 · 근대문학』, 성균관대 출판부, 2006.
한수영, 「육당의 신시 의식과 형식 개념에 대한 고찰」, 『한국문학이론과 비평』 30호, 2006.
한영우, 『한국민족주의 역사학』, 일조각, 1994.
한영우 외, 『다시, 실학이란 무엇인가』, 푸른역사, 2007.
한우근, 「이조 실학의 개념에 대하여」, 『이조 후기 사회와 사상』, 을유문화사, 1961.
한은경, 「개항기 신문광고에 나타난 특성 및 시대상 – 『황성신문』을 중심으로」, 『광고연구』, 1997 가을.
한진일, 「근대 단편소설의 형성과정 연구」, 성균관대 박사논문, 2002.
함태영, 「1910년대 『매일신보』 소설 연구」, 연세대 박사논문, 2008.
허경진 · 표언복 · 유춘동, 『근대계몽기 조선의 이솝우화』, 보고사, 2009.
홍선표, 『한국 근대미술사』, 시공사, 2009.
홍일식, 『육당연구』, 일신사, 1959.
______, 『한국개화기의 문학사상연구』, 열화당, 1980.

황미정, 「최남선 역 『自助論』-中村正直譯, 畔上 賢造譯과의 관련성에 관해서」, 『언어정보』 9호, 2008.
_____, 「1910년대 최남선의 번역물에 나타난 한자번역어에 관한 연구」, 『일본문화연구』 42집, 2012.
황재문, 「『大東詩選』의 편찬경위와 문학사적 위상」, 『진단학보』 103, 2007.
황종연, 「문학이라는 역어」, 『동악어문논집』 32집, 1997.
황혜진, 「잡지〈소년〉의 독자투고에 대한 어문교육사적 연구」, 『고전문학과 교육』 12호, 2006
_____, 「잡지〈청춘〉의 독자투고란위 어문교육사적 연구」, 『작문연구』 4호, 2007.
황호덕, 「한국 근대에 있어서의 문학 개념의 기원(들)」, 『한국사상과 문화』 8호, 2000.
_____, 『근대네이션과 그 표상들』, 소명, 2005.

3. 국외 논저
게오르그 짐멜, 『짐멜의 모더니티』, 김덕영 · 윤미애 옮김, 새물결, 2005.
레이먼드 윌리엄스, 『기나긴 혁명』, 성은애 옮김, 문학동네, 2007.
_______________, 『문학과 문화이론』, 박만준 옮김, 경문사, 2003.
로베르 에스카르피, 『정보와 커뮤니케이션』, 김광현 옮김, 민음사, 1995.
_______________, 『출판문학의 사회학』, 민병덕 옮김, 일진사, 1999.
르네 지라르, 『낭만적 거짓과 소설적 진실』, 김치수 · 송의경 옮김, 한길사, 2001.
리디아 리우(Lydia H Liu), 『언어횡단적 실천』, 민정기 옮김, 소명, 2005.
린 헌트, 『인권의 발명』, 전진성 옮김, 돌배개, 2009.
마셜 맥루언, 『미디어의 이해』, 김성기 · 이한우 옮김, 민음사, 2002.
마이클 로빈슨, 『일제하 문화적 민족주의』, 김민환 옮김, 나남, 1990.
모리스 꾸랑, 『한국의 서지와 문화』, 박상규 옮김, 을유문화사, 1974.
미셸 푸코, 『권력과 지식 : 미셸 푸코와의 대담』, 홍성민 옮김, 나남, 1991.
앙드레 슈미드, 『제국 그 사이의 한국』, 정여울 옮김, 휴머니스트, 2007.
앙리 르페브르, 『현대세계의 일상성』, 박정자 옮김, 기파랑, 2005.
이한구 편역, 『칸트의 역사철학』, 서광사, 1992.
자크 랑시에르, 『감성의 분할』, 오윤성 옮김, 도서출판b, 2008.
____________, 『미학 안의 불편함』, 주형일 옮김, 인간사랑, 2008.
진노 유키, 『취미의 탄생 : 백화점이 만든 테이스트』, 문경역 옮김, 소명, 2008.
헤겔, 『헤겔미학』, 두행숙 옮김, 나남, 1996.

헨드릭 하멜, 『하멜표류기』, 김태진 옮김, 서해문집, 2003.
Chiyoung KIM, 'The Emergence of the Modern Concept of "Munye" in Korea', "Korea Journal" Vol.50 No.1 Spring 2010.
Jonathan Swift, Gulliver's travels, New York : Newson & Company, Publishers, 1896.
Raymond Williams, Keywords : A Vocabulary of Culture and Society, HarperCollins Pub, 1983.
武井一, 『皇室特派留學生－大韓帝國からの50人』, 百帝社, 2005.
高島俊男, 『水滸伝のと日本人』, 大修館書店, 1991.
古川 昭, 『구한말 근대학교의 형성』, 이성옥 옮김, 경인문화사, 2006.
小森陽一, 『〈ゆらぎ〉の日本文學』, 日本放送出版協會, 1998.
永嶺重敏, 『독서국민의 탄생』, 다지마 데쓰오 · 송태욱 옮김, 푸른역사, 2010.
柄谷行人, 『일본근대문학의 기원』, 박유하 옮김, 민음사, 1997.
小森陽一, 『일본어의 근대』, 정선태 옮김, 소명, 2003.
丸山眞男 · 加藤周一, 『번역과 일본의 근대』, 임성모 옮김, 이산, 2000.
酒井直樹, 『번역과 주체』, 후지이 다케시 옮김, 이산, 2005.
齋藤 毅, 『明治のことば』, 講談社, 2005.
사에구사 도시카쓰, 『사에구사교수의 한국문학 연구』, 심현섭 옮김, 베틀북, 2004.
신기욱 · 마이클 로빈슨 엮음, 『한국의 식민지 근대성』, 도면회 옮김, 삼인, 2006.
하타노 세츠코, 『『무정』을 읽는다』, 최주한 옮김, 소명, 2008.
____________, 『일본 유학생 작가 연구』, 최주한 옮김, 소명, 2011.
鈴木貞美, 『日本の「文學」を考える』, 角川選書, 1994.
________, 『日本の文化ナショナリズム』, 平凡社, 2005.
鈴木貞美 編, 『雜誌『太陽』と國民文化の形成』, 思文閣出版, 2001.
柳父章, 『번역어성립사정』, 서혜영 옮김, 일빛, 2003.
原余三郎, 「ABC組合」, 內外出版協會, 1902.
加藤眠柳著, 『女子立志編』, 內外出版協會, 1903.
巖谷小波, 『定本小波世界お伽噺』, 生活社, 1943.

4. 온라인 자료
국가보훈처 공훈전자사료관 e-gonghun.mpva.go.kr
국립국어원 www.korean.go.kr

국사편찬위원회 한국사데이터베이스 www.db.history.go.kr
규장각한국학연구원 kyujanggak.snu.ac.kr
기독교대한감리회 www.kmc.co.kr
독립기념관 search.i815.or.kr
대한성서공회 www.bskorea.or.kr
조선일보 아카이브 http://archive.chosun.com
한국고전번역원 한국고전종합DB www.itkc.or.kr
한국민족문화대백과사전 encykorea.ask.ac.kr
한국 브리태니커 www.britannica.co.kr
한국중앙연구원 한국역대인물종합시스템 http://people.aks.ac.kr
한국역사정보통합시스템 www.koreanhistory.or.kr
한국언론진흥재단 미디어가온 www.mediagaon.or.kr

찾아보기

인물

ㄱ

가리발디(Giuseppe Garibaldi) 208
강대연 475
강매 464
강문환 491, 492
강용흘 520
강희안(姜希顔) 257
게일(Gale, James Scarth) 477
계용묵 438, 520, 522, 523
고한승 520
고희동 270, 274, 476
곡교인(曲橋人) ⇨ 최남선
구성서(具聖書) 502, 510, 516
국국도인(局局道人) 479
권덕규 275, 288, 294, 295, 296, 300, 480, 502, 553
권상로(權相老) 153, 329, 464, 502
금원여사(錦園女士) 282, 385
김가전(金嘉全) 85
김교영(金敎英) 86
김교찬(金敎瓚) 64
김교헌 273, 304, 444, 456, 463, 552
김구하 475
김국태(金國泰) 86, 230, 233
김기진(金基鎭) 63, 398
김낙영(金落泳) 243
김돈희 274, 477
김동인 398, 433, 484, 534, 537, 543, 544
김동환 520, 522, 548
김두봉 274, 294, 296, 297, 299, 301, 304, 329, 425
김두화(金斗和) 214
김백온 344
김복진 398
김봉현 295, 492
김상기(金相基) 69, 333
김상만(金相萬) 52, 168
김성진(金宬鎭) 468, 470
김시습 381
김억(金億) 481, 539, 540
김여제(金輿濟) 66, 203, 241, 275, 299, 456, 457, 463, 481, 538
김연제(金年濟) 65
김용제 37
김용준(金容俊) 52
김원식(金遠植) 221
김윤경(金允經) 206, 210, 258, 275,

294, 295, 415, 458, 502, 503, 505, 507-509
김윤식(金允植) 301, 454, 455, 463, 477
김익수(金翼洙) 64
김인식(金仁湜) 223, 449, 463
김인전(金仁全) 86
김정희 344
김창제 117, 464, 475, 480
김택영(金澤榮) 234, 257
김하정(金夏鼎) 38
김현제 464
김형원 295, 520, 522, 548

ㄴ

나경석(羅景錫) 230, 233, 449
나까다니(中谷) 62
나도향 544
나석기 294, 464
나시규(羅始奎) 510, 523, 525-529, 533, 547
나쓰메 소세키(夏目漱石) 235
나운규 525-527
나카무라 마사나오(中村正直) 165
나폴레옹 185, 322, 326, 352, 365, 379
남기원(南基元) 274
남형우(南亨祐) 275, 291, 292, 294, 297
노문희(盧文熙) 210, 494, 497, 502, 510, 517, 519, 520, 522
노익형(盧益亨) 52, 156
닐슨 제독 380

ㄷ, ㄹ

다케우치 로쿠노스케(竹內錄之助) 40, 165, 467
데라우치 마사타케(寺內正毅) 53, 354
도기(屠寄) 257
라란부인(Madame Roland) 382
량치차오(梁啓超) 234
로리머(Lorimer) 235
링컨 137, 207, 327

ㅁ

명순조(明舜朝) 502, 510, 516
모리야마 미부(森山美夫) 195
문상우 86, 230, 233
민영순(閔泳純) 64
민영환(閔泳煥) 175, 182, 183, 197
민영휘(閔泳徽) 38
민준호(閔濬鎬) 52
민충정공 182, 183, 552
민태원 464, 475, 544

ㅂ

박달성 520
박선익(朴善翊) 65
박승빈(朴勝彬) 167, 307, 448, 449, 463
박영진(朴永鎭) 62-64, 480
박영희 398-400, 547, 548
박은식 167, 196, 273, 444, 451-454, 478, 552
박재선(朴齋璿) 257, 258, 295
박지원 276, 282, 344, 351, 381

박태원 398, 548
박한영 475
박현환(朴賢煥) 105, 241, 299
방인근 520, 548
방정환 505-507, 509, 517, 519, 522, 548
백낙영(白樂誠) 495, 497, 502, 503, 510, 523, 529-533, 547
백낙준 438
백대진 464, 467, 468
변영만 235, 464, 476

ㅅ

상호(尙灝) 230, 232
새무얼 스마일즈(S. Smiles) 164, 325
서명응(徐命膺) 256
서상돈 37
서유구(徐有榘) 256
서진하(徐震河) 274, 477
석정호 475
선우일 464
손정도 475
송진우(宋鎭禹) 24, 47, 230, 233, 449
스위프트(Jonathan Swift) 111
스토우(Harriet Beecher Stowe) 383, 459
시데하라 히로시(幣原坦) 234
신백우(申伯雨) 230, 233, 235
신석우 477, 481
신채호(申采浩) 217, 233, 242, 444, 449-451, 453, 454, 463, 478, 552
심우섭 155, 209, 464
심우택(沈禹澤) 64, 65, 155, 209
심천풍 ⇨ 심우섭
쓰보우치 쇼요(坪內逍遙) 461

ㅇ

아리가 나가오(有賀長雄) 235
아카시 모토지로(明石元二郎) 202
안국선(安國善) 38
안정복 276, 344
안중식 270, 274, 476
안창호(安昌浩) 26, 42, 45, 47, 76, 100, 106, 213, 214, 216, 237-241, 243, 255, 449, 555
야마다 비묘(山田美妙) 234
야사기(失先) 62
양건식 305, 306, 464, 475
에지워스(Maria Edgeworth) 383
염상섭 544, 545
오산인(五山人) ⇨ 이희철
오세창 475, 477
오스기 사카에(大杉榮) 233
오오야마 가즈오(大山一夫) 180
오오츠키 후미히코(大槻文彦) 117
오정선(吳政善) 200
옥관빈(玉觀彬) 221
요코야마 마타지로(横山又次郎) 113
워싱턴 378-380, 489
원석산인(圓石散人) ⇨ 이철주
위다(Ouida) 383
유광렬(柳光烈) 57, 58
유근(柳瑾) 273, 274, 294, 301, 304, 444,

463, 464, 475, 552
유길준(兪吉濬) 301, 416, 481
유승흠(柳承欽) 200
유일선 475
육당 ⇨ 최남선
윤봉수(尹鳳秀) 86
윤정하 86
윤치호(尹致昊) 217, 218, 449, 468, 475
윤태영(尹泰榮) 38
을지문덕 346, 379, 527
이강현(李康賢) 230, 233
이건방 273
이광수(李光洙) 21, 87, 90, 129, 131, 133, 155, 159, 163, 203, 240, 243, 245, 270, 275, 284, 285, 299, 315, 350, 370, 383, 384, 398, 431, 444, 445, 447, 456, 458-461, 463, 464, 466, 468, 475, 478, 479, 481, 483, 484, 492, 498, 520, 537-540, 542, 544, 545
이기동(李基東) 223
이능화(李能和) 161, 274, 329, 464, 475
이범세 277
이병도 277
이상재(李商在) 480
이상준(李尙俊) 223, 463
이상춘(李常春) 69, 210, 468, 470, 508, 536
이상협(李相劦) 69, 107, 155, 333, 464, 467-469
이성득 532, 533
이순신 346, 377, 380, 381
이승훈 37, 90
이용익(李容翊) 38
이운벽(李雲碧) 497, 502, 510, 514, 515
이윤재(李允宰) 153, 299, 305, 306, 437, 494, 496, 502, 518, 553
이은우(李恩雨) 200
이익상 520
이인승(李寅承) 274
이인직 69, 131, 133
이재갑(李載甲) 295, 497, 502, 510, 512, 513
이종린 464, 475
이창서(李昌瑞) 86
이창환(李昌煥) 178, 179
이철주(李喆柱) 479, 480
이태준 437
이토 히로부미(伊藤博文) 184
이한경(李漢卿) 200
이해조(李海朝) 69, 124, 125, 131, 133, 235, 467
이희철(李熙喆) 481, 494, 497, 538, 540-547
임규(林圭) 54, 55, 63, 116, 230, 232, 235, 305-307, 447-449, 463, 464, 475

ㅈ

잔다르크(Jeanne d'Arc) 382
장두철(張斗澈) 481
장인환 175, 183

장지연 270, 444, 452, 455, 463, 478, 552
장지영(冽雲 張志暎) 222, 258, 294
장춘도인(長春道人) 479
전덕기 481
전명운 175, 183
정규영 273
정만조 475
정몽주 282, 378, 381, 412
정열모(鄭烈模) 295, 495, 497, 502, 510, 512, 513
정인보 305, 306
정평구 345, 381
정몽란, 정몽란(鄭夢蘭) ⇨ 정몽주
조석진 274, 476
조용만(趙容萬) 28, 62, 176, 179, 249, 463
조일재 ⇨ 조중환
조중환(趙重桓) 131, 467
주낙양(朱落陽) ⇨ 주요한
주병건(朱柄乾) 295, 510, 521, 522, 530
주시경(周時經) 26, 46, 222, 270, 273-275, 278, 279, 288-292, 294-297, 299-302, 304, 305, 307, 310, 312, 329, 459, 468, 481, 482, 492, 502, 503, 507, 553, 555
주요한 241, 502, 534, 536-538, 548
지백련 466
지석영 475
진학문(秦學文) 21, 249, 449, 464, 466, 554

ㅊ

채기두(蔡基斗) 200
최광옥(崔光玉) 91, 219
최남선(崔南善) 21-23, 27-29, 33, 36, 45, 46, 51-60, 62, 72, 87, 91, 92, 105, 115, 117, 129, 133, 137, 156, 157, 163, 164, 175-184, 189, 197, 200, 203, 209, 214, 216, 217, 221-223, 230, 232-234, 238, 241-243, 245, 247, 249, 256, 257, 273, 274, 288, 290-292, 295-297, 300, 305, 306, 348, 361, 365, 369, 370, 373, 381, 387, 430, 444-447, 449-451, 457, 459, 463, 464, 466, 468, 475-479, 481-484, 515, 527, 528, 531, 551-553, 555
최두선(崔斗善) 57, 464, 475, 476
최린(崔麟) 180, 200, 291, 292, 475
최병헌 475
최서해 433, 435, 517, 520, 537
최성우(崔誠愚) 63-65, 230, 232, 234, 257, 273, 456, 551
최세진 344
최영년(崔永年) 85, 467
최원식(崔瑗植) 85, 330, 467
최찬식(崔瓚植) 85, 467
최창선(崔昌善) 51-59, 105, 156, 168, 171, 174, 175, 182, 183, 197, 230, 232, 234, 446, 551, 552
최한기 344
최한웅(崔漢雄) 66

최현배 295, 300, 312, 502
최현이 ⇨ 최현배

ㅌ, ㅍ

페터 대제 185, 378, 379
프랭클린(Benjamin Franklin) 69

ㅎ

하태용 ⇨ 계용묵
한성윤 273, 274
한용운(韓龍雲) 71, 117, 274, 329
허경번(許景樊) 282, 345, 385
허난설헌 ⇨ 허경번
허생 282, 284, 285, 346
헬렌 켈러(Helen Adams Keller) 382, 385
현상윤 241, 270, 295, 438, 458, 459, 463, 464, 466, 475, 483, 537, 552
현채 475
홍명희 243, 273, 459, 461, 462, 475, 479, 492, 554
황석우(黃錫禹) 71, 481
황윤덕(黃潤德) 38
황필수(黃泌秀) 481
후쿠자와 유키치(福澤諭吉) 165, 326, 366, 404, 405
후타바테이 시메이(二葉亭四迷) 461

서적, 광고, 글 제목

ㄱ

『가곡선』 31, 84, 168
『갓주샤애화해당화』 ⇨ 해당화
『강상련』 69, 123
『강철대왕전』 69
『개권희희』 118, 119
『개벽』 39, 71, 159, 398, 519
『개척자』 141, 155
『껄늬버유람긔』 52, 63, 109, 111-113, 130, 154, 190
걸리버 여행기(*Gulliver's Travels*) 111, 235
『검둥의 셜음』 129, 159, 383, 447, 460, 478, 479
『경국미담』 131
『경부텰도노래(京釜鐵道歌)』 31, 52, 77, 100, 109-111, 154, 187, 189, 321, 396, 408, 414, 418
『경성기략』 157
「경성소감(京城小感)」 360, 371, 483
『경세유표』 270, 276, 351
경영자 아버지의 백 년 전 편지(*Letters from self-made merchant to his son*) 235
『계명』 71, 305, 448
『고등한문독본』 100, 167, 453, 478
『고백』 ⇨ 『조선광문회고백』
『고본춘향전』 30, 84, 126, 159, 250
〈공원의 소견(公園의 所見)〉 476
『공제』 71, 522
골든 트레저리(*Golden Treasury*) 235
〈광고〉 ⇨ 〈朝鮮光文會廣告〉
『괴기』 361
『구미청년입신전(歐米青年立身傳)』 235

〈구서광고(求書廣告)〉 256, 273
『구의산』 69
『국민수지』 235
『국사사론(國史私論古代)』 450, 451
『기독교의 청년』 100, 117, 146, 364, 413, 480
『기보』 105, 270, 278, 350, 395, 414
『기인비관』 105, 141, 347
『기자반세기(記者半世紀)』 57
『기호흥학회월보(畿湖興學會月報)』 404, 407

ㄴ

『나는 고양이로소이다(吾輩は猫でわる)』 235
『나파륜사(拿破崙史)』 235
「나폴네온 大帝傳」 322, 352
『남훈태평가』 120, 122
『뇌와 신경의 건강법과 기억력증진술(腦及神經健全法と記憶力增進術)』 235
뉴 내셔널 포스 리더(*New National Fourth Reader*) 508

ㄷ, ㄹ

〈다음엇지〉 142-144
『당의통략』 270, 273
『대도』 218
『대동시선』 161, 478
『대동운부군옥』 270, 277
『대한교육사』 323
『대한매일신보』 37, 53, 63, 141, 175, 182, 192, 197, 242, 253, 287, 320, 379, 450, 491
『대한민보』 192
「大韓上古史講稿」 222
『대한유학생회학보』 55, 115, 200, 449
『대한자강회월보』 505
『대한지지(大韓地誌)』 115
『대한학회월보』 200
『대한흥학보』 243, 505
『도리표』 269, 270, 414
「독사신론(讀史新論)」 450, 451
『동경잡기』 270
『동국병감』 269
『동국세시기』 167, 269, 273
『동국통감』 269, 270, 277
『동명』 71, 531
『동사집략(東史輯略)』 234, 257
『동아일보』 64, 171, 183, 233, 305, 528, 532, 545, 546
『레미제라블 Les Miserables』 245, 246
〈륙젼쇼셜〉 30, 45, 52, 97, 108, 120, 122, 124, 126-130, 132, 133, 153, 159, 169, 250, 395, 447, 456, 552

ㅁ

『만인계』 146, 158, 159, 397
「말모이」 105, 174, 274, 292, 296, 299, 302-305, 307, 330, 448, 449
『말의 소리』 294, 329
『매일신보』 67, 80, 85, 107, 123, 126,

134, 141, 153, 155, 165, 167-170, 350, 387, 388, 412, 414, 428, 460, 464, 467-470, 477, 523, 546
『명월기연』 131
『목단화』 69
『몽올아사기(蒙兀兒史記)』 257
『무궁화』 31, 141, 155, 161
『무정』 31, 85, 131, 141, 155-157, 159, 161, 163, 165, 349, 350, 399, 460, 538, 540
『문예독본』 437
『문예시대』 64
『문우』 548
「문패의 내력담」 171, 305

ㅂ

『박연폭포』 69, 469
『반도시론』 40, 66, 194
『보만재총서』 256
『보호국론(保護國論)』 235
『부란극림전(富蘭克林傳)』 69
「부벽루기(浮碧樓記)」 282, 388, 392, 393
『부인』 64
『불교대전』 117, 329
『불상흔 동무』 129, 447, 456, 478
『붉은져고리』 30, 66, 89, 92, 98, 100, 119, 136, 142, 143, 148, 169, 193, 203, 207, 226, 275, 282, 286, 295, 296, 307, 308, 313, 315, 327, 328, 378, 388, 397, 399, 412, 418, 421, 428, 456-459, 476, 481, 488, 489, 493, 502, 527, 528, 538
『비율빈전사』 38
『비음시체척독(備音時體尺牘)』 85

ㅅ

『사상의 월야』 437
『산경표』 115, 253, 270, 273, 276, 351, 413
『산수격몽요결』 32, 109-113, 117, 119, 140, 286, 323, 324, 326, 364, 447, 451, 478
『산중화』 141, 155
『삼국사기』 270, 277, 278
『삼일신고』 304, 329, 330, 456
『삼천리』 548
『상공월보』 67, 412
『상서보전』 270, 388
『새별』 30, 89, 92, 119, 133, 136, 142, 144, 148, 170, 193, 203, 207, 284, 285, 291, 294, 300, 307, 312, 313, 315, 327, 328, 426, 428, 444, 445, 447, 457, 459, 460, 481, 489
『생장』 548
『샤시남경긔』 122
〈샹급주는 이약이 모음〉 336, 337
『서국입지편』 163
『서례편고(西禮便考)』 480
「서목」 ⇨ 「신문관발행서목」
『서유견문』 416
「서철격언대조팔십일조내(西哲格言對

照八十一條內)」 324
『서해풍파』 469
「선도자(先導者)」 544, 545
〈섭렵소초〉 282, 385, 388, 415
『성산명경』 475
「세계일주가」 110, 154, 321, 397
『소년』 25, 27, 29, 30, 33, 40, 45, 47, 52-54, 58, 59, 62, 63, 67, 70, 72, 77, 80, 89, 91, 92, 100, 106, 109, 110, 113, 115, 119, 136, 137, 140-144, 146, 152, 154, 164, 169, 174, 183-185, 186, 190, 191, 193-200, 202, 206, 208, 210, 214, 215-217, 219, 222, 232, 233, 237-242, 244, 245, 247, 252-256, 259, 263, 267, 273, 274, 286, 291, 295, 310, 315, 319-322, 326, 327, 334, 349, 351, 352, 354-357, 359, 360, 364-369, 375, 377, 381, 382, 384, 396, 397, 402, 404, 406-411, 414-416, 418-421, 426, 428, 431, 444-446, 449-454, 456, 457, 459, 461, 475, 476, 478, 480, 481, 483, 485, 487, 489-491, 493, 495, 498, 502, 505, 515, 527, 528, 534, 538, 540, 547, 551, 552, 554
〈소년구가서류(少年口歌書類)〉 109-111, 445
「소년논어」 367, 368, 414
〈소년통신〉 295, 334, 490, 492
〈소년한문교실〉 408, 414
『소년한반도』 40, 77
소인국 이야기(The Voyage to Liliput) 235
『소천소지』 118, 119, 479
『수성지(愁城誌)』 282
『수신요령』 110, 117, 140, 167, 326, 364
〈수양총서〉 117, 118, 207, 327, 364
『숭양기구전(崧陽耆舊傳)』 234, 257
『승경도』 105, 270, 394, 395, 414
『시대일보』 467, 513, 531
『시문독본』 32, 47, 163, 226, 285, 286, 300, 313, 314, 345, 365, 412, 417, 419, 420, 423, 424, 426-429, 431, 436, 437, 439, 460, 498, 554
〈시문서화의과회(詩文書畵擬科會)〉 477
〈시하호평서류〉 118, 158, 159, 169
『신교슈호지』 30, 159, 250
『신교옥루몽』 30, 84, 168, 250, 447
『신단실기』 304, 329, 330, 456
『신문계』 40, 66, 67, 107, 153, 165, 169, 170, 194, 312, 315, 352, 354, 387, 388, 412, 464, 467, 468, 497
〈신문관발간신쇼셜〉 30, 45, 120, 129, 130, 132, 133, 153, 159, 169
『신문관발매서적총목록』 73, 93, 94, 96, 98, 100, 104, 116, 126, 302
「신문관발행서목」 93, 100, 101, 104-106, 109, 117, 153, 329
〈신문관출판시보〉 158, 163, 165, 169
『신문세계』 40, 66
『신생』 516
『신자전』 105, 270, 274, 280, 296, 304,

347, 413
『신천지』 71
『신청년』 548
〈신체시가대모집(新體詩歌大募集)〉 418
『신학월보』 505
『신한민보』 218
『신한자유종』 243
『실용작문법(實用作文法)』 85
『심청전』 120
〈십전총서〉 45, 97, 109, 111-113, 116-118, 130, 132, 143, 169, 323, 445, 447, 552
『쌍옥적』 69

ㅇ

『아성』 71
『아언각비(雅言覺非)』 234, 270, 273, 276, 351
『아이들보이』 30, 77, 89-92, 100, 119, 136, 142, 145, 152, 153, 170, 193, 194, 203, 282, 284-286, 295, 300, 306-308, 310-312, 315, 327, 328, 336, 340, 359, 378, 382, 388, 397, 414, 418, 421, 428, 431, 435, 437, 447, 457, 459, 460, 476, 480, 481, 488, 490, 493, 495-498, 502, 503, 507, 510-512, 514-520, 526, 529, 530, 534, 536, 541, 542, 547
『아해생활』 516
『애국부인전』 131
『애사』 246
『야뢰(夜雷)』 39, 40, 77
『어린이』 548
「어린희생」 238, 242, 245
『엉클톰』 479
「ABC契」 238, 242, 245, 406
「ABC組合」 245
『여자계』 382, 505
『연려실기술』 269, 270, 276, 277, 351
「연설법요령」 480
「연의각」 123
『열하일기(熱河日記)』 267, 270, 276, 282, 285
「오백년간대표일백인(五百年間代表壹百人)」 341
「옥경십이루기(玉京十二樓記)」 282, 388
『옥단춘전』 69
「옥중화」 123
「왕양명선생실기」 196, 452, 478
『외국지지(外國地誌)』 115, 322
『요지경(瑤池鏡)』 63
『우리의 가뎡』 40, 66, 107
『운양집』 454, 455
『원앙도』 69
『위인린컨』 117, 118, 146
『위인원효』 117, 118, 327
『유심』 71, 522
「윤광호」 398
『음빙실자유서(飮氷室自由書)』 234, 235
「읍혈조(泣血鳥)」 544, 546
『의태리독립사』 235
『이솝우화(*Æasops Fable*)』 235, 355, 374

「이솝의 이약」 142
『이십세기지대참극제국주의(二十世紀之大慘劇帝國主義)』 235
『이약이주머니』 169
『이충무공전서』 161
『이태리소년(伊太利少年)』 235
『일로전쟁담(日露戰爭談)』 235
『일문역법』 116, 413, 447, 448
『일본국상법(日本國商法)』 167, 448
『일본어학문전편(日本語學文典篇)』 116
『일본어학서한편(日本語學書翰篇)』 116
『일본어학음어편』 100
〈일본어학총서〉 97, 113, 116, 117, 153, 169, 414, 448, 456
「일일일건(一日一件)」 256, 274, 369, 477, 527
〈읽어리〉 285, 294, 300, 312, 313, 315, 423, 426, 427, 459, 460
「읽어리가ᄅ침」 299, 426
『임원경제지』 256

ㅈ

『자랑의 단추』 159
『자유종』 124
『자조론(自助論)』 32, 84, 117, 161, 163, 165, 168, 325, 364
『작문대방(作文大方)』 85
『장학보』 492, 505
『장한몽』 131
『절도백화』 118, 119, 479
『정부원』 141, 155, 156
『정음』 448
『제국신문』 127, 177, 179, 182, 183, 192, 197, 287
『조선(朝鮮)』 195
『조선광문회고백(朝鮮光文會告白)』 259, 263, 264, 267, 268
『조선광문회광고(朝鮮光文會廣告)〉 259, 263, 264, 267
『조선리언(朝鮮俚諺)』 85, 330
『조선말본』 294, 296-299, 304, 329, 425
『조선문단』 548
『조선불교약사』 161, 329
『조선불교통사』 161, 163, 167, 329
『조선시단』 64, 71
『조선어사전(朝鮮語辭典)』 304, 307
『조선요리제법』 157, 159, 169, 330, 350, 395
「조선일기」 347, 349
〈조선총서(朝鮮叢書)〉 267
『조양보』 40
〈주문규정(注文規定)〉 77
『중경지』 270
『중앙학교회보』 301
『중외일보』 64
〈중요일기(重要日記)〉 369
『지구지기왕급장래(地球之旣往及將來)』 113, 114, 413, 447
『지봉유설(芝峯類說)』 234
『지환당』 69

ㅊ

『창조』 39, 534, 542, 543, 548
『채근담』 364
『채근담강의』 117
청년과 문화(*Youth and Culture*) 235
〈청년문고(青年文庫)〉 107
〈청년학우회가〉 224, 225, 355
『청천양화소록(菁川養花小錄)』 257
『청춘』 25, 29, 30, 33, 45-47, 52, 54, 58, 67, 70, 72, 75, 80, 82-84, 87-89, 92, 100, 106, 110, 118, 119, 133, 136, 141, 145, 146, 152-156, 158, 160, 162, 164, 165, 169, 170, 179, 193, 203-205, 208-210, 226, 233, 240, 256, 274, 280-282, 286, 288- 290, 294-296, 306, 311, 312, 329, 341, 345-348, 350, 353-357, 360, 361, 369-371, 385, 388, 395-399, 415-419, 424, 426, 428, 429, 431, 433-435, 438, 444, 445, 447, 448, 450, 454, 458-460, 463, 464, 466- 471, 475-477, 480, 481, 483, 484, 489, 490, 498, 502-504, 506-508, 510-513, 516, 519-523, 527, 528, 530-532, 536, 537, 546, 547, 551, 554
「초등대한지리총요(初等大韓地理總要)」 ⇨「초등대한지리총요고본」
「초등대한지리총요고본(初等大韓地理總要稿本)」 185, 197, 206, 320, 355
『총목』 ⇨『신문관발매서적총목록』
『추야월(秋夜月)』 468

ㅌ, ㅍ

『태극학보』 86, 505
『태서교육사』 322, 323
『태서문예신보』 481, 516, 540
『태평양잡지』 347
『택리지(擇里志)』 115, 234, 253, 270, 276, 278, 351
「토의간」 123
「편집실통기(編輯室通寄)」 197, 199, 445

ㅎ

『하멜 표류기』 347
『학생계』 523
〈학예증간〉 115, 253, 351
『학지광』 371, 428, 505, 520
『한국정쟁지(韓國政爭志)』 234
〈한글〉 288, 307-309
「한글모죽보기」 292, 310, 459, 510
「한글풀이」 309, 310
『한불ᄌᆞ뎐』 304
『한양노래』 31, 52, 77, 100, 110, 111, 154, 186, 188, 321, 408, 414, 420
『해당화』 31, 84, 141, 168
『해동명장전』 269, 270, 276, 351
『해동역사』 270, 276, 277, 351
『해동제국기(海東諸國記)』 267
『해조신문』 63
『허풍션이모험긔담』 146
『현금조선문전』 294, 296, 300, 301, 480
〈현상문예〉 118, 142, 146, 210 295,

312, 418, 419, 423, 426, 429-431, 433-438, 469, 470, 498, 502, 503, 505, 507, 512, 513, 519-523, 528, 536, 537, 546-548, 554
〈혈죽가〉 189
『호남학보』 71
『홍경래실기』 161
『홍길동전』 124
『화성돈전』 235
「환희」 544
『황성신문』 54, 192, 491
「회고(會告)」 259, 267-270, 278, 394
『훈몽자회』 270, 273, 278
『흥부젼』 120

기타

ㄱ
가로쓰기 310, 312
개신 유학자 280, 451, 455, 552
계명구락부 71, 305, 307, 448, 449
고선자(考選者) 430, 434, 546
광무학교 55, 449
광문회 ⇨ 조선광문회
광인사 61
광학서포(廣學書鋪) 44, 52, 67, 83, 84, 94, 168
국채보상운동 37, 38
국한문 285, 333, 402, 404, 414, 415, 418, 421, 460, 522
근대지 328, 360, 361
기행문 347, 372, 373, 376, 483

ㄷ
대구광문사 37, 39, 171
대종교 24, 32, 304, 330, 456, 463, 475, 478
도서종람소 64, 86, 218, 221, 226, 227, 230, 236, 237, 257, 274, 449, 475
독자 투고 142, 210, 312, 418, 431, 436, 443, 497, 498, 504, 505, 516, 517, 523, 548, 556
동경유학생 200, 233, 243, 444, 476, 481, 483
동명사(東明社) 41, 64, 66, 71, 156, 172, 552
동미서시 94
동양서원(東洋書院) 52, 61, 67, 84, 85, 333
동정(sympathy) 384

ㅁ
문예 47, 104, 106, 108, 119, 159, 247, 329, 397, 466, 498, 504, 540, 549, 556
문학청년 398, 478, 523, 529, 533, 544, 546-548
문화운동 23, 24, 26, 34, 42-45, 551, 555, 556

ㅂ
박문서관(博文書館) 34, 44, 52, 76, 83-

85, 155, 156
105인 사건 53, 100, 217, 240, 459
보급서관(普及書館) 52, 67
보성관(普成館) 38-40, 61, 65, 94

ㅅ

삼문출판사 61
3·1만세운동 42, 65, 72, 87, 157, 233, 241, 299, 300, 448, 516, 555
서적 광고 83, 84, 97, 100, 118, 146-148, 152-154, 165, 169, 412, 414, 446, 454
서적 목록 45, 165, 413, 455, 551
서적 유통 33, 233
선배 443, 482-484
세계문학 31, 129, 133, 134, 146, 384, 399
세책 79, 127, 128
수양 26, 47, 98, 104, 106, 108, 109, 217, 225, 326, 327, 329, 363, 372, 377, 382, 385, 554, 555
순국문 288, 308, 333, 402-404, 408, 411, 418, 419, 421
순정사학 451
슈에이샤(秀英舍) 62
시문체(時文體) 47, 314, 402, 412, 416, 419, 421-423, 426, 428, 429, 431, 435-437, 498, 512, 522, 537, 554
신구서림 34
신문관(新文館) 21-32, 39-47, 51-67, 69-78, 80, 84, 85, 87, 89, 92-94, 96-100, 104, 106-111, 113, 115, 117-119, 122, 126, 128-130, 132, 133, 136, 138, 141, 143-148, 152-159, 161, 163-165, 167-172, 174, 175, 179, 184, 189, 193, 194, 203, 207, 210, 214, 219, 221, 222, 226, 227, 232, 233, 237-241, 248-251, 253, 257, 258, 263, 267, 270, 271, 273-275, 277, 281, 285, 286, 288, 289, 291, 292, 294, 296, 299, 300, 302, 304-307, 310, 315, 319-321, 323, 326-330, 333, 334, 336, 341, 344, 345, 347, 350, 352, 354, 355, 357, 359-368, 370, 374, 376, 377, 379-385, 387, 388, 395-399, 401, 408, 410-421, 423, 426, 428, 431-433, 435-439, 443-445, 447-451, 454-460, 462, 464, 467-471, 475-482, 485, 486, 489, 490, 493, 495, 498, 502-505, 507, 509, 513, 514, 516, 517, 519, 522, 523, 526-529, 533, 534, 537, 538, 540, 547, 548, 551-556
신문관 창업 10 / 십주년(新文館創業拾週年) 54, 100, 448, 471
신문화 운동 21, 23, 26, 27, 46, 482, 552, 555
신민회 24, 37, 38, 45, 100, 213, 233, 240, 450
실학 47, 253, 276, 285, 351
십년생취(十年生聚) 47, 238, 240, 555

ㅇ

아마추어리즘(amateurism) 505, 517, 521

야소교서회 76

영창서관 84, 85

오산학교 90, 275, 456, 459, 481, 494, 498, 502, 530, 538-542

와세다 대학(早稻田大學) 233, 235, 238, 476, 528

유일서관 67

의진사 94

일기 106, 145, 223, 366, 369-371, 376, 377, 397

입지(立志) 323, 364, 365

ㅈ

조선고서간행회 250, 277

조선광문회 21, 26, 28, 45, 46, 63, 65, 66, 74, 94, 97, 105, 115, 141, 153, 167, 168, 174, 234, 249-253, 255-259, 263, 264, 267, 269-271, 273-282, 285, 286, 288, 292, 294, 296, 297, 299, 304, 305, 307, 330, 388, 394, 428, 451, 453, 455-457, 463, 475, 476, 480, 482, 552, 553

조선물산장려회 513

조선어강습원 26, 45, 46, 203, 258, 270, 274, 287, 288, 291, 292, 294, 295, 297, 305, 308, 310, 458, 459, 480, 492, 497, 502, 510, 512, 521, 552, 553

조선어연구회 307

조선어학회 307, 420, 449

조선학 28, 279, 455

중역(重譯) 245, 247, 326, 461, 462

ㅊ

청년제류(青年儕流) 26, 47, 106, 208, 241, 443, 444, 463, 464, 552

청년학우회 26, 45, 46, 54, 64, 86, 90-92, 100, 106, 192, 199, 208, 213-216, 223, 230, 233, 237-242, 248, 254, 257, 273, 294, 363, 366, 373, 449, 450, 457, 463, 475, 492, 493, 552, 553

청춘독자층 206, 508

총서 109, 111-113, 116-119, 148, 169, 267, 451

출판법 63, 99, 154, 192

출판보국(出版報國) 39, 154, 171, 173, 179, 183, 239, 554

출판사 22, 24-28, 33-41, 43-45, 51, 52, 58, 59, 61, 62, 65-67, 69, 71-73, 78, 79, 85, 93, 112, 119, 127, 128, 138, 142, 147, 148, 156, 157, 168, 178, 183, 206, 236, 237, 250, 251, 263, 437, 477, 479, 487, 507, 548, 551, 552

취미 108, 109, 112, 347, 350, 386-388, 395-397, 517, 554

ㅌ, ㅍ

탑인사 61

태극서관 37, 171

판권지 52, 60, 62-64, 77, 105, 156, 263

표준어 419, 420
풀어쓰기 310, 459

ㅎ

하기강습회 222, 223
학술 23, 46, 104, 279, 319, 328, 329, 351, 470, 475
학예증간 115, 253
학우회 ⇨ 청년학우회
한성연회 64, 86, 218, 221, 222, 226, 227, 230, 237, 257, 274, 449, 475
한영서원(韓英書院) 468
혁구습(革舊習) 323, 365
황실 특파 유학생 175, 179, 181, 183, 184, 200, 552
회동서관 34, 67, 83
회중노사(會衆老師) 24, 47, 273, 443, 444, 449, 463, 478, 552
휘문관(徽文館) 38, 61, 94
홍사단 76, 213, 457

권두연(權杜姸)

안동대학교 국어국문학과를 졸업하고 연세대학교 국어국문학과에서 석·박사 학위를 받았다. 연세대학교 국문과 BK21사업단 신진 연구원 및 성균관대학교 동아시아학술원 박사 후 연구원을 지냈다. 한국방송통신대학교, 명지대학교, 연세대학교, 한국교원대학교에 출강했고 현재는 한세대학교에 재직하고 있다. 논문으로 「신문관 단행본 번역소설 연구」(2008), 「보성관의 출판활동 연구」(2011), 「청년학우회의 활동과 참여 인물」(2012) 외 다수와 저서로 『최남선 다시 읽기』(공저), 『제국신문 미공개 논설 자료집』(편역, 공저) 등을 쓰고 펴냈다.

民族文化硏究叢書 139

신문관의 출판 기획과 문화운동

2016년 5월 10일 초판 1쇄 펴냄
2017년 10월 2일 초판 2쇄 펴냄

저 자 권두연
발행인 이형대
발행처 高麗大學校 民族文化硏究院

등록 1964년 9월 28일 제6-18호
주소 서울특별시 성북구 안암로 145
전화 02-3290-1610~4
팩스 02-926-8385
http://riks.korea.ac.kr

ISBN 978-89-7155-163-9 94810
978-89-7155-073-2 (세트)

정가 30,000원

이 도서의 국립중앙도서관 출판예정도서목록(CIP)은 서지정보유통지원시스템 홈페이지(http://seoji.nl.go.kr)와 국가자료공동목록시스템(http://www.nl.go.kr/kolisnet)에서 이용하실 수 있습니다.(CIP제어번호 : CIP2016010431)